Ullrich Dittler · Christian Kreidl
(Hrsg.)



# Wie Corona die Hochschullehre verändert

## Erfahrungen und Gedanken aus der Krise zum zukünftigen Einsatz von eLearning

Springer Gabler

*Hrsg.*
Ullrich Dittler
Hochschule Furtwangen
Furtwangen im Schwarzwald,
Baden-Württemberg, Deutschland

Christian Kreidl
Wien, Österreich

ISBN 978-3-658-32608-1 ISBN 978-3-658-32609-8 (eBook)
https://doi.org/10.1007/978-3-658-32609-8

Die Deutsche Nationalbibliothek verzeichnet diese Publikation in der Deutschen Nationalbibliografie; detaillierte bibliografische Daten sind im Internet über http://dnb.d-nb.de abrufbar.



Planung/Lektorat: Nora Valussi
Springer Gabler ist ein Imprint der eingetragenen Gesellschaft Springer Fachmedien Wiesbaden GmbH und ist ein Teil von Springer Nature.
Die Anschrift der Gesellschaft ist: Abraham-Lincoln-Str. 46, 65189 Wiesbaden, Germany

# Wie Corona die Hochschullehre verändert

# Einleitung

## Covid-19 wirbelt die Semestervorbereitung durcheinander

Ausgelöst durch die Corona-Pandemie[1] veränderten, modernisierten und entwickelten Lehrende die Hochschullehre innerhalb eines einzigen Semesters stärker als in den Jahrzehnten zuvor: Die sich nach ihrem Auftreten in China im Frühjahr 2020 auch in Europa rasch ausbreitende Pandemie zwang die einzelnen Staaten und – je nach Aufgaben- und Verantwortungsaufteilung – Bundesländer zu schnellem Handel. In zahlreichen Ländern wurden zur Eindämmung der Pandemie vielfältige unterschiedliche Maßnahmen verhängt, die den Alltag stark einschränkten – und dabei auch Schulen und Hochschulen betrafen.

Die Auswirkungen der vielerorts als „Lockdown" bezeichneten Maßnahmen auf die Schulen wurden schon früh öffentlich breit und differenziert diskutiert (Zierer, 2020; Himmelrath & Egbers, 2020), da sie nicht nur auf den Schulunterricht wirkten, sondern durch die Verlagerung von Schul-Aufgaben in das familiäre Umfeld (Stichwort: Homeschooling) meist den Familienalltag aller Familienmitglieder beeinflussten.

In der Öffentlichkeit zunächst nicht so deutlich wahrgenommen wurde die Diskussion, die seit Anfang des Jahres auch in Bezug auf den Hochschulunterricht geführt wurde: Um das Sommersemester 2020 nicht als „Nullsemester" (Deutschlandfunk, 2020; Geier, 2020) betrachten und quasi abschreiben zu müssen, planten die Hochschulen in Deutschland, Österreich und der Schweiz – unter Beachtung der jeweils gültigen gesetzlichen Vorgaben der Bundes- oder Landesministerien – die Substitution des seit Jahrhunderten die Hochschullehre prägenden Präsenzunterrichts (Dittler, U. & Kreidl, Ch., 2017) durch „Distance Learning", „Blended Learning" oder „Hybrides Lernen"

[1] Zur einfacheren Lesbarkeit wird in diesem Buch oft von „Corona" gesprochen, auch wenn es sich um das Virus Sars-CoV-2 oder die Krankheit Covid-19 handelt.

genannte Online-Lehrformate ggf. mit Präsenzanteil.[2] Auch wenn die Hochschulen auf eine rund 20 bis 25 Jahre lange Tradition in der Entwicklung von elektronischen Lernmedien und -szenarien zurückblicken können (verschiedene Übersichten über die Entwicklung von E-Learning im Hochschulkontext finden sich unter Bauer et al. (2020) oder Getto et al (2018) bzw. Kreidl (2011)) schienen die nunmehrigen extremen Anforderungen die Hochschulen im März 2020 teilweise unvorbereitet zu treffen: Es zeigte sich sehr schnell, dass sich Hochschulen vielerorts in den vergangenen Jahren bei der Digitalisierung der Prozesse und der Implementierung von E-Learning in der Lehre eine erstaunliche Langsamkeit erlaubt haben. Offensichtlich, da es bisher keine Dringlichkeit gab, die zahlreichen E-Learning-Ansätze nachhaltig und flächendeckend in die Lehre zu integrieren.

Diese Dringlichkeit war im März 2020 geboten: Plötzlich mussten *alle* Lehrenden für *alle* Studierenden in *allen* Studiengängen ihre Veranstaltungen in elektronischen Lehrformen anbieten. Diejenigen Hochschulen und die Kolleginnen und Kollegen, die sich ohnehin bereits in den vergangenen Jahren mit der Einbindung elektronischer Lehrformen und -medien in ihre Lehre beschäftigt hatten, konnten von ihren Vorarbeiten profitieren – alle anderen Lehrenden (Professorinnen und Professoren, aber auch Lehrbeauftragte) mussten sich innerhalb weniger Tage mit den Tools und Programmen (Learning-Management-Systeme, Video-Konferenz-Systeme etc.) und (!) mit der Didaktik elektronischer Lehr- und Lernformen auseinandersetzen.[3]

Auch in ihren kühnsten Vorstellungen hatten sich die Mitglieder der E-Learning-Community vermutlich ein solches Szenario nicht erträumt: *Alle Lehrenden befassen sich zeitgleich mit E-Learning … und setzen die digitalen Unterrichtskonzepte direkt um – mit dem Ziel, den Präsenzunterricht komplett zu ersetzen.*

Diese bis dahin undenkbaren Überlegungen waren im Sommersemester 2020 plötzlich Realität!

---

[2]Die Vielfalt der verwendeten Begrifflichkeiten deutet zum einen auf unterschiedliche didaktische Konzepte und Ansätze hin, die in den vergangenen Jahren in der Hochschuldidaktik- und der E-Learning-Community diskutiert wurden. Zum anderen spiegelt sich darin aber auch die Unsicherheit aller Kolleg*innen wider, die die angesprochene Diskussion in den vergangenen Jahren nicht verfolgt haben und nun plötzlich gefordert waren Lehre ohne Präsenzunterricht digital abzubilden: Es wurde hier in der Beschreibung des eigenen Tuns nicht selten auf Begrifflichkeiten zurückgegriffen, ohne deren Bedeutung in der Fachcommunity zu kennen und zu berücksichtigen.

[3]Die so entstandenen verschiedenen Umsetzungen von Online-Lehre reichen in ihrer Breite von didaktisch hervorragenden webbasierten Unterrichtsformen bis hin zu auf die Schnelle per Videokamera übertragenen Vorlesungen aus dem Homeoffice – in der Diskussion entstand daher auch der Begriff des „Emergency Remote Teaching" (Hodges et al, 2020) und des „Notfall-Fernunterrichts" (Döbeli Honegger, 2020).

Ziel dieses Sammelbandes ist es, die Situation des besonderen Sommersemesters 2020 aus verschiedenen Perspektiven darzustellen:

- Hochschulverwaltungen mussten zunächst auf *technischer und administrativer Ebene* auf die geänderten Anforderungen reagieren und die Möglichkeiten für flächendeckenden digitalen Unterricht schaffen: Technische Systeme mussten ausgebaut werden, neue Systeme mussten angeschafft und implementiert werden – und dies teilweise unter erheblichem Zeitdruck
- Hochschullehrende, d. h. Professorinnen und Professoren aber auch Lehrbeauftragte, mussten auf *didaktischer und organisatorischer Ebene* reagieren und Konzepte für digitalen Unterricht entwickeln und umsetzen: Unterrichtsszenarien mussten entwickelt werden, Lernmedien mussten realisiert werden und eine intensive Einarbeitung in die neuen Technologien war notwendig, auch dies unter großem Zeitdruck.
- Studentinnen und Studenten mussten ihr Lernverhalten umstellen: Der eigenständigen Arbeitsorganisation kam im Sommersemester 2020 plötzlich eine größere Bedeutung zu, während die Unterstützung durch Kommilitonen und Lerngruppen am Studienort wegfiel oder zumindest auf andere Kommunikationskanäle verlagert werden musste.

Dieses Buch möchte die unterschiedlichen Perspektiven auf das „Corona-Semester" zusammenführen und berücksichtigt daher in seinen Beiträgen die Perspektiven …

- … aus großen und kleinen Hochschulen, d. h. aus Universitäten mit mehreren zehntausend Studierenden ebenso wie aus Fachhochschulen und Hochschulen für Angewandte Wissenschaften mit wenigen Tausend Studierenden
- … der Hochschulverwaltung (Rektorat) ebenso wie die Perspektive von zentralen Supporteinrichtungen (IT-Abteilung/Rechenzentrum, Hochschuldidaktik)
- … von Lehrenden wie auch von Studierenden.

Vielfältig sind aber nicht nur die in diesem Sammelband vereinten Perspektiven auf das Thema, sondern auch die Form der Beiträge:

- Deskriptive und analytische Beiträge finden Sie ebenso, wie
- empirische Studien und
- (Kurz-)Interviews.

Das vorliegende Buch, das sich in seiner Betrachtung auf die Länder Deutschland, Österreich und Schweiz fokussiert, versucht damit der Vielfalt der Herangehensweisen unterschiedlicher Hochschulen an die Herausforderungen des Sommersemesters 2020 gerecht zu werden. Das Buch kann und soll nur eine Momentaufnahme des besonderen Sommersemesters 2020 – des sogenannten „Corona-Semesters" – sein.

Das Buch möchte damit eine Basis für die im Raum stehende zentrale Frage sein: Welche der im Sommersemester 2020 ausprobierten und eingeführten Veränderungen der Hochschullehre werden von Dauer sein und die Lehre auch zukünftig bereichern und prägen – und welche Aspekte der traditionellen Präsenzlehre werden wieder aufgegriffen, wenn die Hochschullehre nicht mehr im „Corona-Krisenmodus" läuft? Oder kurz gesagt: Das Buch möchte die Antwort erleichtern auf die Frage, wie Corona die Hochschullehre verändert.

## Der Aufbau dieses Buches

Um die aktuellen Entwicklungen und die Diskussion zur aktuellen Situation von Hochschulen einordnen zu können, ist es sicherlich zielführend zunächst noch einmal einen kurzen Blick auf die Verbreitung des Sars-CoV-2-Virus und die eingeleiteten Maßnahmen zur Eindämmung der Pandemie zu werfen. Dies geschieht – fokussiert auf die Aspekte der Bildungseinrichtungen (Schule und Hochschule – im Beitrag „Eine kurze Chronologie der Covid-19-Pandemie im Frühjahr 2020". In diesem Beitrag wird nochmals deutlich, wie sich der Rahmen für Hochschullehre innerhalb weniger Wochen veränderte und damit Lehrende und Studierende in ein massiv verändert ablaufendes Sommersemester führten.

Die rund 3,6 Mio. Studierenden aus Deutschland, Österreich und der Schweiz waren die größte Gruppe der von Corona betroffenen Hochschulangehörigen. Die studentische Perspektive auf das Corona-Semester soll daher auch am Beginn der Beiträge dieses Buches stehen: Ausgewählte Ergebnisse einer Studie mit mehr als 3.500 Studierenden aus den genannten Ländern werden im Beitrag **„Die Corona-Lehre: Wahrnehmung der Studierenden"** vorgestellt. Ziel der im Sommer 2020 durchgeführten Studie war es unter anderem, herauszufinden, wie Studierende die Qualität der Lehre, die Arbeitsbelastung im Corona-Semester und auch die veränderte Kommunikation mit Lehrenden und Mitstudierenden erlebt haben. Die Ergebnisse zeigen auch, dass die üblichen Formen der Interaktion im Unterricht nicht einfach in die Fernlernszenarien übertragen werden konnten. Nicht ganz überraschend treten in der Studie auch Unterschiede zwischen Studienanfängern und Studierenden aus höheren Semestern hervor.

Ergänzend zu den quantitativen Ergebnissen der empirischen Studie wurden auch Kurzinterviews mit zehn Studierenden aus den drei unterschiedlichen Ländern und aus verschiedenen Studienrichtungen und Studienabschnitten geführt. Diese sind im Kapitel **„Kurzinterviews mit Studierenden"** nachzulesen. Die Interviews verdeutlichen die teilweise massiven Auswirkungen, die die Umstellung von Präsenzlehre auf Online-Lehre für die einzelnen Studierenden und deren Studienalltag sowie den geplanten Studienablauf hatten.

Während die Studierenden auf die von den Lehrenden angebotene Form des Online-Unterrichts nur reagieren konnten, hatten die Lehrenden die Möglichkeit zu agieren. Sie konnten aus unterschiedlichen Gestaltungsmöglichkeiten die für ihre Themen und

Zielgruppen passenden Szenarien für die Online-Lehre auswählen. Beschränkt waren sie dabei im Wesentlichen von den technischen und organisatorischen Möglichkeiten und Rahmenbedingungen, die die Hochschulen als Organisation innerhalb kürzester Zeit an die Corona-Situation anzupassen versuchten.

Mareike Kehrer und Dr. Anne Thillosen stellen in ihrem Beitrag **„Hochschulbildung nach Corona – ein Plädoyer für Vernetzung, Zusammenarbeit und Diskurs“** die Personen und Personengruppen ins Zentrum ihrer Betrachtungen, die auf unterschiedliche Weise dazu beitragen, dass digitale Lehre erfolgreich an den Hochschulen umgesetzt wird. Anhand konkreter Beispiele zeigen die Autorinnen auf, inwiefern gerade die Zusammenarbeit der unterschiedlichen Akteure auch am Gelingen des besonderen Sommersemesters 2020 erheblichen Anteil hatte. In einer kurzen Bestandsaufnahme werden die beiden Erfahrungshorizonte nach und vor dem Auftreten der Corona-Pandemie als Bezugsrahmen für den Beitrag abgeleitet. Im Bezug darauf werden anschließend Veränderungen während des Corona-Semesters aus der Perspektive der verschiedenen Akteure beschrieben; dabei wird auch auf die Bedeutung der kollektiven Erfahrung des Online-Semesters eingegangen. Die abschließenden Gedanken zeigen, wie zentral Vernetzung, Zusammenarbeit und Diskurs für die Gestaltung der Hochschulbildung sind.

In seinem Beitrag **„Das Corona-Semester – die Zwangsumstellung auf Fernlehre aus Sicht der Hochschulleitung am Beispiel der Pädagogischen Hochschule Freiburg“** verdeutlicht Prof. Dr. Georg Brunner wie Hochschulleitungen die Leitlinie der Kultusministerkonferenz („es soll kein verlorenes Semester sein“) in entsprechende Beschlüsse überführten, um ein Aussetzen der Präsenzlehre und die Durchführung des vollständigen Lehrangebots zu ermöglichen. Der Autor nimmt dabei verschiedene Aspekte dieses Prozesses aus der Sicht der Hochschulleitung am Beispiel der PH Freiburg in den Blick: Nach einer kurzen Schilderung der Ausgangslage liegt der Fokus auf der Darstellung der Infrastruktur, von organisatorischen Maßnahmen, der Vorbereitung des Kollegiums, weitere betroffene Bereiche der Hochschule und mündet schließlich in die Betrachtung von Erfahrungen, Auswirkungen und möglichen Weiterentwicklungen.

Prof. Dr. Bettina Greimel-Fuhrmann, Dr. Julia Riess, Tim Loibl und Susanne Schuster möchten in ihrem Beitrag **„Lehren aus der Distanzlehre ziehen – eine Interviewstudie zur Distanzlehre an der Wirtschaftsuniversität Wien“** das Erleben des Corona-Semesters durch die Lehrenden und Lernenden nachvollziehen sowie die Auswirkungen auf das Lehren und Lernen aus der Sicht der Lehrenden und Lernenden darstellen und daraus Schlussfolgerungen für die zukünftige Gestaltung der Lehre an Universitäten ableiten. Ihr Beitrag basiert hierfür auf zwei empirischen Forschungsarbeiten, welche die plötzliche Umstellung der universitären Lehre auf Distanzlehre im Zuge der Corona-Krise sowie die damit verbundenen Veränderungen für das Lehren und Lernen an der Wirtschaftsuniversität Wien aus Lehrenden- und Studierendensicht untersuchen.

Prof. Dr. Gerhard Schneider skizziert in seinem Beitrag **„Von 0 auf 10 in 25 Jahren und von 10 auf 100 in zwei Wochen: E-Learning an der Universität Freiburg“** aus der Perspektive des Prorektors für Digitale Transformation welche langjährigen

Erfahrungen an der Uni Freiburg im Bereich des elektronischen Lehrens gemacht wurden und wie diese zur Basis für die digitale Lehre des Corona-Semesters wurden. Der Rückblick auf das Semester an dieser Universität zeigt auch auf, wo die Digital Natives teilweise noch nicht für die überraschenden Anforderungen der Online-Lehre gerüstet waren.

Ergänzend zu den vorangegangenen Betrachtungen der Hochschulleitungen aus Universitäten und Pädagogischen Hochschulen bringt der Beitrag von Prof. Dr. Andrea Kienle und Prof. Dr. Tamara Appel unter dem Titel **„In 25 Tagen in die digitale Welt: Das Online-Semester an der Fachhochschule Dortmund“** die Perspektive der kleineren und praxisorientierteren Fachhochschulen und Hochschulen für Angewandte Wissenschaften (HaW) ein. Die beiden Autorinnen dokumentieren nicht nur an konkreten Unterrichtsbeispielen, wie die Online-Lehre an einer HaW gestaltet wurde, sondern umreißen auch, welche Ausblicke sich auf die folgenden – wohl noch immer von Corona beeinflussten Semester – ergeben.

Neben dem Handlungsrahmen, den die Hochschulleitung durch entsprechende Beschlüsse schafft und absteckt, war die Unterstützung der Lehrenden durch zentrale Abteilungen wie Rechenzentrum sowie (hochschul-)didaktische Supporteinrichtungen von zentraler Bedeutung für die Handlungsfähigkeit der Lehrenden und den Erfolg der Online-Lehre im Sommersemester 2020. Armin Rubner verdeutlicht dies in seinem Beitrag **„Logbuch Digitale Lehre: Nachrichten aus dem Maschinenraum“.** In seiner Funktion als Leiter der Abteilung eUniversity stellt der Autor dar, welche Arbeiten – quasi unter Deck (um im Bild von Herrn Rubner zu bleiben) – notwendig waren, um die Ludwig-Maximilians-Universität München mit über 50.000 Studierenden innerhalb kürzester Zeit auf den Kurs zur erfolgreichen Online-Lehre zu bringen; und welche Eisberge dabei die Fahrt „in stürmischer See“ beeinflussten.

In einigen Teilen anders und in einigen Teilen auch überraschend ähnlich wie bei einer großen Universität, erwiesen sich die Anforderungen, die sich an einer deutlich kleineren Hochschule für Angewandte Wissenschaften in Corona-Zeiten ergaben: Der Beitrag **„In vier Wochen online für alle! Das digitales Semester an der Hochschule Furtwangen“** von Dr. Sandra Hübner und Satjawan Walter demonstriert am Beispiel der Hochschule Furtwangen (HFU) welche Vorbereitungen auf das rein digitale Semester in nicht mehr als vier Wochen notwendig waren: In Windeseile galt es nicht nur die technischen Voraussetzungen zu optimieren oder gar neue bereitzustellen, sondern auch die Protagonisten – also Lehrende wie Studierende – auf dieses Szenario vorzubereiten. Welche organisatorischen Gegebenheiten haben diesen „Kraftakt“ unterstützt, welche ihn erschwert? Welche Maßnahmen wurden ergriffen und zu welchen Resultaten hat das geführt? Wie ist das digitale Semester an der HFU verlaufen? Der Beitrag schildert, wie Lehre in virtuellen Präsenzvorlesungen via Online-Konferenzsystem und/oder in Selbstlernkursen auf der hochschulweiten Lernplattform stattfand.

Ebenfalls aus der Perspektive der Leiterin einer zentralen Supporteinrichtung beschreibt Dr. Jutta Pauschenwein zusammen mit Irmgard Schinnerl-Beikircher unter dem Titel **„Online-Lehre – funktioniert ja! Unterricht in Zeiten des Lockdown an**

**der FH Joanneum"** wie bisher an Hochschulen mit der Online-Lehre experimentiert wurde. Obwohl die Online-Lehre entscheidende Vorteile mit sich brachte, gab es an den Hochschulen erhebliche Widerstände gegen virtuelles Lehren und Lernen, da der persönliche Kontakt mit den Studierenden online anders abläuft. Zudem müssen Lernmaterialien sowie Aufgaben verändert werden, Lehrende haben weniger Kontrolle und üben eine Anleitungs- und Moderationsfunktion aus. Die im Corona-Semester erzwungene Online-Lehre führte zu disruptiver Innovation, wie die Autorinnen in ihren Beitrag zeigen.

Gerade in Veränderungsprozessen und im Change- aber auch Krisenmanagement kommt der Kommunikation mit den Beteiligten und Betroffenen eine wesentliche Rolle zu. Prof. Dr. Sachar Paulus beschreibt in seinem Beitrag **„Das Corona-Semester an der Hochschule Mannheim"**, wie die genannte Hochschule dabei vorgegangen ist, welche Freiheiten sie den Lehrenden einräumte, um vielfältige sowie unterschiedliche Formen von Online-Lehre zu ermöglichen. Und – auch das wird im Beitrag deutlich – neben diesen Herausforderungen bestand eine weitere wesentliche Herausforderung des Sommersemesters darin, die Lernenden trotz Online- und Distance-Learning miteinander in Kontakt zu bringen.

Neben den bereits erwähnten Kurzinterviews mit Studierenden wurden auch Kurzinterviews mit Lehrenden des Sommersemesters 2020 geführt. Im Kapitel **„Kurzinterviews mit Expert*innen aus Deutschland"** finden Sie die Eindrücke und Wahrnehmungen des Corona-Semesters von sechs befragten deutschen Lehrenden und Bildungsexperten.

Daran anknüpfend betrachtet Prof. Michael Mair in seinem Beitrag **„Lehren aus dem Sommersemester 2020 an der FHWien der WKW"** das Sommersemester aus didaktischer Perspektive und arbeitet dabei als zentrale Erfolgsfaktoren drei Aspekte heraus: Intensive Kommunikation mit den Studierenden, klare Strukturen und Spielregeln für die gesamte Veranstaltung und Fokussierung auf die Lernergebnisse.

Den Blick in die Zukunft richtet der Beitrag **„Das Corona-Virus als Treiber der Digitalisierung? Eine kritische Analyse am Beispiel der Universität Potsdam"** von Jörg Hafer, Dr. Peter Kostädt und Prof. Dr. Ulrike Lucke, die in ihrem Text der Frage nachgehen, welcher Natur die durch Corona ausgelösten Veränderungen waren bzw. sind – ausgehend sowohl von den unternommenen Maßnahmen als auch von den erzielten Resultaten – und inwiefern diese Veränderungen sich dauerhaft in der Hochschullehre niederschlagen. Dabei werden förderliche und hemmende Faktoren identifiziert, die in Empfehlungen für weitere Digitalisierungsvorhaben übersetzt werden.

Während die vorangegangenen Beiträge die Auswirkungen der Covid-19-Pandemie auf die Hochschullehre aus der Perspektive der Hochschulleitung oder der zentralen Support-Einrichtungen oder der Lehrenden thematisierten, richten die folgenden Beiträge ihren Blick (auch) auf konkrete Beispiele von digitalen Lehr- und Lernmedien bzw. entsprechender Unterrichtsgestaltung.

Den Anfang macht der Beitrag **„Technologiegestützte Lehre an der TU Graz in der Covid-19-Pandemie: Das Beispiel des ReDesign-Canvas als ein Hilfsmittel der didaktisch-methodischen Neugestaltung von Lehrveranstaltungen"**, in dem Dr.

Sandra Schön, Clarissa Braun, Katharina Hohla, Prof. Dr. Annette Mütze und PD Dr. Martin Ebner erläutern, wie der „ReDesign-Canvas" beim didaktischen Re-Design in einem konkreten Fallbeispiel eingesetzt wurde. Der Beitrag schließt mit einem Ausblick über die geänderten Voraussetzungen und Strategien für die technologiegestützte Lehre in den kommenden Monaten.

Ebenfalls ein konkretes Lernmedium steht im Zentrum des Beitrags von Prof. Dr. Andreas Hebbel-Seeger mit dem Titel **„Technologien und Techniken in der (Online-) Lehre: Video, PodCast und Partizipation".** Ausgehend von eigenen Erfahrungen wird im vorliegenden Beitrag der Fokus auf die Nutzung von Videotechnologien und PodCast gelegt: Das in einem Blended Learning-Format angelegte und Technik-orientierte Enabling von Lehrenden wird beschrieben, Beispiele des Einsatzes von Videos in unterschiedlichen didaktischen Settings werden in dem Beitrag reflektiert und der Wert eines PodCasts für Motivation und Weiterbildung wird diskutiert.

Eine konkrete Veranstaltung und deren Umsetzung im Sommersemester 2020 wird im Text **„#Covid-19: Beobachtungen, Beschreibungen, Analysen und Reflexionen aus studentischer Sicht"** von Prof. Dr. Sandra Hofhues und Prof. Dr. Kai-Uwe Hugger dargelegt: Im Artikel rücken zunächst exemplarische Ereignisse und Überlegungen zwischen Corona-, Digital- und Solidarsemester in den Fokus, die im Sommersemester 2020 zu einem neuen Seminarangebot mit dem Titel „#Covid-19: Beobachtungen, Beschreibungen, Analysen und Reflexionen aus studentischer Sicht" geführt haben. Dieses Seminar wird vorgestellt und vor dem Hintergrund der Aneignung von Medienkompetenz und medienpädagogischer Kompetenz reflektiert.

Konkrete Tools und Szenarien werden auch immer wieder in den **„Kurzinterviews mit Expert*innen aus Österreich"** angesprochen, die die Eindrücke und Wahrnehmungen des Corona-Semesters von fünf befragten österreichischen Lehrenden zusammenfassen.

Dass der Unterricht im Sommersemester 2020 komplett anders gestaltet sein muss, war bereits Anfang des Jahres klar; mit fortschreitendem Semester wurde aber auch zunehmend deutlicher, dass auch die Prüfungszeit und die Prüfungsformate an die Situation der Pandemie angepasst werden mussten. Sören Diel, Prof. Dr. Torsten Eymann, Matthias Kollenda, Prof. Dr. Friedrich Sommer und Sandra Storz beschreiben in ihrem Beitrag mit dem Titel **„Online-Klausuren: Rahmenbedingungen, Implementierung und Evaluation"** die rechtlichen und technischen Rahmenbedingungen sowie die Implementierung von Online-Klausuren an der Universität Bayreuth. Auf Basis der Befragung von Studierenden im Nachgang solcher Prüfungen werden die Gründe für bzw. gegen die Teilnahme an dieser Prüfungsform, die studentische Beurteilung des Systems sowie die Gründe für die (Nicht-)Teilnahme an einer weiteren derartigen Prüfung eruiert.

Prof. Dr. Martin Lehner und Dr. Kurt Sohm wählen für ihre Betrachtungen zum Thema **„Qualität, didaktische Methodik und Digitalität: Erfahrungen und Reflexionen an der Fachhochschule Technikum Wien"** eine Metaperspektive und thematisieren die Frage, wie hochschulinterne Qualitätssicherung erfolgreich sein kann.

Der Blick auf die aktuelle Corona-Situation sowie die Zukunftstauglichkeit der aktuellen hochschuldidaktischen Formate und Settings ist ein wesentlicher Beitrag des in dem Test dargelegten Qualitätsverständnisses.

Während am Beginn des Buches die Vorstellung einer empirischen Studie mit befragten Studierenden steht, präsentieren Prof. Dr. Kerstin Göbel, Prof. Dr. Elena Makarova, Katharina Neuber und Tomas Kaqinari im Beitrag **„Der Übergang zur digitalen Lehre an den Universitäten Duisburg-Essen und Basel in Zeiten der Corona-Pandemie“** die Ergebnisse der Befragung von Lehrenden an den beiden genannten Hochschulen in Deutschland und der Schweiz. Der deskriptive Vergleich der Befragungsergebnisse beider Universitäten lässt ähnliche Erfahrungen der Dozierenden mit der Umstellung auf Online-Lehre erkennen. Insgesamt erweist sich, dass die Vorbereitung und Durchführung der digitalen Lehre im Frühjahrssemester der Schweizer Hochschulen bzw. im Sommersemester 2020 an deutschen und österreichischen Hochschulen mit ambivalenten Erfahrungen und Emotionen einhergingen.

Den Blick in die Zukunft der Hochschullehre nach Corona wagen in ihrem Beitrag **„Vom Krisenmodus zum agil-stabilen Management: Wie Corona die Lehre an Hochschulen verändert hat und verändern wird: Fallbeispiel FH des BFI Wien Hochschule für Wirtschaft, Management und Finance, Wien“** Prof. Dr. Andreas Breinbauer und Eva Schiessl: Es wird in dem Beitrag deutlich, wie flexibel Hochschulen auch mit ihrer strategischen Ausrichtung auf aktuelle Entwicklungen reagieren müssen – und können.

Jürgen Handke schließt die Beitragssammlung mit seinem Text **„Asynchrone Wissensvermittlung – nicht nur in Corona-Zeiten“**, in dem er – nach einer Bestandsaufnahme – mit den reflexartigen Notfalllösungen (des Emergency Remote Teaching) ins Gericht geht und aufzeigt, wie die Lehre – unabhängig von einer Pandemiekrise und den dadurch eingeschränkten Präsenzmöglichkeiten – den Herausforderungen des 21. Jahrhunderts standhält.

Dieser Sammelband möchte gleichermaßen Dokumentation der Entwicklungen des besonderen Sommersemesters 2020 sein, wie auch die Leserinnen und Leser zur kritischen und reflexiven Auseinandersetzung mit den vorgestellten Unterrichtsszenarien und -medien anregen und einladen. Hierbei wünschen wir Ihnen einen spannenden Erkenntnisgewinn!

Furtwangen im Schwarzwald
Wien
im Herbst 2020

Prof. Dr. Ullrich Dittler
Hon.-Prof. Dr. Christian Kreidl

## Literatur

Bauer, Reinhard; Hafer, Jörg; Hofhues, Sandra; Schiefner-Roths, Mady; Thillosen, Anne; Volk, Benno & Wannemacher, Klaus. (Hrsg.) (2020). Vom E-Learning zur Digitalisierung: Mythen, Realitäten, Perspektive. Münster: Waxmann Verlag.

Deutschlandfunk. (2020). „Ein Nullsemester wäre keine gute Option". Theresia Bauer im Gespräch mit Kate Maleike. https://www.deutschlandfunk.de/wissenschaftsminister-einigen-sich-ein-nullsemester-waere.680.de.html?dram:article_id=473999.

Dittler, Ullrich & Kreidl, Christian. (2017). Entwicklung des Hochschulwesens und dessen aktuelle Situation in der kritischen Betrachtung. In: Dittler, U. & Kreidl, Ch. (Hrsg.). Hochschule der Zukunft: Beiträge zur zukunftsorientierten Gestaltung von Hochschulen. Wiesbaden: Springer VS. S. 15–34.

Doebli Honegger, Beat. (2020). Warum sich der Covid-19-Notfallfernunterricht nicht als Diskussionsgrundlage für zeitgemässe Bildung in einer Kultur der Digitalität eignet. https://beat.doebe.li/publications/2020-beat-doebeli-honegger-warum-sich-der-notfallfernunterricht-nicht-als-diskussionsgrundlage-eignet.pdf.

Geier, Andrea. 2020. Das Sommersemester muss ein „Nicht-Semester" werden. Hochschulforum Digitalisierung. https://hochschulforumdigitalisierung.de/de/blog/nicht-semester-offener-brief.

Getto, Barbara; Hintze, Patrick & Kerres, Michael (Hrsg.). (2018). Digitalisierung und Hochschulentwicklung: Proceedings zur 26. Tagung der Gesellschaft für Medien in der Wissenschaft e. V. Münster: Waxmann Verlag.

Himmelrath, Armin & Egbers, Julia. (2020). Das Schuljahr nach Corona: Was sich nun ändern muss. Bern (CH): hep.

Hodges, Charles; Moore, Staphanie; Lockee, Barb; Trus, Torrey & Bond, Aaron. (2020). The Difference Between Emergency Remote Teaching and Online Learning. https://er.educause.edu/articles/2020/3/the-difference-between-emergency-remote-teaching-and-online-learning

Kreidl, Christian. (2011). Akzeptanz und Nutzung von E-Learning-Elementen an Hochschulen: Gründe für die Einführung und Kriterien der Anwendung von E-Learning. Münster: Waxmann.

Zierer, Klaus. (2020). Herausforderung Homeschooling: Theoretische Grundlagen und empirische Ergebnisse zum Fernunterricht. Baltmannsweiler: Schneider Hohengehren.

# Inhaltsverzeichnis

# Autorenverzeichnis

**Prof. Dr. Tamara Appel** ist seit Dezember 2012 Professorin für Chemie, Oberflächentechnik und Korrosion an der Fachhochschule Dortmund. Seit Juli 2019 übernahm sie das Amt der Prorektorin für Lehre und Studium. Sie ist federführend verantwortlich für die Ruhrmasterschool, einem Lehrverbund der Fachhochschule Dortmund, der Hochschule Bochum und der westfälischen Hochschule in Gelsenkirchen. Sie setzt sich insbesondere für eine kontinuierliche Weiterbildung bei Lehrenden ein.

**Clarissa Braun** ist Instructional Designerin in der Organisationseinheit „Lehr- und Lerntechnologien" an der Technischen Universität Graz und als Projektmitarbeiterin im Bereich E-Didaktik an Hochschulen tätig. Sie studierte höheres Lehramt an beruflichen Schulen Sozialpädagogik/Pädagogik und Englisch an der Eberhard Karls Universität Tübingen. Ihre inhaltlichen Schwerpunkte liegen in der Weiterbildung von Lehrenden und der Entwicklung von Blended-Learning-Szenarien mit Online-Kursen an Hochschulen.

**Prof. (FH) Dr. Andreas Breinbauer** ist Rektor der FH des BFI Wien und leitet hier auch die Studiengänge „Logistik und Transportmanagement" (Bachelor- und Masterstudiengänge). Seit 2017 ist er Präsidiumsmitglied der österreichischen Fachhochschulkonferenz (FHK), Leiter des FHK-Ausschusses „Lehre" und seit 2018 Vizepräsident der FHK, sowie Beiratsmitglied der Ombudsstelle für Studierende im BMBWF. Entsprechend breit sind seine Forschungsinteressen: Logistik, Supply Chain Management, Transport, Infrastruktur, Investitionsbedingungen und Standortforschung (hier in jüngster Zeit vor allem im Zusammenhang mit der chinesischen Seidenstraßeninitiative („Belt and Road Initiative)). Außerdem beschäftigt sich Andreas Breinbauer mit Fragen der Hochschuldidaktik, des Hochschulmanagements und entsprechenden Rechtsfragen, insbesondere den FH-Bereich betreffend.

**Prof. Dr. Georg Brunner** ist seit 2005 als Professor für Musik und ihre Didaktik an der Pädagogischen Hochschule Freiburg tätig. Seine Arbeitsschwerpunkte liegen im Bereich der Unterrichts- und Lehr-/Lernforschung, Themen der Musiksoziologie (z. B. Jugendkulturen, Musik der rechten Szene, Fangesänge) sowie der Lehrerfortbildung. Seit 2016 ist er Prorektor für Lehre und Studium an der Pädagogischen Hochschule Freiburg. 2019 wurde das Amt um den Bereich Digitalisierung erweitert (und in dieser Funktion verantwortlich für die Bereiche Hochschuldidaktik und E-Learning).

**Sören Diel** ist wissenschaftlicher Mitarbeiter des Lehrstuhls für Betriebswirtschaftslehre, insb. Wirtschaftsinformatik an der Universität Bayreuth und der Projektgruppe Wirtschaftsinformatik des Fraunhofer FIT. Die inhaltlichen Schwerpunkte von ihm liegen im Bereich Akzeptanz digitaler Technologien, digitale Transformation im Bildungswesen sowie Digitalisierung im Sport. Seine Dissertation verfasst er zum Themenbereich Technologieakzeptanz und sozialpsychologische Auswirkungen der digitalen Transformation. Diel ist Autor von diversen Beiträgen auf anerkannten Konferenzen und in Fachzeitschriften im Bereich Wirtschaftsinformatik.

**Prof. Dr. Ullrich Dittler** hat seit 2000 die Professur Interaktive Medien an der Fakultät Digitale Medien der Hochschule Furtwangen inne und unterrichtet unter anderem Medienpsychologie und E-Learning & Online-Learning. Dittler hat zahlreiche Bücher zu E-Learning sowie zu medienpsychologischen Themen veröffentlicht und zahlreiche (teilweise preisgekrönte) Lehrmedien entwickelt. Darüber hinaus war Dittler von 2008 bis 2019 Mitglied des Lenkungsausschusses für Hochschuldidaktik des Landes Baden-Württemberg. Ebenfalls seit 2008 ist er stellv. Leiter des Informations- und Medienzentrums (IMZ) der Hochschule Furtwangen (und in dieser Funktion verantwortlich für die Abteilungen Learning Services und die Bibliotheken). Von 2009 bis 2018 war er Mitglied des Hochschulrats der Hochschule Furtwangen.

**Priv.-Doz. Dr. Martin Ebner** ist Leiter der Abteilung Lehr- und Lerntechnologien an der Technischen Universität Graz und ist dort für sämtliche E-Learning-Belange zuständig. Zudem forscht und lehrt er als habilitierter Medieninformatiker (Spezialgebiet: Bildungsinformatik) am Institut für Interactive Systems and Data Science rund um technologiegestütztes Lernen. Seine Schwerpunkte sind Seamless Learning, Learning Analytics, Open Educational Resources, Maker Education und informatische Grundbildung. Er bloggt unter http://E-Learningblog.tugraz.at und weitere Details finden Sie unter http://www.martinebner.at.

**Prof. Dr. Torsten Eymann** ist seit 2004 Lehrstuhlinhaber für Wirtschaftsinformatik an der Universität Bayreuth und stellvertretender Leiter der Projektgruppe Wirtschaftsinformatik des Fraunhofer FIT. Seit 2015 ist er Vizepräsident der Universität Bayreuth für Digitalisierung und Innovation und Mitglied der CIO-Runde der bayrischen Universitäten. Seine Forschungsschwerpunkte liegen in der digitalen Transformation im Bildungswesen, dem Einsatz künstlicher Intelligenz und anderer digitaler Technologien im Gesundheitswesen, sowie Entrepreneurship und digitalen Geschäftsmodellen. Er ist Autor mehrerer Bücher und von mehr als 100 Journal- und Konferenzbeiträgen. 2013 bis 2016 war er Sprecher des Fachbereichs Wirtschaftsinformatik der deutschen Gesellschaft für Informatik (GI). Er ist Organisator verschiedener Workshops und Konferenzen zum Thema Wirtschaftsinformatik, Hochschulbildung, Entrepreneurship und Innovation.

**Univ.-Prof. Dr. Bettina Fuhrmann** ist Universitätsprofessorin für Wirtschaftspädagogik und seit 2016 Vorständin des Instituts für Wirtschaftspädagogik an der Wirtschaftsuniversität Wien (WU). Sie hatte Gastprofessuren bzw. Lehraufträge an der Bentley University Boston und den Universitäten Innsbruck und Konstanz und hielt Gastvorträge an den Universitäten Mannheim, Köln und Graz sowie an der TU Chemnitz. Ihre Arbeits- und Forschungsgebiete sind die Wirtschaftsbildung mit dem Schwerpunkt Finanzbildung, die Weiterentwicklung der Wirtschaftsdidaktik sowie Fragen zur Unterrichtsqualität und zum Einsatz komplexer und innovativer Unterrichtsmethoden und -medien. Als Herausgeberin und Autorin zahlreicher Lehrbücher für den wirtschaftswissenschaftlichen Bereich ist ihr die verständliche, praxisorientierte und motivierende Vermittlung von Wirtschaftswissen ein großes Anliegen. Darüber hinaus ist sie Autorin einer Reihe von Publikationen zu Wirtschafts- und Finanzbildung in Österreich, da sie in diesem Bereich in den letzten Jahren zahlreiche Forschungsprojekte initiiert und geleitet hat.

**Prof. Dr. Kerstin Göbel** ist Professorin für Erziehungswissenschaft an der Fakultät für Bildungswissenschaften der Universität Duisburg-Essen. Ihre Arbeitsschwerpunkte liegen in den Bereichen interkulturelle und interlinguale Lehr-/Lernprozesse im Unterricht, Akkulturation und schulisches Engagement sowie Reflexionsunterstützung in der Lehrerbildung durch die Nutzung von Unterrichtsvideos und Schülerrückmeldungen. In einem aktuellen international ausgerichteten Projekt arbeitet sie zum Übergang von konventionellen Lehrveranstaltungen zur digitalisierten Hochschullehre und untersucht, welche kurz- und langfristigen Auswirkungen die Umstellung auf eine digitalisierte Lehre für die Lehrenden darstellt. Die Ergebnisse sollen helfen, die Erfahrungen, Einstellungen und Bedürfnisse des akademischen Personals in dieser herausfordernden Zeit besser zu verstehen und international vergleichend zu betrachten. (CRTS-Study; Coronavirus-Related Teaching Situation Study).

**Jörg Hafer** leitet den Bereich Lehre und Medien im Zentrum für Qualitätsentwicklung in Lehre und Studium (ZfQ) der Universität Potsdam. Er ist im ZfQ neben der Leitungstätigkeit vor allem in der Beratung, Konzeption und Projektsteuerung von E-Learning-Vorhaben tätig. Schwerpunkte seiner Arbeit liegen neben der Hochschulentwicklung im Bereich der Kopplungs- und Wirkungszusammenhänge von medienkulturellen Entwicklungen (Web 2.0/Digitalisierung) und E-Learning, der Qualitätsentwicklung und Evaluationsforschung sowie der transdisziplinären Entwicklung digitaler Bildungstechnologien. Er ist Mitglied des Vorstands der GMW sowie des Xinnovations e. V. und aktiv im E-Learning Netzwerk Brandenburg.

**Prof. Dr. Jürgen Handke** ist Anglist/Linguist an der Philipps-Universität Marburg, hat mehrere Bücher im Bereich Sprachwissenschaft, Sprachtechnologie, sowie E-Education verfasst und bemüht sich seit Jahren um die Nutzung digitaler Lehr-, Lern- und Prüfungsszenarien in der Hochschullehre. Er ist Mitglied im Kernkompetenzteam des „Hochschulforums Digitalisierung“ und Mitglied der Strukturkommission für die neuzugründende Universität Nürnberg. Handke ist der deutsche Hauptvertreter des Inverted Classroom Models, mit dem er in der Mastery-Variante im Jahr 2013 Preisträger des Hessischen Hochschulpreises für Exzellenz in der Lehre 2013 geworden ist. 2015 erhielt er mit dem Ars legendi-Preis den höchsten deutschen Lehrpreis für „Digitales Lehren und Lernen" vom Deutschen Stifterverband und der Hochschulrektorenkonferenz. 2016 gewann er mit seinem Flüchtlings-Sprachkurs #DEU4ARAB, einem MOOC mit mehr als 3.100 Teilnehmern, den Innovationspreis der deutschen Erwachsenenbildung. Seit Juni 2017 leitet er das BMBF-Projekt H.E.A.R.T., das den Einsatz humanoider Roboter in der Hochschullehre erprobt und evaluiert.

**Prof. Dr. Andreas Hebbel-Seeger** ist Professor für Medienmanagement am Campus Hamburg der Hochschule Macromedia. Er studierte Erziehungswissenschaft, Sport und Deutsch an der Universität Hamburg. Nach Staatsexamen und Promotion absolvierte er zunächst sein Referendariat im Schuldienst und trat anschließend eine Hochschullehrerstelle am Fachbereich Sportwissenschaft der Universität Hamburg an. Später vertrat er an der Universität Augsburg am Institut für Medien und Bildungstechnologie die Professur für digitale Medien, bevor er zurück in den Norden auf seine aktuelle Stelle wechselte. Sein Schwerpunkt in Forschung und Lehre liegt auf der Nutzung digitaler Medien zu Lehr-, Lern- und Marketingzwecken. Aktuell ist er beteiligt an einem BMBF-geförderten Forschungsverbundprojekt zur Nutzung von Videotechnologien im Kontext forschenden Lernens unter Crowd-Bedingungen im Themenfeld der Nachhaltigkeit.

**Prof. Dr. Sandra Hofhues** ist Professorin für Mediendidaktik im Institut für Bildungswissenschaft und Medienforschung der FernUniversität in Hagen. Sie war zuvor Juniorprofessorin für Mediendidaktik/Medienpädagogik im Department Erziehungs- und Sozialwissenschaften der Humanwissenschaftlichen Fakultät der Universität zu Köln.

**Katharina Hohla** absolvierte ein Lehramtsstudium mit den Unterrichtsfächern Italienisch und Informatik an der Universität Graz bzw. der Technischen Universität Graz und ist seit 2018 an der Technischen Universität Graz in der Organisationseinheit „Lehr- und Lerntechnologien" tätig. Ihre Aufgabenbereiche liegen u. a. im technischen Support des Lernmanagementsystems der TU Graz, in der Betreuung der MOOC-Plattform iMooX.at, der Erstellung von Lehr- und Lernunterlagen und dem mediendidaktischen Design von Lehr- und Lernszenarien.

**Prof. Dr. Kai-Uwe Hugger** ist Professor für Medienpädagogik/Mediendidaktik im Department Erziehungs- und Sozialwissenschaften der Humanwissenschaftlichen Fakultät der Universität zu Köln. Seine Forschungsschwerpunkte sind: Mediensozialisation von Kindern und Jugendlichen, Medienkompetenz, medienpädagogische Professionalisierung.

**Dr. Sandra Hübner** arbeitet seit 2008 in der Abteilung Learning Services des Informations- und Medienzentrums der Hochschule Furtwangen (HFU). Als Leiterin der Abteilung koordiniert sie die Unterstützung der Dozierenden in der Digitalisierung der Lehre an der HFU. Konkret gehört dazu die Beratung von Professorinnen und

Professoren, Mitarbeitenden in der Lehre, Fakultäten und Zentrale Einrichtungen zur Konzeption und Umsetzung von digitaler Lehre. Frau Dr. Hübner ist ausgebildete Psychologin mit den Studienschwerpunkten Erwachsenenbildung, Lehren und Lernen mit Neuen Medien und Arbeits- und Organisationspsychologie.

**Tomas Kaqinari** ist Doktorand und wissenschaftlicher Mitarbeiter am Institut für Bildungswissenschaften an der Universität Basel. In seinem Doktoratsprojekt widmet er sich der digitalen Transformation auf Ebene der Hochschule. Im Fokus steht die Identifizierung förderlicher und hinderlicher Faktoren des Übergangs von Hochschullehrenden in den digitalen Raum und der Nutzung von Technologien für die Lehre. Diese Forschung ist Teil einer ländervergleichenden Studie, die im Zuge der Covid-19-Pandemie ins Leben gerufen wurde und Veränderungsprozesse von Dozierenden im Rahmen ihres Lehrauftrages während des Ausfalls von Präsenzveranstaltungen untersucht.

**Mareike Kehrer** ist seit 2017 wissenschaftliche Mitarbeiterin am Leibniz-Institut für Wissensmedien (IWM) in Tübingen, wo sie sich aus bildungswissenschaftlicher Perspektive mit dem Einsatz digitaler Medien in der Hochschullehre befasst. Ihre Forschungsschwerpunkte sind u. a. die Verstetigung innovativer Digitalisierungsprojekte sowie die Gestaltung hybrider Lernräume. Ein wichtiges Anliegen ist ihr der Wissenstransfer im Bereich Forschung und Praxis sowie die Vernetzung unterschiedlichster Hochschulakteure, was sie am IWM durch eine enge Zusammenarbeit mit dem E-Learning-Informations- und Qualifizierungsportal eteaching.org realisieren kann. Von 2011 bis 2017 war Mareike Kehrer als Dozentin im Fachbereich Mediendidaktik an der Pädagogischen Hochschule Weingarten tätig.

**Prof. Dr. Andrea Kienle** ist seit September 2009 Professorin für Wirtschaftsinformatik an der Fachhochschule Dortmund. Ab März 2015 ist sie Mitglied des Rektorats der Fachhochschule, bis Juni 2019 als Prorektorin für Forschung, Entwicklung und Transfer, seit Juli 2019 als Prorektorin für Digitalisierung. Sie beschäftigt sich in Lehre und Forschung mit der Gestaltung von Systemen zur Unterstützung kooperativen Arbeitens und Lernens sowie des Wissensmanagements. Als stellvertretende Sprecherin der Fachgruppe Medien und Interaktion im Graduierteninstitut NRW setzt sich Andrea Kienle für die Förderung von Promotionen an Fachhochschulen ein. Seit 2007 ist sie Mitglied im Leitungsgremium der FG Bildungstechnologien der Gesellschaft für Informatik.

**Matthias Kollenda** ist Studiengangskoordinator für den Fachbereich Volkswirtschaftslehre an der Rechts- und Wirtschaftswissenschaftlichen Fakultät der Universität Bayreuth. Er begleitet die volkswirtschaftlichen Studiengänge an der Schnittstellenposition zwischen Professorinnen und Professoren, den Studierenden sowie dem administrativen Bereich und beschäftigt sich u. a. mit Fragen der thematischen Schwerpunktsetzung dieser Studiengänge sowie deren perspektivischer Ausrichtung. Seit April 2020 ist er Projektmanager der Implementierung von WISEflow an der Universität Bayreuth und begleitete die universitätsweite Einführung des Systems sowie die anschließende Durchführung der Klausurphasen.

**Dr. Peter Kostädt** ist seit 2019 als Chief Information Officer (CIO) der Universität Potsdam tätig. Er berät die Hochschulleitung bei der strategischen Ausrichtung der Informations- und IT-Infrastrukturen und übt darüber hinaus die Weisungsbefugnisse gegenüber der Universitätsbibliothek und dem Zentrum für Informationstechnologie und Medienmanagement aus. Er ist Mitglied im DINI-Hauptausschuss, im KOBV-Kuratorium, im Beirat der Elektronischen Zeitschriftenbibliothek und in verschiedenen hochschulinternen Steuerungsgruppen.

**Hon.-Prof. Dr. Christian Kreidl** ist selbstständiger Trainer in der Erwachsenenbildung und Vortragender an zahlreichen Hochschulen, beispielsweise an der Wirtschaftsuniversität Wien, der Fachhochschule des BFI Wien oder der FH Wien der WKW. Die inhaltlichen Schwerpunkte des Wirtschaftspädagogen liegen im Bereich finanzielles Management, betriebliches Rechnungswesen sowie Corporate Finance. Seine Dissertation verfasste er zum Themenbereich E-Learning. Sein Unternehmen beschäftigt sich intensiv mit der Methode Planspiele, generell mit didaktischen Konzepten und Umsetzungen sowie Unterrichtsgestaltung. Kreidl ist Autor bzw. Herausgeber von zahlreichen Lehrbüchern und Seminarunterlagen und publiziert auch immer wieder zum Bereich E-Learning, Unterrichtsgestaltung und Einsatz von neuen Medien.

**Prof. (FH) Priv.-Doz. Dr. Martin Lehner,** Promotion und Habilitation in Erziehungswissenschaft, leitet das Department „Entrepreneurship & Communications" an der Fachhochschule Technikum Wien, an der er von 2015 bis 2018 das Vizerektorat für Lehre innehatte. Nach seiner Tätigkeit als Personalentwickler bei IBM war er mehrere Jahre lang selbstständiger Trainer und Berater, anschließend Prozesscoach bei der TUI. Von 1998 bis 2005 war er Professor an der Fachhochschule Vorarlberg, drei Jahre lang auch Vizerektor. Er leitet seit vielen Jahren didaktische Workshops und ist Autor einschlägiger Veröffentlichungen, zuletzt erschienen: Viel Stoff – wenig Zeit, 5. Aufl. Bern 2020; Didaktische Reduktion, 2. Aufl. Bern 2020; Didaktik, Bern 2019.

**Tim Loibl** maturierte 2015 mit dem Schwerpunkt Informationstechnologie an der Handelsakademie in Vöcklabruck (OÖ). Nach Absolvierung seines Zivildienstes, schloss er 2019 an der Wirtschaftsuniversität Wien den Bachelor in Betriebswirtschaft mit den speziellen Betriebswirtschaftslehren Unternehmensführung & Controlling sowie Wirtschaftstraining & Bildungsmanagement ab. In seiner Bachelorarbeit beschäftigte er sich mit dem Thema „Civic Online Reasoning" und untersuchte, wie (und ob) Jugendliche im Alltag in der Lage sind, die Glaubwürdigkeit von Online-Informationen und Online-Content effektiv zu beurteilen. Aktuell belegt Loibl das Masterstudium Wirtschaftspädagogik an der WU Wien und ist an dieser, seit dem Sommersemester 2020 am Institut für Wirtschaftspädagogik, als Tutor für die Spezialisierung Wirtschaftstraining & Bildungsmanagement zuständig, die sich primär mit dem Einsatz wirtschaftsdidaktischer Methoden sowie der Umsetzung von E-Learning-Strategien beschäftigt.

**Prof. Dr. Ulrike Lucke** hat seit 2010 den Lehrstuhl für Komplexe Multimediale Anwendungsarchitekturen am Institut für Informatik und Computational Science der Universität Potsdam inne, war bis 2018 als Chief Information Officer der Hochschule für IT-Strategie und E-Learning zuständig, ist Leiterin der Steuerungsgruppe E-Learning der Uni Potsdam sowie Mitglied im wiss. Beirat des Zentrums für Qualitätsentwicklung in Studium und Lehre. Forschungsgebiet: mediengestützte Bildungssysteme in Verbindung von Informatik mit Pädagogik, Soziologie und Psychologie. Schwerpunkte: mobile, adaptive Lernanwendungen und institutionelle Bildungsinfrastrukturen. 2008–2014 Sprecherin der Fachgruppe E-Learning in der Gesellschaft für Informatik; seit 2017 Fellow der Gesellschaft für Medien in der Wissenschaft; 2015 Innovationspreis für IuK-Strukturen in Forschung & Lehre; 2016 Landeslehrpreis.

**Prof. (FH) Michael Mair** leitete von 1996 bis 2019 das Institut für Tourismus-Management der FHWien der WKW. In dieser Funktion beschäftige er sich neben touristischen Themen mit didaktischen Fragestellungen. Schwerpunkt dabei war die Entwicklung und Integration von Problem-based-Learning in die Studienprogramme. Es publizierte und veranstaltete Konferenzen im Bereich Problem-based-Learning. Seit Herbst 2019 ist er als Advisor im Bereich „Academic Teaching & Learning" an der FHWien der WKW beschäftigt und versucht die Erkenntnisse aus seiner Lehrerfahrung weiterzugeben.

**Prof. Dr. Elena Makarova** ist Professorin für Bildungswissenschaften und Direktorin des Instituts für Bildungswissenschaften an der Universität Basel. Zu hren Arbeitsschwerpunkten gehören u. a. Entwicklung, Lernen und Lehren im Hinblick auf Heterogenität im schulischen Kontext, Akkulturation und Adaptation, Berufsorientierung und Gender sowie Serious Games in der Berufsorientierung. In ihrem jüngsten Forschungsprojekt beschäftigt sie sich mit den hochschuldidaktischen Herausforderungen angesichts des Coronavirus-bedingten Übergangs von konventionellen Lehrarrangements zur Online-Lehre. Diese Frage ist Teil einer ländervergleichenden Studie (CRTS-Study; Coronavirus-Related Teaching Situation Study), die die kurz- und langfristigen Auswirkungen der unmittelbaren Umstellungen und Anpassungen der Hochschullehrenden an die Durchführung von Lehrveranstaltungen in einem Online-Modus vergleicht, der als Folge der Schließung von Universitäten veranlasst wurde.

**Prof. Dr. Annette Mütze** studierte Elektrotechnik an der TU Darmstadt und allgemeines Ingenieurwesen an der Ecole Centrale de Lyon (Frankreich) und promovierte anschließend an der TU Darmstadt im Bereich der elektrischen Antriebstechnik. Nach einigen Jahren an der University of Wisconsin-Madison (USA) und der University of Warwick (UK) ist sie seit 2010 Professorin an der TU Graz und Leiterin des Instituts für elektrische Antriebstechnik und Maschinen. Sie interessiert sich dafür, neue Wege bei der Lösung der beruflichen Aufgaben auszuprobieren.

**Katharina Neuber** ist Postdoktorandin und wissenschaftliche Mitarbeiterin an der Fakultät für Bildungswissenschaften der Universität Duisburg-Essen. Ihre Arbeitsschwerpunkte liegen in den Bereichen Reflexionsunterstützung in der schulpraktischen Lehrpersonenausbildung durch die Nutzung von Schülerrückmeldungen zum Unterricht, Belastungs- und Beanspruchungserleben von (angehenden) Lehrkräften sowie Interkulturalität und Mehrsprachigkeitsorientierung im Fremdsprachenunterricht. Aktuell arbeitet sie zudem in der ländervergleichenden CRTS-Studie (Coronavirus-Related Teaching Situation Study), welche sich dem Übergang von der konventionellen zur digitalisierten Hochschullehre in Zeiten der Coronavirus-Pandemie widmet und hierzu die Erfahrungen, Einstellungen und Bedürfnisse des akademischen Personals der Hochschulen in den Blick nimmt.

**Prof. Dr. Sachar Paulus** ist seit 2014 Professor für IT-Sicherheit an der Hochschule Mannheim, davor war er seit 2009 Professor für Wirtschaftsinformatik und Security Management an der Fachhochschule Brandenburg. Er war von 2000 bis 2008 in verschiedenen Leitungsfunktionen bei SAP, unter anderem Chief Security Officer. Paulus engagiert sich für moderne Lehrkonzepte, und hat unter anderem 2010 einen Lehrpreis des Fachhochschule Brandenburg bekommen. Er hat das Projekt „Überall Programmieren Lernen" im Rahmen des Programms Smart Teaching – Better Learning geleitet. Seit 2017 ist er Informationssicherheitsbeauftragter der Hochschule Mannheim, und seit 2019 Prorektor für Digitalisierung.

**Dr. Jutta Pauschenwein** setzt sich seit 1986 mit Online-Lernprozessen auseinander und war als theoretische Physikerin online vernetzt. Sie ist Leiterin des Forschungszentrums „ZML – Innovative Lernszenarien" der FH Joanneum in Graz. Ihre Forschungsschwerpunkte sind die Online-Didaktik des E-Learning, offene und ermergente Lernprozesse und die Visualisierung von Inhalten.

**Dr. Julia Riess** ist seit Anfang 2020 Universitätsassistentin post doc am Institut für Wirtschaftspädagogik an der WU Wien. In ihrer Dissertation untersuchte sie, welche Vorstellungen Schülerinnen und Schüler von Wirtschaft und Wirtschaftsunterricht haben und analysierte wesentliche Unterschiede in ihrem Erleben. In ihrer Forschung beschäftigt sie sich mit Ökonomischer Bildung einschließlich Finanzbildung und Gründungsneigung und arbeitete an Projekten, die durch das das Bundesministerium für Wissenschaft und Forschung sowie durch die Oesterreichische Nationalbank finanziert wurden. Ihre Lehre konzentriert sich vorwiegend auf die Bereiche Rechnungswesen und Betriebswirtschaft. Die Wirtschaftspädagogin ist Autorin von Publikationen zu Ökonomischer Bildung, Finanzbildung und zu Initiativen zur Förderung des Transfers von wirtschaftlichem Wissen und finanziellen Kompetenzen.

**Armin Rubner** leitet seit 2015 das Referat eUniversity-Konzepte und -Dienste an der Ludwig-Maximilians-Universität München (LMU). Seit 2000 war er als zentraler Koordinator für die Virtuelle Hochschule LMU beim Auf- und Ausbau des E-Learnings und der Werkzeuge für digitale Lehre zuständig. Er ist verantwortlich für Einführung,

Verbreitung und Ausbau der Lernplattform EverLearn (2004) und deren Nachfolger Moodle (2008), die Koordination der Virtuellen Hochschule Bayern an der LMU (seit 2000), das Podcast-Angebot „LMU in iTunes U“ (2009) mit mehr als 25 Millionen Downloads, das zentrale Video-Management-System LMUcast sowie das MOOC-Angebots der LMU, das inzwischen mehr als 970.000 Kurseinschreibungen zählt. Er unterstützt durch die Entwicklung von Konzepten auch zentrale Anträge der LMU bei diversen Projektträgern (Land, Bund sowie EU). Armin Rubner ist Mitglied in zahlreichen nationalen wie internationalen Organisationen, wie zum Beispiel in der LERU Digital Education Group (LERU DIGE), in der Gesellschaft für Medien in der Wissenschaft (GMW), bei e-teaching.org sowie im Hochschulforum Digitalisierung (HFD).

**Eva Schiessl-Foggensteiner** ist Geschäftsführerin der FH des BFI Wien und Vorstandsmitglied der Fachhochschulkonferenz. Als Mitglied der Geschäftsführung leitete sie davor den Bereich Weiterbildung und Internationales. Sie ist zudem Vorsitzende des Hochschulrats der Pädagogischen Hochschule Wien und beschäftigt sich ihre gesamte Berufslaufbahn mit Management & Führungsthemen, Bildungsmanagement und bildungspolitischen Fragestellungen.

**Irmgard Schinnerl-Beikircher** ist Teil des Virtuellen Campus Teams der FH JOANNEUM. Sie ist für Qualitätsmanagement und Wissensmanagement zuständig, wobei ihr die Ausbildung im Feld „Informationsberufe“ zu Nutze kommt. Ihr Forschungsschwerpunkt ist die Qualitätssicherung in Online-Lehr/Lernprozessen.

**Prof. Dr. Gerhard Schneider** ist seit 2002 Direktor des Rechenzentrums der Universität Freiburg und Professor für Kommunikationssysteme. Darüber hinaus war er von 2003 – 2008 Prorektor für Kommunikationssysteme und ist seit Dez. 2018 Prorektor für Digitale Transformation. In diesen Funktionen konnte er u.a. das Thema „e-Learning“ der Universität näherbringen. Weitere Schwerpunkte sind das Forschungsdatenmanagement und die Verbesserung der IT-Strukturen in der Universität. Er hat in verschiedenen Wissenschaftsgremien mitgearbeitet, u. a. im Bibliotheksausschuss (LIS) und im Rechnerausschuss (KfR) der DFG, im Verwaltungsrat und im Ausschuss für Recht und Sicherheit des DFN. Er ist außerdem Vorsitzender des Arbeitskreises der Leiter der Universitätsrechenzentren Baden-Württembergs.

**Dr. Sandra Schön** ist Senior Researcher in der Organisationseinheit „Lehr- und Lerntechnologien“ der Technischen Universität Graz, Projektleitung beim „Forum Neue Medien in der Lehre Austria“ (Graz) für das Vorhaben „Aufbau einer OER-Zertifizierungsstelle“ zur Anerkennung der Aktivitäten von Lehrenden und Hochschulen in Bezug auf offene Bildungsressourcen (OER, open educational resources) und Adjunct Professor of Innovations in Learning an der Universitas Negeri Malang (Staatliche Universität Malang, Indonesien). Ihre Arbeitsschwerpunkte sind digitale Innovationen für das Lernen und Lehren, OER, Maker Education. Kontakt: sandra.schoen@tugraz.at, weitere Informationen: https://sandra-schoen.de

**Susanne Schuster** absolvierte 2015 ihre Reife- und Diplomprüfung an der Handelsakademie in St. Pölten im Zweig Internationale Wirtschaft – Europaklasse. Nach einem Jahr in der Privatwirtschaft startete sie 2016 das Studium der Wirtschafts- und Sozialwissenschaften mit dem Schwerpunkt Internationale Betriebswirtschaft an der Wirtschaftsuniversität Wien. Im Rahmen dessen absolvierte Frau Schuster ein Auslandssemester an der Norwegian School of Economics (NHH) in Bergen, Norwegen und verfasste ihre Bachelorarbeit zum Thema Änderungen für erwerbswirtschaftliche Unternehmen durch die Registrierkassenpflicht. Nach Abschluss des Bachelorstudiums im Jahre 2019 setzte sie ihre Studien mit dem Masterprogramm Wirtschaftspädagogik an der WU Wien fort, im Rahmen dessen sie nun die Auswirkungen von COVID-19 auf die Lehre an der Wirtschaftsuniversität untersucht. Seit Februar 2020 ist sie zudem als studentische Mitarbeiterin und Tutorin am Institut für Wirtschaftspädagogik beschäftigt.

**Dr. Kurt Sohm** ist Leiter der Abteilung Qualitätssicherung an der FH Technikum Wien (seit April 2012). Studium der Pädagogik und selbstgewählte Fächerkombination (Philosophie, Wissenschaftstheorie, Geschichte) an der Universität Wien, Promotion 1997. Von 1997 bis 2012 war er in der Geschäftsstelle des österreichischen Fachhochschulrates als stv. Geschäftsführer bzw. ab 2005 als Geschäftsführer tätig. Er war Mitglied in nationalen und internationalen Gremien und Organisationen, etwa bei der nationalen Bologna Follow-up-Gruppe und im Sokrates-/Erasmus-Beirat. Von 2005 bis 2010 war er u. a. Mitglied im Vorstand der „European Association for Quality Asscurance in Higher Educatio" (ENQA). Seit 2008 Mitglied im Hochschulrat der FH Dortmund.

**Prof. Dr. Friedrich Sommer** ist nach abgeschlossener Meisterprüfung im Bäckerhandwerk, Studium, Promotion und Habilitation an der Westfälischen Wilhelms-Universität Münster seit 2016 an der Universität Bayreuth tätig. Seit 2017 hat er den dortigen Lehrstuhl für Controlling inne und ist seit 2018 Studiendekan Wirtschaftswissenschaften. Im Rahmen seiner Forschung zum operativen und strategischen Controlling beschäftigt er sich vor allem mit wertorientierter Unternehmensführung, Anreizsystemen, M&A-Strategie sowie Corporate Responsibility und Unternehmensbewertung. Seine Schriften wurden in internationalen Zeitschriften wie Contemporary Accounting Research, Management Accounting Research, European Accounting Review und Journal of Management Accounting Research veröffentlicht.

**Sandra Storz** ist Fakultätsreferentin für Lehre und Studierende an der Universität Bayreuth. An der Rechts- und Wirtschaftswissenschaftlichen Fakultät koordiniert sie Neuerungen und Umstrukturierungen und unterstützt die Studierenden durch ein umfangreiches Beratungs- und Workshopangebot. Fakultätsübergreifend agiert sie in Arbeitskreisen und Projekten mit dem Ziel der kontinuierlichen Verbesserung der Studienqualität und ist in die Weiterentwicklung von Prozessen und Strukturen der Qualitätssicherung involviert, u. a. im Rahmen der Studiengangs- und Lehrevaluationen. Im Projektteam zur Einführung von digitalen Prüfungen begleitete sie die Implementierung und Umsetzung des Online-Klausurkonzepts und evaluierte dieses Projekt.

**Dr. Anne Thillosen** arbeitet seit 2008 am Leibniz-Institut für Wissensmedien (IWM) in Tübingen. Als Leiterin des E-Learning-Informations- und Qualifizierungsportals e-teaching.org ist sie insbesondere verantwortlich für dessen konzeptionelle Weiterentwicklung. Zuvor war sie u. a. von 2006 bis 2008 stellv. Leiterin der Stabsstelle E-Learning an der Ruhr-Universität Bochum. Neben weiteren Publikationen ist sie Mitautorin des inzwischen in 5. Auflage vorliegenden „Handbuch E-Learning“. Anne Thillosen ist Mitglied des Vorstands und des Editorial Board der Gesellschaft für Medien in der Wissenschaft (GMW) sowie des Kernteams „Netzwerk für die Hochschullehre“ des Hochschulforums Digitalisierung (HFD). Außerdem vertritt sie die Leibniz-Gemeinschaft in der Allianz-AG „Digitales Lehren, Lernen und Vernetzen“.

**Satjawan Walter** arbeitet seit 2010 an der Hochschule Furtwangen (HFU). Er ist stellv. Leiter der Abteilung Learning Services des Informations- und Medienzentrums und Rektoratsbeauftragter für Digitalisierung. Zu seinen Tätigkeiten an der HFU gehören die Beratung zur Konzeption und Umsetzung von (Online-)Lehre, Implementierung von digitalen Prüfungen, die Optimierung und Verstetigung digitaler Lehre sowie die strategische Auseinandersetzung mit organisationalen Digitalisierungsprozessen. Herr Walter ist ausgebildeter Mediengestalter und studierte bis 2010 an der Albert-Ludwigs-Universität Freiburg Instructional Design, Kognitionswissenschaft und Erziehungswissenschaft mit Schwerpunkten in empirischer Lehr-/Lernforschung, E-Learning und Erwachsenenbildung.

# Eine kurze Chronologie der Covid-19-Pandemie im Frühjahr 2020

1

Ullrich Dittler und Christian Kreidl

**Zusammenfassung**

Um die in den Kapiteln dieses Buches beschriebenen Überlegungen und Handlungen der einzelnen Hochschulen vor dem Hintergrund der dynamischen Entwicklungen des Sommersemesters 2020 angemessen einordnen zu können, soll in diesem Kapitel eine kurze Chronologie der Abläufe im Zusammenhang mit Covid-19 dargestellt werden. Die Auswahl fokussiert sich dabei zum einen auf die Länder Deutschland, Österreich und Schweiz, zum anderen auf den Bereich der Schulen und vor allem der Hochschulen, während Auswirkungen auf andere gesellschaftliche Bereiche nur auszugsweise erwähnt werden.

## 1.1 Die Ursprünge der Pandemie im Herbst 2019 in China

Im **November** und **Dezember 2019** werden in Wuhan (China) erste Patient*innen auffällig, die von einer bisher unbekannten Lungenkrankheit betroffen sind. Später wird deutlich, dass wohl ein Markt für exotische Tiere in Wuhan der Ursprung der ab Februar 2020 „Covid-19" genannten Krankheit ist (der Erreger erhält den Namen „Sars-CoV-2").

U. Dittler (✉)
Fakultät Digitale Medien, Hochschule Furtwangen, Furtwangen, Deutschland
E-Mail: dittler@hs-furtwangen.de

C. Kreidl
KREIDL Training und Beratung, Wien, Österreich
E-Mail: chkreidl@kreidl.biz



U. Dittler und C. Kreidl (Hrsg.), *Wie Corona die Hochschullehre verändert*,
https://doi.org/10.1007/978-3-658-32609-8_1

Ende Dezember 2019 werden die Krankheitsfälle an die Weltgesundheitsorganisation (WHO) gemeldet.

Ende Dezember 2019 ist laut Johns Hopkins Universität[1]

- in Deutschland bei 0 Personen das Covid-19-Virus nachgewiesen.
- in Österreich bei 0 Personen das Virus nachgewiesen.
- in der Schweiz bei 0 Personen das Virus nachgewiesen.

Am 9. **Januar 2020** werden aus China erste an Covid-19 verstorbene Patient*innen gemeldet.

Wenig später tauchen erste Berichte in der internationalen Presse auf, die von Corona-Nachweisen auch in Thailand (15.01.2020), in den USA (21.01.2020) und in Frankreich (24.01.2020) berichten – und damit auch den ersten Fall in Europa belegen.

Am 27.01.2020 meldet das bayerische Gesundheitsministerium den ersten Corona-Fall in Deutschland: Ein 33-jähriger Mitarbeiter eines Automobilzulieferers in Stockdorf bei Starnberg infizierte sich beim Kontakt zu einer chinesischen Kollegin. Dieser „Patient 1" gilt als Auslöser des insgesamt 16 Personen umfassenden „Webasto-Clusters", des ersten dokumentierten Corona-Ausbruchs in Deutschland.

Am 30.01.2020 erklärt die WHO die Situation zu einer „gesundheitlichen Notlage von internationaler Tragweite".

Ende Januar 2020 ist laut Johns Hopkins Universität[2]

- in Deutschland bei 5 Personen das Covid-19-Virus nachgewiesen, 0 Personen waren daran gestorben.
- in Österreich bei 0 Personen das Virus nachgewiesen, bei 0 Todesfällen.
- in der Schweiz bei 0 Personen das Virus nachgewiesen, bei 0 Todesfällen.
- weltweit eine Zahl von bei 11.356 Personen das Virus nachgewiesen.

Um die Vergleichbarkeit der Infektionssituationen der einzelnen Länder zu erhöhen, sollen die oben genannten Fallzahlen auch im Verhältnis zu jeweils 100.000 Personen des jeweiligen Landes dargestellt werden:

- In Deutschland sind 0,05 Personen /100.000 Bürger erkrankt und 0,0 Personen /100.000 Bürger verstorben.
- In Österreich und der Schweiz sind 0,0 Personen/100.000 Bürger erkrankt und 0,0 Personen /100.000 Bürger verstorben.

[1]https://coronavirus.jhu.edu/

[2]https://coronavirus.jhu.edu/

Ende Januar bzw. im **Februar 2020** endet an deutschen und österreichischen Universitäten und Hochschulen für Angewandte Wissenschaften die Vorlesungszeit des Wintersemesters 2019/20 regulär.

An den Universitäten und Fachhochschulen der Schweiz startet das Frühjahrssemester Anfang Februar zunächst wie gewohnt mit Präsenzveranstaltungen.

Mitte Februar 2020 findet in Gangelt (Kreis Heinsberg) eine Karnevalssitzung statt, die sich später als Superspreader-Event entpuppte, da sich auf diese Veranstaltung in den folgenden Wochen mehrere hundert Infektionen zurückführen lassen.

Am 24.02.2020 wird die erste Corona-Infektion in der Schweiz bestätigt: ein Rentner, der sich zu einer Demonstration in Norditalien aufhielt.

Am 25.02.2020 veröffentlicht das Auswärtige Amt der Bundesrepublik Deutschland eine Reisewarnung für Italien, das bis dahin am stärksten von Covid-19 betroffene Land Europas.

Ebenfalls am 25.02.2020 werden die beiden ersten Corona-Infektionen in Österreich bestätigt: Ein in Innsbruck lebendes junges Paar, das wenige Tage zuvor in Italien war, hat sich infiziert.

Personen, bei denen eine Covid-19-Infektion nachgewiesen wurde, sind in den meisten europäischen Ländern zu einer mindestens14-tägigen Quarantäne verpflichtet (oder bis ein negatives Testergebnis vorliegt).

Ende Februar 2020 ist laut Johns Hopkins Universität[3]

- in Deutschland bei 79 Personen das Covid-19-Virus nachgewiesen, 0 Personen waren daran gestorben (entspricht 0,1 Infizierte und 0,0 Tote pro 100.000 Einwohner).
- in Österreich bei 9 Personen das Virus nachgewiesen, bei 0 Todesfällen (entspricht 0,1 Infizierte und 0,0 Tote pro 100.000 Einwohner).
- in der Schweiz bei 18 Personen das Virus nachgewiesen, bei 0 Todesfällen (entspricht 0,21 Infizierte und 0,0 Tote pro 100.000 Einwohner).
- weltweit eine Zahl von 82.557 Infektionen und 2.810 Todesfälle zu verzeichnen (entspricht 1.06 Infizierte und 0,04 Tote pro 100.000 Personen).

Anfang **März 2020** erweisen sich Après-Ski-Partys im österreichischen Skiort Ischgl als Superspreader-Events: Zahlreiche internationale Wintersportler stecken sich dort mit Corona an und tragen das Virus in ihre Heimatländer. Bereits am 05.03.2020 klassifizieren isländische Behörden den Ort als Risikogebiet; andere Länder folgen dieser Einschätzung in den nächsten Wochen.

Am 05.03.2020 stirbt erstmalig eine Schweizerin an Covid-19. Der Bundesrat fordert zu „Social Distancing" und regelmäßigem Händewaschen auf.

Am 08.03.2020 stirbt erstmalig ein Deutscher, der sich zuvor einige Tage in Ägypten aufhielt, an Covid-19.

[3]https://coronavirus.jhu.edu/

Zur Eindämmung der Verbreitung des Virus werden am 10.03.2020 in Österreich Veranstaltungen in geschlossenen Räumen mit mehr als 100 Personen und im Freien mit mehr als 500 Personen untersagt (dies betrifft Kino- und Theatervorführungen ebenso wie Sportveranstaltungen). Zudem wird die Bevölkerung aufgerufen, das soziale Leben zu reduzieren, um das Infektionsrisiko zu senken.

Am 11.03.2020 stuft die WHO die Situation als Pandemie ein.

Am 12.03.2020 stirbt ein erster Österreicher, der sich zuvor in Italien aufhielt, an Covid-19.

## 1.2 Corona erreicht das Sommersemester

Die Vorlesungen des Sommersemesters der österreichischen Fachhochschulen und Universitäten starten Ende Februar bzw. Anfang März 2020, zunächst wie gewohnt mit Präsenzveranstaltungen.

Am 11.03.2020 kündigt Kanzler Sebastian Kurz an, dass ab 16.03.2020 in Österreich landesweit die Präsenzlehre an allen Universitäten, Fachhochschulen und Pädagogischen Hochschulen durch distance learning ersetzt werden soll.

In der gleichen Pressekonferenz wird auch die Schließung der Oberstufenklassen (ab 16.03.) sowie der übrigen Schulen (Volksschulen, Mittelschulen, Unterstufen ab 18.03.2020) bekanntgegeben. Die Schüler sollen Unterrichtsmaterialien auf elektronischem Weg erhalten und zuhause bearbeiten („Homeschooling").

Für in systemrelevanten Berufen arbeitende Eltern wird ein Betreuungsangebot für Kinder angekündigt. Einhergehend mit den Schulschließungen wird die Zentralmatura in Österreich um mindestens zwei Wochen verschoben.

Bedingt durch die Kulturhoheit der Bundesländer in Bildungsfragen und die Autonomie der Hochschulen gestaltet sich das Agieren der deutschen Hochschulen in der Corona-Krise weniger einheitlich als in Österreich: Es liegt in der Verantwortung der Bildungsministerien der einzelnen Bundesländer, jeweils Corona-Verordnungen für ihr Land – und damit die Hochschulen des Landes – auszugestalten, herauszugeben und zu aktualisieren; in den einzelnen Länder erfolgt dies individuell und nicht immer erkennbar abgestimmt. Am 13.03.2020 gibt beispielsweise das Bayerische Kultusministerium eine „Verordnung über die Vorlesungszeit an den Fachhochschulen und über die Unterrichtszeit an den Kunsthochschulen im Sommersemester 2020" heraus, in der es heißt: „Abweichend von den §§ 2 und 3 der Verordnung über die Vorlesungszeiten an den Fachhochschulen in Bayern beginnt die Vorlesungszeit im Sommersemester 2020 an den Fachhochschulen am 20. April 2020 und endet am 7. August 2020. Im Sommersemester 2020 finden keine Vorlesungen in der Zeit vom 15. März 2020 bis einschließlich 19. April 2020 und in der Zeit vom 8. August 2020 bis einschließlich 30. September 2020 statt. Die in Satz 1 festgelegte Vorlesungszeit kann von der jeweiligen Hochschule um bis zu vier Wochen verkürzt werden, soweit der für das Semester vorgesehene

Unterrichtsstoff in der Vorlesungszeit mit entsprechend verdichteter Stundenzahl oder auf andere Weise unter Beachtung der Studierbarkeit angeboten wird."[4]

Das Baden-Württembergische Bildungsministerium formuliert wenige Tage später in seiner ersten „Verordnung der Landesregierung über infektionsschützende Maßnahmen gegen die Ausbreitung des Virus SARS-CoV-2 (Corona-Verordnung – CoronaVO)" vom 17.03.2020 in § 2: „Der Studienbetrieb an den Universitäten, Pädagogischen Hochschulen, Kunst- und Musikhochschulen, Hochschulen für Angewandte Wissenschaften, der DHBW und den Akademien des Landes wird bis zum 19. April 2020 ausgesetzt; bereits begonnener Studienbetrieb wird bis zu diesem Zeitpunkt unterbrochen. Online-Angebote sind weiterhin möglich. Über die Nachholung von ausgefallenen Veranstaltungen und Prüfungen entscheidet die Hochschule in eigener Verantwortung. Die Hochschulen sorgen dafür, dass die Studentinnen und Studenten alle im Sommersemester 2020 vorgesehenen Studienleistungen erbringen können und zugleich die Studierbarkeit gewährleistet ist. […]"[5]

Das Sommersemester startet an deutschen Universitäten meist Mitte April und an deutschen Hochschulen für Angewandte Wissenschaften Mitte März. Einige Hochschulen verschieben als Reaktion auf die Corona-Pandemie den Vorlesungsstart des Sommersemesters 2020, um sich besser auf die virtuelle Lehre vorbereiten zu können. Dieser spätere Start führt stellenweise auch zur Streichung von vorlesungsfreien Zeiten innerhalb des Semesters und zu einem späteren Ende der Vorlesungszeit.

Schulen und Kindergärten werden Mitte März in den meisten deutschen Bundesländern ebenfalls geschlossen – zunächst nur bis zu den Osterferien, die Schließung wird später verlängert.

Auch die Schulen in der Schweiz werden am 13.03.2020 geschlossen.

Erste europäische Länder schließen Mitte März ihre Grenzen (Polen und Dänemark) andere Länder (Deutschland, Frankreich, Österreich, Luxemburg, Schweiz) setzen Einreiseverbote und strenge Kontrollen in Kraft. Später verhängt die EU ein Einreisestopp.

Am 16.03.2020 kommt es in Deutschland – und ähnlich in Österreich und in der Schweiz – zur Eindämmung der Infektionsgefahr zu Ausgangs- und Kontaktbeschränkungen (umgangssprachlich als „Lockdown" bezeichnet), d. h., Kirchen, Gaststätten, Bars, Clubs, Einkaufszentren, Kultureinrichtungen (Museen, Theater, Opernhäuser etc.), Messen, Zoos, Kinos, Sporteinrichtungen (Schwimmbäder, Fitnessstudios etc.) etc. werden geschlossen, Ansammlungen von Menschen aus mehr als zwei Haushalten werden verboten. Auch Läden des Einzelhandels werden bis auf wenige Ausnahmen (Lebensmittelläden, Apotheken, Drogerien etc.) geschlossen. Reisen und Übernachtungen zu touristischen Zwecken sind nicht mehr erlaubt. Der Flugbetrieb wird weitgehend eingestellt.

[4]https://www.verkuendung-bayern.de/files/baymbl/2020/113/baymbl-2020-113.pdf

[5]https://stm.baden-wuerttemberg.de/fileadmin/redaktion/dateien/PDF/200317_StM_VO_IfSG_Corona.pdf

In der Folge der Schulschließungen und der Ausgangs- und Kontaktbeschränkungen schicken viele Unternehmen ihre Mitarbeiter ins „Homeoffice“, andere in die Kurzarbeit.

Als Folge der Ausgangs- und Kontaktbeschränkungen finden in Deutschland und Österreich Hamsterkäufe statt; vor allem Hygieneartikel, Toilettenpapier sowie Mehl, Nudeln und Konserven sind in einigen Läden ausverkauft.

Am 17.03.2020 gibt das Auswärtige Amt in Berlin eine weltweite Reisewarnung heraus. Parallel hierzu beginnt das Auswärtige Amt mit der Rückholung von rund 240.000 deutschen Urlaubern aus dem Ausland.

Mitte März 2020 startet in Österreich die *Stopp-Corona*-App. Diese Tracing-App wird innerhalb einer Woche 180.000 Mal installiert, nach 3 Monaten liegen die Downloadzahlen bei 775.000.

Kliniken beginnen planbare Operationen zu verschieben, um Kapazitäten und Intensivbetten für den erwarteten Anstieg der in Krankenhäusern zu behandelnden Patienten vorzuhalten und auszubauen. Um das Gesundheitssystem nicht zu überlasten, ist eine Verlangsamung der Ausbreitung des Virus das Ziel; der Hashtag #flattenthecurve setzt sich hierzu im Internet durch.

Der österreichische Kanzler Kurz verkündet am 30.03.2020 die Pflicht, in Läden Mund-Nase-Schutz zu tragen – diese Pflicht wird ab 14.04.2020 auch auf das Tragen in öffentlichen Verkehrsmitteln ausgeweitet.

Ende März 2020 ist laut Johns-Hopkins Universität[6]

- in Deutschland bei 71.808 Personen das Covid-19-Virus nachgewiesen, 775 Personen waren daran gestorben (entspricht 86,39 Infizierte und 0,93 Tote pro 100.000 Einwohner).
- in Österreich bei 10.180 Personen das Virus nachgewiesen, bei 128 Todesfällen (entspricht 114,67 Infizierte und 1,44 Tote pro 100.000 Einwohner).
- in der Schweiz bei 18.979 Personen das Virus nachgewiesen, bei 433 Todesfällen (entspricht 220,53 Infizierte und 5,03 Tote pro 100.000 Einwohner).
- weltweit eine Zahl von 911.305 Infektionen und 45.497 Todesfälle zu verzeichnen (entspricht 11,7 Infizierte und 0,58 Tote pro 100.000 Personen).

Auch erste deutsche Bundesländer beginnen am 6. **April 2020** ebenfalls mit der Einführung der Maskenpflicht im Einzelhandel und ab 20.04.2020 im öffentlichen Nahverkehr, alle deutschen Bundesländer werden sich diesen Maßnahmen in den darauffolgenden Wochen anschließen.

[6]https://coronavirus.jhu.edu/

Anknüpfend an die Entwicklungen der vorangegangenen Wochen (und ergänzend zu den Schreiben vom 10.03.2020[7] und 31.03.2020[8]) formuliert auch das österreichische Bundesministerium Bildung, Wissenschaft und Forschung in seinem Schreiben an die Hochschulen vom 07.04.2020: „[…] bedeutet dieser Stufenplan, dass bis Ende April die Lehre weiterhin als distance learning realisiert wird, die Möglichkeiten zur Abhaltung von Prüfungen zum Beispiel über Videokonferenzen ausgeschöpft werden und die Forschung – soweit aufgrund der örtlichen Situation vertretbar – weitergeführt wird. Veranstaltungen bzw. Konferenzen finden (schon aufgrund der allgemeinen Rechtslage) keine statt. Und in jedem Fall gelten auch im Universitätsbereich die notwendigen Verhaltensregeln (Abstandhalten, Begrenzungen der Personenzahl, Mund- und Nasenschutz etc.). Zum Wiederhochfahren des Universitätsbetriebs ab Anfang Mai erlaube ich mir folgende Anregungen und Richtlinien: Wie bereits von einigen Universitäten autonom kommuniziert, soll der allgemeine Lehrbetrieb bis Ende Juni weiterhin auf digitale Weise bzw. im Wege des distance learning erfolgen. Zu prüfen ist, inwieweit ein nicht substituierbarer praktischer Unterricht (z. B. Laborübungen, künstlerischer Einzelunterricht) in diesem Semester und gegebenenfalls unter Einbeziehung der Sommermonate angeboten werden kann. […]. Soweit möglich sollte die Abhaltung von Prüfungen weiterhin im Technologie gestützten Wege stattfinden bzw. entsprechend etabliert werden. Für nicht digital bzw. „in distance“ gestaltbare Prüfungsformate können Prüfungen abgehalten werden, wenn die entsprechenden Auflagen eingehalten werden (das betrifft v. a. Hygiene, Abstand, Personenzahlbegrenzung, Mund- und Nasenschutz).“[9]

Mitte April beschließen die deutschen Ministerpräsidenten gemeinsam mit Kanzlerin Merkel erste Erleichterungen und Lockerungen der Kontaktbeschränkungen. Diese ermöglichen es, an Hochschulen beispielsweise Prüfungen und Labor-Praktika unter bestimmten Bedingungen (Einhaltung der Hygiene- und Abstandsregeln etc.) wieder als Präsenzveranstaltungen durchzuführen: In der Hochschullehre können neben der Abnahme von Prüfungen auch Praxisveranstaltungen, die spezielle Labor- bzw. Arbeitsräume an den Hochschulen erfordern, unter besonderen Hygiene- und Schutzmaßnahmen wieder aufgenommen werden. Bibliotheken und Archive können unter Auflagen zur Hygiene, Steuerung des Zutritts und zur Vermeidung von Warteschlangen geöffnet werden.“[10]

[7]https://www.bmbwf.gv.at/dam/jcr:95f5a33b-e856-491d-bcab-b6ee0ec2c469/corona_bm_20200310.pdf

[8]https://www.bmbwf.gv.at/dam/jcr:3fd3fc4d-cfe2-41ef-a708-2da0b0a83df4/corona_bm_20200331.pdf

[9]https://www.bmbwf.gv.at/dam/jcr:37771dbb-74e2-4e0e-82b0-a7490638b46d/corona_bm_20200407.pdf

[10]https://www.hrk.de/themen/hochschulsystem/covid-19-pandemie-und-die-hochschulen/

Parallel hierzu wird nochmals bestärkt, den Vorlesungsbetrieb des Sommersemesters 2020 grundsätzlich digital durchzuführen und, wo möglich, auf Präsenz zu verzichten.

Im Rahmen weiterer Lockerungen werden in Deutschland ab Ende April Museen, Spielplätze, Zoos und Kirchen wieder geöffnet.

Mit der am 29.04.2020 veröffentlichten fünften Corona-Verordnung des Landes Baden-Württemberg werden auch die Handlungsmöglichkeiten für Hochschulen wieder erweitert: In § 2 heißt es hierzu „Praxisveranstaltungen, die spezielle Labor- bzw. Arbeitsräume an den Hochschulen erfordern (z. B. Laborpraktika, Präparierkurse), sind nur unter besonderen Schutzmaßnahmen möglich, wenn sie zwingend notwendig sind. Mensen und Cafeterien bleiben bis 3. Mai 2020 geschlossen. Unter Einhaltung der zum Zwecke des Infektionsschutzes gebotenen Regelungen können Zusammenkünfte zur Durchführung von Hochschulzugangsverfahren, Aufnahmeprüfungen und Auswahlverfahren, einschließlich Studierfähigkeitstests, sowie von Forschung und Lehre, einschließlich Prüfungen, die vom Rektorat ausnahmsweise zugelassen werden, stattfinden, wenn diese nicht durch Einsatz elektronischer Informations- und Kommunikationstechnologien ersetzbar sind.“[11]

Ähnliche Entwicklungen sind zeitgleich in anderen Bundesländern zu beobachten.

Ende April 2020 ist laut Johns-Hopkins Universität[12]

- in Deutschland bei 163.009 Personen das Covid-19-Virus nachgewiesen, 6.623 Personen waren daran gestorben (entspricht 196,11 Infizierte und 7,97 Tote pro 100.000 Einwohner).
- in Österreich bei 15.452 Personen das Virus nachgewiesen, bei 584 Todesfällen (entspricht 174,06 Infizierte und 6,58 Tote pro 100.000 Einwohner).
- in der Schweiz bei 29.703 Personen das Virus nachgewiesen, bei 1.737 Todesfällen (entspricht 345,14 Infizierte und 20,18 Tote pro 100.000 Einwohner).
- weltweit eine Zahl von 3.247.648 Infektionen und 230.615 Todesfälle zu verzeichnen (entspricht 41,69 Infizierte und 2,96 Tote pro 100.000 Personen).

Im **Mai 2020** öffnen in einigen deutschen Bundesländern wieder Kindertagesstätten und Schulen. Ebenso können im Rahmen weiterer Lockerungen Restaurants unter Auflagen wieder öffnen.

Auch in Österreich treten im Mai Lockerungen in Kraft: Gastronomie, Hotels; Fitnessstudios und Schwimmbäder öffnen wieder. Die Pflicht, Mund-Nase-Bedeckungen zu tragen, wird gelockert – im Juli werden die Lockerungen, wegen wieder steigender Infektionszahlen, teilweise wieder zurückgenommen.

[11] https://www.landesrecht-bw.de/jportal/?quelle=jlink&docid=VB-BW-GBl2020189-1&psml=bsbawueprod.psml&max=true

[12] https://coronavirus.jhu.edu/

Ebenso in der Schweiz, auch hier öffnen ab 11.05.2020 wieder Volksschulen, Märkte und Einkaufsläden.

Ende Mai 2020 ist laut Johns Hopkins Universität[13]

- in Deutschland bei 181.835 Personen das Covid-19-Virus nachgewiesen, 8.540 Personen waren daran gestorben (entspricht 218,75 Infizierte und 10,27 Tote pro 100.000 Einwohner).
- in Österreich bei 16.731 Personen das Virus nachgewiesen, bei 668 Todesfällen (entspricht 188,46 Infizierte und 7,52 Tote pro 100.000 Einwohner).
- in der Schweiz bei 29.586 Personen das Virus nachgewiesen, bei 1.920 Todesfällen (entspricht 343,78 Infizierte und 22,31 Tote pro 100.000 Einwohner).
- weltweit eine Zahl von 6.129.427 Infektionen zu verzeichnen (entspricht 78,68 Infizierte pro 100.000 Personen).

Am 3. **Juni 2020** beschließt die deutsche Bundesregierung ein Konjunkturpaket in Höhe von 130 Mrd. Euro, um die Folgen der Corona-Pandemie abzumildern; ein Bestandteil ist die Absenkung der Mehrwertsteuer auf 16 %.

In der Schweiz endet Anfang Juni das Herbstsemester an den Hochschulen und ab 08.06.2020 dürfen auch Mittel-, Berufs- und Hochschulen wieder öffnen.

Die Ausgangs- und Kontaktbeschränkungen zeigen Wirkung, bis Mitte Juni 2020 sinkt die Zahl der Covid-19-Neuinfizierten in Deutschland auf den niedrigsten Wert von unter 200 Neuinfizierten pro Tag; rückblickend betrachtet, wird dies der niedrigste Wert des Jahres 2020 bleiben, da die Infektionszahlen zum Herbst wieder (massiv und über die Höchstwerte des Frühjahrs) anstiegen.

Mitte Juni 2020 startet in Deutschland die *Corona-Warn*-App. Diese Tracing-App wird innerhalb eines Tages 6,5 Mio. Mal installiert, nach zwei Monaten liegen die Downloadzahlen bei 16 Mio.

Aufgrund lokaler Corona-Ausbrüche (z. B. in Großmetzgereien, Altenheimen oder Landwirtschaftsbetrieben) werden in einzelnen Landkreise vereinzelt Betriebe oder Schulen wieder vorübergehend geschlossen.

Seit Mitte Juni 2020 entfallen die Grenzkontrollen an den Binnengrenzen zwischen Deutschland, Österreich, der Schweiz, Frankreich und Dänemark wieder.

Am 25. Juni 2020 startet in der Schweiz die *SwissCovid*-App. Diese Tracing-App wird innerhalb eines Monats nach dem Start 1,2 Mio. Mal installiert.

In Zürich entwickelt sich ein Abend in einem Club zum Superspreader-Event, bei dem sich mehrere Menschen infizieren.

[13]https://coronavirus.jhu.edu/

Ende Juni 2020 ist laut Johns Hopkins Universität[14]

- in Deutschland bei 194.413 Personen das Covid-19-Virus nachgewiesen, 8.990 Personen waren daran gestorben (entspricht 233,89 Infizierte und 10,82 Tote pro 100.000 Einwohner).
- in Österreich bei 17.665 Personen das Virus nachgewiesen, bei 705 Todesfällen (entspricht 198,98 Infizierte und 7,94 Tote pro 100.000 Einwohner).
- in der Schweiz bei 31.714 Personen das Virus nachgewiesen, bei 1.963 Todesfällen (entspricht 368,51 Infizierte und 22,81 Tote pro 100.000 Einwohner).
- weltweit eine Zahl von 10.438.683 Infektionen zu verzeichnen (entspricht 134 Infizierte pro 100.000 Personen).

Da die Zahlen der täglichen Neuinfektionen nach dem Tiefststand Mitte Juni wieder kontinuierlich steigen, wird Mitte **Juli 2020** in Deutschland und auch in Österreich entschieden, Corona-Tests für Urlaubs-Reiserückkehrer einzuführen. Ab Ende Juli ist in Deutschland und ab August in Österreich ein Corona-Test für Einreisende aus Risikogebieten Pflicht.

Am 06.07.2020 führt die Schweiz eine Maskenpflicht in öffentlichen Verkehrsmitteln ein.

Ende Juli wird ein Corona-Cluster im österreichischen St. Wolfgang am Wolfgangsee bekannt, bei dem sich mehr als 100 Personen (Mitarbeiter der Gastronomie und Touristen) infizierten.

Ebenfalls Ende Juli verschärft Österreich wegen steigender Infektionszahlen wieder die Maskenpflicht, sodass in Läden, Bank- und Postfilialen, aber auch in Kirchen etc. wieder Mund-Nase-Bedeckungen getragen werden müssen.

Außerdem einigen sich im Juli 2020 die EU-Staats- und -Regierungschefs auf ein Corona-Hilfspaket in Höhe von 1,8 Billionen Euro.

Die WHO bewertet die Covid-19-Pandemie als schwersten globalen Gesundheitsnotstand.

Das weitgehend als digitales Semester durchgeführte Sommersemester 2020 endet an den österreichischen Hochschulen Ende Juli bzw. Anfang August.

Ende Juli 2020 ist laut Johns Hopkins Universität[15]

- in Deutschland bei 208.991 Personen das Covid-19-Virus nachgewiesen, 9.147 Personen waren daran gestorben (entspricht 251,42 Infizierte und 11,00 Tote pro 100.000 Einwohner).
- in Österreich bei 21.072 Personen das Virus nachgewiesen, bei 718 Todesfällen (entspricht 237,36 Infizierte und 8,09 Tote pro 100.000 Einwohner).
- in der Schweiz bei 35.550 Personen das Virus nachgewiesen, bei 1.981 Todesfällen (entspricht 413,08 Infizierte und 23,02 Tote pro 100.000 Einwohner).

[14]https://coronavirus.jhu.edu/

[15]https://coronavirus.jhu.edu/

- weltweit eine Zahl von 17.606.348 Infektionen und 679.963 Todesfälle zu verzeichnen (entspricht 226,01 Infizierte und 8,73 Tote pro 100.000 Personen).

Anfang **August 2020** tritt die Möglichkeit in Kraft, sich bei der Einreise nach Deutschland freiwillig auf Corona testen zu lassen; für Einreisende aus Risikogebieten bleibt ein solcher Test Pflicht.

Auch Österreich reagiert auf die in der Reisezeit wieder steigenden Infektionszahlen und verlangt ab 15.08.2020 von Urlaubern aus einem Risikogebiet ein negatives Attest oder verpflichtet diese zu einer 10-tägigen Quarantäne.

In der Schweiz gilt nun auch beim Einkaufen eine Maskenpflicht.

Das Sommersemester endet an deutschen Universitäten üblicherweise meist Anfang August und an deutschen Hochschulen für Angewandte Wissenschaften – wegen des früheren Beginns des HAW-Semesters – meist Anfang Juli. Da einige Hochschulen als Reaktion auf die Corona-Pandemie den Vorlesungsbeginn um Tage oder Wochen verschoben haben (um sich besser auf die virtuelle Lehre vorbereiten zu können), endet die Vorlesungszeit bei einigen Hochschulen etwas später.

Nach den Sommerferien startet im August in einigen Bundesländern das neue Schuljahr wieder weitgehend im Regelbetrieb. Vereinzelt bleiben Schulen wegen bestätigter Corona-Fälle geschlossen oder werden in den ersten Tagen des neuen Schuljahres aus dem gleichen Grund erneut geschlossen. Einige Bundesländer führen eine Maskenpflicht an Schulen – mehrheitlich auf dem Schulgelände, jedoch nur vereinzelt auch während des Unterrichts – ein.

Ende August 2020 ist laut Johns Hopkins Universität[16]

- in Deutschland bei 241.905 Personen das Covid-19-Virus nachgewiesen, 9.300 Personen waren daran gestorben (entspricht 291,02 Infizierte und 11,19 Tote pro 100.000 Einwohner).
- in Österreich bei 27.166 Personen das Virus nachgewiesen, bei 733 Todesfällen (entspricht 306,00 Infizierte und 8,26 Tote pro 100.000 Einwohner).
- in der Schweiz bei 42.174 Personen das Virus nachgewiesen, bei 2.005 Todesfällen (entspricht 490,25 Infizierte und 23,30 Tote pro 100.000 Einwohner).
- weltweit eine Zahl von 25.222.709 Infektionen und 846.395 Todesfälle zu verzeichnen (entspricht 323,78 Infizierte und 10,87 Tote pro 100.000 Personen).

[16]https://coronavirus.jhu.edu/

## 1.3 Corona beeinflusst auch das Herbst- und Wintersemester 2020/21

Bedingt durch die zeitlichen Verzögerungen bei den schulischen Abschlussprüfungen (Abitur) hat die deutsche Hochschulrektorenkonferenz die empfohlenen Termine für Bewerbungs- und Zulassungsverfahren des Wintersemesters 2020/21 angepasst. Einige Hochschulen verschieben den Beginn der Vorlesungszeit des Wintersemesters 2020/21 (zum Sommersemester 2021 planen die Hochschulen wieder eine Rückkehr zu den traditionellen Fristen und Terminen).

Da auch im Herbstsemester an Schweizer Hochschulen sowie im Wintersemester an deutschen und österreichischen Hochschulen noch Hygiene- und Abstandsregeln gelten, findet das Wintersemester an den Hochschulen als Mischung von Präsenz- und Online-Veranstaltungen statt („Hybrid-Semester"). Für Deutschland erklärte die Hochschulrektorenkonferenz hierzu: „Angesichts der auch in Herbst und Winter noch geltenden Abstandsregeln und Hygienevorschriften werden Lehrveranstaltungen im **Wintersemester 2020/21** voraussichtlich nur eingeschränkt an den Hochschulen selbst stattfinden können. Länder und Hochschulen stellen sich daher auf eine Mischung aus Distanz- und Präsenzlehre ein – mit einem Schwerpunkt auf digitalen Angeboten, die wo immer vertretbar mit Präsenzangeboten kombiniert werden sollen (v. a. für praktische und experimentelle Lehre sowie Studieneinführungen), um den spezifischen Bedürfnissen der Hochschulen, der Fächer und der jeweils notwendigen Lehr- und Lernformate unter Wahrung des Gesundheitsschutzes lageabhängig Rechnung zu tragen."[17]

Details zur Durchführung der Hochschulveranstaltungen regeln die einzelnen Bundesländer in ihren jeweiligen Corona-Verordnungen – informativ ist hierzu ein Blick auf die einzelnen Informationsseiten der Länder.[18]

---

[17]https://www.hrk.de/themen/hochschulsystem/covid-19-pandemie-und-die-hochschulen/

[18]Baden-Württemberg: https://mwk.baden-wuerttemberg.de/de/service/kontakt/faq-zu-den-auswirkungen-des-coronavirus/

Bayern: https://www.stmwk.bayern.de/allgemein/meldung/6461/informationen-fuer-hochschulen-und-kulturelle-einrichtungen.html

Berlin: https://www.berlin.de/sen/wissenschaft/aktuelles/news/2020/artikel.908920.php

Brandenburg: https://mwfk.brandenburg.de/mwfk/de/ministerium/umgang-mit-corona-pandemie/

Bremen: https://www.bremen.de/corona#studierende

Hamburg: https://www.hamburg.de/faq-corona-hochschulen/

Hessen: https://wissenschaft.hessen.de/presse/wissenschaft-und-kunst-der-corona-pandemie/corona-hochschulen-und-studium/stand-und-perspektiven-fuer-den-hochschulbetrieb

Mecklenburg-Vorpommern: https://www.regierung-mv.de/Landesregierung/bm/Blickpunkte/Coronavirus/Corona-%E2%80%93-Informationen-f%C3%BCr-Hochschulen/

Niedersachsen: https://www.studieren-in-niedersachsen.de/news/corona-virus-sose-2020-termine-und-fristen-wise-20202021.html

Nordrhein-Westfalen: https://www.mkw.nrw/FAQ_Hochschulen_Corona

Rheinland-Pfalz: https://corona.rlp.de/index.php?id=33554

Gemeinsam ist den Hochschulen in Deutschland, Österreich und der Schweiz zum Zeitpunkt des Verfassens dieses Beitrags (d.h. im September 2020), dass zum Semesterstart des Herbst- bzw. Wintersemesters innerhalb der Hochschulgebäude ein Mund-Nase-Schutz zu tragen ist, der erst bei Erreichen des Sitzplatzes abgenommen werden darf. Längere Pausen zum Lüften und ein weiterhin großer Anteil an Online-Lehre prägen auch das zweite massiv von Corona beeinflusste Semester.

---

Saarland: https://www.uni-saarland.de/page/coronavirus.html

Sachsen: https://www.coronavirus.sachsen.de/wissenschaftseinrichtungen-4142.html

Sachsen-Anhalt: https://mw.sachsen-anhalt.de/media/coronavirus/wissenschaft/

Schleswig-Holstein: https://www.schleswig-holstein.de/DE/Schwerpunkte/Coronavirus/FAQ/Dossier/Hochschulen_Studium.html

Thüringen: https://wirtschaft.thueringen.de/wissenschaft/corona/

# Die Corona-Lehre: Wahrnehmung der Studierenden

2

Christian Kreidl und Ullrich Dittler

**Zusammenfassung**

Neben den Hochschulen als Organisation und den Lehrenden waren die Studierenden stark von der an den Hochschulen quasi über Nacht eingeführten Umstellung auf reine Online-Lehre betroffen. Aus diesem Grund führten die Autoren eine umfassende empirische Studie durch, um die Eindrücke der Studierenden von diesem besonderen Semester zu erfragen. Im Folgenden finden sich dic wichtigsten Ergebnisse dieser quantitativen Untersuchung, eine ausführliche Darstellung sämtlicher Studienergebnisse findet sich in Dittler & Kreidl, 2020.

Zunächst finden sich in Abschn. 2.2 die Gesamteinschätzungen der Studierenden zum Sommersemester 2020 und auch ihre jeweilige generelle Einordnung des Semesters. Als Detailaspekte werden dann in Abschn. 2.3 die Bereiche Technik, Abstimmung untereinander sowie in Abschn. 2.4 das persönliche Verhalten und die Auswirkungen auf die Zeitgestaltung erhoben. Der letzte Teil dieses Beitrags liefert in Abschn. 2.5 zudem die Möglichkeit, Ergebnisse aufgeschlüsselt nach Studiensemester bzw. Geschlecht zu betrachten.

C. Kreidl
KREIDL Training und Beratung, Wien, Österreich
E-Mail: chkreidl@kreidl.biz

U. Dittler (✉)
Fakultät Digitale Medien, Hochschule Furtwangen, Furtwangen, Deutschland
E-Mail: dittler@hs-furtwangen.de





U. Dittler und C. Kreidl (Hrsg.), *Wie Corona die Hochschullehre verändert,*
https://doi.org/10.1007/978-3-658-32609-8_2

## 2.1 Rahmen der Studie

Die Studie wurde mittels eines Online-Fragebogens im Zeitraum zwischen Anfang Juni und Ende Juli 2020 durchgeführt, um einen möglichst unmittelbaren Eindruck des vergangenen Semesters zu erheben. Insgesamt wurden 3.520 Fragebögen an mehr als sieben Hochschulen in Deutschland, Österreich und der Schweiz ausgefüllt. Von den sieben in Tab. 2.2 dargestellten Hochschulen wurden jeweils mindestens 100 Fragebögen retourniert.

Die folgenden Tab. 2.1 und Tab. 2.2 geben einen Überblick über die zugrunde liegenden Daten:

Im Abschn. 2.5 finden sich darauf basierend detaillierte Auswertungen nach Geschlecht.

Wie bei Studierenden zu erwarten, lag das Alter der meisten Befragten zwischen 19 und 25 Jahren. Allerdings nahmen auch mehr als 650 Personen mit einem Alter über 26 Jahren teil. Abb. 2.1 bietet eine grafische Übersicht über die Altersstruktur der befragten Studierenden:

Ebenfalls interessant, insbesondere für die Auswertung der Antworten, ist die Semesterstruktur der Probandinnen und Probanden. Die meisten Studierenden befanden sich im zweiten oder vierten Semester, was insofern nachzuvollziehen ist, als hauptsächlich Bachelorstudiengänge befragt wurden, die teilweise nur einmal im Jahr starten. Allerdings finden sich auch hier einige Studierende in höheren Semestern. Tab. 2.3 zeigt die Verteilung auf das angegebene Studiensemester:

**Tab. 2.1** Geschlechterverteilung innerhalb der erhobenen Daten. (Quelle: Eigene Darstellung)

| Geschlecht | Weiblich | Männlich | Sonstige |
|---|---|---|---|
| n = 3.520 | 1.620 | 1.887 | 13 |
| 100,0 % | 46,0 % | 53,6 % | 0,4 % |

**Tab. 2.2** Teilnehmende Hochschulen mit Anzahl an ausgefüllten Fragebögen

| Hochschule | Rücklauf |
|---|---|
| HS Furtwangen | 1.473 |
| Hochschule Aalen | 999 |
| FH Technikum Wien | 360 |
| FH des bfi Wien | 316 |
| FH Kufstein | 123 |
| Universität Basel | 116 |
| Hochschule für Gestaltung Schwäbisch-Gmünd | 104 |
| Sonstige | 43 |
| **GESAMT:** | **3.534** |

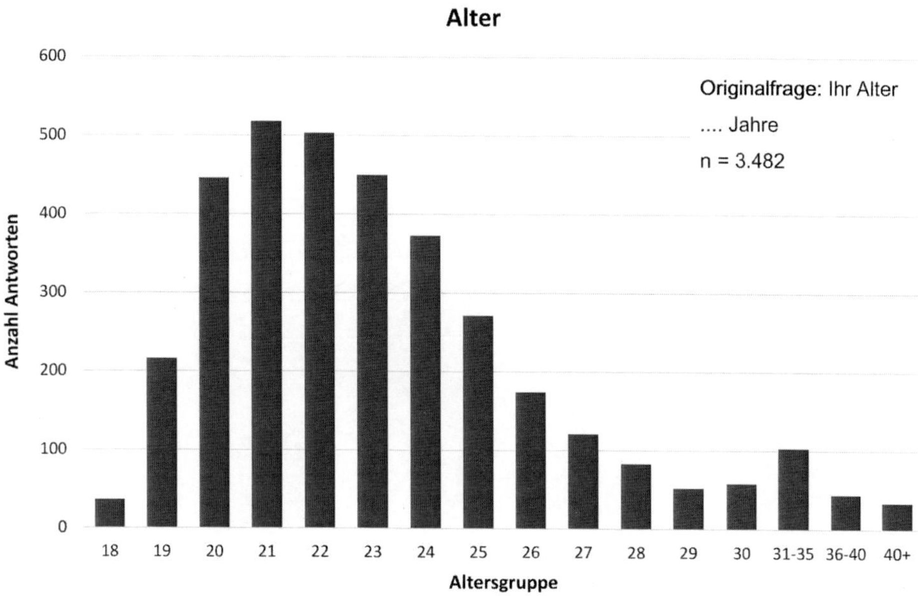


**Abb. 2.1** Alter der befragten Studierenden. (Quelle: Eigene Darstellung)

**Tab. 2.3** Studiensemester der befragten Studierenden. (Quelle: Eigene Darstellung)

| Semester | 1 | 2 | 3 | 4 | 5 | 6 | 7 | 7+ | |
|---|---|---|---|---|---|---|---|---|---|
| Anzahl | 304 | 1.235 | 256 | 795 | 92 | 514 | 118 | 186 | 3.500 |

Das Studiensemester bildete ebenfalls die Grundlage für eine detaillierte Auswertung von Fragen, die Ergebnisse davon sind im Abschn. 2.5 dargestellt.

## 2.2 Überblick und Gesamtbild

Zunächst soll versucht werden, die Gesamtstimmung über das Semester darzustellen. Dabei ging es um eine Gesamteinschätzung der Qualität des Sommersemesters 2020.

### 2.2.1 Einschätzung im Gesamten

Abb. 2.2 zeigt die Einschätzung der Studierenden zur Frage „Insgesamt funktionierte die Online-Lehre im Sommersemester 2020 …“. Hierzu wurde eine fünfstufige Beurteilungsskala von „sehr gut“ bis „überhaupt nicht“ verwendet.

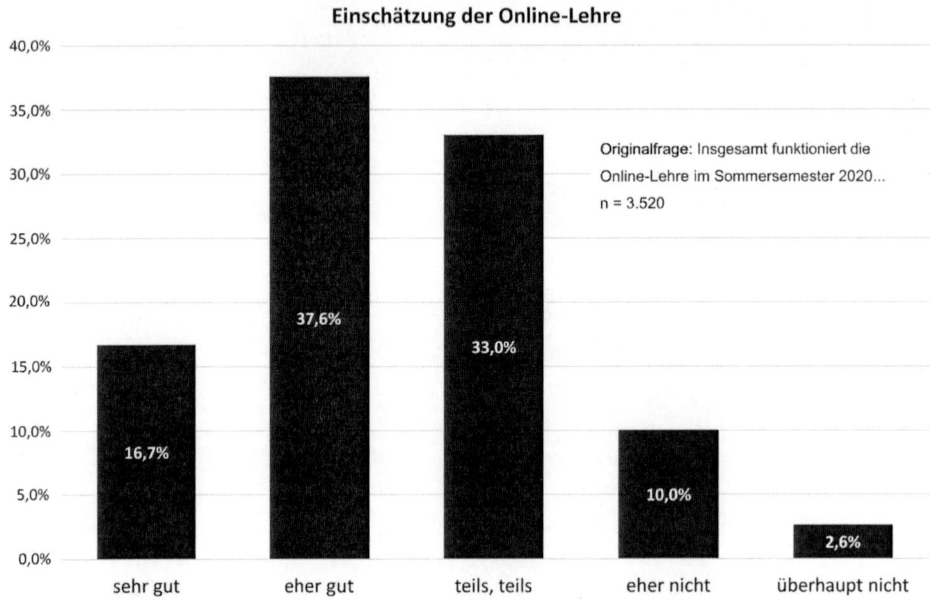


**Abb. 2.2** Einschätzung der Online-Lehre. (Quelle: Eigene Darstellung)

Die Tendenz der Antworten geht hier eindeutig in eine positive Richtung, mehr als die Hälfte der befragten Studierenden beurteilten die Online-Lehre positiv, nur ungefähr 13 % äußerten eine negative Einschätzung. Immerhin ein Drittel der Probandinnen und Probanden beantwortete die Frage mit „teils, teils". Somit lässt sich zunächst ein positives Fazit ziehen: Die Umstellung auf bzw. die Durchführung der Online-Lehre hat in der Einschätzung der Studierenden eher gut funktioniert.

### 2.2.2 Einordnung des Semesters

Als Nächstes sollte erhoben werden, ob die Studierenden das Sommersemester 2020 trotz der Corona-Einflüsse als vollwertiges Semester einschätzen. Abb. 2.3 zeigt die Einschätzung zum vorgegebenen Statement „Bezogen auf die Inhalte und Anforderungen ist dieses Semester für mich ein …" Bei diesem Item umfasste die fünfstufige Antwort-Skala Aussagen zwischen „komplett vollwertiges Semester" und „komplett verlorenes Semester".

Auch bei dieser Frage ergab sich eine tendenziell positive Einschätzung der Studierenden. Wiederum mehr als die Hälfte der Probandinnen und Probanden beurteilten das Semester als „komplett vollwertig" oder „eher vollwertig". Allerdings schätzten auch über 20 % das Semester als „eher verloren" oder „komplett verloren" ein – ein durchaus beachtenswerter Anteil!

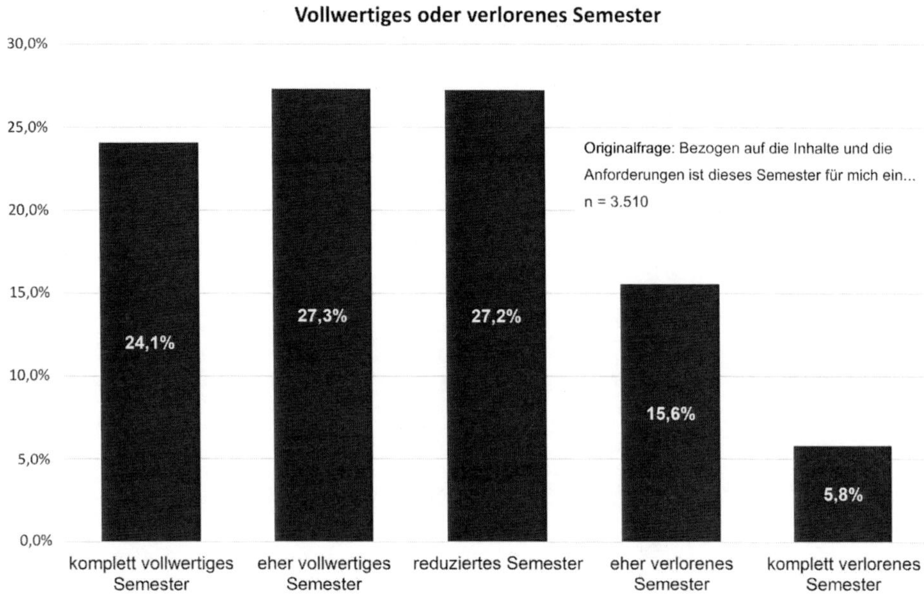


**Abb. 2.3** Einschätzung der Studierenden über die Wertigkeit des Semesters. (Quelle: Eigene Darstellung)

Im Hinblick auf eine Interpretation dieser Daten könnten die möglichen Gründe für die negative Einschätzung vielfältig sein. Manche Studierende könnten auch „im Normalfall" ein Semester als „eher verloren" betrachten. Wahrscheinlich wird die Bewertung hier auch stark davon abhängen, welche Veranstaltungen konkret betroffen waren – Praktika oder Laborübungen sind schwieriger über Online-Lehre abzubilden als Vorlesungen mit reiner Wissensvermittlung.

Wahrscheinlich forderte die Umstellung auf Online-Lehre auch eine massive Änderung der Lern- und Arbeitsgewohnheiten der Studierenden (ebenso der Lehrenden, die in dieser Studie aber nicht befragt wurden). Wie haben die Studierenden die Arbeitsbelastung durch die Online-Lehre im Corona-Semester wahrgenommen?

Abb. 2.4 zeigt die Einschätzung im Hinblick auf das Statement „Die Arbeitsbelastung durch Online-Lehre ist (im Vergleich zur klassischen Präsenzlehre) meiner Meinung nach …". Hierzu wurde ein Spektrum von „bedeutend größer" bis „bedeutend geringer" angeboten.

Sehr deutlich ist hier die angegebene Empfindung der Studierenden: Knapp 74 % schätzten die Arbeitsbelastung als größer im Vergleich zur klassischen Präsenzlehre ein, nur knapp 8 % als geringer. Aus Sicht der Studierenden lässt sich also ganz klar sagen, dass die Online-Lehre im Sommersemester 2020 mit mehr Arbeit verbunden war. Inwiefern dies auch auf Umstellungs- und Gewöhnungseffekte zurückzuführen ist, wäre eine interessante weiterführende Frage bzw. könnte sich dies in den folgenden Semestern noch genauer zeigen.

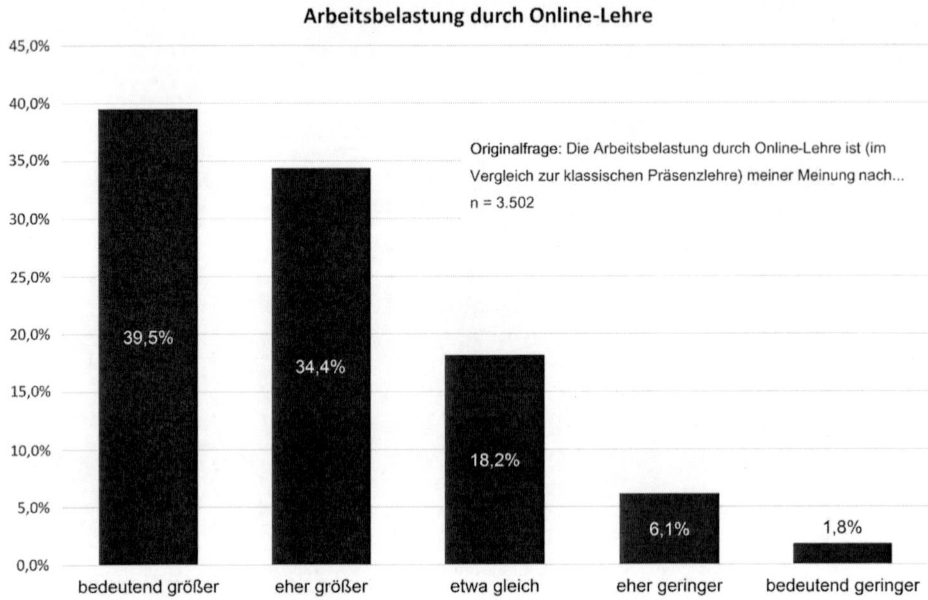


**Abb. 2.4** Arbeitsbelastung durch Online-Lehre. (Quelle: Eigene Darstellung)

Ergänzend zur Frage der Arbeitsbelastung stellten die Autoren auch die Frage nach der (empfundenen) Qualität der Online-Lehre. Abb. 2.5 zeigt die erhaltenen Ergebnisse:

Gefragt wurde hier nach der Zustimmung zu der Aussage „Die Qualität der Online-Lehre ist (im Vergleich zur klassischen Präsenzlehre) meiner Meinung nach …“, und zwar auf einer Skala von „bedeutend höher“ bis „deutlich geringer“.

Auch hier zeigte sich eine eindeutige Tendenz: 62 % der befragten Studierenden gaben an, dass die Qualität der Online-Lehre geringer sei als die klassische Präsenzlehre, nur 11 % beurteilten die Qualität als höher. Dies ist ein auf den ersten Blick sehr ernüchterndes Ergebnis, zu dem weitere Analysen in Zukunft angefertigt werden sollten. Ein Grund für dieses Ergebnis könnte natürlich sein, dass viele Lehrveranstaltungen und damit Konzepte unerwartet und unter hohem Zeitdruck auf ein Online-Format umgestellt werden mussten, noch dazu teilweise von Lehrenden, die noch wenig Erfahrung mit Online-Lehre hatten oder diese vielleicht sogar prinzipiell ablehnen.

## 2.3 Technik und Abstimmung

Bei der Einschätzung der Qualität des Semesters spielt natürlich eine entscheidende Rolle, welche Ausstattung für die Online-Lehre verwendet werden kann. Aus diesem Grund wurde auch erhoben, über welches Equipment die Studierenden für Online-Lehre verfügen.

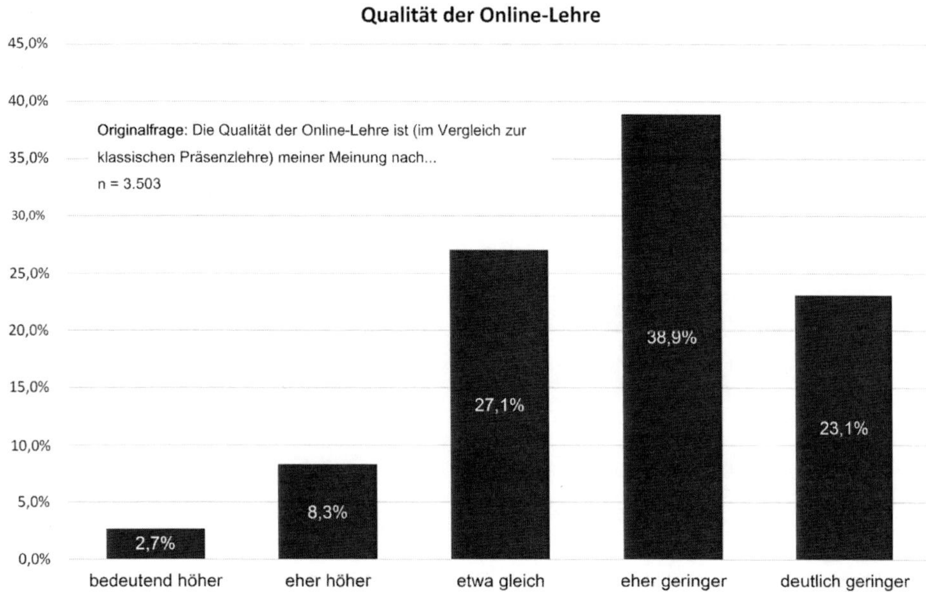


**Abb. 2.5** Qualität der Online-Lehre. (Quelle: Eigene Darstellung)

### 2.3.1 Technische Ausstattung

Wie schon erwähnt, wurden wohl viele Hochschulen und Lehrende von der plötzlichen Umstellung auf reine Fernlehre überrascht. Das Gleiche lässt sich auch für die Studierenden-Seite konstatieren, insbesondere was die notwendige technische Ausstattung betrifft. Abb. 2.6 gibt dazu einen Überblick.

Mit der Frage „Ich verfüge über folgende technische Ausstattung für Online-Learning“ wollten die Autoren herausfinden, auf welche Infrastruktur die Studierenden während des Sommersemesters 2020 zurückgreifen konnten. Dabei zeigten sich einige interessante Ergebnisse:

- Nur etwas mehr als 80 % nannten hier das Smartphone. Dieser doch sehr niedrige Wert könnte mit der Frageformulierung begründet werden: Offensichtlich nutzten viele das Smartphone nicht als Ausstattung für die Online-Lehre.
- Auch der Breitband-Internet-Zugang wurde nur von ungefähr 57 % der Studierenden bejaht. Auch wenn man dieses Ergebnis kritisch hinterfragen kann (haben alle Befragten ein gleiches Verständnis davon, was unter „Breitband-Internet“ zu verstehen ist?) sollte das Ergebnis Einfluss auf die didaktische Gestaltung von Online-Lehre haben. Offensichtlich ist es nicht für alle Studierenden problemlos möglich, einer Live-Online-Lehrveranstaltung mit Bildübertragung zu folgen.

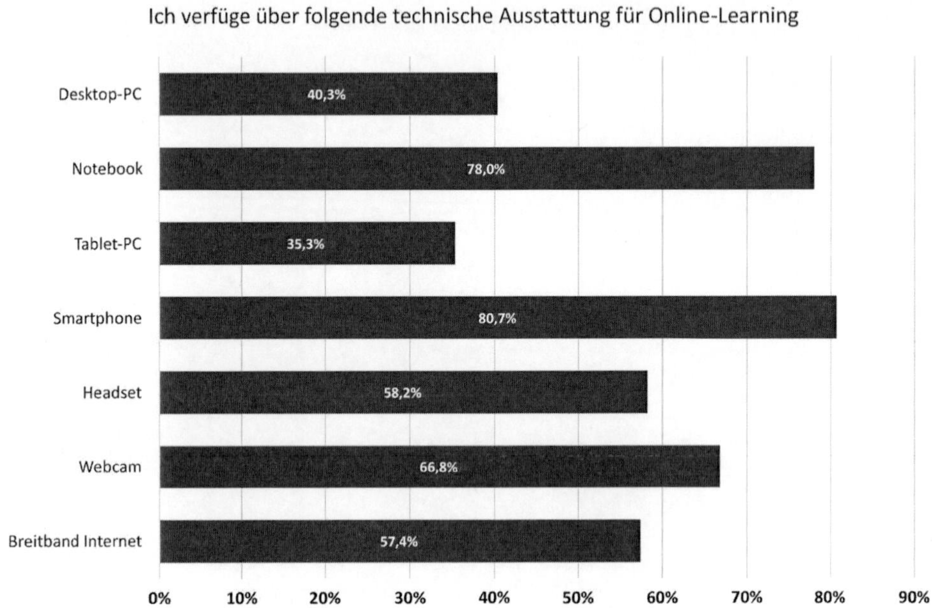


**Abb. 2.6** Technische Ausstattung der Studierenden. (Quelle: Eigene Darstellung)

- Auch bei der Webcam ergab sich nur eine Zustimmung von knapp 67 %. Dies würde bedeuten, dass rund ein Drittel der Studierenden keine Bildübertragung (zum Beispiel bei Online-Gruppenarbeiten) sicherstellen kann.

Zusammenfassend lässt sich wohl festhalten, dass nicht bei allen Studierenden optimale technische Bedingungen für E-Learning gegeben sind.

### 2.3.2 Lernplattform und Technik

Nachdem die technischen Voraussetzungen abgefragt wurden, sollte als Nächstes erhoben werden, wie die Studierenden mit der Lernplattform und den technischen Instrumenten zurechtgekommen sind. Abb. 2.7 zeigt die Ergebnisse zu diesem Themenbereich.

Im Detail wurden hier die Kriterien „Bedienung der Lernplattform", „Versorgung mit technischen Informationen" sowie „Bedienung von Online-Meeting-Systemen" abgefragt, die wörtlichen Statements und Detailergebnisse finden sich direkt in Abb. 2.7.

Zusammenfassend lässt sich festhalten, dass die Studierenden offensichtlich gut mit der Technik und den Systemen zurechtgekommen sind. Nur wenige stimmten dem jeweiligen Statement „kaum" oder „gar nicht" zu, der Großteil der Antworten lag bei „vollkommen" oder „überwiegend". Im Vergleich fällt auf, dass der Bereich „Versorgung

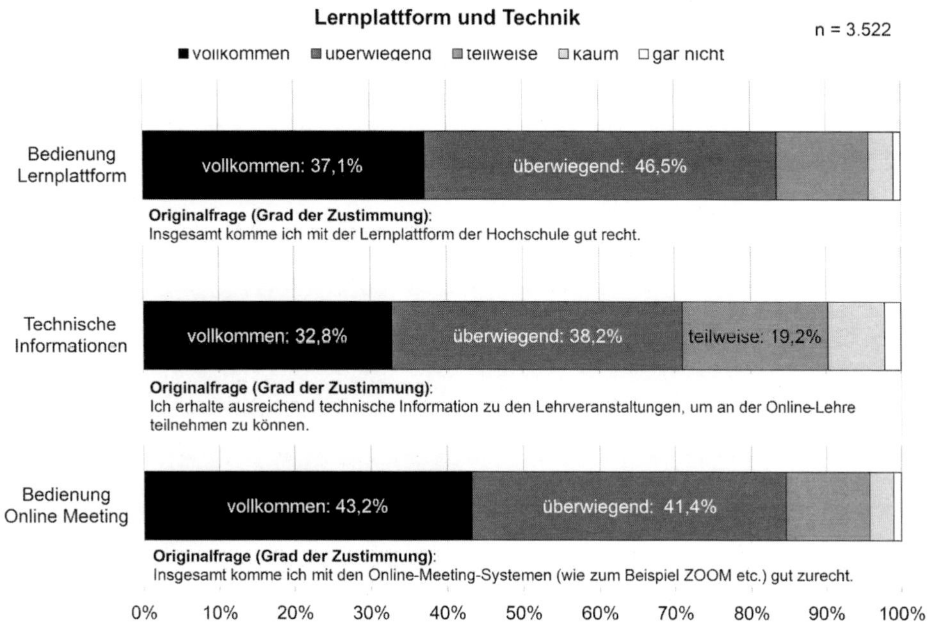


**Abb. 2.7** Umgang mit Lernplattform und Technik durch die Studierenden. (Quelle: Eigene Darstellung)

mit technischen Informationen" am schlechtesten abgeschnitten hat – allerdings auf einem doch sehr positiven Grundniveau.

### 2.3.3 Abstimmung mit Lehrenden und Studierenden

Neben technischen Hürden besteht eine große Herausforderung der Online-Lehre darin, die ausreichende Abstimmung und Kommunikation mit anderen Personen sicherzustellen. Abb. 2.8 zeigt die Ergebnisse der Studie aus diesem Bereich:

Abgefragt wurden im Detail die „Abstimmung mit Lehrenden", „Abstimmung mit Studienkolleg*innen" sowie „Gruppenarbeiten". Auch in diesem Bereich können die wörtlichen Zustimmungs-Items sowie die genaue Antwort-Verteilung der Abb. 2.8 entnommen werden.

Die Tendenz ist auch bei diesen drei Fragen deutlich positiv, am besten wurde die Abstimmung mit den Studienkolleg*innen beurteilt. Generell stimmen auch hier nur wenige den Statements eher negativ zu. Auffallend schlechter beurteilt im Vergleich zu den beiden anderen Bereichen wurde das Statement zu den Gruppenarbeiten: Immerhin ungefähr 21 % gaben an, dass diese kaum oder gar nicht gut funktionieren – ein beachtlich hoher Wert!

**Abb. 2.8** Abstimmung und Kommunikation bei der Online-Lehre. (Quelle: Eigene Darstellung)

## 2.4 Persönliches Verhalten

Als letzter Bereich wurde das persönliche Lern- und Arbeitsverhalten der Studierenden im Sommersemester 2020 untersucht, da Online-Lehre hierbei zu deutlichen Veränderungen führen könnte, beispielsweise in Bezug auf die Beteiligung am Unterricht oder auch das persönliche Zeitmanagement.

### 2.4.1 Besuch von und Beteiligung in Lehrveranstaltungen

Zunächst wollten die Autoren wissen, ob sich der Anteil der besuchten Veranstaltungen im Vergleich zum Vorsemester verändert hatte. Auch wenn sich hier eine eindeutige Tendenz zeigt – knapp 60 % gaben an, etwa gleich viele Veranstaltungen besucht zu haben – ist bei dieser Frage die Streuung der Antworten hoch interessant: Ungefähr 40 % sind mehr oder weniger gleichmäßig auf die anderen Zustimmungs-Kategorien verteilt. Dies bedeutet beispielsweise, dass einerseits ca. 10 % angaben, deutlich mehr Veranstaltungen besucht zu haben – andererseits knapp 9 % an deutlich weniger Veranstaltungen teilnahmen (Abb. 2.9).

Daraus könnte gefolgert werden, dass die besonderen Lernbedingungen in diesem Semester im Durchschnitt zwar keine großen Auswirkungen auf den Besuch der Ver-

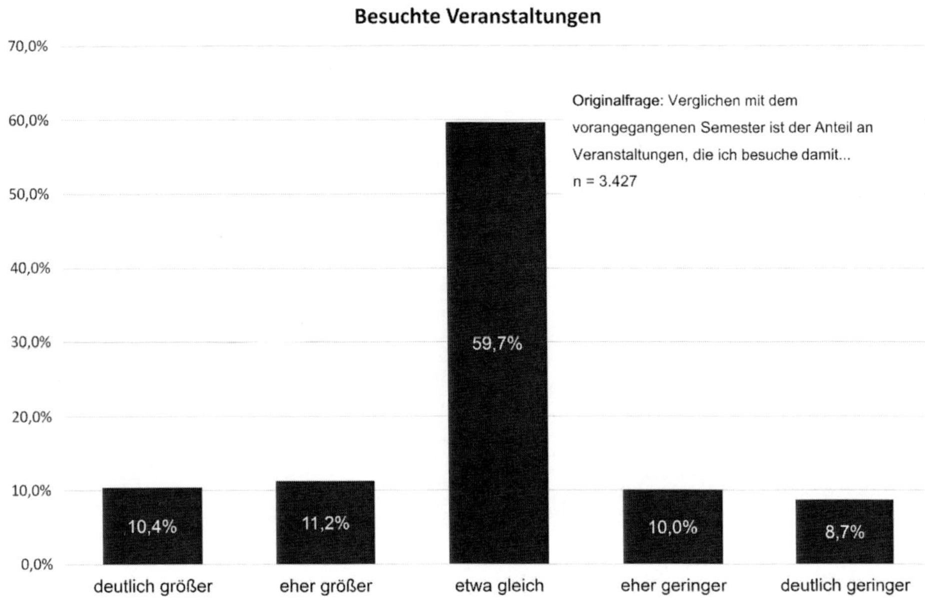


**Abb. 2.9** Besuch von Lehrveranstaltungen im „Corona-Semester". (Quelle: Eigene Darstellung)

anstaltungen hatten, im Detail allerdings sehr wohl. Zumindest in Österreich kommt hier bei den Fachhochschulen die Komponente hinzu, dass im Präsenzunterricht normalerweise Anwesenheitspflicht besteht. Diese in der Fernlehre aufrechtzuerhalten bzw. zu überprüfen dürfte schwierig sein – auch das könnte Auswirkungen auf das Ausmaß des Besuchs haben.

Nicht nur auf den Besuch der Lehrveranstaltungen könnte sich die Umstellung auf reine Fernlehre auswirken, sondern auch auf die aktive Beteiligung am Unterricht. Abb. 2.10 zeigt die Ergebnisse aus diesem Bereich: Die Tendenz zeigt ganz eindeutig eine geringere Beteiligung (nach Selbsteinschätzung der Studierenden): Mehr als die Hälfte der Befragten gab eine geringere Beteiligung an. Ungefähr ein Drittel behauptete von sich, sich etwa gleich stark zu beteiligen, und nur etwas mehr als 13 % gaben eine größere aktive Beteiligung am Unterricht an.

Interessant ist in diesem Zusammenhang auch der Vergleich mit den durch die Autoren ebenfalls geführten Interviews mit Lehrenden und Studierenden (vgl. hierzu Kap. 3, Kap. 13 und Kap. 19). Auch hier erkannten mehrere Lehrende die Gefahr, dass Online-Unterricht eine aktive Beteiligung schwerer ermögliche als Präsenz-Unterricht.

Zusammenfassend lässt sich folgende Erkenntnis formulieren: Die aktive Beteiligung am Unterricht war in der Online-Lehre im Sommersemester geringer als in den Semestern zuvor.

Da den Autoren diese mögliche Gefahr bereits im Vorfeld bewusst war (auch weil beide Autoren Erfahrung in der Online-Lehre haben), wurde ein weiteres Frage-Item in

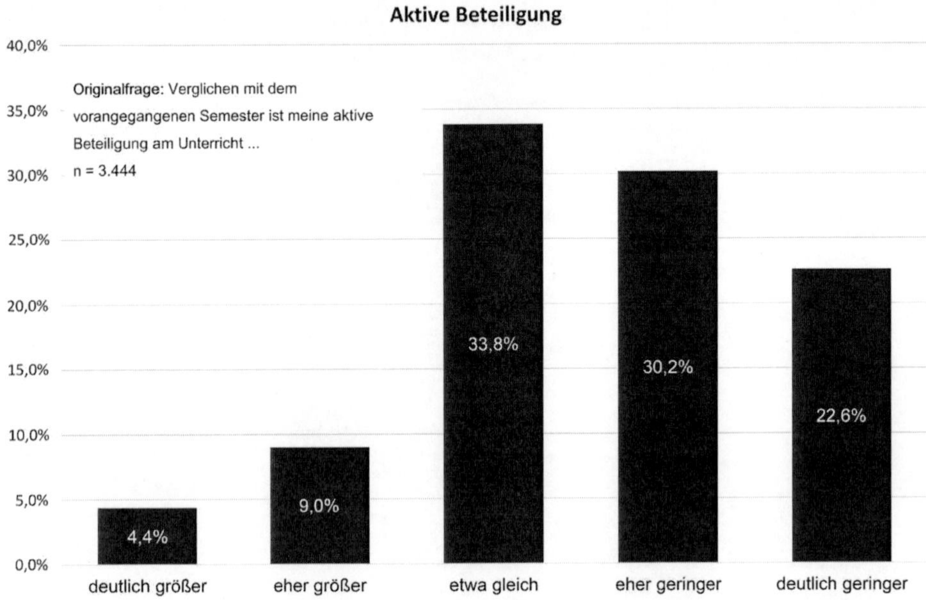


**Abb. 2.10** Aktive Beteiligung am Unterricht. (Quelle: Eigene Darstellung)

diese Richtung formuliert: Abb. 2.11 zeigt die Zustimmung zum Statement „Die aktive Beteiligung am digitalen Unterricht ist mir im Vergleich zum Präsenzunterricht …", die Skala reichte von „deutlich leichter gefallen" bis „deutlich schwerer gefallen".

Die Ergebnisse könnten als stimmige Fortsetzung und auch als Begründung der vorherigen Ergebnisse interpretiert werden: Knapp 57 % der Studierenden gaben an, dass ihnen die aktive Beteiligung am digitalen Unterricht gegenüber dem Präsenzunterricht schwerer gefallen sei. Knapp 18 % signalisierten, die Beteiligung sei ihnen leichter gefallen.

Auch hier könnte als zusammenfassende Erkenntnis formuliert werden: Den Studierenden fiel eine aktive Beteiligung am digitalen Unterricht schwerer als in der Präsenzlehre.

### 2.4.2 Persönliches Lernverhalten

Reine Online-Lehre wird sich vermutlich auch auf das persönliche Lernverhalten der Studierenden auswirken – diese Aspekte wurden daher ebenfalls untersucht. Abb. 2.12 zeigt die entsprechenden Ergebnisse.

Im Bereich „Freiheiten durch Online-Lehre" bestätigte sich der immer wieder genannte Vorteil von E-Learning, das zeit- und ortsunabhängige Lernen: Knapp 60 % der Studierenden gaben an, durch Online-Lernen mehr Freiheiten zu haben als bei der

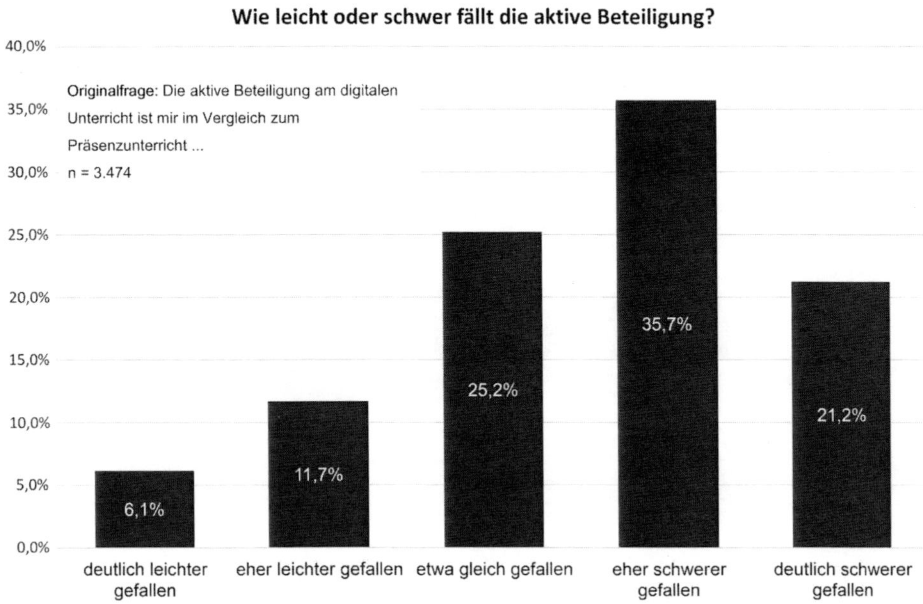


**Abb. 2.11** Wie leicht fällt die aktive Beteiligung am digitalen Unterricht. (Quelle: Eigene Darstellung)

klassischen Form des Präsenzunterrichts. Interessant ist in diesem Zusammenhang aber auch, dass 20 % dieser Aussage nicht zugestimmt haben, also nicht mehr Freiheiten durch Online-Lernen erleben.

Die nächsten beiden Fragen sollten aus Sicht der Autoren im Zusammenhang betrachtet werden: Knapp 70 % der Befragten gaben an, dass klare Zeitstrukturen hilfreich bei der Online-Lehre sind. Betrachtet man dieses Ergebnis nun in Relation zur nächsten Frage – nämlich wie leicht die Selbstorganisation bei der Online-Lehre fällt – ergeben sich interessante Erkenntnisse für die organisatorische Gestaltung von Lernprozessen. Mehr als ein Viertel der Studierenden stimmte der Aussage, dass ihnen die Selbstorganisation bei der Online-Lehre leichtfällt, nur „teilweise" zu. Immerhin knapp 23 % stimmten hier „weniger" oder „gar nicht" zu: Klare, vorgegebene Zeitstrukturen müssten diesen Gruppen daher besonders helfen, ihre Lernprozesse zu organisieren.

### 2.4.3 Auswirkung auf die Zeitgestaltung

In allen drei Ländern, in denen die Befragung durchgeführt wurde, gab es zeitweise auch Ausgangsbeschränkungen und der größte (oder komplette) Teil des Studiensemesters fand als Online-Lehre statt. Ergänzend sollte daher betrachtet werden, welche Auswirkungen Corona auf Bereiche der Freizeit hatte. Abb. 2.13 zeigt die entsprechenden Ergebnisse.

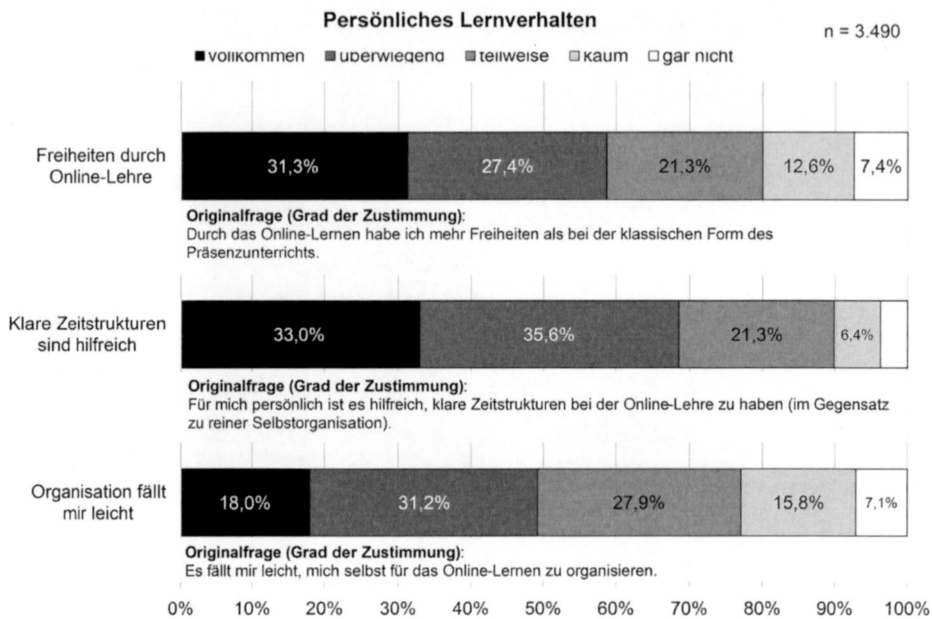


**Abb. 2.12** Persönliches Lernverhalten der Studierenden. (Quelle: Eigene Darstellung)

Das wörtliche Item bei dieser Frage lautete: „Folgende Tätigkeiten mache ich während des aktuellen Semesters mehr bzw. weniger häufig als bisher“, vorgegeben wurde zahlreiche Tätigkeiten sowie wieder eine fünfstufige Skala von „deutlich mehr“ bis „deutlich weniger“ (außerdem auch eine sechste Antwortmöglichkeit „mache ich nicht“).

Auch wenn diese Frage weniger ergiebig im Hinblick auf die Gestaltung von Hochschullehre zu sein scheint, finden sich doch einige interessante Ergebnisse in Bezug auf die Lebensgewohnheiten der Studierenden (entsprechende Hervorhebungen daher auch im Diagramm):

- Die größte Veränderung im Sinne einer Steigerung gab es im Bereich „Spazieren gehen“. Dies scheint wenig überraschend, da zahlreiche andere Bewegungsaktivitäten während des Lockdowns über einen längeren Zeitraum nicht möglich waren.
- Auch die Aktivitäten „Soziale Netzwerke nutzen“, „Sport treiben“ bzw. „Kochen/Backen“ wurden häufiger ausgeführt – ebenso wie der Bereich „Lernen“.
- Medientechnisch äußerst interessant ist das Ergebnis bei der Tätigkeit „Fernsehen“. Hier gaben immerhin knapp 40 % an, dies nicht zu tun. Fernsehen ist als Leitmedium bei der hier befragten Zielgruppe bereits abgelöst.
- Auch das Ergebnis in Bezug auf „Computerspiele spielen“ ist bei dieser Befragungsgruppe etwas überraschend, denn diesbezüglich gaben ebenfalls 45 % an, dies nicht zu tun (das Ergebnis steht im Widerspruch zu anderen Erhebungen, wie beispielsweise zur JIM-Studie 2019 (vgl. JIM-Studie 2019, S. 44).

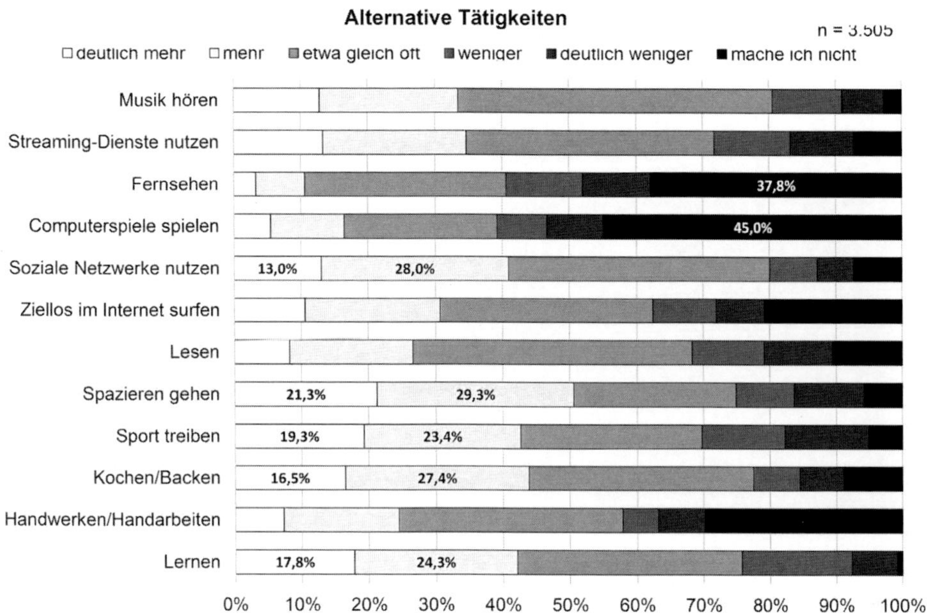


**Abb. 2.13** Tätigkeiten während des Sommersemesters 2020. (Quelle: Eigene Darstellung)

## 2.5 Semester- und Geschlechterunterschiede

Im letzten Teil dieses Beitrags sollen die erhobenen Ergebnisse im Hinblick auf zwei Kriterien analysiert werden: Studiensemester und Geschlecht.

Dies bietet vor allem den tiefergehend interessierten Leserinnen und Lesern die Möglichkeit, das ein oder andere Teilergebnis differenzierter nachzuschlagen. Auf eine ausführliche verbale Beschreibung aller im Folgenden dargestellten Zahlen wird verzichtet.

### 2.5.1 Überblick und Gesamtbild:

Tab. 2.4 zeigt die Aufschlüsselung der oben detailliert vorgestellten Fragen aus dem Abschnitt „2.2 Überblick und Gesamtbild" nach Studiensemester, wiedergegeben ist der Mittelwert der Antwort. In der Tabelle hervorgehoben sind der höchste und der niedrigste Wert je Bereich.

**Analyse nach Semestern**

Die Gesamt-Anzahl an Studierenden umfasst auch jene, die kein Studiensemester angegeben haben. Hinter den Bereichen standen folgende Original-Statements (vgl. auch Abschn. 2.2):

**Tab. 2.4** Analyse des Gesamtbilds nach Semester. (Quelle: Eigene Darstellung)

| Semester | Lehre funktionierte | Vollwertiges Semester | Arbeitsbelastung | Qualität der Lehre | Anzahl gesamt |
|---|---|---|---|---|---|
| 1 | 2,38 | 2,50 | 2,03 | 3,63 | 304 |
| 2 | 2,54 | 2,62 | 1,91 | 3,79 | 1.235 |
| 3 | 2,57 | 2,70 | 1,83 | 3,82 | 256 |
| 4 | 2,49 | 2,45 | 1,94 | 3,76 | 795 |
| 5 | 2,15 | 2,24 | 2,25 | 3,29 | 92 |
| 6 | 2,27 | 2,41 | 1,98 | 3,60 | 514 |
| 7 | 2,17 | 2,43 | 2,26 | 3,50 | 118 |
| 7+ | 2,29 | 2,33 | 2,08 | 3,64 | 186 |
| **Gesamt** | **2,44** | **2,52** | **1,96** | **3,72** | **3.500** |

- ***Lehre funktioniert:*** „Insgesamt funktionierte die Online-Lehre im Sommersemester 2020 …“, Skala sehr gut (=1) bis überhaupt nicht (=5)
- ***Vollwertiges Semester:*** „Bezogen auf die Inhalte und Anforderungen ist dieses Semester für mich …“, Skala komplett vollwertig (=1) bis komplett verloren (=5)
- ***Arbeitsbelastung:*** „Die Arbeitsbelastung durch Online-Lehre ist (im Vergleich zur klassischen Präsenzlehre) meiner Meinung nach …“, Skala bedeutend größer (=1) bis bedeutend geringer (=5)
- ***Qualität der Lehre:*** „Die Qualität der Online-Lehre ist (im Vergleich zur klassischen Präsenzlehre) meiner Meinung nach …“, Skala bedeutend höher (=1) bis deutlich geringer (=5)

### Analyse nach Geschlecht

Die genannten Fragen wurden mittels T-Test auf einen Unterschied zwischen den Geschlechtern untersucht, Tab. 2.5 präsentiert die entsprechenden Ergebnisse. Es zeigten sich drei signifikante, wenn auch vom Wert her eher kleinere Unterschiede.

**Tab. 2.5** Geschlechterspezifische Unterschiede im Gesamtbild (Signifikanzniveau mit 5 % festgelegt). (Quelle: Eigene Darstellung)

| Bereich | Weiblich | Männlich | T-Test signifikant |
|---|---|---|---|
| Lehre funktionierte | 2,40 | 2,48 | Nein |
| Vollwertiges Semester | 2,44 | 2,58 | <1 % |
| Arbeitsbelastung | 1,88 | 2,04 | <1 % |
| Qualität der Lehre | 3,65 | 3,77 | <1 % |

**Tab. 2.6** Analyse der Technik nach Semester. (Quelle: Eigene Darstellung)

| Semester | Bedienung der Lernplattform | Technische Informationen | Bedienung Online-Meeting | Anzahl gesamt |
|---|---|---|---|---|
| 1 | 1,80 | 1,89 | 1,73 | 304 |
| 2 | 1,88 | 2,10 | 1,81 | 1.235 |
| 3 | 1,84 | 2,29 | 1,92 | 256 |
| 4 | 1,84 | 2,08 | 1,73 | 795 |
| 5 | 1,90 | 2,16 | 1,83 | 92 |
| 6 | 1,77 | 2,03 | 1,74 | 514 |
| 7 | 1,97 | 2,03 | 1,81 | 118 |
| 7+ | 1,81 | 2,02 | 1,62 | 186 |
| Gesamt | 1,84 | 2,08 | 1,77 | 3.500 |

### 2.5.2 Technik und Abstimmung

Tab. 2.6 und 2.7 zeigen die Aufschlüsselung der Fragen aus dem Unterkapitel „2.3 Technik und Abstimmung" nach Studiensemester, dargestellt ist der Mittelwert der Antwort.[1]

**Analyse nach Semester**

In der Gesamt-Anzahl an Studierenden sind wieder jene enthalten, die kein Studiensemester angegeben haben. Hinter den Bereichen standen folgende Original-Statements (vgl. auch ▸ Abschn. 2.3):

- ***Bedienung der Lernplattform:*** „Insgesamt komme ich mit der Lernplattform der Hochschule gut zurecht", Zustimmungsskala vollkommen (=1) bis gar nicht (=5)
- ***Technische Informationen:*** „Ich erhalte ausreichend technische Informationen zu den Lehrveranstaltungen, um an der Online-Lehre teilnehmen zu können", Zustimmungsskala vollkommen (=1) bis gar nicht (=5)
- ***Bedienung Online-Meeting:*** „Insgesamt komme ich mit den Online-Meeting-Systemen (wie zum Beispiel ZOOM etc.) gut zurecht", Zustimmungsskala vollkommen (=1) bis gar nicht (=5)
- ***Abstimmung mit Lehrenden:*** „Die Abstimmung und Kommunikation mit den Lehrenden funktioniert gut", Zustimmungsskala vollkommen (=1) bis gar nicht (=5)
- ***Abstimmung mit Kolleg*innen:*** „Die Abstimmung mit meinen Studienkolleg*innen funktioniert gut" Zustimmungsskala vollkommen (=1) bis gar nicht (=5)

[1] Auch hier wurden wieder der höchste und der niedrigste Wert hervorgehoben.

**Tab. 2.7** Analyse der Abstimmung nach Semester. (Quelle: Eigene Darstellung)

| Semester | Abstimmung mit Lehrenden | Abstimmung mit Kolleg*innen | Gruppenarbeiten | Anzahl gesamt |
|---|---|---|---|---|
| 1 | 2,25 | 2,25 | 2,79 | 304 |
| 2 | 2,47 | 1,97 | 2,58 | 1.235 |
| 3 | 2,58 | 2,26 | 2,84 | 256 |
| 4 | 2,50 | 1,94 | 2,52 | 795 |
| 5 | 2,26 | 1,98 | 2,52 | 92 |
| 6 | 2,32 | 1,96 | 2,49 | 514 |
| 7 | 2,25 | 2,25 | 2,52 | 118 |
| 7+ | 2,34 | 2,08 | 2,63 | 186 |
| Gesamt | 2,43 | 2,02 | 2,59 | 3.500 |

- ***Gruppenarbeiten:*** „Gruppenarbeiten im Rahmen der Lehrveranstaltungen funktionieren gut", Zustimmungsskala vollkommen (=1) bis gar nicht (=5)

### Analyse nach Geschlecht

Die gleichen Fragen wurden mittels T-Test auf einen Unterschied zwischen den Geschlechtern untersucht, Tab. 2.8 zeigt die entsprechenden Ergebnisse. Es bestand hier nur ein signifikanter, allerdings wieder eher kleiner Unterschied.

**Tab. 2.8** Geschlechterspezifische Unterschiede bei Technik und Abstimmung (Signifikanzniveau mit 5 % festgelegt). (Quelle: Eigene Darstellung)

| Bereich | Weiblich | Männlich | T-Test signifikant |
|---|---|---|---|
| Bedienung der Lernplattform | 1,79 | 1,89 | <1 % |
| Technische Informationen | 2,06 | 2,09 | Nein |
| Bedienung Online-Meeting | 1,76 | 1,78 | Nein |
| Abstimmung mit Lehrenden | 2,43 | 2,42 | Nein |
| Abstimmung mit Kolleg*innen | 1,97 | 2,06 | Nein |
| Gruppenarbeiten | 2,56 | 2,62 | Nein |

**Tab. 2.9** Analyse des persönlichen Verhaltens nach Semester (1). (Quelle: Eigene Darstellung)

| Semester | Besuchte Lehrveranstaltungen | Aktive Beteiligung | Wie leicht fällt die Beteiligung? | Anzahl gesamt |
|---|---|---|---|---|
| 1 | 2,69 | 3,49 | 3,57 | 304 |
| 2 | 3,09 | 3,64 | 3,58 | 1.235 |
| 3 | 2,90 | 3,60 | 3,57 | 256 |
| 4 | 2,99 | 3,61 | 3,54 | 795 |
| 5 | 2,48 | 3,30 | 3,20 | 92 |
| 6 | 2,81 | 3,53 | 3,50 | 514 |
| 7 | 2,82 | 3,22 | 3,24 | 118 |
| 7+ | 3,01 | 3,51 | 3,67 | 186 |
| Gesamt | 2,95 | 3,58 | 3,54 | 3.500 |

**Tab. 2.10** Analyse des persönlichen Verhaltens nach Semester (2). (Quelle: Eigene Darstellung)

| Semester | Mehr Freiheiten | Klare Zeitstrukturen | Leichte Selbstorganisation | Anzahl gesamt |
|---|---|---|---|---|
| 1 | 2,30 | 2,05 | 2,71 | 304 |
| 2 | 2,42 | 2,06 | 2,68 | 1.235 |
| 3 | 2,54 | 2,18 | 2,82 | 256 |
| 4 | 2,40 | 2,12 | 2,63 | 795 |
| 5 | 2,03 | 2,23 | 2,32 | 92 |
| 6 | 2,29 | 2,26 | 2,47 | 514 |
| 7 | 2,14 | 2,17 | 2,53 | 118 |
| 7+ | 2,41 | 2,23 | 2,52 | 186 |
| Gesamt | 2,37 | 2,12 | 2,63 | 3.500 |

## 2.5.3 Persönliches Verhalten

Die Tab. 2.9 und 2.10 beinhalten die Aufschlüsselung der Fragen aus dem Bereich „2.4 persönliches Verhalten" nach Studiensemester, dargestellt ist der Mittelwert der Antwort.[2]

[2] Höchster und niedrigster Wert hervorgehoben.

**Analyse nach Semester**

In der Gesamtzahl der Studierenden sind wieder jene enthalten, die kein Studiensemester angegeben haben. Hinter den Bereichen standen folgende Statements (vgl. auch Abschn. 2.4):

- ***Besuchte Veranstaltungen:*** „Verglichen mit dem vorangegangenen Semester ist der Anteil an Veranstaltungen, die ich besuche, damit …“, Skala von deutlich größer (=1) bis deutlich geringer (=5)
- ***Aktive Beteiligung:*** „Verglichen mit dem vorangegangenen Semester ist meine aktive Beteiligung am Unterricht …“, Skala von deutlich größer (=1) bis deutlich geringer (=5)
- ***Wie leicht fällt die Beteiligung:*** „Die aktive Beteiligung am digitalen Unterricht ist mir im Vergleich zum Präsenzunterricht …“, Skala von deutlich leichter gefallen (=1) bis deutlich schwerer gefallen (=5)
- ***Mehr Freiheiten:*** „Durch das Online-Lernen habe ich mehr Freiheiten als bei der klassischen Form des Präsenzunterrichts“, Zustimmungsskala vollkommen (=1) bis gar nicht (=5)
- ***Klare Zeitstrukturen:*** „Für mich persönlich ist es hilfreich, klare Zeitstrukturen bei der Online-Lehre zu haben (im Gegensatz zu reiner Selbstorganisation)“, Zustimmungsskala vollkommen (=1) bis gar nicht (=5)
- ***Leichte Selbstorganisation:*** „Es fällt mir leicht, mich selbst für das Online-Lernen zu organisieren“, Zustimmungsskala vollkommen (=1) bis gar nicht (=5)

**Analyse nach Geschlecht**

Die gleichen Fragen wurden mittels T-Test auf einen Unterschied zwischen den Geschlechtern untersucht. Tab. 2.11 zeigt die entsprechenden Ergebnisse. Hierbei stellten sich insgesamt drei signifikante, allerdings tendenziell kleine Unterschiede heraus.

**Tab. 2.11** geschlechterspezifische Unterschiede beim persönlichen Verhalten (Signifikanzniveau mit 5 % festgelegt). (Quelle: Eigene Darstellung)

| Bereich | Weiblich | Männlich | T-Test signifikant |
|---|---|---|---|
| Besuchte Lehrveranstaltungen | 2,90 | 3,00 | <5 % |
| Aktive Beteiligung | 3,51 | 3,64 | <1 % |
| Wie leicht fällt Beteiligung | 3,49 | 3,59 | Nein |
| Mehr Freiheiten | 2,41 | 2,34 | Nein |
| Klare Zeitstrukturen | 2,11 | 2,13 | Nein |
| Leichte Selbstorganisation | 2,53 | 2,71 | <1 % |

Zahlreiche in der Studie zum Corona-Semester ermittelten Wahrnehmungen der Studierenden, finden sich auch in den folgenden Beiträgen wieder – dort aus der Perspektive von Leitungsmitgliedern der Hochschulen, die für die Infrastruktur der Online-Lehre und die Prozesse des Corona-Semesters verantwortlich waren, aber auch aus der Perspektive der Mitarbeiter zentraler Einrichtungen, die Lehrende und Lernende bei der Durchführung der Online-Lehre unterstützten, sowie natürlich aus der Perspektive der Lehrenden des Sommersemesters 2020 selbst.

## Literatur

Dittler, Ullrich & Kreidl, Christian. (2020). Ergebnisse einer trinationalen Umfrage unter Studierenden aus Deutschland, Österreich und der Schweiz zu ihren Erfahrungen mit der Online-Lehre des Sommersemesters 2020. Abrufbar unter https://opus.hs-furtwangen.de/frontdoor/index/index/start/0/rows/10/sortfield/score/sortorder/desc/searchtype/simple/query/trinationalen/docId/6737.

JIM-Studie 2019.Basisuntersuchung zum Medienumgang 12- bis 19-Jähriger; Medienpädagogischer Forschungsverbund Südwest. [https://www.mpfs.de/fileadmin/files/Studien/JIM/2019/JIM_2019.pdf]. Letzter Abruf 15. Oktober 2020.

# Kurzinterviews mit Studierenden 3

Christian Kreidl und Ullrich Dittler

Die nachfolgenden Interviews mit Studierenden von Hochschulen wurden im Juli und August 2020 durchgeführt und sollen ein Stimmungsbild vermitteln, in welcher Form Studierende die Corona-Krise erlebt haben. Um eine Vergleichbarkeit der Antworten zu ermöglichen sollten alle Interviewten dieselben Fragen beantworten.

Für einen besseren Lesefluss wurden im Anschluss die transkribierten Interviews sprachlich geglättet und leicht gekürzt. Die Interviews werden nach Studiensemester aufsteigend dargestellt.

## 3.1 Student der Fachhochschule Wien der Wiener Wirtschaft, 2. Semester

**Interviewer:** ***Im Sommersemester 2020 musste der komplette Hochschul-Unterricht als Folge der Corona-Krise auf digitale Fernlehre umgestellt werden. Was war für Sie die bedeutendste Auswirkung der Umstellung auf den komplett digitalen Unterricht?***
Studierender: Ja, einfach die Selbstorganisation, Selbstdisziplin, dass man sich einfach hinter die Materie setzt, sich damit eigenständig auseinandersetzt. Und man Selbstdisziplin braucht, um da dranzubleiben, denn es geht ja doch um etwas. Ich glaube, das war das wichtigste Ereignis, eigentlich die ganze Umstellung: Es ist so, als wenn man

C. Kreidl
KREIDL Training und Beratung, Wien, Österreich
E-Mail: chkreidl@kreidl.biz

U. Dittler (✉)
Fakultät Digitale Medien, Hochschule Furtwangen, Furtwangen, Deutschland
E-Mail: dittler@hs-furtwangen.de



U. Dittler und C. Kreidl (Hrsg.), *Wie Corona die Hochschullehre verändert*,
https://doi.org/10.1007/978-3-658-32609-8_3

18 Jahre im elterlichen Haushalt wohnt und am Geburtstag wird man aus der Wohnung herausgeworfen und muss sehen, wie man weiterkommt, so irgendwie war das.

***Wie beurteilen Sie den Kompetenzerwerb, also den Studienerfolg, im Sommersemester 2020?***
Mittelmäßig bis gut. Es waren schon Themen mit dabei, in denen zusätzlicher Input gebraucht war, aber manches war doch einfach zu erlernen. Und im Großen und Ganzen hat es gut funktioniert: Wenn man sich selber damit auseinandersetzt und sich das selber beibringt, merkt man es sich ja viel besser. Das ist ja ganz anders als wenn jemand einen Monolog hält und dir das eintrichtert, und du gehst am Ende von der Vorlesung heraus und weißt eigentlich nichts. Es hat sicherlich Vorteile und hat eigentlich gut funktioniert.

***Wie werden die Erfahrungen dieses Semesters Ihrer Meinung nach die zukünftige Lehre beeinflussen?***
Sehr, also ich denke einmal einzelne Vorlesungen wird es wahrscheinlich gar nicht mehr in Präsenz geben, die werden wahrscheinlich künftig komplett über *Moodle* abgehalten. Es wird einfach viel mehr digitalisiert werden, was ja auch der Trend der Zukunft ist.

***In wie fern werden sich die Hochschulen durch die Erfahrungen aus diesem Semester verändern?***
Das ist schwierig. Es wird sicher ein größerer Fokus auf die Gesundheit gelegt werden, die Hygiene. Ja, das ist schwierig zu beantworten, das kann ich Ihnen jetzt ehrlich gesagt nicht sagen.

***Was waren ansonsten noch bedeutende Erkenntnisse aus dem Sommersemester 2020?***
Es war, glaube ich, für alle herausfordernd. Aber wenn wirklich eine Notsituation ist, dann wird auch rasch und gut gehandelt, das hat uns alle – also wirklich alle – sehr positiv überrascht, dass die Umstellung von heute auf morgen so gut funktioniert. Zack, zack, alles ist digital, keiner geht mehr an die FH. Das hat durchgehend gut funktioniert. Auch die Kolleg*innen waren sehr positiv überrascht.

## 3.2 Student der Fachhochschule Furtwangen, 2. Semester

***Im Sommersemester 2020 musste der komplette Hochschul-Unterricht als Folge der Corona-Krise auf digitale Fernlehre umgestellt werden. Was war für Sie die bedeutendste Auswirkung der Umstellung auf den komplett digitalen Unterricht?***
Grundlegend ist es immer die Struktur, die einiges dabei ausmacht, vor allem die Organisation. Man setzt sich eben sehr stark mit den Problemen und Kritiken auseinander, die damit einhergehen, denn der digitale Unterricht hat noch ein ganz anderes Spektrum, als es in der Präsenz ist. Und das bringt dementsprechend auch seine eigenen Probleme und Schwierigkeiten mit sich.

Teilweise die Kommunikation, teilweise die technische Ausstattung, dann manchmal auch die Organisation, dass man erst einmal schauen musste: Wie geht man jetzt mit den Lerninhalten oder mit den anstehenden Prüfungen um? Da gab es immer wieder einmal Kleinigkeiten, die aufgetreten sind.

***Wie beurteilen Sie den Kompetenzerwerb, also den Studienerfolg, im Sommersemester 2020?***
Es kommt sehr stark auf das Fach an. In den meisten Modulen, gerade jenen, die in Richtung Mathe oder Informatik gehen, würde ich sagen, dass es im Vergleich zum normalen Präsenzsemester gleichgeblieben ist. Während mir Fächer, die mich eher weniger interessieren oder in denen ich mich schon präsent schwertun würde – also gerade in Richtung Wirtschaft oder eventuell auch Design, wo man sich mit Beispielen aus der Praxis auseinandersetzt –, noch schwerer gefallen sind und die Präsenz deutlich besser gewesen wäre. Es macht noch einmal einen riesigen Unterschied, ob man sich in der Vorlesungszeit mit dem Professor direkt austauschen kann, oder ob man sich nur eine Aufnahme anhört, die einfach heruntergerattert wurde.

***Wie werden die Erfahrungen dieses Semesters Ihrer Meinung nach die zukünftige Lehre beeinflussen?***
Wie ich es jetzt auch an meiner Hochschule mitbekommen habe: Man hat jetzt die Möglichkeit gehabt, sich sehr viel auszuprobieren dadurch, dass der normale Betrieb deutschlandweit einmal gezwungen wurde, sich umzustellen. Man konnte einmal sehen: Was sind die Möglichkeiten? Wo haben wir Probleme, wo müssen wir technisch besser ausgestattet werden? Ich denke, das wird jetzt nicht so professionell laufen, dass man jetzt sagen könnte, „ja, theoretisch können wir das jetzt Jahr für Jahr so weitermachen, ohne Probleme", sondern eher, dass man sich weiterhin damit auseinandersetzt und immer besser weiß, wo man das sinnvoll anwenden kann, wo so etwas sinnvoll ist, man es praktisch anwenden kann. Gerade Hybridmodelle werden für die Hochschulen in Zukunft immer interessanter werden, auch wenn der Präsenzablauf wieder startet.

***In wie fern werden sich die Hochschulen durch die Erfahrungen aus diesem Semester verändern?***
Das ist schwer zu sagen. Ich würde sagen, dass sich tatsächlich nicht sehr viel ändern wird, das geht jetzt auch mit der letzten Frage einher, dass man schaut, wie man diese technischen Umsetzungen anwenden kann. Aber ich denke einmal, viele Hochschulen werden jetzt auch gemerkt haben, wie wenig sie auf so etwas vorbereitet waren und wie sehr man sich auf gewisse Krisenfälle dementsprechend vorbereiten müsste.

***Was waren ansonsten noch bedeutende Erkenntnisse aus dem Sommersemester 2020?***
Die Onlinevorlesungen allgemein waren eine sehr interessante Erfahrung. Dieses permanente Zuhause-Sein und über den PC einmal eben in fünf Minuten aufgestanden zu sein, alles gestartet zu haben und dann mit dem Professor plötzlich in der Vorlesung

zu sitzen, mit 20 anderen Leuten, von denen im Normalfall fünf die Kamera aktiviert haben. Das war eine sehr interessante Erfahrung, weil man einmal versteht, welchen Unterschied die Präsenz eigentlich ausmachen kann. Allein dadurch, dass man sich morgens schon zehn, zwanzig Minuten zur Hochschule zwingt, hat man schon eine ganz andere Motivation am Morgen. Oder sei es, dass man nur irgendwo einmal einen Kaffee getrunken hat, in Bewegung war. Das macht halt einen Riesenunterschied.

## 3.3 Studentin der Fachhochschule Wien der Wiener Wirtschaft, 2. Semester

***Im Sommersemester 2020 musste der komplette Hochschul-Unterricht als Folge der Corona-Krise auf digitale Fernlehre umgestellt werden. Was war für Sie die bedeutendste Auswirkung der Umstellung auf den komplett digitalen Unterricht?***
Ich persönlich habe mich für eine Fachhochschule entschieden, weil ich diesen persönlichen Kontakt nicht nur zu den Studenten, sondern auch zu den Lektoren will, dass man direkt mit denen kommunizieren und arbeiten kann, in kleinen Gruppen. Unsere Kohorten sind nicht so groß, ich glaube, 40 Personen circa. Und ich muss sagen, es gab es auch keine einheitlichen Richtlinien, wie die Vorlesungen abgehalten werden sollen. Deshalb gab es manche Lektoren, die haben genau diesen Zeitraum eingehalten: es wurden schon die Vorlesungen eingetragen im Studienplan, wann die stattfinden finden. Manche Lektoren hatten dann genau in diesem Zeitraum eine Onlinevorlesung, wo sie die Folien durchgemacht haben, was ich auch super umgesetzt fand. Dann gab es andere Lektoren, die haben beispielsweise Folien zur Verfügung gestellt, online, und haben ein Audio drübergelegt. Das konnte man sich dann das gesamte Semester über anschauen. Beispielsweise auch am Ende des Semesters, vor der Prüfung, was auch super gut war. Dann gab es wiederum andere Lektoren, die gar keine Vorlesungen abgehalten haben. Da gab es dann eine Vorlesung vor der Prüfung, in der gerade offene Fragen besprochen wurden. Aber es gab nicht irgendwie allgemein von der FH eine einheitliche Regelung, wie das gemacht wird. Deswegen war das immer ein bisschen verwirrend, auch für mich. Habe ich jetzt eine Vorlesung? Habe ich keine? Verpasse ich eh keinen Termin?

***Wie beurteilen Sie den Kompetenzerwerb, also den Studienerfolg, im Sommersemester 2020?***
Ich selbst weiß von mir, ich kann sehr gut selbstständig lernen und wenn ich etwas nicht verstehen, dann setze mich hin und gehe dieses Thema durch, bis ich es verstehe. Von daher war es jetzt für mich nicht so ein großer Unterschied zum ersten Semester. Ich habe mir das halt selbst beigebracht. Ich habe mich auch im ersten Semester, wenn ich etwas nicht verstanden habe, hingesetzt und habe das selbst gelernt. Ich weiß aber von schon von anderen Studenten, dass die teilweise sehr überfordert waren mit der Selbstlehre an sich. Vor allem in den Bereichen, die sie nicht verstanden haben oder keine

Vorkenntnisse hatten. Und da war es dann ein bisschen schwierig, diese Missverständnisse zu beseitigen.

***Wie werden die Erfahrungen dieses Semesters Ihrer Meinung nach die zukünftige Lehre beeinflussen?***
Ich glaube, dass sehr viele Hochschulen und Universitäten viel mehr auf distance learning setzen werden. Und auch viele Lehrveranstaltungen online abgehalten werden. Ich könnte mir sogar vorstellen, dass manche Studiengänge komplett online abgehalten werden. Also die werden dann schon so beworben, dass das gesamte Studium online ist, vielleicht nur die Prüfungen vor Ort. Oder dass man auch einen Mix macht aus 50 % online, 50 % Präsenz. Vielleicht für Personen, die nebenbei arbeiten, oder eine Familie haben, oder weiter weg wohnen. Ich glaube schon, dass die Digitalisierung viel wichtiger wird, viel bedeutsamer und einen großen Einfluss hat.

***In wie fern werden sich die Hochschulen durch die Erfahrungen aus diesem Semester verändern?***
Ich glaube, was schon sehr stark sich verändern wird, ist einfach die Sicherheit und Hygiene vor Ort. Das habe ich ganz stark gemerkt. Als diese Anfänge von Corona waren und die Fachhochschule noch nicht geschlossen war, hat man schon gemerkt, dass es sich sehr stark verändert hat. Ich glaube, das wird sich auch weiter so entwickeln. Und ich glaube auch, dass die Fachhochschulen an sich mehr Vorsorgemaßnahmen treffen werden in Richtung Plan B. Was passiert, wenn noch einmal die Fachhochschule geschlossen werden muss? Vielleicht noch mal eine Pandemie kommt oder eine Krankheit? Oder was auch immer. Dass man schnellstmöglich agieren kann. Und was noch ist, ist, glaube ich, auch die Digitalisierung. Dass viel mehr IT-technisch ausgestattet wird, damit man das online gut bewältigen kann.

***Was waren ansonsten noch bedeutende Erkenntnisse aus dem Sommersemester 2020?***
Was schon ein großer Faktor war – gerade weil wir jetzt auch im Studium Tourismusmanagement sind – ist eben diese Unsicherheit. Allgemein Tourismusbranche, wie wird sich die entwickeln? Wie lange dauert es, bis sich der Tourismus wieder erholt? Ich persönlich bin noch in der Vertiefung: Kongressen- und Tagungsmanagement. Meines Wissens wurden nicht nur in Österreich, sondern weltweit eigentlich fast alle Kongresse abgesagt. Und die Frage ist auch, was sind das für Verluste, wie wird sich das verändern? Einige Kongresse wurden dann auch online abgehalten. Da taucht jetzt die Frage auf: Baut man das in den Studienplan ein, online Kongresse abhalten? Ich glaube, bis jetzt ist das noch nicht bei uns drin, aber jetzt wird das gerade so ein wichtiges Thema, womit wir in der Zukunft auch konfrontiert werden könnten. Und es ist halt dieser Unsicherheitsfaktor allgemein im Tourismusbereich – Wie das ist. Und eine weitere Unsicherheit, die mich auch begleitet hat das ganze Semester, war bezüglich des Auslandspraktikums. Das ist jetzt bei unserem Studium im vierten Semester, ist also eigentlich genau in einem Jahr. Und jetzt hat es geheißen, wir sollen uns trotzdem bewerben, und ich hätte sogar

schon einen Praktikumsplatz im Ausland. Jetzt ist aber die Frage, wie ist das? Findet das statt? Ich kann mich zurzeit noch nicht für ein Visum bewerben wegen Corona, Flüge buchen ist wahrscheinlich auch noch zu früh. Und man weiß halt jetzt nicht, wie sich das entwickeln wird.

## 3.4 Studentin der Fachhochschule Technikum Wien, 4. Semester

***Im Sommersemester 2020 musste der komplette Hochschul-Unterricht als Folge der Corona-Krise auf digitale Fernlehre umgestellt werden. Was war für Sie die bedeutendste Auswirkung der Umstellung auf den komplett digitalen Unterricht?***
Also erstens: Ich komme ja eigentlich aus Oberösterreich, das heißt, ich war eigentlich das gesamte Sommersemester über bei mir daheim, weil da eben meine Familie ist und auch meine Freunde leben dort. Und man hat keinen richtigen Alltag mehr gehabt. Man hatte schon seine Vorlesungen, aber weil eben alles online war, setzt man sich nur hin, hört sich das an und dann ist es schon vorbei. Man hat nicht mehr so viel Interaktion mit seinen Mitstudenten gehabt, das war alles nur per Text, auch bei Gruppenarbeiten. Es hat sich nicht mehr so sehr nach FH angefühlt, finde ich.

***Wie beurteilen Sie den Kompetenzerwerb, also den Studienerfolg, im Sommersemester 2020?***
Ich finde, der ist relativ gleichgeblieben.

***Wie werden die Erfahrungen dieses Semesters Ihrer Meinung nach die zukünftige Lehre beeinflussen?***
Im nächsten Semester ist es ja auch wieder halb online und halb präsent. Man hat jetzt eben schon Erfahrungen damit, das heißt, man kennt die Plattformen wie *Teams, Zoom* und diese ganzen Sachen. Ja, ich weiß nicht, vielleicht kann einem das irgendwann auch im Berufsleben helfen, wenn man auf internationaler Ebene ist, dass man sich in Besprechungen schon auskennt und so.

***In wie fern werden sich die Hochschulen durch die Erfahrungen aus diesem Semester verändern?***
Also ich glaube, sie sind, falls noch einmal so etwas passiert, viel besser vorbereitet. Und ich glaube auch, dass sie Erfahrungen daraus ziehen können, wie Prüfungen und Projekte auf diese Weise gemacht wurden, oder auch die Noten und Lehrmethoden.

***Was waren ansonsten noch bedeutende Erkenntnisse aus dem Sommersemester 2020?***
Dass trotzdem alles online funktionieren kann, besonders bei uns, weil wir ja im Technikum sind. Das heißt, wir haben viel mehr technische Möglichkeiten als andere

Unis oder FHs. Und ich finde zum Beispiel, dass das bei uns ziemlich gut umgesetzt worden ist und auch relativ schnell. Dass man sich auf die FH verlassen kann und das dann einfach funktioniert.

## 3.5 Student der Fachhochschule Furtwangen, 3. Semester

***Im Sommersemester 2020 musste der komplette Hochschul-Unterricht als Folge der Corona-Krise auf digitale Fernlehre umgestellt werden. Was war für Sie die bedeutendste Auswirkung der Umstellung auf den komplett digitalen Unterricht?***
Für mich die größte Auswirkung … der fehlende Austausch mit den Kommilitonen war die größte Umstellung in der Folge. Also einfach, dass der Austausch während den Vorlesungen nicht wirklich stattfindet, dass der Austausch in den Übungsstunden zu den Vorlesungen nicht so recht gut funktioniert.

***Wie beurteilen Sie den Kompetenzerwerb, also den Studienerfolg, im Sommersemester 2020?***
Generell oder auf mich bezogen? Generell eher weniger. Die geforderten Leistungen waren, meines Empfindens nach, nicht so hoch wie in den vorherigen Semestern. Ich habe für mich versucht das auszugleichen, indem ich mich noch ein bisschen mehr angestrengt habe als in vorherigen Semestern. Aber ich glaube, ich bin da einer von wenigen.

***Wie werden die Erfahrungen dieses Semesters Ihrer Meinung nach die zukünftige Lehre beeinflussen?***
Ich denke, dass die Hochschule versuchen wird, mehr auf blended learning umzustellen. Ob das jetzt gut oder nicht so gut ist, sei dahingestellt.

***In wie fern werden sich die Hochschulen durch die Erfahrungen aus diesem Semester verändern?***
Ich denke, dass die Digitalisierung in den meisten Hochschulen einen großen Schritt nach vorne gemacht hat. Zum Beispiel bei Lernplattformen und digitalen Konferenzsysteme, aber auch bei der Infrastruktur. Es hat sich einfach gezeigt, dass es unverzichtbar ist für eine Hochschule auch am Standort eine gewisse Infrastruktur vorzuhalten. Meine Hochschule war da Gott sei Dank sehr gut aufgestellt, aber ich habe auch von anderen Hochschulen gehört, dass es dann doch sehr schwierig war. Meine Freundin studiert an der DHBW und die hatten zum Beispiel massive Probleme, vor dem Semester, rechtzeitig alles umzustellen auf digital, einfach weil die Infrastruktur gefehlt hat.

***Was waren ansonsten noch bedeutende Erkenntnisse aus dem Sommersemester 2020?***
Präsenzlehre ist unglaublich wichtig. Es ist ein Vorteil für eine klassische Hochschule, dass man die Präsenzlehre hat. Und ich bin der Meinung, dass man diesen Trumpf nicht aus der Hand geben darf.

## 3.6 Student Fachhochschule Technikum Wien, 4. Semester

***Im Sommersemester 2020 musste der komplette Hochschul-Unterricht als Folge der Corona-Krise auf digitale Fernlehre umgestellt werden. Was war für Sie die bedeutendste Auswirkung der Umstellung auf den komplett digitalen Unterricht?***
Die bedeutendste Auswirkung für mich persönlich war, da meine Fachhochschule das recht gut organisiert hatte, dass es keinen Wechsel mehr zwischen Fachhochschule und Zuhause gab. Also mehr oder weniger dieser Homeoffice-Modus, dass man keinen Fassadenwechsel mehr hatte zwischen Arbeit und Freizeit. Das war die größte Auswirkung für mich.

Ich habe das eher negativ empfunden. vor allem in dem Ausmaß, wenn es nur noch zu Hause ist. Ich glaube, es kann auch positiv sein, wenn man teils, teils studiert. Aber man vollkommen zu Hause ist, ist es eher negativ.

***Wie beurteilen Sie den Kompetenzerwerb, also den Studienerfolg, im Sommersemester 2020?***
Ich kann es jetzt nur vergleichen mit den Semestern davor. Und da ist es fast besser. Sehr, sehr viele Lektoren haben nicht mehr rein auf Prüfungen gesetzt, sondern zusätzlich auch noch auf Projekte. Und da lernt man meiner Meinung nach noch mal deutlich mehr. Es hat mehr Zeit in Anspruch genommen natürlich, aber der Lerneffekt war meiner Meinung nach fast größer als davor. Definitiv nicht geringer.

***Wie werden die Erfahrungen dieses Semesters Ihrer Meinung nach die zukünftige Lehre beeinflussen?***
Ich kann mir gut vorstellen, dass vor allem bei den Berufsbegleitenden dieses Fernlehresystem zur Anwendung kommen wird. Weil es teilweise recht mühsam ist, wenn man am Abend irgendwie eine halbe Stunde auf die Fachhochschule muss für zwei, drei Stunden und dann wieder zurück. Da kann man das definitiv zu großen Teilen übernehmen. Um sich dann die Fahrt zu sparen und somit Zeit einzusparen.

***In wie fern werden sich die Hochschulen durch die Erfahrungen aus diesem Semester verändern?***
Ich denke, dass sie E-Learning, dieses distance learning, für sich mehr nutzen werden. Da, wo es gut geht, wo die Studenten daraus keinen Nachteil ziehen und wo man die Inhalte genauso gut online übermitteln kann.

***Was waren ansonsten noch bedeutende Erkenntnisse aus dem Sommersemester 2020?***
Für mich persönlich war es wahrscheinlich wirklich, dass ich diesen Fassadenwechsel brauche. Dass ich nicht nur zu Hause arbeiten könnte, weil ich dann aus diesem Arbeitsmodus irgendwie gar nicht mehr hinauskomme. Man muss sich diese räumliche Trennung irgendwie schaffen. Sonst ist es sehr, sehr schwierig, auch wenn man dann in der Freizeit ist, den Kopf woanders zu haben als bei der Arbeit oder im Studium.

## 3.7 Studentin der Universität Basel, 4. Semester

***Im Sommersemester 2020 musste der komplette Hochschul-Unterricht als Folge der Corona-Krise auf digitale Fernlehre umgestellt werden. Was war für Sie die bedeutendste Auswirkung der Umstellung auf den komplett digitalen Unterricht?***
Ich glaube, die sozialen Kontakte waren die bedeutendste Auswirkung, dass ich die sozialen Kontakte nicht mehr so wie bis dahin pflegen konnte. Auch allgemein die Umstellung. Wir sind ja eine Sportfakultät, also wir studieren alle Sport in unserem Jahr. Wir sind es immer gewohnt, dass man in die Vorlesung geht und danach macht man noch irgendwie Sport zusammen oder macht sonst irgendetwas zusammen. Und das hatten wir ja jetzt in dieser Zeit komplett nicht mehr. Ich glaube, das hatte die größte Auswirkung.

***Wie beurteilen Sie den Kompetenzerwerb, also den Studienerfolg, im Sommersemester 2020?***
Ich fand es jetzt als Studierende eigentlich relativ gut. Alle Dozenten haben uns recht schnell darüber informiert, wie sie weiter verfahren werden, und wir wussten relativ schnell, woran wir sind und was wir machen müssen. Aber persönlich war es schon eine Herausforderung. Weil man plötzlich auf sich alleine gestellt ist und keine Struktur mehr hat. Sie haben es sehr unterschiedlich gelöst. Manchmal hatten wir eine *Zoom*-Vorlesung, welche eine Präsenzpflicht verlangte. Aber dann hatten wir auch Dozenten, die einfach eine *PowerPoint* hochgeladen haben und diese vertont haben, und dann war man so ein bisschen auf sich alleine gestellt. Und wir vom Sport hatten sowieso viele Sportpraktische Veranstaltungen nicht mehr, was dazu führte, dass wir eigentlich auch vieles gar nicht mehr hatten.

Meine Schwester zum Beispiel studiert Pharmazie und hatte sehr viele Vorlesungen und war eigentlich die ganze Zeit am Computer. Und bei mir war es vermehrt das Selbststudium. Ich konnte selber entscheiden, wann ich das machen will.

***Wie werden die Erfahrungen dieses Semesters Ihrer Meinung nach die zukünftige Lehre beeinflussen?***
Ich denke allgemein sicher, dass in vielen Krisen sich das ganze Vorlesungssystem schneller und nachhaltiger umstellen kann. Allgemein hat die Onlinelehre vielen Dozenten auch einmal gezeigt, welche Möglichkeiten wir haben. Auch uns

Studierenden, nicht nur den Dozenten. Ich denke, das hat auch in dieser Hinsicht sicherlich viel verändert.

***In wie fern werden sich die Hochschulen durch die Erfahrungen aus diesem Semester verändern?***
Ich denke, grundsätzlich werden sie sicher gewisse Veranstaltungen online auch anbieten, weil sie den Erfolg sehen. Sie sind vielleicht moderner geworden. Aber ich weiß nicht, wie groß die Veränderung dann wirklich sein wird, das ist doch schwierig vorherzusagen. Ich finde, an der Universität braucht es zum Teil einfach die Vorlesung. Es ist nicht das Gleiche, die Veranstaltungen nur online zu besuchen, aber online hat auch viele Vorteile. Ich habe gerade in den ersten drei Wochen nach dem Lockdown in der Apotheke von meinen Eltern geholfen und habe Desinfektionsmittel hergestellt. Man kann vielleicht einfacher das Studium und den Job kombinieren, und ich glaube, das hat schon große Vorteile. Es ist ein ganz anderes Studium dann, irgendwie nicht mehr dasselbe.

***Was waren ansonsten noch bedeutende Erkenntnisse aus dem Sommersemester 2020?***
Für mich waren die bedeutendsten Erkenntnisse, dass mir wirklich die sozialen Kontakte sehr wichtig sind. Dass ich es sehr schätze an der Uni, wenn man vor Ort sein kann, mit den Leuten sprechen kann, über die Themen diskutieren kann, bei der Onlinelehre hatte man einfach einmal dem Dozenten zugehört und es dann wieder abgeschlossen, und dann war ich so für mich und habe es gar nicht mehr selbst irgendwie nochmals reflektiert. Es ist etwas anderes, wenn man aus dem Vorlesungssaal geht und dann nachher noch mit den Studierenden über irgendein Thema diskutieren kann. Das war das, was mir am meisten gefehlt hat. Aber mitnehmen werde ich sicher auch viel, ich fand es spannend, zu sehen, welche Möglichkeiten es schon gibt. Dass man in *Zoom* und *MS Teams* wirklich auch Meetings in Kleingruppen halten und den Bildschirm teilen kann. Das hat ja auch Tausende Vorteile. Ich glaube, das Vor-Ort-Sein und die sozialen Kontakte waren das, was mir gefehlt hat.

## 3.8 Student der Fachhochschule Furtwangen, 5. Semester

***Im Sommersemester 2020 musste der komplette Hochschul-Unterricht als Folge der Corona-Krise auf digitale Fernlehre umgestellt werden. Was war für Sie die bedeutendste Auswirkung der Umstellung auf den komplett digitalen Unterricht?***
Ich würde sagen, was am bedeutendsten war, dass man die Kommilitonen alle nicht mehr sieht, dass man keinen sozialen Kontakt mehr hat und jeder nur bei sich zu Hause ist. Ich glaube, das war das, was am bedeutendsten war.

***Wie beurteilen Sie den Kompetenzerwerb, also den Studienerfolg, im Sommersemester 2020?***
Das ist gleich geblieben wie in den vorangegangenen Semestern. Ich habe da keinen starken Unterschied gemerkt.

***Wie werden die Erfahrungen dieses Semesters Ihrer Meinung nach die zukünftige Lehre beeinflussen?***
Ich hoffe, durch das viele E-Learning und alles andere, dass das Angebot an E-Learning sich einfach deutlich steigert und es mehr Optionen in diesem Bereich gibt.

***In wie fern werden sich die Hochschulen durch die Erfahrungen aus diesem Semester verändern?***
Ich glaube, dass es mehr Online-Veranstaltungen geben wird, zumindest hoffe ich es. Zudem hoffe ich, dass das Angebot darin steigt.

***Was waren ansonsten noch bedeutende Erkenntnisse aus dem Sommersemester 2020?***
Ich glaube, die größte Erkenntnis ist, dass tatsächlich die Hochschule auch sehr gut mit solchen Situationen umgehen kann. Auch wenn das alles sehr plötzlich war und auf einmal alles auf online umgestellt werden musste, trotzdem alles sehr gut funktioniert hat. Dementsprechend war ich sehr überrascht, dass das Krisenmanagement in dem Fall sehr gut funktioniert hat. Und ich glaube, das war sehr bedeutsam für die Hochschule.

## 3.9 Studentin der Fachhochschule Furtwangen, 6. Semester

***Im Sommersemester 2020 musste der komplette Hochschul-Unterricht als Folge der Corona-Krise auf digitale Fernlehre umgestellt werden. Was war für Sie die bedeutendste Auswirkung der Umstellung auf den komplett digitalen Unterricht?***
Also am bedeutendsten war für mich natürlich, dass komplett alles von zu Hause stattgefunden hat. Das heißt, ich musste mich selbst organisieren, ich musste meine Zeit noch viel mehr selbst planen und managen und halt schauen, dass meine Technik ausreicht, um überhaupt an den Vorlesungen teilzunehmen. Und es war auch eine Herausforderung, dass wir viele Projekte und Gruppenarbeiten machen mussten, ohne uns persönlich zu treffen. Das war so eine grundlegende Veränderung.

***Wie beurteilen Sie den Kompetenzerwerb, also den Studienerfolg, im Sommersemester 2020?***
Also natürlich anders, als wenn jetzt alles persönlich gewesen wäre. Bei uns war es so, dass wir gar keine Klausuren geschrieben haben. Das heißt, ich musste mich selbst viel mehr um Hausarbeiten und Projekte kümmern. Ich habe gelernt, mich selber besser zu organisieren und – welche Kompetenzen habe ich denn erlangt – dass ich eben einfach technisch auch viel stärker in dem Thema der Digitalisierung drin bin.

***Wie werden die Erfahrungen dieses Semesters Ihrer Meinung nach die zukünftige Lehre beeinflussen?***
Also ich denke, dass wegen Corona viel mehr online stattfinden wird, auch wenn es vielleicht nicht mehr unbedingt nötig ist. Viele haben jetzt gemerkt, dass es doch oft effektiver und einfacher ist, Meetings, Vorlesungen und so etwas online zu machen. Ich glaube einfach, dass viele Leute gemerkt haben, dass es einfach eine weitere, effektivere Lösung ist, auch vieles eben online zu machen. Und ich glaube, die meisten Leute haben auch viel dazugelernt im Bereich Onlinelehre und Digitalisierung.

***In wie fern werden sich die Hochschulen durch die Erfahrungen aus diesem Semester verändern?***
Ich glaube ähnlich zu dem, was ich gerade schon gesagt habe, dass viele Lehrende und auch die Hochschule mehr darauf setzen könnte, Onlineveranstaltungen stattfinden zu lassen. Dass auch viele Lehrende, die sich davor gar nicht so sehr mit diesem Thema beschäftigt haben, auch gemerkt haben, dass es einfach ist und dass sie ihre Veranstaltungen auch auf online übertragen können. Dass auch die Hochschule Veranstaltungen online stattfinden lässt, also dass ein Mix zwischen online und Präsenz stattfindet, um eben auch die Onlinelehre voranzutreiben, dass man jetzt auch vermehrt ortsunabhängig und zeitunabhängig lernen kann.

***Was waren ansonsten noch bedeutende Erkenntnisse aus dem Sommersemester 2020?***
Es war auf jeden Fall schwieriger. Was ich auch als Herausforderung empfand, war, die Kommunikation aufrechtzuerhalten – vor allem auch mit den Professoren und Dozenten – weil man nicht einfach kurz mit denen sprechen konnte, sondern man musste per E-Mail Termine vereinbaren und so weiter. Und da waren eben viele auch nicht so gut erreichbar oder zuverlässig. Dass es halt auch auf jeden Fall ein bisschen eintöniger war als ein normales Semester, weil man immer vor dem Rechner saß und immer die gleiche Lernumgebung hatte, aber das trotzdem auch Spaß gemacht hat. Ich fand es einfach, mich selbst zu organisieren, und es hat mir auch Spaß gemacht. Aber ich glaube, dass dann auch die Motivation manchmal nicht mehr so groß ist, wenn man nur in der Onlinelehre lernt. Also, es hat seine Vor- und Nachteile. Ich habe aber auch viele Vorteile darin gesehen.

## 3.10 Student der Universität Regensburg, 9. Semester

***Im Sommersemester 2020 musste der komplette Hochschul-Unterricht als Folge der Corona-Krise auf digitale Fernlehre umgestellt werden. Was war für Sie die bedeutendste Auswirkung der Umstellung auf den komplett digitalen Unterricht?***
Vor allem, dass die Praktika, die beim Biologie-Master jetzt schon ziemlich essenziell sind, so gar nicht stattfinden konnten. Die funktionieren nur als Präsenzveranstaltung. Das heißt, verschiedene Seminare, die noch stattfinden, online stattgefunden haben als Videokonferenz. Das war eigentlich das Wichtigste.

***Wie beurteilen Sie den Kompetenzerwerb, also den Studienerfolg, im Sommersemester 2020?***

An sich nicht großartig anders als davor. Im Master-Studiengang gibt es sowieso nicht sehr viele Vorlesungen, die eingeschränkt waren. Das mit den Seminaren ging ja einwandfrei über Videokonferenzen. Von daher war das nicht eingeschränkt, sondern auch wie in der Präsenzlehre. Abgesehen von den Praktika selbstverständlich.

In den ausgefallenen Praktika fand natürlich gar nichts mehr statt. Da wurden dann Sonderregelungen geschaffen, dass man alles mit einem Abstand – zu einem späteren Zeitpunkt, wenn die größte Corona-Welle vorbei ist, nachholen kann. Aber das ging dann eben erst einmal gar nicht und hat den ganzen Studienverlauf nach hinten herausgeschoben, ohne dass man irgendwelche Alternativen schaffen hätte können.

***Wie werden die Erfahrungen dieses Semesters Ihrer Meinung nach die zukünftige Lehre beeinflussen?***

Ich denke und hoffe, dass die Unis in Zukunft mehr auf Onlinelehre setzen. Gerade in großen Vorlesungen, bei denen 200 Studenten im Hörsaal sitzen, ist es kein Gewinn, tatsächlich präsent zu sein, im Vergleich dazu, das Ganze online absolvieren zu können. Von daher hoffe ich einfach einmal, dass die Unis das ein bisschen mehr übernehmen und denke schon, dass das auch tatsächlich passieren wird, weil es organisatorisch vielleicht auch einfacher ist. Gerade in den großen Studiengängen, in denen es viele Studenten gibt und keine so großen Hörsäle.

***In wie fern werden sich die Hochschulen durch die Erfahrungen aus diesem Semester verändern?***

Ich denke dass die Onlinelehre mehr in den Fokus gerückt wird und dass vielleicht in Zukunft auch mehr Wert auf die digitale Kompetenz gelegt wird, dass Vorlesungen und Seminare von Anfang an direkt stärker darauf ausgelegt werden, digital stattfinden zu können. Das war ja bis zu diesem Semester eigentlich kaum gegeben. Die digitale Lehre bestand maximal aus zwei, drei Vorlesungen, die einem dann online zur Verfügung gestellt wurden, zu denen man dann die Präsentationen bekommen hat, aber sonst auch nichts. Und ich denke, dass das maßgeblich die Zukunft bestimmen und diesen Trend verschärfen wird.

***Was waren ansonsten noch bedeutende Erkenntnisse aus dem Sommersemester 2020?***

Befragter: Dass das In-die-Uni-Gehen an sich überbewertet ist. Es auch angenehm ist, wenn man einfach daheim sitzen kann. Dass es irgendwie meiner Meinung nach motivationsfördernd ist, wenn man nicht noch den Weg zur Uni und zurückhat. Dass man sich nur von seinem Bett an den PC begeben muss und dann die Vorlesungen oder Seminare im gleichen Umfang wahrnehmen kann – das ist schon sehr schön.

# Hochschulbildung nach Corona – ein Plädoyer für Vernetzung, Zusammenarbeit und Diskurs

4

Mareike Kehrer und Anne Thillosen

**Zusammenfassung**

Im Fokus der folgenden Überlegungen stehen verschiedene Personen und Personengruppen, die – nicht erst seit dem Corona-Semester – auf unterschiedliche Weise dazu beitragen, dass (digitale) Lehre erfolgreich an den Hochschulen umgesetzt wird. Anhand konkreter Beispiele soll gezeigt werden, inwiefern gerade die Zusammenarbeit der unterschiedlichen Akteure auch am Gelingen des Sommersemesters 2020 erheblichen Anteil hatte. Mit einer kurzen Bestandsaufnahme im ersten Kapitel werden die beiden Erfahrungshorizonte „nach" und „vor" dem Auftreten der Corona-Pandemie als einander ergänzende Bezugsrahmen für den weiteren Beitrag abgeleitet. Im Rückgriff darauf werden im zweiten Kapitel Veränderungen während des Corona-Semesters aus der Perspektive der verschiedenen Akteure beschrieben; dabei wird auch auf die Bedeutung der kollektiven Erfahrung des „digitalen Sommersemesters" eingegangen. Die abschließenden Anregungen im dritten Kapitel zeigen, wie zentral Vernetzung, Zusammenarbeit und Diskurs für die Gestaltung zukünftiger Hochschulbildung sind, sowohl für die Planung ganz konkreter Maßnahmen in den nächsten Semestern als auch in Bezug auf grundsätzliche Reflexionen.

M. Kehrer
Leibniz-Institut für Wissensmedien, Tübingen, Deutschland
E-Mail: m.kehrer@iwm-tuebingen.de

A. Thillosen (✉)
Leitung des Portalteams von e-teaching.org, Leibniz-Institut für Wissensmedien, Tübingen, Deutschland
E-Mail: a.thillosen@iwm-tuebingen.de



U. Dittler und C. Kreidl (Hrsg.), *Wie Corona die Hochschullehre verändert*, https://doi.org/10.1007/978-3-658-32609-8_4

## 4.1 Die Ausgangssituation: Corona als Auslöser einer disruptiven Transformation der Hochschullehre?

Im Rückblick scheint das digitale Sommersemester 2020 vielen Beteiligten „fast überraschend gut gelungen". Trotz durchaus vorhandener Schwierigkeiten ist es an vielen Hochschulen weitgehend reibungslos gelungen, den Lehrbetrieb komplett online durchzuführen.

Ein Semester ohne Präsenzlehre – das hätte sich vor dem Corona-Lockdown wohl niemand vorstellen können. Ohne die notgedrungene Umstellung auf den Online-Betrieb wäre eine „Disruptionsgefahr" an deutschen Hochschulen allerdings kaum zu befürchten gewesen; denn obwohl das Interesse an der Nutzung digitaler Medien in der Lehre in den vergangenen Jahren – auch auf der Ebene der Hochschulleitungen – zugenommen hatte, kann der „Prozess der fortschreitenden Digitalisierung in den Hochschulen" in Deutschland bisher wohl eher als „schleichend" charakterisiert werden (Metzner et al. 2019, S. 7). Selbst für Vorreiterinnen und Vorreiter im Bereich der Lehre mit digitalen Medien war die Zielvorstellung nie eine komplette Virtualisierung von Studium und Lehre, wie sie nun zwangsweise umgesetzt werden musste. Vielmehr befürworteten sie eher hybride Lernformate, wie beispielsweise Flipped-Classroom-Modelle (Kuhn, Paganini, Spannagel & Thillosen 2020, 30:00); und daran hat sich auch im Corona-Semester wenig verändert (Handke, Loviscach, Reinmann & Thillosen 2020, 8:30). Mit Blick darauf, wie die Hochschullandschaft im Jahr 2030 aussehen könnte, wurden 2019 im Rahmen der AHEAD-Studie – u. a. basierend auf Experteninterviews und Gruppengesprächen – unterschiedliche Lernmodelle entwickelt. Dabei gingen die befragten Expertinnen und Experten grundsätzlich davon aus, dass das Lernen auf dem Campus und „Präsenzphasen wichtig bleiben" (Orr et al. 2019, S. 36). Und diese Wertschätzung von Präsenzphasen bleibt auch nach dem Corona-Semester erhalten: Bereits im Wintersemester 2020/21 sollen – soweit möglich – an zahlreichen Hochschulen Lehrveranstaltungen nicht mehr nur online, sondern hybrid durchgeführt werden (Book, Bosse & Lübcke, 2020, S. 14).

### 4.1.1 „Nach Corona" und „vor Corona" – eine erste Bestandsaufnahme

Die Corona-Pandemie hat also – zumindest für einen Zeitraum, dessen Ende derzeit noch nicht absehbar ist – neue Realitäten geschaffen, die weder didaktisch noch hochschulstrategisch begründet waren: Viele Studierende und auch Lehrende haben ihre ersten umfassenderen Erfahrungen mit digitaler Lehre im Rahmen kurzfristig realisierter und vollständig virtueller Lehr-Lern-Szenarios gemacht. Damit erlebten sie einerseits, dass die Handhabung digitaler Tools meist weniger schwierig ist, als viele befürchtet hatten und Online-Lehre durchaus möglich ist. Andererseits konnte in vielen der Online-Lehrveranstaltungen, die sie so kennenlernten, das Potenzial digitaler Lehre nicht ausgeschöpft werden, da die Rahmenbedingungen für eine professionelle Planung und Unterstützung nicht gegeben waren.

Auch im deutschsprachigen Raum setzte sich für diese unter hohem Zeitdruck umgesetzten Online-Veranstaltungen schnell der Begriff „Emergency Remote Teaching" durch, wie er im März 2020 von Hodges, Moore, Lockee, Trust und Bond definiert wurde – und es wurde früh davor gewarnt, auf der Grundlage von Erfahrungen mit einer solchen „Notfall-Fernlehre" grundsätzlich der Lehre mit digitalen Medien eine schlechtere Qualität zu unterstellen als der Präsenzlehre. Tatsächlich gab es während des Sommersemesters 2020 gleich mehrere (Online-)-Petitionen, die eine Rückkehr zur Präsenzlehre forderten. Begründet wurde dies u. a. damit, dass die direkte Begegnung zwischen Lehrenden und Studierenden den Boden für „Bildungserlebnisse [bereiten], die man am Coputerbildschirm [sic] niemals haben kann" und eine Online-Konferenz „nicht einmal ein schwaches Abbild des persönlichen Beisammenseins bei einem anregenden Seminar" sein könne (Oestmann 2020).

Außerdem wurde die Befürchtung geäußert, dass die „herkömmlichen Präsenzformate an Wertschätzung und Unterstützung durch die Hochschulleitungen, die Bildungsministerien und die Politik verlieren könnten" (Initiative Zur Verteidigung der Präsenzlehre, 2020) – während es aufseiten der Studierenden schon seit Jahren Zweifel an der Notwendigkeit der Präsenzlehre – oder zumindest an der Präsenz*pflicht* – gegeben hatte und sogar erfolgreich dagegen geklagt worden war (Wiarda 2018). Gerade aus hochschuldidaktischer Perspektive wurde vor der Corona-Pandemie eher eine mangelnde Wertschätzung der Lehre beklagt, verbunden mit der Erwartung, dass eine höhere Wertschätzung guter Lehre auch dazu führen würde, dass mehr Lehrende den (zumindest initialen) Arbeitsaufwand der Nutzung digitaler Medien auf sich nehmen würden (z. B. Hochschulforum Digitalisierung, 2016, S. 132). Interessant ist in diesem Zusammenhang auch, dass in einem Großteil der Hochschulveranstaltungen bereits vor Corona digitale Medien – zum Beispiel Lernmanagement-Systeme – ganz selbstverständlich verwendet wurden, ohne dass dies den Beteiligten überhaupt als „E-Learning-Element" auffiel (Thillosen 2019, S. 7). So konstatierte der „Monitor digitale Bildung" im Jahr 2017, dass „90 % der Lehrenden ihre Lehrangebote durch digitale Elemente anreichern und immerhin rund 40 % der Lehrenden ihre Lehrveranstaltungen in einem Mix aus digitalen und traditionellen Lernformen im Sinne des ‚Blended Learning' gestalten" (Schmid et al. 2017, S. 15). Die Erhebung konkreter Daten zum Stand der Digitalisierung an deutschen Hochschulen vor Corona ist sicher schwierig und die Ergebnisse sind teilweise auch widersprüchlich. Doch die um das Jahr 2000 herum häufig zu hörende Zielsetzung, E-Learning an Hochschulen müsse die „5 %-Hürde überwinden" (Thillosen 2011, S. 2) war auch vor Corona trotz der oben erwähnten Diagnose eines nur „schleichend" fortschreitenden Prozesses der Digitalisierung an Hochschulen bereits weit überschritten. Auch wenn häufig kritisiert wird, dass digitale Medien „nur auf niedrigschwelligem Niveau und eher für administrative Zwecke genutzt werden" (Schmid et al. 2017, S. 15) und die wenigsten Lehrenden Erfahrungen mit komplett virtuellen Veranstaltungen hatten, so konnten viele doch zumindest an rudimentäre Erfahrungen mit der Nutzung digitaler Medien in der Lehre anknüpfen (ganz abgesehen von der Nutzung in Forschungskontexten und im Alltag). Zudem waren an den meisten Hochschulen – anders als an vielen Schulen – sowohl grundlegende technischen Infrastrukturen als auch weitere Unterstützungsangebote vorhanden.

### 4.1.2 Zwei Bezugsrahmen für die weitere Betrachtung

Was bedeutet die bisher geschilderte Ausgangssituation für die Gestaltung von Hochschullehre und das Verständnis von Hochschulbildung, nicht nur im zweiten Semester unter Corona-Bedingungen (das während der Entstehung dieses Beitrags unmittelbar bevorsteht), sondern auch perspektivisch darüber hinaus? Die kurze, zugegebenermaßen plakative Skizzierung der Situation von Hochschullehre (mit digitalen Medien) „während" und „vor" Corona zeigt, dass es für die weitere Betrachtung aufschlussreich sein dürfte, diese beiden Erfahrungshorizonte in Beziehung zueinander zu setzen und als unterschiedliche, einander ergänzende Bezugsrahmen zu betrachten. Denn die Erfahrungen mit dem „großen Feldexperiment", als das das Corona-Semester häufig bezeichnet wird (z. B. Reinmann et al. 2020, S. 2) – und hinter dessen gelungene, aber auch problematische Aspekte alle Beteiligten in Zukunft kaum zurückkönnen – lassen sich im Vergleich mit dem Wissens- und Diskussionsstand „vor Corona" (dazu z. B. Bauer et al. 2020) sehr oft besser einordnen und bewerten: Was hat sich durch das Corona-Semester wirklich verändert? Wo konnten die im Corona-Semester ergriffenen Maßnahmen an bestehendes Wissen zur Gestaltung der Lehre mit digitalen Medien sowie bestehende Strukturen und Digitalisierungsstrategien andocken? Und wo regen die aktuellen Entwicklungen dazu an – oder machen es sogar notwendig – über bisherige Grundlagen und Grundannahmen hinauszugehen, um die zukünftige Hochschulbildung zu gestalten?

## 4.2 Digitale Medien in der Lehre: eine Gemeinschaftsleistung verschiedener Akteursgruppen – nicht nur im Corona-Semester

Im Folgenden sollen die beiden soeben skizzierten Bezugsrahmen dazu genutzt werden, Kontinuitäten und Veränderungen im Zusammenspiel der unterschiedlichen Akteurinnen und Akteure sowie Akteursgruppen zu betrachten, die an der Gestaltung von Hochschullehre beteiligt sind – denn an der Umsetzung von Lehre mit digitalen Medien sind (anders als bei der Gestaltung von Präsenzlehre) in der Regel nicht nur der oder die jeweilige einzelne Lehrende beteiligt, sondern z. B. auch Mitarbeitende in didaktischen und technischen Service-Einrichtungen.

Selbstverständlich kommt auch den Studierenden als Zielgruppe der Hochschullehre eine zentrale Rolle bei der Umsetzung der Lehre zu; sie stehen im Fokus der Gestaltung von Lehrveranstaltungen – gleich ob analog, digital oder hybrid – und Lehre sollte ausgehend von den Studierenden gedacht und geplant werden. In diesem Beitrag möchten wir jedoch bewusst den Blick auf andere Akteursgruppen richten.

Der 1. Abschnitt dieses Kapitels gibt dazu einen Überblick über die ausgewählten Akteursgruppen und darüber, wie diese unterschiedlichen Personen(gruppen) zusammenarbeiten – hochschulintern, aber auch über die Grenzen der eigenen Hochschule hinaus sowie mit weiteren Projekten oder Institutionen, die nicht an einer Hochschule verortet sind und entsprechend andere Aufgaben haben und andere Blickwinkel einbringen können. Deren Rolle wird im 2. Abschnitt des Kapitels am Beispiel des Bildungsportals e-teaching.org, zu dessen Team die beiden Autorinnen gehören, genauer betrachtet. e-teaching.org richtet sich als hochschulübergreifendes Angebot an die gesamte deutschsprachige Community der E-Learning-Akteure an Hochschulen und wurde seit seiner Gründung im Jahr 2003 im Austausch mit dieser Community weiterentwickelt. Im 3. Abschnitt wird schließlich noch einmal explizit in den Blick genommen, inwiefern die im Corona-Semester neu hinzugekommenen Akteure bzw. die kollektive Erfahrung eines Online-Semesters dazu führen, dass die Diskussion über die Gestaltung zukünftiger Hochschulbildung nun vor einem völlig anderen Erfahrungshintergrund geführt werden kann als bisher.

## 4.2.1 Hochschulinterne und -externe Zusammenarbeit als Basis der Lehre mit digitalen Medien

### 4.2.1.1 Hochschullehre im Corona-Semester als Ergebnis hochschulinterner Zusammenarbeit

Selbst für Expertinnen und Experten im Bereich der digitalen Hochschullehre – und noch viel mehr für die große Mehrheit der Lehrenden und Studierenden – war die kurzfristige Transformation des Lehrbetriebs von überwiegender Präsenz zu einer meist vollständigen Online-Lehre absolutes Neuland. Es ist deshalb naheliegend, dass sie z. B. bei der Darstellung des Corona-Semesters in den Medien, aber auch bei dessen Auswertung, häufig im Mittelpunkt der Aufmerksamkeit stehen, zumal sie für die Öffentlichkeit auch besser sichtbar sind. Dennoch liegt ein wesentlicher Grund für das weitgehende Gelingen des Corona-Semester darin, dass zahlreiche Hochschulen – anders als dies häufig im Schulkontext der Fall war – bei der Umstellung auf die Online-Lehre in hohem Maße auf bereits bestehende Angebote und Strukturen zurückgreifen konnten. Die vorhandenen technischen Infrastrukturen konnten ebenso wie die didaktischen und technischen Supportangebote der Hochschuldidaktik- und E-Learning-Zentren als Grundlage für aktuelle Maßnahmen genutzt und gegebenenfalls kurzfristig nachgerüstet werden; so waren beispielsweise meist sowohl das Know-How als auch die Bereitschaft der Hochschulleitungen vorhanden, über die Beschaffung etwa fehlender technischer Ausrüstung schnell zu entscheiden und diese bereitzustellen (in vielen Fällen ging es dabei zunächst um Videokonferenzsysteme und Videoserver). Ebenso wichtig war die Bereitschaft, die notwendigen Rahmenbedingungen – etwa die Anpassung von Prüfungsordnungen – zu schaffen. Angesichts dieser Vielzahl von (innerhalb kürzester Zeit zu bewältigenden) Anforderungen konnten die Rahmenbedingungen der Lehre an den einzelnen Hochschulen sehr unterschiedlich aussehen – auch weil die Hochschulen mit sehr unterschiedlichen Ausgangsvoraussetzungen in das Corona-Semester starteten. Ein wesentlicher Erfolgsfaktor für eine schnelle und erfolgreiche Umstellung auf den Online-Betrieb dürfte aber stets das Identifizieren und Einbeziehen aller relevanten Stakeholder gewesen sein. In dem Erfahrungsbericht „In 10 Tagen von der Präsenzhochschule zur Online-Lehre" nennt Moskaliuk (2020) in diesem Zusammenhang für die von ihm beschriebene kleine Privathochschule „nicht nur die Studierenden und die Lehrpersonen, sondern auch Mitarbeitende in der Verwaltung, die für die technologische und organisatorische Umsetzung zuständig sind, z. B. in der Studienorganisation" (2. Key Learning, Abs. 3).

Bereits begleitend zur Umsetzung der Online-Lehrformate haben viele Supporteinrichtungen und Hochschulverwaltungen zusätzlich damit begonnen, die Erfahrungen des digitalen Sommersemesters auszuwerten, um sowohl kurzfristig gezielte Unterstützungsmaßnahmen anbieten zu können als auch grundsätzlicher zu identifizieren, welche Aspekte die Durchführung der Online-Lehre unterstützt oder behindert haben – aufseiten einzelner Lehrender und Studierender, aber auch auf der Ebene der Support-Angebote und -Strukturen sowie der (technischen, organisatorischen, curricularen und sonstigen) Rahmenbedingungen.[1] Wie sich an den Evaluationsergebnissen und Studien zeigt, ist vielen Beteiligten im Lehrbetrieb die Bedeutung dieser Aktivitäten auf Hochschulebene und insbesondere der Beitrag der Support-Einrichtungen zum Gelingen des Sommersemesters sehr wohl bewusst (z. B. Boros, Kiefel & Schneijderberg, 2020, S. 8). Die Wertschätzung der geleisteten Unterstützungsarbeit wurde aber beispielsweise auch darin deutlich, dass viele Service-Teams für die Aktion „SemesterChampion"[2] benannt wurden, mit der Einzelpersonen oder Personengruppen gewürdigt werden sollten, dank derer „das Corona-Semester gemeistert" wurde.

#### 4.2.1.2 Hochschul- und institutionenübergreifende Zusammenarbeit im Corona-Semester

Initiiert wurde die Aktion „SemesterChampion" von drei Kooperationspartnern, die im Sommersemester 2020 gemeinsam ein hochschulübergreifendes Qualifizierungsangebot für den schnellen Einstieg in die Online-Lehre konzipiert und durchgeführt hatten (dazu mehr in Abschn. 4.2.2). Die drei Partner – die (Fach-) Gesellschaft für

[1]Dazu liegen inzwischen bereits verschiedene Evaluationsergebnisse und hochschulübergreifende Studien vor (z. B. Book, Bosse & Lübcke, 2020; Boros, Kiefel & Schneijderberg, 2020; Frohwieser et al., 2020; Ruhr-Universität Bochum 2020; Seyfeli, Elsner & Wannemacher, 2020; Stifterverband & HTW Berlin, 2020).

[2]https://hfdcert.de/semesterchampions

Medien in der Wissenschaft e. V. (GMW), das von einem außeruniversitären Forschungsinstitut betriebene Informationsportal e-teaching.org und das BMBF-geförderte Hochschulforum Digitalisierung (HFD), ein Thinktank zur Hochschulbildung im digitalen Zeitalter – stehen für eine weitere Ebene von Akteuren und Aktivitäten im Bereich der Hochschullehre mit digitalen Medien. Ihnen geht es nicht um die individuelle Beratung von Lehrenden oder um die Lösung von – z. B. technischen – Problemen vor Ort. Vielmehr richtet sich ihr Fokus eher auf grundsätzlichere Fragen, die die unterschiedlichen Hochschulen verbinden – etwa zur didaktischen Gestaltung der Lehre mit digitalen Medien (die dann vor Ort und in den Angeboten der einzelnen Lehrenden konkretisiert werden müssen) oder zum Wissenstransfer zwischen Forschung und Praxis. Aber auch das Initiieren und Ermöglichen fach- und hochschulübergreifender Diskussionen, wie etwa der Austausch über die zukünftige Gestaltung und Ausrichtung der Hochschullehre, gehören zu ihren Kernthemen.

Wie sich bis hierher gezeigt hat, lag eine zentrale Gelingensbedingung für die weitgehend erfolgreiche Durchführung des Corona-Semesters im Zusammenspiel der Arbeit von Personen mit unterschiedlichen Aufgaben und auf unterschiedlichen Ebenen einer Hochschule. Doch nicht immer konnten einzelne Hochschulen passende Angebote für die aktuellen Bedürfnisse ihrer Lehrenden bereitstellen. So haben die begleitenden Studien und Evaluationen zum digitalen Sommersemester beispielsweise aufgezeigt, dass Lehrende an der eigenen Hochschule bzw. der eigenen Fakultät teils keine ausreichende Möglichkeit zum kollegialen Austausch über die Erfahrungen mit digitaler Lehre wahrnahmen (z. B. Frohwieser et al., 2020, S. 31). Solchen Anliegen können hochschulübergreifende Akteure mit ihren über die einzelne Hochschule hinausgehenden Angeboten sinnvoll begegnen. Dazu gehörte z. B. das auf e-teaching.org bereits wenige Tage nach dem Lockdown durchgeführte Online-Event „Hochschulbildung und Corona: „Was wir jetzt tun – was sonst noch geht“ (Janoschka et al., 2020), in dem Vertreterinnen und Vertreter unterschiedlicher Hochschulen und Landesinitiativen, Fachgesellschaften und weiterer Einrichtungen über ihre ersten Corona-Maßnahmen berichteten. Dieses Angebot veranschaulicht, dass der Wunsch nach kollegialem Austausch und die Bereitschaft zur Zusammenarbeit und gegenseitigen Unterstützung hochschul- und institutionenübergreifend im Sommersemester außerordentlich groß waren. Dabei zeugte die Veranstaltung natürlich zunächst einmal vom inhaltlichen Interesse der 600 Live-Teilnehmenden, war aber zugleich auch „so etwas wie ein gegenseitiges Mut-Machen, was wir jenseits aller Information und Innovation im Moment wohl auch ganz bitter nötig haben“ (Reinmann, 2020a, Abs. 6). Eine solche explizite Nennung der Bedeutung emotionaler Aspekte im Diskurs über Hochschulbildung war bisher selten, wurde jedoch im Corona-Semester mehrfach (und zu Recht) als Einflussfaktor bei der Gestaltung von Lehre genannt.

Aber auch im Bereich der Qualifizierung und Weiterbildung zu digitalen Medien in der Lehre entstand im Sommersemester eine beeindruckende hochschulübergreifende Solidarität und Bereitschaft zur Vernetzung und Zusammenarbeit. Zahlreiche Hochschulen und Hochschulverbünde öffneten ihre jeweiligen Weiterbildungsangebote – z. B.

Online-Kurse und -Workshops sowie digitale Selbstlernmaterialien – für Externe, als sich abzeichnete, dass das Sommersemester ein Online-Semester werden würde. Einige dieser Weiterbildungsangebote werden bereits seit Jahren mit jeweils aktuellen Inhalten durchgeführt, jedoch – oftmals auch aus Gründen der föderalen Finanzierungsstruktur – auf einen kleineren Nutzerkreis begrenzt. Die Öffnung dieser (digitalen) Angebote war ein wesentlicher Beitrag zum Gelingen des Corona-Semesters, da sie häufig in der Anzahl der Nutzenden nahezu beliebig skalierbar sind und somit schnell und relativ einfach dem erhöhten Bedarf im Sommersemester begegnet werden konnte. Dadurch stand zum einen Lehrenden eine Vielzahl an Angeboten zu unterschiedlichsten Inhalten offen, zum anderen konnten Mitarbeitende in den Service-Einrichtungen der einzelnen Hochschulen entlastet werden.

#### 4.2.1.3 „E-Learning" als Gemeinschaftsleistung – schon vor Corona

Wie in den letzten Abschnitten gezeigt wurde, war es offensichtlich möglich, die Unterstützung der zahlreichen Lehrenden, die bis zum Corona-Semester nur wenige oder gar keine digitalen Medien genutzt hatten, weitestgehend durch die bereits vorhandenen Strukturen und zentralen Akteure zu leisten. Entsprechend erhöhte sich die Arbeitslast der Supporteinrichtungen jedoch oftmals immens, zumal viele von ihnen personell sehr knapp ausgestattet waren und teilweise mit dem bevorstehenden Auslaufen der Förderungen im Rahmen des Qualitätspakts Lehre auch der Wegfall vorhandener Stellen bevorstand. Denn auch wenn diese Einrichtungen bereits in der Vergangenheit Lehrende und Studierende bei der Nutzung digitaler Medien unterstützt hatten, so betreuten sie bislang doch meist pro Semester nur einen kleineren Anteil der Hochschulmitglieder.

Eingerichtet wurden solche Supportcenter, nachdem deutlich wurde, dass die technische, aber auch die didaktische Konzeption und Umsetzung von Lehrszenarien mit digitalen Medien in der Regel sehr unterschiedliche Kompetenzen erfordert. Zwar werden inzwischen oft weniger große und komplexe Projekte umgesetzt als in der Anfangszeit des E-Learning und die Handhabung von Soft- und Hardware-Technologien hat sich deutlich vereinfacht und ist zugleich selbstverständlicher geworden; dennoch sind an der Planung, Umsetzung und Durchführung von Lehre mit digitalen Medien zumeist mehr Personen beteiligt als an klassischen Präsenzlehrszenarien. So können an der Entwicklung beispielsweise „Fachexperten, didaktische und technische Berater, Drehbuchautoren, Designer und Programmierer beteiligt sein"; oft werden außerdem „multimediale Lernmaterialien von anderen Personen eingesetzt und betreut als von denjenigen, die sie entwickelt haben" (Arnold et al. 2018, S. 118). Entsprechend trifft auch heute oft noch zu, was Gabi Reinmann-Rothmeier bereits 2003 formulierte: Ohne ein Team bzw. die Zusammenarbeit unterschiedlicher Akteure ist „ein Vorhaben wie Blended Learning, das multiple Kompetenzen erfordert, kaum zu schultern" (S. 93). Dafür bieten viele Hochschulen inzwischen Unterstützungs- und Entlastungsangebote, sowohl durch die Service-Einrichtungen als auch durch Angebote wie beispielsweise die Ausbildung studentischer E-Tutorinnen und -Tutoren (Thillosen & Hansen 2009).

Zusammenarbeit findet also im Kontext der Hochschullehre (mit digitalen Medien) sowie in der Unterstützung und Qualifizierung der Lehrenden auf verschiedenen Ebenen statt: an einzelnen Hochschulen zwischen Lehrenden und verschiedenen Zentren und Instituten, technischen und didaktischen Supportbereichen oder Bereichen der Verwaltung und Hochschulleitung; darüber hinaus aber auch im Rahmen von hochschulübergreifenden Serviceeinrichtungen und Verbünden oder auf Projektebene. So bieten etwa die deutschen E-Learning-Landesinitiativen den Hochschulen ihrer Bundesländer häufig eine gemeinsame technischen Infrastruktur und technischen Support oder richten Qualifizierungsangebote für die Lehrenden der jeweiligen Bundesländer aus.[3] Andererseits geht mit der föderalen Organisation auch eine gewisse Konkurrenzsituation einher. So konstatierte etwa der Geschäftsführer einer Landeseinrichtung, dass es „verwaltungstechnisch […] nicht möglich [ist], finanzielle und anderweitige Ressourcen über Ländergrenzen hinweg auszutauschen" (e-teaching.org, 2018, S. 1) – eine Vorgabe, die wie oben dargestellt, während des Corona-Semesters teilweise außer Acht gelassen wurde.

Grundsätzlich kann jedoch an dieser Stelle festgehalten werden, dass die (keineswegs „von selbst" erfolgreiche) Zusammenarbeit unterschiedlicher Akteure auf der Ebene von Hochschulen, aber auch hochschul- und institutionenübergreifend, bereits vor dem Corona-Semesters entscheidend zur erfolgreichen Gestaltung von Lehre mit digitalen Medien beigetragen hat – und dass deren Bedeutung während des Corona-Semesters noch deutlich zugenommen hat.

### 4.2.2 „Quickstarter Online-Lehre" und das Portal e-teaching.org – die Perspektive eines hochschulübergreifenden Bildungsangebots

Das Qualifizierungsspecial „Quickstarter Online-Lehre"[4] – das, wie oben erwähnt, ab April 2020 von e-teaching.org, der Gesellschaft für Medien in der Wissenschaft e. V. (GMW) und dem Hochschulforum Digitalisierung (HFD) durchgeführt wurde – war eine Reaktion auf die im letzten Abschnitt geschilderte Situation: Der Online-Kurs wurde entwickelt, um möglichst bereits vor bzw. zu Beginn des Sommersemesters 2020 hochschulübergreifend Lehrende zu unterstützen, die kurzfristig ihre Veranstaltungen auf reine Online-Lehre umstellen mussten. Das kostenlose und frei zugängliche Angebot war zunächst als 14-tägiger, sieben Module umfassender Online-Kompaktkurs konzipiert, der grundlegende Kompetenzen für einen schnellen und zugleich fundierten Start in die digital gestützte Lehre vermittelt. Die Module dieses ersten Teils befassen sich u. a. mit Themen wie „Konzeption von Online-Lehrveranstaltungen", „Studierende aktivieren", „Webinare gestalten" oder „Interaktive Videos". Von Mitte Juni bis Mitte Juli 2020

[3]Für einen Überblick: https://www.e-teaching.org/projekt/politik/laenderzentren

[4]https://www.e-teaching.org/quickstarter

wurde der Kurs fortgesetzt: Im Fokus des zweiten Teils standen die „Lessons Learned“ und der Erfahrungsaustausch mit Lehrenden und Studierenden.

Nicht erst im zweiten Kursteil zeigte sich, dass das Angebot keineswegs nur Neulinge erreichte, sondern auch von Personen genutzt wurde, die bereits Erfahrungen mit dem Einsatz digitaler Medien in der Lehre hatten. Ein zwar ungeplanter, aber dennoch wichtiger Nebeneffekt war damit also auch der Austausch und die Vernetzung zwischen Neulingen und erfahrenen E-Teachern sowie zwischen Akteuren aus ganz unterschiedlichen Hochschulen und Arbeitskontexten. Obwohl das Qualifizierungsspecial (anders als ein hochschulinternes Angebot) keine passgenauen Lösungen für die jeweilige Situation der einzelnen Teilnehmenden bieten konnte, war das Interesse an diesem übergreifenden Qualifizierungsangebot außerordentlich groß: Bei den Online-Veranstaltungen gab es insgesamt über 2.900 Live-Teilnahmen; die dauerhaft zur Verfügung stehenden Aufzeichnungen der Events wurden bis Ende September knapp 430.000 Mal abgerufen. Diese große Nachfrage verdeutlicht den hohen Bedarf an Weiterbildungsmaßnahmen, strukturierten Informationsmaterialien und direktem Austausch – und damit an Angeboten, die in einem vergleichbaren Umfang nur in sehr wenigen Ausnahmefällen an einzelnen Hochschulen angeboten werden konnten (und die sich dann jeweils nur an eine hochschulinterne Zielgruppe richteten).

Aus Perspektive der Ausrichter des „Quickstarter“ ist aber auch die Zusammenarbeit der Kooperationspartner selbst ein wesentlicher Aspekt, denn das Portal e-teaching.org, auf dessen Plattform der Kurs angeboten wurde, hätte ein so umfangreiches Kursangebot ohne die Kooperation mit dem HFD und der GMW kaum in so kurzer Zeit entwickeln können. Zugleich war auch die langjährige Erfahrung des Portalteams von großer Bedeutung für die erfolgreiche Umsetzung.

Das Bildungsportal e-teaching.org ist am Leibniz-Institut für Wissensmedien angesiedelt und damit stark in einem wissenschaftlichen Kontext verankert. Es ging 2003 online und hatte von Beginn an eine klar umrissene „Mission“ und „Vision“: Mit dem frei zugänglichen „niedrigschwelligen, anwendungsorientierten, bedarfsgerechten und individualisierbaren Angebot“ sollte „allen Lehrenden an Hochschulen Unterstützung geboten werden, die das Potenzial digitaler Medien kennen lernen und in ihren eigenen Veranstaltungen nutzen möchten“ (Leibniz-Institut für Wissensmedien, 2002). Darüber hinaus sollten weitere Personen(gruppen) erreicht werden, insbesondere Mitarbeitende in Service-Einrichtungen und Projekt- sowie Hochschulleitungen, später auch die deutschen E-Learning-Landesinitiativen, Fachgesellschaften und andere. Um dieses Ziel zu erreichen, wurden sowohl die Struktur des Portals als auch die Inhalte von Beginn an im intensiven Austausch mit den E-Learning-Akteuren vor Ort entwickelt. Sie können z. B. eigene Projekte auf e-teaching.org vorstellen, im Rahmen der sogenannten „Themenspecials“ Erfahrungs- und Forschungsberichte einreichen oder als Referentinnen und Referenten an den Online-Veranstaltungen mitwirken. Bereits vor Corona hatte das Portal über 100 Partnerhochschulen im deutschsprachigen Raum, mit denen es ebenso zusammenarbeitete wie mit den über 6.400 individuellen Community-Mitgliedern – deren Zahl sich bis Ende September 2020 auf 7.400 erhöhte – und mit zahlreichen weiteren Akteuren. Durch diese Vernetzung ist es möglich, auf dem Portal aktuelle Entwicklungen in der gesamten deutschsprachigen Hochschullandschaft (d. h. nicht nur an einer einzelnen Hochschule) widerzuspiegeln.

Da das Angebot von e-teaching.org sich an die gesamte deutschsprachige Hochschullandschaft richtet, war für das Portalteam schon vor Corona die Frage von besonderem Interesse, wie die beteiligten Personen(gruppen) möglichst gut über die für sie relevanten Aspekte informiert werden und wie die Zusammenarbeit und der Diskurs (wenn möglich und nötig auch über die Grenzen der eigenen Hochschule hinaus) angeregt und unterstützt werden können. Dieser Herausforderung begegnet das Portalteam mit sehr unterschiedlichen Angeboten: Die Basis des Portals ist ein breites Angebot an strukturiert aufbereiteten Informationen zum Einsatz digitaler Medien in der Lehre, z. B. zu unterschiedlichen Formen der Nutzung digitaler Medien in hochschultypischen Lehrszenarien (Vorlesungen, Seminaren etc.), zu medientechnischen Grundlagen, didaktischem Design und organisatorischen Aspekten. Außerdem informiert das Portal über neue Entwicklungen, Tagungen und Workshops, Projekte an den Hochschulen sowie Ausschreibungen und Förderprogramme. In den halbjährlich durchgeführten Themenspecials auf e-teaching.org werden zum einen sehr praxisbezogene Themen in den Blick genommen, zum anderen wird aber auch immer wieder bewusst der Diskurs gesucht, etwa in Bezug auf die Bildungspolitik oder das grundlegende Verständnis von Hochschulbildung. Darüber hinaus erprobt das Portalteam, auch in Zusammenarbeit mit unterschiedlichen Partnern, immer wieder innovative Formate. So führte e-teaching.org beispielsweise bereits in den Jahren 2012 und 2013, als es noch kaum Erfahrungen mit MOOCs (Massive Open Online Courses) gab, zwei erste offene Online-Courses durch, den „OPCO12“[5] (OPenCOurse 2012) und den „COER13“[6] (den Online **C**ourse zu **O**pen **E**ducational **R**esources 2013), für den das Portal 2016 mit dem OER-Award 2016 (Sonder-Award „OER über OER") ausgezeichnet wurde.

Während des Corona-Semesters zeigte sich noch deutlicher als bisher: Hochschulübergreifende Einrichtungen wie e-teaching.org können mit Angeboten wie dem „Quickstarter“ Lehrende und Service-Einrichtungen vor Ort erheblich entlasten (wobei es die Aufgabe der Service-Einrichtungen bleibt, solche Informationen für die Gegebenheiten vor Ort zu konkretisieren und dort direkte Unterstützung zu leisten). Außerdem kann ein Portal wie e-teaching.org Erfahrungen einzelner Hochschulen einer breiteren Öffentlichkeit zugänglich machen. Beiträge aus der Community machen das Portal nicht nur konkreter und lebendiger, sondern haben bereits vor Corona gezeigt, dass auf der Ebene der Akteure ein großes Interesse am Austausch über die Grenzen der eigenen Hochschule hinaus besteht – obwohl die politisch geforderte Hochschulautonomie und die föderalistische Bildungspolitik in Deutschland die hochschul- und bundesländerübergreifende Zusammenarbeit bisher häufig eher erschwert haben. Aus den Erfahrungen des

[5]https://www.e-teaching.org/praxis/themenspecials/opco12

[6]https://www.coer13.de/

Corona-Semesters ergibt sich dadurch vor allem die Anforderung, Angebote und mögliche Leistungen der verschiedenen Akteure noch deutlich stärker aufeinander abzustimmen.

### 4.2.3 Neue Akteure und Erfahrungen im Corona-Semester

Die bisherigen Überlegungen haben gezeigt, dass im Corona-Semester sehr weitgehend auf Vorhandenem aufgebaut werden konnte, nicht nur auf technischen Infrastrukturen (wobei gerade in diesem Bereich viel nachgerüstet oder neu angeschafft werden musste), sondern insbesondere auch auf (hochschulinternen und -externen) Supportstrukturen sowie (hochschulübergreifenden) Weiterbildungsangeboten. Bevor nun im folgenden Kap. 4.3 darüber nachgedacht werden soll, welche Konsequenzen aus den Erfahrungen des Corona-Semesters für die zukünftige Gestaltung von Hochschulbildung gezogen werden können, sollen zum Abschluss dieser Bestandsaufnahme noch zwei weitere Aspekte in die Diskussion einbezogen werden:

Zunächst soll noch einmal explizit darauf hingewiesen werden, wie fundamental sich im Corona-Semester der Kreis der „E-Learning-Akteure" verändert hat. Wenn in den vorherigen Abschnitten dieses Kapitels von „E-Learning-Akteuren", der „Community" oder der Zusammenarbeit auf unterschiedlichen Ebenen die Rede war, ging es dabei immer um Personen, die sich (trotz gelegentlich unterschiedlicher Perspektiven, Ansätze und Auffassungen) für den Einsatz digitaler Medien interessierten und bewusst dafür entschieden hatten. Da jedoch im Corona-Semester nun wirklich *alle* Lehrenden digitale Medien nutzten, und sogar diejenigen dazu gezwungen waren, die solchen Lehrszenarien bis dahin skeptisch oder ablehnend gegenüberstanden, kann man wohl nicht mehr im eigentlichen Sinne von einem „Kreis" oder einer „Community" sprechen. Am Beispiel des „Quickstarter" lassen sich exemplarisch einige daraus entstehende Reaktionsweisen aufzeigen: Während die meisten Teilnehmenden sich einfach schnell und pragmatisch über Möglichkeiten zur Transformation ihrer Lehre in digitale Formate informieren wollten, gab es einen kleinen Teil von „digitalen Neulingen", die von den neuen Möglichkeiten begeistert waren und schnell anfingen, nach eigenen kreativen Umsetzungsmöglichkeiten zu suchen. Andere wiederum nutzten den Chat, um schon bei kleinen technischen Problemen anzumerken, dass man daran ja sehe, dass digitale Lehre nicht funktioniere – und wieder ein anderer Teil hatte einfach Schwierigkeiten, sich zu orientieren und vermisste beispielsweise Fortbildungsangebote an der eigenen Hochschule, die es jedoch gab, die aber von diesen Personen nicht gefunden wurden. Bereits solche kleinen Beispiele zeigen, welche Herausforderungen damit verbunden sind, dass sich mit Corona die bis dahin bestehende „engere E-Teaching-Community" im Prinzip auf „alle Hochschullehrenden" erweiterte und nun aus Personen mit noch erheblich heterogeneren Erfahrungshorizonten und Wissensständen besteht als zuvor.

Zugleich ist die kollektive Erfahrung eines Online-Semesters insofern eine relevante Entwicklung, als sich in der Alltagspraxis bis dahin auch gezeigt hatte, dass zwar ein zunehmender Teil der Lehrenden erste Erfahrungen mit dem Einsatz digitaler Medien gemacht hatte, diese jedoch trotz aller bereitgestellten Dienste und Tools auf einem eher niedrigschwelligen Niveau genutzt wurden. Die Ursache dafür waren also wahrscheinlich nicht mangelnde Unterstützungsangebote; vielmehr erscheint es plausibel, dass „die Lehrpraxis einer ganz eigenen Logik folgt" und dabei „kollektive Mechanismen sowie die jeweiligen Fach-, Organisations- und Lehrkulturen eine zentrale Rolle" spielen (Bergert 2020, S. 207). Genau diese „kollektiven Mechanismen" könnten sich jedoch während des Corona-Semesters, als (so gut wie) alle Lehrenden an Hochschulen selbst Online-Lehre durchgeführt haben, zumindest anfanghaft verändert haben. Dabei soll allerdings auch noch einmal ins Bewusstsein gerufen werden: Nicht nur das zumeist (und notgedrungen) praktizierte „Emergency Remote Teaching" entspricht keineswegs dem, wie Hochschulbildung mit digitalen Medien bestmöglich gestaltet werden kann – auch die Lehre in überwiegender Präsenz, zu der sich derzeit viele zurücksehnen, ist keineswegs ein „Garant für die Hochschullehre, die wir wollen" (Reinmann, 2020b, S. 1). Die Frage, was gute Lehre ist und wie Hochschulbildung in Zukunft gestaltet werden sollte, kann und muss nun also vor einem von allen geteilten (wenn auch nicht von allen gleich beurteilten), völlig neuen Erfahrungshorizont diskutiert werden.

## 4.3 Zusammenarbeit, Vernetzung und Diskurs: Anregungen zur Gestaltung der Hochschulbildung

In einem Online-Event im Rahmen des „Quickstarter Online-Lehre" verwendete der Unfallmediziner Sebastian Kuhn statt des Begriffs „Emergency Remote Teaching" die Formulierung „Damage Control Teaching" (Kuhn, Paganini, Spannagel & Thillosen 2020, 19:00): Denn in der Unfallchirurgie hat sich „Damage Control Surgery" – das heißt, dass zunächst nur die lebensbedrohlichen Verletzungen eines Schwerverletzten behandelt werden – als erfolgreicher für das Überleben eines Patienten erwiesen als die gleichzeitige Behandlung aller Verletzungen. Insofern könnte man sagen, dass das „Damage Control Teaching" im Corona-Semester das „Überleben" der Hochschullehre erfolgreich gesichert hat. Anders als in der Medizin ist allerdings im Kontext Hochschule keineswegs eindeutig, welche weiteren Maßnahmen ergriffen werden sollten um zu einem neuen „Idealzustand" zu kommen – denn wie dieser aussehen sollte, ist unklar.

Trotz der Unsicherheiten, die damit verbunden waren, in einer völlig unbekannten Krisensituation handeln zu müssen, haben Hochschulleitungen und andere Akteure im Corona-Semester erste und häufig sehr schnelle Entscheidungen getroffen, die dazu beigetragen haben, den Lehrbetrieb zu sichern, z. B. bei der Bereitstellung von Hardware und Software, aber auch in Bezug auf Rahmenbedingungen zur Gewährleistung von Lehre und Prüfungen, Weiterbildungen und vielem mehr. Während dieser Beitrag entsteht, kann bereits auf erste gewonnene Erfahrungen zurückgegriffen werden; weiterhin besteht jedoch große Unsicherheit darüber, wie die kommenden Semester gestaltet werden können, ob und wann eine Rückkehr zu dem möglich ist, was vor Corona

„Normalität" war – und ob dies dann überhaupt noch erstrebenswert erscheint. Insofern ist nun ein Zeitpunkt erreicht, an dem es nicht mehr nur darum geht zu reagieren, sondern zunächst kurzfristig, dann aber auch perspektivisch die Zukunft der Hochschullehre zu gestalten, beginnend damit, die Entscheidungen des ersten Corona-Semesters zu reflektieren, zu prüfen und anzupassen.

Aus dieser Ausgangssituation heraus möchten wir zum Abschluss in neun „Anregungen" unterschiedliche Fäden dieses Beitrags aufgreifen. Dabei geht es übrigens nicht darum, quasi „die Gunst der Stunde" zu nutzen, um die Digitalisierung der Hochschullehre zu forcieren, sondern um die Frage, wie Hochschulbildung in Zukunft verstanden und gestaltet werden kann. Unsere Anregungen sollen nicht zuletzt zeigen, dass weder kurz- und mittelfristige Planungen für die nächsten Semester noch langfristige grundsätzliche Reflexionen über die Zukunft von Hochschulbildung ohne die Aspekte zu denken sind, auf denen der besondere Fokus dieses Beitrags liegt: Vernetzung, Zusammenarbeit und Diskurs.

**[1] Sharing (Digital) Teaching Experiences:** Der Austausch über eigene – ggf. auch weniger positive – Lehrerfahrungen ist keineswegs selbstverständlich. Insofern ist es erfreulich, dass mit der wachsenden Bedeutung hochschuldidaktischer Aktivitäten zunehmend Formate entstanden sind, die Möglichkeiten dafür bieten – sei es der Lehr-Stammtisch eines Fachbereichs, der Tag der Lehre an einer Hochschule, eine Fachtagung oder Online-Events und Workshops von hochschulübergreifenden Akteuren. Im Sommersemester 2020 ist die Bedeutung des kollegialen Austauschs noch einmal gewachsen – denn auch für digital erfahrene Lehrende war dieses Semester eine Ausnahmesituation. Dabei erscheint es wichtig, ausreichend „Raum" für diesen Austausch auf unterschiedlichen Ebenen zu schaffen; denn oft wächst das Bewusstsein für dessen Bedeutung erst mit wachsender Lehrerfahrung – oder mit zunehmenden Gelegenheiten. Zugleich lässt sich die Bereitschaft dazu nicht erzwingen, vielmehr scheint es sinnvoll, explizit unterschiedliche Aktivitäts- und Beteiligungsgrade zu ermöglichen und zu unterstützen (etwa im Sinne des Konzepts einer Community of Practice, die unterschiedliche Partizipationsgrade von einer „legitimen peripheren" bis zur „vollständigen Partizipation" zulässt).

**[2] Supporteinrichtungen stärken:** Wie bereits gezeigt, hatten die Supporteinrichtungen erheblichen Anteil am Gelingen des Sommersemesters 2020. Zugleich gab eine Mehrheit der durch das HIS-Institut für Hochschulentwicklung im Juli 2020 befragten Hochschulleitungen mit Blick auf das folgende Wintersemester an, dass sie im Bereich der technischen und didaktischen Kompetenzen von Lehrenden sowie der entsprechenden Supportangebote einen sehr hohen bzw. grundlegenden Entwicklungsbedarf sehen (Book, Bosse & Lübcke, 2020). Begrüßenswert wäre, wenn dieser notwendige Ausbau der Supportkapazitäten mit einer grundlegenden Stärkung der entsprechenden Einrichtungen einhergehen würde – und dies nicht nur zeitlich begrenzt, sondern auch langfristig. Durch unbefristete Mitarbeiterstellen ließen sich dabei nicht nur Kenntnisse und Fähigkeiten, sondern auch vorhandenes Erfahrungswissen für die Hochschulen langfristig sichern und eine strategische, den Gegebenheiten vor Ort angepasste Weiterentwicklung fördern.

**[3] Hochschuldidaktik, Medienpädagogik und digitale Medien zusammendenken:** Weiterbildungsangebote zum Einsatz digitaler Medien in der Lehre wurden lange Zeit (und werden oft auch heute noch) getrennt von anderen hochschuldidaktischen Angeboten unter dem Label „E-Learning" geführt – teilweise im Sinne einer optionalen Zusatzqualifikation. Doch nicht erst aufgrund der Erfahrungen des Sommersemesters 2020 erscheint es sinnvoll, mediendidaktische bzw. medienpädagogische Aspekte als integrativen Teil der Hochschuldidaktik zu behandeln und vorhandene Angebote und Supportstrukturen zu einem Ganzen zusammenzuführen. Die daraus entstehenden Synergieeffekte könnten dazu beitragen, Lehrende nicht nur flächendeckend mit den Möglichkeiten vertraut zu machen, die der Einsatz digitaler Medien in der Hochschullehre bietet, sondern ihnen bewusster zu machen, dass es nicht um Lehre „ohne" oder „mit Medien" geht, sondern um die Gestaltung „guter Hochschullehre".

**[4] Qualifizierungsangebote institutionenübergreifend aufeinander abstimmen:** Mit der Öffnung von Qualifizierungs- und Weiterbildungsmöglichkeiten verschiedener Hochschulen und E-Learning-Landeseinrichtungen im Sommersemester 2020 ist auch in der Öffentlichkeit sichtbar geworden, wie erfreulich breitgefächert deren Spektrum bereits ist. Bisher waren diese Angebote jedoch i. d. R. nur für Angehörige der eigenen Einrichtung zugänglich – und werden dies perspektivisch voraussichtlich auch wieder sein. Oft sind solche lokalen Angebote auch sinnvoll, zumal dadurch die spezifischen technischen Gegebenheiten an einer Hochschule berücksichtigt werden und sie zur Bildung einer Community vor Ort führen können. Andererseits kann eine einzelne Hochschule ihren Mitarbeitenden nur in wenigen Ausnahmefällen ein völlig umfassendes Angebot zur Verfügung stellen. Insofern wäre die Öffnung von Angeboten grundsätzlich zu begrüßen, zumal sich damit auch noch stärkere Schwerpunktsetzungen einzelner Einrichtungen verbinden ließen. Eine weitere Möglichkeit, Synergien zu schaffen wäre es, übergreifende Qualifizierungen (etwa von e-teaching.org) mit konkretisierenden Angeboten an den Hochschulen vor Ort zu verbinden und dennoch durch die Arbeitsteilung die Service-Einrichtungen vor Ort zu entlasten. Wünschenswert wäre außerdem die Anerkennung von Qualifizierungsleistungen wie hochschuldidaktischen Zertifikaten über Hochschul- und über Bundesländergrenzen hinaus.

**[5] Die Entwicklung und Nutzung Offener Bildungsressourcen (OER) vorantreiben:** Mit der Online-Lehre im Sommersemester 2020 ging ein großer Bedarf an digitalen Lehrmaterialien einher. Dabei hätte es viele Lehrende erheblich unterstützen und entlasten können, mehr über oftmals bereits vorhandene und digital verfügbare, freie Bildungsmaterialien zu wissen. Das in Deutschland lange wenig beachtete Thema OER hatte seit etwa 2016 durch verschiedene (inzwischen allerdings häufig bereits wieder ausgelaufene) Fördermaßnahmen zunächst Auftrieb bekommen, konnte sich jedoch trotz der politischen Unterstützung bislang weitgehend noch nicht durchsetzen. Als Gründe dafür wurden u. a. fehlende Rechtssicherheit sowie fehlende Anreize für Lehrende genannt, insbesondere aber auch der Widerspruch zu einer Hochschulkultur, in der es nicht üblich ist, Materialien anderer zu nutzen oder eigene Materialien zu teilen (Deimann, Neumann & Muuß-Merholz 2015, S. 31). Das Corona-Semester hat jedoch zu neuen Bedarfen an digitalen Lernmaterialien geführt und zudem gezeigt, dass bisherige Hürden, wenn nötig, überraschend schnell überwunden werden konnten. So könnten auch die gestiegene Bereitschaft zum kollegialen Austausch und der sich damit anfanghaft abzeichnende Kulturwandel genutzt werden, Informationen über OER noch einmal in die Breite zu tragen sowie deren Bereitstellung und Nutzung gezielt zu forcieren.

**[6] Orientierung schaffen, nicht nur für Neulinge:** Während des Sommersemesters 2020 bestand, wie oben gezeigt, eine große Bereitschaft, weiterführende Informationen zu teilen. Trotz der positiven Absicht zeigte sich allerdings auch, dass die schnell entstehende Informationsflut gerade für Neulinge teilweise eher verwirrend als hilfreich war. Doch selbst für erfahrene Lehrende und Mitarbeitende der didaktischen Supportzentren ist es in den vergangenen Jahren zunehmend schwieriger geworden, den Überblick über aktuelle Entwicklungen (etwa über existierende OER-Repositorien) zu behalten – was u. a. zu Doppelentwicklungen und Konkurrenzsituationen geführt hat. Auf die Frage, wie angesichts der Angebotsvielfalt und der dynamischen Entwicklungen Orientierung für die unterschiedlichen Akteursgruppen geschaffen werden kann, gibt es allerdings keine einfache Antwort. Zwar gibt es bereits unterschiedliche Austauschforen der beteiligten Akteure und Einrichtungen sowie verschiedene Plattformen, auf denen Informationen veröffentlicht werden. Eine vollständige, transparente und strukturierte Darstellung und Bereitstellung sowie die kontinuierliche Pflege solcher Informationen sind jedoch aufwendig, wenn sie über eine bloße Aggregation von Daten hinausgehen sollen.

**[7] Erfahrungen mit der Lehre unter Corona-Bedingungen wissenschaftlich auswerten:** Wie bereits erwähnt, wurden seit Beginn des Sommersemesters 2020 zahlreiche Evaluationen und Studien durchgeführt, in denen überwiegend Studierende und Lehrende zu den Rahmenbedingungen und zu ihren Erfahrungen mit der neuen Lehr-Lern-Situation befragt wurden. Allerdings unterschieden sich sowohl die untersuchten Schwerpunkte als auch das methodische Vorgehen teilweise immens. Hier wäre es wünschenswert, die gewonnenen Erkenntnisse aus einzelnen Hochschulen öffentlich zu machen und beispielsweise in einer Metastudie zusammenzuführen, sie um umfassendere Analysen des Corona-Semesters und der gemachten Erfahrungen zu erweitern, die Ergebnisse möglichst unter Beteiligung aller betroffenen Akteursgruppen zu diskutieren und gemeinsam Schlussfolgerungen daraus zu ziehen. Zudem wäre in Bezug auf Folgebefragungen eine hochschulübergreifende Abstimmung der inhaltlichen

Schwerpunkte sowie des methodischen Vorgehens sinnvoll, um eine Vergleichbarkeit der Ergebnisse zu gewährleisten.

**[8] Den Diskurs über die Zukunft der Hochschulbildung gestalten:** Wie soll Hochschullehre nicht nur in den kommenden Semestern, sondern perspektivisch darüber hinaus gestaltet werden – und welche Rolle sollen Hochschulen bzw. die Hochschulbildung in einer zunehmend digitalisierten Gesellschaft überhaupt einnehmen? Ein angemessener Diskurs über solche Fragen braucht eine möglichst breite Basis. Dabei ist eine stärker wissenschaftlich geprägte Perspektive, wie sie etwa das Institut für Hochschulentwicklung (HIS-HE) mit dem Projekt Corona@Hochschule als Grundlage für den „Austausch über Zukunftsperspektiven für Hochschulbildung/-entwicklung" (Book, Bosse & Lübcke, 2020, S. 3) anstrebt, ebenso begrüßenswert wie die Formulierung einer völlig neuen Vision von Lernen, wie sie etwa mit dem „Hagener Manifest zu New Learning" Anfang Oktober 2020 erfolgte. Damit aber tatsächlich ein breiter Diskurs – anstatt vieler Diskussionspapiere – entstehen kann, müssen gezielt Möglichkeiten zum Austausch und zur Vernetzung innerhalb von Hochschulen und über Fach- und Hochschulgrenzen hinaus geschaffen und mit dem politischen und gesellschaftlichen Diskurs verknüpft werden.

**[9] Stärken institutionenübergreifender Einrichtungen einbringen und nutzen:** Im Kontext der bis hierher skizzierten Anregungen können hochschulexterne Akteure wie das Portal e-teaching.org, das Hochschulforum Digitalisierung oder auch Fachgesellschaften wie die Gesellschaft für Medien in der Wissenschaft unterschiedliche, je eigene Aufgabenbereiche übernehmen. In Bezug auf die in Abschn. 4.2.2 beschriebene Mission und Vision von e-teaching.org gibt es für das Portal z. B. Anknüpfungspunkte im Bereich der Qualifizierungsangebote, bei der Schaffung von Orientierung sowie bei der Bereitstellung einer Plattform zum Teilen von „(Digital) Teaching Experiences" bzw. zur Ermöglichung von Diskursen. Zu den weiteren Zielen des Portals gehören die Entlastung anderer Akteure, insbesondere auch der Supporteinrichtungen, das Geben von Impulsen und die Schaffung von Synergien zwischen den unterschiedlichen Akteuren und Akteursgruppen. Dabei sind Überschneidungen mit den Aufgaben von Hochschulen oder anderer institutionenübergreifender Einrichtungen vermutlich nicht völlig zu vermeiden; grundsätzlich ist es jedoch im Sinne aller, möglichst komplementäre Aufgabenbereiche zu übernehmen.

Zu Beginn dieses Beitrags hatten wir einleitend die Frage gestellt, ob die Corona-Pandemie der Auslöser einer disruptiven Transformation der Hochschulbildung sein könnte. Wie die vorangegangenen Ausführungen deutlich gemacht haben dürften, ist nicht davon auszugehen, dass in Folge des Sommersemesters 2020 – abgesehen von pandemie-bedingt notwendigen Maßnahmen – ein grundlegender Wandel hin zu einer überwiegenden Online-Lehre stattfinden wird. Allerdings ist vor dem Erfahrungshintergrund des Corona-Semesters (sowie voraussichtlich auch des nachfolgenden Wintersemesters) zu erwarten, dass die Nutzung digitaler Medien in der Lehre für alle

Lehrenden und Studierenden selbstverständlicher wird und diese kollektive Erfahrung sich auch auf die Lehr- und Organisationskulturen auswirken wird. Unterstützt werden könnte eine solche Entwicklung zunächst einmal durch gute Supportstrukturen innerhalb der Hochschulen sowie eine hochschuldidaktische Weiterbildung der Lehrenden, die insbesondere Kompetenzen und Fähigkeiten zu einem sinnvollen und bereichernden Einsatz digitaler Medien in der Lehre vermittelt. Darüber hinaus braucht es aber auch eine gelingende Vernetzung und gut abgestimmte Zusammenarbeit zentraler Akteure und Akteursgruppen über Hochschulgrenzen hinweg – denn eine gemeinsame Vorstellung davon, was gute Lehre und Hochschulbildung zukünftig ausmacht, kann nur in einem breiten Diskurs aller Beteiligten entwickelt werden.

## Literatur

Arnold, P., Kilian, K., Thillosen, A., & Zimmer, G. (Hrsg.). (2018). Handbuch E-Learning: Lehren und Lernen mit digitalen Medien. Bielefeld: Bertelsmann.

Bauer, R., Hafer, J., Hofhues, S., Schiefner-Rohs, M., Thillosen, A., Volk, B., & Wannemacher, K. (Hrsg.) (2020). Vom E-Learning zur Digitalisierung – Mythen, Realitäten, Perspektiven. Reihe Medien in der Wissenschaft (Band 76). Münster: Waxmann.

Bergert, A. (2020). „Digitalisierung? Machen wir schon ewig." Eine rekonstruktive Studie zu Orientierungsmustern Lehrender im Umgang mit digitalen Medien im Hochschulalltag. In C. Müller Werder & J. Erlemann (Hrsg.). Seamless Learning – lebenslanges, durchgängiges Lernen ermöglichen. Medien in der Wissenschaft (Band 77) (S. 207–211).

Book, A., Bosse, E. & Lübcke, M. (2020). Befragung von Hochschulleitungen zur (digitalen) Lehre im Wintersemester 2020/21. Erste Ergebnisse. HIS-Institut für Hochschulentwicklung e.V. Verfügbar unter: https://digi-blog.his-he.de/wp-content/uploads/2020/09/Hochschulleitungsbefragung_ErsteErgebnisse.pdf (Zugriff am 09.10.2020).

Boros, N., Kiefel, K. & Scheijderberg, K. (2020). Kurzbefragung der Lehrenden 2020. Albert-Ludwigs-Universität Freiburg. Verfügbar unter: https://www.qmlehre.uni-freiburg.de/content-1/pdf-dokumente/berichte-befragungen/leh2020-gesamtbericht (Zugriff am 09.10.2020).

Deimann, M., Neumann, J. & Muuß-Merholz, J. (2015). Whitepaper Open Educational Resources (OER) an Hochschulen in Deutschland – Bestandsaufnahme und Potentiale 2015. Verfügbar unter: https://open-educational-resources.de/materialien/oer-whitepaper/oer-whitepaper-hochschule/ (Zugriff am 09.10.2020).

e-teaching.org (2018). Zwischen konstruktiver Konkurrenz und Zusammenarbeit: Föderale E-Learning-Politik in Deutschland. Zuletzt geändert am 20.04.2018. Verfügbar unter: https://www.e-teaching.org/praxis/erfahrungsberichte/E-Learning-foerderung-in-deutschland-zwischen-foederalismus-konstruktiver-konkurrenz-und-zusammenarbeit (Zugriff am 09.10.2020).

Frohwieser, D., Gaaw, S., Hartmann, S., Jablonka, M., Lenz, K., Möller, J. & Winter, J. (2020). Lehre in der Corona-Pandemie – Überblicksauswertung der zweiten Befragungswelle. Befragung von Lehrenden und Studierenden zur coronabedingten Umstellung auf virtuelle Lehre im Sommersemester 2020. TU Dresden. Verfügbar unter: https://tu-dresden.de/zqa/ressourcen/dateien/publikationen/hochschulmonitoring/Virtuelle_Lehre_2020_Schnellauswertung_zweite_Welle.pdf?lang=de (Zugriff am 23.09.2020)

Handke, J., Loviscach, J., Reinmann, G. & Thillosen, A. (2020, 08. Juli). Sharing Digital Teaching Experiences (Teil 2) [Online-Event]. In e-teaching.org, Gesellschaft für Medien in der Wissenschaft e.V. & Hochschulforum Digitalisierung, Qualifizierungsspecial Quickstarter Online-Lehre. https://e-teaching.org/quickol-10.

Hochschulforum Digitalisierung (2016). The Digital Turn – Hochschulbildung im digitalen Zeitalter. Arbeitspapier Nr. 27. Berlin: Hochschulforum Digitalisierung.

Hodges, C., Moore, S., Lockee, B. Trust, T. & Bond, A. (2020). The Difference Between Emergency Remote Teaching and Online Learning. Educause Review. Verfügbar unter: https://er.educause.edu/articles/2020/3/the-difference-between-emergency-remote-teaching-and-onlinE-Learning (Zugriff am 07.10.2020).

Initiative Zur Verteidigung der Präsenzlehre (2020). Zur Verteidigung der Präsenzlehre [Offener Brief]. https://www.praesenzlehre.com/ (Zugriff am 09.10.2020).

Janoschka, O., Köhler, T., Reinmann, G., Vanvinkenroye, J., Widera, S. & Thillosen, A. (2020, 19. März). Hochschulbildung und Corona: Was wir jetzt tun – was sonst noch geht [Online-Event]. e-teaching.org Online-Podien. https://www.e-teaching.org/hochschulbildungundcorona.

Kuhn, S., Paganini, S., Spannagel, C. & Thillosen, A. (2020, 24. Juni). Sharing Digital Teaching Experiences (Teil 1[Online-Event]. In e-teaching.org, Gesellschaft für Medien in der Wissenschaft e.V. & Hochschulforum Digitalisierung, Qualifizierungsspecial Quickstarter Online-Lehre. https://e-teaching.org/quickol-8.

Leibniz-Institution für Wissensmedien (2002). Konzeption, Aufgaben und Implementation eines Qualifizierungsportals www.e-teaching.org (internes Papier).

Metzner, J., Bartosch, U., Vogel, M., Schroll, A.-L., Rademacher, M., Neuhausen, H. (2019). Was bedeutet Hochschullehre im digitalen Zeitalter? Eine Betrachtung des Bildungsbegriffs vor den Herausforderungen der Digitalisierung. Arbeitspapier Nr. 50. Berlin: Hochschulforum Digitalisierung.

Moskaliuk, J. (2020). In 10 Tagen von der Präsenzhochschule zur Online-Lehre. https://www.e-teaching.org/praxis/erfahrungsberichte/in-10-tagen-von-der-praesenzhochschule-zur-online-lehre (Zugriff am 08.10.2020).

Oestmann, P. (2020, 30. Mai). Die Universitäten müssen wieder öffnen – für die Rückkehr zur Präsenzlehre [Petition]. Verfügbar unter: https://www.openpetition.de/petition/online/die-universitaeten-muessen-wieder-oeffnen-fuer-die-rueckkehr-zur-praesenzlehre#petition-main (Zugriff am 12.10.2020).

Orr, D., Lübcke, M., Schmidt, P., Ebner, M., Wannemacher, K., Ebner, M. & Dohmen, D. (2019). AHEAD – Internationales Horizon-Scanning: Trendanalyse zu einer Hochschullandschaft in 2030. Berlin: Edition Stifterverband.

Reinmann, G. (2020a, 19. März). Gegenseitiges Mut-Machen. Gabi Reinmann Hochschuldidaktik -Blog. https://gabi-reinmann.de/?p=6792 (Zugriff am 08.10.2020).

Reinmann, G. (2020b). Präsenz – (k)ein Garant für die Hochschullehre, die wir wollen? Impact Free, 31. Verfügbar unter: https://gabi-reinmann.de/wp-content/uploads/2020/08/Impact_Free_31.pdf (Zugriff am 08.10.2020).

Reinmann-Rothmeier, G. (2003). Didaktische Innovation durch Blended Learning. Leitlinien anhand eines Beispiels aus der Hochschule. Bern (Schweiz): Hans Huber.

Reinmann, G., Bohndick, C., Lübcke, E., Brase, A., Kaufmann, M. & Groß, N. (2020). Emergency Remote Teaching im Sommersemester 2020. Bericht zur Begleitforschung – Lehrendenbefragung. Verfügbar unter: https://www.hul.uni-hamburg.de/dateien/begleitforschung-bericht-lehrendenbefragung-barrierefrei.pdf (Zugriff am 08.10.2020).

Ruhr-Universität Bochum (2020, 29. Mai). Erste Ergebnisse der Lehrendenbefragung zur online-basierten Lehre im SoSe 2020. Verfügbar unter: https://ruhr-uni-bochum.sciebo.de/s/PLqkMqiID8Y8QjA (Zugriff am 11.10.2020).

Schmid, U., Goertz, L., Radomski, S., Thom, S. & Behrens, J. (2017). Monitor Digitale Bildung. Die Hochschulen im digitalen Zeitalter. Bertelsmann Stiftung: Gütersloh.

Seyfeli, F., Elsner, L. & Wannemacher, K. (2020). Vom Corona-Shutdown zur Blended University? ExpertInnenbefragung Digitales Sommeresemester 2020 (EDiS). Verfügbar unter: https://digiblog.his-he.de/vom-corona-shutdown-zur-blended-university/ (Zugriff am 09.10.2020)

Stifterverband & HTW Berlin (2020). Befragung der Lehrenden an der HTW Berlin zur Lehre im Online-Sommersemester 2020. Zusammenfassung der Ergebnisse. Verfügbar unter: https://www.htw-berlin.de/files/Presse/News/Lehrendenbefragung_Ergebnisbericht_2020.pdf (Zugriff am 06.08.2020).

Thillosen, A. (2011). e-teaching.org: ein Informationsportal zur Unterstützung von E-Learning an deutschen Hochschulen. Rückblick, Erfahrungen und Perspektiven. Ludwigsburger Beiträge zur Medienpädagogik, 14, 1-5.

Thillosen, A. (2019). Digitale Lehr- und Lernszenarien (Kursnummer 33062). Hagen: FernUniversität in Hagen.

Thillosen, A., & Hansen, H. (2009). Technik und Didaktik im E-Learning: Wer muss was können? Ein Plädoyer für verteilte Medienkompetenz im E-Learning an Hochschulen. In U. Dittler, J. Krameritsch, N. Nistor, C. Schwarz, & A. Thillosen (Eds.), E-Learning: Eine Zwischenbilanz. Kritischer Rückblick als Basis eines Aufbruchs (S. 133–148). Münster: Waxmann.

Wiarda, J.-M. (2018, 31. Januar). Da-Sein oder Nicht-da-Sein? Süddeutsche.de. Verfügbar unter: https://www.sueddeutsche.de/bildung/studium-da-sein-oder-nicht-da-sein-1.3809695.

# 5 Das Corona-Semester – die Zwangsumstellung auf Fernlehre aus Sicht der Hochschulleitung am Beispiel der Pädagogischen Hochschule Freiburg

Georg Brunner

**Zusammenfassung**

Die Corona-Pandemie stellte ab Mitte März die gesamte Gesellschaft vor neue Herausforderungen. Binnen kürzester Zeit mussten die Hochschulen im Sommersemester 2020 ihre Lehre digitalisieren. Es erfolgte eine Zwangsumstellung auf Fernlehre. Die Kultusministerkonferenz (KMK) ließ hierzu verlauten: „Das Sommersemester 2020 wird ein ungewöhnliches, es soll jedoch kein verlorenes Semester sein. Es wird angestrebt, für die Hochschulen die erforderlichen Rahmenbedingungen für einen möglichst reibungslosen Lehr- und Forschungsbetrieb im Sommersemester 2020 zu schaffen." (zitiert nach: Arendes, J. (2020). Unter diesen Leitlinien wurden von der KMK entsprechende Beschlüsse gefasst, um ein Aussetzen der Präsenzlehre und trotzdem die Durchführung des vollständigen Lehrangebots zu ermöglichen. Diese Umstellung erfolgte unter einem enormen Zeitdruck und mit großen Anstrengungen, um ein qualitativ ansprechendes Lehrangebot gewährleisten zu können. Allerdings hatten die Hochschulen in der Regel einen größeren Vorlauf als etwa die allgemein bildenden Schulen. Dort erfolgte eine Umstellung praktisch von heute auf morgen im laufenden Schulbetrieb. Durch den teilweise erst im April startenden Vorlesungsbeginn – je nach Bundesland und Hochschulart allerdings verschieden – ergab sich vielerorts doch eine gewisse Präperationszeit. Der folgende Beitrag nimmt verschiedene Aspekte dieses Prozesses aus der Sicht der Hochschulleitung am Beispiel der Pädagogischen Hochschule Freiburg in den Blick. Nach der Schilderung der Ausgangslage sowie kurzer grundsätzlicher Überlegungen zum

G. Brunner (✉)
Rektorat, Pädagogisceh Hochschule Freiburg, Freiburg, Deutschland
E-Mail: georg.brunner@ph-freiburg.de



U. Dittler und C. Kreidl (Hrsg.), *Wie Corona die Hochschullehre verändert*,
https://doi.org/10.1007/978-3-658-32609-8_5

Bereich Change- und Krisenmanagement liegt der Fokus auf der Darstellung der Infrastruktur, von organisatorischen Maßnahmen, der Vorbereitung des Kollegiums, weitere betroffene Bereiche der Hochschule und mündet schließlich in die Betrachtung von Erfahrungen, Auswirkungen und möglichen Weiterentwicklungen.

## 5.1 Rahmung und Ausgangslage

Die Pädagogische Hochschule Freiburg ist mit etwa 4.700 Studierenden, ca. 320 hauptamtlichen Lehrenden, davon ca. 70 Professuren, 12 Juniorprofessuren und 140 Lehrbeauftragten eine der größten unter den sechs Pädagogischen Hochschulen des Landes Baden-Württemberg. Die Pädagogischen Hochschulen sind bildungswissenschaftliche Universitäten mit Promotions- und Habilitationsrecht und damit einzigartig in Deutschland. Mit ihrer Forschung, ihren Studiengängen und Weiterbildungsangeboten, ihrer Kooperation mit der Albert-Ludwigs-Universität Freiburg, der Hochschule für Musik Freiburg, den Staatlichen Seminaren, den Ausbildungsschulen und -kindergärten sowie den Kooperationen mit dem Kultusministerium, dem Regierungspräsidium Freiburg und der Stadt Freiburg ist die Pädagogische Hochschule Freiburg das bildungswissenschaftliche Zentrum der Bildungsregion Freiburg. Intensiviert wird dies durch eine enge Kooperation im Lehramtsbereich mit der Albert-Ludwigs-Universität Freiburg und der Hochschule für Musik Freiburg im Rahmen des 2015 etablierten Freiburg Advanced Center of Education (FACE) - seit Oktober 2018 eine gemeinsame School of Education - sowie durch die Einbettung in die trinationale Region Oberrhein, die sich durch weitere exzellente Universitäten wie Basel und Mulhouse, exzellente (Fach-) Hochschulen wie in Offenburg, die kirchlichen Hochschulen oder die Fachhochschule der Nordwestschweiz auszeichnet. Das Qualifikationsspektrum der Hochschule hat seinen Schwerpunkt im Bereich der BA-/MA-Studiengänge Lehramt Primarstufe und Lehramt Sekundarstufe I. Mit FACE, also zusammen mit der Universität Freiburg sowie der Hochschule für Musik Freiburg, kommen auf die PH neue Aufgaben zu, da nun auch die Sekundarstufe II und somit alle Lehrämter an unserer Hochschule vertreten sind. Neben den Lehramtsstudiengängen wurden in den letzten 14 Jahren die akademischen bildungswissenschaftlichen Bachelor-/Masterstudiengänge erfolgreich auf- und ausgebaut. Jenseits der 12 Lehramtsstudiengängen (inkl. Berufliches Lehramt, EULA, Integrierter Studiengang) bietet die PH Freiburg vier BA-, sieben MA-, und zwei Weiterbildungs-MA-Studiengänge an. Der Anteil der Studierenden der Nicht-Lehramtsstudiengänge (bildungswissenschaftl. Studiengänge wie z. B. Gesundheits- oder Kindheitspädagogik, Erwachsenenbildung etc.) beträgt mittlerweile über 35 %.

## 5.2 Grundsätzliches

Im Grunde tangieren die Herausforderungen an die Hochschulen sehr stark Change-Management-Prozesse. Forschung hierzu bezieht sich zwar vorrangig auf das Handeln von Akteur*innen wie Führungskräften als change agents (Sonntag, Stegmaier & Michel 2008, S. 416), allerdings richtet sich der Fokus von Anbeginn auch auf die soziale Dimension von Veränderungsprozessen unter Beteiligung vieler verschiedener Akteur*innen (Lewin 1947; siehe auch Krüger 1996; Kotter, 2015). Gerade da organisationale Veränderungen von allen diesen beteiligten Akteur*innen vielfältige Anpassungsleistungen erfordern, bedürfen Veränderungsprozesse an Hochschulen eines professionellen Change-Managements (Sonntag, Stegmaier & Michel 2008, S. 415). Das bedeutet, dass auf der Grundlage der Rezeption von Theorien und strategischen Konzepten, die die Literatur zu Change-Management bereitstellt, Veränderungsprozesse geplant, durchgeführt und evaluiert werden. Sicherlich ein Sonderfall von Change-Management stellt das Krisenmanagement dar. Hierzu gib es etwa eine wichtige Handreichung, herausgegeben vom Bundesamtes für Verfassungsschutz und dem Bundesamt für Informationstechnik[1]. Aufschlussreich erweist sich auch der „Leitfaden Krisenkommunikation – Bundesministerium des Inneren“ (Stand: August 2014)[2]. Dort wird u. a. ein Krisenmanagement-Kreislauf (S. 35) beschrieben, der die Bereiche Vorbereitung, Bewältigung, Nachbereitung und Vorsorge beschreibt. Ohne behaupten zu wollen, dass sich die Hochschulleitung der Pädagogischen Hochschule genau an diesen Vorgaben orientierte, finden sich doch wesentliche Aspekte der dort gemachten Hinweise wie z. B. Festlegung einer Organisationsstruktur, Schaffung von Netzwerken, Entwicklung einer Kommunikations- und Informationsstruktur, Entwicklung eines Ausbildungskonzeptes auch im „Krisenmanagement“– wenn man das so überhaupt bezeichnen will – der Pädagogischen Hochschule Freiburg.

## 5.3 Infrastruktur

Die Pädagogische Hochschule Freiburg verfügt seit Anfang der 2000er Jahre über eine Intranetplattform (ab ca. 2003 *Stud.IP*). Seit der Kooperation mit der Universität Freiburg wird das *Integrierte Lern-, Informations- und Arbeitskooperations-System,* kurz *ILIAS,* genutzt (ab 2014). Am Zentrum für Informations- und Kommunikationstechnologie (ZIK), das für den Netz- und Servicebetrieb, Informationssicherheit, Support,

[1]Verfügbar unter: https://www.wirtschaftsschutz.info/DE/Veroeffentlichungen/Wirtschaftsgrundschutz/Bausteine/Krisenmanagement.pdf?__blob=publicationFile&v=2 (03.09.2020).

[2]Verfügbar unter: https://www.bmi.bund.de/SharedDocs/downloads/DE/publikationen/themen/bevoelkerungsschutz/leitfaden-krisenkommunikation.pdf;jsessionid=14971F9B1FC88DC78439C06A6FD70A57.1_cid373?__blob=publicationFile&v=4 (03.09.2020).

Medientechnik und Campusmanagement zuständig ist, ist eine Stelle speziell für E-Learning eingerichtet. Hinzu kommt eine Stabsstelle „Hochschuldidaktik – Lehrinnovation – Coaching", die am Prorektorat für Lehre, Studium und Digitalisierung angesiedelt ist. Regelmäßig werden verschiedene Fortbildungen zur Lehre und Digitalisierung (z. B. Flipped Classroom) – auch in Kooperation mit der Universität Freiburg – angeboten. Zudem gibt es verschiedene Gesprächsforen, in denen das Thema Digitalisierung bzw. Online-Lehre thematisiert werden kann. Zu nennen sind hier vor allem der „Runde Tisch Medien", der „Tag der Lehre" oder das offene Gesprächsformat „Kamingespräch", das vom Rektorat anlassbezogen zu unterschiedlichen Themen mehrmals im Semester angeboten wird. Hinzu kommen zwei Senatsausschüsse („Lehre und Studium" sowie „Inklusion"), die ebenfalls beim Prorektorat Lehre, Studium und Digitalisierung angesiedelt sind, und Möglichkeiten zum Austausch grundsätzlich über alle Belange der Hochschule bieten. Hinzu kommt ein „Jour fixe" mit allen im Umfeld des Prorektorats Lehre, Studium und Digitalisierung betroffenen Stellen der Verwaltung wie Stabsstellen Qualitätsentwicklung/-sicherung, Studienberatung, Prüfungsamt, Studierendensekretariat, Akademisches Auslandsamt, Studienservice-Center (siehe Abb. 5.1). Seit August 2019 entwickelt und diskutiert die Hochschule etwa in oben genannten Foren mit verschiedenen Stakeholdern eine Digitalisierungsstrategie in

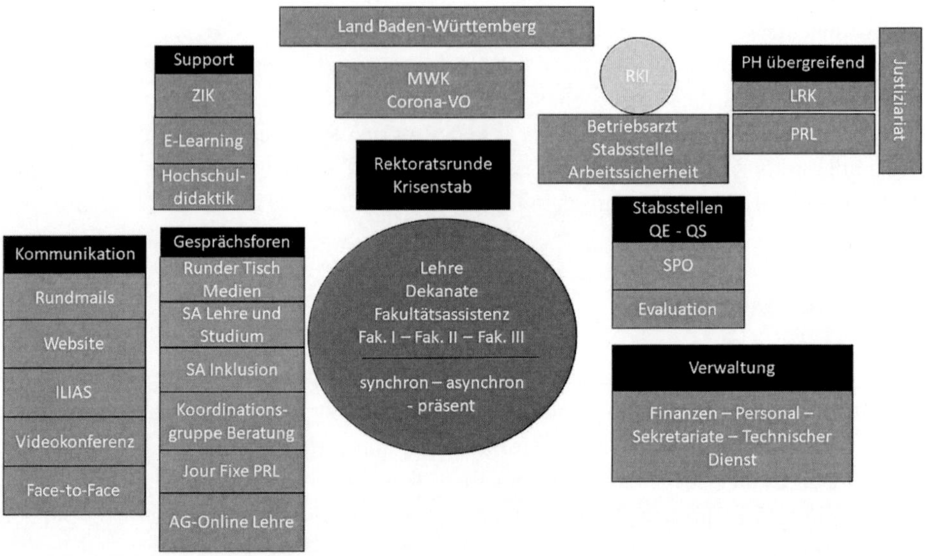


**Abb. 5.1** Organisationsstruktur (Legende: ZIK = Zentrum für Informations- und Kommunikationstechnologie, MWK = Ministerium für Wissenschaft, Forschung und Kunst Baden-Württemberg, Fak = Fakultät, LRK = Landesrektorenkonferenz, PRL = Konferenz der Prorektoren Lehre, VO = Verordnung, SA = Senatsausschuss, QE = Qualitätsentwicklung, QS = Qualitätssicherung, SPO = Studien- und Prüfungsordnungen, RKI = Robert-Koch-Institut). (Quelle: Eigene Darstellung)

Anlehnung an die Empfehlungen der KMK zur Digitalisierung in der Hochschullehre.[3] Bereits im Vorfeld beteiligte sich die Hochschule an verschiedenen Ausschreibungen zur Digitalisierung im Hochschulbereich und erstellte u. a. zusammen mit der Universität Freiburg eine ausführliche Stärken-Schwächen-Analyse. Rückblickend gewinnt der Eröffnungsvortrag des „Tags der Lehre und des Lernens" am 16. Januar 2020 von Philippe Wampfler (Zürich) zur „agilen (Hochschul)Didaktik" eine besondere Bedeutung. Letztlich ging es um die Frage, wie kann man auf unvorhergesehene Situationen adäquat im Bereich Hochschule reagieren. Ein Omen auf die bevorstehenden Corona-Herausforderungen? An dieser Stelle muss aber deutlich gesagt werden, dass die genannte Infrastruktur darauf abzielte, die Präsenzlehre durch digitale Formate zu ergänzen und damit zu optimieren, jedoch nicht diese ganz zu ersetzen. Die Corona-Pandemie stellte also Anforderungen ganz neuer Dimensionen.

Schnell kristallisierte sich Mitte März die Frage nach (personellen) Aufstockungen in verschiedenen Bereichen und somit nach möglichen finanziellen Hilfen z. B. durch zusätzliche Tutoratsstellen zur Unterstützung der Lehre heraus. Gerade zu dieser Zeit wurde die Hochschulfinanzierungsvereinbarung des Landes abgeschlossen, die eine solide Finanzierung der Hochschulen sicherstellen soll. Die aktuellen speziellen Herausforderungen durch die Corona-Pandemie fanden darin noch keinen Niederschlag. Doch in der Folge wurden seitens des Landes für die Bewältigung der Krise Sondermittel zur Verfügung gestellt.

## 5.4 Corona bedingte organisatorische Maßnahmen

Aufbauend auf dieser Infrastruktur wurden verschiedene Maßnahmen in die Wege geleitet, um die Herausforderungen der Pandemie im Sommersemester zu bewältigen.

Einen großen Problemkreis stellten der dynamische Prozess der Pandemie und der damit verbundene Faktor „Unsicherheit" dar. Niederschlag fand dies in den verschiedenen Corona-Verordnungen des Landes – bezugnehmend auf Einschätzungen des Robert-Koch-Instituts und vom zuständigen Ministerium für Wissenschaft, Forschung und Kunst Baden-Württemberg für den Hochschulbereich konkretisiert -, die in unregelmäßigen Abständen die Hochschulleitung erreichten und dann konkret – oftmals sehr kurzfristig – umgesetzt werden mussten. Damit kam der Kommunikation eine bedeutende Rolle zu. Vorab mussten allerdings immer wieder Entscheidungen getroffen werden. Zentrale Stelle war hier das Rektorat. Die traditionsmäßig wöchentlich stattfindenden Rektoratsrunden fungierten als „Krisenstab". In enger Absprache der Rektoratsmitglieder (Rektor, Kanzler, Prorektor Lehre, Studium und Digitalisierung sowie Prorektor Forschung) wurden die Corona-Verordnungen – meist nach vorheriger

[3]Verfügbar unter: https://www.kmk.org/fileadmin/Dateien/pdf/PresseUndAktuelles/2019/BS_190314_Empfehlungen_Digitalisierung_Hochschullehre.pdf (14.09.2020).

Prüfung durch die Justiziarin, die für alle sechs Pädagogischen Hochschulen in BW zuständig ist und in unregelmäßigen Abständen auch in Absprache der Landesrektorenkonferenz sowie der Landesprorektorenkonferenz-Lehre – in konkrete Corona-Regelungen für die Hochschule umgesetzt. Einbezogen wurden in die Entscheidungen auch der für die PH zuständige Betriebsarzt der Universitätsklinik Freiburg und die Stabsstellenleiterin für Arbeitssicherheit, Beauftragte für Biologische Sicherheit sowie Strahlenschutzbevollmächtigte, angesiedelt an der Universität Freiburg. Diese waren letztlich für die Erstellung des Hygienekonzeptes der Hochschule mitverantwortlich. Hierin wurde festgelegt, welche Schutzvorkehrungen wie z. B. Abstandsregelungen, Zutritt zu Gebäuden, zusätzliche Reinigung und Hilfsmittel wie etwa Spuckschutz, Masken, Desinfektionsmittel für die Mitarbeitenden der PH zentral durchgeführt bzw. angeschafft werden sollten.

Die erarbeiteten Maßnahmen wurden durch Rundschreiben des Rektors (beginnend mit dem 2.3.2020) kommuniziert. Nahezu zeitgleich richtete die Hochschule auf der Startseite ihrer Homepage eine eigene Seite „Informationen zum Coronavirus", die ständig den aktuellen Erfordernissen angepasst wurde, ein. Dort sind u. a. eingestellt allgemeine Hygienemaßnahmen, Informationen für einzelne Zielgruppen (Studierende, Incomings/Outgoings, Lehrende, Beschäftigte, Hinweise für Beschäftige im Quarantänefall, Lehrbeauftragte, Besucherinnen und Besucher), eine eigene Rubrik mit Informationen des Rektorats wie z. B. Rundschreiben, Formulare zur Abfrage von Risikogruppen, Datenschutzbestimmungen zur Abfrage von Kontaktdaten, Hygienekonzept, Prüfungsregelungen, Hinweise für Schwangere und Risikogruppen etc. sowie Informationen der Landesregierung wie z. B. die amtlichen Corona-Verordnungen. Ebenso sind auf dieser Seite weiterführende Links z. B. zum Gesundheitsministerium, zum Mutter- und Arbeitsschutz) integriert. Darüber hinaus wurde im Intranet der Hochschule (ILIAS) ein eigener interner Bereich für die Lehrenden eingerichtet, auf dem weiterführende Informationen zu finden sind. Neben dem Rektorat fanden insbesondere im Vorfeld des Semesters (also ab Mitte März bis Mitte April) verschiedene Arbeitsgruppentreffen mit Rektorat, ZIK, Stellen für E-Learning und Hochschuldidaktik statt, um konkrete vorbereitende Maßnahmen auf das bevorstehende Sommersemester 2020 in die Wege zu leiten. Ebenso wurden die eingangs beschriebenen Gesprächsforen intensiv genutzt (s. u.).

Eine wichtige und durchaus zeitraubende Maßnahme waren die durch die Corona-Pandemie bedingten temporären Änderungen der Studien- und Prüfungsordnungen bzw. Zulassungssatzungen in Absprache mit dem Justiziariat, um eine rechtliche Grundlage für die getroffenen Änderungen zu gewährleisten. Die insgesamt 25 Notverordnungen bezogen sich z. B. auf die Durchführung alternativer Lehrveranstaltungsformen und alternativer Formen der Praktika, Fristveränderungen, Festlegung alternativer Modulprüfungsformen, Verlängerung von Bearbeitungsfristen für Abschlussarbeiten oder Regelungen zum Auslandssemester.

Zu Beginn der Pandemie ging es zunächst u. a. um die Anschaffung von leistungsfähigen Videokonferenzsystemen. Mit *DFNconf* existierte zwar bereits ein etabliertes, sicheres, jedoch nicht sehr stabiles System. Deshalb entschloss man sich – auch in Absprache mit anderen Hochschulen – zur Einführung von *Zoom*. *Zoom* ist nicht unumstritten, insbesondere hinsichtlich des Datenschutzes. Mit dem ZIK und den Datenschutzbeauftragten der Hochschule konnte allerdings ein relativ sicheres Prozedere (z. B. Abschaltung der Aufzeichnungsfunktion, Passwortschutz) etabliert werden. Daneben standen weitere Systeme wie *Jitsi Meet, Adobe Connect* oder *Microsoft Teams* zur Verfügung.

Eine erste Herausforderung und damit Bewährungsprobe für das Krisenmanagement stellte die Gestaltung der Beratungswoche dar, die traditionsgemäß eine Woche vor Vorlesungsbeginn (konkret: die Woche nach den Osterfeiertagen) stattfand. Diese wurde online durchgeführt. Hierzu erstellten zentrale Einrichtungen wie etwa Rektor, Prorektorat Lehre, Studienberatung, Studierendensekretariat, Bibliothek, Akademisches Auslandsamt sowie einzelne Fächer Online-Präsentationen (teilweise mit Video), die das Studienservice-Center dann in *ILIAS* bereitstellte. Die Erstsemester wurden vorab kontaktiert und erhielten eine Kurzeinführung in *ILIAS,* damit sie überhaupt das Online-Angebot wahrnehmen konnten.

Die Corona-Verordnung des Landes Baden-Württemberg gestattete in begründeten Fällen die Durchführung von Präsenzveranstaltungen wie z. B. Lehrveranstaltungen, bei denen Präsenz unabdingbar ist wie etwa bei Laboren, praktischen Veranstaltungen in Musik, Technik oder Chemie. Hierfür musste ein Antrag an den Rektor gestellt werden, der u. a. eine Begründung der Präsenz, die Gruppengröße sowie das zugrunde liegende Hygienekonzept enthalten musste. Um dies umzusetzen, legte man unter Wahrung der Hygienestandards, für alle Lehrveranstaltungsräume der Hochschule eine maximale Zahl an Gruppengrößen fest.

Zwei spezielle Herausforderungen bildeten die Praktika – hier vor allem das Integrierte Semesterpraktikum (ISP) in den Lehramtsstudiengängen (dieses dauert ein ganzes Semester, aufgeteilt in Zeiten an der Schule und begleitende Veranstaltungen an der Hochschule) – sowie die Auslandsaufenthalte von Studierenden. Da die Schulen auch auf Home-Schooling umgestellt hatten, und erst im Laufe des Semesters wieder vereinzelt Präsenzlehre möglich war, musste eine Regelung gefunden werden, die trotz der Einschränkungen praktikable und inhaltlich noch vertretbare Alternativformen erlaubte. Erschwerend kam hinzu, dass seitens des Kultusministeriums lange nicht ganz klar war, ob unsere Studierenden und auch die das Praktikum begleitenden Dozierenden der Hochschule Zutritt zu den Schulen erhalten würden. Durch ständigen Austausch (Videokonferenzen) mit dem Ministerium sowie mit den Vertretern der einzelnen am ISP beteiligten Fächer an Schule und Hochschule konnte eine gute Lösung gefunden werden. Die Ergebnisse der Evaluation (hier am Beispiel der Primarstufe) des ISP zeigen, dass nach Pfingsten die Präsenzzeiten an den Schulen deutlich höher eingeschätzt wurden (z. B. ISP Stunden pro Woche: $M_{\text{vor Pfingsten}}$ 12,8, $M_{\text{nach Pfingsten}}$ 21,0). Immerhin gaben 61,1 % der Studierenden an, dass sie eigenen angeleiteten Unterricht in Präsenz an der Schule durchführen konnten. Insgesamt lag die Zufriedenheit mit dem ISP bei 4,4 (Skala: 1 = trifft überhaupt nicht zu; 7 = trifft voll und ganz zu) und damit doch deutlich unter den Werten vorausgegangener Semester.[4] In den freien Äußerungen hoben die Studierenden vor allem die Betreuung an der Hochschule (Begleitseminare der Fächer) als weitestgehend positiv hervor. Problematisch sahen sie die eher geringe Präsenzzeit an den Schulen sowie gleichzeitig die Erhöhung der Aufgaben in den Begleitveranstaltungen.

Für die verbindlich vorgeschriebenen Auslandsaufenthalte im Rahmen des Europalehramts fand man ebenfalls ein praktikables Prozedere wie z. B. die Anerkennung von bereits vor dem Studium absolvierten Auslandsaufenthalten anhand bestimmter Kriterien sowie die Kombination aus Online-Lehre an der Auslandshochschule und einem Auslandspraktikum.

Weiterhin ergab sich Regelbedarf in Bezug auf Prüfungen. Grundsätzlich wurde entschieden, dass alle Prüfungen in Präsenz durchgeführt werden können. Allerdings gab es auch die Möglichkeit von Teleprüfungen (von zu Hause) aus, die – auch rechtlich – geregelt werden mussten. Eine große Herausforderung stellte aber die Umsetzung der Klausuren, die in Präsenz durchgeführt werden sollten, dar. Dabei ist zwischen Papierformaten und Online-Prüfungen (vor Ort) zu unterscheiden. In beiden Fällen musste eine Vorgehensweise entwickelt werden, die den Hygienevorschriften entsprach. Dazu erarbeitete die Hochschule ein umfassendes Prüfungs- und Hygienekonzept. Zudem mussten aufgrund der eingeschränkten Raumkapazitäten die Prüfungsräume und -zeiten zentral koordiniert werden. Fächer mit Eignungsprüfungen (z. B. Musik, Kunst, Sport) fanden landesweit einheitliche Regelungen wie z. B. digitale Einreichung einer Videoaufnahme von Pflichtstücken in Musik oder von digitalen Kunst-Mappen bzw. aufschiebend bedingte Zulassung in das Fach Sport bis zur Durchführung der nächstmöglichen Sporteingangsprüfung.

Unter dem Aspekt „Organisatorisches" ist noch die Verlagerung vieler Besprechungen auf Videokonferenzen zu erwähnen. Videokonferenzen bieten sicherlich keinen vollständigen Ersatz für Präsenzsitzungen, gerade im Hinblick auf Gesprächskultur bzw. -atmosphäre. Aber es gibt durchaus auch Vorteile: Gerade bei überregionalen Besprechungen (z. B. Ministerium, Prorektorenkonferenz) fielen z. B. die langen Anreisewege weg. Auch für hausinterne Absprachen scheinen Videokonferenzen – auch perspektivisch – ein gutes Kommunikationsmittel zu sein, das z. B. eine kurzfristige Terminfindung erleichtert. Insgesamt erhöhte sich die Anzahl der virtuellen Treffen, was zu einem engmaschigeren und intensiveren Austausch führte.

[4]WiSe 18/19: 5,7 (n = 101); SoSe 2019: 5,6 (n = 80); WoSe 19/20: 5,8 (n = 120).

## 5.5 Vorbereitung des Kollegiums

Aus der oben beschriebenen Arbeitsgruppe, die sich im Vorfeld des Corona-Semesters mit Online-Lehre befasste, gingen verschiedene Empfehlungen technischer, hochschuldidaktischer sowie organisatorischer Art in Form von Rundmails, aber vor allem auch von eigens eingerichteten digitalen Arbeitsbereichen auf der Plattform *ILIAS* hervor. Diese umfassten Informationen rund um die Lernplattform *ILIAS* selbst wie z. B. Einführung, Übersicht, Beispiele für den Einsatz von *ILIAS* in der digitalen Lehre, einen „Kurs" zu digitaler Hochschul- und Mediendidaktik wie allgemeine Hochschuldidaktische Anregungen zur Gestaltung von virtuellen Lehr-/Lernsettings, konkret dann zu Lehr-/Lernvideos, Podcasts, Power-Point-Präsentationen mit Audio etc., Handreichungen zur Online-Lehre auch anderer „Anbieter" wie z. B. Webinare der Universität Freiburg oder Hochschulforum Digitalisierung. Ebenso gab es die Möglichkeit zum kollegialen Austausch durch die Einstellung in *ILIAS* von Erfahrungsberichten zur Nutzung von Online-Plattformen in der Digitalen Lehre. Auch das ZIK hatte auf seiner Website einen eigenen Bereich für Informationen rund um das Thema „Digitalisierung und Corona" eingerichtet. Zudem gab es Schulungen für Lehrende und auch Tutoren vor Beginn des Vorlesungsbetriebs sowohl durch eigene Fachkräfte als auch durch externe Expert*innen.

Im Vorfeld des Semesters bestand aufgrund von Erfahrungen anderer Hochschulen, die bereits vor dem 20. April (Vorlesungsbeginn PH) den Lehrbetrieb aufnahmen, die Befürchtung, dass die Server durch den plötzlichen Zugriff vieler tausender Nutzer bei Semesterstart für synchrone Lehre (über Videokonferenzsysteme) zusammenbrechen würden. Deshalb propagierte die Hochschule vor allem asynchrone Lehre (Bereitstellung von Lehr-/Lernmaterialien, inkl. Aufgaben) unter Nutzung von *ILIAS*. Die Befürchtungen bestätigten sich jedoch nicht. Mit *Zoom* wurde offensichtlich eine richtige Entscheidung getroffen. Für einen reibungslosen Ablauf der asynchronen Lehre – am ersten Vorlesungstag brach das interne System für ILIAS zusammen – wurden die Serverkapazitäten entsprechend hochgefahren.

Im Laufe des Semesters ging es vor allem darum, die Kommunikation mit den verschiedenen Stakeholdern aufrecht zu erhalten. Hierzu wurden die oben genannten bereits bestehenden Foren wie Runder Tisch Medien, aber auch Dekanatsrunden, Senat(sausschüsse) etc. – häufig als Videokonferenzen – rege genutzt. Daneben gab es aber auch immer wieder im kleineren Rahmen unter Wahrung der Hygienestandards Treffen in Präsenz. Selbst der Senat tagte in Präsenz: in der Aula. Die Stellen für Hochschuldidaktik und E-Learning standen stets den Lehrenden als kompetente Ansprechpartner – gerade für ganz individuelle Beratung und Coaching – zur Seite. Darüber hinaus wurde eine eigene AG Online-Lehre, bestehend aus Expert*innen der digitalen Lehre aus den drei Fakultäten sowie der Hochschuldidaktik und des E-Learning sowie unter studentischer Beteiligung, gegründet, die sich regelmäßig mit der Weiterentwicklung digitaler Lehre beschäftigen und deren Ergebnisse in das System Hochschule implementiert wurden und noch werden.

## 5.6 Betroffene Bereiche der Hochschule

Durch die Corona-Pandemie waren alle Bereiche der Hochschule betroffen. Grundsätzlich kann digitale Lehre aufgrund zahlreicher Schnittstellen insbesondere zur Verwaltung nicht isoliert von der Digitalisierung der Hochschule insgesamt betrachtet werden. Zu Beginn der Corona-Krise – und auch später – mussten Regelungen für die Rückkehrer aus Risikogebieten und die daraus resultierende Quarantäne-Zeit getroffen werden. Auch für Schwangere und Risikogruppen mussten Regelungen gefunden werden. Eine besondere Herausforderung stellte zudem die Schließung von Kitas und Schulen dar. Hier setzte die Hochschule, wie viele andere Bereiche der Berufswelt auch, verstärkt auf Homeoffice. Für die der Zeiterfassung unterliegenden Beschäftigten gewährte man großzügig Telearbeit (insbesondere Beschäftigte mit Kindern unter 12 Jahren). Dazu musste eine entsprechende Infrastruktur (Bereitstellung Laptops, Zugänge zu Datenbanken, Berücksichtigung des Datenschutzes etc.) für die Arbeit von zu Hause etabliert werden. Die Rahmenarbeitszeit wurde auf 6 bis 23 Uhr festgelegt, die Funktionszeit ausgesetzt. Auch das wissenschaftliche Personal war gehalten, von der Möglichkeit der Telearbeit so weit wie möglich Gebrauch zu machen. Dienstreisen wurden auf ein unabwendbar notwendiges Maß reduziert.

Auswirkungen betrafen auch den Publikumsverkehr. Dieser wurde an der Hochschule so weit als möglich eingeschränkt. Sprechstunden wurden nun in der Regel telefonisch bzw. per Videokonferenz abgehalten, sofern unbedingt eine persönliche Vorsprache erforderlich ist, erfolgte diese nur nach Voranmeldung und ausdrücklicher Terminbestätigung. Besprechungen und sonstige Termine wurden ebenfalls stark beschränkt. Bei der Bewertung, ob Präsenz erforderlich war oder nicht, war auf die Art der Veranstaltung, die zeitliche Notwendigkeit, die terminliche Dringlichkeit, die Bedeutung, den Teilnehmerkreis und die Örtlichkeit abzuheben. Die Entscheidung wurde von den jeweils Verantwortlichen der zuständigen Struktureinheit getroffen.

Der Aspekt Publikumsverkehr tangierte vor allem Regelungen für die Nutzung der Bibliothek. Während die Bibliothek der Universität Freiburg zeitweise mehr oder weniger ganz geschlossen war, nutzte man an der PH Freiburg die Möglichkeiten, die die jeweils geltende Corona-Verordnung bot. So blieb zu Semesterbeginn die Bibliothek weiterhin zur eingeschränkten Nutzung für Angehörige der Hochschule geöffnet. Ausleihe und Rückgabe waren möglich. Allerdings konnte das Arbeiten und Lernen an den Bibliotheks-Arbeitsplätzen vor Ort noch nicht freigegeben werden. Hierzu gab es aber im laufenden Semester Lockerungen und weitergehende Lösungen.

Um den Betrieb der Hochschule aufrechtzuerhalten, teilte sich der technische Dienst in zwei Schichten ein, um im Falle einer Erkrankung nicht das ganze Team ausfallen würde.

Für Schwangere und Risikogruppen – sowohl unter den Lehrenden als auch den Studierenden – mussten insbesondere in Bezug auf Prüfungen Entscheidungen getroffen werden. Gemäß den Verlautbarungen des Bundesamtes für Familie und zivilgesellschaftliche Aufgaben sowie der Regierungspräsidien in Baden-Württemberg haben nach dem jetzigen Erkenntnisstand schwangere Frauen grundsätzlich kein höheres Risiko als die Allgemeinbevölkerung, sich zu infizieren und unterliegen auch keinem erhöhten Risiko eines schweren Verlaufs. Allerdings sind die Möglichkeiten einer Behandlung im Falle eines schweren Verlaufs bei Schwangeren gegenüber der Allgemeinbevölkerung eingeschränkt. Somit sollten sie keinem erhöhten Infektionsrisiko, insbesondere keinem vermehrten Personenkontakt ausgesetzt sein. Personen, die zu Risikogruppen im Coronakontext gehören, haben im Falle einer Infektion ein erhöhtes Risiko für einen schweren Krankheitsverlauf, sodass umfangreiche Schutzvorkehrungen getroffen werden mussten. Nachdem dies an der Pädagogischen Hochschule Freiburg möglich ist, entschied das Rektorat, dass dieser Personenkreis sowie Schwangere an Präsenzprüfungen teilnehmen konnten. Dabei waren die generellen Hygiene-Maßnahmen wie Abstand, regelmäßiges Händewaschen, Tragen von Masken und ggf. weiteren Schutzvorkehrungen wie z. B. Spuckschutz einzuhalten. Individuelle Risiken für schwangere Frauen sowie für Risikogruppen konnten vom behandelnden Arzt/Ärztin mit einem „ärztlichenTeilnahmeverbot“ berücksichtigt werden. In diesem Fall wurde die Prüfung verschoben oder alternative Prüfungsformen angesetzt.

## 5.7 Erfahrungen, Auswirkungen und Weiterentwicklungen

In den verschiedenen im Laufe des Sommersemesters durchgeführten Gesprächsforen ging es vor allem immer auch darum, die jeweils aktuelle Situation abzufragen, um ggf. durch gezielte Maßnahmen nachzusteuern. Der folgende Erfahrungsbericht speist sich zunächst aus den Gesprächen und Protokollen verschiedener Sitzungen.

Die Umstellung von analoger auf digitale Lehre wurde von den betroffenen Lehrenden vom Zeitaufwand mit dem Faktor vier beziffert. Insgesamt kann einerseits ein außergewöhnliches Engagement – vor allem für die Erstsemester – der Lehrenden bzw. Institute konstatiert werden. Es war ein richtiger Boom an Anfragen in der Stabsstelle Hochschuldidaktik (erstmals gab es Wartelisten) und beim E-Learning zu verzeichnen. Gleichzeitig muss festgehalten werden, dass Studierende wie Lehrende am Limit arbeiteten.

Aus technischer Perspektive war zu Beginn des Semesters die asynchrone Lehre – basierend auf ILIAS – durch die bereits beschriebene Überlast des hauseigenen Servers problematisch. Hier konnte allerdings sehr schnell eine Optimierung durch entsprechende Nachrüstung sowie Nutzerinformationen erreicht werden, sodass binnen weniger Tage das System reibungslos lief. Praktisch keine technischen Probleme bereiteten die synchron – in der Regel mit Zoom – durchgeführten Veranstaltungen, die zu den regulären Zeiten der zunächst geplanten Präsenzlehre stattfanden. Dadurch allerdings, dass keine persönlichen Begegnungen möglich waren, erwies sich die Etablierung eines zuverlässigen Feedbacks zu erbrachten Leistungen wie z. B. Bearbeitung von Aufgaben als besonders wichtiger Baustein der Online-Lehre. Neben schriftlichem Feedback durch die Dozierenden, bewährten sich Podcasts oder Videos als besonders geeignete Formen. Aber auch ein organisiertes Peer-Feedback bewies sich als sehr hilfreiches Format. Besonders positiv empfunden und entsprechend häufig genutzt wurde in Zoom die Möglichkeit, Gruppenarbeitsphasen in Form von Breakout-Rooms durchzuführen. Als ebenso wichtig und hilfreich hat sich gezeigt, studentische Hilfskräfte frühzeitig in Organisation, Vorbereitung und ggf. Durchführung von Online-Lehre einzubinden.

Seitens der Studierenden wurden verschiedene Aspekte der Auswirkungen des Corona-Semesters genannt. Besonders aufschlussreich sind neben den Gesprächen mit den in den verschiedenen Gesprächsforen vertretenen Studierenden die aggregierten Ergebnisse der Lehrveranstaltungsevaluation. An dieser Stelle muss angemerkt werden, dass diese an unserer Hochschule freiwillig und damit nicht systematische durchgeführt wird. Dennoch kann man aus den Ergebnissen auf jeden Fall wichtige Tendenzen ableiten (Tab. 5.1).

Bei einem Großteil der zur Evaluation angemeldeten Lehrveranstaltungen im Sommersemester 2020 handelte es sich um reguläre Seminare (72,9 %). Mit deutlichem Abstand folgten Vorlesungen (17,2 %) und Kompaktseminare (5,9 %) sowie sonstige Veranstaltungstypen (4,1 %).

Von besonderem Interesse sind die Einschätzungen der Studierenden hinsichtlich der Anforderungen und des Workloads. Aufgrund der Umstellung der Lehrveranstaltungen auf einen Online-Modus, ging i. d. R. auch eine Erhöhung der Selbststudienzeiten einher. Wahrgenommen wurde nach Gesprächen mit Studierenden, dass digital mehr überprüft wurde als vorher. Insgesamt wurde der Workload höher als in der Präsenzlehre wahrgenommen. Die Studierenden fühlten sich durch mehr Aufgaben – z. B. in den asynchronen Lernphasen in Vorbereitung auf synchrone Phasen – belastet. Die Ergebnisse der Lehrevaluation stützen diese Aussagen (s. Abb. 5.2).

Weiterhin wird daraus ersichtlich, dass die Anforderungen, die Anzahl der Inhalte sowie das Tempo bei den Online-Vorlesungen höher eingeschätzt wurden als bei den Online-Seminaren.

**Tab. 5.1** Beteiligung im Vergleich zu vorangegangenen Semestern (Hinweis: Vergleichsdaten zum WiSe 19/20 fehlen, da die zentrale Lehrveranstaltungsevaluation in diesem Zeitraum pausiert hat; im WiSe 18/19 und im SoSe 2019 wurde papier- und webbasiert erhoben, im SoSe 2020 nur webbasiert)

| BETEILIGUNG | WiSe 2018/19 | SoSe 2019 | SoSe 2020 | Differenz % |
|---|---|---|---|---|
| Dozierende | 96 | 86 | 108 | +25,6 |
| Veranstaltungen | 160 | 148 | 221 | +49,3 |
| Versendete Fragebögen | 5110 | 4188 | 8416 | +101,0 |
| Ausgefüllte Fragebögen | 2986 | 2188 | 3751 | +71,4 |
| **Rücklauf in %** | **58,4** | **52,2** | **44,6** | **-14,7** |
| **Rücklauf in % (nur webbasiert)** | **37,1** | **36,0** | **44,6** | **+23,9** |

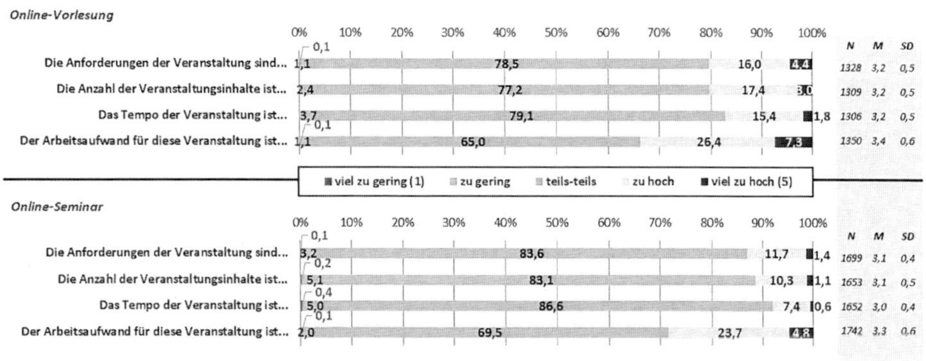


**Abb. 5.2** Vergleich zwischen Online-Vorlesung und Online-Seminar zu den Items der Skala „Veranstaltungscharakter". (Quelle: Eigene Darstellung)

Mit Blick auf den Arbeitsaufwand kann bei beiden Veranstaltungsformaten eine breitere Streuung der Antworten verzeichnet werden als dies bei den restlichen Items der Skala „Veranstaltungscharakter" der Fall ist (siehe Abb. 5.2). Rund ein Drittel bzw. fast ein Drittel (Online-Vorlesung: 33,7 %; Online-Seminar: 28,5 %) gaben an, dass der Arbeitsaufwand zu hoch bzw. viel zu hoch ausfiel. Dies wurde auch in den Kommentaren zur offenen Frage „Was erschwert ihr Lernen?" aufgegriffen, die sich u. a. auf den hohen Workload bezogen (n = 156). Eine Auswahl entsprechender Kommentare zeigt die Abb. 5.3.

Unklar ist, ob der für die einzelnen Lehrveranstaltungen vorgesehene Workload (z. B. für 2 SWS 3 ECTS-Punkte, das entspricht in etwa 90 h) evtl. vorher, also zu Zeiten von durchgehender Präsenzlehre, evtl. nicht vollständig ausgeschöpft wurde.

Zum Abschluss der Umfragen zu den einzelnen Lehrveranstaltungen wurden die Studierenden nach fördernden und hemmenden Faktoren bezogen auf das eigene Lernen sowie nach Verbesserungsvorschlägen gefragt und konnten über Freitextfelder entsprechend kommentieren. Insgesamt wurden 6.672 Kommentare zu den 221 Veranstaltungen abgegeben. Aufgrund der hohen Anzahl an Kommentaren und der zum

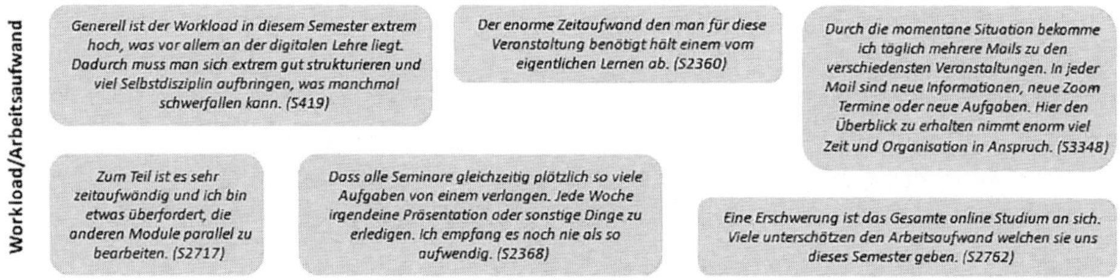


**Abb. 5.3** Beispiel-Kommentare zur Frage „Was erschwert ihr Lernen?" mit Bezug auf Workload. (Quelle: Eigene Darstellung)

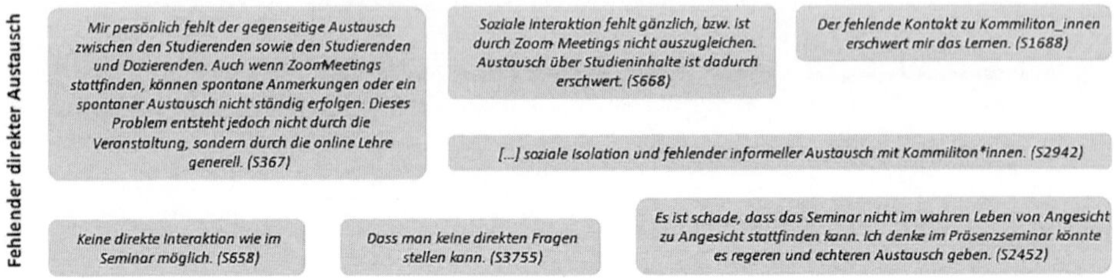


**Abb. 5.4** Beispiel-Kommentare zur Frage „Was erschwert ihr Lernen?“ mit Bezug auf den fehlenden direkten Austausch. (Quelle: Eigene Darstellung)

Teil auch sehr umfassenden Kommentierung, wurde nach einer ersten Sichtung und Anonymisierung der Texte lediglich eine grobe Kategorisierung vorgenommen. Bei der Frage danach, was das Lernen der Studierenden erschwerte, tritt der „fehlende direkte Austausch“ sehr häufig in den Kommentaren auf (n = 334). Einige beispielhafte Auszüge können der Abbildung (Abb. 5.4) entnommen werden.

Dies deckt sich mit Äußerungen aus den Gesprächsforen. Dadurch, dass Aufgaben meist online erledigt bzw. abgegeben werden mussten, wurde wahrgenommen, dass sich die Lernenden nicht mehr „verstecken“ können. Gleichzeitig erfolgte aber eine gewisse Anonymisierung durch *Zoom*-Sitzungen. Viele empfanden das Semester auch als emotionale Belastung, da soziale Kontakte, aber auch die persönliche Betreuung durch Dozierende weitgehend fehlten.

Problematisch wurde die Situation der Erstsemester gesehen. Unklar waren mögliche Anlaufstellen, Anforderungen während des Semesters; aber auch für Prüfungen erschienen mitunter intransparent.

Als weitere Problembereiche nannten die Studierenden die finanzielle Lage z. B. durch Ausfall von Einnahmen aus Nebenjobs, die Wohnortfrage („muss ich eine Wohnung mieten, wenn gar keine Präsenzlehre anfällt?“), Problematik der Anwesenheitspflicht, Wechsel von Online- und Präsenzlehre oder rechtliche Frage von Software z. B. für Prüfungen.

Grundsätzlich konnte aber eine große Zufriedenheit festgestellt werden. Über alle Veranstaltungsformate hinweg, gab über die Hälfte der Befragungsteilnehmenden an, mit der besuchten Veranstaltung insgesamt (sehr) zufrieden zu sein (58,0 %). Betrachtet man die Zufriedenheit getrennt nach Veranstaltungstyp und Kommunikationsform (siehe Abb. 5.5), so war im Vergleich eine geringere Zufriedenheit mit der asynchronen Online-Vorlesung festzustellen (M = 3,5); wobei hier immer noch 57,3 % der Antworten auf die Option „trifft eher zu“ bzw. „trifft völlig zu“ entfielen. Es stimmten aber auch 23,6 % der teilnehmenden Studierenden nur teilweise und 19 % (gar/eher) nicht der Aussage des betreffenden Items zu. Die höchsten Zufriedenheitswerte erzielten – wenn auch mit eher geringem Abstand – die synchron angebotenen Veranstaltungen (M = 4,2 bzw. M = 4,3).

Das Corona-Virus wird uns sicherlich noch geraume Zeit in Schach halten und den Hochschulbetrieb massiv bestimmen. Als Folgerung aus dem (ersten) Corona-Semester

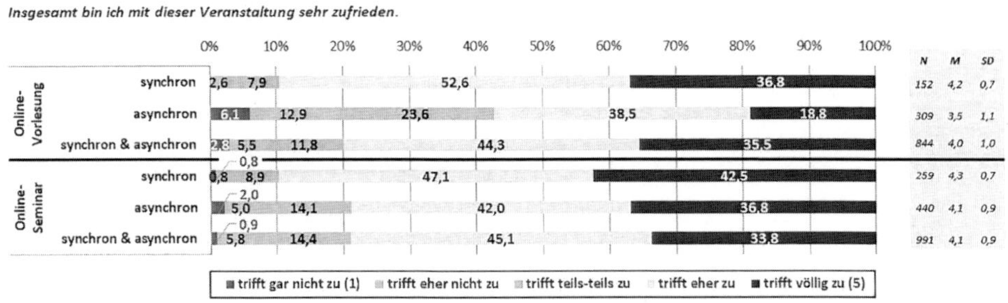


**Abb. 5.5** Zufriedenheit nach Veranstaltungsformat. (Quelle: Eigene Darstellung)

wurde für das folgende Wintersemester ein Mischkonzept bestehend aus Teilpräsenz (soweit es die jeweils geltende Corona-Verordnung zulässt) und Online-Lehre diskutiert und (weiter)entwickelt. Hierzu veröffentlichte man frühzeitig mit Veröffentlichung des Vorlesungsverzeichnisses über die Plattform *LSF* Informationen über die entsprechenden Lehrformate (synchron, asynchron, in Präsenz inkl. Termine), damit die Studierenden sich entsprechend organisieren konnten. Im Zusammenhang mit der bereits im Sommersemester 2020 teilweise erfolgten Mischform von Online-Lehre und Präsenzveranstaltungen tauchte ein zusätzliches Problem auf: wie bekommt man einen guten Übergang für die Studierenden von einem zum anderen Format hin, wenn z. B. unterschiedliche Lehrformate zeitlich aufeinanderfolgen? Als Lösung wird im Moment die Bereitstellung von entsprechenden Räumlichkeiten für die Teilnahme an *Zoom*-Sitzungen diskutiert. Dies betrifft zum einen die Organisation von Präsenz- und Onlinelehre und damit die Frage der Raumvergabe und natürlich zum anderen die Weiterentwicklung des Hygienekonzepts unter Berücksichtigung der jeweils aktuellen Rahmen-Verordnungen sowie der wissenschaftlichen Erkenntnisse.

Von Studierendenseite gab die Lehrveranstaltungsevaluation ebenfalls Hinweise zur Weiterentwicklung. So wurden zum Abschluss des Fragenblocks zur Online-Lehre die Studierenden danach gefragt, welche digitalen Lehrformate und Online-Tools auch zukünftig beibehalten werden sollten. Zur Beantwortung wurde ein Freitextfeld zur Verfügung gestellt. Insgesamt haben 1.071 Teilnehmende einen Kommentar abgegeben. Diese wurden kategorisiert und nach Häufigkeit sortiert (siehe Tab. 5.2). Über alle Veranstaltungen hinweg, sprachen sich die Studierenden am häufigsten für die Beibehaltung von Videokonferenzen (32,3 %), vertonten Folien (25,7 %) und Videos (z. B. in Form von Erklär-/Lehrvideos) (17,5 %) aus.[5]

[5]Die Angaben sind hier natürlich in Zusammenhang mit den eingesetzten Online-Tools der evaluierten Lehrveranstaltungen zu sehen, die wiederum mit unterschiedlicher Gewichtung/Teilnehmendenzahl einfließen. Sie zeigen ggf. Tendenzen auf, erlauben aber keine allgemeinen Aussagen zur Online-Lehre an der Hochschule.

**Tab. 5.2** Kategorisierte Kommentare zur Frage „Welche digitalen Lehrformate und Online-Tools sollten aus Ihrer Sicht bei dieser Veranstaltung auch zukünftig beibehalten werden?

| KATEGORIEN: BEIBEHALTUNG DIGITALER LEHRFORMATE | N | % | TN% |
|---|---|---|---|
| Videokonferenz (z.B. Zoom) | 346 | 21,4 | 32,3 |
| Audio & Bild (z.B. PPT mit Ton) | 275 | 17,0 | 25,7 |
| Video (Erklär-/Lehrvideos, Youtube, Filme) | 187 | 11,6 | 17,5 |
| Audio/Podcast | 90 | 5,6 | 8,4 |
| Aufgaben/Arbeitsaufträge/Übungen | 88 | 5,4 | 8,2 |
| Selbstüberprüfung (z.B. Tests, Selbstlernmodule) | 69 | 4,3 | 6,4 |
| asynchrones Format (freie Zeiteinteilung/eigenes Tempo) | 67 | 4,1 | 6,3 |
| Forum/FAQ/Chat | 59 | 3,6 | 5,5 |
| Präsentation | 58 | 3,6 | 5,4 |
| Links/weiterführendes Material | 52 | 3,2 | 4,9 |
| Ilias | 52 | 3,2 | 4,9 |
| Texte (Literatur, Skripte) | 43 | 2,7 | 4,0 |
| kollaborative Tools (u.a. Etherpad) | 34 | 2,1 | 3,2 |
| Aufnahmen/Aufzeichnung (digitales Format allg.) | 31 | 1,9 | 2,9 |
| Arbeit/Austausch in (Klein)Gruppen | 29 | 1,8 | 2,7 |
| Strukturierungshilfen (z.B. Leitfaden, Wochenplan, Übersichten) | 26 | 1,6 | 2,4 |
| Breakout-Session (Videokonferenz in (Klein)Gruppen) | 23 | 1,4 | 2,1 |
| Screencast | 19 | 1,2 | 1,8 |
| Sonstiges | 69 | 4,3 | 6,4 |
| **GESAMT (Nennungen)** | **1617** | **100,0** | - |
| **GESAMT (Teilnehmende)** | **1071** | - | - |

Die Durchführung der Beratungswoche in einem rein asynchronen Format, erwies sich insbesondere im Hinblick auf die Erstsemester als problematisch. Hier wird durch die Integration weiterer Formate (z. B. Einbindung von *Zoom*-Sitzungen oder falls möglich Präsenzveranstaltungen in kleinen Gruppen) eine Weiterentwicklung angestrebt.

Mit dem Thema Corona-Pandemie und deren Folgen beschäftigt sich die Hochschule in der Lehre auch inhaltlich. So steht die im Studium Generale – Teil der bildungswissenschaftlichen BA-Studiengängen der Hochschule – verankerte traditionelle Ringvorlesung im Wintersemester 2020/21 unter dem Motto „Räumliche Distanzierung und gesellschaftliche Transformationen". Verschiedene Gastdozierende werden hierbei natürlich online verschiedene Aspekte der Problematik beleuchten und mit den Studierenden diskutieren.

Durch die Corona-Krise wird es ein grundsätzliches Nachdenken über Hochschullehre geben. Letztlich geht es um die Frage, wie kann man Hochschullehre innovativ weiterentwickeln? Dies gelingt jedoch nur, wenn die Gesprächskreise auf Fakultätsebene, mit den Dekanaten, mit Professorinnen und Professoren, aber auch mit den Mitarbeiterinnen und Mitarbeitern des akademischen Personals und der Verwaltung weiter gepflegt und intensiviert werden. Im Grunde genommen wird es darum gehen, wie man Präsenzlehre durch die Digitalisierung qualitativ anreichern und verbessern kann. Elemente einer kreativen Weiterentwicklung könnten etwa die Verstetigung von (Best-) Practice-Beispielen, die Weiternutzung von entwickelten Online-Tools wie Erklärvideos, Online-Feedback, Lernmodule etc. sein – also Lehre grundsätzlich mehr in Richtung inverted-Classroom bzw. blended Learning weiterdenken. Damit könnte man mit digitalen Formaten auf die immer heterogeneren Bedürfnisse der Studierenden eingehen, was in der Präsenzlehre in größeren Gruppen wesentlich schwieriger ist. Weiterhin erhielten aber auch die Lehrenden mehr Kapazitäten, um in den Austausch mit den Studierenden zu kommen. Als Erfahrung des Sommersemesters muss aber auch festzugehalten werden, dass praktische Studienanteile kaum zu digitalisieren sind, wenngleich es auch in diesem Bereich (z. B. Musik) beachtliche Weiterentwicklungen gibt.

Aus der AG-Online-Lehre werden gerade Anregungen für die Online-Lehre erstellt. Es könnte sich daraus eine Art Makrodidaktik entwickeln. Auch in der Internationalisierung sowie in der Weiterbildung und dem Wissenstransfer können sicherlich digitale Instrumente zu einer Weiterentwicklung beitragen. Gleichzeitig muss aber auch im Bereich der Evaluation und Forschung (Learning Analytics) weiter am Thema „Digitalisierung“ gearbeitet werden, um ihre Wirkung überprüfen und notwendige Anpassungen vornehmen zu können. So plant die Hochschule eine Vollerhebung auf Basis einer Ausschreibung an alle forschenden Mitglieder der PH mit dem Ziel, die an der PH bestehenden digitalen Praktiken, Kompetenzen, Bedarfe, die zurzeit entstehen, systematisch bei Studierenden und Lehrenden (möglichst hochschulweit vollständig) zu erheben.

## Literatur

Arendes, J. (2020). Sommersemester 2020 in Zeiten der Corona-Pandemie. vhw Mitteilungen, 47 (1/2), 2.

Kotter, J. (2013). *Leading Change Wie Sie Ihr Unternehmen in acht Schritten erfolgreich verändern*. München: Vahlen.

Krüger, W. (1996). Implementation: The Core Task of Change Management. *CEMS Business Review, 1*.

Lewin, K. (1947). Frontiers in group dynamics: Concept, method and reality in social science; equilibrium and social change. *Human Relations*, *1*(1), 5–41.

Sonntag, K., Stegmaier, R. & Michel, A. (2008). Change Management an Hochschulen: Konzepte, Tools und Erfahrungen bei der Umsetzung. In R. Fisch, A. Müller & D. Beck (Hrsg.), *Veränderungen in Organisationen*. (S. 415–442). Wiesbaden: VS Verlag für Sozialwissenschaften.

# 6 Lehren aus der Distanzlehre ziehen – eine Interviewstudie zur Distanzlehre an der Wirtschaftsuniversität Wien

Bettina Greimel-Fuhrmann, Julia Riess, Tim Loibl und Susanne Schuster

**Zusammenfassung**

Dieser Beitrag hat das Ziel, darzustellen, wie Lehrende und Lernende der Wirtschaftsuniversität Wien (WU) die plötzliche Umstellung der universitären Lehre auf Distanzbetrieb im Zuge der Corona-Krise ab Mitte März 2020 erlebt haben. Die Grundlage dieses Beitrags sind zwei empirische Forschungsarbeiten, die mit der Umstellung verbundene Veränderungen für das Lehren und Lernen aus Sicht der Lehrenden und Studierenden untersuchen. Im Zuge dieser Arbeiten wurden mit 15 Lehrenden sowie 14 Studierenden problemzentrierte Interviews geführt und diese mittels qualitativer Inhaltsanalyse ausgewertet. Auf Basis der im Folgenden dargestellten Untersuchungsergebnisse können Schlüsse für die universitäre Lehre an der WU – aber vermutlich auch für andere Bildungseinrichtungen – und deren zukünftige Entwicklung gezogen werden.

B. Greimel-Fuhrmann (✉) · J. Riess · T. Loibl · S. Schuster
Institut für Wirtschaftspädagogik, Wirtschaftsuniversität Wien, Wien, Österreich
E-Mail: bettina.fuhrmann@wu.ac.at

J. Riess
E-Mail: julia.riess@wu.ac.at

T. Loibl
E-Mail: tim.loibl@wu.ac.at

S. Schuster
E-Mail: susanne.schuster@wu.ac.at



U. Dittler und C. Kreidl (Hrsg.), *Wie Corona die Hochschullehre verändert*,
https://doi.org/10.1007/978-3-658-32609-8_6

## 6.1 Problemhintergrund und Zielsetzung

Bedingt durch die rasch steigenden Zahlen an Infektionen durch das Corona-Virus mussten Mitte März 2020 die Universitäten (wie auch andere Bildungseinrichtungen) in Österreich ihre Lehre plötzlich und ohne Vorbereitung auf Distanzmodus umstellen. Zunächst war auch unklar, wie lange die Distanzlehre die ursprünglich geplanten Lehrformate ersetzen würde. Dieser plötzliche Umstellungszwang und die damit verbundene Unsicherheit über die Lehr- und Lernbedingungen stellten die Lehrenden und Studierenden vor große Herausforderungen. Dieser Beitrag möchte das Erleben dieser Phase durch die Lehrenden und Lernenden nachvollziehen sowie die Auswirkungen auf das Lehren und Lernen aus der Sicht der Lehrenden und Lernenden darstellen und daraus Schlussfolgerungen für die zukünftige Gestaltung der Lehre an Universitäten ableiten.

Zwei empirischen Forschungsarbeiten (Loibl 2021; Schuster 2021), welche die plötzliche Umstellung der universitären Lehre auf Distanzlehre im Zuge der Corona-Krise sowie die damit verbundenen Veränderungen für das Lehren und Lernen an der Wirtschaftsuniversität Wien aus Lehrenden- und Studierendensicht untersuchen, bilden die Grundlage für diesen Beitrag.

## 6.2 Methodische Vorgangsweise

Im Zeitraum vom 23. April 2020 bis zum 31. Mai 2020 wurden problemzentrierte Interviews mit narrativen Phasen mit 15 Lehrenden sowie 14 Studierenden der Wirtschaftsuniversität Wien (WU) geführt. Um einen möglichst breiten Einblick zu erlangen, orientierte sich die Auswahl der Befragten sowohl bei den Lehrenden wie auch bei den Studierenden an fachlichen und persönlichen Eigenschaften. Entsprechend des Theoretical Sampling, wurden die Personen so ausgewählt, dass sie „relevante Unterschiede oder große Ähnlichkeiten" (Kelle/Kluge 1999, 44) aufwiesen.

Die Erhebungssituation zeichnete sich dadurch aus, dass die Interviews als Einzelgespräche, jedoch bedingt durch die Situation online, geführt wurden. Aufgrund unterschiedlicher Verfügbarkeiten konnten die Befragten sowohl den Termin des Gesprächs als auch das präferierte Tool für das Gespräch (z. B. MS Teams, Skype, etc.) wählen. Die Gespräche wurden als problemzentrierte Interviews (vgl. Witzel 2000; Lamnek 1995) geführt, da so von gleichzeitiger Datensammlung und -interpretation und der damit einhergehenden Flexibilität Gebrauch gemacht werden konnte. Die Einstiegsfrage wurde mit „Bitte erzählen Sie mir, wie Sie die letzten Wochen erlebt haben." bewusst offengehalten. Die übrigen Gesprächsschwerpunkte bezogen sich etwa auf die Gestaltung der Distanzlehre, den Umgang der Studierenden mit der Distanzlehre sowie die daraus resultierenden Lernergebnisse. Wie von Witzel (2000) empfohlen, wurden dabei ein strukturierter Leitfaden sowie Tonaufnahmen eingesetzt. Die transkribierten Tonaufnahmen waren Grundlage für die Auswertung mit der qualitativen Inhaltsanalyse nach Mayring (2010).

Auf Basis der Untersuchungsergebnisse können Schlüsse für die universitäre Lehre an der WU – aber vermutlich auch für andere Bildungseinrichtungen – und deren zukünftige Entwicklung gezogen werden. Die Analyseergebnisse wurden in Anlehnung an das Angebot-Nutzungs-Modell von Helmke (2002) in die Bereiche Gestaltung der Lehre (im Sinne des Lehrangebots), Lernaktivitäten als Nutzung dieses Angebots sowie in Lernergebnisse strukturiert.

## 6.3 Ausgewählte Ergebnisse der Analyse der Lehrendensicht

Bei der Befragung der Lehrenden sollten vor allem die von ihnen erlebte Umstellung auf Distanzlehre und die damit verbundenen Veränderungen in der Hochschullehre durch die COVID-19-Pandemie erhoben werden. Dabei wurde besonderes Augenmerk auf die Auswirkungen auf die Lehr-Lernprozesse sowie auf die persönliche Sphäre der Lehrenden gelegt.

### 6.3.1 Persönliche Wahrnehmung der Umstellung

Die ersten Tage, die der Aufforderung, die Lehre auf Distanzlehre umzustellen, folgten, waren von grundlegender Unsicherheit gekennzeichnet, wie es nun konkret weitergehen soll. Diese Unsicherheit wurde durch die Vielzahl an Informationskanälen und die darüber transportierten divergierenden Informationen noch verstärkt. Die wenigsten hatten damit gerechnet, dass die Umstellung so rasch und vor allem auch so radikal passieren würde. Zudem war größtenteils die Erwartungshaltung vorherrschend, dass der Distanzbetrieb eine recht kurzfristige Lösung für zwei, drei Wochen sein würde und man danach ohnehin wieder auf den Regelbetrieb umsteigen könne. Im Endeffekt hatte aber kaum jemand wirklich Zeit, sich über die Bedeutung der Situation umfassendere Gedanken zu machen, da man sich aufgrund des Zeitdrucks gezwungen sah, schnellstmöglich mit der Umstellung seiner jeweiligen Lehrveranstaltungen zu beginnen. So klang der überwiegende Tenor: „Es muss gehen und man wird es schon irgendwie schaffen."

Besonders für jüngere Lehrende und jene, die auch bereits zuvor verschiedenste digitale Elemente in ihrer Lehre eingebaut hatten, stellte sich die Umstellung als weniger problematisch heraus, was sich wohl durch eine doch intensivere Auseinandersetzung mit digitalen Tools in Alltag und Lehre begründen lässt. Manche Lehrende nahmen nach Überwindung der ersten Phase sogar eine steile Lernkurve wahr, welche von Spannung und Interesse an den zahlreichen kreativen Möglichkeiten, die für die Onlinelehre bereitstanden, geprägt war. Jedoch stellte sich bereits nach den ersten Wochen der Distanzlehre beinahe ausnahmslos eine gewisse Ernüchterung bei den Befragten ein, bedingt durch die Erkenntnis, dass die Distanzlehre doch kein vollständig zufriedenstellendes Äquivalent zum Präsenzunterricht sei.

Das Erleben der Distanzlehre wird zusätzlich von der außergewöhnlichen Arbeitssituation mitbestimmt. Einigkeit herrschte bei den Befragten darüber, dass eine Entgrenzung zwischen der Lehrtätigkeit und anderen Lebensbereichen, primär dem Privatleben, stattgefunden hat. Aufgrund des Rückgangs der zeitlichen und räumlichen Struktur, wurde die Arbeit allgegenwärtig und – zum Beispiel – ein Beantworten von E-Mails spät abends zu keiner Seltenheit. Durch den zusätzlichen Mangel an Sozialkontakten und Möglichkeiten zur Freizeitgestaltung, geriet die sogenannte Work-Life-Balance bei vielen stark aus dem Gleichgewicht.

Besonders herausfordernd und belastend stellten sich die Umstände für Elternteile mit (Klein-)Kindern heraus, bei denen die Kinderbetreuung und notwendige Koordination mit der Partnerin bzw. dem Partner höchste Priorität einnahmen und die Lehrtätigkeit daher an strikte Zeit- und Arbeitspläne gebunden werden musste. Aber auch bei jenen Lehrenden ohne solche Betreuungspflichten war eine klare Koordination und Organisation des Arbeitsalltags notwendig, auch wenn das Homeoffice in diesen Fällen als weitaus weniger problematisch beschrieben wurde oder es sogar individuell gewisse Vorteile mit sich gebracht hat.

Die Distanzlehre an sich bot den Lehrpersonen zur Lehrentwicklung einige positive Aspekte, wie die Möglichkeit, die eigene Lehre durch digitale Aufzeichnung hinsichtlich des Auftretens, der Wortwahl oder des Inhalts besser reflektieren zu können. Durch zum Teil gewonnene zeitliche Ressourcen und die Notwendigkeit der radikalen Umstrukturierung der Lehre, konnte oder musste man sich intensiver mit bestimmten Fachinhalten auseinandersetzen und so sein Wissen erweitern und vertiefen.

Auch das rasche und unverhoffte Erlernen umfassender digitaler Kompetenzen nahmen der Großteil der Befragten als sehr positiv wahr. Trotz der räumlichen Distanz empfanden die Lehrenden, dass die Beziehung zu den Kolleginnen und Kollegen und teilweise auch zu den Studierenden durch den regen Austausch, vermehrt auch über Privates, enger wurde. Dieses Empfinden wurde u. a. den intimeren Settings bei der Kommunikation über Online-Tools zugeschrieben, bei welcher man sich zunehmend in privater Umgebung und meist leger gekleidet gegenübertrat.

Vor allem der Dialog mit Kollegen und Kolleginnen auf Instituts- und Departmentebene war in dieser außergewöhnlichen Situation für die Lehrenden besonders bedeutend. So fand ein reger Erfahrungsaustausch statt, bei welchem im Speziellen technisch besonders affine Lehrpersonen und jene, die rasch in die Umsetzung der Lehre gehen mussten, wichtige Ratschläge und Good-Practice-Lösungen bereitstellten. In diesem Zusammenhang wurde die hervorragende Zusammenarbeit und der starke Rückhalt auf Fachbereichsebene von den Befragten vielfach betont. Als negativ erachtet wurde jedoch die Tatsache, dass die, persönlich als sehr wichtig empfundene, „beiläufige" bzw. informelle Kommunikation durch die Beschränkung auf digitale Kommunikationswege gänzlich entfallen ist, wodurch das Arbeiten sowie die Gespräche mit Kolleginnen und Kollegen zwar gezielter und effizienter, aber für die beteiligten Personen persönlich weniger zufriedenstellend, wurden.

### 6.3.2 Gestaltung der Distanzlehre

Die Gestaltung der Distanzlehre ist maßgeblich von der Art der Lehrveranstaltung abhängig: Lehrveranstaltungen mit geringen Teilnehmer*innenzahlen lassen sich in einerseits eher vorlesungsartige und andererseits vermehrt interaktive Kurse einteilen. Die Umstellung von vorlesungsorientierten Kleinveranstaltungen gestaltete sich dabei als am wenigsten problematisch, wobei hauptsächlich in ein asynchrones Format, meist durch die Vertonung von Folien kombiniert mit der Auslagerung von gewissen Inhalten auf das Selbststudium, gewechselt wurde. Dabei war die große Herausforderung, die Studierenden dazu zu bewegen, sich auch tatsächlich mit den bereitgestellten Materialien auseinanderzusetzen, was beispielsweise mit nachbereitenden Aufgabenstellungen angeregt und unterstützt wurde. Nur vereinzelt wurden auch synchrone Vorlesungen abgehalten, bei denen die Befragten jedoch bald den Eindruck hatten, dass diese über Online-Kommunikationstools recht ermüdend und wenig lernwirksam sind.

Trotz des häufig vorherrschenden Anspruchs, möglichst wenig am Lehrprozess und den Materialien zu verändern, mussten nach den ersten Lehrerfahrungen inhaltlich starke Verkürzungen vorgenommen werden. Zusätzlich war, vor allem bei asynchronen Formaten, ein Verdichten der Inhalte in kleinere Lerneinheiten und ein besonders verständliches Erklären notwendig, da durch das zeitliche Auseinanderfallen von Lehre und Lernen ein unmittelbares Nachfragen bei Verständnisschwierigkeiten nicht möglich ist. So erschien diese Art der Lehre vielen Befragten als präziser und effizienter, da eine intensivere und bewusstere Vorbereitung auf die einzelnen Veranstaltungen notwendig war. Eine wesentlich größere Hürde stellten interaktivere Kurse dar, bei welchen gemäß der ursprünglichen Planung zum Beispiel Gruppenarbeiten, Diskussionen oder Präsentationen im Mittelpunkt stehen würden. Hier waren teilweise umfangreiche Designänderungen unausweichlich, da der Nutzen oder „Charme" gewisser Lehr- und Lernaktivitäten im Online-Setting schlichtweg verloren gehen und es oft schwierig ist, den Studierenden ein ähnliches Erlebnis aus der Distanz zu bieten. In diesen Kursen wurde die Sozialform vermehrt von Gruppen- auf Einzelarbeiten umgestellt. Darüber hinaus wurden die Materialien stark angepasst oder gänzlich alternative Aufgaben konzipiert. Als positiver Aspekt hingegen hat sich die bessere Möglichkeit und Administrierbarkeit von (Betreuungs-)Gesprächen in Kleingruppen über Onlinebesprechungen erwiesen.

Recht konträre Erfahrungen konnten Betreuerinnen und Betreuer von Großveranstaltungen machen. Wenngleich solche Kurse mit ideal aufbereiteten Materialien bereits relativ gut auf das Online-Setting vorbereitet waren, war es aufgrund der Vielzahl an teilnehmenden Studierenden unmöglich, die Präsenzeinheiten zufriedenstellend zu kompensieren. Viele Lernende waren in der Wahrnehmung der Lehrenden mit der erhöhten Selbstverantwortung überfordert und die Massen an einlangenden E-Mails mit inhaltlichen und organisatorischen Fragen waren für die Lehrenden kaum zu bewältigen. Einen großen Vorteil sahen die Lehrenden darin, wenn man die Möglichkeit hatte, die erste Einheit eines Kurses noch in Präsenz abzuhalten und die Studierenden so persönlich begrüßen und kennenlernen zu dürfen sowie administrative Vorgänge, wie die Verteilung von Aufgaben oder Einteilung in Gruppen, vor Ort erledigen zu können.

Auch, wenn die Lehrenden zu Beginn weitgehend an den ursprünglich definierten Leistungen und deren Gewichtung festhalten wollten, wurde bald deutlich, dass eine mehrmalige Adaption des „Lehrplans“ im Laufe des Semesters notwendig werden würde. Insgesamt wurde im Rahmen der Lehre die Autonomie der Studierenden im Lernprozess erhöht und vermehrt auf schriftliche und selbsterarbeitende Aufgaben umgestellt, wobei die Lehrenden dadurch verstärkt ihre Rolle als Coach und Anlaufstelle für Fragen wahrgenommen haben.

Eine wesentliche Erkenntnis für viele Lehrpersonen war, dass gewisse Lernaktivitäten im Online-Setting in der Regel deutlich mehr Zeit in Anspruch nehmen, als wenn man diese im Präsenzunterricht durchführen würde. So kam es nun schneller zur Überforderung der Studierenden. Zusätzlich stellten die Lehrenden fest, dass in der Distanzlehre eher kognitive Lehr-/Lernziele erreicht werden können und viele affektive und soziale Lernaspekte in den Hintergrund treten. So waren beispielsweise Diskussionen im Online-Setting deutlich weniger umfassend, da es sich für die befragten Lehrenden als schwierig erwies, die Studierenden anzusprechen, und diese auch eine erhöhte Hemmschwelle hatten, sich selbstständig zu Wort zu melden. Weiters wurde erläutert, dass die Kontrolle über die Lernenden teilweise verloren ging, da es virtuell einfacher ist, unterzutauchen. Diese Tatsache sollte auch im Lehrkonzept, beispielsweise durch kürzere frontale Inhaltsphasen oder gezielte, aktive Einbindung der Studierenden, Berücksichtigung finden. So hat weiters auch das Einholen von konstruktivem Feedback unter der räumlichen Distanz im Online-Modus gelitten, indem es für Lehrpersonen schwierig war, Aufschluss über die Qualität der Lehre und Materialien zu bekommen sowie etwaige Verständnisschwierigkeiten bei den Studierenden zu erkennen.

Hingegen wurde es als positiv wahrgenommen, dass das Unterrichten auch effizienter geworden ist, da man sich inhaltlich weniger verzettelt und seltener zu ausufernden Exkursen verleitet wird. Zur Aktivierung der Studierenden versuchten die Lehrenden alternativ digitale Lösungen für Online-Umfragen oder „digitale Pausengespräche“ in Kleingruppen zu nutzen. Aufgrund der Zunahme an schriftlichen Ausarbeitungen, kam es vermehrt zu individuellen Rückmeldungen zu den Leistungen der Studierenden.

Als Ersatz zur Kommunikation in der Präsenzlehre wurden primär Microsoft Teams als virtueller Klassenraum sowie die universitätseigene Lernplattform Learn@WU, die allen Universitätsangehörigen bereits zuvor geläufig war, intensiv genutzt. Diesbezüglich zeigten sich viele Befragte überrascht, wie gut diverse Softwarelösungen funktionieren und was damit – auch in der Lehre – alles möglich ist. Teilweise mussten für die Lehrtätigkeit aus der Distanz jedoch eigens technische Geräte, wie Headsets, Webcams und neue Computer angeschafft werden. Trotz vermehrtem Angebot, Chats und Foren für etwaige Fragen zu nutzen, wurde von den Studierenden der E-Mail-Verkehr bevorzugt. Auch hier war allerdings häufig ein bewusstes Ermutigen notwendig, sich jederzeit melden zu dürfen, andererseits wurde eine ständige Bereitschaft der Lehrenden vonseiten der Studierenden gefordert.

In Hinblick auf das Arbeitspensum, haben viele Lehrende einen enormen Mehraufwand während der ersten Tagen und Wochen der Umstellung erlebt, sobald die Materialien und das Konzept aber grob umgestellt waren sowie man sich mit der Technik vertraut gemacht hatte, hat sich der Workload wieder halbwegs eingependelt. Außerdem habe sich der vorwiegende Aufwand auf die Vor- und Nachbereitung von Kursen verlagert. Deutlich mehr Zeit musste hingegen für Kommunikation aufgewandt werden, da man persönliche Gespräche durch kompliziertere digitale Wege ersetzen musste. Besonders bei Großprüfungen haben der administrative und technische Zeitaufwand, vor allem rund um die Prüfungsphasen, stark zugenommen.

### 6.3.3 Einschätzung der Lernaktivitäten

Die Lehrenden haben aber auch bei den Studierenden miterlebt, dass die plötzliche Umstellung auf Distanzlehre sehr herausfordernd für diese war. Insbesondere mit der erhöhten Autonomie beim Lernen, zum Beispiel durch vermehrt selbstständiges Arbeiten, lockere Deadlines oder asynchrone Lehrveranstaltungen, wussten viele Lernende – speziell auch (lernschwächere) Studienanfänger*innen in Großveranstaltungen – nicht umzugehen. So stand bei manchen erst das Aneignen des grundsätzlichen, eigenständigen Lernens im Vordergrund.

Zumindest in kleineren Kursen konnte man als Lehrperson Kleingruppen-Coachings anbieten und so die individuelle Stimmung und die Lernfortschritte bei den Lernenden besser einschätzen. Das Engagement der Studierenden hat sich dabei in sehr unterschiedliche Richtungen entwickelt, was – ebenso wie bei den Lehrenden – stark von der persönlichen Situation abhängig war.

Teilweise wurden aufgrund umfangreicherer zeitlicher Ressourcen außergewöhnlich gute Leistungen erbracht, teilweise wiederum besonders schlechte, meist aufgrund der Verlagerung von Prioritäten in dieser speziellen Situation oder mangels fehlender Selbstmotivation. Besonders schwierig war es für die Lehrenden, schwächere Studierende abzuholen und zu motivieren. Insgesamt war die Einschätzung der Lernaktivitäten der Lernenden durch die befragten Lehrenden aber positiv und sie meinten, dass sich die meisten Lernenden recht rasch mit der Situation arrangiert haben.

### 6.3.4 Einschätzung der Wirkung der Distanzlehre

Was den Lernertrag als wesentliche Wirkung der Lehre betrifft, mussten vor allem inhaltlich Abstriche gemacht werden, bedingt durch Kürzungen oder gar gänzlichen Entfall von inhaltsvermittelnden Einheiten. Auch spannende Erzählungen der Lehrenden aus der Praxis oder kurze Diskurse, die den Studierenden meist gut in Erinnerung bleiben und

Interesse wecken, konnten nicht im üblichen Umfang vermittelt werden. Auch manche methodischen und sozial-kommunikativen Kompetenzen, wie Präsentationstechniken, konnten während der Distanzlehre nicht zum Tragen kommen. Durch die Reduktion von gemeinsamer Reflexion, Interaktion und Diskussion könnten auch der Lerntransfer und die Langfristigkeit des Lernertrags beeinträchtigt worden sein.

Demgegenüber steht allerdings der digitale Lernzuwachs, sei es durch die Gewinnung von Software-Kompetenz oder durch das Erkennen der Chancen und Schwächen der virtuellen Kommunikation. Außerdem könnte es durch vermehrt schriftliche Ausarbeitungen und intensivere Selbststudien durchaus auch zu einer Zunahme der Lernwirksamkeit gekommen sein.

Selbstverständlich waren zudem sämtliche Leistungsfeststellungen stark von der Umstellung auf Distanzlehre betroffen. Auch hier muss deutlich zwischen den unterschiedlichen Prüfungsarten differenziert werden, wobei sich mündliche Klausuren für die Lehrenden als weniger problematisch herausstellten, da es grundsätzlich wenig Unterschied macht, ob man sich physisch oder über ein digitales Tool gegenübersitzt.

Bei schriftlichen Leistungsfeststellungen musste der Prüfungsaufbau allerdings meist beträchtlich verändert werden, indem man auf Aufgaben mit starkem Anwendungsbezug, wie umfangreiche Fallbeispiele, anstelle von (angewandten) Wissensfragen und/oder auf Open-Book-Format umstellte. Auf diese Weise kann theoretisch meist zwar ein höheres Lernzielniveau erreicht werden, andererseits erhöht es die Komplexität und den Aufwand der Korrektur. Da etwaige Schummel-Kontrollmechanismen recht komplex und aufwendig sind, hat ein Großteil der Lehrenden weiters auf die Ehrlichkeit der Studierenden vertraut. Häufig wurde den Studierenden, aufgrund der speziellen Situation, zudem ein Zeitfenster von mehreren Stunden oder Tagen für die Abgabe der Klausur gewährt. Manche Lehrpersonen haben sich auch dazu entschieden, geplante schriftliche Prüfungen mit alternativen Leistungen zu kompensieren.

Eine besonders schwierige Angelegenheit stellten erneut Großveranstaltungen dar. Die Verantwortlichen berichteten von viel Unsicherheit, einem enormen administrativen und technischen Aufwand sowie groben Komplikationen bei der Durchführung. Trotz umfassender Kontrollmechanismen und dem Einsatz von Zufallsfragen dürften die Studierenden zahlreiche Möglichkeiten zu Schummeln gefunden haben.

## 6.4 Ausgewählte Ergebnisse der Analyse der Studierendensicht

Im folgenden Abschnitt wird der Fokus auf die Erfahrungen der Studierenden gelegt und die Auswirkungen der Umstellung auf Distanzlehre aus ihrer Perspektive beleuchtet. Auch in den Gesprächen mit den Studierenden konnten Erkenntnisse zur Gestaltung der Lehre, zur Nutzung des Lehrangebots und zur Wirkung der Distanzlehre gewonnen werden.

### 6.4.1 Gestaltung der Lehre

Alle 14 befragten Studentinnen und Studenten der WU arbeiten mit Microsoft Teams und der Lernplattform der WU, Learn@WU. Mit der Verwendung von MS Teams sind die Studierenden sehr zufrieden, da sich das Programm ständig weiterentwickelt, einem logischen Aufbau folgt sowie die Benutzeroberfläche intuitiv erscheint. Ein weiterer wichtiger Aspekt ist die stabile Verbindung, welche vor allem im Gegensatz zu anderen Medien wie Adobe Connect, Blizz etc. gegeben ist, wodurch der Unterricht als solches weniger Störfaktoren ausgesetzt ist.

Generell konnte festgestellt werden, dass die Kommunikation für die Studierenden ein enorm wichtiges sowie heiß diskutiertes Thema ist, da aus ihrer Sicht divergierende Informationen vermieden werden sollten. Deshalb wünschen sich die Studierenden eine einheitliche Quelle bzw. Informationsplattform, welche im konkreten Fall Learn@WU sein sollte.

Darüber hinaus ist, abhängig von der jeweiligen Studienrichtung bzw. des Studientyps, ein Unterschied in den (angebotenen) Sozialformen erkennbar. Während im Bachelorstudium bei der ohnehin hohen Anzahl an Einzelarbeiten aufgrund der Corona-Krise noch mehr auf Einzelarbeiten gesetzt wurde, versuchte man hingegen in den Masterstudiengängen nur partiell von der ursprünglichen Vorgangsweise abzuweichen. In diesen wurde versucht, die intendierten Sozialformen aus der Präsenzlehre bestmöglich beizubehalten und trotz der Distanzlehre Gruppenarbeiten abzuhalten, welche vor allem eine hohe Selbstdisziplin sowie Koordinationsfähigkeit seitens der Studierenden erfordern. Dementsprechend spielen bei der Kommunikation bzw. der Durchführung der Gruppenarbeiten neben den technischen vor allem auch individuelle Faktoren, wie die Aufmerksamkeitsspanne sowie Kontaktfreudigkeit, eine wesentliche Rolle.

Grundsätzlich schätzen die Studierenden den Einsatz und das Engagement der Lehrenden sehr positiv ein. Darüber hinaus konnte ein verständnisvolles und empathisches Verhalten von den Studierenden für die andere Perspektive (Lehrveranstaltungsleitung) beobachtet werden, was folgende Aussage illustriert:

> „Ich glaube, gerade am Anfang, haben Professoren sicher mehr Stress und Angst gehabt als Studenten, weil wir mussten mit der Lösung leben, aber sie mussten eine Lösung finden, was sicher die schwierigere Aufgabe ist“ (Student 1, Master Marketing, 2. Semester).

Den Studentinnen und Studenten fehlen jedoch die Vermittlung der praktischen Erfahrung und das Teilen von inhaltlich passenden Anekdoten durch die Vortragenden, welche diese im Zuge der Präsenzlehre signifikant besser vermitteln können. Dies zeigt auch (mögliche) Grenzen auf, die der Distanzlehre gesetzt sein können: das Selbststudium erweist sich in all jenen Fällen als schwierig, in denen die Studierenden sich mit komplexen, hochwissenschaftlichen und/oder abstrakten Inhalten/Theorien auseinandersetzen sollen. In diesen Fällen plädieren sie für Präsenzlehre.

### 6.4.2 Einschätzung der eigenen Lernaktivitäten

Gruppenarbeiten waren schwierig, wenn die Studierenden die anderen Gruppenmitglieder noch nicht kannten. Sie fühlten sich im Kontakt über die Kamera noch etwas fremd und konnten nicht wie in der „realen" Situation interagieren. Das Verlassen der individuellen Komfortzone stellt(e) in diesem Fall zeitweise eine schwer überwindbare Herausforderung dar.

Ferner wird durch die Umstellung auf Distanzlehre das Selbststudium enorm forciert. Die Studierenden werden dazu angehalten, (noch) mehr Literatur als in der normalen Lehr-/Lernsituation zu lesen und sich diese über weite Strecken auch selbst beizubringen, welche sonst zumindest größtenteils in den Lehrveranstaltungseinheiten vermittelt worden wäre. Diese Lehr-/Lernform erweist sich für unselbstständige, schlecht organisierte Studentinnen und Studenten sowie für Personen mit Auffassungsschwierigkeiten und/oder Sprachschwierigkeiten als große Herausforderung. Die befragten Studentinnen und Studenten fühlten sich ein wenig überfordert, da sie mit der Menge an Literatur nicht zurechtkamen und sich auf der einen Seite eine einleitende Instruktion respektive unterstützende Hilfestellung vonseiten der Lehrveranstaltungsleiterinnen und -leiter wünschten. Auf der anderen Seite sprachen mehr als 75 % der befragten Personen die Zeitersparnis an, die sich auf Basis des modifizierten Lehrmodus ergab, da man sich den Weg an die Universität erspart. Für zukünftige Lehrveranstaltungen sehen die Studierenden daher eine Möglichkeit bestimmte Übungseinheiten bzw. -phasen (Repetitorien etc.), welche nicht zwingenderweise in Präsenzlehre stattfinden müssen, online abzuhalten.

### 6.4.3 Persönliche Wahrnehmung der Umstellung

Wie bereits erwähnt, ist es durch die herrschende Unsicherheit bei der Lehrumstellung für die Studierenden schwer gewesen, organisiert sowie „up-to-date" zu bleiben. Darüber hinaus sorgte die Angst vor einem technischen Gebrechen bzw. die Abhängigkeit von technischen Komponenten dafür, dass alle Studierenden bei den Online-Prüfungen subjektiv das Gefühl hatten, nicht die Leistung abrufen zu können, welche sie in Präsenz erbringen könnten, weil sie sich durch die Gegebenheiten extrem unter Druck gesetzt fühlten. Prüfungen im Präsenzformat sind deshalb in den Augen der Studierenden wünschenswert, denn ihnen fehlt neben dem persönlichen Kontakt besonders die Infrastruktur, die Umgebung und der „Flair", den der WU Campus zu bieten hat. Demgegenüber steht die Tatsache, dass das Lernen mit der Technologie, wegen der digitalen Kompetenzentwicklung, allgemein positiv gesehen wird und somit auch Lehren für die Zukunft gezogen werden können.

Die Vereinbarkeit des Studiums mit der Arbeit war auf der persönlichen Ebene ein heiß diskutiertes Thema. Eine strikte Trennung, welche die Studierenden präferieren, funktionierte während der Umstellung auf Distanzlehre nicht, denn die Grenzen zwischen Wochentag und Wochenende verschwammen immer mehr und sind, laut den Interviews, nicht mehr gegeben. Diese Entgrenzung bedingt der Modus operandi an sich und wurde durch die COVID-Krise sowie die Ausgangsbeschränkungen enorm verstärkt, weshalb eine ständige Erreichbarkeit gefordert war. Dieser Stressfaktor sorgte für ein Gefühl der Überlastung, welches in manchen Fällen, aufgrund von infrastrukturellen Rahmenbedingungen, räumlichen Engpässen und der familiären Situation, weiter verstärkt wurde, wie folgende Aussagen unterstreichen:

> „[…] für Leute, die Kinderbetreuung machen müssen oder wo beide Home-Office machen müssen, hat das natürlich schon seine Herausforderungen. […] Wenn ich mir jetzt denk, wenn ich nur das E-Learning machen müsste, dann würde ich wahrscheinlich eher an der sozialen Isolation leiden, aber so leide ich eher nicht an der sozialen Isolation, sondern eher daran, dass es schwierig ist alles unter einen Hut zu kriegen“ (Student 2, Master Wirtschaftspädagogik, 2. Semester).
>
> „[…] ich könnte jetzt nicht mal heim, selbst wenn ich wollen würde. […] Das hat mich dann schon ein bisschen gestresst, gedrückt und deprimiert gemacht“ (Studentin 3, Bachelor Betriebswirtschaftslehre und Wirtschaftsinformatik, 8. Semester).
>
> „Ich hab wenig Sonnenlicht, es ist düster und ich sitz eigentlich den ganzen Tag vorm Laptop. Irgendwann wirst wahnsinnig und das wirkt sich natürlich auch auf die Laune aus“ (Student 4, Bachelor Betriebswirtschaftslehre, 6. Semester).

### 6.4.4 Einschätzungen der Wirkung der Distanzlehre

Für die befragten Studierenden war der Vergleich mit anderen Universitäten überzeugend, denn alle 14 interviewten Personen wiesen auf den Unterschied des Distanz-Lehrangebots an der WU im Vergleich zu anderen Universitäten hin. Die Studierenden sind dabei der Meinung, dass die WU in diesem Bereich sehr viel geleistet hat bzw. noch immer leistet. Des Weiteren sind sie sehr dankbar, dass ihr Studium aufgrund des großen Lehrangebots der Universität ohne signifikante Verzögerungen fortgesetzt werden konnte, was dieser sehr hoch angerechnet wird.

Auf die Frage, ob das erworbene Wissen sowie die Fachkompetenz der Studierenden durch die Umstellung stärker als unter normalen Umständen zugenommen habe, argumentierten einige Personen, dass sie sich intensiver mit der Materie auseinandergesetzt haben. Aufgrund der besonderen Lehr-/Lernsituation, der Vielzahl an Arbeitsaufträgen sowie den externen Einflussfaktoren, welche begrenzte Zeitressourcen zur Folge hatten, sind andere wiederum der Meinung, dass inhaltlich nicht wie gewünscht in die Tiefe gegangen werden konnte. Der damit einhergehende Lernertrag sowie -transfer werden unterschiedlich eingeschätzt, da durch fehlende Diskussionen soziale sowie durch ausbleibende Präsentationen methodische Kompetenzen vernachlässigt worden sind.

Demgegenüber herrscht bei allen befragten Personen Konsens über den erhöhten Workload. Studierende berichten, dass ein Gefühl der Überforderung auftrat, weil die Umstellung sowie die neuen Anforderungen an sie mehr Zeit als ursprünglich in Anspruch nahmen, was durch den ersparten Weg zur Uni kaum kompensiert werden konnte.

Darüber hinaus schätzen sie die Online-Prüfungen als inhaltlich schwieriger ein, da sie vermuten, dass dadurch die bessere Möglichkeit zu schummeln kompensiert werden sollte. Dies führte dazu, dass eine noch größere Angst als ohnehin bei den Prüfungen herrschte, was durch Zeitdruck, Stress und die Abhängigkeit von der Technik noch verstärkt wurde. Bei den Online-Prüfungen bereitete den Studierenden Schwierigkeiten, dass die Möglichkeit zur vorherigen Frage zurückzukehren entfiel. Weiters konnten einige nicht abschätzen, wie viel Zeit welche Aufgabe in Anspruch nimmt, da für sie lediglich eine Frage nach der anderen, ohne Gesamtüberblick, ersichtlich war. Diesbezüglich nehmen die Studierenden noch einiges an Verbesserungsbedarf wahr.

Im Gegensatz dazu sind die Zusammenarbeit sowie der Zusammenhalt untereinander, getreu dem Motto „Alle sitzen in einem Boot!", eklatant besser geworden. Diese Einstellung konnte man während der Interviews wahrnehmen, denn die Studierenden halfen sich gegenseitig und unterstützten einander, wo und wie sie nur konnten. Am Ende der jeweiligen Meetings besprachen sie, wie es weitergehen würde und was sie zu tun bzw. zu erledigen haben. Damit konnte auch sichergestellt werden, dass keine Person eine (wichtige) Deadline verabsäumt. Ungeachtet dessen vertreten die Studierenden die Auffassung, dass die Qualität sowohl der Lehre als auch des Outputs an sich unter der plötzlichen Umstellung gelitten hat, wobei insbesondere die praktischen Erfahrungen sowie das fachliche Know-how der Vortragenden fehlten.

## 6.5 Zusammenfassung, Schlussfolgerungen und Ausblick

### 6.5.1 Aus der Perspektive der Lehrenden

Für die Lehrenden wurde klar, dass die Distanzlehre und die damit verbundene virtuelle Kommunikation ihre Grenzen haben, gewisse Lehr- und Lernaktivitäten in der Distanzlehre nicht (gleichermaßen) umsetzbar sind und Interaktion in ihren diversesten Formen stark unter der räumlichen Trennung leidet. Des Weiteren wurde erkannt, dass sich die Distanz- von der Präsenzlehre nicht nur räumlich (und zeitlich), sondern auch in den Grundsätzen des Lehrens und Lernens voneinander unterscheiden, was in der Lehrplanung Berücksichtigung finden muss. Bei manchen Lehrenden haben die besonderen Umstände zu einem nachhaltigen Umdenken geführt, indem diese auch in Zukunft ihre theoretischen Inhalte auf das Wesentliche beschränken oder bestimmte Aufgaben und Aktivitäten, die sich als wertvoll erwiesen haben, beibehalten wollen. Ebenso konnten einige digitale Tools überzeugen und die Lehre in gewissen Aspekten verbessern, weshalb diese – auch um die gewonnenen Kompetenzen weiterhin zu nutzen – ab sofort wohl vermehrt eingesetzt werden.

Die Frage danach, welche Rolle der Distanzlehre in der nahen Zukunft zukommen wird und werden soll, wurde beinahe einheitlich beantwortet. Es wurden zwar zahlreiche Vorteile der Distanzlehre wie die Schonung von Ressourcen und Raumkapazitäten oder die erhöhte Flexibilität für alle Beteiligten genannt. Allerdings stelle Distanzlehre allein aus der Sicht der Lehrenden keinen vollständigen und ausreichenden Ersatz der Präsenzlehre dar. So glauben die Lehrenden, dass es nach Überwindung der Krise zu einer allgemeinen Rückkehr zum Normalbetrieb kommen wird, da die positive Grundhaltung zur Präsenzlehre erhalten geblieben ist. Jedoch sind sie davon überzeugt, – auch in Hinblick auf ihre eigene Lehre – dass die Nutzung digitaler Lösungen in der Hochschullehre zunehmen, sich dies allerdings auf einzelne Einheiten oder Elemente beschränken wird. Diesbezüglich wird eine starke Abhängigkeit von der jeweiligen Situation, der Lehrveranstaltung, den Lernzielen und den Studierenden erwartet, wonach zum Beispiel Betreuungsgespräche oder berufsbegleitende Kurse besonders geeignet für dieses Format erscheinen. Die Befragten sprechen sich auch für eine erhöhte Flexibilität und mehr Autonomie in der Arbeitsgestaltung aus, da man – zumindest gelegentlich – auch im Homeoffice effizient arbeiten könne.

Das allgemeine Fazit der Lehrenden zur Gesamtsituation lautete, dass der persönliche Kontakt und die sozial-interaktive Komponente ein wesentlicher Teil der Lehr-/Lernprozesse und besonders förderlich für den Lernfortschritt der Studierenden seien. Demnach sei Kommunikation, sowohl zwischen Lehrenden und Lernenden, aber auch innerhalb der beiden Gruppen, vor, während und nach Vorlesungseinheiten maßgeblich für die Qualität der Lehre. Mag die Distanzlehre noch so viele Vorteile mit sich bringen, kann sie in diesen Belangen nicht hinreichend mit der Präsenzlehre mithalten. Ein Lehrender benannte die ad-hoc-Distanzlehre in diesem Zusammenhang sogar als „Lehre für Studierende" anstatt, wie üblich, „mit Studierenden". Mit der Qualität der Umstellung an sich waren die Befragten – unter den gegebenen Umständen – im Wesentlichen jedoch zufrieden und schätzten vor allem das allseitige Engagement.

### 6.5.2 Aus der Perspektive der Studierenden

Studierende sehen in der Distanzlehre Vorteile und schätzen dabei die zunehmende Flexibilität. Alles, was auf Distanz funktioniert, sollte in der Form auch bestehen bleiben. In Zukunft existiert ein möglich entfaltbares Potenzial für große Lehrveranstaltungen, bei denen Studierende über Online-LVs, Lecturecasts, etc. sowohl räumlich als auch zeitlich unbegrenzt von den besten Professorinnen und Professoren lernen können. Durch diesen Weg wäre es auch möglich, mehr Leuten die Möglichkeit zu geben an der WU zu studieren, sofern ein Prüfungsmodus gefunden werden kann, der dies auch zulässt.

Positiv sind aus der Sicht der Studierenden die Einsatzbereitschaft aller Beteiligten sowie das Engagement der Universität hervorzuheben, welche die Weiterführung bzw. Fortsetzung des Studiums ohne wesentliche Verzögerungen gewährleisteten. Als besonders erfolgreich erwiesen sich die Förderung des Zusammenhaltes untereinander sowie die digitale Kompetenzentwicklung. Die Flexibilität beim Lernen kann als Pluspunkt betrachtet werden, wobei eine hohe Selbstdisziplin gefordert ist. Die Zeitersparnis war ein weiterer wesentlicher Faktor, wobei diese, bedingt durch den erhöhten Workload und die zahlreichen Arbeitsaufträge auch benötigt wurde.

Das Selbststudium und das (zu) hohe Maß an Selbstverantwortung sowie die dabei entwickelten Fehler, welche sich vor allem bei theoretischen und abstrakten Sachverhalten ergeben, führen zu Überforderung und erfordern Unterstützung durch die Lehrenden. Außerdem werden auch Anekdoten, praktische Erfahrungen sowie Diskurse der Lehrenden, die als motivierend beschrieben wurden, schmerzlich vermisst.

Darüber hinaus existierte ein erhöhter Druck bei Online-Prüfungen sowie eine zunehmende Entgrenzung zwischen Studium und Privatleben. Wie viel sie tatsächlich im Vergleich zu früher lernen konnten, kann schwer eingeschätzt werden. Manche Kompetenzen haben sie gerade durch die Umstellung auf Distanzlehre besonders fördern können, inhaltlich musste aber oft reduziert werden. Diese Frage sollte daher noch Gegenstand zukünftiger Untersuchungen werden.

Aufgrund der geschilderten Erfahrungen und Analysen kann daher der Schluss gezogen werden, dass eine gesunde Balance zwischen Distanz- und Präsenzlehre (=Hybridmodus) erstrebenswert erscheint, wobei vor allem für Online-Einheiten kürzere Lehrveranstaltungszeiten vorgeschlagen werden, um die kognitiven Fähigkeiten der Studierenden bestmöglich zu nutzen, aber nicht zu überfordern.

Darüber hinaus besteht ein Wunsch der Studierenden darin, dass die Anwesenheitspflicht für Präsenzeinheiten verringert werden sollte. Vor allem für Pendlerinnen und Pendler, die sich einiges an Zeit ersparen und diese anders nutzen können, ist das bedeutend. Um den vorgeschlagenen Hybridmodus für die Lehre kontinuierlich zu verbessern, sollten vor allem die Form der Inhaltsvermittlung, die Menge sowie die Art der Arbeitsanweisungen und Aufgabenstellungen und auch das Prüfungsformat überdacht bzw. optimiert werden.

### 6.5.3 Unterschiede und Gemeinsamkeiten beider Sichtweisen

Bei der Betrachtung der beiden Sichtweisen lassen sich einige Gemeinsamkeiten feststellen. Beide Seiten beurteilen die Distanzlehre, besonders im Hinblick auf die gebotene Flexibilität, die Ressourcenschonung, die damit einhergehende Zeitersparnis sowie das Arbeiten mit der Technologie und den zukunftsträchtigen Online-Tools, zum Teil als positiv. Darüber hinaus schätzen sowohl Lehrende als auch Studierende das Engagement sowie die Arbeitshaltung, die von sämtlichen Beteiligten in der außergewöhnlichen Situation an den Tag gelegt wurde, sehen jedoch in der Qualität der aktuellen Distanzlehre Verbesserungsbedarf. Die soziale Komponente, die persönliche Kommunikation, die Interaktion/Diskussion in den inhaltsvermittelnden Einheiten sowie faire und adäquate Prüfungsformate erachten dabei beide Parteien als wesentliche Stellschrauben für ein qualitatives Lehr-/Lernerlebnis, welche im Rahmen eines Distanzbetriebs nicht vollumfänglich möglich sind. Aus diesem Grund wird in der Distanzlehre alleine kein zufriedenstellender Modus gesehen, weshalb die Zukunft in einem Hybridmodus aus Präsenz- und Distanzlehre liegen sollte, der abhängig von der Lehrveranstaltung, den Lernzielen und der jeweiligen Situation gestaltet werden kann.

Unterschiedliche Auffassungen ergeben sich beispielsweise bei der Beurteilung von Großveranstaltungen. Während sich Studierende die Abhaltung dieser unter geänderten Rahmenbedingungen im Online-Format durchaus vorstellen können, sind die Lehrenden eher abgeneigt, da der dabei entstandene administrative und technische Aufwand mit den zur Verfügung stehenden Ressourcen kaum bewältigbar ist und diesbezüglich bisher keine hinreichende Lösung existiert. Die Studierenden schätzen den Aufwand und die Herausforderungen für die Lehrenden höher ein. Diese wiederum vertreten zum Teil die Auffassung, dass die Situation für die Studentinnen und Studenten der WU Wien schwieriger war als für sie selbst. Dies impliziert, dass gegenseitiges Verständnis sowie empathisches Verhalten gegeben sind, worauf vor allem in Zukunft aufgebaut werden sollte. Denn durch konstruktives Feedback und einen regen Austausch beider Seiten, unter Einbezug sämtlicher leitenden Ebenen, können wohl noch elaboriertere Strategien und Konzepte zur Verbesserung des Lehrens und Lernens entwickelt werden.

## Literatur

Helmke, A. (2002). Kommentar: Unterrichtsqualität und Unterrichtsklima: Perspektiven und Sackgassen. Unterrichtswissenschaft, 30(3), 261–277.

Kelle, U. & Kluge, S. (1999). Vom Einzelfall zum Typus. Fallvergleich und Fallkontrastierung in der qualitativen Sozialforschung. Wiesbaden: VS.

Lamnek, S. (1995). Qualitative Sozialforschung. Methoden und Techniken, 3. Aufl., Weinheim: Psychologie Verlags Union.

Loibl, T. (2021). Die Distanzlehre an der Wirtschaftsuniversität Wien aus der Sicht der Studierenden. Unveröffentlichte Masterarbeit an der Wirtschaftsuniversität Wien.

Mayring, P. (2010). Qualitative Inhaltsanalyse. Grundlagen und Techniken. Weinheim und Basel: Beltz.

Schuster, S. (2021). Die Distanzlehre an der Wirtschaftsuniversität Wien aus der Sicht der Lehrenden. Unveröffentlichte Masterarbeit an der Wirtschaftsuniversität Wien.

Witzel, A. (2000). Das problemzentrierte Interview. Forum Qualitative Sozialforschung / Forum: Qualitative Social Research. Online: https://www.qualitative-research.net/index.php/fqs/article/view/1132/2519 (27.10.2020).

# In 25 Tagen in die digitale Welt: Das Online-Semester an der Fachhochschule Dortmund

7

Andrea Kienle und Tamara Appel

**Zusammenfassung**

Die beiden Autorinnen zeigen in diesem Beitrag nicht nur an konkreten Unterrichtsbeispielen, wie die Online-Lehre an der Fachhochschule Dortmund gestaltet wurde, sondern skizzieren auch, welche Ausblicke sich nach dem Sommersemester 2020 auf die folgenden –noch immer von Corona beeinflussten Semester – ergeben.

„Ihre Stimme war ganz wie die, die angeblich das Bildtelefon der Zukunft verwirklichen soll:
im Klang zeichnete sich deutlich die visuelle Erscheinung ab."
(Marcel Proust, „Auf der Suche nach der verlorenen Zeit", bereits 1896)

Was im Frühjahr 2020 geschah: + + + 17.03.: FH Dortmund kündigt eingeschränkten Notbetrieb an + + + 18.03.: Studierende bleiben der Hochschule fern, die meisten Beschäftigten sind im Homeoffice. + + + 20.04.: Let's go live. Start des digitalen Sommersemesters. + + + 04.05.: Rückkehr der Beschäftigten in kontrollierten Schritten zum Präsenzbetrieb. + + +

Wie sah der Weg der Fachhochschule Dortmund in diese volldigitale Welt aus? Vor welchen speziellen Herausforderungen in der Lehre standen und stehen die Hochschulen

A. Kienle (✉) · T. Appel
Rektorat, FH Dortmund, Dortmund, Deutschland
E-Mail: andrea.kienle@fh-dortmund.de

T. Appel
E-Mail: tamara.appel@fh-dortmund.de



U. Dittler und C. Kreidl (Hrsg.), *Wie Corona die Hochschullehre verändert*,
https://doi.org/10.1007/978-3-658-32609-8_7

für angewandte Wissenschaften (HAWs)? Welche Erfahrungswerte und Best-Practice-Beispiele liegen heute vor und welche Ausblicke lassen sich daraus auf das hybride Wintersemester geben?

**Die Fachhochschule Dortmund**

„We focus on students“: Die Fachhochschule Dortmund hat den Anspruch, junge Menschen durch die Qualität der Lehre, persönliche Betreuung und eine weltoffene Ausrichtung akademisch auszubilden, sie bei der Entwicklung ihrer Potenziale zu begleiten und ihnen attraktive Karrierewege zu ermöglichen.

Sie gehört mit rund 14.500 Studierenden zu den zehn größten Fachhochschulen in Deutschland. Das Studium ist daran orientiert, anwendungsnah auszubilden. Über 80 Studiengänge bieten Bachelor- und Masterabschlüsse in der Informatik, in Ingenieur-, Wirtschafts- und Sozialwissenschaften sowie in den Bereichen Architektur und Design.

## 7.1 Herausforderungen für HAWs in NRW

Hochschulen für angewandte Wissenschaften legen neben der Vermittlung von Grundlagen ein großes Augenmerk auf Praxisbezug, wie Praktika, Studienarbeiten oder Praxissemester. Dies setzt eine intensivere Betreuung der Studierenden voraus.

Gerade diese Betreuungsrelation hat sich aber in den letzten Jahren verschlechtert (steigende Tendenz zum Studium, doppelter Abiturjahrgang etc.). So bleiben insbesondere die Hochschulen in der Metropole Ruhr hinter den übrigen in Nordrhein-Westfalen zurück: kamen 2010 auf eine*n Professor*in rund 45 Studierende, so waren es 2018 bereits 68 (RuhrFutur, 2020). Dies soll sich perspektivisch ändern: Der am 6. Juni 2019 beschlossene „Zukunftsvertrag Studium und Lehre stärken“ will als Nachfolger des „Hochschulpakts 2020“ die Qualität von Studium und Lehre an den Hochschulen stärken. Mit der dauerhaften Förderung ab 2021 soll insbesondere unbefristetes, mit Studium und Lehre befasstes Hochschulpersonal ausgebaut werden.

Studienanfänger*Innen an den Hochschulen der Ruhrgebietsregion sind im Schnitt etwa ein Jahr jünger als im übrigen Nordrhein-Westfalen, haben weniger Lebenserfahrung und sind weniger selbstständig. Etwa zwei Drittel der Studierenden sprechen im familiären Umfeld auch oder ausschließlich eine andere Sprache als Deutsch (RuhrFutur, 2020). Auch hierfür wird ein höherer Betreuungsaufwand benötigt (El-Mafaalani, 2020).

Ein weiterer wichtiger Faktor für einen erfolgreichen Studienverlauf ist die Bildungsherkunft. An den HWAs in der Metropole Ruhr studieren mehr als 67 % Erstakademiker*Innen (Bundesdurchschnitt: 58 %) und 59 % der Studierenden haben eine allgemeine Hochschulreife (Universitäten in NRW: fast 98 %). Diese Voraussetzungen führten bereits vor dem Corona-Semester zu erhöhten Abbrecherquoten und stellen gerade unter den veränderten Bedingungen eine erhebliche Schwierigkeit dar.

Untersuchungen des Stifterverbands im Rahmen des Hochschul-Bildungs-Reports ergaben ein großes Defizit bei den außerfachlichen Schlüsselqualifikationen, die in zukünftigen akademischen Berufsbildern beherrscht werden müssen „…um in einer immer stärker digital geprägten Welt kooperativ und agil zu arbeiten, wirkungsvoll zu interagieren und kritische Entscheidungen zu treffen" (Stifterverband 2020). Hier wird insbesondere die Fähigkeit zur Kollaboration genannt, die durch digitale Technologien unterstützt und geprägt sein wird (Kirchherr et al., 2020). Der höchste Bedarf wird bei der Fähigkeit zum Digital Learning gesehen (Deutsche UNESCO-Kommission 2020). Die Fachhochschule Dortmund räumt dem Thema Digitalisierung einen hohen Stellenwert ein. Im Hochschulentwicklungsplan ist es eines von vier Fokusthemen. Robuste und innovative IT-Systemlösungen werden ins Zentrum der neu zu fassenden IT-Strategie gestellt.

Schon vor Corona war angesichts des Tempos, mit der die Digitalisierung die Arbeitswelt verändert, der Weiterbildungsbedarf enorm hoch. Corona hat dem Ganzen noch eine eigene zusätzliche Dynamik hinzugefügt. Lehrende und Beschäftigte mussten innerhalb kürzester Zeit Werkzeuge neu erlernen und tradierte Wege verlassen, Studierende auf diesem Weg begleitet werden.

## 7.2 Online-Semester – Erfahrungen

Das Ministerium für Kultur und Wissenschaft des Landes NRW hat mit der Corona-Epidemie-Hochschulverordnung vom 15. April das Sommersemester 2020 als Kann-Semester definiert, die Regelstudienzeit wurde damit ausgesetzt und die freiwillige Nutzung von Lehrangeboten vorgesehen. Prüfungen, die das gerade beendete Wintersemester betrafen, wurden auf den Herbst verschoben, der Freiversuch für die Prüfungen des Sommersemesters eingeführt, um die Nachteile für Studierende möglichst gering zu halten.

Die Fachhochschule Dortmund hat auf verschiedenen Ebenen unter Hochdruck, pragmatisch und in einem großen Schulterschluss auf die Situation reagiert. Um den Informationsfluss zu gewährleisten wurden Lehrende, Beschäftigte und Studierende über die Website und wöchentliche Rundmails der Hochschulleitung informiert. Die Leitung stand zudem mit den Dekanaten und den studentischen Vertretungen in engem und regelmäßigen Austausch.

Die Lehrenden haben – nach der im Ruhrgebiet gelebten Maxime: Ärmel hochkrempeln und machen – kreative und pragmatische Angebote entwickelt. Sie reichen vom Hochladen einzelner Arbeitsblätter über digitale Logbücher bis hin zu online Bonustests. Innerhalb von vier Wochen wurden überschlagsweise mehr als 700 Module digitalisiert, das sind mehr als 90 % aller Angebote.

Die Hochschule hat sich zum Semesterstart für ein professionelles Videokonferenzsystem entschieden, das extern gehostet wird, um sehr schnell auf entsprechende

Serverkapazitäten zurückgreifen zu können. Lehrende erhielten ein ad hoc aufgesetztes Schulungsangebot. So konnten bereits im Juni 2020 innerhalb einer Woche mehr als 20.000 Teilnehmende das System nutzen, das bedeutet in Spitzenzeiten mehr als 400 Meetings pro Tag. Und auch die internationalen Studierenden hatten die Möglichkeit, das Studium aus ihren Heimatländern, u. a. aus Marokko, Vietnam und Indien, fortsetzen.

In den Anfangswochen des Online-Semesters wurde das Videokonferenzsystem sehr unterschiedlich genutzt. Dabei wurde insbesondere die unterschiedliche Nutzung von Videobild und Audiokanal und deren Auswirkung auf die jeweilige Veranstaltung diskutiert. Leere Videofenster („Kacheln") und ein ausgeschalteter Ton ließen eine passive Studierendenschaft vermuten. Oftmals waren aber die eigenen Ansprüche nicht deutlich kommuniziert. Eine sich daraus ergebende Umgangsform in Videokonferenzen, also eine Netiquette für die Nutzung von Videokonferenzsystemen, erscheint hier notwendig.

## 7.3 Online-Semester – Umfrageergebnisse

Die FH Dortmund hat zur systematischen Erfassung der Erfahrungen mit dem Online-Semester im August, nach Abschluss der Vorlesungszeit und vor Beginn der Prüfungsphase, eine Corona-Umfrage durchgeführt. Sie wurde gemeinsam von der Evaluationsstelle mit dem Perspektivmanagement, der Inklusionsbeauftragten und dem Büro zum Hochschulentwicklungsplan vorbereitet. Dabei konnte eine sehr gute Rücklaufquote verzeichnet werden: 43 % der Beschäftigten und 10 % der Studierenden haben sich an der Online-Umfrage beteiligt. Auch wenn die vollständige Auswertung noch aussteht, sollen hier einige Schlaglichter geworfen werden.

### 7.3.1 Umstellung auf Online-Betrieb

Ein Großteil der Lehrveranstaltungen wurden auf den Onlinebetrieb umgestellt. Die zügige Umstellung lässt sich dadurch erklären, dass ein hoher Anteil von Unterrichtsmaterialien bereits vor der Corona Krise digitalisiert wurde. So gab die Mehrheit (69,4 %) an, ihre Unterrichtsmaterialien bereits vor dem Corona-Semester umgestellt zu haben; Ein Fünftel (19,7 %) der Lehrenden sogar das vollständige.

So gaben 83,5 % Lehrenden an, alle Veranstaltungen online durchgeführt zu haben, weitere 8 % boten ihre Veranstaltungen teilweise online an. 85,3 % der Studierenden bestätigten, dass in ihren Lehrveranstaltungen die Lernplattform ILIAS zum Einsatz kam, 38 %, dass Chatraums eingesetzt wurden.

Die Ausstattung der Studierenden und Beschäftigen ist in den allermeisten Fällen für die Anforderungen des Online-Semesters ausreichend. (vgl. Abb. 7.1). Allerdings kamen nicht alle mit der Umsetzung gleichermaßen zu Recht. Wir kommen dazu weiter unten im Beitrag.

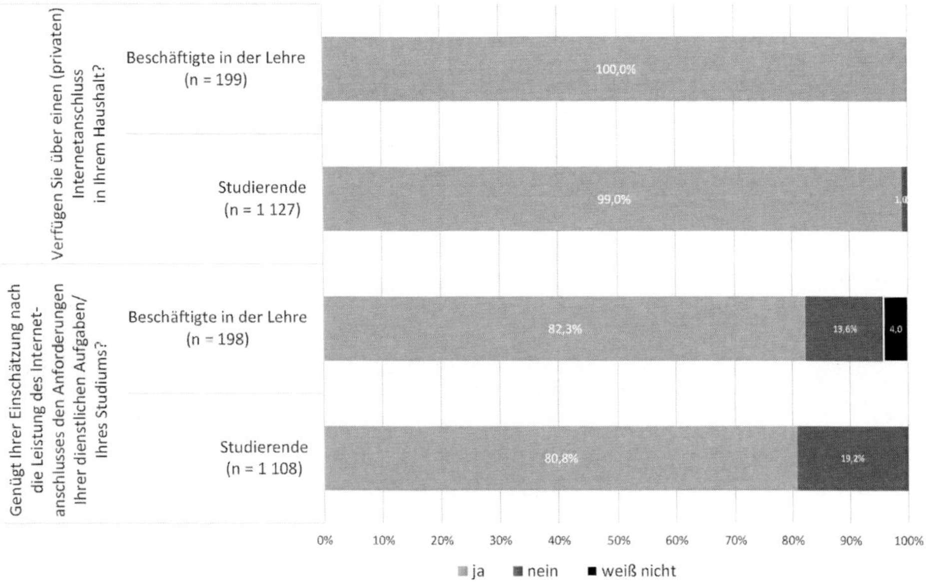


**Abb. 7.1** Ausstattung von Studierenden und Beschäftigten. (Quelle: Eigene Darstellung)

## 7.3.2 Videokonferenzen

Bei der Umstellung auf das Online-Semester spielte der Einsatz der Videokonferenzen eine entscheidende Rolle: 73,8 % der Lehrenden sagen aus, ihr vollständiges Angebot auch als Videokonferenz anzubieten, 26,2 %, Videokonferenzen teilweise einzusetzen. Auch wenn die Zahlenwerte abweichen, so bestätigen die Studierenden den umfangreichen Einsatz von Videokonferenzen: 44,4 % benennen, dass das vollständige Lehrangebot über Videokonferenzen angeboten wurde, 47,5 % teilweise, 8,2 %, dass keine Lehrveranstaltungen in Videokonferenzen angeboten wurden.

Die sehr kurzfristige Einführung ist bei den Lehrenden gut gelungen: nur 0,5 % geben an, dass sie sich kaum in der Lage sahen, das System einzusetzen. 48,5 % hingegen konnten das System ohne Unterstützung anwenden, 39 % mit der angebotenen Systemhilfe, 31 % mithilfe Dritter und 25 % mit Video-Tutorials. Der Einsatz der Videokonferenzen wird von einigen Lehrenden kritisch gesehen: 24,5 % finden das dieses Lehren als aufwendig, 27,5 % als unbefriedigend und 17 % als stressvoll.

Bezüglich der Beteiligung der Studierenden weichen die Einschätzungen der Lehrenden und Studierenden ab. 74,3 % der Lehrenden bewerten die interaktive Beteiligung der Studierenden als niedriger oder viel niedriger als im Präsenzbetrieb. Bei den Studierenden hingegen ergibt sich ein breites Spektrum mit leichter Tendenz zur aktiven Beteiligung (46,7 % trifft zu oder trifft voll und ganz zu), einem Empfinden nach unpersönlicher Atmosphäre (48,1 %) und der Einschätzung, dass weniger gelernt wird (40,5 %). Hier wird die noch ausstehende Auswertung der zahlreichen qualitativen Antworten in den Freitextfeldern ein klareres Bild liefern.

### 7.3.3 Kommunikation

E-Mail hat einen großen Anteil an der allgemeinen Kommunikation. 96,1 % aller Beschäftigen benennen sie als eingesetzten Kommunikationsweg, gefolgt von Telefon (86,9 %) und Videokonferenz (61,6 %). Interessant ist der Unterschied bei den Studierenden bezüglich der Frage, welcher Kommunikationsweg für die Kommunikation mit den Lehrenden (E-Mail 90 %, *Webex* 38,5 %, *ILIAS* 46,9 %) bzw. untereinander (85,6 % Instantmessaging, 35 % per Mail, 29,2 % per Telefon).

Die Lehrenden bewerten die Kommunikation mit den Studierenden als respektvoll und sehen einen Bezug zu den angebotenen Lehreinheiten oder der außergewöhnlichen Situation im Corona-Semester (vgl. Abb. 7.2). Die Kommunikation wird generell als nicht persönlich gesehen (62,2 %). Dies gilt auch für die Einschätzung, dass Videokonferenzen als unpersönlich wahrgenommen werden (67,2 % der Lehrenden und 48,8 % der Studierenden).

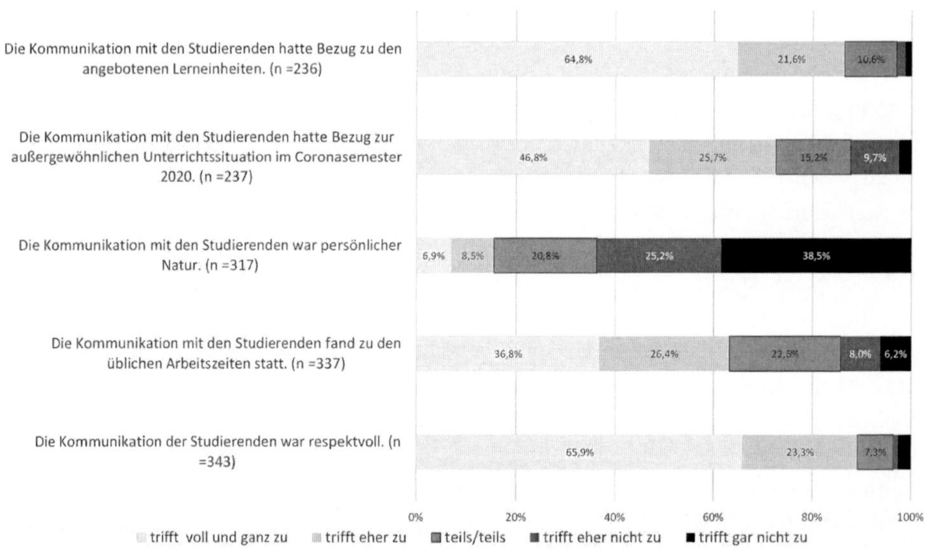


**Abb. 7.2** Einschätzung der Lehrenden zur Kommunikation mit den Studierenden. (Quelle: Eigene Darstellung)

### 7.3.4 Aufwand und Anforderungen

Für die Lehrenden bedeutet der Umstieg auf das Online-Semester eine starke Belastung. So gibt rund drei Viertel der Lehrenden (45,7 % viel höher, 33 % höher) einen Mehraufwand bei der Vor- und Nachbereitung der Lehrveranstaltungen an.

Diese Einschätzung fällt bei den Studierenden weniger drastisch aus: Rund die Hälfte der Studierenden (20,5 % viel höher, 31,1 % höher) sieht einen Mehraufwand bei der Vor- und Nachbereitung der Lehrveranstaltungen. Für einen Großteil der Studierenden bleiben auch die Anforderungen aus Studium und Prüfung gleich. Allerdings geben ca. 30 %, überfordert zu sein (vgl. Tab. 7.1).

Setzt man diese Befunde allerdings in Bezug zu den Ergebnissen der regelmäßig stattfindenden Studienverlaufsbefragungen der 3. und 5. Fachsemester, so ergibt sich ein anderes Bild. Abb. 7.3 vergleicht die Aussagen zu Studien- und Prüfungsanforderungen der 3. und 5. Fachsemester aus dem vergangenen Jahr (Referenz SV) und denen der jetzigen Befragung (Corona-Semester).

Hier zeigt sich ein deutlicher Anstieg der Überforderung sowohl bei den Studien- (Umfang: 43,3 % zu 20,6 %, Inhalt: 29,0 % zu 13,6 %) als auch bei den Prüfungsanforderungen (Umfang: 43,5 % zu 27,8 %, Inhalt 36,8 % zu 14,7 %). Der Vollständigkeit halber sei erwähnt, dass die Prüfungsphase jeweils nach der Erhebungsphase lag und sich Antworten zu den Prüfungsanforderungen auf die Erwartung der Studierenden bezog.

Auch die Aussagen zur erwarteten Studiendauer machen deutlich, dass sich das Corona-Semester eher negativ auswirkt (vgl. Abb. 7.4). Besonders der hohe Anteil derjenigen, die keine Beurteilung abgeben können (20,3 %), macht die Unsicherheit mit der jetzigen Situation deutlich.

Ein gesonderter Blick auf die Möglichkeiten der Kooperation und des Miteinanders der Studierenden hebt weitere Schwierigkeiten insbesondere im Vergleich mit der Vorgängerkohorte hervor (vgl. Abb. 7.5). So ist in allen Bereichen eine deutliche Verschlechterung unter Corona-Bedingungen zu verzeichnen: sowohl das Einleben in das akademische Umfeld (44,1 % der Corona-Kohorte vs. 10,9 % in der Referenzgruppe), als auch die Bildung von Lern- und Arbeitsgruppen (54,5 % vs. 16,2 %) und der Kontakt zu Mitstudierenden (58,7 % vs. 15,5 %) bereiten große oder eher große Schwierigkeiten. Das wird

**Tab. 7.1** Verteilung der Aussagen aller Studierender zu Studien -und Prüfungsanforderungen. (Quelle: Eigene Darstellung)

| | | Überforderung (%) | Gleich (%) | Unterforderung (%) |
|---|---|---|---|---|
| Aktuelle Studienanforderungen | Umfang | 35,2 | 61,1 | 3,7 |
| | Inhalt | 25,8 | 69,0 | 5 |
| Anstehende Prüfungsanforderungen | Umfang | 37,6 | 59,9 | 2,6 |
| | Inhalt | 32,3 | 65,8 | 2,6 |

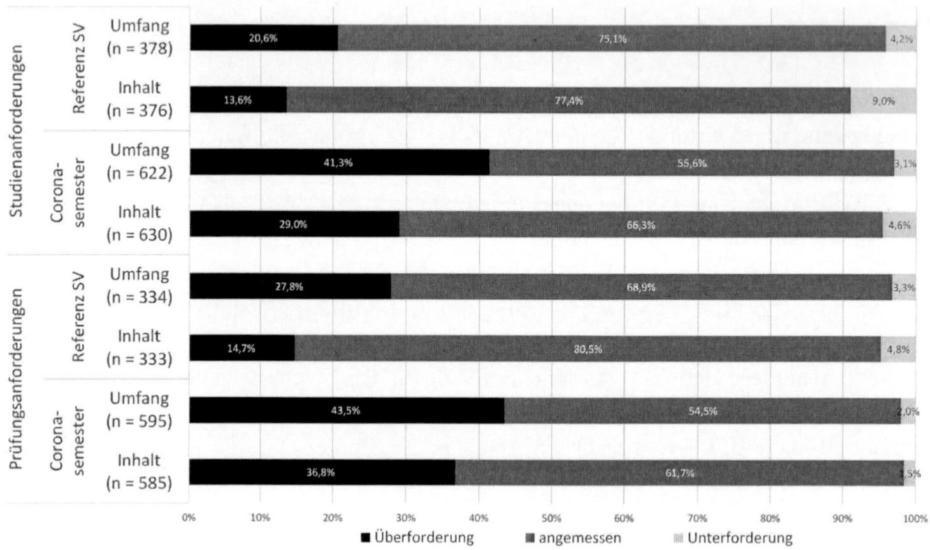


**Abb. 7.3** Vergleich der Aussagen zu Anforderungen (3. und 5. Fachsemester vor und während des Corona-Semesters). (Quelle: Eigene Darstellung)

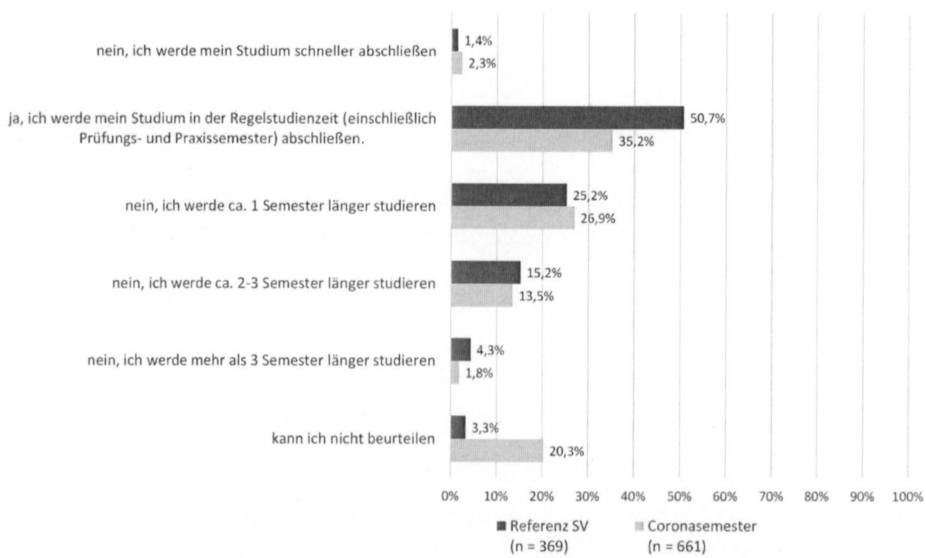


**Abb. 7.4** Vergleich der Aussagen zur erwarteten Studiendauer (3. und 5. Fachsemester vor und während des Corona-Semesters). (Quelle: Eigene Darstellung)

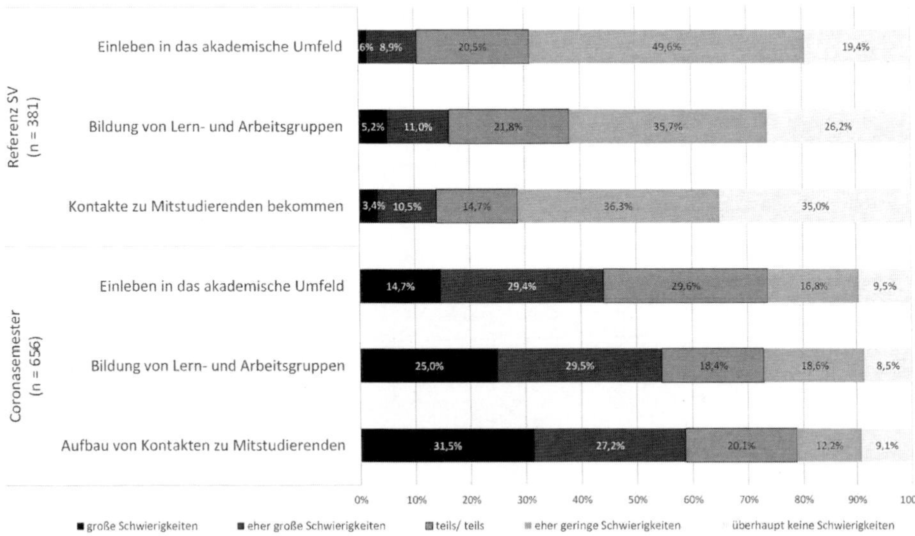


**Abb. 7.5** Schwierigkeiten bei Kooperation im Studium (3. und 5. Fachsemester vor und während des Corona-Semesters). (Quelle: Eigene Darstellung)

auch durch Lehrende bestätigt, die vielfach auf schwarze Kacheln bei Videokonferenzen schauen und kooperatives Miteinander vermissen. Hier wären klare Kommunikationsleitlinien in Form einer Netiquette hilfreich.

### 7.3.5 Einschätzungen zum zukünftigen Einsatz neuer Lernmedien

Trotz aller Aufwände und Schwierigkeiten gehen beide Gruppen davon aus, dass die neu eingeführten Lernmedien auch zukünftig zum Einsatz kommen. So geben 93.6 % der Lehrenden an, sie auch künftig einzusetzen, 12,6 % sind sich unsicher, 6,4 %, sie nicht mehr einzusetzen (vgl. Abb. 7.6). 38 % wünschen sich dabei weitere Unterstützung.

Die Studierenden nehmen zu 55,2 % an, dass die neuen Lernmedien künftig in den Veranstaltungen eingesetzt werden. 62,8 % geben an, dass sie eine sinnvolle Ergänzung zur Präsenzlehre darstellen. In den qualitativen Antworten der Studierenden wird häufiger genannt, dass eine Kombination von aufgezeichneten Vorlesungseinheiten, die asynchron rezipiert werden können, und ein verlässlicher Tagesablauf von Übungen und Praktika als Videokonferenzen in einem festen Stundenplanraster als ein Erfolgsszenario gesehen wird. Die abschließende Auswertung steht noch aus.

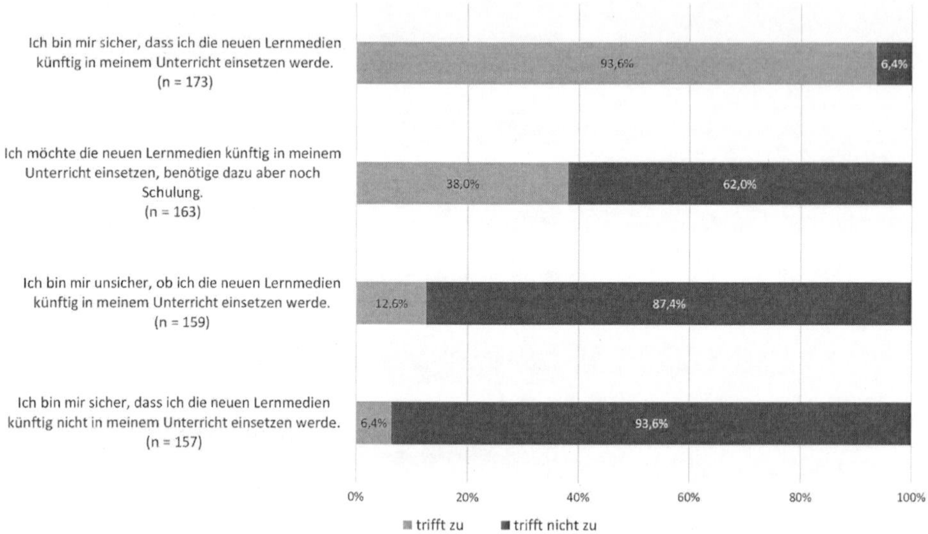


**Abb. 7.6** Aussagen der Lehrenden zum zukünftigen Einsatz neuer Lernmedien. (Quelle: Eigene Darstellung)

## 7.4 Online-Semester – Best Practice

Die zwei folgenden Beispiele zeigen, wie unterschiedlich die Lehrenden der Fachhochschule Dortmund die Herausforderungen angenommen und Angebote für ihre Studierenden aufgesetzt haben. Sie präsentieren zum einen, wie auch unter Online-Bedingungen praxisorientierte Lehre eingesetzt werden kann, zum anderen, wie auch in großen Kohorten aktive Beteiligungen machbar sind.

### 7.4.1 Praxisorientierung im Online-Semester

Das erste Beispiel wurde von einem Lehrenden entwickelt, der im Bachelor-Studiengang Maschinenbau im 5. Semester das Wahlpflichtmodul „Additive Fertigung“ liest. Die Studierenden legen in diesen Modulen ihren späteren Schwerpunkt fest, hier Fertigungstechnik. Das Modul ist curricular verankert, es sind zwei Stunden Vorlesung und zwei Stunden Praktikum vorgesehen. Im Sommersemester 2020 haben 18 Studierende teilgenommen.

Die Herausforderung bestand darin, einen hohen Praxisanteil mit verschiedenen Fertigungsverfahren zu ermöglichen, der bedingt durch das Betretungsverbot nicht möglich war. Der Fachbereich kaufte neun 3D-Drucker, die an studentische 2er-Teams ausgeliehen wurden. Die Aufgabenstellung lautete, eine Smartphone Halterung für ein Fahrrad zu entwickeln und anschließend auch zu fertigen.

Die Studierenden erhielten vorab die theoretischen Hintergründe, dazu wurden Videos, Textausschnitte aus Fachbüchern und vertonte Präsentationen bereitgestellt. Es gab wöchentliche 60-minütige Videokonferenzen mit der gesamten Gruppe, zudem stellten die Teams dem Lehrenden in 20-minütigen Berichten den Fortschritt der Aufgaben dar. Für die Prüfung musste eine Entwurfs-Dokumentation erstellt und eine Abschlusspräsentation gehalten werden. Ein Beispielentwurf ist in Abb. 7.7 abgebildet.

Das Fazit des Dozenten und der Studierenden fällt durchweg positiv aus. Obwohl es nicht möglich war, die Vielzahl der Produktionsverfahren und Materialien praktisch im Labor vorzuführen, ist es gelungen, sich auf ein Verfahren zu fokussieren. Die Studierenden hatten eine herausfordernde Aufgabe mit hohem praktischem Anteil zu lösen, bei der eine regelmäßige Kommunikation in alle Richtungen erfolgte.

### 7.4.2 Aktive Beteiligungsformate

Eine andere Variante verfolgte der Lehrende in den Grundlagenfächern der Wirtschaftswissenschaften, an denen in der Regel eine große Anzahl an Studierenden teilnimmt. Er transferierte seine Veranstaltungen zu BWL und VWL in eine Online-Version, in der Regel in eine Kombination aus Vortrag mit anschließender Übung. Aus vorherigen Semestern waren bereits ergänzende ELearning-Angebote, wie Lern-Videos, Tests (Übungsaufgaben), Lernmodule, Glossare und Lernkarten, im Lernmanagementsystem vorhanden.

In den Videokonferenz-Veranstaltungen wurden die Inhalt wie gewohnt in Präsenz vorgestellt (Freigabe des interaktiven Displays). Integriert waren Phasen, in denen die Studierenden selbstständig Aufgaben bearbeiten mussten und der Lehrende für Fragen zur Verfügung stand. Hierbei starteten meist zeitnah erste Diskussionen im Chat über

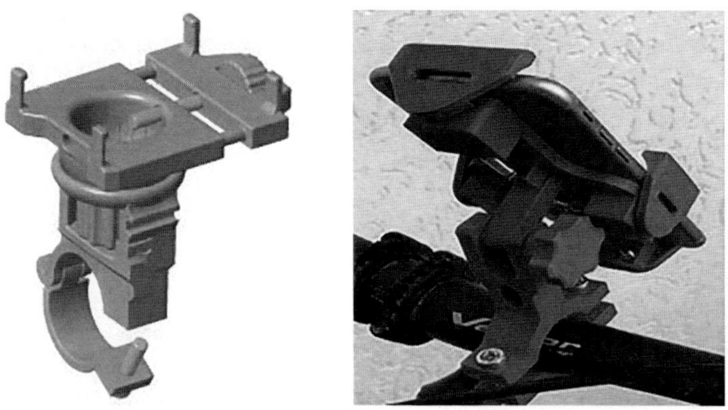

**Abb. 7.7** Konzept Smartphone-Halterung (links), Endprodukt (rechts) einer Smart-Phone Halterung. (Quelle: Eigene Darstellung)

Ansätze und Lösungen. Ebenso wurden Fragen im (z. T. privaten) Chat gestellt. Aktive Studierende präsentierten ihre Lösungen über die Bildschirmfreigabe oder stellten sie ins Wiki ein. Im Zusammenspiel mit Abstimmungen oder der gemeinsamen Bearbeitung von Mindmaps konnte so die reine Rezeption der Veranstaltung verhindert und die Studierenden aktiviert werden. Selbstlernaufgaben wurden deutlich häufiger als bei bisherigen Veranstaltungen bearbeitet, Leistungsstandskontrollen über Tests mit Bonuspunkten durchgeführt, aus denen ggf. Stoffwiederholungen abgeleitet werden konnten.

Die Studierenden begrüßen in hohem Maße das Konzept der Veranstaltungen. Insbesondere wird die Kombination aus aufgezeichneten Vorlesungseinheiten, die asynchron rezipiert werden können, und ein verlässlicher Tagesablauf von Übungen im Rahmen des Stundenplans positiv hervorgehoben. Damit zeigt sich hier ein vergleichbares Ergebnis zu den Ergebnissen aus der Corona-Umfrage. Dies geht aus den Rückmeldungen der Studierenden im Rahmen der Lehrveranstaltungsevaluation hervor: „Ich finde die Art der Vorlesung insgesamt sehr angenehm. Der Dozent verdeutlicht die Inhalte an anschaulichen Beispielen, außerdem helfen die E-LearningAufgaben dabei, den Stoff zu verinnerlichen.“ (BA-VWL, 2. Semester). „Der Einsatz und die Transparenz des Dozenten sind absolut hervorragend. […] Sehr ausgewogene Mischung aus eigenständiger Arbeit und Vorträgen des Dozenten.“ (Bachelor VWL 4. Semester).

## 7.5 Reflexion und Ausblick

Die Hochschulen für angewandte Wissenschaften stehen in Corona-Zeiten vor besonderen Herausforderungen: Zum einen durch die Besonderheit des praxisorientierten Studiums. Zum anderen durch eine seit Jahren ungünstige Betreuungsrelation. Erschwerend kommen in der Metropole Ruhr das im Schnitt geringere Alter der Studierenden hinzu sowie ein hoher Anteil an Studierenden mit Migrationshintergrund und an Erstakademiker*innen.

Die Betrachtung genutzter technischer Systeme macht deutlich, dass der Umstieg auf die reine Online-Lehre bei rund 90 % der Veranstaltungen erfolgreich war und eine große Anzahl an Videokonferenzen die interaktiven Lehrformate abbildeten. Dies wurde nur mit vereinten Kräften und mit der im Ruhrgebiet üblichen „Hands-On“ Mentalität aller Beteiligten möglich.

Die Ergebnisse der Corona-Umfrage zeigen bei den Lehrenden eine stärkere Belastung in der Vor- und Nachbereitung ihrer Veranstaltungen. Vieles spricht dafür, dass insbesondere Offene Bildungsmaterialien, sogenannte Open Educational Resources (OER), einen wichtigen Beitrag zur Entlastung bei der Vorbereitung der Lehrveranstaltungen leisten können. Deren sachgerechte Nutzung ist aber nur mit einem gut durchdachten pädagogischen Konzept denkbar. Zu diesem Zweck wurde von der Digitalen Hochschule NRW (DH.NRW), einer Initiative der Landesregierung NRW zur Förderung des Digitalisierungs- und Informationsmanagements an Hochschulen, das Landesportal auf den Weg gebracht.

Auch den Vorbehalten beim Umgang mit Videokonferenzsystemen und dem Wunsch nach mehr Schulungen bei der Vorbereitung von Lernmedien muss begegnet werden. Hier wird es in Zukunft darauf ankommen, insgesamt mehr Austauschmöglichkeiten und Unterstützung für die Lehrenden anzubieten. Eine gute Ausgangsbasis sind Best-Practice-Beispiele. Zudem ist an der Fachhochschule Dortmund die Einrichtung einer Zukunftswerkstatt für Hochschuldidaktik im Allgemeinen und Didaktik von ELearning-Angeboten im Speziellen auf den Weg gebracht.

Das zukünftige Wintersemester ist das Haupteinschreibesemester von grundständigen Studiengängen. Da der akademische Erfolg der Studierenden maßgeblich von deren Integrationserfolg abhängt, ist eine starke Unterstützung der neuen Erstsemester entscheidend. Dabei gilt es insbesondere, die Selbstorganisation der studentischen Gruppen, die die Fachhochschule Dortmund als wesentlichen Schlüssel ansieht, zu unterstützen. Der Fokus liegt aus diesem Grund auf Präsenzveranstaltungen für Erstsemester und auf Praktika. Zudem ermöglicht die FH Dortmund zukünftig, allen Studierenden Gastgeberlizenzen für Videokonferenzen einzurichten, sodass auch dies eine Möglichkeit für ihre Selbstorganisation sein kann. Darüber hinaus wird sich im weiteren Verlaufe eine Netiquette herausbilden, die zu einem reflektierten Einsatz beiträgt, wie Lehrveranstaltungen bestmöglich gestaltet werden können. Zusätzlich prüft die Hochschule die gezielte Nutzung von Kollaborationswerkzeugen für die Selbstorganisation der Erstsemester.

Die Ergebnisse der Corona-Umfrage zeigen bei den Studierenden eine zunehmende Überforderung. Aus den noch auszuwertenden qualitativen Antworten werden sich zahlreiche Möglichkeiten ergeben, wie dieser Überforderung begegnet werden kann. In einem nächsten Schritt werden diese Ideen zu einem schlüssigen Konzept weiterentwickelt und umgesetzt.

Die Ergebnisse zur aktiven Beteiligung der Studierenden an Online-Lehrformaten, wie insbesondere der Videokonferenzen, müssen vertieft untersucht und entsprechende Ansätze weiterentwickelt werden. Generell geht der Trend davon aus, dass eine stärkere aktive Beteiligung der Studierenden im Sinne des im Report der European University Association (EUA) formulierten „from teaching to learning" (Gover et al. 2019) der zukünftige Weg sein wird. Für die FH Dortmund ist absehbar, dass sich hier zukünftig eine Kombination aus digitalen Formaten und Vor-Ort-Formaten herausbilden wird. Die wenig aktiven Formate wie die klassische Vorlesung werden digitalisiert und damit orts- und zeitunabhängig rezipierbar sein. Reine Vor-Ort-Veranstaltungen können verstärkt Formate wie flipped classrooms nutzen.

In der Corona-Umfrage ist deutlich geworden, wie unterschiedlich Kommunikationsmöglichkeiten zwischen Lehrenden und Studierenden (vor allem E-Mail) und unter Studierenden (vor allem Instant Messenger) genutzt werden. Dies bestätigt die Diskrepanz zwischen den digitalen Formaten in Bildungsinstitutionen und der sonstigen Lebenswelt der Studierenden, die der Bericht „Bildung in Deutschland 2020" der Kultusministerkonferenz beschreibt (Autorengruppe Bildungsbericht, 2020).

Diese Diskrepanz möchte die Fachhochschule Dortmund sukzessive auflösen, um weiter attraktiv für ihre Studierenden zu bleiben. Dies gilt insbesondere angesichts der Überzeugungen, dass neue Lernmedien auch zukünftig zum Einsatz kommen. In dem Zwang zur Digitalisierung des Angebots aller Lehrenden sieht sie auch eine Chance für zukünftige Entwicklungen: In den Diskussion um ELearning dürfte es zukünftig nicht mehr um das „Ob", sondern um das „Wie am besten" gehen.

Und dann wird es auch keine verlorene Zeit sein,
sondern sollte – wie Proust seinen letzten Band nannte –
eine „wiedergefundene Zeit" werden.

## Literatur

Autorengruppe Bildungsberichterstattung (Hrsg.): Bildung in Deutschland 2020. Ein indikatorengestützter Bericht mit einer Analyse zu Bildung in einer digitalisierten Welt. Online abrufbar unter: https://www.kmk.org/themen/bildungsberichterstattung/bildungsbericht-2020.html (zuletzt geprüft am 06.10.2020).

El-Mafaalani, A: Bildungsaufstieg – (K)eine Frage von Leistung allein? Online abrufbar unter: https://www.bpb.de/gesellschaft/bildung/zukunft-bildung/205371/bildungsaufstieg?p=all (zuletzt geprüft am 06.10.2020).

Gover, A.; Loukkola, T.; Peterbauer, H.: EUA Report 2019 – Student-centered learning: approaches to quality assurance. Online abrufbar unter: https://www.eua.eu/downloads/publications/student-centred%20learning_approaches%20to%20quality%20assurance%20report.pdf (zuletzt geprüft am 06.10.2020).

Ruhr Futur: Studieren im Ruhrgebiet heute. Erste Ergebnisse der gemeinsamen Studiengangs- und Studienverlaufsbefragungen an den RuhrFutur-Hochschulen. Online abrufbar unter: https://www.ruhrfutur.de/sites/default/files/inline-attachments/RZ_Bericht_Studierendenbefragung_web.pdf (zuletzt geprüft am 06.10.2020).

Deutsche UNESCO-Kommission: Open Educational Resources als Instrument zur Erreichung der Bildungsziele 2030. Online abrufbar unter: https://www.unesco.de/bildung/open-educational-resources/open-educational-resources-als-instrument-zur-erreichung-der (zuletzt geprüft am 06.10.2020).

Kirchherr, J.; Klier, J.; Lehmann-Brauns, C.; Winde, M.; Stifterverband: Future Skills: Welche Kompetenzen in Deutschland fehlen, https://www.future-skills.net/future-skills-framework (zuletzt geprüft am 06.10.2020).

Stifterverband, Hochschul-Bildungs-Report 2020, Für Morgen befähigen, Jahresbericht 2019, https://www.stifterverband.org/download/file/fid/7803 (zuletzt geprüft am 06.10.2020).

# Logbuch Digitale Lehre: Nachrichten aus dem Maschinenraum

**8**

Armin Rubner

**Zusammenfassung**

Das Sommersemester 2020 wird uns an der Ludwig-Maximilians-Universität München (LMU) dank eines beispiellosen Manövers in lebhafter Erinnerung bleiben: Infolge der COVID-19-Pandemie stellte die Universität ihre Präsenzlehre komplett auf digitale Lehrformate um. Innerhalb weniger Tage musste im März 2020 die technische Infrastruktur für digitale Lehre für über 50.000 Studierende ausgebaut und auf die zu erwartende Last vorbereitet werden. Das Referat „eUniversity", spielte dabei eine zentrale Rolle. In diesem Beitrag reflektiere ich aus meiner Sicht als Referatsleiter, welche Schlüsse die LMU aus dieser Erfahrung ziehen kann. Die Betrachtungen erstrecken sich über den Zeitraum des „Digitalen Semesters" und

---

Der Topos „Logbuch Digitale Lehre" ist ein Zitat einer Reihe von Beiträgen auf der Website der LMU, die unter der Rubrik „LMU Aktuell" von den Kolleginnen und Kollegen der Abteilung „Kommunikation & Presse" eingeführt wurde. Eine lesenswerte Reihe, die hier zu finden ist https://www.uni-muenchen.de/funktionen/suche/index.html?sa=Suchen&q=Logbuch%20digitale%20Lehre&t=all.

„Nachrichten aus dem Maschinenraum" ist der Titel unserer wöchentlichen Update-Rubrik für unsere Koordinatorinnen und Koordinatoren Digitaler Lehre in den verschiedenen Fächern in unserem Learning-Management-System (LMS) Moodle. Link: https://www.elearning.lmu.de/koordination.

---

A. Rubner (✉)
Referat VI.6 eUniversity-Konzepte und -Dienste, Universität München, München, Deutschland
E-Mail: a.rubner@lmu.de



U. Dittler und C. Kreidl (Hrsg.), *Wie Corona die Hochschullehre verändert*,
https://doi.org/10.1007/978-3-658-32609-8_8

somit die „stürmische Zeit“ während der ersten zwanzig Wochen zwischen Mitte März und Anfang August.

## 8.1 Der Ocean Liner „MS LMU",

Häufig finden sich für altehrwürdige Einrichtungen, wie es die Ludwig-Maximilians-Universität München (LMU) mit ihrer inzwischen über 500-jährigen Tradition zweifellos ist, Vergleiche, die von liebevollen Bezeichnungen wie der einer „alte Dame“ bis zu weniger schmeichelhaften Benennungen wie der eines „alter Tankers“ reichen. Sie nehmen dabei immer die lange Vergangenheit und die damit verbundenen Errungenschaften und Gebrechen einer „alten Dame“ oder eines „alten Tankers“ in den Blick. Solche mehr oder weniger zutreffende Metaphern wecken entsprechende Assoziationen, die gleichermaßen positive wie negative Konnotationen nach sich ziehen, je nach Perspektive und Wohlwollen des Betrachtenden.

Für diesen kleinen Essay mögen sich die geneigten Leserinnen und Leser das Bild eines großen Passagierschiffes vergegenwärtigen, eines stolzen Ocean Liners, der „MS LMU“, die immerhin mehr als 50.000 Studierende als Passagiere beherbergt, nebst der Besatzung (also den Mitarbeitenden aus Wissenschaft und Verwaltung – ohne unser Klinikpersonal) sowie dem Kapitän und seinen Offizieren auf der Brücke. Mit mehr als 6.500 Männern und Frauen stellt diese Besatzung eine recht stattliche Mannschaft dar [3].

Um zu verstehen, aus welcher Perspektive die vorliegenden Betrachtungen geschrieben wurden, muss man genau hinsehen; genauer gesagt bis in die Tiefen des Maschinenraums, in dem sich eine kleine hochspezialisierte Einheit innerhalb des IT-Departments befindet, ein Team der zentralen Universitätsverwaltung, das unter meiner Führung einige „Maschinen“ (IT-Basisdienste) zur Unterstützung der digitalen Lehre zur Verfügung stellt, wartet und pflegt. Da ist zum einen das zentrale Learning-Management-System (LMS) *Moodle,* zum anderen das Video-Management-System (VMS) *LMUcast* sowie einige Basisdienste rund um die Beantragung von Mitteln für die Lehre, neben Schulungs- und Trainingsangeboten für eben diese Basisdienste. Unser Team der eUniversity, besteht aus fünf Männern und vier Frauen, die sich auf sechs Vollzeitstellen verteilen und über die Woche verteilt an unterschiedlichen Tagen ihren Dienst auf der MS LMU leisten.

Wir befanden uns Anfang März noch in gemäßigten Breiten, und laut den Signalen von der Brücke bestand keine Gefahr von „Eisbergen“, die die Sicherheit von Schiff und Besatzung gefährden konnten. So bereiteten wir uns ruhig und konzentriert auf die vor uns liegenden Wochen des Semesters vor.

## 8.2 Rückblick auf eine stürmische Fahrt

Dieses Semester, das einmal als das erste „Digitale Semester“ in die Annalen der Universität eingehen wird, hatte es in sich und hat die Fahrt der „MS LMU“ zeitweise zu einer stürmischen Angelegenheit gemacht. Inzwischen, Anfang September, befindet sich das Schiff wieder in ruhigerem Fahrwasser und es ist ein guter Zeitpunkt, einen Blick ins Logbuch zu werfen und die vergangene Reise noch einmal in Ausschnitten Revue passieren zu lassen: Wie alles begann zeigen ausgewählte Logbucheinträge in chronologischer Abfolge.

### 8.2.1 Logbucheintrag Montag, 02. März

Die Möglichkeit an einzelnen Tagen Homeoffice nehmen zu können (im Rahmen eines versuchsweisen Tests) wird begeistert angenommen.

**Nachtrag:** Wer hätte gedacht, dass wir 14 Tage später verpflichtend ins Homeoffice gehen müssen und der Vorlauf eine ideale Gelegenheit darstellte, die benötigten Systeme für die Zeit der Pandemie ausführlich zu testen und zu erproben. An Bord bedeutet Homeoffice natürlich, von der eigenen Kabine beziehungsweise Kajüte aus zu arbeiten …

### 8.2.2 Logbucheintrag Dienstag, 10. März

Auf dem Online-Auftritt der Süddeutschen Zeitung, erscheint am 27. Juli 2020 ein Artikel von Kassian Stroh [4] mit dem Titel „Sechs Monate, die das Land verändert haben“, ein chronologischer Rückblick, der beschreibt, was in Bayern während der Pandemie geschah. Aus diesem Artikel zitiere ich hier einige Einträge, um die Ereignisse an der Universität in einen größeren Kontext zu rücken.

Der Eintrag vom 10 März lautet wie folgt: „Der Freistaat Bayern verbietet alle Veranstaltungen mit mehr als 1.000 Teilnehmern und schließt die staatlichen Theater, Konzertsäle und Opernhäuser. Die ersten Volksfeste werden abgesagt.“ [5] Dunkle Wolken ziehen auf, es soll stürmisch werden! Wir stellen uns auf eine unruhige Überfahrt ein.

### 8.2.3 Logbucheintrag Montag, 16. März

> „Die Regierung ruft den landesweiten Katastrophenfall aus und verkündet die nächste Kaskade an Verboten: Bars, Freizeiteinrichtungen, Sport- und Spielplätze sowie Geschäfte werden geschlossen, ausgenommen die mit lebensnotwendigen Artikeln. Alle Kliniken

müssen sich allein auf die Versorgung von Covid-19-Patienten ausrichten. Und die Regierung beschließt milliardenteure Corona-Soforthilfen für Unternehmen“ [5].

Es ist so weit, für das gesamte Team gilt die Empfehlung, ab sofort vom Homeoffice aus zu arbeiten …der Vorlauf seit Anfang März erleichtert die Prozesse enorm. Seit vergangener Woche wird das Team-Meeting der eUniversity einmal pro Woche mittwochs via Videokonferenzsystem (VC) abgehalten, aber es ist absehbar, dass wir bald eine kürzere Taktung benötigen werden. Die große Frage steht im Raum: Was sollen wir in der aktuellen Situation für die Vorbereitung auf die Vorlesungszeit ab 20. April unseren Dozierenden raten, und noch wichtiger, wie informieren wir innerhalb eines so großen und verwinkelten Schiffes, das bewusst in vielen dezentral funktionierenden Einheiten organisiert ist, möglichst effizient alle Betroffenen und stellen sicher, dass die vielen Gerüchte und die Tipps vom Hörensagen eine solide Basis erhalten?

Am Nachmittag des gleichen Tages findet die letzte Präsenzveranstaltung unter Einhaltung strikter Abstands- und Hygieneregeln mit dem Titel "Notfallplanung SARS-CoV-2“: Dienste für Forschung, Lehre, Studierende“ im Senatssaal der Universität statt. Unter der Leitung des Vizepräsidenten für den Bereich Wirtschafts- und Personalverwaltung nehmen der Vizepräsident für den Bereich Studium, die Leitungen der Universitätsbibliothek, des International Office, der Rechtsabteilung, der Prüfungsämter, einige Referenten der Hochschulleitung, das IT-Dezernat, die eUniversity und einige Mitglieder anderer mit Lehre und Forschung betrauter Einrichtungen an Bord teil.

**Nachtrag:** Die Virtuelle Hochschule Bayern (vhb) verschickt per eMail ein Schreiben an alle „Präsidentinnen und Präsidenten sowie die Vizepräsidentinnen und Vizepräsidenten für Lehre und Studium der sogenannten Trägerhochschulen der Virtuellen Hochschule Bayern (vhb)“ mit einer Übersicht aller Online-Kurse im Kurskatalog der vhb, die nun als Ergänzung oder Ersatz für eigene Online-Lehrangebote an ihren Trägerhochschulen genutzt werden können. Die vhb ist in der vorteilhaften Lage, seit ihrer Gründung im Mai 2000 landesweite Angebote für Online-Lehre zu fördern und zu aggregieren.

### 8.2.4 Logbucheintrag Dienstag, 17. März

Die Bekanntmachung des Bayerischen Staatsministeriums für Gesundheit und Pflege vom 17. März 2020 enthält ein **Betretungsverbot für Hochschulen** in Bayern für Personen, die sich in den vom Robert Koch-Institut definierten Risikogebieten aufgehalten haben [6].

Am folgenden Mittwoch informiert eine Nachricht des Vizepräsidenten für den Bereich Studium über die Beschlüsse der Staatsregierung vom Vortag und die daraus folgenden Konsequenzen für die Universität, es bedeutet so viel wie „alle Mann unter Deck und Luken dicht“ – die Gebäude der LMU werden für den Publikumsverkehr geschlossen, Homeoffice wird das „neue Normal“.

Diese Entscheidung impliziert eine ganze Reihe von Konsequenzen, und folgende Fragen müssen rasch beantwortet werden. Die drängendste Frage lautet, mit welchen (digitalen) Werkzeugen kann an Bord während des Sturms zuverlässig kommuniziert werden? Des Weiteren muss rasch entschieden werden, auf welche Art und Weise Informationen bereitgestellt und verteilt werden und wie die Mannschaft erfährt, wo sie wichtige Instruktionen findet, um sich auf ein „Digitales Semester“ in der Lehre vorzubereiten.

Das bedeutet auch, dass nicht nur die einzelnen Mannschaften der zentralen Universitätsverwaltung von zu Hause, also von „unter Deck“ arbeiten müssen, sondern auch, dass sich ab sofort alle Wissenschaftlerinnen und Wissenschaftler und ihre Teams nicht mehr in den Laboren und Büros aufhalten dürfen. Die Beschaffung eines robusten Videokonferenzsystems (VC) zusätzlich zu den vorhandenen Ressourcen an unserem „regionalen“ Rechenzentrum, dem Leibniz-Rechenzentrum (LRZ) wird vordringlich und erhält höchste Priorität. Es wird daher Kontakt mit unserem nationalen „technischen Dienstleister“, dem Deutschen Forschungsnetz (DFN) aufgenommen. Der DFN ist gewissermaßen der Internetprovider der deutschen Wissenschaftseinrichtungen. Diese Gespräche ergeben, dass der dort betriebene Videokonferenzdienst *DFNconf* nicht für eine solche Menge an Teilnehmerinnen und Teilnehmern konzipiert wurde und der Hochschulen dringend empfohlen wird, zusätzlich einen „Plan B“ [7] zu verfolgen.

Parallel zu diesen Gesprächen erreichen mich persönlich fast rund um die Uhr viele „Depeschen“ (Tickets in den Support-Systemen) und direkte Anrufe von den Wissenschaftlerinnen und Wissenschaftlern, die nachfragen, was sie zur Kommunikation mit ihren Teams und den Teams auf „anderen Schiffen“ (also ihren Kooperations- und Forschungspartnern im In- und Ausland) benutzen sollten. Die Leitungen zu den Supportteams beginnen zu glühen, eine Lösung muss rasch gefunden, datenschutzkonform implementiert und bekannt gemacht werden.

Die interne Diskussion über alternative Anbieter hatte bereits einige Tage zuvor begonnen, als klar wurde, dass die zu diesem Zeitpunkt zur Verfügung stehenden Dienste unserer Partner (DFN, LRZ) weder die Anzahl der Teilnehmenden pro Meeting noch die gewünschte Qualität hinreichend sicher gewährleisten können.

Die Wahl fällt schließlich, nach einigen Abwägungen, auf den Anbieter *Zoom,* dessen Dienst sowohl die hohe Anzahl an Teilnehmenden managen kann, als auch eine hohe Qualität und, ganz wichtig, eine leichte Bedienbarkeit verspricht. So kommt es, dass bereits nach wenigen Tagen erste Testlizenzen sowie ein funktionierender Single Sign-On (=die Nutzung mit den vorhandenen „Kabinenschlüsseln“) der gesamten Besatzung zur Verfügung steht.

Nutzungsbedingungen, Datenverwendungshinweise und Datenschutzinformationen für die Verwendung von *Zoom* müssen erstellt und auf der Website des IT-Servicedesk publiziert werden. Dabei wird mein Team von den Spezialistinnen des Datenschutzes innerhalb des IT-Dezernats unterstützt. Die Dienste der Partner (DFN, LRZ) werden, parallel zur Nutzung von *Zoom,* für spezielle Anforderungen empfohlen und während der gesamten Reise genutzt.

**Nachtrag:** Die viel diskutierte Datenschutzproblematik bei der Nutzung von *Zoom* haben wir hier im IT-Department aufmerksam verfolgt und die Hinweise und Empfehlungen der Stabstelle für Informationssicherheit und IT-Recht für die staatlichen Universitäten und Hochschulen und weiterer staatlicher Datenschutzeinrichtungen sogfältig berücksichtigt und umgesetzt. Weiterführende Informationen für unsere Nutzerinnen und Nutzer wurden kontinuierlich auf den entsprechenden Seiten des IT-Servicedesk veröffentlicht. [8]

Parallel zur Einführung von *Zoom* wurde die Kommunikation innerhalb des Teams von einem JourFixe einmal pro Woche auf einen täglichen Austausch im Team, dem „eUniversity Daily", umgestellt. Das wichtigste Thema war die Frage der Kommunikation im Team und innerhalb des gesamten Schiffes … also wie informieren wir uns einerseits innerhalb des Teams über wichtige Anfragen, Tipps und offizielle Verlautbarungen der Kommandobrücke (Hochschulleitung) und der Reederei (Ministerium) und zum anderen wie stellen wir sicher, dass diese Informationen die gesamte Besatzung zuverlässig und ohne weitere Verzögerung erreichen, um eine gute Vorbereitung auf das „Digitale Semester" zu gewährleisten.

Um die Kommunikation zu allen Aktivitäten innerhalb meines Teams optimal zu fokussieren und um zu verhindern, dass wichtige Ideen oder Anfragen verloren gehen, wurde unser Ticketsystem „Zammad" optimiert und eine zentrale Seite im LMU Wiki (*Confluence*) unter dem Titel „Krisenstab Corona" angelegt, auf die neben der Mannschaft des gesamten Maschinenraums (IT-Departments) auch einzelne Offiziere der Kommandobrücke (Hochschulleitung) Zugriff erhielten, um der Flut an „Depeschen" (Email, Chat, Briefen) ein effizienteres System zur Seite zu stellen. Für die schnelle interne Abstimmung meines Teams wurde das bereits vorhandene Open Source Instant Messaging System (*RocketChat*) um weitere spezifische Themen-Kanäle erweitert.

Zusätzlich erhielten die „Koordinatorinnen und Koordinatoren für digitale Lehre" aus den einzelnen Fakultäten Zugriff auf die Seiten des Wikis, um selbst bei der Ausarbeitung von Handreichungen ihre fächerspezifischen Hinweise einarbeiten zu können. In einzelnen Rubriken wurden die Themen strukturiert und konnten von allen Zugriffsberechtigten ausgearbeitet und ausgetauscht werden. Diese Informationen wurden ergänzt durch umfangreiche Anleitungen und Tipps zur Umsetzung spezifischer digitaler Lehrszenarien auf den Seiten unserer Basisdienste (*Moodle, LMUcast,* etc.), um sowohl den „digitalen Anfängern" als auch bereits erfahreneren Dozierenden Tipps zur konkreten Umsetzung direkt innerhalb der Systeme zu geben.

Um einen möglichst einfachen und zugleich vollständigen Überblick über die zentral zur Verfügung stehenden Systeme zu geben, die eine Umsetzung von Online-Lehrangeboten an Bord ermöglichen, wurde beschlossen, zusätzlich zu den bereits genannten Maßnahmen eine zentrale „Orientierungshilfe für Lehrende" zu erstellen.

In der Zwischenzeit allerdings waren viele Kolleginnen und Kollegen an Bord nicht untätig geblieben, und so entstanden parallel zu unserem zentralen Angebot zahlreiche fächerspezifische Angebote diverser Initiativen innerhalb der Fakultäten (Rechnerbetriebsgruppen, Fachdidaktiken, Studiendekanate, Expertinnen und Experten innerhalb der Fächer), die alle eine erste Orientierungshilfe zur Umstellung analoger Lehrformate in mehr oder weniger komplexe digitale Angebote boten. Wir haben versucht, alle diese Orientierungshilfen in unsere zentrale Übersicht einfließen zu lassen oder wenigstens auf die entsprechenden Seiten zu verlinken, soweit sie uns bekannt waren.

### 8.2.5 Logbucheintrag Mittwoch, 25. März

Das Wetter wird rauer und selbst in den Tiefen des Maschinenraums wird das für mein Team immer deutlicher spürbar. Die „Depeschen" prasseln zunehmend heftiger auf mein Team ein und setzten alle unter erheblichen Druck, da neben dem Bemühen, möglichst rasch alle Anfragen zu beantworten, auch noch konzeptionelle Fragen geklärt und der technische Betrieb ausgeweitet und sichergestellt werden müssen. Die Entscheidung, eine zentrale „Orientierungshilfe für Lehrende" zu erstellen, fiel Anfang letzter Woche. Seitdem arbeiten alle im Team mit Hochdruck an der Zusammenstellung der benötigten Informationen (nutzbare Systeme, Zugriffsmöglichkeit, Anwendungsszenarien, etc.). Heute soll es so weit sein und die erste Version der zentralen Orientierungsseite „Online-Dienste für die Digitale Lehre" soll online gehen.

**Nachtrag:** Im Lauf der folgenden Tage wurden neben dieser allgemeinen Orientierungshilfe konkrete Anleitungen für diverse Lehr-Lern-Szenarien zur Entwicklung asynchroner Angebote ausgebaut – es wurden beispielsweise detaillierte Beschreibungen angefertigt, um die Produktion von Vorlesungsinhalten im Homeoffice zu ermöglichen und die neu entstandenen Materialien anschließend im Video-Management-System (LMUcast) zur Verfügung stellen zu können. Die Überlegung dahinter waren einfach: Falls unsere Systeme im Maschinenraum und die zur Verteilung benötigten Leitungen (Netzwerke) durch den Ansturm von 50.000 Passagieren zu Beginn des Semesters überlastet würden, wären synchrone Angebote eine schlechte Idee. Besser wäre es den Lehrenden zu empfehlen, die verbleibende Zeit bis zum Vorlesungsbeginn am 20. April zu nutzen, um Materialien vorzuproduzieren und sie zeitunabhängig zur Verfügung zu stellen, weil sich so die Up- und Download-Last auf einen längeren Zeitraum verteilen ließe.

Diese Überlegung und die rasch anwachsende Zahl von Uploads in *LMUcast* Anfang April ließ uns den Blick auf die Performance unserer Systeme richten. Bange Fragen bewegten die Maschinisten. Würde beispielsweise *LMUcast* dem Ansturm standhalten und die benötigten Ressourcen ohne Verzögerungen ausliefern? Würde das System rasch genug das enorme Upload-Volumen verarbeiten können? Würde der Speicherplatz ausreichen?

Zunächst sah es nicht so aus, denn das System wurde regelrecht überflutet mit zum Teil enorm großen Dateien unterschiedlichster Formate, die nicht immer kompatibel mit den systemverträglichen Dateitypen waren, was zu Fehlern und einem rasch wachsenden Rückstau beziehungsweise kryptischen Fehlermeldungen bei den Nutzerinnen und Nutzern führte. Innerhalb von 3 Tagen hatten wir mehr als 1.000 fehlgeschlagene

Uploads zu betreuen und die jeweiligen Fehler individuell mit den Nutzerinnen und Nutzern zu beheben. Guter Rat war teuer! Mithilfe unseres regionalen Rechenzentrums (LRZ) und unseres Entwicklungspartners (Vilea GmbH, Zürich) gelang es uns zu guter Letzt, dieses Problem innerhalb weniger Tage zu beheben.

### 8.2.6 Logbucheintrag, Montag 06. April (Beginn der Osterferien in Bayern)

Es werden dringend mehr Maschinen für *LMUcast* benötigt. Neue Server in Form Virtueller Maschinen, sogenannter VMs, müssen zusätzlich eingerichtet und in Betrieb genommen werden. Ein Telegramm mit folgendem Inhalt wurde ans LRZ gemorst: Service Request – STOP – Neubestellung Linux-VMs – STOP – Managed Server – STOP – Anzahl: 24 – STOP

Weitere Anpassungen werden im Team diskutiert und geplant. Dazu gehören eine Erweiterung der Dateitypen, die *LMUcast* zur Weiterverarbeitung akzeptiert und weitere Anpassungen zur einfacheren (Selbst-)Bedienung.

**Nachtrag:** Wie in stürmischen Zeiten manchmal unvermeidbar, wurde wegen eines Übertragungsfehlers die Anfrage erst nach fünf Tagen endgültig angeschlossen, dann allerdings gehörten die Kapazitätsengpässe der Vergangenheit an und der Betrieb lief bis heute ohne weitere Verzögerungen weitgehend störungsfrei ab.

Auf vergleichbare Weise wurde die Anzahl der Virtuellen Maschinen für *Moodle* (LMS) verstärkt. Letztendlich haben wir hier unsere Kapazitäten verdreifacht.

### 8.2.7 Logbucheintrag, Montag 20. April (Beginn des „Digitalen Semesters")

> „Die LMU wird ein außergewöhnliches Sommersemester 2020 erleben. Es sollten im Sommersemester rund 8.000 Lehrveranstaltungen an der LMU stattfinden. (…)" Professor Oliver Jahraus, Vizepräsident für Studium und Lehre.

Wider Erwarten ist es heute weitgehend ruhig geblieben, was den Ansturm auf unsere Supportsysteme angeht. Ganz offensichtlich haben sich die technischen und organisatorischen Anstrengungen meines Teams der letzten fünf Wochen gelohnt und die Umstellung auf ein digitales Semester hat bislang gut geklappt. Die Lehrenden haben die Zeit seit der Schließung der Universität am 17. März offenbar sehr effizient für die Produktion von Lehrmaterialien und die Entwicklung von Kursen genutzt – jetzt müssen nur noch die Maschinen die geballte Nachfrage aushalten.

**Nachtrag:** auf der Website der LMU erschienen mit dem Start des „Digitalen Semesters" regelmäßig Berichte und Momentaufnahmen, die Studierende, Wissenschaftler und Mitarbeiterinnen und Mitarbeiter zu Wort kommen lassen, die von ihren Erfahrungen aus Studium, Lehre und Forschung berichten. Am 20. April erschienen unter dem etwas unglücklichen Titel "Mehr als ein zusammengemoodletes Semester" mehrere Beiträge und Stimmen unter anderem unseres Vizepräsidenten für Studium und Lehre, einer Professorin aus dem Department Chemie, einer Koordinatorin für die digitale Lehre an der Juristischen Fakultät, Stimmen aus meinem Team und mehr ... lesenswert! [9]

### 8.2.8 Logbucheintrag, Dienstag 21. April (2. Tag des „Digitalen Semesters")

Die „Satzung der Ludwig-Maximilians-Universität München zur Flexibilisierung von Prüfungen im Sommersemester 2020 und im Wintersemester 2020/21 (2020) in der aktuell gültigen Fassung vom 21. April 2020" wurde heute veröffentlicht. Ihr Erscheinen löst bei unseren Lehrenden an Bord viele Fragen aus, welche Möglichkeiten die bestehenden IT-Systeme der LMU und des LRZ bieten, um Online-Prüfungen zu realisieren. Wir haben begonnen, die Antworten auf die am häufigsten an das IT-Dezernat gestellten Fragen in einer zentralen Seite zusammenzustellen und zu kommentieren.

### 8.2.9 Logbucheintrag, Montag 11. Mai (Beginn der 3. Semesterwoche)

Die ersten drei Semesterwochen sind einigermaßen stürmisch verlaufen. Auch wenn alle Maschinen unter Volllast zuverlässig liefen und es hier zu keinen gröberen Ausfällen kam, so wurde mein Team mit einer Flut von Anfragen und Tickets förmlich überflutet. Wir tun unser Bestes, um wieder „Land zu gewinnen".

Auf der Website der LMU erscheint der erste Beitrag der Reihe „Logbuch Digitale Lehre" unter dem Titel „Die ersten Wochen aus Dozentensicht" [10]. Wissenschaftlerinnen und Wissenschaftler berichten von ihren Erfahrungen und Eindrücken aus den ersten drei Semesterwochen und wie sie ihren Alltag aus dem Homeoffice erleben (...)

### 8.2.10 Logbucheintrag, Dienstag 12. Mai

Vor acht Wochen wurden die Gebäude der Universität geschlossen und das „Digitale Semester" ausgerufen. Wir haben einmal das Lot ausgeworfen, um zu sehen, wie viel Wasser sich noch unter dem Kiel befindet und ausgelotet, wie sich die Nutzung unserer Angebote in den vergangenen acht Wochen entwickelt hat. Bei *Moodle* hat sich die Anzahl der Kurse von 4.000 auf rund 8.000 verdoppelt. Bei *LMUcast* haben sich in den ersten Wochen des aktuellen Sommersemesters die Anzahl der Videoaufrufe verfünffacht, die Anzahl der erstellten Clips ist um den Faktor 25 deutlich angestiegen und die Anzahl der erstellten Playlists hat sich um den Faktor 29 vervielfacht. Die Kapazität der Virtuellen Server für *Moodle* am LRZ wurde von 2 auf 6 verdreifacht, dabei wurden auf allen Servern die Anzahl der Prozessorkerne (CPUs) von 2 auf 8 erhöht. Der benutzte Gesamtspeicher beträgt momentan rund 60 Terabyte! Der Speicheranbieter *Dropbox* schreibt auf seiner Website, um eine Vorstellung von einen Terabyte (TB) zu bekommen: „ (…)1TB bietet ungefähr Speicherplatz für 250.000 Fotos, die mit einer 12MP-Kamera aufgenommen wurden oder 250 Filme oder 500 h HD-Videos oder 6,5 Mio. Dokumentseiten, die allgemein als Office-Dateien, PDF-Dateien und Präsentationen gespeichert werden. Das entspricht 1.300 gefüllten Aktenschränken! (…)“ [11]

In gleichen Zeitraum, also seit Schließung der Universitäten in Bayern am 16. März, wurden an Bord der MS LMU rund 65.000 *Zoom*-Meetings mit knapp 667.394 Teilnehmerinnen und Teilnehmern durchgeführt!

### 8.2.11 Logbucheintrag, Freitag 15. Mai (Ende der 3. Semesterwoche)

Der zweite Artikel aus der Reihe „Logbuch Digitale Lehre“ erscheint unter dem Titel „Der neue Online-Alltag“ in dem eine Studentin aus ihrem Tagebuch die ersten Wochen aus ihrer Sicht schildert: „Es braucht ein bisschen Zeit, bis sich alle dran gewöhnen. Aber die Chance, dass es gut wird, gibt es!” Victoria ist 23 Jahre alt und studiert an der LMU Germanistische Linguistik im Master. Das aktuelle digitale Semester war auch für sie eine Umstellung. Wie sie die ersten Vorlesungen und Seminare erlebt hat, berichtet sie in ihrem Tagebuch. (…)“ [12]

### 8.2.12 Logbucheintrag, Dienstag 26. Mai (5. Semesterwoche)

Auf der Website der LMU ist der Beitrag zu lesen „Was können eigentlich Serious Games?: Für ihre Spieler sind Counter-Strike und League of Legends ernste Angelegenheiten. Serious sind sie aber noch lange nicht – denn Serious Games sind dafür konzipiert, in Forschung und Lehre eingesetzt zu werden. Wie das geht, zeigt eine ganze Reihe von LMU-Projekten.“ … unbedingt weiterlesen! [13]

### 8.2.13 Logbucheintrag, Mittwoch, 3. Juni (6. Semesterwoche)

Das Team von Kommunikation und Presse veröffentlicht einen neuen Artikel mit dem Titel: „Die größte Umstellung in der Geschichte der Uni": Mehr oder weniger von heute auf morgen sind aufgrund der Covid-19-Pandemie die deutschen Universitäten auf digitale Lehre umgestiegen. Für viele Dozenten Neuland, andere hingegen arbeiten schon seit Jahren mit digitalen Tools. Ob Audience Response, Inverted Classroom oder Online-Seminare für Studierende an mehreren Standorten zugleich – drei Dozentinnen der LMU berichten von ihren Erfahrungen. (…)“ sehr spannend, den gesamten Beitrag gibt´s hier zu lesen. [14]

### 8.2.14 Logbucheintrag, Dienstag 16. Juni (8. Semesterwoche)

Ein interessanter Beitrag auf der Website der LMU erschien unter dem Titel „Jede Corona-Verlängerung war ein neuer Tiefschlag“: Kurse bekommen ein neues Format und die sozialen Kontakte werden ebenfalls fast ausschließlich online gepflegt. Das ist für alle eine große Herausforderung. Doch wie geht es eigentlich Studierenden, die entweder für ein Erasmus- bzw. Austauschsemester oder für mehrere Semester an die LMU gekommen sind? [15]

### 8.2.15 Logbucheintrag, Montag 22. Juni (9. Semesterwoche)

Die Seite Online-Dienste für Digitale Prüfungen wird heute veröffentlicht. Nachdem die Hoffnung der gesamten Besatzung in den letzten Wochen mehr und mehr geschwunden ist, dass wir die Prüfungszeit wieder an Land, also in Präsenz, werden abhalten können, haben wir heute die erste Fassung der Handreichung für Prüfende unter dem Titel „Online-Dienste für Digitale Prüfungen“ veröffentlicht. Sie umfasst neben den von unserem Team betreuten Systemen auch Systeme aus anderen Referaten des IT-Departements und geht beispielsweise auf die Möglichkeit ein, wie Prüfungen mit *EvaExam* organisiert und durchgeführt werden können.

### 8.2.16 Logbucheintrag, Dienstag 07. Juli (11. Semesterwoche)

„Diagnose: Digital!“ lautet der Titel des vorletzten Beitrags aus der inzwischen bekannten Reihe „Logbuch Digitale Lehre“: „Lernen am Krankenbett – für Medizinstudierende ist der Unterricht mit Patienten elementar. Doch in Zeiten von Corona ist genau das derzeit kaum möglich. Die Fakultät für Medizin kann ihren Studierenden aktuell zwar keine echten Menschen als Fallbeispiele anbieten – dafür aber steht ein Langzeitprojekt von Studiendekan Dr. Prof. Martin Fischer derzeit besonders hoch im Kurs: Der virtuelle Patient.“ [16]

### 8.2.17 Logbucheintrag, Montag 20. Juli (13. Semesterwoche)

Mit dem Titel „Der Laptop, er singet“ endet die Reihe Logbuch Digitale Lehre vorläufig: Ein Musikwissenschaftsstudium ganz ohne Präsenz: Funktioniert nicht. Aber die Lebenswirklichkeit der Studierenden ändert sich zunehmend, wird immer digitaler. Zeit, sich daran anzupassen, findet Studiengangskoordinator Jan Golch. Er startet nun ein spannendes digitales Pilotprojekt, dass Studierenden den Zugang zum wissenschaftlichen Arbeiten erleichtern soll. [17]

### 8.2.18 Logbucheintrag, Freitag 7. August (letzter Vorlesungstag des Sommersemesters).

Es wird ein ruhiger Sommertag mit Temperaturen bis zu 28 Grad erwartet, Hitzegewitter sind nicht zu befürchten, vereinzelt kommt es zu leichten Niederschlägen. Der Sturm scheint fürs Erste überstanden. Soweit ich es überblicken kann, sind im Team alle wohlauf, wenn auch sehr erschöpft. Alle in meiner Mannschaft freuen sich auf ein paar ruhigere Wochen, in denen wir langersehnte Landgänge (Urlaub) und andere Dinge nachholen können, für die in den vergangenen Wochen kaum Zeit blieb. Es gilt außerdem die Logs der Maschinen auszuwerten, um zu sehen, wann die größten Belastungen auftraten und wo es noch etwas zu verbessern gibt. Nach sechzehn stürmischen und teils aufregenden Wochen endet die Vorlesungszeit und damit eine Zeit, in der wir alle viele neue Erfahrungen sammeln durften und viele Kolleginnen und Kollegen in allen Bereichen und Funktionen an Bord ihre ersten Gehversuche mit den digitalen Werkzeugen für Online-Lehre und -Prüfungen machen durften.

## 8.3 „Was nach dem Sturm übrigbleibt“: einige Gedanken zur vergangenen Überfahrt

Es ist unbestritten, dass die plötzliche Umstellung auf ein „Digitales Semester“ für alle Beteiligten an Bord, also die Studierenden, die Lehrenden, die Forschenden, die Hochschulleitung, kurz für alle Mitglieder der Universität an allen Stellen der Organisation eine enorme Herausforderung darstellte. Wenn man darüber hinaus berücksichtigt, dass die allermeisten Kolleginnen und Kollegen ihre Aufgaben meist mit ebenfalls berufstätigen Partnern im geteilten Homeoffice – und als besondere Herausforderung für die Eltern mit Home Schooling „gewürzt“ – meistern mussten und dass dies die Abstimmungs- und Kommunikationswege nicht unbedingt erleichtert hat, so lässt sich im Rückblick feststellen, dass diese Umstellung aus technischer Sicht ganz hervorragend und für viele Zweifler überraschend gut geklappt hat. Sieht man etwas genauer hin und bedenkt, dass vielen Studierenden täglich stundenlang synchrone Lehrformate angeboten – oder vielleicht eher zugemutet – worden sind, dann stellt sich nicht nur deshalb die Frage, was wir daraus lernen und in Zukunft besser machen können.

Die Rückmeldungen der Kolleginnen und Kollegen, die wir unterstützen durften waren durchweg freundlich und positiv; von den Erfahrungen der Studierenden bekamen wir Rückmeldung aus erster Hand durch unsere studentischen Mitarbeiterinnen und Mitarbeiter. Wie bereits erwähnt, waren auch ihre Erfahrungen überwiegend positiv, wenn sie auch deutliches Potenzial für Verbesserungen sehen. Es wurde mehr Abwechslung zwischen synchronen und asynchronen Angeboten gewünscht, eine optimierte Umsetzung von digitaler Kooperation und Kollaboration wurde genannt und das Thema Prüfungen, zumal intelligente digitale Prüfungsformen, bleibt eine große Herausforderung.

Zum Schluss möchte ich auf eine Diskussion eingehen, die mich sehr überrascht hat, weil sie in meinen Augen den Ernst der Lage während einer Pandemie seltsam verkennt und implizit eine Spaltung von analogen Lehrformaten in Präsenz und ihren digitalen Geschwistern eröffnet, die sich mir noch nie erschlossen hat. Aber der Reihe nach …

## 8.4 Ein „Offener Brief – Zur Verteidigung der Präsenzlehre" [18]

Der von Prof. Dr. Roland Borgards (Universität Frankfurt) und Kollegen initiierte Offene (Online-)Brief „Zur Verteidigung der Präsenzlehre" wurde inzwischen (Stand 18.09.2020) von 5.936 Kolleginnen und Kollegen unterzeichnet und hat ein breites Echo in diversen Medien wie *DIE ZEIT,* der *Süddeutschen Zeitung,* dem *STERN* und an anderen Stellen gefunden. Die Diskussion, die ich hier nicht im Detail aufgreifen möchte, war leidenschaftlich, kontrovers und vermeintlich immer im Sinne der Studierenden geführt.

## 8.5 Abschließende Gedanken des Maschinisten aus dem Bauch der MS LMU

Die angesprochene Diskussion möchte ich gerne für diesen Beitrag zum Anlass nehmen, über das offensichtliche oder besser scheinbare Spannungsfeld von „analoger" versus „digitaler" Lehre nachzudenken. Zunächst einmal: Niemand hat sich eine Pandemie als „Chance" oder „Schub" für die digitalen Lehr-Lernformate gewünscht, es war einfach eine Tatsache, dass nach der Schließung der Hochschulen Lösungen gefunden werden mussten, um für die Studierenden das Semester nicht ausfallen zu lassen.

Die eigentliche Frage, die mit dem offenen Brief möglicherweise befeuert werden könnte, lautet doch eher: Was macht gute Lehre aus? Diese wichtige Frage auf eine Gegenüberstellung oder gar Konkurrenz von analoger und digitaler Lehre zu reduzieren, geht meines Erachtens komplett am Kern der Sache vorbei. Gute Lehre lebt meiner

Meinung nach von der Aktualität, Prägnanz und Klarheit ihrer Inhalte sowie der Motivation und Leidenschaft der Lehrenden für ihr Fach, die sich auf ihre Studierenden überträgt. Besser wäre daher die Frage zu stellen: Wie sähe moderne Lehre aus, die klaren Lernzielen folgt und das Beste aus beiden Welten didaktisch sinnvoll und fruchtbar kombiniert? „Digitale Lehre" ist nicht besser oder schlechter als „analoge Lehre"; sie ist anders, und die Chancen und Möglichkeiten beider Formen gut zu kennen und entscheiden zu lernen, welche ihrer Formate für welchen didaktischen Zweck am sinnvollsten einsetzbar und kombinierbar sind – darauf kommt es an.

Im vergangenen, so genannten „Digitalen Semester" wurden Lerninhalte rasch und unter hohem Zeitdruck unter limitierten, suboptimalen Bedingungen im Homeoffice erstellt. Die resultierenden Lerninhalte sind daher aus der Not geboren worden und vermutlich selten sorgfältig dem Charakter eines digitalen Lernraumes anpassbar gewesen. Dass das häufig so passierte, ist in Ordnung und der Pandemie geschuldet; jetzt allerdings, nachdem die Berührungsängste einmal gefallen sind, böte sich die Chance, sich die Sache mit der „digitalen Lehre" einmal genauer, mit Neugier und in Ruhe anzusehen und zu überlegen: Was war gut? Was sollte verbessert werden? Wo könnten die durch digitale Inhaltsvermittlung – Stichwort: selbstgesteuertes Lernen – gewonnenen zeitlichen Freiräume sinnvoll in der Präsenzlehre für den vielbeschworenen Dialog und wissenschaftlichen Diskurs mit den Studierenden gewinnbringend genutzt werden?

Dieser kleine Essay basiert auf Vorüberlegungen im Rahmen eines Vortrags für das Bayerische Staatsinstitut für Hochschulforschung und Hochschulplanung (IHF) in der Reihe „Hochschulforschung im Dialog", gehalten am 21.7.2020 – mit dem Titel "Nachrichten aus dem Maschinenraum: Erfahrungen mit dem digitalen Semester an der Ludwig-Maximilians-Universität München".

Am Ende dieses Vortrags wurde ich gefragt, was mir als die größte Herausforderung während der Pandemie in Erinnerung bleiben würde. Ich antwortete, als die größte Herausforderung hätte ich es empfunden, eine verlässliche Kommunikation in alle Bereiche einer maximal dezentral organisierten Universität zu gewährleisten, die Bedarfe effizient und effektiv zu erfassen und alle Beteiligten an Bord über die Angebote und möglichen Lösungen fachspezifisch und verständlich zu informieren.

Die letzte Frage, die mir während der Diskussion zum erwähnten Vortrag gestellt wurde, lautete: was ich mir wünschen würde, was nach der Pandemie bleiben sollte? Meine Antwort auf diese Frage war kurz und knapp: die ungebrochene Neugier unserer Lehrenden, mit den Möglichkeiten digitaler Lehre zu experimentieren!

In diesem Sinne wünsche ich mir einen offenen, engagierten und gerne auch kontrovers geführten Dialog mit allen Beteiligten über den klugen Einsatz digitaler Werkzeuge – unserer „Maschinen" im Maschinenraum der MS LMU – um moderne, qualitativ anspruchsvolle und motivierende Lehre zu ermöglichen und bestmöglich unterstützen zu können!

## Literatur


1. Der Topos „Logbuch Digitale Lehre“ ist ein Zitat einer Reihe von Beiträgen auf der Website der LMU, die unter der Rubrik „LMU Aktuell“ von den Kolleginnen und Kollegen der Abteilung „Kommunikation & Presse“ eingeführt wurde. Eine lesenswerte Reihe, die hier zu finden ist https://www.uni-muenchen.de/funktionen/suche/index.html?sa=Suchen&q=Logbuch%20digitale%20Lehre&t=all [aufgerufen am 26.09.2020].
2. „Nachrichten aus dem Maschinenraum“ ist der Titel unserer wöchentlichen Update-Rubrik für unsere Koordinatorinnen und Koordinatoren Digitaler Lehre in den verschiedenen Fächern in unserem Learning-Management-System (LMS) Moodle. Link: https://www.E-Learning.lmu.de/koordination [aufgerufen am 26.09.2020].
3. Quelle: https://www.uni-muenchen.de/ueber_die_lmu/zahlen_fakten/index.html [aufgerufen am 26.09.2020].
4. Quelle: https://www.sueddeutsche.de/autoren/kassian-stroh-1.1143386 [aufgerufen am 26.09.2020].
5. Quelle: SZ.de Artikel, 27. Juli 2020, Kassian Stroh, „Corona-Krise – Sechs Monate, die das Land verändert haben“ https://sz.de/1.4977848 [aufgerufen am 26.09.2020].
6. Quelle: Website des Bayerischen Staatsministeriums für Gesundheit und Pflege https://www.stmgp.bayern.de/coronavirus/rechtsgrundlagen/ [aufgerufen am 26.09.2020].
7. Quelle: https://www.dfn.de/fileadmin/5Presse/DFNMitteilungen/DFN_Mitteilungen_97_download.pdf [aufgerufen am 26.09.2020].
8. Quelle: https://www.it-servicedesk.uni-muenchen.de/it-angebote/zoom/index.html [aufgerufen am 26.09.2020].
9. Quelle: https://www.uni-muenchen.de/aktuelles/news/2020/digitales_sommersemester.html [aufgerufen am 26.09.2020].
10. Quelle: https://www.uni-muenchen.de/studium/news/2020/erfahrung_digitale_lehre.html [aufgerufen am 26.09.2020].
11. Quelle: https://www.dropbox.com/de/features/cloud-storage/how-much-is-1tb.
12. Quelle: https://www.uni-muenchen.de/studium/news/2020/erfahrungen_victoria.html [aufgerufen am 26.09.2020].
13. Quelle: https://www.uni-muenchen.de/aktuelles/news/2020/seriousgames.html [aufgerufen am 26.09.2020].
14. Quelle: https://www.uni-muenchen.de/aktuelles/news/2020/digitale_lehre_3.html [aufgerufen am 26.09.2020].
15. Quelle: https://www.uni-muenchen.de/studium/news/2020/erasmus.html.
16. Quelle: https://www.uni-muenchen.de/aktuelles/news/2020/diagnose-digital.html [aufgerufen am 26.09.2020].
17. Quelle: https://www.uni-muenchen.de/aktuelles/news/2020/der-laptop-er-singet.html [aufgerufen am 26.09.2020].
18. Quelle: https://www.praesenzlehre.com/ [aufgerufen am 26.09.2020].

# In vier Wochen online für alle!

## Das digitales Semester an der Hochschule Furtwangen

9

Sandra Hübner und Satjawan Walter

**Zusammenfassung**

Jetzt ist es Geschichte – das digitale Sommersemester 2020. Gelehrt und gelernt wurde ausschließlich online und digital, nicht nur an der Hochschule Furtwangen (HFU). Lehre fand in virtuellen Präsenzvorlesungen via Online-Konferenzsystem und/oder in Selbstlernkursen auf der hochschulweiten Lernplattform FELIX statt. Dozierende produzierten mehr als 2.000 Lehrvideos, Sprechstunden wurden online organisiert, Diskussionen in Online-Foren verlagert, Studierende hielten Referate und Präsentationen online und neuartige Prüfungsformate kamen zum Einsatz. Die Vorbereitungen auf dieses rein digitale Semester umfassten nicht viel mehr als vier Wochen. In Windeseile galt es nicht nur die technischen Voraussetzungen zu optimieren oder gar neue bereitzustellen, sondern auch die Protagonisten – also Lehrende wie Studierende – auf diese Situation vorzubereiten. Welche organisatorischen Gegebenheiten haben diesen „Kraftakt" unterstützt, welche ihn erschwert? Welche Maßnahmen wurden ergriffen und zu welchen Resultaten hat das geführt? Wie ist das digitale Semester an der HFU verlaufen? Diesen und weiteren Fragen widmet sich der folgende Beitrag. Im Vordergrund stehen zunächst die Vorbedingungen, positive wie negative, die sich unmittelbar aus den Herausforderungen des Lockdowns ergeben haben. Anschließend werden die Aktivitäten des Informations- und Medienzentrum beschrieben, die darauf abzielten, Dozierende

S. Hübner (✉) · S. Walter
Abt. Learning Services, Hochschule Furtwangen, Furtwangen, Deutschland
E-Mail: hues@hs-furtwangen.de

S. Walter
E-Mail: wals@hs-furtwangen.de





U. Dittler und C. Kreidl (Hrsg.), *Wie Corona die Hochschullehre verändert*,
https://doi.org/10.1007/978-3-658-32609-8_9

sowohl technisch als auch didaktisch zu befähigen, ihre Lehre auf einen reinen Online-Betrieb umzustellen. Am Ende des Beitrags steht ein Rückblick auf das digitale Sommersemester 2020.

## 9.1 Herausforderungen eines Lockdowns

Der Lockdown – ausgerufen am 18. März 2020 durch die Landesregierung Baden-Württemberg – stellte die Hochschulen des Landes vor folgende zentrale Herausforderungen:

1. Der gesamte Geschäftsbetrieb der Hochschule war in einen Nicht-Präsenz-Modus zu überführen.
2. Der bisher weitgehend in Präsenz organisierte Lehrbetrieb musste in einen reinen Online-Betrieb umorganisiert werden.

Die Hochschule Furtwangen verortet das Thema *digitale Lehre* strukturell im Informations- und Medienzentrum (IMZ), dessen einzelne Abteilungen technische und didaktische Kompetenzen bündeln, um Infrastruktur bereit zu stellen, Supportstrukturen anzubieten und strategische Innovation anzustoßen (siehe Abb. 9.1).

Diese Bündelung im IMZ war und ist – das hat sich gezeigt – von entscheidender Bedeutung für die Bewältigung der Herausforderungen kurz vor, während und auch nach der Krise. Die enge Verzahnung der einzelnen Abteilungen und die bereits vor der Krise etablierte und gelebte virtuelle Zusammenarbeit haben maßgeblich dazu bei-

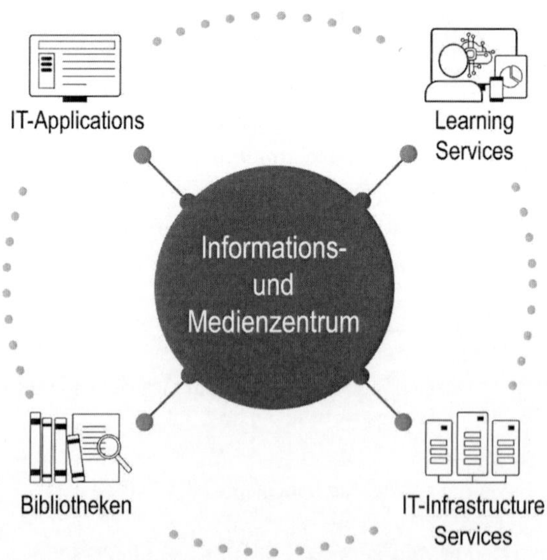


**Abb. 9.1** Die Abteilungen des Informations- und Medienzentrums der HFU. (Quelle: Eigene Darstellung)

getragen, dass es möglich war, ohne große Reibungsverluste von heute auf morgen auf ausschließliche Online-Zusammenarbeit umzustellen: Nur dadurch war es möglich, die Anforderungen, die sich aus dem Lockdown ergeben haben, in kurzer Zeit umzusetzen.

Für die Abteilungen des IMZ ergaben sich aus dem Ausruf des Lockdowns folgende Anforderungen:

- sofortige Organisation hin zum Distanz-Betrieb und zur Distanz-Wartung der digitalen Infrastruktur.
- sofortige Befähigung aller Mitarbeitenden der Hochschule zur ortsunabhängigen und digitalen Zusammenarbeit.
- sofortige Befähigung aller Lehrenden und Studierenden hin zu digitaler Lehre.

Im Hinblick auf das Rahmenthema konzentrieren wir uns im Folgenden auf den letzten Bereich – die Befähigung der Lehrenden hin zu digitaler Lehre.

### 9.1.1 Befähigung hin zu digitaler Lehre – was bedeutet das?

Die Befähigung hin zur digitalen Lehre vereint in unserem Sinne die beiden folgenden zentralen Handlungsfelder:

1. *Technische Befähigung:* Innerhalb sehr kurzer Zeit galt es, den Lehrenden neue Strukturen für den Erwerb von Kompetenzen anzubieten, die sie dazu befähigen, ihre bisher weitgehend in Präsenz organisierte Lehre digital zu realisieren. Diese Kompetenzen sollten auf die infrastrukturellen Möglichkeiten der eigenen Hochschule abgestimmt sein. Sie beinhalten sowohl den Umgang mit Hard- und Software „vor-ort" (z. B. Software zur Erstellung von Videoproduktionen auf dem eigenen Endgerät) sowie den Umgang mit zentralen Infrastruktur-Diensten seitens der Hochschule (z. B. Learning-Management-System, Online-Konferenzsysteme). Dies stellt eine besondere Herausforderung für jene Lehrenden dar, die bis dato wenig Berührungspunkte mit digitaler Lehre hatten.
2. *Didaktische Befähigung:* Lehrveranstaltungen mussten i. d. R. von einem klassischen Präsenz-Format in ein reines Online-Format transportiert werden. Nicht selten erfordert dies ein völliges Neu-Denken des didaktischen Konzepts in lehr-/lerntheoretischer Hinsicht. Dazu waren neben der technischen Befähigung auch neue Kompetenzen zur Konzeption von Online-Lehre notwendig, die es kurzfristig aufzubauen galt.

Welche günstigen Vorbedingungen haben dazu beigetragen, diese Befähigung innerhalb sehr kurzer Zeit zu erreichen? Welche weniger günstigen Vorbedingungen waren dabei zu überwinden?

## 9.1.2 Befähigung hin zur digitalen Lehre – Vorbedingungen

### 9.1.2.1 Günstige Vorbedingungen

Schon seit Jahren setzt die HFU auf ein institutionalisiertes einheitliches Angebot an Infrastruktur, Support und Service für die digitale Lehre. Dieses Angebot beinhaltet eine seit vielen Jahren etablierte Lernplattform (felix.hs-furtwangen.de), ein Online-Hilfesystem (howto.hs-furtwangen.de) mit strukturiert durchsuchbaren Anleitungen für Services und Systeme sowie ein Ticketsystem (servicedesk.hs-furtwangen.de) mit welchem Support-Anfragen zentral und automatisiert kanalisiert werden können. Sie gelangen so schnellstmöglich zum richtigen Team und zur kompetentesten Person.

### 9.1.2.2 Ungünstige Vorbedingungen

Einige IT-Systeme waren – angepasst an die bisherigen Nutzungsanforderungen – nicht für eine plötzliche 100 %-ige Online-Substitution des Lehrbetriebs ausgelegt und unterschiedlich gut skalierbar. Auch strategische Entscheidungen der Vergangenheit – getroffen aufgrund des Nutzerverhaltens und der Nutzungsanforderung – erschwerten den kurzfristigen Umstieg in ein digitales Semester. Dies betraf hauptsächlich den Bereich der videobasierten Lehre im Hinblick auf den internen Kompetenzaufbau und die damit verbundene IT-Infrastruktur. Eine hochskalierbare Videoplattform gehörte zum Beispiel vor der Corona-Krise nicht zum Serviceportfolio des Informations- und Medienzentrums der HFU.

Ausgehend von diesen Vorbedingungen wurden bereits vor dem angeordneten Lockdown Szenarien entwickelt und durchgespielt, aus denen sich Notwendigkeiten hinsichtlich der Skalierung von IT-Systemen sowie Supportaufwand und -inhalte ableiten ließen.

## 9.1.3 Strategische Vorüberlegungen – Lehrszenarien vor dem Hintergrund eines möglichen Lockdowns

Unter der Annahme eines angeordneten Lockdowns, der keinen Präsenzbetrieb zulässt, wurden verschiedene Lehrszenarien entwickelt, um daraus wiederum weitere Implikationen ableiten zu können.

**Szenario A – Virtuelle Präsenzlehre:**
In Szenario A treffen sich Dozierende mit ihren Studierenden synchron und online in einem virtuellen Vorlesungsraum (Online-Konferenzsystem) und führen ihre Lehrveranstaltung dort live durch.

**Szenario B – Audio-/Video-Vorlesung:**
Lehrende verändern ihre Lehre hin zu einer Audio-/Video-Vorlesung, indem sie ihre Vorlesungsinhalte als Videos oder Podcasts aufbereiten und diese in einem asynchronen Setting zur Verfügung stellen.

**Szenario C – Selbstlernkurse:**
Lehrende entwickeln Selbstlernkurse bzw. folgen einem virtuellen Flipped-Classroom-Ansatz in einem gemischten Setting. Im Rahmen eines virtuellen Flipped-Classrooms erarbeiten sich die Studierenden die Lerninhalte eigenverantwortlich, z. B. auf der Basis von Erklärvideos in einer vorgegebenen Taktung. Parallel dazu finden virtuelle Präsenztreffen statt, in denen eine gemeinsame Vertiefung und Diskussion der Inhalte erfolgte.

Neben der Definition von unter Lockdown-Bedingungen realisierbaren Lehrszenarien, spielte für die Einschätzung der Anforderungen – insbesondere an die Technik – außerdem eine Analyse der Studierendenzahlen sowie die Anzahl an Lehrveranstaltungen eine wesentliche Rolle. An der Hochschule Furtwangen studieren im Sommersemester 2020 ca. 5.700 Studierende organisiert in 9 Fakultäten und 67 Studiengängen. Das bedeutet, dass Lehre an der HFU in 2.293 Lehrveranstaltungen stattfindet. In einer solchen Lehrveranstaltung sitzen im Durchschnitt 19, maximal 126 Studierende.

## 9.2 Implikationen für Technik und Service

Aus den strategischen Vorüberlegungen hinsichtlich der Lehrszenarien (Szenario A, B, C), deren technischen Anforderungen an die IT-Systeme und den Statistiken in Bezug auf die Anzahl an Lehrveranstaltungen und den teilnehmenden Studierenden konnten direkt weitere Implikationen abgeleitet werden. Diese lassen sich in *Technische Implikationen* und sogenannte *Service Implikationen* einteilen.

### 9.2.1 Technische Implikation: Skalierung vorhandener IT-Infrastruktur und Schaffung neuer Services

#### 9.2.1.1 Skalierung der Lernplattform *FELIX*
Die Lernplattform *FELIX* (basierend auf *OpenOLAT*, https://www.openolat.com/) erwies sich in der Vergangenheit als robust bezüglich unterschiedlich starker Belastungen durch ein hohes gleichzeitiges Nutzeraufkommen. Die durchschnittliche Belastung durch gleichzeitige Nutzer verdoppelte sich im Ausnahme-Semester nahezu (von ca. 1.300 auf durchschnittlich 2.500). Diesen Anstieg an gleichzeitigen Benutzern konnte die Plattform erwartungsgemäß ohne Probleme bewältigen.

Die strategischen Vorüberlegungen machten jedoch deutlich, dass der Speicherplatz in *FELIX* unter der Prämisse eines „rein digitalen Semesters" prognostiziert nur bis zur Semestermitte ausreichen würde. Um den erwarteten Speicherbedarf (z. B. bedingt durch die Online-Bereitstellung von Lernmaterial) zu bedienen, wurde die Speicherkapazität von *FELIX* signifikant erhöht. Parallel dazu wurde nach externen Anbietern gesucht, die das Speichern von datenintensiven Lernmedien wie Video- und Audiodateien im großen Umfang ermöglichen (siehe Abschnitt Medienportal).

Somit waren die Vorbereitungen für „asynchrone Lehr-/Lernsettings“ geschaffen. Für die Anforderungen, die sich aus dem Wunsch der Dozierenden nach „synchronen Lehr-/Lernsettings“ in Form von Live-Vorlesungen (Szenario A) ergaben, waren Investitionen im Bereich „Online-Konferenzsysteme“ notwendig.

#### 9.2.1.2 Anschaffung eines Online-Konferenz-Systems

Die HFU hatte sich bei der Durchführung von Online-Konferenzen – wie viele andere Hochschulen und Forschungseinrichtungen auch – an den vom Deutschen Forschungsnetz (DFN) bereitgestellten Online-Konferenz-Dienst angegliedert und kein eigenes Online-Konferenz-System mehr betrieben. Trotz großer Bemühungen ist es dem DFN nicht gelungen, sein Angebot in dieser sehr kurzen Zeitspanne so zu skalieren, dass er dem Ansturm an Nutzern gerecht werden konnte.

Gleichzeitig zeichnete sich ab, dass ein Eigenbetrieb eines Systems in dem von den Fakultäten gewünschten Umfang mit den vorhandenen IT-Ressourcen nicht möglich sein würde. So wurden neben den Bestrebungen, einzelne Online-Konferenzsysteme selbst zu betreiben (*Jitis, BigBlueButton* und *Adobe Connect*), auch nach einem externen und datenschutzkonformen Anbieter gesucht, der Online-Vorlesungen mit einer hohen Anzahl an gleichzeitigen Benutzern möglich macht. Mit *Alfaview* (alfaview.com) wurden 222 digitale Räume mit jeweils 10 zusätzlichen Breakout-Rooms und einer maximalen Nutzerzahl von 50 bzw. 100 Teilnehmern lizenziert und somit ausreichend Kapazität für virtuelle Präsenzlehre geschaffen. Gleichzeitig sind diese Räume für die Studierenden als „digitale Lernräume“ außerhalb des Vorlesungsbetriebs jederzeit nutzbar. Darüber hinaus werden die Räume auch für organisatorische Meetings (Fakultätsratssitzungen, Studierendenversammlungen) und Info-Veranstaltungen von zentralen Einrichtungen, wie beispielsweise dem Prüfungsamt und dem International Center genutzt.

#### 9.2.1.3 Inbetriebnahme eines Medienportals

Ein weiteres Nadelöhr für die Vorbereitung eines Online-Semesters bestand in der für die o.g. asynchronen Settings notwendigen Technologien zur Speicherung und Bereitstellung von Lehrvideos und Podcasts in größerem Umfang. Auch hier wurde zugunsten der Skalierbarkeit entschieden und auf einen externen Anbieter (vimp.com) zurückgegriffen. Das unter media.hs-furtwangen.de entstandene Medienportal stellt mittlerweile mehr als 2.500 Lehrvideos zur Verfügung, die entweder über das Portal oder in einem Online-Kurs innerhalb der Lernplattform genutzt werden können.

Der Ausbau des Speicherplatzes auf *FELIX,* die ausreichende Lizenzierung von Online-Räumen und die Inbetriebnahme des Medienportals schafften somit die technischen Voraussetzungen für einen rein digitalen Lehrbetrieb. Daneben galt es außerdem die Dozierenden der HFU didaktisch zu befähigen, ihre Lehre auf Online-Formate umzustellen und eine Support-Struktur vorzuhalten, die eine schnelle Beantwortung von Fragen auch bei sehr hohem Support-Aufkommen ermöglichte.

### 9.2.2 Service-Implikation: Ausbau von Informations- und Hilfebereichen sowie Optimierung der Supportstruktur

Die Prognose des erwartbaren Supportaufkommens ließ vermuten, dass eine üblicherweise synchron gelebte 1zu1-Bearbeitung von Anfragen auch bei einem starken Ausbau der Supportstrukturen nicht zu leisten sein würde. Diese strategischen Vorüberlegungen mündeten in einen Ansatz nach dem Motto „Hilfe zur Selbsthilfe". Vor diesem Hintergrund wurden innerhalb des Informations- und Medienzentrum zahlreiche Aktivitäten gestartet, die den Dozierenden und den Studierenden eine möglichst breite Basis als Hilfe zur Selbsthilfe bereitstellen. Im Mittelpunkt dieser Aktivitäten stand und steht der sogenannte *Wegweiser Online-Lehre.*

#### 9.2.2.1 Implementierung des Wegweisers Online-Lehre

Bereits acht Tage vor dem offiziell ausgerufenen Lockdown wurden die Dozierenden der HFU das erste Mal aufgefordert zu prüfen, welche Lehrveranstaltungen online durchgeführt werden können. Parallel dazu wurde der *Wegweiser Online-Lehre* vorbereitet. Dabei handelt es sich um einen Bereich auf der zentralen Lernplattform *FELIX,* der Dozierende bei der Re-Organisation ihrer Lehre in ein Online-Format unterstützt.

Der Wegweiser wurde nach den oben beschriebenen Szenarien (Szenario A – Virtuelle Präsenzlehre, Szenario B – Audio-/Video-Vorlesung, Szenario C – Selbstlernkurse) organisiert und bündelt die wichtigsten Informationen, Anleitungen und Tipps zur Ausgestaltung von Online-Lehre. Dort sind außerdem verschiedene Detail-Anleitungen zu finden (z. B. zur Aufnahmefunktion in *PowerPoint*), verschiedene Werkzeuge der digitalen Lehre gelistet und Good-Practice-Beispiele dargestellt. Außerdem werden gezielt bestimmte Aspekte thematisiert, beispielsweise die Vor- und Nachteile von synchroner und asynchroner Lehre (siehe Abb. 9.2). Der Wegweiser dient darüber hinaus dem Austausch der Dozierenden. In einem Forum können gezielt Fragestellungen diskutiert und Tipps und Erfahrungen ausgetauscht werden.

Innerhalb der ersten sechs Wochen wurde der Wegweiser von insgesamt mehr als 1.700 Interessierten besucht und es lassen sich für diesen Zeitraum ca. 20.000 Seitenaufrufe verzeichnen.

Der Wegweiser wurde und wird kontinuierlich aktualisiert und erweitert. Für das kommende Wintersemester sind unter anderem weitere Szenarien dazu gekommen (Szenario A/B – virtueller Flipped-Classroom, Szenario D – Präsenzlehre inklusive Livestreaming, Szenario E – Blended Learning).

Analog zum „Wegweiser Online-Lehre" wurde zum Semesterende auch ein „Wegweiser Online-Prüfungen" entwickelt.

#### 9.2.2.2 Ergänzung um den Wegweiser Online-Prüfungen

Der Wegweiser Online-Prüfungen ist analog dem Wegweiser Online-Lehre aufgebaut und in die folgenden drei Prüfungs-Szenarien unterteilt: 1) Mündliche Online-Prüfung, 2) eKlausur@home und 3) Take-Home-Exam/Studienarbeit. Jede Prüfungsform wird

**Abb. 9.2** Wegweiser Online-Lehre der HFU. (Quelle: Eigene Darstellung)

durch ein kurzes Erklärvideo vorgestellt und deren Vor- und Nachteile werden beleuchtet. Für die Durchführungen der Prüfungen mit *FELIX* werden zentrale Vorlagen zur Verfügung gestellt, die von Dozierenden kopiert und an eigene Bedürfnisse angepasst werden können. Für die Prüfungszeit wurde neben einem FAQ-Bereich eine telefonische Support-Hotline eingerichtet, um bei Problemen schnelle Unterstützung gewährleisten zu können.

Auch die Nutzungszahlen des Wegweisers Online-Prüfungen bestätigen ein hohes Interesse und einen deutlichen Support-Bedarf in Bezug auf alternative Prüfungsformate. In diesem Wegweiser sind über 800 Personen registriert und es wurden insgesamt über 2.000 Seitenaufrufe gezählt.

Neben diesen mehr oder weniger pragmatischen Wegweisern wurde auch ein Selbstlernkurs mit dem Titel „Von der Präsenz- zur Online-Lehre“ initiiert, der Dozierende tiefere Einblicke in didaktische Themenstellungen ermöglichte.

#### 9.2.2.3 Initiierung des Selbstlernkurses „Von der Präsenz- zur Online-Lehre“

Der Selbstlernkurs verfolgt zwei Zielstellungen: zum einen soll er Dozierende mit didaktischen Hintergrundinformationen zu diversen Themen versorgen, zum anderen soll anhand des Kurses ein Best-Practice-Beispiel für die Gestaltung von asynchronen Selbstlernkursen geschaffen werden. Inhaltlich gliedert sich der Kurs in die folgenden vier Module: 1) Voraussetzungen schaffen, 2) Online-Lernmaterial, 3) Kommunikation und 4) Wissensvertiefung und Wissenskontrolle. In Aufbau und Formulierung soll der Selbstlernkurs die Dozierenden für die Bedeutung von klaren und aktivierenden „Instruktionen“ sensibilisieren. Vor diesem Hintergrund kann die Art und Weise der Aufbereitung der einzelnen Module den Dozierenden gleichzeitig als Vorlage für ihre eigene Lehrveranstaltung dienen. Dafür werden die Instruktionen sowie die genutzten Symbole ebenfalls als Download bereitgestellt (siehe Abb. 9.3).

Der Kurs wurde insgesamt von über 479 registrierten Teilnehmenden besucht, die für über 2.500 Seitenaufrufe sorgten.

Neben diesen beschriebenen asynchronen Informations- und Weiterbildungsangeboten wurden zusätzlich auch synchrone Online-Einführungen und weitere Online-Angebote unter verschiedenen thematischen Gesichtspunkten organisiert.

#### 9.2.2.4 Durchführung von Online-Schulungen

Für die zentralen Dienste wie beispielsweise für die Lernplattform *FELIX*, das Online-Konferenz-System *ALFAVIEW* und das Medienportal wurden Online-Einführungen angeboten und durchgeführt. Darüber hinaus wurde in regelmäßigen Abständen der sogenannte Learning-Services-Tipp angeboten, der sich in einem einstündigen Online-Event unterschiedlichen Themen widmete (z. B. Erstellung von Lehrvideos, Online-Tests, alternative Prüfungsformate, etc.).

Neben diesen Hilfestellungen mit einem deutlichen didaktischen Schwerpunkt wurde außerdem das bereits vor der Corona-Krise implementierte Howto-System vertikal wie horizontal weiter ausgebaut und um einen FAQ-Bereich ergänzt.

#### 9.2.2.5 Ausweitung des howto.hs-furtwangen,de

Mit den *FELIX*-HelpCards wurde vor 10 Jahren ein übersichtliches und einfaches Hilfe-Format eingeführt, welches eine gezielte Fragestellung (z. B. Anlegen eines Kurses auf der Lernplattform *FELIX*) auf maximal einer DIN-A4-Seite zunächst einordnet und dann einen – in der Regel klickbaren – Lösungsweg anbietet. Diese sogenannten HelpCards im PDF-Format waren thematisch sortiert in einer Linkliste abrufbar.

Dieses Hilfeangebot wurde sehr erfolgreich angenommen. Auf Grundlage dieser HelpCards wurde Ende 2018 ein Online-Hilfe-System – das sogenannte *howto.hs-furt-*

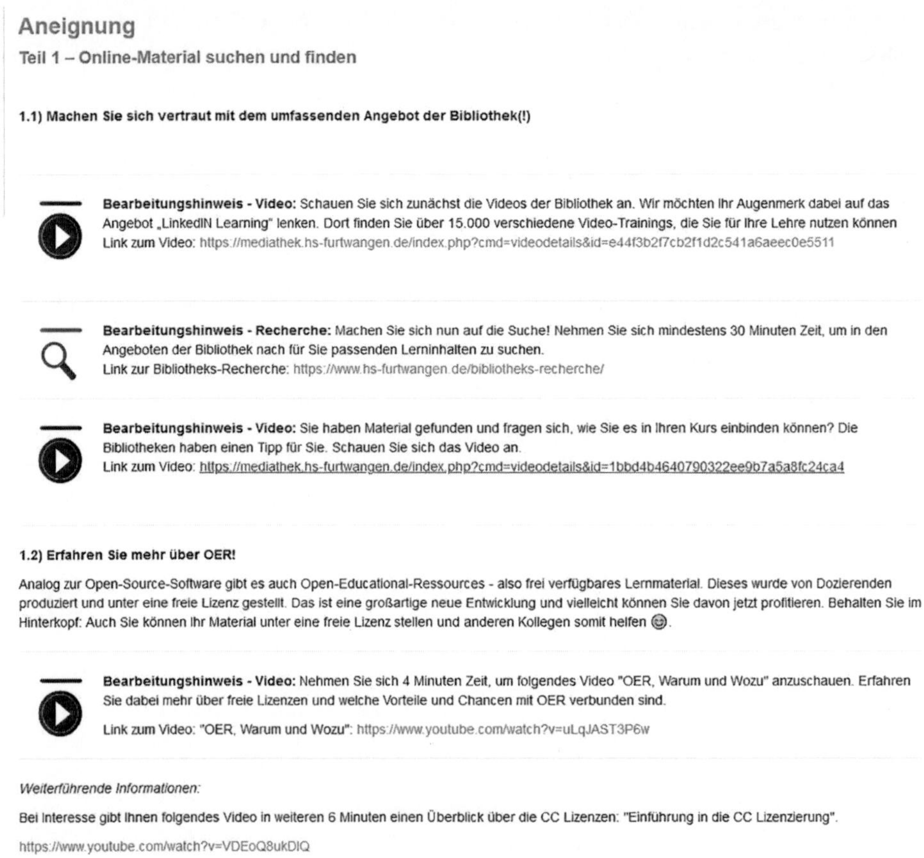

Aneignung

Teil 1 – Online-Material suchen und finden

**1.1) Machen Sie sich vertraut mit dem umfassenden Angebot der Bibliothek(!)**

**Bearbeitungshinweis - Video:** Schauen Sie sich zunächst die Videos der Bibliothek an. Wir möchten Ihr Augenmerk dabei auf das Angebot „LinkedIN Learning" lenken. Dort finden Sie über 15.000 verschiedene Video-Trainings, die Sie für Ihre Lehre nutzen können
Link zum Video: https://mediathek.hs-furtwangen.de/index.php?cmd=videodetails&id=e44f3b2f7cb2f1d2c541a6aeec0e5511

**Bearbeitungshinweis - Recherche:** Machen Sie sich nun auf die Suche! Nehmen Sie sich mindestens 30 Minuten Zeit, um in den Angeboten der Bibliothek nach für Sie passenden Lerninhalten zu suchen.
Link zur Bibliotheks-Recherche: https://www.hs-furtwangen.de/bibliotheks-recherche/

**Bearbeitungshinweis - Video:** Sie haben Material gefunden und fragen sich, wie Sie es in Ihren Kurs einbinden können? Die Bibliotheken haben einen Tipp für Sie. Schauen Sie sich das Video an.
Link zum Video: https://mediathek.hs-furtwangen.de/index.php?cmd=videodetails&id=1bbd4b4640790322ee9b7a5a8fc24ca4

**1.2) Erfahren Sie mehr über OER!**

Analog zur Open-Source-Software gibt es auch Open-Educational-Ressources - also frei verfügbares Lernmaterial. Dieses wurde von Dozierenden produziert und unter eine freie Lizenz gestellt. Das ist eine großartige neue Entwicklung und vielleicht können Sie davon jetzt profitieren. Behalten Sie im Hinterkopf: Auch Sie können Ihr Material unter eine freie Lizenz stellen und anderen Kollegen somit helfen ☺.

**Bearbeitungshinweis - Video:** Nehmen Sie sich 4 Minuten Zeit, um folgendes Video "OER, Warum und Wozu" anzuschauen. Erfahren Sie dabei mehr über freie Lizenzen und welche Vorteile und Chancen mit OER verbunden sind.
Link zum Video: "OER, Warum und Wozu": https://www.youtube.com/watch?v=uLqJAST3P6w

*Weiterführende Informationen:*

Bei Interesse gibt Ihnen folgendes Video in weiteren 6 Minuten einen Überblick über die CC Lizenzen: "Einführung in die CC Lizenzierung".
https://www.youtube.com/watch?v=VDEoQ8ukDIQ

**Abb. 9.3** Online-Kurs für Dozierende. (Quelle: Eigene Darstellung)

*wangen.de* – konzipiert und implementiert. Zusätzlich zur Prämisse der Einfachheit wurden dabei zwei weitere für Hilfesysteme zentrale Erfolgsfaktoren adressiert:

1. Aktualität und
2. Recherchier- und Durchsuchbarkeit.

Ein wesentlicher Nachteil der ersten Implementierung (PDF-Dateien als Linkliste) bestand darin, dass die HelpCards in vielen Fällen heruntergeladen und oft zum Gebrauch ausgedruckt wurden. Dies hatte zur Folge, dass Dozierende mit veralteten Anleitungen in einer zwischenzeitlich upgedateten Version der Software agierten, was zwangsläufig zu Problemen führen musste. Im Rahmen der Implementierung des *howto.hs-furtwangen.de* wurde bewusst die Entscheidung getroffen, keine Druck-Option bereitzustellen. So sollte sichergestellt werden, dass Hilfesuchende die Anleitungen im

Problemfall direkt online aufrufen und ihnen somit die aktuelle und zum Software-Stand passende Anleitung zur Verfügung steht.

Ein zweiter wesentlicher Nachteil aus der ersten Implementierung bestand in der Nicht-Durchsuchbarkeit der Karteninhalte – zumindest nicht über alle HelpCards hinweg. So bestand die Gefahr, dass Hilfestellungen nicht gefunden wurden, weil zum Beispiel nur in der falschen Kategorie gesucht wurde.

In der Entwicklung des *howto.hs-furtwangen.de* wurde deshalb ein besonderes Augenmerk auf die Recherchier- und Durchsuchbarkeit gelegt. Die Gestaltungsmöglichkeiten moderner Webtechnologie erlauben dem Nutzer jetzt, sich auf der Suche nach Hilfe visuell durch eine übersichtliche Struktur zu bewegen und durch intelligente Suchalgorithmen nach unterschiedlichsten Aspekten über alle Services und HelpCards hinweg nach Antworten zu suchen. Eine adaptive Darstellung ermöglicht außerdem, die Anleitungen mit verschiedenen mobilen Endgeräten optimal zu visualisieren.

In der ersten Ausbau-Stufe wurden auf *howto.hs-furtwangen.de* HelpCards für zwei Services bereitgestellt. Mittlerweile sind 17 verschiedene Services des Informations- und Medienzentrums dort vertreten. Neben diesem horizontalen Wachstum – steigende Anzahl an vertretenen Services – ist auch ein deutliches vertikales Wachstum zu verzeichnen: innerhalb der Services hat die Anzahl an einzelnen HelpCards – insbesondere im digitalen Sommersemester 2020 – signifikant zugenommen. Supportanfragen, die das IMZ mehrfach erreichten, wurden in vielen Fällen direkt in eine HelpCard-Anleitung überführt bzw. in einer FAQ ergänzt.

Dieses Hilfesystem war und ist eine zentrale Säule für eine erfolgreiche Bewältigung des hohen Supportaufkommens bedingt durch die Notwendigkeit der hochschulweiten ortsunabhängigen und digitalen Zusammenarbeit und die vollständige Umstellung hin zur Online Lehre. Das zeigen auch die Zugriffszahlen deutlich. Es zeigte sich ein dauerhafter Anstieg mit einem erwarteten Peak hin zum Start des Semesters am 27. April 2020 (siehe Abb. 9.4).

Neben dem beschriebenen Ausbau verschiedener Angebote nach dem Motto „Hilfe zur Selbsthilfe" wurde auch die Infrastruktur für den individuellen Supportbedarf

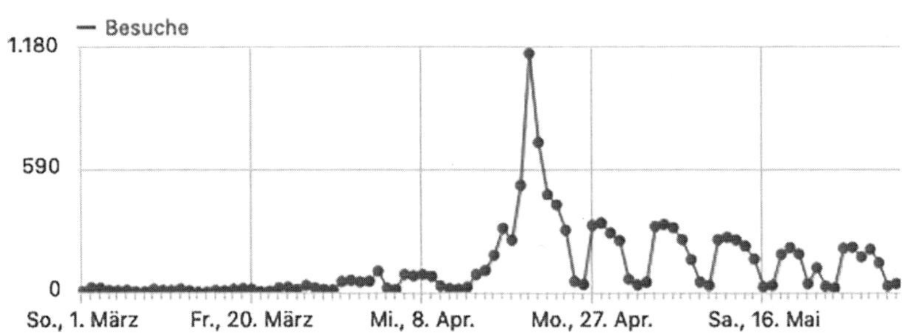


**Abb. 9.4** Aufrufe des howto.hs-furtwangen.de. (Quelle: Eigene Darstellung)

optimiert. Das Herzstück der Bearbeitung von Supportanfragen ist der Servicedesk der Hochschule, ein bereits seit Jahren eingesetztes und akzeptiertes Ticket-System.

#### 9.2.2.6 Servicedesk als zentrale Supportschnittstelle

Die Angehörigen der Hochschule wurden dazu aufgerufen, persönliche Support-Anfragen in erster Linie an den Servicedesk des Informations- und Medienzentrums zu richten. Mithilfe dieses Ticket-Support-Systems können Nutzer Anfragen an verschiedene Dienste und Services richten, ohne dessen Ansprechperson benennen zu müssen. Diese Supportanfragen (sogenannte Tickets) werden nicht an eine bestimmte Person, sondern an eine sogenannte Queue („Warteschlange") gerichtet. In der internen Organisation hat dies den Vorteil, dass Anfragen direkt bei den verantwortlichen Mitarbeitenden landen oder mehrere Personen gleichzeitig und für alle transparent an der Bearbeitung von Tickets arbeiten können. Die bestehenden Queues wurden vor dem Start in das digitale Semester um einige fehlende Service-Queues erweitert und um spezifische Antwortvorlagen ergänzt, die eine quasi-automatische Beantwortung von immer wiederkehrenden Anfragen ermöglichten (z. B. Anfrage nach Autorenrechten auf der Lernplattform FELIX).

Die Kanalisierung von Anfragen innerhalb der servicespezifischen Queues, die Antwortvorlagen für häufige Anfragen und die Konzentration von Personalressourcen auf die Abarbeitung der Tickets – auch abteilungsübergreifend – ermöglichten damit eine nahezu synchrone Bearbeitung von Supportanfragen mit einem asynchronen Tool. Die jeweils zuständigen Kompetenzteams konnten in Spitzenzeiten alle zwei Minuten ein Ticket beantworten.

Um außerdem weiterhin auch einen persönlichen 1zu1-Online-Support anzubieten, konnten Studierende wie Mitarbeitende der HFU über den Servicedesk mit einem Ticket eine „Nummer ziehen", um damit einen telefonischen Rückruf anzufordern.

## 9.3 Das digitale Sommersemester 2020 im Rückblick – ein Resümee

Der Lehrbetrieb an der HFU konnte im Sommersemester 2020 – wenn auch mit Einschränkungen – nahezu vollständig digital stattfinden. Ein Kraftakt, der von vielen Schultern getragen wurde.

Die Studierenden haben sich unvoreingenommen und mit großem Engagement auf Lernsituationen eingelassen, die bisher in ihrer Studienlaufbahn kaum eine Rolle gespielt haben. Insbesondere Studienanfänger, die weder die Möglichkeit hatten, den Präsenzbetrieb ihrer Hochschule, noch ihre Kommilitonen kennen zu lernen, mussten den damit zusammenhängenden Herausforderungen in ganz besonderer Weise begegnen.

In einer Studierenden-Befragung an der HFU (N = 1.129) haben 44 % der Studierenden bestätigt, dass die Online-Lehre im Sommersemester 2020 „sehr gut" (ca. 13 %) oder „eher gut“ (31 %) und mit 38 % mindestens teilweise („teils-teils“) funktioniert hat.

Auch die Dozierenden haben die Anforderungen des digitalen Semesters in vielfältiger Weise mit großem Engagement und viel Kreativität umgesetzt: Im Rahmen einer Dozierenden-Umfrage (N = 173) haben nur ca. 3 % der Befragten angegeben, dass ihre Online-Lehre „schlecht“ bis „überhaupt nicht“ funktioniert hat.

Darauf deutet auch die im Vergleich zu den Vorjahren deutlich gestiegenen Zahl der Nominierungen für den HFU-Lehrpreis 2020 hin – ein Preis der sich an Lehrende der Hochschule richtet und das Ziel verfolgt, gute und innovative Lehre zu fördern. Im vergangenen Sommersemester wurden mehr als 230 Veranstaltungen und somit mehr als 120 Dozierende für diesen Preis vorgeschlagen. Dies könnte ein Indiz dafür sein, dass viele Lehrende an der HFU ihre Lehre innerhalb kurzer Zeit auf sehr positiv wahrgenommene Online-Formate umstellen konnten.

Die Lehre an der HFU hat hauptsächlich in synchronen Online-Formaten stattgefunden. Mehr als 84 % der Dozierenden haben synchron und online in einem Online-Konferenzsystem gelehrt. Gleichzeitig wurde auf unterschiedlichste Art und Weise Lernmaterial, wie Audio- und Videovorlesungen (ca. 44 %), Selbstlernmedien im PDF-Format (ca. 45 %), sowie komplexe Selbstlernmedien (ca. 18 %) produziert. Sprechstunden wurden von 62 % aller befragten Dozierenden via Online-Konferenzsystem abgehalten.

Der oben ausführlich beschriebene Support durch das Informations- und Medienzentrum wurde von den Dozierenden als „vollkommen ausreichend“ (45 %) oder „überwiegend ausreichend“ (38 %) wahrgenommen. Auch die Bereitstellung von technischen Informationen wurde von 75 % als „vollkommen“ oder „überwiegend“ ausreichend eingestuft.

Ein etwas anderes Bild zeigt sich bei der Bereitstellung von „didaktischer Unterstützung“. Hier fühlten sich 54 % der Befragten als „vollkommen“ oder „überwiegend“ ausreichend versorgt, 22 % fühlten sich „teilweise“ ausreichend versorgt und 23 % beurteilten die Versorgung mit didaktischer Unterstützung mit „kaum“ oder „gar nicht“. Warum der didaktische Support die Zielgruppe nicht ganz so gut erreicht hat, lässt sich bedauerlicherweise nicht ableiten. Mutmaßlich führt die Komplexität lehr-lerntheoretischer Umstellungsprozesse – im Vergleich zu technischer Problembewältigung – zu einem intensiveren Beratungsbedürfnis.

Die Zahlen zeigen, dass die geplanten und implementierten Maßnahmen – sowohl die technischen als auch die servicebezogenen – die Umstellung auf ein digitales Semester erfolgreich unterstützen konnten. Aus den weiteren Umfrageergebnissen und insbesondere aus den zahlreichen Anmerkungen zu den offenen Fragen lassen sich weitere wichtige Implikationen für das folgende Wintersemester ableiten. Unter anderem wurden die Bereiche „Kommunikation“ (zwischen Dozierenden und Studierenden, aber auch innerhalb der Hochschule als Organisation an sich) sowie „Interaktion in Online-Vorlesungen“ sowohl von Studierenden als auch von Dozierenden in besonderem Maße als Herausforderung erlebt.

Auf organisationaler Ebene hat der Zwang zur Online-Zusammenarbeit an vielen Stellen zu einem Digitalisierungsschub und Kompetenzaufbau geführt.

Sitzungen, wie die des Hochschulrates oder des Senats, die analoger und in ihrem Format unveränderlicher nicht hätten sein können, wurden erfolgreich digital abgebildet. Aber auch die nun mögliche Durchführung spontaner Online-Meetings auf allen Leitungsebenen und innerhalb zentraler Organe der Hochschule sind besonders für eine Hochschule mit drei Standorten ein Gewinn.

Während vor Corona nur ein Bruchteil der Dozierenden der HFU Erfahrungen mit Online-Konferenzsystemen gesammelt hatte, nutzte die Mehrzahl der Dozierenden im digitalen Sommersemester mehrmals wöchentlich Online-Konferenzsysteme in Online-Vorlesungen, virtuellen Meetings und digitalen Sprechstunden.

Im Hinblick auf die videobasierte Lehre, die an der HFU bisher nur eine untergeordnete Rolle gespielt hat, wurden im digitalen Sommersemester 2020 zahlreiche und in den meisten Fällen sehr positive Erfahrungen gesammelt.

Dabei wurde – aus mediendidaktischer Sicht nicht überraschend – deutlich, dass für die Produktion und Erstellung von Lernvideos keine High-End-Video-Studios notwendig sind, sondern diese auch im eigenen Home-Studio entstehen können und dass diese Lernvideos gleichzeitig für Studierende eine effektive Lernquelle darstellen.

Die zahlreichen positiven Rückmeldungen der Studierenden zu den unterschiedlichsten Aspekten der Online-Lehre haben bei vielen Dozierenden zu neuen Ideen geführt, neue Impulse gegeben und eine deutlich spürbare Motivation erzeugt, diese auch in die zukünftige Ausgestaltung ihrer Lehre zu tragen. Vor diesem Hintergrund bleibt die spannende Frage, welchen Einfluss die Erfahrungen des digitalen Sommersemesters auf die zukünftige Lehre an der HFU haben werden.

# Von 0 auf 10 in 25 Jahren und von 10 auf 100 in zwei Wochen: E-Learning an der Universität Freiburg

10

Gerhard Schneider

**Zusammenfassung**

Die Universität Freiburg musste, nicht zuletzt wegen ihrer Nähe zum frühen Hotspot Elsass, im Frühjahr 2020 sehr schnell auf ein Digitales Semester umstellen. Dank einer langen Vorarbeit im Bereich E-Learning waren die notwendigen Kompetenzen vorhanden. Somit war allen klar, was zu tun war und es galt, vor allem die Herausforderungen einer vollständigen und flächendeckenden Umstellung zu bewältigen. Dank des hochmotivierten Einsatzes aller Beteiligten in Lehre und Administration verlief dieses Digitale Semester erstaunlich reibungsfrei, wie die Befragungen der Studierenden am Ende des Semesters zeigten.

## 10.1 Die Vorgeschichte

Die durch die Corona-Krise erzwungene Digitalisierung traf die Universität Freiburg nicht völlig unvorbereitet. Bereits 1995 fand ein erstes Teleseminar zwischen Freiburg und Karlsruhe statt, bei dem das vergleichsweise schnelle Landesnetz Belwue und teure videofähige Workstations der Rechenzentren testweise eingesetzt wurden. Als Antwort auf die bereits um die Jahrtausendwende diskutierten hohen Kosten bei der Erstellung von videobasierten Anschauungsmaterialien wurde am Freiburger Informatikinstitut unter Prof. Dr. Thomas Ottmann mit der Entwicklung eines Vorlesungs-Mitschnittsystems begonnen, welches später unter dem Produktnamen *Lecturnity* auch Marktreife erreichte.

G. Schneider (✉)
Universität Freiburg, Freiburg im Breisgau, Deutschland
E-Mail: direktor@rz.uni-freiburg.de



U. Dittler und C. Kreidl (Hrsg.), *Wie Corona die Hochschullehre verändert*,
https://doi.org/10.1007/978-3-658-32609-8_10

So war es nicht verwunderlich, dass das Thema E-Learning als gesetzt galt, als im Jahr 2005 die Möglichkeit zu einer Zielvereinbarung mit dem MWK bestand. Neben Projektgeldern für aktive Arbeitsgruppen in den Fakultäten konnte die Finanzierung einer „Servicestelle E-Learning" mit zwei Vollzeitkräften am RZ der Universität Freiburg ermöglicht werden. Aufgabe dieser Servicestelle war und ist es, die Möglichkeiten der aktuellen Technik in der Lehre den Dozentinnen und Dozenten näher zu bringen. Die Ergebnisse dieser so finanzierten Aktivitäten wurden 2007 in einem Buch [1] zusammengefasst. Schon damals zeigte sich, dass der langsame Einzug der Digitalisierung in die Lehre nicht etwa auf flächendeckendem Widerstand beruhte, sondern auf der mangelnden Zeit und der daraus resultierenden ausbleibenden Bereitschaft, sich mit technikbegründeten Änderungsoptionen auseinanderzusetzen. Durch direkte Ansprache und persönliche Beratung konnte diese Sperrmauer jedoch überwunden werden. Auch wenn dies ein mühsames Vorgehen war, so konnten doch immer mehr Interessierte gewonnen werden.

Parallel dazu begann der Aufbau einer zentralen Lehr- und Lernplattform. Zunächst kam dabei *CLIX* zum Einsatz, zu einem späteren Zeitpunkt wurde auf *ILIAS* gewechselt. Mit einem zentralen leistungsfähigen System konnten die an modernen E-Learning-Methoden Interessierten von der Notwendigkeit befreit werden, sich auch noch mit der Technik des Verteilens von Inhalten befassen zu müssen. Quasi beiläufig führte das dazu, dass es heute an der Universität Freiburg nur ein einziges, zentrales System gibt. Für die Studierenden ist dies ein riesiger Vorteil: alle Inhalte können in einem System gefunden werden, ein Hin- und Herspringen zwischen verschiedenen Systemen in unterschiedlichen Semestern entfällt.

In einem zentralen System können natürlich Neuerungen leichter nachgeführt werden, da sie sofort allen Teilnehmern zur Verfügung stehen. So wandelte sich *ILIAS* schnell von einer PDF-Schleuder zu einem System, das die Lehre nachhaltig unterstützt, inklusive moderner Konzepte wie flipped classroom und blended learning. Die Möglichkeit, jegliche Form von digitalen Inhalten in Diskussionsgruppen mit direkter Einbindung von anderen Softwaresystemen (wie Simulationsprogramme) bis zur Integration von Videokonferenzen zu verbinden, wurde so vielen Dozierenden zumindest nahegebracht. Aus Datenschutzgründen wurde ein selbst gehostetes Adobe Connect in *ILIAS* integriert, was sich schnell bei Online-Prüfungen bewährte.

Seit 2010 wird von der Universität der Instructional Development Award [3] vergeben. Jährlich werden Projekte, die die strukturelle Weiterentwicklung von Aspekten in der Lehre voranbringen, mit je 70.000 € gefördert. Sofern dabei E-Learning eine Rolle spielt, ist zwingend in der Antragsphase die Servicestelle E-Learning zu beteiligen. Damit wird eine Neuerfindung des Rades vermieden und die Einbettung in die universitären Strategien sichergestellt. Umgekehrt fließen Impulse aus den Projekten zurück in die weitere Ausrichtung der Arbeit der Servicestelle.

Diese bemerkenswerte Weiterentwicklung der Servicestelle von einer reinen Betreuungsstelle zu einem strategischen Partner wird durch die zahlreichen Drittmittelprojekte, an denen sie mittlerweile beteiligt ist, nachdrücklich unterstrichen.

Die Aufzeichnung von Vorlesungen wurde seit der Jahrtausendwende in der Technischen Fakultät der Universität immer umfassender praktiziert und teilweise von den Informatik-Studierenden auch eingefordert. Daher wurden im Laufe der Jahre zusätzlich einige Hörsäle in anderen Bereichen der Universität im Rahmen von Modernisierungen mit umfassender Videotechnik ausgerüstet.

An der Universitätsbibliothek entstand im Rahmen der frühen Digitalisierungsbewegungen ein Medienzentrum, das sich im Laufe der Zeit zu einer wichtigen Säule verschiedener Studiengänge entwickelt hat. Die angebotene *cross media* Ausbildung kommt nicht nur dem Frankreichzentrum der Universität zugute. Daher verfügt das Medienzentrum auch über hochmoderne Schnittplätze, in denen anspruchsvolle Videoszenen für die Lehre zusammengestellt und geschnitten werden können.

Anzumerken ist auch, dass die Universität seit zwei Jahrzehnten über ein umfassendes Identity Management System [2] verfügt. Auch wenn dieses konzeptionell in die Jahre gekommen ist, so stellt es doch sicher, dass alle für die Lehre relevanten zentralen Systeme mit einer user-id und einem Passwort bedient werden können und dass nahezu alle Studierenden per eMail erreichbar sind.

Somit lässt sich festhalten, dass die Digitale Lehre an der Universität Freiburg bereits seit vielen Jahren ein Thema ist und dass die dafür notwendigen technischen Grundlagen in mühsamer Aufbauarbeit gelegt waren. Ein harter Kern von überzeugten Nutzern war die Folge. Eine flächendeckende Euphorie war zugegebenermaßen nicht zu beobachten, aber irgendwie hatte fast jede Lehrperson zumindest schon mal von den Möglichkeiten der Digitalisierung in der Lehre gehört.

## 10.2 Der Sprung ins Digitale

Die Corona-Krise traf die Universität Freiburg schneller als andere, da sich im benachbarten Elsass schon früh im Jahr 2020 ein Hotspot entwickelt hatte. In der Folge wurde aufgrund von zwei nachgewiesenen Infektionen die Universitätsbibliothek (UB) umgehend geschlossen, dies geschah bereits Tage vor den entsprechenden Beschlüssen der Landesregierung. Es wurde allen sehr schnell klar, dass das Sommersemester 2020 ein Digitales Semester werden würde und es war dank der geschilderten Vorarbeiten offensichtlich, was dafür zu tun war.

Das für die Bewältigung der anstehenden Herausforderungen erforderliche zusätzliche Personal stand nach Aussetzen der Drittmittelprojekte in der Servicestelle zur Verfügung. Mit Zustimmung der Geldgeber konnten die Laufzeiten einiger Projekte kostenneutral verlängert werden und die sich dadurch öffnende Haushaltslücke wurde risikobereit von der Universität akzeptiert. Schließlich hatte auch die baden-württembergische Wissenschaftsministerin Thersia Bauer aufgefordert: „gehen Sie ins Risiko“. Somit standen ohne Verzögerung immerhin elf Mitarbeiterinnen und Mitarbeiter mit hoher Kompetenz im Bereich E-Learning bereit. Quasi rund um die Uhr wurden Schulungen in Form von online-Seminaren abgehalten und aufgezeichnet, Lehrfilme erstellt und Einführungsmaterialien aufbereitet. Zusammen mit dem Medienzentrum der UB wurden im leeren Hörsaal Vorlesungskonserven erstellt und in *ILIAS* abgelegt. Die Motivation der Lehrenden, die bereits ab Mitte März ihre Materialien für das mit Verzögerung erst im Mai beginnende Sommersemester aufbereiteten, war außerordentlich hoch, ebenso wie das Überstundenkonto der Mitarbeiter in der Servicestelle, aber auch vieler anderer Mitarbeiterinnen und Mitarbeiter des Rechenzentrums und nahezu aller anderen Einrichtungen der Universität.

Schnell wurde bewusst, dass die aus datenschutzrechtlichen Gründen eingesetzte lokale Videokonferenz-Lösung nicht skalieren würde. Deshalb musste zusätzlich, wie an vielen anderen Hochschulen auch, eine kommerzielle Konferenzlösung als Campuslösung hinzugekauft werden. Nach einer Evaluation durch die Studiendekane fiel die Wahl auf *ZOOM* und dank dieses fachlichen Votums von Nutzerseite war dann auch die Akzeptanz innerhalb der Universität sehr hoch. Zu dieser Zeit stand allerdings *ZOOM* in der Kritik der Datenschützer. Daher musste sehr viel Zeit aufgewendet werden, um das Justiziariat beim Abschluss brauchbarer Verträge mit *ZOOM* zu unterstützen und technisch zu beraten. Quasi als Vorsichtsmaßnahme wurde außerdem noch eine Farm von *BigBlueButton*-Servern installiert und *BigBlueButton* in *ILIAS* integriert. Die notwendigen CPU-Ressourcen waren dank des landesweiten *bwCLOUD*-Projekts vorhanden und wurden kurzerhand umgewidmet. Somit verfügte die Universität zusätzlich noch über ein selbstgehostetes Videosystem, das in allen Fragen dem Datenschutz genügte.

Die Sicherheitsbemühungen der Universität führten dazu, dass viele IT-Ressourcen nur über VPN erreichbar waren. Das VPN-Gateway geriet daher innerhalb weniger Tage an die Leistungsgrenze. Der Zufall wollte es, dass ein weiteres Hochleistungs-Gateway mit 10 Gbit/s Durchsatz bereits beschafft war. Es konnte innerhalb weniger Tage in Betrieb gehen, wenngleich dabei die bei neuen Systemen erforderliche solide Einführungsplanung entfiel.

Zwar wurde die Universität für die Präsenzlehre, nicht jedoch allgemein geschlossen, dennoch erschien es sinnvoll, möglichst vielen Mitarbeitern und Mitarbeiterinnen die Arbeit von zu Hause zu ermöglichen und nur wechselnde Gruppen in der Universität arbeiten zu lassen. Auch hier erstaunte, dass die für HomeOffice notwendige Infrastruktur nicht überall vorhanden war – das gilt gleichermaßen für das akademische wie für das Verwaltungspersonal. Laptops waren ähnlich wie Toilettenpapier ausverkauft bzw. überteuert. Zum Glück war im Rahmen des bwPC-Beschaffungsprogramms als Folge der Intel-CPU-Krise eine Lagerhaltung vereinbart worden, weshalb etwa 450 aktentaschentaugliche Rechner vom Typ *HP EliteDesk 800 G5* kurzfristig lieferbar waren. Mit diesen konnte innerhalb einer Woche die Verwaltung ebenso wie eine Reihe von Professuren ausgestattet werden. Fehlende Monitore wurden kurzerhand vom Arbeitsplatz entliehen.

Die Universitätsbibliothek blieb jedoch lange vollständig geschlossen. Damit der Lehr- und Forschungsbetrieb aufrechterhalten werden konnte, wurde ein Scan-Service eingerichtet. Notwendige Literatur kam so sehr schnell nach der Bestellung virenfrei an den Arbeitsplatz. Da die UB schon lange über ein Digitalisierungszentrum verfügt, war die notwendige technische Infrastruktur vorhanden und wurde an die Grenze ihrer Leistungsfähigkeit gebracht.

Die universitäre Telefonanlage wurde im Laufe der vergangenen Dekade schrittweise auf VoIP umgestellt. Damit verbunden ist ein webbasiertes Konfigurationswerkzeug, das es Nutzern auf einfache Weise erlaubt, Anrufe auf den privaten Telefonanschluss oder das Handy weiterzuleiten oder Telefonkonferenzen anzulegen. Die Anzahl der Telefonkonferenzen explodierte nicht überraschend – leider auch die Telefonkosten, da der Landesvertrag zur Telefonie für die Verbindungen zu Mobilnetzen keine Flatrate vorsieht. Dennoch ist dies als unkritisch zu werten – zwar verdreifachten sich die Telefonkosten, aber die jährlichen Gesamtkosten des Gesprächsaufkommens der Universität Freiburg liegen noch immer unter den Gehaltskosten einer einzigen Sekretariatsstelle. Dies war zweifellos eine der verblüffendsten Erkenntnisse aus der Corona-Krise.

Im Rückblick kann man festhalten, dass die technische Umstellung auf vollständige Digitalisierung, also der Sprung von 10 auf 100, innerhalb von ca. zwei Wochen ohne besondere Störungen oder Leistungsengpässe vollzogen werden konnte. Die Produktion von digitalen Inhalten durch Nutzer konnte also sehr schnell aufgenommen werden.

## 10.3 Erfahrungen

Die Umstellung auf das Digitale Sommersemester lief erstaunlich glatt. Sicherlich war auf Seite der Studierenden eine der Situation geschuldete unüblich hohe Leidensbereitschaft vorhanden, aber bis zum Semesterende blieben die Klagen aus.

Selbstverständlich gab es die eine oder andere Überraschung. So beklagte sich eine nennenswerte Zahl von Studierenden über nicht zureichende Arbeitsbedingungen zu Hause. Als Beispiel sei die eMail einer 5er-WG zitiert, die sich gemeinsam den besten verfügbaren Internet-Anschluss geleistet hatte – aber über die erhältliche 2 Mbit/s-Strecke könne man unmöglich fünf Videovorlesungen gleichzeitig verfolgen. Sobald es die Hygiene-Vorschriften des Landes erlaubten, wurden deshalb mehrere mit WLAN ausgestattete Hörsäle und ein Computerpool geöffnet [6] und diese Arbeitsplätze zur Buchung freigegeben. Hier war der Bedarf relativ leicht zu befriedigen, die Leseplätze in der vorsichtig wieder geöffneten Universitätsbibliothek waren hingegen heiß begehrt.

Die Annahme, dass die Studierenden als *digital natives* flächendeckend über eine entsprechende Ausstattung verfügen würden, erwies sich als falsch. Viele besaßen zwar moderne Handys, das gebuchte Datenvolumen reichte häufig nicht für den Download großer Lehrveranstaltungs-Aufzeichnungen aus. Leistungsfähige PCs mit großen Monitoren oder Laptops gehören heute offenbar nicht mehr zur Standardausstattung.

An dieser Stelle kam eine Eigenentwicklung zu Hilfe: Das seit längerem laufende *bwLehrpool*-Projekt erlaubt ein vereinfachtes Management von Computerpool-Umgebungen. Computerpools sind auch heute noch erforderlich, sei es für e-Klausuren oder für Kurse, die eine gleichartige Umgebung ohne weitere Ablenkung oder speziell lizenzierte Software auf allen Computern erfordern. Da die Poolräume aufgrund der Corona-Verordnungen anfangs geschlossen bleiben mussten, wurde eine Entwicklung vorangetrieben, die Kursteilnehmern per Browser den Zugriff auf jeweils einen Rechner aus dem Pool ermöglicht [7]. So konnten Lehrveranstaltungen durch Kombination einer *ZOOM*-Konferenz mit gleichzeitigem Zugriff auf die Rechner stattfinden. Dadurch war fast kein Unterschied zum regulären Kursbetrieb zu beobachten. Weitere Hochschulen des Landes, welche *bwLehrpool* nutzen, profitierten unmittelbar von dieser Entwicklung. In einer nächsten Stufe soll auch noch der Zugriff auf spezielle Hardware, wie GPU-Karten, ermöglicht werden.

Prüfungen sind Teil des universitären Lebens. Daher wurde verstärkt über die Digitalisierung von Prüfungen nachgedacht und alte Argumente gegen eine mögliche Umstellung verloren schlagartig an Kraft. Promotionsprüfungen oder die Vorstellung einer Bachelor- oder Masterarbeit lassen sich sehr leicht digitalisieren, da alle Teilnehmer an der Prüfung einander bekannt sind und aufgrund der hohen Spezialisierung des Themas keine Gelegenheit für Souffleure bleibt. Zusammen mit dem Justitiariat der Universität konnten hier die entsprechenden Verordnungen ausgearbeitet werden.

Die Technische Fakultät verzichtete darüber hinaus sehr schnell auf die eigentlich vorgeschriebene Einreichung mehrerer Papierkopien, sondern akzeptierte die einfache Zusendung eines PDFs per eMail, sofern eine Papierversion auf dem Postweg nachgereicht wurde. In vielen anderen Fällen konnten die Prüfungsmodalitäten geändert und die vorgeschriebenen Leistungen beispielsweise durch Hausarbeiten oder *open book Klausuren* ersetzt werden. In zu vielen Fällen allerdings konnte auf die klassische papiergebundene Klausurform nicht verzichtet werden. Dies erforderte einen hohen Planungsaufwand, um die Teilnehmer über mehrere Hörsäle zu verteilen, deren Sitzplatzkapazitäten durch die Corona-Einschränkungen deutlich, teilweise auf 10 % reduziert werden mussten.

Das Interesse an eKlausuren stieg dadurch deutlich an. Zwar waren auch hier die Kapazitäten reduziert – statt etwa 250 Teilnehmer konnten maximal 80 an einer Prüfung, verteilt über 7 Räume, teilnehmen. Durch geschickte Verteilung der Arbeitsplätze und Einhaltung der Desinfektionsregeln können in zwei Kohorten etwa 160 Prüflinge durchgeschleust werden.

Die Abnahme klassischer Klausuren im Homeoffice wurde aus juristischen Gründen nicht weiter verfolgt. Zwar existieren Ideen zum sogenannten *online-proctoring*. Diese setzen allerdings ein massives Eindringen in den privaten Raum voraus, z. B. durch Kameraüberwachung der Prüflinge.

Die schnelle Digitalisierung der Lehre führte auch dazu, dass das *HISinOne*-System endgültig auch bei der Belegung von Vorlesungen zum einzig genutzten System wurde und auf kleine Lösungen an den Professuren zugunsten einer einfacheren übergreifenden Synchronisation verzichtet wurde. So stiegt die Zahl der *HISinOne*-Belegungen von 132.822 Belegwünschen bzw. Belegungen im WS19/20 auf 182.094 im digitalen Sommersemester 2020.

Bemerkenswert ist der Vergleich der in *HISinONE* angelegten Veranstaltungen mit der jeweiligen Anzahl von *ZOOM*-Sitzungen. Auch wenn die Zahlen nicht näher aufbereitet wurden, so legt die folgende Grafik die Vermutung nahe, dass tatsächlich ein Großteil der Lehrveranstaltungen live abgehalten wurde und die reine Bereitstellung von asynchronen Lehrmaterialien in der Minderheit war. Das belegt, dass sich dank der intensiven Schulungsmaßnahmen die deutliche Mehrheit der Dozierenden auf das Wagnis einer online-Veranstaltung eingelassen hat (siehe Abb. 10.1).

Die Universität Freiburg befragte zum Semesterende Lehrenden und Studierende zu den Erfahrungen und Einschätzungen des Digitalen Semesters. Die Ergebnisse [4, 5] sind auf der Website der Universität veröffentlicht. Einige davon sollen aber dennoch hier zitiert werden:

So monierten die Studierenden die Vielzahl der eingesetzten Videosysteme. Zwar wurden vom Rechenzentrum *ZOOM* und *BigBlueButton* beworben und bereitgestellt, aber gerade Lehrbeauftragte nutzten gerne ein aus einem anderem Umfeld gewohnte System wie *MS Teams, Skype, Webex* etc. Die Balance zwischen der Freiheit, in der Lehre auch beliebige Werkzeuge einsetzen zu können, und zentral bereitgestellten Lösungen muss daher unter Praktikabilitätsgesichtspunkten diskutiert werden.

Auffallend viele Studierende beklagten sich, dass zu Hause ein unzureichendes Arbeitsklima, insbesondere in Bezug auf Ruhe und Räumlichkeit, oder eine unzureichende technische Ausstattung sie an einem erfolgreichen Semesterabschluss

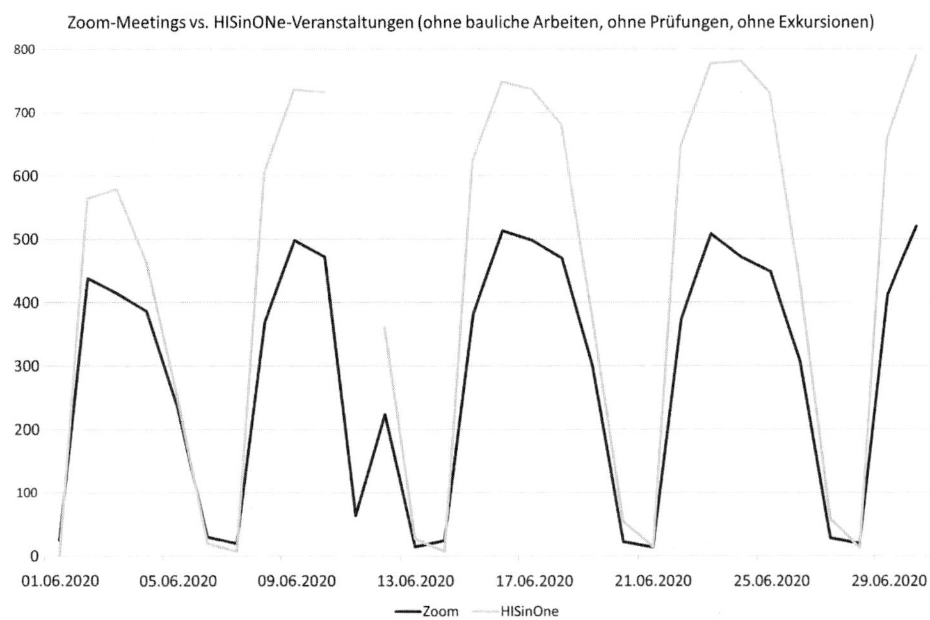


**Abb. 10.1** Zoom-Meetings und HISInOne-Veranstaltungen (ohne bauliche Arbeiten, ohne Prüfungen, ohne Excursionen) (Quelle: eigene Darstellung)

gehindert hätten. Die Infrastruktur, die die Universität quasi beiläufig bietet, scheint also wichtiger zu sein als es bisher diskutiert wurde. Dies sollte bei zukünftigen Bauplanungen Eingang finden und die Notwendigkeit studentischer Arbeitsräume zum „freien Üben“ vom Bauherrn, dem Bundesland, besser berücksichtigt werden.

Nicht unerwartet kommt die Klage der Studierenden, dass sie die sozialen Kontakte schmerzlich vermisst hätten. Dies bestätigt die Auffassung, dass Studieren nicht nur aus bloßer Wissensvermittlung besteht, sondern dass die Einbettung in die sogenannten *peer groups* von großer Wichtigkeit ist.

Die Ministerin hielt übrigens Wort und so erhielten die Universitäten zusätzliche Mittel in ausreichender Höhe, um die für die überraschende flächendeckende Digitalisierung notwendig gewordenen Investitionen und vor allem auch die Personalkosten des für die Bewältigung der Corona-Krise eingesetzten Drittmittel-Personals ausgleichen zu können.

Zusammenfassend kann man sagen, dass bei allen Handelnden sehr viel Initiative nötig, aber auch vorhanden war und nicht selten an formalen Erfordernissen vorbei gehandelt werden musste. Erfreulicherweise führte dies zu Anerkennung und Wertschätzung und keineswegs zu Blockaden aus grundsätzlichen Überlegungen. Mit etwas Zynismus kann man sagen, dass die Arbeit im Digitalen Semester, weil unkonventionell und mit hohem Wirkungsgrad, sogar richtig Spaß gemacht hat: In 10 Wochen wurde die Lehre in einem Maße digitalisiert, wie es sonst höchstens nach 10 Jahren harter Missionsarbeit möglich gewesen wäre.

## 10.4 Prognosen

Die breite Aufzeichnung von Lehrveranstaltungen wurde von den Studierenden sehr gut angenommen. Spannend wird jedoch der Verlauf der anstehenden Prüfungen sein. Hier wird man sehen, ob gleichmäßig und regelmäßig vorlesungsbegleitend gelernt wurde oder ob kurz vor der Prüfung das Abspielen der Aufzeichnungen mit beschleunigter Wiedergabe zu einer Form des Bulemie-Lernens führt, mit der einhergehenden Spreizung der Prüfungsergebnisse. Es ist zu befürchten, dass der Ersatz von Vorlesungen durch Aufzeichnungen zu einer Vergrößerung des Abstands zwischen den verschiedenen Leistungsgruppen führen wird.

Die Fragen rund um digitale Klausuren im Homeoffice werden weiter diskutiert werden müssen. Bisher verhindern Regelwerke, aber auch das Wissen der Technik, dass aus der Ferne unlauteres Verhalten nicht einfach ausgeschlossen werden kann, einen Fortschritt. Die jüngste Verfügung der bayerischen Staatsregierung [8] zeigt aber, dass der Gesetzgeber durchaus gewillt ist, den Hochschulen bei entsprechenden Versuchen auch Deckung zu geben.

Die Diskussion um die Bedeutung der Präsenzlehre wurde auch an der Universität Freiburg geführt. Allerdings war dies keine rückwärts gerichtete Diskussion gegen das

Digitale Semester, vielmehr wurden ernsthafte Antworten darauf gesucht, was den Mehrwert der Präsenzveranstaltung ausmacht und warum man so bald wie möglich, aber eben nicht um jeden Preis, wieder in die Hörsäle zurückkehren will.

Das Wintersemester soll nach den Vorstellungen der Universität ein hybrides werden – zumindest war dies der Planungshorizont, als dieser Artikel entstand. Vor allem die Erstsemester sollen das System Universität real kennenlernen und dazu scheint die Präsenzlehre ein unverzichtbares Werkzeug zu sein. Auch Seminare und Veranstaltungen in kleinen Gruppen können in Präsenz stattfinden. Um diejenigen nicht zu benachteiligen, die aufgrund von Quarantäne- oder gar Einreisevorschriften daran nicht teilnehmen können, müssen aber auch diese Veranstaltungen aus dem Hörsaal heraus übertragen werden. Dazu erfolgen nun Nachrüstungen weiterer Hörsäle und Seminarräume mit der entsprechenden Technik.

Der Semesterstart kann natürlich nicht wie sonst üblich erfolgen. Der beliebte Erstsemestertag, der aufgrund seiner Attraktivität regelmäßig im Stadion des SC Freiburg stattfand und bei dem sich auch die sozialen Aktivitäten präsentierten, die während des Studiums möglich sind, musste abgesagt werden. Stattdessen wird es einen Digitalen Semesterstart geben. Die dazu gehörigen Webseiten, Erläuterungen, Kurzfilme und digitale Schnitzeljagd wurden von vielen Akteuren mit großer Hingabe vorbereitet.

Die Vorlesungen für die höheren Semester werden jedoch auch im Wintersemester weitgehend digital abgehalten werden. Als positiver Nebeneffekt wird damit auch die Verkehrsdichte in den Universitätsgebäuden deutlich reduziert und die Ansteckungswahrscheinlichkeit verringert. Um die Nachverfolgbarkeit von Infektionsketten bei Präsenzveranstaltungen sicherzustellen, wird die Belegung der Lehrveranstaltung in *HISinOne* verpflichtend. Die langwierige Erfassung der Kontaktdaten in jeder Lehrveranstaltung entfällt somit; die Dozierenden müssen lediglich die Corona-bedingt geringe Zahl von Anwesenden abhaken.

Am Ende des Digitalen Sommersemesters 2020 steht die Erkenntnis, dass William J. Mitchell (1944–2010), Professor für Architektur am MIT, mit einer Aussage, die der Autor aus einem Vortrag im Jahr 1999 mitnahm, Recht hatte. Mitchell sagte damals, die digitalen Hochschulen seien keine Bedrohung für die klassischen Universitäten, denn sie könnten zwei Dinge nicht vermitteln: *social competence and dining competence.*

Die Digitalisierung der Lehre ermöglicht neue Ansätze bei der Wissensvermittlung und manche dieser Ansätze zeigen sich der klassischen Vorgehensweise überlegen. Daher werden viele Aspekte der digitalen Lehre bleiben, genauso wie das Corona-Virus wohl bleiben wird. Aber die Digitalisierung kann den Hörsaal mit den einhergehenden sozialen Interaktionen nicht ersetzen. Die Präsenzuniversität muss sich nur klar werden, wo ihre eigentlichen Stärken liegen.

Da die Entwicklungen des Digitalen Semesters in diesem Artikel vor allem aus dem Blick der IT geschildert wurden, konnten sicher nicht alle Aktivitäten hinreichend gewürdigt werden. Der Dank des Rektorats und des Senats der Universität an alle Engagierten quer über alle Fakultäten und Institutionen soll daher an dieser Stelle wiederholt werden.

## Literatur


1. Neue Medien als strategische Schrittmacher an der Universität Freiburg, Universitätsbibliothek Freiburg, 2007, ISBN 978–3–928969–20–8, online: www.freidok.uni-freiburg.de/volltexte/3228
2. Schneider, Gerhard (2017), Campus 4.0: Neuer Stress fürs Rechenzentrum, in: Einszweivierpunktnull, Digitalisierung von Hochschule als Organisationsproblem. Folge 2, Hrsg.: D. Hechler, P. Pasternack, Die Hochschule, 2/2017, pp 7–19, ISBN 978–3–937573–61–8
3. Instructional Development Award: https://www.lehrentwicklung.uni-freiburg.de/LE/instructional-development-award-ida/instructional-development-award
4. Kurzbefragungen der Lehrenden 2020: https://www.qmlehre.uni-freiburg.de/content-1/pdf-dokumente/berichte-befragungen/leh2020-gesamtbericht
5. Kurzbefragung der Studierenden 2020: https://www.qmlehre.uni-freiburg.de/content-1/pdf-dokumente/berichte-befragungen/stu2020/stu2020-gesamtbericht
6. Badische Zeitung: https://www.badische-zeitung.de/kreativ-und-gestresst
7. Bwlehrpool: https://www.pr.uni-freiburg.de/pm/online-magazin/lehren-und-lernen/digital-in-den-pc-pool-eintauchen
8. Bayer. Fernprüfungsverordnung: https://www.stmwk.bayern.de/download/20638_BayFEV-mit-Begründung-final_kurz.pdf

# Online-Lehre – funktioniert ja! 11

## Unterricht in Zeiten des Lockdown an der FH JOANNEUM

Jutta Pauschenwein und Irmgard Schinnerl-Beikircher

**Zusammenfassung**

Seit den Neunziger-Jahren, als das Internet potenziell für alle zur Verfügung stand, wurde an Hochschulen mit der Online-Lehre experimentiert. Im letzten Jahrzehnt öffneten Massive Open Online Courses (MOOCs) weltweit flexible Lernräume. Obwohl die Online-Lehre entscheidende Vorteile mit sich brachte, gab es an den Hochschulen erhebliche Widerstände gegen virtuelles Lehren und Lernen. Denn der persönliche Kontakt mit den Studierenden läuft online anders ab, Lernmaterialien wie Aufgaben müssen verändert werden, Lehrende haben weniger Kontrolle, sondern üben eine Anleitungs- und Moderationsfunktion aus. Die erzwungene Online-Lehre von März bis Juni 2020 führte zu einem hochschulübergreifenden Experiment, welches im Großen und Ganzen gelungen erscheint. Der Corona bedingte Lockdown dauerte lange genug, um disruptive Innovation an den Studiengängen zu ermöglichen. Das Feedback von Studierenden und Lehrenden in zwei Umfragen ist positiv und lässt einen tieferen Wandel vermuten.

J. Pauschenwein (✉) · I. Schinnerl-Beikircher
ZML – Innovative Lernszenarien, FH Joanneum, Graz, Österreich
E-Mail: jutta.pauschenwein@fh-joanneum.at

I. Schinnerl-Beikircher
E-Mail: irmgard.schinnerl-beikircher@fh-joanneum.at



U. Dittler und C. Kreidl (Hrsg.), *Wie Corona die Hochschullehre verändert*,
https://doi.org/10.1007/978-3-658-32609-8_11

## 11.1 Einleitung

Die Abteilung ZML-Innovative Lernszenarien unterstützt E-Learning an der FH JOANNEUM seit 1998 (Pauschenwein 2020). Das zehnköpfige Team des ZML forscht in nationalen und internationalen Kooperationen zu Aspekten von Online-Lernprozessen und entwickelt aus den Forschungserkenntnissen und Online-Trends Workshops und Online-Schulungen. In der eigenen Hochschule betreut das ZML im Rahmen des *Virtuellen Campus* Lehrende und Studierende mit einem maßgeschneiderten Supportangebot, es stellt die E-Learning Lernplattform *Moodle* zur Verfügung, führt qualitätssichernde Maßnahmen durch, erstellt Videos und fördert den Austausch von Lehrenden im Rahmen des jährlichen E-Learning-Tages[1]. Mitarbeiterinnen des ZML unterstützen als Online-Moderatorinnen das verpflichtende *Hochschuldidaktische Angebot* der FH JOANNEUM im Ausmaß von 12 ECTS und bieten ein optionales Modul *Online-Lehre* im Ausmaß von 6 ECTS an.

Vor dem März 2020 nutzten 64 Studiengänge und (Master-)Lehrgänge die E-Learning Plattform *Moodle.* Das bedeutet, dass in praktisch allen Lehr- und Ausbildungsangeboten Online-Lehre stattfindet, wobei das Ausmaß sich je Studiengang stark unterscheidet. Studienangebote, die sehr auf die Präsenzlehre fokussieren, verwenden die Plattform vorwiegend als Dateiablage und teilweise für Online-Prüfungen vor Ort. An anderen Studiengängen ist die Online-Lehre in größerem Ausmaß in den Lehralltag integriert. Abhängig von dem Online-Engagement der Lehrenden bearbeiten die Studierenden Online-Aufgaben in Gruppen und alleine, vernetzen sich mit internationalen Studierendengruppen, reflektieren ihre Praktika und vieles mehr. Die Umfrage *Virtueller Campus: Unterstützung für die Lehrenden der FH JOANNEUM* aus dem Juni 2019 zeigte eine Zunahme der Nutzung unterschiedlicher Werkzeuge der E-Learning Plattform, insbesondere einen vermehrten Einsatz der *Moodle*-Tools *Aufgabe* und *Forum.* In berufsbegleitenden Studiengängen und Lehrgängen ist die Online-Lehre ein integraler Bestandteil des Angebots und 70 % bis 80 % der Lernprozesse finden online.

Das Schulungs- und Weiterbildungsangebot des ZML umfasst technisch-didaktische Workshops, sogenannte *TeDis,* Workshops zu didaktischen Spezialgebieten, die auch für Lehrende anderer Hochschulen offen sind, drei- bis vierwöchige Online-Kurse, für die bezahlt werden muss und den jährlichen E-Learning-Tag. Bis zum Lockdown am 16. März 2020 wurden *TeDis* zu den Themen *Moodle Basics,* den *Moodle* Werkzeugen *Workshop, Test, WIKI, Gegenseitige Beurteilung* und *Lektion* sowie ein *TeDi* zur *Erstellung von Videos* angeboten. Die Themen der didaktischen Workshops, waren *Motivation in Lernprozessen (Basic & Advanced), Comics als Ordnungs-/Reflexions-/ Motivationswerkzeug in (Online-) Lernprozessen (Basic & Advanced), Was lernt man*

[1]Dokumentation der E-Learning Tagungen https://oer.fh-joanneum.at/zml/tagungsbaende/E-Learningtage/

*beim Spielen?*, *MOOCs in der Lehre* und *Frauen netzwerken*. Der vierwöchige Online-Kurs *E-Moderating* wurde zweimal durchgeführt.

Evident ist, dass E-Learning bereits vor Corona gut an der FH JOANNEUM etabliert war und praktisch in allen Studiengängen in unterschiedlichem Ausmaß zum Einsatz kam. Von Jahr zu Jahr erhöhte sich der Einsatz an Online-Lernszenarien und die didaktische Vielfalt in der Lehre nahm zu. Da in den meisten Studiengängen der Fokus auf der Präsenzlehre lag, verlief der Prozess der Weiterentwicklung in der Online-Lehre eher gemächlich (Pauschenwein und Lyon 2018).

Aufgrund der Covid19-Epidemie stand am 11. März 2020 unerwartet die Schließung des Präsenz-Lehrbetriebs im Raum und spätestens ab dem 16. März 2020 wurde der Unterricht nur mehr online abgewickelt. Welche Maßnahmen zur Unterstützung der Lehre durchgeführt wurden, wie der Response von Studierenden und Lehrenden war, welche Best Practice Beispiele es gab und womit alle Involvierten kämpften, wird in den folgenden Abschnitten dargelegt. Abschließend wird ein Blick in die Zukunft gewagt.

## 11.2 Unterstützungsangebot während der Krise

**Rasche Abstimmung**

Am 10. März 2020 war klar, dass die Hochschullehre bis auf Weiteres ausschließlich online ablaufen wird. Rasch wurden Abstimmungs- und Entscheidungsgremien ins Leben gerufen, die anfangs mehrmals pro Woche tagten, um den Rahmen für Studierende und Lehrende festzulegen und Regeln auszuformulieren. In einer dieser Arbeitsgruppen arbeiteten das ZML als E-LearningAbteilung, die Zentralen IT-Services als Provider der Infrastruktur und zwei Studiengangsleitungen zusammen, um gemeinsam die Online-Lehre an der Hochschule zu festigen und die Digitalisierung der Lehre im Fokus zu behalten.

**Der Bedarf**

Das Supportteam des *Virtuellen Campus* wurde von vielen Lehrenden kontaktiert, da rasche Unterstützung und kreative Ideen nötig waren. Ein Lehrender etwa sollte in den kommenden drei Wochen bis Ostern seine Lehrveranstaltung beginnen, durchführen und abschließen. Er bekam eine kurze Einschulung, wie durch Nutzung einer Videokonferenz rasch Videos erstellt werden können und in den paar Tagen bis Montag, dem 16. März, verwandelte er die Inputs seiner Präsenzlehre in Videos, reicherte den Raum in der Lernplattform mit Aufgaben an und war für die Online-Lehre gewappnet.

**Die technische Infrastruktur**

Bei den Zentralen IT-Services fiel die Entscheidung, *MS Teams* für die synchrone Lehre zu nützen. MS Teams ist eine Plattform von *Microsoft,* welche unter anderem das Anlegen von Gruppen und Gruppenkommunikation in Videokonferenzen ermöglicht. Rasch wurde die Nutzung mit dem Betriebsrat abgestimmt und bereits am Freitag, dem

13. März, waren die meisten Lehrveranstaltungen als *MS Teams* angelegt. Parallel dazu wurde auch die Videokonferenz *Zoom* genützt, insbesondere von Studiengängen, die dieses Tool bereits vorher eingesetzt hatten.

Die Speicherkapazität der Lehrveranstaltungsinstanz[2] der Plattform *Moodle* wurde aufgrund des rasch steigenden Zugriffs bereits in der ersten Woche des Lockdowns verdoppelt und durch zusätzliche Plugins ergänzt, wie den *Safe Exam Browser* für Prüfungen, das Werkzeug *Studierendenordner* sowie das *Atto WIRIS Plugins,* um mathematische Zeichen bequemer schreiben zu können.

**Kompetenzaufbau**

Am Freitag, dem 13. März, wurde der erste Online-Workshop zu *MS Teams* und *Moodle* abgehalten, um allen Lehrenden die Möglichkeit zu geben, gut vorbereitet in die Online-Lehre einzusteigen. Die nötige Expertise war vorhanden, da *MS Teams* am ZML bereits seit einigen Monaten im Testeinsatz war.

Dieser Workshop bildete die Basis für den Online-Unterricht und wurde bis Ende Juni 16 Mal abgehalten, die Hälfte davon zu Randzeiten, um externen Lehrenden die Möglichkeit zur Teilnahme zu geben. Die Jahrgangssprecher*innen der Studiengänge wurden in der Verwendung von MS Teams eingeschult, um als Multiplikator*innen wirken zu können. Weitere Online-Workshops zu den Themen *Prüfungen auf Moodle, Online-Didaktik* sowie *Videos für die Lehre – Hands on* waren ebenfalls stark nachgefragt. Bereits geplante Workshops zu Themen der Didaktik wurden auf ein Online-Format umgestellt und so schulte das ZML-Team von März bis Juni 2020 tausend Personen.

> Trotz reichhaltiger Erfahrungen war für unser Team die Unterstützung der Umstellung auf reine Online-Lehre sehr herausfordernd. … In dieser enorm belastenden Zeit brachten wir unsere Expertise und unsere Kompetenzen erfolgreich auf ein höheres Level.
>
> Christina Mossböck, Leitung des *Virtuellen Campus* (2020)

**Materialien**

Zahlreiche Text-Tutorials zum Umgang mit Technik und Didaktik sowie Video-Tutorials zu den Themen *MS Teams* (3), *Fragetypen auf Moodle* (5), *Test erstellen auf Moodle* (1), *Bildschirmaufzeichnung mit MS PowerPoint* (2), sowie *Grundlagen der Videobearbeitung mit dem Windows 10 Video-Editor* (1) wurden erstellt. Um den Lehrenden die Inhalte gesammelt zur Verfügung zu stellen wurde in der Lernplattform der Kurs *COVID 19 – Anleitungen, Tutorials und Informationen zu Moodle, MS Teams und Online-Lehre* angelegt. In diesem Kurs sind auch die Termine kommender Workshops eingetragen. 1349 Personen haben sich in den Kurs selbst eingeschrieben, bei aktuell unter 1000 internen und externen Lehrenden.

---

[2]https://virtueller-campus.fh-joanneum.at

Im Rahmen des Laura Bassi Projekts #dienetzwerkerinnen[3] wurde während des Lockdown die Serie *Didaktische Kleinigkeiten* entwickelt. Neun Episoden, wie etwa *Ein Online "Präsenz-Work*shop", Das Online-Seminar, Online-Unterricht vor 40 Studierenden oder *Qualität im Online-Workshop,* gaben den Lehrenden der FH JOANNEUM praktische Hinweise zur Umsetzung des Online-Unterrichts.

Doch wie erlebten Studierende und Lehrende den Online-Unterricht? In zwei Umfragen holte sich das ZML-Team Feedback.

## 11.3 Basis und Fragen der Umfragen

Evaluierungen am ZML – Innovative Lernszenarien basieren auf Modellen der Grundlagenliteratur (Bortz und Döring 2006; Bühner 2004; Ernst 2008; Konrad 2005; Mayer und Kriz 2010 u. Porst 2014) zu diesem Thema und auf Inhalten besuchter Weiterbildungen (z. B. *Evaluationsprojekte erfolgreich planen und umsetzen* von Dr. Stefan Rädiker, am Methodenkompetenzzentrum, Universität Graz, Juli 2018). In dem Arbeitspaket *Qualitätssicherung und Evaluierung* des *Virtuellen Campus* der FH JOANNEUM werden die Workshops und Online-Kurse, der E-Learning-Tag sowie die Services regelmäßig evaluiert.

Ziel des *Virtuellen Campus* ist die gute Unterstützung der Lehrenden und der Studierenden in der Online-Lehre. Die Ergebnisse der Umfragen/Evaluierungen sind Grundlage für die Überarbeitung und Weiterentwicklung der Services des *Virtuellen Campus.*

Um Lehrende und Studierende in Zeiten von Covid-19 bestmöglich zu unterstützen, wurden im Sommersemester 2020 zwei Umfragen durchgeführt.

### 11.3.1 Kurz-Evaluierung im Mai 2020

Die Kurzumfrage *Online-Lehre/-Lernen an der FH JOANNEUM in Zeiten von Covid-19* enthielt für Studierende und Lehrende identische Fragen. Sie lief von 30. April bis 20. Mai 2020 als Online-Umfrage in *LimeSurvey.* Ziel der Umfrage war es ein rasches Stimmungsbild zu generieren und schnell umsetzbare Maßnahmen daraus abzuleiten.

Beim Öffnen der Umfrage ordneten sich die Antwortenden der Kategorie Studierende/r oder Lehrende/r zu. 691 Studierende (Rücklaufquote: 13,87 %) und 121 Lehrende (Rücklaufquote12,14 %) füllten die Umfrage vollständig aus.

In der folgenden Frage war die Bewertung des Online-Unterrichts mit Schulnoten möglich. In der nächsten Frage wurde auf die Art der Umsetzung der Online-Lehre eingegangen.

[3]https://www.dienetzwerkerinnen.at/

**Fragen**

Wie wurde der Online-Unterricht umgesetzt?

Antworten (Mehrfachantworten waren möglich)

- synchron/zur gleichen Zeit: Videokonferenz in MS Teams
- synchron/zur gleichen Zeit: Anderes Videokonferenz-Tool
- synchron/zur gleichen Zeit: Gruppenarbeiten
- synchron/zur gleichen Zeit: Online-Prüfungen
- asynchron/zeitversetzt: Online-Diskussion in Foren u.ä.
- asynchron/zeitversetzt: Aufgaben in *Moodle*
- asynchron/zeitversetzt: Gruppenarbeiten in *Moodle*
- asynchron/zeitversetzt: Online-Prüfungen
- Videos/Audios
- Sonstiges (Texteingabe)

Am Ende der Umfrage konnte optional auf: *Was möchten Sie noch zum Online-Unterricht sagen?* reagiert werden. 50 % der Studierenden und 50 % der Lehrenden, die Umfrage ausfüllten, nutzten diese Möglichkeit für detailliertes Feedback.

### 11.3.2 Evaluierung für Lehrende im Juni/Juli 2020

Die zweite Umfrage *Rückblick: Online-Lehre/-Lernen an der FH JOANNEUM in Zeiten von Covid-19* richtete sich ausschließlich an Lehrende und lief von 22. Juni bis 5. Juli 2020 als Online-Umfrage in *LimeSurvey.* Ziel der Umfrage war es detailliertes Feedback zum Support und zu den Wünschen und Anliegen der Lehrenden zu bekommen. Die Umfrage enthielt 14 verpflichtende und 7 optionale Fragen. 175 Lehrende (Rücklaufquote 17,55 %) füllten die Umfrage vollständig aus.

Zu Beginn der Umfrage wurden die Lehrenden nach der empfundenen Höhe der beruflichen Belastung im Sommersemester 2020 aufgrund von Covid-19 befragt. In den nächsten drei Fragen ging es um technische, didaktische und organisatorische Herausforderungen.

**Fragen**

Wie hoch waren die didaktischen Herausforderungen beim Online-Unterricht im Sommersemester 2020 für Sie?

Bereiche:

- Aktivierung der Studierenden
- Anpassung des didaktischen Konzepts
- Umsetzung der Prüfungen
- Sonstiges (Textfeld)

Antwortmöglichkeiten: Hoch – Eher hoch – Eher gering – Gering – Nicht relevant.

Danach wurde erhoben, welche Hilfestellungen für die Online-Lehre in Anspruch genommen wurden und wie die Unterstützung durch die internen Servicestellen (ZML-Innovative Lernszenarien und Zentrale IT-Services) ankam.

**Fragen**

Welche Hilfe haben Sie bei der Umstellung zur Online-Lehre in Anspruch genommen? (Mehrfachantwort möglich)
Antwortmöglichkeiten:

- Austausch mit der Studiengangsleitung
- Austausch mit Kolleginnen / Kollegen
- Didaktische Workshops
- Online-Ressourcen wie z. B. Videos, Schulungsunterlagen, Anleitungen
- Technischer Support durch den Helpdesk (*MS Teams, Remote Verbindungen, …*)
- Technische-didaktische Schulungen (*Moodle, MS Teams, Prüfung auf Moodle, Videos*)
- Ich habe keine Hilfe in Anspruch genommen
- Sonstiges (Textfeld)

Auch eine mögliche Einstellungsänderung zur Online-Lehre und die Wichtigkeit unterschiedlicher Faktoren für die zukünftige Online-Lehre wurden abgefragt. Die Lehrenden konnten darüber hinaus die Umsetzung der Online-Lehre mit den Werkzeugen *MS Teams* und *Moodle* bewerten und Wünsche nach zusätzlichen Funktionalitäten angeben.

**Fragen**

Wie wichtig sind für Ihre Online-Lehre an der FH JOANNEUM in Zukunft
Bereiche:

- Absprachen bezüglich Umsetzung innerhalb des Studiengangs / bessere Koordination der Online-Lehre
- Austausch mit anderen Lehrenden / Austausch von didaktischen Konzepten
- Geeignete Räumlichkeiten an der FH JOANNEUM
- Weitere didaktische Schulungen
- Weitere technische Schulungen
- Zur Verfügung Stellung von technischem Equipment
- Sonstiges (Textfeld)

Antwortmöglichkeiten: Wichtig – Eher wichtig – Eher unwichtig- Unwichtig

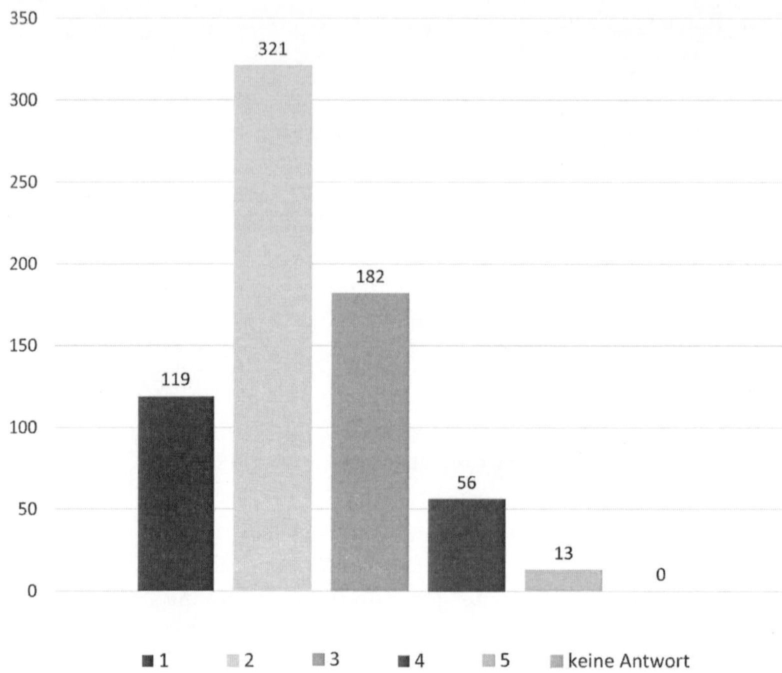


**Abb. 11.1** Studierende: Bewertung der Online-Lehre (Quelle: eigene Darstellung)

Im Weiteren wurden die Lehrenden gefragt, wie viel Online-Lehre sie vor dem Frühjahr 2020 anboten und wie viel an Online-Lehre sie sich für die Zukunft wünschen. In zwei abschließenden, offenen Fragen konnten sie ihr persönliches *Best Practice Beispiel* angegeben sowie Weiteres zum Thema der der Online-Lehre schreiben.[4]

## 11.4 Umfrageergebnisse der Mai-Umfrage

Im Weiteren sind die Rückmeldungen der Studierenden und der Lehrenden auf die erste Umfrage angeführt.

### 11.4.1 Sicht der Studierenden

17 % (119) der Studierenden bewertete den Online-Unterricht mit „Sehr gut". 46 % (321) vergaben die Note „Gut", 26 % (182) die Note „Befriedigend", 8 % (56) die Note

[4]Bei Interesse senden die Autorinnen den Fragebogen der Juni/Juli-Umfrage gerne zu.

„Genügend" und 2 % (13) die Note „Nicht Genügend". Das arithmetische Mittel dieser Frage liegt bei 2,31 – die Standardabweichung bei 0,91 (siehe Abb. 11.1).

Die nächste Frage richtete sich nach synchronen und asynchronen Lernerfahrungen, sowie nach den eingesetzten Werkzeugen und Materialien (siehe Abb. 11.2).

Nach Rückmeldung der Studierenden wurden synchrone Videokonferenzen in *MS Teams* am häufigsten eingesetzt (83 %), allerdings benannten auch 45 % der Studierenden die Nutzung anderer Videokonferenz-Tools. Unterstützt wurden die synchronen Meetings zwischen Studierenden und Lehrenden vor allem mit Abgaben in *Moodle* (78 %).

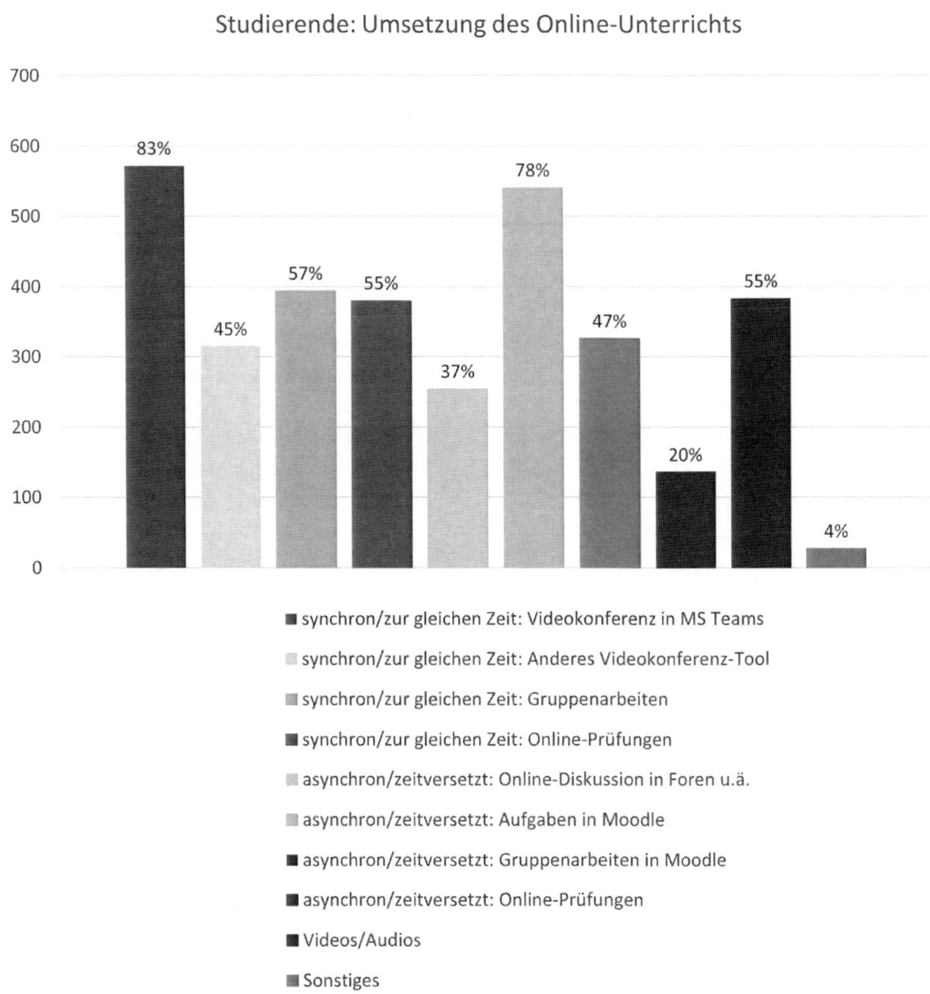


**Abb. 11.2** Studierende: Umsetzung des Online-Unterrichts (Quelle: eigene Darstellung)

Fast gleich häufig fanden synchrone Gruppenarbeiten (57 %), synchrone Online-Prüfungen (55 %) und der Einsatz von Audio und Videos (55 %) statt. Asynchrone Gruppenarbeiten, bei denen die Studierenden zeitversetzt an Aufgabenstellungen arbeiteten, wurden von 47 % der Studierenden erwähnt.

Etwas seltener fanden Diskussionen in Foren statt (37 %). 20 % der Studierenden absolvierten asynchrone, also zeitversetzte Online-Prüfungen.

Die offene Frage: *Was möchten Sie noch zum Online-Unterricht sagen*? nutzten 344 Studierende (50 %). Sie gaben positive Rückmeldungen, so wurden etwa die Lehrenden 42mal explizit gelobt. 42 Studierende meinten, dass die Online-Lehre anstrengend sei, 37 empfanden den Arbeitsaufwand höher. Verbesserungspotenzial sahen die Studierenden vor allem in der Online-Kommunikation. Ihre Anregungen für zukünftige Online-Lehre sind oft organisatorischer Art, so wünschen sie sich eine bessere Abstimmung am Studiengang, eine Mittagspause, einen einheitlichen Online-Raum für die Unterlagen, eine einheitliche Nutzung der Online-Werkzeuge sowie die Beibehaltung bereits bestehender Studierendengruppen. Die Studierenden schätzten die von Lehrenden erstellten Videos als Lernmaterialien, und sie stehen einem Blended Learning Szenario – also der Mischung zwischen Online- und Präsenzunterricht – eher positiv gegenüber.

### 11.4.2 Sicht der Lehrenden

Die Abb. 11.3 zeigt die Bewertung der Online-Lehre durch die Lehrenden.

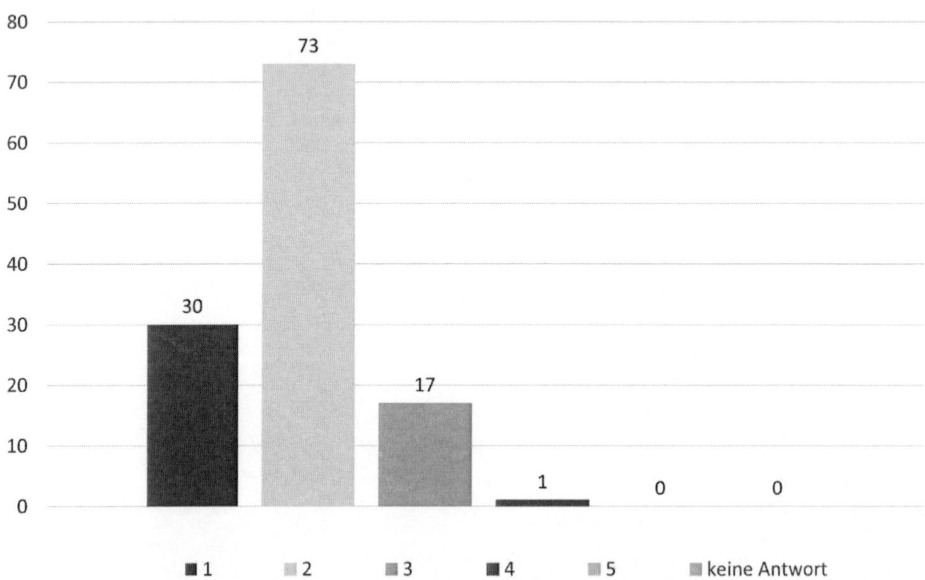


**Abb. 11.3** Lehrende: Bewertung der Online-Lehre (Quelle: eigene Darstellung)

Wie die Studierenden wurden auch die Lehrenden nach den eingesetzten Werkzeugen und Materialien befragt (siehe Abb. 11.4).

Synchrone Videokonferenzen in *MS Teams* wurden am häufigsten eingesetzt (83 %), 25 % der Lehrenden nutzen auch andere Videokonferenz-Tools. Unterstützt wurden die synchronen Meetings von Studierenden und Lehrenden vor allem mit Abgaben in *Moodle* (57 %).

Fast gleich häufig setzten die Lehrenden synchrone Gruppenarbeiten (40 %), Online-Prüfungen (36 %) sowie Audio und Videos (36 %) ein.

Online-Diskussionen in Foren wurden von 30 % verwendet, asynchrone Gruppenarbeiten zu 25 % und asynchrone Online-Prüfungen zu 17 %.

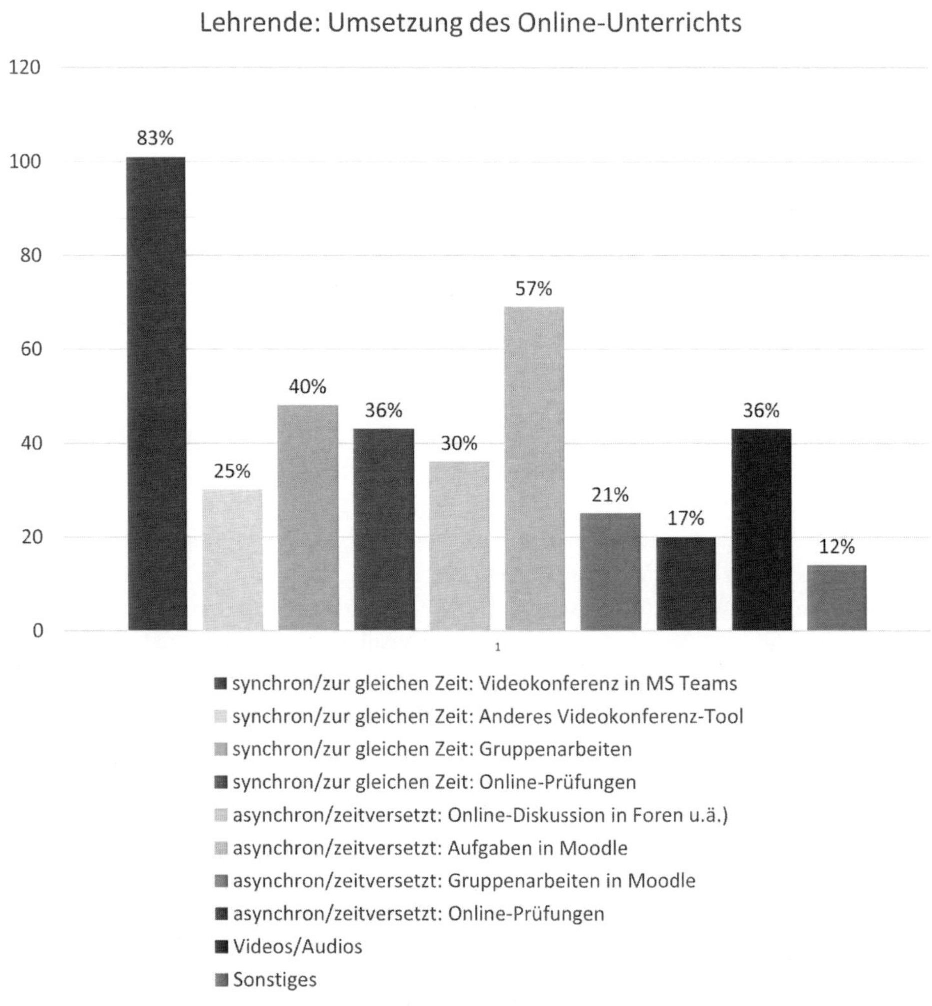


**Abb. 11.4** Lehrende: Umsetzung des Online-Unterrichts (Quelle: eigene Darstellung)

Insgesamt nutzten 61 Lehrende (50 %) die Möglichkeit zusätzliches Feedback zu geben. Unter den positiven Rückmeldungen gaben 23 Lehrende an, dass ihnen die Online-Lehre gefällt und 5 Personen strichen das Engagement der Studierenden hervor. Der Umstieg zur Online-Lehre war meistens mit Mehraufwand verbunden und die Zeit für die Vorbereitung wurde als zu kurz erlebt.

### 11.4.3 Schlüsse aus der Evaluierung im Mai

Die Zustimmung zur Online-Lehre war im Mai 2020, also mitten im Lockdown, überraschend hoch. 63 % der Studierenden und 85 % der Lehrenden vergaben auf die Frage *Wie war der Online-Unterricht für Sie?* die Noten „Gut" oder „Sehr gut".

Die Antworten auf die Frage nach den eingesetzten Werkzeugen von Studierenden und Lehrenden stimmten in einem großen Ausmaß überein. Bei den Methoden der Online-Lehre punkteten:

- Videokonferenz in *MS Teams* (83 % Studierende, 83 % Lehrende) – 45 % der Lehrenden und 25 % der Studierenden nutzten auch ein anderes Videokonferenztool.
- Aufgaben in *Moodle* (78 % Studierende, 57 % Lehrende)
- Studierende: Gruppenarbeiten synchron (57 %), Audios/Videos (55 %), Online-Prüfungen (55 %)–Lehrende: Gruppenarbeiten synchron (40 %), Online-Prüfungen (36 %), Audios/Videos 36 %

Durch die Corona-Krise und die schlagartige Umstellung der Präsenzlehre auf die Online-Lehre war der Bedarf nach einem Videokonferenz-Werkzeug groß. Die sehr rasche Einführung von *MS Teams* hat sich als gute Entscheidung erwiesen. *MS Teams* wurde für Vorträge und synchrone Gruppenarbeiten genutzt. Die Abgabe in *Moodle* ist schon lange ein wichtiger Baustein von Blended Learning Prozessen. Sie bewährte sich auch in Zeiten der Krise. Bereits seit Jahren stieg das Interesse der Lehrenden an der Erstellung von Videos (und Audios). Im März und April 2020 boomten die Video-Workshops regelrecht, was sich in einer hohen Anzahl produzierter Videos niederschlug. Online-Prüfungen in *Moodle* wurden von einigen Studiengängen bereits seit Jahren intensiv genutzt, durch die Krise steigerte sich ihre Zahl.

## 11.5 Ergebnisse der Juni/Juli-Umfrage

Zu Beginn der Umfrage wurde nach der generellen beruflichen Belastung im Sommersemester 2020 gefragt. Die 175 Lehrenden (Rücklaufquote 17,55 %) empfanden die berufliche Belastung im Sommersemester 2020 als eher hoch (Mittelwert 1,65; Kodierung der Antworten: 1 = Hoch; 2 = Eher hoch; 3 = Eher gering; 4 = Gering).

Im Weiteren sind die Antworten bezüglich der technischen, organisatorischen und didaktischen Herausforderungen angeführt.

Alle Mittelwerte in den fünf Bereichen der technischen Herausforderungen in Tab. 11.1 bewegen sich eng um den Wert *3,0* als Repräsentant für die Antwort *Eher gering*. Die Mittelwerte zeigen, dass die technischen Herausforderungen für die Antwortenden eher gering waren.

In Tab. 11.2 zu den organisatorischen Herausforderungen bewegen sich die Mittelwerte in den Bereichen *Geringe Zeit für die Umstellung* und *Vereinbarkeit mit Heimunterricht der Kinder* um den Wert *2,0* als Repräsentant für die Antwort *Eher hoch*. Die Mittelwerte in den Bereichen *Vereinbarkeit mit Betreuungszeiten von nahen Angehörigen, Ungenügende Unterstützung durch die Geschäftsführung, Ungenügende Unterstützung durch die Studiengangsleiter*innen* und *Ungenügende Unterstützung durch die zentralen Serviceeinrichtungen* bewegen sich um den Wert *3,0* als Repräsentant für die Antwort *Eher gering*.

Die Fragen zum Heimunterricht und zu Betreuungszeiten von nahen Angehörigen waren jedoch für mehr als die Hälfte der 175 befragten Lehrenden nicht relevant.

**Tab. 11.1** Technische Herausforderungen gereiht nach Mittelwert (Quelle: eigene Darstellung). Die Kodierung der Antworten: 1 = Hoch; 2 = Eher hoch; 3 = Eher gering; 4 = Gering

| | Mittelwert | Missing Value[a] |
|---|---|---|
| Fehlende Dokumentation | 2,84 | 22 |
| Fehlende Schulungen | 2,95 | 23 |
| Technische Probleme | 3,09 | 15 |
| Kein geeigneter Computerarbeitsplatz im Home-Office | 3,12 | 61 |
| Fehlendes technisches Equipment | 3,16 | 58 |

[a]für diese Personen war dieser Aspekt nicht relevant

**Tab. 11.2** Organisatorische Herausforderungen gereiht nach Mittelwert (Quelle: eigene Darstellung). Die Kodierung der Antworten: 1 = Hoch; 2 = Eher hoch; 3 = Eher gering; 4 = Gering

| | Mittelwert | Missing Value[a] |
|---|---|---|
| Geringe Zeit für die Umstellung | 2,17 | 12 |
| Vereinbarkeit mit Heimunterricht der Kinder | 2,43 | 106 |
| Vereinbarkeit mit Betreuungszeiten von nahen Angehörigen | 2,61 | 96 |
| Ungenügende Unterstützung durch die Geschäftsführung | 2,96 | 64 |
| Ungenügende Unterstützung durch die Studiengangsleiter*innen | 3,33 | 52 |
| Ungenügende Unterstützung durch die zentralen Serviceeinrichtungen | 3,34 | 44 |

[a]für diese Personen war dieser Aspekt nicht relevant

**Tab. 11.3** Didaktische Herausforderungen gereiht nach Mittelwert (Quelle: eigene Darstellung). Die Kodierung der Antworten: 1 = Hoch; 2 = Eher hoch; 3 = Eher gering; 4 = Gering

| | Mittelwert | Missing Value [a] |
|---|---|---|
| Anpassung des didaktischen Konzepts | 1,84 | 2 |
| Umsetzung der Prüfungen | 1,93 | 22 |
| Studierendenaktivierung | 2,13 | 1 |

[a] für diese Personen war dieser Aspekt nicht relevant

Alle Mittelwerte in Tab. 11.3 zu den didaktischen Herausforderungen bewegen sich eng um den Wert *2,0* als Repräsentant für die Antwort *Eher hoch.*

Bei der Frage nach der Hilfe, die bei der Umstellung zur Online-Lehre in Anspruch genommen wurde, hatten sich 82 % der Lehrenden Unterstützung von Kolleg*innen gesucht, 71 % nutzten Online-Ressourcen, wie z. B. Videos, Schulungsunterlagen und Anleitungen und 61 % besuchten die technisch-didaktischen Schulungen. Die meisten Lehrenden (88 %) möchten sich in Zukunft mit Kolleg*innen zu didaktischen Konzepten austauschen und wünschen sich eine bessere Koordination der Online-Lehre innerhalb des Studiengangs (86 %). 73 % der Lehrenden glauben, dass die Zurverfügungstellung von technischem Equipment in Zukunft (eher) wichtig ist.

Obwohl 46 % der Lehrenden vor dem Sommersemester ausschließlich in Präsenz unterrichtet hatten, beurteilten sie die Online-Lehre recht positiv.

Aus Abb. 11.5 kann entnommen werden, dass knapp 75 % der Lehrenden (130) zum aktuellen Zeitpunkt der Umfrage der Online-Lehre gegenüber (eher) positiv eingestellt waren. 38 % dieser Lehrenden (50) waren davor (eher) negativ gegenüber der Online-Lehre eingestellt.

Diese Haltung bildet sich auch in den Antworten in Abb. 11.6 ab.

Nur 13 % der Lehrenden möchten in Zukunft ausschließlich in Präsenz unterrichten.

### 11.5.1 Schlüsse aus der Evaluierung im Juni/Juli

Die Rückmeldungen aus der zweiten Umfrage bestätigten das positive Bild der ersten Umfrage. Die Lehrenden der FH JOANNEUM hatten wenig Schwierigkeiten die organisatorischen und technischen Herausforderungen zu meistern, einzig mit der Unmittelbarkeit der Umstellung auf die Online-Lehre war nicht leicht umzugehen. Die Anpassung der Präsenzlehre an die Online-Lehre braucht die Entwicklung neuer didaktischer Konzepte und anderer Prüfungsformate sowie neuer Methoden der Studierendenaktivierung. Um dies gut zu schaffen, holten sich die Lehrenden Unterstützung bei Kolleg*innen, verwendeten Anleitungen und Tutorials und besuchten Online-Schulungen. 75 % der Lehrenden sind am Semesterende dem oft neuen Online-Unterricht positiv gegenüber eingestellt und können sich vorstellen, auch in Zukunft

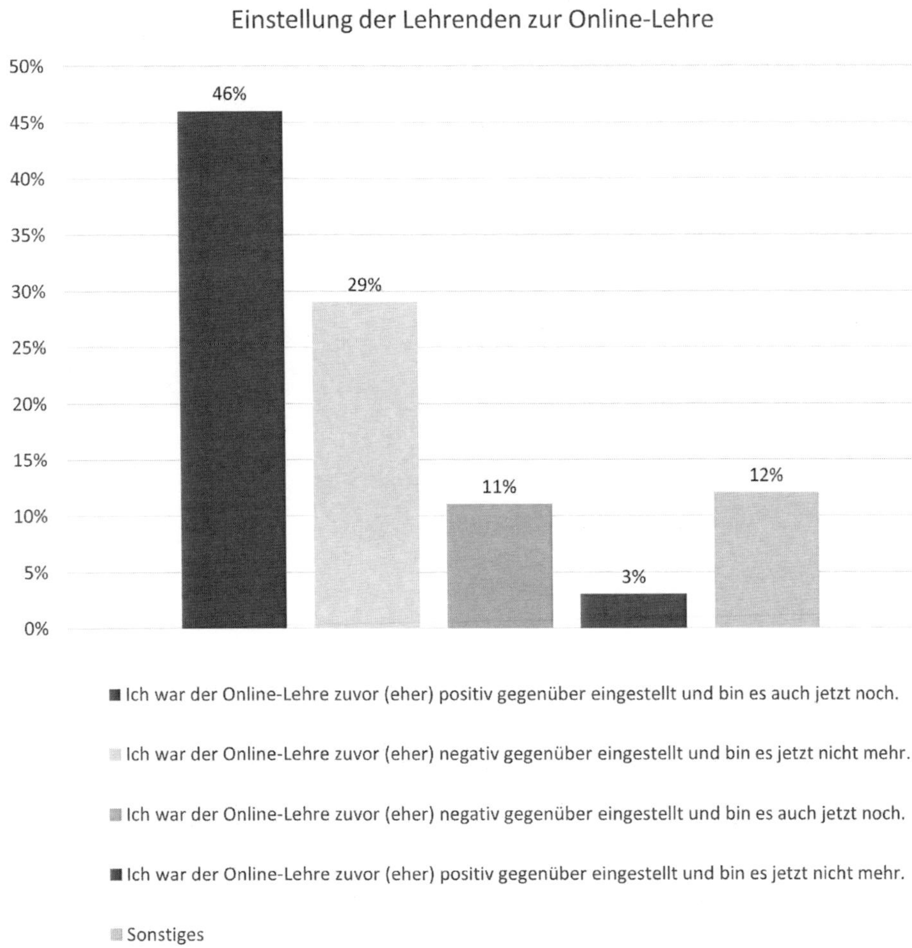


**Abb. 11.5** Einstellung der Lehrenden zur Online-Lehre (Quelle: eigene Darstellung)

teilweise weiter online zu unterrichten. Daraus lässt sich ableiten, dass die Covid-19-Epidemie zu einem Innovationsschub beigetragen hat, der auch das Potenzial für einen Wandel in der Hochschullehre in sich trägt.

Allerdings sind diese Ergebnisse bei einer Rücklaufquote von 17,55 % aller internen und externen Lehrenden auch zu hinterfragen. Basierend auf dem Gesamtbild der Rückmeldungen und den vielen persönlichen Kontakten mit Lehrenden glauben die Autorinnen nicht, dass nur technik-affine und E-Learning erfahrene Lehrende die Fragen beantwortet haben. Sie vermuten insofern einen positiven Bias, als die antwortenden Lehrenden zu Semesterende noch die Aufmerksamkeit hatten, die Ankündigung der Umfrage wahrzunehmen und die Energie, diese auch auszufüllen.

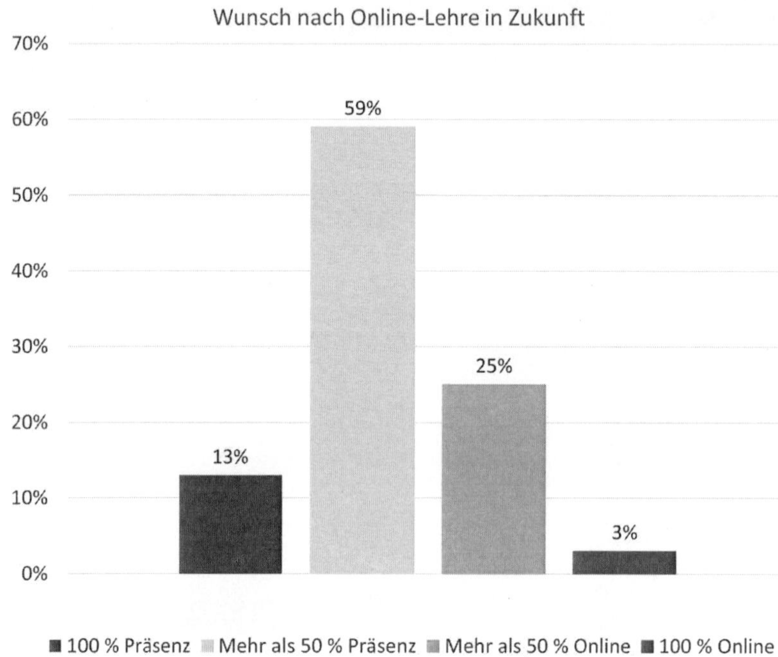


**Abb. 11.6** Wunsch nach Online-Unterricht (Quelle: eigene Darstellung)

## 11.6 Wie geht es weiter?

Im Großen und Ganzen wurde die Qualität der Services im *Virtuellen Campus* durch die Feedbacks der Studierenden und Lehrenden bestätigt. Im Detail gibt es Stellschrauben, an denen gedreht werden kann.

**Öffentlichkeitsarbeit**

In Tab. 11.1 wird die Herausforderung „Dokumentationen" oder „Schulungen" zum Online-Unterricht zwar mit eher gering bewertet, trotzdem gibt es Personen, die für sie nötige Informationen nicht finden. Das Team des ZML wird weiter überlegen, wie das reichhaltige Schulungsangebot am besten kommuniziert werden kann, Maßnahmen dazu entwickeln, diese umsetzen und evaluieren.

Im Weiteren wird die Etablierung von E-Learning Koordinator*innen überlegt, welche als Multiplikator*innen an den Studiengängen fungieren und den Kommunikationsfluss unterstützen.

**Kontrollreduktion**

Neben den Rückmeldungen aus der Umfrage gab es während des Semesters im Rahmen von Einzelbetreuungen und Workshops kontinuierliches Feedback an das ZML-Team, welches sich weitgehend mit den Evaluierungsergebnissen deckt. Neben Lehrenden, die den reduzierten Kontakt mit ihren Studierenden beklagten, gab es jedoch viele, die über aktivere Studierende berichteten. Dies kann damit zu tun haben, dass Lehrende in Online-Szenarien weniger kontrollieren können und die Studierenden daher eine größere Verantwortung für den eigenen Lernprozess übernehmen (müssen). Nach der Selbstbestimmungstheorie fördert Autonomie unter anderem die Motivation (Ryan und Deci 2000; Vansteenkiste et al. 2004; Weinstein et al. 2012).

Auch bei Online-Prüfungen ist die Kontrolle durch Lehrende schwierig. Manche Lehrende steigen auf Open Book Prüfungen um oder ersetzen Prüfungen durch abzugebende Aufgaben. Andere versuchen durch den Einsatz von Technik einc möglichst gute Kontrolle über die Prüflinge zu haben, doch wie auch in Präsenzszenarien kann Täuschen und „Schwindeln" nie vollständig vermieden werden. Die Rückmeldungen aus der Umfrage zeigen einen eher entspannten Umgang mit Online-Prüfungen, im Einzelfall hat dieses Thema jedoch ein hohes Potenzial an Irritation.

**Maßnahme:** Das Thema der Kontrollreduktion in Online-Lernszenarien wird in die didaktischen Workshops integriert bzw. ein eigener Didaktik-Workshop zur Online-Prüfung wird konzipiert und angeboten werden, da es beim Online-Prüfen um mehr geht als um die technische Umsetzung.

**Die Online-Gruppen**

Immer wieder wünschen sich Studierende, dass funktionierende Gruppen bei Aufgabenstellungen bestehen bleiben sollen. Aus didaktischen Überlegungen mischen manche Lehrende Studierendengruppen neu, um den Einzelnen neue Rollen und Verantwortungen bei der gemeinsamen Arbeit zu ermöglichen. Im Präsenzunterricht ist das keine organisatorische Herausforderung, online kann das für die Studierenden allerdings ziemlich mühsam werden. Auf die Besonderheiten der Online-Gruppendynamik sollte nicht vergessen werden (Pauschenwein, 2011).

**Maßnahme:** In Zukunft wird Lehrenden empfohlen in der Online-Lehre Gruppen erst bei gutem Grund durchzumischen.

**Technische Infrastruktur**

Die Umsetzung der Online-Lehre mittels der Lernplattform *Moodle* und *MS Teams* hat sich gut bewährt. Derzeit wird an der Verbindung dieser beiden Werkzeuge gearbeitet. Des Weiteren wurde ein *Moodle*-MOOC-Server implementiert. Dieser wird erstmals beim E-Learning Tag im September 2020 eingesetzt, welcher als Massive Open Online Course (MOOC) ablaufen wird.

**Maßnahme:** Ein Workshop zu der Rolle von MOOCs in der Lehre wird implementiert, in dem Lehrende dabei unterstützt werden, die MOOC-Plattform in der Lehre einzusetzen.

**Best Practice**

Die bestehende Best Practice Sammlung im Bereich E-Didaktik wird erweitert und technisch nachhaltig umgesetzt. Für Lehrende sollen didaktische Konzepte und Umsetzungen leicht erreichbar und gezielt durchsuchbar sein.

**Maßnahme:** Eine Sammlung an Best Practice Beispielen als Open Educational Resources (OER) wird bereitgestellt. Durch die Lizensierung als offene Ressource wird das Teilen und Adaptieren von Konzepten gefördert (Ebner 2015).

**Zusammenfassend**

E-Learning ist aus der Lehre nicht mehr wegzudenken und wir sind bereit.

Christina Mossböck, *Virtueller Campus* (2020)

Der *Virtuelle Campus* stellt sich den kommenden Herausforderungen im Herbst 2020.

## Literatur

Bortz, Jürgen & Döring, Nicola. (2006). Forschungsmethoden und Evaluation. Heidelberg: Springer Medizin Verlag.

Bühner, Markus. (2004). Einführung in die Test- und Fragebogenkonstruktion. München: Pearson Studium.

Ebner, Martin. (2015). Ist-Analyse zu freien Bildungsmaterialien (OER)-Die Situation von freien Bildungsmaterialien (OER) in Deutschland in den Bildungsbereichen Schule, Hochschule, berufliche Bildung und Weiterbildung im Juni 2015.

Ernst, Stefanie. (2008). Manual Lehrevaluation. Wiesbaden: VS Verlag für Sozialwissenschaften.

Konrad, Klaus. (2005). Mündliche und schriftliche Befragung – Ein Lehrbuch. Forschung, Statistik und Methoden, Bd.4. Landau: Verlag Empirische Pädagogik.

Mayer, Horst Otto & Kriz, Willy (Hrsg.). (2010). Evaluation von eLernprozessen. Theorie und Praxis. München: Oldenbourg Wissenschaftsverlag.

Pauschenwein, Jutta. (2020). Wer macht die Hochschullehre digital? Die Rolle von E-Learning Servicezentren an der Hochschule. In: Rudolf Egger; Silke Bock; Balthasar Eugster & Jan Thorhauge Frederiksen (Hrsg) „Handbook for Teaching in Higher Education 1: Grundlagen der Hochschullehre“, VS Springer Verlag, Wiesbaden (Band 1 der Buchreihe: Doing Higher Education).

Pauschenwein, Jutta & Lyon, Gert. (2018). Ist die Zukunft der Hochschullehre digital? In: Ullrich Dittler & Christian Kreidl (Hrsg.) Hochschule der Zukunft: Beiträge zur zukunftsorientierten Gestaltung von Hochschulen. Wiesbaden: Springer VS.

Pauschenwein, Jutta; Baumann, Heinz & Lyon, Gert. (2011). Gruppendynamik im virtuellen Raum. Beobachtungen aus dem Online Seminar Experiment virtuelle Gruppe. In: soziales_kapital, Wissenschaftliches Journal Österreichischer Fachhochschul-Studiengänge Soziale Arbeit. Nr. 7.

Porst, Rolf. (2014). Fragebogen: Ein Arbeitsbuch. Wiesbaden: Springer VS.

Ryan, Richard M. & Deci, Edward L. (2000). Self-determination theory and the facilitation of intrinsic motivation, social development, and well-being. American psychologist, 55(1), 68.

Vansteenkiste, Maarten; Simons, Joke; Lens,Willy, Sheldon, Kennon M. & Deci, Edward L. (2004). Motivating learning, performance, and persistence: The synergistic role of intrinsic goals and autonomy-support. Journal of Personality and Social Psychology, 87, 246–260.

Weinstein, Netta, Przybylski, Andrew K. & Ryan, Richard M. (2012). The index of autonomous functioning: Development of a scale of human autonomy. Journal of Research in Personality, 46(4), 397–413.

# 12 Das Corona-Semester an der Hochschule Mannheim

Sachar Paulus

Die Hochschule Mannheim hat als eine der ersten Hochschulen in Baden-Württemberg schon Ende März komplett auf Online-Lehre umgestellt. Dies war möglich, indem den Lehrenden keinerlei Einschränkung bzgl. Verwendung von Tools oder didaktischen Vorgehensweisen gemacht wurde. Die Lehrenden wurden durch regelmäßige Informations-E-Mails zu verschiedenen Aspekten der Online-Lehre versorgt, Prüfungsformen konnten kurzfristig geändert werden und die Rahmenbedingungen für Prüfungen wurden flexibilisiert. Die größte Herausforderung war im Nachhinein, die Studierenden miteinander in Kontakt zu bringen, um den Lernprozess zu befördern.

## 12.1 Einleitung

Dieser Beitrag beschreibt den Umgang der Hochschule Mannheim mit der Corona-Pandemie, genauer CoVID-19. Zur einfacheren Lesbarkeit wird in diesem Artikel immer von "Corona" gesprochen, auch wenn es sich eigentlich um den Virus (Sars-COV2) oder die Krankheit (CoVID-19) handelt.

Der Artikel soll dazu dienen, die an der Hochschule Mannheim gemachten Erfahrungen einsehen zu können, die Schwierigkeiten und die Lösungsansätze nachzuvollziehen und (hoffentlich) für die nächsten Semester, die sicher noch einen eingeschränkten Studienbetrieb haben werden, nutzbar zu machen.

Nach ersten Vorbemerkungen wird erläutert, wie die Hochschule Mannheim im März 2020 auf die Verbreitung der Pandemie reagiert hat. Danach wird beschrieben, wie die

S. Paulus (✉)
Hochschule Mannheim, Mannheim, Deutschland
E-Mail: s.paulus@hs-mannheim.de



U. Dittler und C. Kreidl (Hrsg.), *Wie Corona die Hochschullehre verändert*,
https://doi.org/10.1007/978-3-658-32609-8_12

Lehrenden unterstützt wurden. Es wird auf die besondere Bewerbungssituation für das neue Wintersemester eingegangen, sowie auf die Lösungen, die für Prüfungen gefunden wurden. Schließlich werden die Schlüsse, die die Hochschule Mannheim aus den Erfahrungen und Entwicklungen gezogen hat, erläutert.

## 12.2 Vorbemerkungen

Die Hochschule Mannheim hatte Glück im Unglück: das im Sommer 2019 neu gewählte Rektorat mit Frau Prof. Dr. Astrid Hedkte-Becker an der Spitze hat sich direkt nach der Wahl für ein zusätzliches Prorektorat ausgesprochen, um die seit mehreren Jahren stagnierende Digitalisierung an der Hochschule Mannheim voranzutreiben. Der Autor wurde im Oktober 2019 als Prorektor für Digitalisierung gewählt, und seit Januar 2020 ist er für die Campus-IT und für die Öffentlichkeitsarbeit zuständig. Zudem ist er Informationssicherheitsbeauftragter der Hochschule Mannheim und Mitglied des Datenschutz- und Informationssicherheitsmanagement-Teams („DISMS-Team"), welches die Einführung und Umsetzung eines integrierten Managementsystems für Datenschutz und Informationssicherheit an der Hochschule Mannheim steuert. Damit war auf Rektoratsebene der unmittelbare Zugang zu Digitalisierungs-Kompetenz vorhanden.

Die ersten Ziele des Autors[1] als Prorektor Lehre bestanden in der Entwicklung einer Digitalisierungsstrategie für die Hochschule, der Entwicklung von Konzepten für moderne Medientechnik und der Schritt-für-Schritt-Modernisierung der Hochschulkommunikation. Im Rahmen dessen wurde eine neue Landingpage für die Webseite erstellt, sowie die (zusätzliche) Live-Übertragung der Semestereröffnung zum Sommersemester als Showcase konzipiert. Dies stellte sich später als ein großer Glücksfall heraus. Zudem wurde mit einem *OpenCAST*-Server als mögliche Video-Plattform experimentiert, dies wurde damals aber als zu komplex eingeschätzt.

Für die Lehrunterstützung setzt die Hochschule Mannheim bereits verschiedene Werkzeuge ein, insbesondere *Moodle* als Lernmanagementsystem. Einige Kolleg*innen

---

[1]Der Autor ist seit 2014 Professor für IT-Sicherheit an der Hochschule Mannheim, davor war er Professor für Wirtschaftsinformatik (W3-Eckprofessur für Security Management) an der Fachhochschule Brandenburg (heute Technische Hochschule Brandenburg). In dieser Zeit konnte er bereits einige Erfahrungen mit Online-Lehre sammeln, da die Fachhochschule Brandenburg, speziell im Rahmen des weiterbildenden Masters „Security Management", schon recht früh auf Online-Lehrelemente gesetzt hat. Von 2016 bis 2018 hat der Autor das Projekt „Überall Programmieren Lernen" im Rahmen des BW-Landesprogramms „Smart Teaching – Better Learning" geleitet. In 2018 initiierte er gemeinsam mit dem Prorektor Lehre und den Sprechern des Kompetenzzentrums Lehre & Lernen der Hochschule Mannheim einen Arbeitskreis Digitalisierung, der sich seitdem schwerpunktmäßig mit den Anforderungen an Digitalisierung in der Lehre auseinandergesetzt hat. Dabei ging es aber weniger um Online-Lehre, sondern darum, wie man welche Technologien sinnvoll in die (Präsenz-) Lehre integrieren kann.

haben auch bereits intensiv damit gearbeitet, und Blended-Learning-Konzepte in ihre Lehre integriert. Auch erste eKlausuren wurden auf der Basis von *Moodle* bereits durchgeführt, allerdings in Präsenz in Poolräumen. Für die Verbesserung der hochschulinternen Zusammenarbeit wurden durch die Campus-IT in 2019 *NextCloud*-Instanzen eingerichtet und für alle Lehrende, Mitarbeitende und Studierende bereitgestellt. Damit wurden auch schon erste Prozesse (teil-)digitalisiert, so etwa die regelmäßige Überprüfung der Zielerreichung der Professor*innen in W-Besoldung.

## 12.3 März 2020

Die Vorlesungen zum Sommersemester begannen regulär am 10. März 2020. Schon in den Tagen und Wochen zuvor stiegen die Bedenken, dass – insbesondere aufgrund der Situation in Norditalien – ein "normales" Semester wohl nicht umsetzbar sein würde. Allerdings drehten sich die Gedanken eher um Hygienemaßnahmen oder alternative Präsenzzeiten, dass die komplette Lehre auf einmal "voll digital" ablaufen sollte, war nicht denkbar. Als erste Reaktion auf die Verbreitung der Pandemie wurde die zentrale Begrüßung der Studierenden, die für Montag, den 09. März geplant war, abgesagt, sowie die Semerstereröffnungskonferenz am gleichen Tag nachmittags (bei welcher die Hochschulleitung die Hochschulöffentlichkeit zum neuen Semester begrüßt und über aktuelle Themen informiert) komplett digital realisiert. Dies geschah mit dem Ziel, eine große Menschenansammlung zu vermeiden. Am Dienstag fanden noch Lehrveranstaltungen statt, am Dienstagnachmittag hat das Rektorat eine Krisensitzung einberufen, und beschlossen, die Präsenzlehre – zunächst bis zum 19. April, später dann bis zum Ende des Semesters – auszusetzen. Gleichzeitig hat das Rektorat die Lehrenden dazu aufgefordert, so schnell wie möglich (faktisch: eine Woche später) mit der Online-Lehre zu beginnen, da zum einen nicht abzusehen war, ob sich die Situation bis zum 19. April wirklich bessern würde, und ob der Lernstoff in der dann verbleibenden Zeit überhaupt vermittelt werden könnte. (Der 19. April hat sich übrigens dadurch ergeben, dass die Universitäten an dem Tag erst mit den Vorlesungen des Sommersemesters starteten, und so die erste "offizielle" Verlautbarung des Wissenschaftsministeriums sich auf eine "Verschiebung des Vorlesungsbeginns" bezog – was aber für die meisten Hochschulen für angewandte Wissenschaften nicht praktikabel war).

Wichtig für den schnellen Einstieg in die Online-Lehre war vor allem, den Lehrenden eine große Freiheit bei der Umsetzung zu lassen, und Tipps und Empfehlungen zu geben, wie sie niedrigschwellig einsteigen können. Um überhaupt die Lehrenden "online" zu bekommen, hat die Hochschulleitung im ersten Schritt nur sehr wenige Vorgaben gemacht, wie die Online-Lehre aussehen könnte (ob .mp3-Vertonungen zu Folien, besprochene *PowerPoint*-Dateien, Dateiformate für Videos, sogar die Angabe von Büchern für ein Selbststudium war akzeptabel) oder welche Kommunikationswerkzeuge verwendet werden durften. Wurden etwa Web-Konferenztools eingesetzt, die aus Datenschutz-Sicht kritisch zu sehen sind (zu Anfang *Zoom* oder *Microsoft Teams*), so wurde empfohlen, dass die Studierenden sich anonym anmelden können sollten, sodass "nur" die Daten des Lehrenden preisgegeben wurden, das Tool aber verwendet werden kann. Gleichzeitig wurde unmittelbar an der Verfügbarkeit von Webkonferenzlösungen gearbeitet – die ursprüngliche "Standard"-Lösung *DFN Adobe Connect* war nach Stunden bereits hoffnungslos überlastet. In der Hochschule wurde sich schnell über kostenlose Lösungen ausgetauscht (Test-Accounts von *Webex Meetings, ZOOM, Microsoft Teams* etc.), sowie über besondere Konditionen. Die Campus-IT hat zügig *Webex* als Lösung für die Hochschule identifiziert, da *Cisco* sowieso schon flächendeckend im Haus war, entsprechende Kompetenz vorhanden war und die Integration in die Hochschulinfrastruktur (Shibboleth-Authentifizierung) relativ schnell möglich war. Der Personalrat zeigte sich sehr entgegenkommend und unterstützte im Sinne der Gesundheit der Mitarbeiterinnen die Lösung, um möglichst viele "ins HomeOffice" zu bekommen. Nach wenigen Wochen waren alle Kolleg*innen mit Online-Lehre unterwegs, manche engagierter als andere, aber im Wesentlichen konnten die Lehraufgaben wie geplant erfüllt werden.

Das Erreichen der Studierenden stellte sich im Nachhinein als deutlich größere Herausforderung heraus. Die Leitung der Hochschule war in dem Glauben, dass die aktiven Studierenden alle ihre elektronischen Konten (E-Mail, *Moodle,* etc.) regelmäßig verwenden würden und konzentrierte sich auf die Erstsemester. Die Rektoratsmitglieder haben in einer Hau-Ruck-Aktion selbst einen Serienbrief entworfen, ausgedruckt und einkuvertiert, um auf die notwendigen Schritte hinzuweisen, die einen Zugang zu den Online-Lehrmaterialien und die Kommunikation mit den Lehrenden (hauptsächlich die Hochschul-E-Mail und *Moodle*) ermöglichen. Das war sicher gut und wertvoll. Nach einigen Wochen jedoch mehrte sich das Feedback von Studierenden, dass sie an den Lehrveranstaltungen nicht teilnehmen könnten und "abgehängt" wären. Grund dafür war, dass es wenige Verteilerlisten für Studierende gab, etwa für bestimmte Studiengänge oder Matrikel, und dass die dort hinterlegten Daten oft nicht aktuell waren. Ein fehlerhaftes, nicht mehr aktuelles Identitätsmanagement war die Ursache dafür. Mit vereinten Kräften (hier sind insbesondere der AStA und die Fachschaften zu erwähnen) konnte dies aber gelöst werden.

## 12.4 Das Corona-Semester

Insgesamt hat sich die Hochschule sehr schnell auf Corona eingestellt, es gab zwei Mal pro Woche eine Lagebesprechung, bei der die neuesten Änderungen an den Vorgaben und erforderliche Reaktionen besprochen wurden. Die Hochschule wurde offiziell „geschlossen“ – damit war gemeint, dass die Gebäude für die Öffentlichkeit, speziell Studierende, gesperrt waren. Der Betrieb ging aber unvermindert weiter – in der Lehre, wie auch in der Verwaltung (und in der Forschung sowieso). Wesentlich dazu beigetragen haben eine unmittelbar verfügte Home-Office-Regelung, eine Teststellung für *Webex*-Meetings, die ein Jahr zuvor begonnene Arbeit an einer Nutzungsrichtlinie, die auch Bring Your Own Device regelt (auch wenn nicht offiziell verabschiedet, hat sie doch einige Impulse im Hinblick auf die notwendigen Sicherheitsmaßnahmen im HomeOffice und mit privaten mobilen Endgeräten gegeben) sowie die Anerkennung von elektronisch unterschriebenen Anträgen und Nachweisen per E-Mail für die Umsetzung der hausinternen Prozesse (wobei die Echtheit der E-Mail dabei wichtiger ist als die eigentliche elektronisch eingefügte Unterschrift auf dem Dokument).

Viele Kolleginnen und Kollegen haben für Ihre Lehrveranstaltungen Videos erstellt, und zu Anfang in *Moodle* hochgeladen. Das hat aber recht schnell dazu geführt, dass der Speicherplatz in *Moodle* zur Neige ging, und da nicht wenige ihre Prüfung per E-Klausur in *Moodle* durchführen wollten, musste ein Weg gefunden werden, die Videos aus *Moodle* wieder herauszubekommen. Dafür hat das Webvideo-Team ein *Vimeo*[2]-Konto angelegt, und die Dienstleistung angeboten, für die Kolleginnen und Kollegen die Videos dort hochzuladen.

Die Hochschulleitung ist zudem – quasi als Trostpflaster – eine Kooperation mit *Coursera* eingegangen, und hat den ersten 200 Studierenden, die sich gemeldet haben, ein kostenloses *Coursera*-Konto eingerichtet. Das war aber nicht Teil des Lehrkonzepts unter Corona-Bedingungen.

## 12.5 Unterstützung der Lehrenden

Wie sah nun die Unterstützung für die Lehrenden aus? Wie hat die Hochschule Mannheim es geschafft, die Lehrenden für eine Online-Lehre zu motivieren? Vorweg sei gesagt, dass das natürlich nicht bei allen von Anfang an geklappt hat. Viele der Kolleginnen und Kollegen, die vor allem die Tafel benutzen, haben sich schwergetan, und nicht wenige hofften, dass nach dem 19.4. wieder "normaler" Unterricht hätte durchgeführt werden können. Diese "Fraktion" ist eher spät gestartet, hat aber auch sehr kreative Wege gefunden, um den Unterricht per Video abzubilden (z. B. durch Aufzeichnung der Rechnungen in Mathematik auf einem Blatt Papier).

Da gerade an der Hochschule Mannheim die "Freiheit von Forschung und Lehre" sehr groß geschrieben wird, hätte es nicht funktioniert, wenn die Hochschulleitung eine Vorgehensweise und / oder ein Tool – so gut und sinnvoll das auch gewesen wäre – vorgeschrieben hätte. Stattdessen hat der Autor ca. alle 2 Wochen alle Lehrenden per E-Mail über Möglichkeiten, Alternativen und Empfehlungen informiert. Dabei standen die verschiedenen technischen Möglichkeiten im Fokus (wie kann man z. B. *Microsoft Teams* datenschutzkonform verwenden, oder wie kann ich ein Video komprimieren?), didaktische Empfehlungen wurden bewusst nicht gegeben. Die E-Mails haben natürlich viele Rückfragen zum Ergebnis gehabt, diese wurden zeitnah und geduldig beantwortet.

Ein Vorteil (und das Ziel) dieser Vorgehensweise war, dass dadurch frühzeitig Erfahrungen mit unterschiedlichen Videokonferenz-Lösungen einerseits und Video-Erstellungs- und

[2] *Vimeo* ist eine Video-Plattform, ähnlich zu *Google YouTube*, nur nicht werbefinanziert.

Bearbeitungsweisen andererseits gesammelt werden konnten. So konnte eine lange Anlaufzeit (Auswahl einer Lösung, Schulung von Multiplikatoren) sowie die Ablehnung einer solchen Lösung aufgrund von persönlichen Präferenzen oder Vorerfahrungen vermieden werden. Fragen gab es immer wieder zum Datenschutz – die aktuellen Vorschriften, sosehr sie sinnvoll sind, um die Persönlichkeitsrechte in einer digitalen Welt zu schützen, sind in einer solchen Situation doch eher hinderlich. Beispielsweise hätten Online-Seminare mit audiovisueller Beteiligung durch Studierende nur nach Einwilligung durch die Studierenden durchgeführt werden können – wenn nun aber Teilnehmer*innen sich nicht zeigen wollen, dürfen sie aber auch nicht benachteiligt werden. Insgesamt aber haben die Lehrenden – quer durch alle Fakultäten – die technologischen Möglichkeiten gut aufgenommen.

Die Campus IT hat sich, wie beschrieben, recht früh für eine Campuslizenz von *Webex*-Meetings entschieden. Das hat nicht nur Fürsprecher gehabt. Neben der teils gewöhnungsbedürftigen Oberfläche gab (und gibt) es immer wieder technische Probleme, insbesondere in Bezug auf die Stabilität. Viele Kolleg*innen wollten *Zoom* verwenden, davon hat die Hochschulleitung aufgrund von Bedenken bzgl. des Datenschutzes abgeraten. Einige setzten *Microsoft Teams* ein – speziell Lehrbeauftragte, die dies aus ihrem beruflichen Umfeld kennen –, welches die Möglichkeit bietet, Studierende anonym teilnehmen zu lassen, dafür allerdings recht neugierige Cookies setzt. Wieder andere haben einen eigenen Videokonferenzserver (*Jitsi*) aufgesetzt und betrieben. Wenn der Server in der Hochschule steht, funktioniert dies allerdings nur für einige wenige Lehrveranstaltungen, da in dem Fall alle Studierenden über die Netzwerkleitung zur Hochschule teilnehmen müssten – die Netzwerkinfrastruktur ist für einen solchen Einsatz nicht ausgelegt. Aktuell arbeitet die Campus-IT aufgrund der EUGH-Entscheidung zu Privacy Shield und Standardvertragsklauseln an einer gehosteten Variante von *BigBlueButton.*

Sehr viele Kolleg*innen haben sich dazu entschieden, Videos zu erstellen. Diese hatten recht unterschiedlichen Umfang – von 5-min-Videos für einzelne Rechenbeispiele in Physik bis zu 2-h-Videos kompletter Vorlesungen. In jedem Fall war die Größe der Videos von Anfang an ein Problem: bei der Übermittlung, der Speicherung wie auch der Bereitstellung. Problematisch war vor allem, dass die meisten Tools darauf ausgerichtet sind, möglichst hochqualitative und flüssige Videos zu produzieren (also die Auflösung und die Framerate recht hoch zu halten) und damit sehr große Dateien entstehen. Nach einiger Zeit haben die Lehrenden diese Problematik verstanden und mit Hinweisen zu entsprechenden Tools, die in der Lage sind, insbesondere die Frame-Rate zu reduzieren (was insbesondere beim Zeigen von Folien, die sich im Schnitt alle 1–2 min ändern, keinen Qualitätsverlust nach sich zieht), konnten die Dateigrößen auf ein angemessenes Maß reduziert werden. Dennoch waren die Videos, wie bereits beschrieben, zu groß für die simple Ablage in *Moodle,* dem Lernmanagement-System der Hochschule. Deswegen wurde das *Vimeo*-Konto der Hochschule so erweitert, dass die Videos aller Lehrenden dort abgelegt werden können. Eine Einbindung in die LDAP- oder Shibboleth-Authentifizierung war auf die Schnelle nicht möglich, sodass die Kollegen von webvideo@hs-mannheim.de den Upload übernommen haben. Einige Lehrende hätten natürlich gern selbst die Kontrolle darüber gehabt, letztendlich wurde es aber sehr umfangreich genutzt. So konnte auch die Last auf *Moodle* (auch durch das Entfernen von alten Kursen, oder das Löschen alter Abgaben) gemeinsam bis zum Beginn der Prüfungszeit auf ein für den Betrieb ungefährliches Maß reduziert werden.

Mit der gestreamten Begrüßung der Rektorin zum neuen Semester konnte das Webvideo-Team auch demonstrieren, dass ein Live-Streaming mit hoher Qualität und recht moderatem Vorbereitungsaufwand möglich ist. Dieses Angebot wurde auch den Lehrenden gemacht, falls sie Schwierigkeiten bei der eigenen Videoerstellung hatten oder um Unterstützung gebeten haben. Einige Lehrende haben dieses Angebot genutzt – sowohl für die Aufzeichnung von Videos als auch für das Streaming – und sich explizit gewünscht, dies auch weiterhin in den weiteren Semestern verwenden zu können.

Anfang Juni, ca. 4 Wochen vor Ende der Vorlesungszeit, wurden plötzlich zwei Themen akut – obwohl man damit hätte rechnen müssen: Wie gehen wir mit Prüfungen unter Corona um? Und: Wie machen wir unsere Studiengänge unter den Studieninteressierten bekannt?

## 12.6 Die Bewerbungsphase

Da eine Informationsveranstaltung auf dem Campus – so wie dies in der Vergangenheit durchgeführt wurde – nicht möglich war, mussten entsprechende digitale Informationsangebote entwickelt werden. In vier Wochen wurden einheitliche Videos zu jedem Bachelor-Studiengang erstellt, mit immer gleicher Struktur, einer professionellen Sprecherin, und hineingeschnittenen Interviews mit den Studiengangleitern. Die Nachbearbeitung erfolgte durch die Fakultät für Gestaltung. Damit konnte ein einheitliches Auftreten und eine gute Informationsdichte gewährleistet werden. Zudem haben Studierende angeregt und selbst dazu beigetragen, auch ein allgemeines Video zur Vorstellung der Hochschule zu erstellen. Diese finden sich nun auf der Webseite der Hochschule im Bereich für Studieninteressierte, welcher zu dieser Gelegenheit neu strukturiert und stark vereinfacht wurde (Hochschule Mannheim, 2020a). Darüber hinaus wurde ein neuer FAQ-Bereich geschaffen, in dem Fragen und Antworten gesammelt und publiziert werden.

Als Schwerpunkt und Ersatz für eine Informationsveranstaltung hat die Hochschule Mannheim einen ganztägigen Live-Event durchgeführt. Am 8. Juli wurde ein 6-stündiges Programm live ins Internet gestreamt, mit Begrüßung durch die Rektorin, Vorstellung der Fakultäten und der Studiengänge, Interviews mit Studierenden und praktischen Tipps für die Bewerbung (siehe Abb 12.1). Zu jedem Block von ca. 1,5 h gab es eine Diskussionsrunde, an der Bewerber über *YouTube*- oder *Vimeo*-Kommentare ihre Fragen stellen konnten. Die Veranstaltung ist auch weiterhin im Internet zu finden, und ist bis zum 23.09.2020 über 1800 Mal angeschaut worden (Hochschule Mannheim, 2020b). Darüber hinaus haben einige Fakultäten selbst Veranstaltungen durchgeführt, um ihre Studiengänge zu bewerben.

**Abb. 12.1** Screenshot der Aufzeichnung des Campus Day Online, mit Vertretern der Fakultäten Elektrotechnik, Informationstechnik und Informatik bei einer Fragerunde. (Quelle: Eigene Darstellung)

## 12.7 Die Prüfungszeit

Recht früh, schon im April, hat die Hochschulleitung erkannt, dass die vorgesehenen Prüfungsformen vermutlich in Zeiten von Corona zu starr sind, und der Senat hat dem folgend beschlossen, dass die Prüfungsformen durch die Fakultäten dezentral kurzfristig geändert werden können. Hilfreich für den formalen Aspekt war auch, dass Online-Klausuren behandelt wurden wie Präsenzklausuren (da in der Studien- und Prüfungsordnung bei Klausuren keine Präsenz-Notwendigkeit vorgegeben ist), sodass die Kolleg*innen, die „einfach" Online-Klausuren umstellen wollten, dies „einfach" tun konnten.

Dennoch gab es viele Diskussionen über die Prüfungsformen. Ein wesentlicher Streitpunkt war, inwiefern die Lehrenden verpflichtet sind, sicherzustellen, dass nicht geschummelt werden kann. Bei Online-Klausuren ist das naturgemäß deutlich schwieriger: wie kann die Verwendung von Hilfsmaterialien kontrolliert und ggf. auch verhindert werden, wie kann Kommunikation zwischen Prüflingen oder sogar mit Dritten erkannt oder unterbunden werden? Nachdem auch technische Lösungen für das so genannte "Proctoring" angeschaut wurden, hat sich die Hochschule aber dagegen entschieden – die Einschränkungen und der mit der Einführung und Administration verbundene Aufwand stehen aus Sicht der Hochschulleitung in keinem sinnvollen Verhältnis zu dem (beschränkten) Nutzen. Zudem: die Erfahrung von Kollegen, die bereits mit Online-Klausuren gearbeitet haben, haben „Open-Book"-Klausuren empfohlen, bei der man beliebig viele Hilfsmittel verwenden kann (und wo selbst die Kommunikation mit anderen Personen nur beschränkt die selbst erworbene Kompetenz ersetzen kann). In der Folge haben sich nach Abwägung der Alternativen einige Lehrende entschieden, alternative Prüfungsformen einzusetzen (mündliche Prüfung, Hausarbeit, Projektportfolio, etc.).

Durch die im Juni veröffentlichte Corona-Verordnung konnten aber letztlich doch Präsenzklausuren ohne Einzelfallgenehmigung durchgeführt werden. Dies haben viele Kolleginnen und Kollegen genutzt. Die Studierenden hatten interessanter Weise eine geteilte Einschätzung: viele wollten gerne Präsenzklausuren (da es ein gewohntes Prüfungsverhalten ist, auf das man sich gut vorbereiten kann), viele hätten auch lieber eine alternative Prüfungsform gehabt. Online-Klausuren wurden ebenfalls von einigen begrüßt. Die Durchführung der Online-Klausuren war sehr vielfältig, von Multiplie-Choice-basierten Klausuren mit zufälliger Auswahl der Fragen aus Fragenpools bis hin zum Upload der Klausur als Foto-Datei gab es viele Varianten. Das Problem des Abschreibens war deutlich geringer als befürchtet, die durchschnittlich erreichten Punktzahlen waren durchaus mit den Klausuren in den vorherigen Semestern vergleichbar. Möglicherweise hat dazu beigetragen, dass Fehlversuche in diesem Semester auf Antrag der studentischen Vertreter im Senat nicht gewertet wurden.

## 12.8 Lessons Learned

Corona erweist sich als Vergrößerungsglas. Dinge, die vorher gut liefen, laufen „unter Corona" oft noch besser, und Bereiche, in denen es schon in der Vergangenheit holperte, haben mehr Probleme. Kolleg*innen, die vor Corona gute Lehre gemacht haben, kamen oft auch in Corona gut zurecht, und Lehrende, die von den Studierenden vorher schlechte Rückmeldung bekommen haben, haben oft in Corona noch schlechtere Zensuren bekommen. Auch wurde deutlich: wer sich für den Erfolg der Studierenden einsetzt, der hat das auch – meist in noch erheblich größerem Ausmaß – in Corona-Zeiten gemacht.

Zur Technik kann gesagt werden, dass die verschiedenen Webkonferenzlösungen im Grunde alle grundsätzlich geeignet sind, um Online-Lehre durchzuführen. Wesentlicher Erfolgsfaktor ist dabei die Stabilität der Verbindung; besondere Features wie etwa Breakout-Gruppen sind mit zusätzlichem Aufwand auch anders abbildbar, aber eine fehlende Stabilität der Verbindung und häufige Qualitätsprobleme kann man nicht ausgleichen. Eine Video-Plattform ist sehr hilfreich, wenn auch nicht unbedingt notwendig. Grundsätzlich würde auch ein Upload und Download über das Lernmanagementsystem reichen, allerdings sind Features wie variable Kompression oder Livestreaming sehr nützlich, und erlauben die Flexibilität deutlich zu erhöhen. Die Lehrenden wünschten sich für das Wintersemester darüber hinaus weitere Kontakt- und Kommunikationsmöglichkeiten, etwa einen Chat-Server wie *RocketChat,* ein Hardware-Set für das einfach Live-Streaming aus der Vorlesung heraus oder einen Podcast-Server.

Corona hat auch die Erfolgsfaktoren von guter Lehre deutlich herausgestellt: es geht nicht primär um die Funktion der Wissensvermittlung der Lehrenden, sondern um den Lernerfolg der Studierenden. Daran wurde und wird die Online-Lehre gemessen, mit dem Nebeneffekt, dass dies auch für „normale" Lehre als Erkenntnis bleiben wird. Entsprechend haben sich einige Aspekte herauskristallisiert:

- Reine Inhalte können als „konsumierbare" Einheiten (etwa als Videos) am besten vermittelt werden, sodass die Studierenden diese im eigenen Rhythmus und Tempo aufnehmen können. Die wertvolle Zeit der Präsenz für (relativ langsame und ineffektive) Vorträge zu verwenden, erscheint nicht mehr zeitgemäß.
- Die Interaktion mit den Studierenden ist für den Lernerfolg und Kompetenzaufbau zentral. Erst durch Übungen, Diskussionen, Projektarbeiten, Vorträge durch Studierende usw. entsteht das „Lernen". In der Folge erscheinen Klausuren als Prüfungsform eigentlich als gänzlich ungeeignet, da sie „nur" das (kurzzeitige) Vorhandensein von auswendig gelernten Inhalten nachweisen können.
- Die Präsenzzeit in der Lehre ist sehr wertvoll, da dort Interaktion mit und unter den Studierenden stattfindet, was erheblich zum Lernerfolg beiträgt, und sollte optimal eingesetzt werden, nicht für die unilaterale Vermittlung von „statischem" Content.

Die größte Herausforderung bestand – und besteht – darin, die Studierenden zum Lernen zu aktivieren. Gerade an einer Hochschule für Angewandte Wissenschaften, welche insbesondere viele beruflich Qualifizierte als Studierende hat, wird die Präsenz dafür genutzt, die Bindung zu den Studierenden zu entwickeln, und darüber auch die Lernmotivation hoch zu halten. Das ist nun weggefallen, und dies merkt man deutlich an der Anzahl der Teilnehmer*innen an den Veranstaltungen. Sicherlich ist auch der Kontakt unter den Studierenden für die Motivation wichtig (Lerngruppen etc.), und es wird sich zeigen, wie sich die Situation in den nächsten beiden Semestern vor dem Hintergrund der Corona-Situation entwickeln wird. Auf jeden Fall hat die Hochschule ein inhärentes Interesse an der Förderung der Vernetzung zwischen den Studierenden, um die Lernerfolge zu verbessern. Das wird sicher – neben Learning Analytics, um die Maßnahmen zur Verbesserung der Lehre besser steuern zu können – ein Hauptschwerpunkt der Aktivitäten in den nächsten Monaten darstellen.

Wir können gespannt sein, wie sich die Situation entwickeln wird. Eine wesentliche Herausforderung stellt der Datenschutz dar, insbesondere seit der Europäische Gerichtshof die Praxis von Privacy Shield und Standardvertragsklauseln für U.S.-amerikanische Cloud-Dienste für unwirksam erklärt hat (InfoCuria, 2020). Die Folge wird sein, dass viele verwendete Tools (z. B. *Webex* oder *Zoom*) ohne Weiteres nicht rechtskonform betrieben werden können, und damit die Hochschulen vor neue, weitere Herausforderungen gestellt werden.

## Literatur

Hochschule Mannheim, 2020a: https://www.hs-mannheim.de/studieninteressierte/unsere-studiengaenge/kurzvideos-zu-unseren-studiengaengen.html
Hochschule Mannheim, 2020b: https://www.youtube.com/watch?v=flhdX8Vh4i4
InfoCuria, 2020: https://curia.europa.eu/juris/liste.jsf?num=C-311/18

# 13 Kurzinterviews mit Expert*innen aus Deutschland

Christian Kreidl und Ullrich Dittler

**Zusammenfassung**

Die nachfolgenden Interviews mit Exptert*innen aus der Lehre und aus dem Management von Hochschulen wurden in der Zeit zwischen Juli 2020 und September 2020 durchgeführt und sollen ein Stimmungsbild vermitteln, in welcher Form Hochschulen die Corona-Krise erlebt haben. Um eine Vergleichbarkeit der Antworten zu ermöglichen sollten alle Interviewten dieselben Fragen beantworten. Für einen besseren Lesefluss wurden im Anschluss die transkribierten Interviews sprachlich geglättet und leicht gekürzt.

## 13.1 Prof. Dr. Gabi Reinmann

Univ.-Prof. Dr. Gabi Reinmann
Universität Hamburg, Deutschland
Leitung Hamburger Zentrum für Universitäres Lehren und Lerne

C. Kreidl (✉)
KREIDL Training und Beratung, Wien, Österreich
E-Mail: chkreidl@kreidl.biz

U. Dittler
Hochschule Furtwangen, Furtwangen, Deutschland
E-Mail: dittler@hs-furtwangen.de



U. Dittler und C. Kreidl (Hrsg.), *Wie Corona die Hochschullehre verändert*,
https://doi.org/10.1007/978-3-658-32609-8_13

***Im Sommersemester 2020 musste der komplette Hochschul-Unterricht als Folge der Corona-Krise auf digitale Fernlehre umgestellt werden. Was war für Sie die bedeutendste Auswirkung der Umstellung auf den komplett digitalen Unterricht?***
Gestatten Sie mir zunächst eine Vorbemerkung: Als Hochschuldidaktikerin kann ich die Fragen dieses Interviews aus zwei Perspektiven beantworten: Das ist zum einen die Beobachterperspektive auf der Grundlage von Sitzungen mit Prodekanen und Universitätsleitung, Gesprächen mit Kolleginnen und Kollegen, kleineren empirischen Studien an der eigenen Universität, kombiniert mit Erkenntnissen aus der Rezeption aktueller wissenschaftlicher Literatur zum Thema. Zum anderen ist das die Perspektive als Lehrende aus der Konzeption und Umsetzung eigener Lehreveranstaltungen in unserem Masterstudiengang Higher Education, der als berufsbegleitender konsekutiver Studiengang eine relativ spezielle Zielgruppe hat und nicht repräsentativ ist für das Gros der Studiengänge an einer Universität.

Doch nun zu Ihrer konkreten Frage: Aus meiner Sicht ist die Umstellung auf eine komplett digitale Lehre an der Universität selbst das Bedeutendste, was ich in diesem Jahr erlebt habe: Unvorstellbar wäre vor der Pandemie gewesen, dass alle Lehrenden aller Studiengänge (und nicht nur Pioniere) unter einem enormen Zeitdruck ad hoc (und nicht mit Vorlaufzeit und unterstützt durch Fördergelder) plötzlich den Versuch unternehmen, ihre Präsenzlehre in digitale Räume zu bringen. Es war abzusehen, dass es sich dabei nur um ein „Emergency Remote Teaching" (ERT) handeln kann, wie es Hodges, Moore, Lockee, Trust und Bond treffend bezeichnen, und das ist notwendigerweise mehr oder weniger weit entfernt von einer planmäßigen professionellen Online-Lehre. Das gilt auch für uns, also die Lehrenden des Masters Higher Education (MHE): Da wir bereits vor der Pandemie im Blended Learning-Modus gearbeitet haben, konnten wir auf eine digitale Plattform und Erfahrung zurückgreifen, mussten aber vor allem geblockte Präsenztage selbst mehr oder weniger notfallmäßig online auffangen – und haben viel dabei gelernt.

***Wie beurteilen Sie den Kompetenzerwerb („Studienerfolg") der Studierenden im Sommersemester 2020?***
Zum Zeitpunkt dieses Interviews ist das Sommersemester gerade erst seit kurzem beendet, und es dürfte schwierig sein, zu diesem Zeitpunkt eine fundierte Aussage zum Kompetenzerwerb zu machen. Wir haben die Lehrenden an unserer Universität im letzten Drittel des Semesters danach gefragt, wie sie den „Erfolg" ihrer ad hoc entwickelten Online-Lehre einschätzen und woran sie das festmachen. Hier zeigt sich, dass viele – zu Recht, wie ich finde – mehrere Erfolgsmaße heranziehen: neben sichtbaren Leistungen oder gar neuen (anderen) Kompetenzen auch die technische Stabilität der genutzten digitalen Technologien, die kontinuierliche Teilnahme am digitalen Angebot, die studentische Zufriedenheit und die von Studierenden selbst eingeschätzten Lernerfolge. Nimmt man alles zusammen, bewerten die Lehrenden ihre Erfolge besser als ich es zu Beginn für möglich gehalten hatte; schaut man allein auf die Leistungen (und sieht darin Indikatoren für Kompetenzen), dann ist das Bild wie zu erwarten heterogen.

In unserem eigenen Studiengang nehmen wir wahr, dass sich die Studierenden alles in allem sehr gut auf die neue Situation eingelassen haben, sicher anders und vermutlich auch Verschiedenes gelernt und von der rein digitalen Lehre sehr wohl profitiert haben.

***Wie werden Ihre Erfahrungen aus diesem Semester Ihre zukünftige Lehre voraussichtlich beeinflussen?***
Für uns als Lehrende im MHE ist es freilich so, dass die Erfahrung mit Online-Lehre nicht neu war; neu war allerdings der unglaubliche Zeitdruck für die Transformation von Lehre aus dem Blended Learning-Modus in den reinen Online-Modus. Wir haben trotzdem die Konsequenzen aus der Pandemie in unserem speziellen Fall eines berufsbegleitenden Masterprogramms gezogen und bieten diesen ab dem kommenden Wintersemester nun regulär als Online-Studiengang an – ohne Notfallcharakter. Unsere Befragung der Lehrenden an der Universität zeigt, dass es gar nicht wenige Lehrende gibt, die ebenfalls reine Online-Lehrangebote in erfolgreichen Fällen nach der Pandemie beibehalten und in die Präsenzlehre integrieren wollen. Viele geben an, aus den Erfahrungen Ideen für Blended Learning-Szenarien generieren zu können. Nur wenige meinen allerdings, dass Sie auch Konsequenzen aus ihren Erfahrungen für die Gestaltung der Präsenzlehre ziehen können.

***In wie fern werden sich die Hochschulen durch die Erfahrungen aus diesem Semester verändern?***
Über diese Frage kann man freilich nur spekulieren. Mein Eindruck ist, dass es sehr darauf ankommen wird, welche „Fraktion" die größere ist und/oder sich am eindrucksvollsten mitteilen kann: Sind es die Missionare der Digitalisierung, die seit Jahrzehnten predigen, dass Hochschulen den Anschluss an gesellschaftliche Entwicklungen verpassen, wenn sie nicht die Potenziale der digitalen Technologien für die Hochschullehre nutzen? Oder sind es die Bewahrer der Präsenzlehre, die nun jede Form von Bildung ausschließlich an die physische Präsenz knüpfen und sich nichts sehnlicher wünschen als zum „Normalzustand" von vor der Pandemie zurückzukehren? Oder sind es die Erneuerer der Hochschullehre, die jetzt ein grundsätzliches Überdenken der Hochschullehre einfordern und endlich diejenigen Defizite in der Hochschullehre angehen wollen, die auch schon vor der Pandemie ein Problem waren? Ich hoffe natürlich auf letztere …

***Was waren ansonsten noch bedeutende Erkenntnisse aus dem Sommersemester 2020?***
Ich persönlich nehme aus diesem ungewöhnlichen Sommersemester die Überzeugung mit, dass nichts mehr ganz so werden wird wie früher; und ob ich das gut oder schlecht finden soll, darüber bin ich mir selbst noch nicht im Klaren. Selbstverständlich hoffe ich auf eine Rückkehr der Präsenzlehre. Aber ich hoffe ebenso, dass wir dann den Wert der Präsentlehre neu bestimmen und uns darauf besinnen, wofür genau wir die physische Präsenz brauchen, damit wir in der Folge ebenso besser erkennen, wofür genau wir die Bildungspotenziale der digitalen Technologien systematisch heranziehen sollten.

## 13.2 Prof. Dr. Peter Henning

Prof. Dr. rer. nat. habil. Peter Henning
Hochschule Karlsruhe, Deutschland
Prodekan der Fakultät für Informatik und Wirtschaftsinformatik

***Im Sommersemester 2020 musste der komplette Hochschul-Unterricht als Folge der Corona-Krise auf digitale Fernlehre umgestellt werden. Was war für Sie die bedeutendste Auswirkung der Umstellung auf den komplett digitalen Unterricht?***
Zunächst einmal waren wir als Fakultät eine der Ersten, die innerhalb von zwei Wochen komplett auf Online-Lehre umgestellt haben. Das heißt also, dass es bei uns keine Verzögerung des Semesterbeginns gab. Insbesondere an manchen der großen Universitäten hat es ja eine Weile gedauert, die Online-Lehre zum Laufen zu bringen, entsprechend hat sich der Vorlesungsstart teilweise bis in den April hingezogen. Wir waren gut vorbereitet und hatten entsprechende Konzepte schon in der Schublade, außerdem waren die Kolleginnen und Kollegen alle sehr motiviert, das gleich anzugehen. Das Schwierigste war für alle, von jetzt auf gleich auf den persönlichen Kontakt mit den Studierenden zu verzichten. Das hat viele Kollegen, die vorher noch nicht große Erfahrungen mit Online-Lehre gemacht haben, sehr stark belastet. Für mich selbst war das anfangs unbedeutend, weil ich das schon einmal in verschiedenen Lehrveranstaltungen durchexerziert hatte. Im Wesentlichen entfiel bei mir daher nur die Präsenz der Studierenden. Alles Andere, also beispielsweise Fernbetreuung und Aufzeichnung, ging mit denselben Inhalten weiter wie bisher. Nach etwa vier bis sechs Wochen habe ich dann aber auch eine große Belastung verspürt, weil mir die Präsenz der Studierenden und der Kollegen doch fehlte. Ein wenig habe ich es dadurch abgemildert, indem ich mit den Studierenden meiner Kurse auch mal am Wochenende eine freie Diskussionsrunde veranstaltet habe. Jeder durfte erzählen, wonach ihm gerade der Sinn steht. Das hat sich ganz gut bewährt, um diese Isolation zu durchbrechen.

***Wie beurteilen Sie den Kompetenzerwerb („Studienerfolg") der Studierenden im Sommersemester 2020?***
Aufgrund der Tatsache, dass ich sehr viel Lehrmaterial zum Offline-Lernen zur Verfügung gestellt habe – das heißt also nicht nur irgendwelche PDFs oder PowerPoint-Folien, nicht nur Aufzeichnungen der jeweiligen über Video gehaltenen Vorlesungen – sondern strukturierte Kurse, zum Durchklicken, war die Vorbereitung der Studierenden sehr gut. Die Ergebnisse der Klausuren sind nicht schlechter ausgefallen als in anderen Jahren. Ich kann deshalb sagen: Bei denjenigen, welche die Klausuren mitgeschrieben haben, war der Kompetenzerwerb genauso gut wie in anderen Jahren. Vielleicht sogar etwas besser im Durchschnitt, einfach deshalb, weil diejenigen, die wir nicht erreicht haben, natürlich von vornherein weggefallen sind. Das Verfahren einer fast reinen Online-Lehre hat die demnach die guten, aber auch die mittelmäßigen Studierenden

besser gemacht, hat ihnen geholfen – durch den Zwang zu strukturiertem Arbeiten. Die eher schlechter lernenden Studierenden sind ganz weggeblieben und herausgefallen, haben auch wahrscheinlich auch die Klausuren überhaupt nicht mitgeschrieben.

***Wie werden Ihre Erfahrungen aus diesem Semester Ihre zukünftige Lehre voraussichtlich beeinflussen?***
Meine eigene Lehre wird dadurch eher wenig beeinflusst, weil ich natürlich diese Lehrparadigmen schon seit Jahren betreibe. Den größten Einfluss sehe ich bei den Kolleginnen und Kollegen, die bisher gesagt haben: „Online und digital, das ist nichts für mich, ich lehre am liebsten mit Tafel und Kreide". Ein wenig hat sich allerdings auch meine eigene Umgebung geändert, weil ich mir zusätzliche Tools für die Lehre aus dem Home Office angeschafft habe. Das reicht vom eigenen Grafik Tablet, auf dem ich schreibe, bis hin zu einer besseren Videokamera, also mehr oder weniger technische Kleinigkeiten. Was sich inhaltlich noch ändern wird, ist die Art, wie ich Laboraufgaben stelle. Denn da hat sich natürlich herausgestellt, dass der diskursive Aspekt der Laborarbeit den Bach heruntergegangen ist. Also werde ich mir neue Inhalte und neue Abläufe ausdenken müssen, um zu überprüfen, inwieweit das jetzt auch praktisch einsetzbar ist.

***In wie fern werden sich die Hochschulen durch die Erfahrungen aus diesem Semester verändern?***
Das ist eine gute Frage, denn wir betreiben jetzt im Bereich der Hochschulen seit mehr als 20 Jahren Online-Lehre, die immer so ein wenig vor sich hindümpelte – nach dem Motto: „Wenn wir mal alles andere geschafft haben, können wir das auch noch tun, richtige Lehre ist das ja sowieso nicht". Online-Lehre war also bisher immer ein Stiefkind. Heute ist das Stiefkind aber das Einzige, das überlebt hat. Die Frage ist also tatsächlich: Wie viele der Änderungen lassen sich beibehalten? Wie bereits gesagt gibt, es gibt Kollegen, die massiv persönlich belastet waren. Teilweise durch die häusliche Situation – wenn jemand ein kleines Kind zu Hause hat, aber nur eine relativ kleine Wohnung besitzt und plötzlich seine Lehre aus dieser Situation heraus durchführen soll, ist das kaum durchzuhalten. In einem anderen Fall entwickelte es sich zu einer echten psychischen Belastung, überhaupt nicht mehr mit den Studierenden direkt reden zu können Es gibt also in der Tat viele Kollegen, die sagen: „Nein, ich möchte wieder auf das zurück, was wir vorher hatten". Das ist zugleich ein relativ kleiner Anteil, ich schätze einmal so um die 15 %. Etwa 50 % der Kolleginnen und Kollegen werden Teile dessen, was sie jetzt gelernt haben, auch weiterhin benutzen. Teilweise haben die sich jetzt schon mit dem Erstellen von Videodokumentationen sehr viel Mühe gemacht, die natürlich weiterhin verwendbar sind. Und, ja, 35 % hatten auch vorher schon die Vorteile dieser Arbeitsmethoden erkannt. Wie es bei den Studierenden aussieht, ist natürlich eine andere Frage, deshalb haben wir relativ schnell eine Umfrage unter Studierenden durchgeführt, welches die wesentlichen Aspekte dieser Online-Lehre für sie sind. Diese Daten liegen also vor und besagen beispielsweise, dass viele Studierende tatsächlich darauf bestehen werden, dass bestimmte Dinge nicht mehr zurückgeschraubt werden. Konkret besteht

bei den Studierenden die Forderung, dass Onlineaufzeichnungen zur Verfügung gestellt werden, dass auch die Betreuung über das Netz flexibel organisiert wird. Inwieweit sich dies dann tatsächlich auch in einer Transformation der Lehre niederschlägt, muss sich zeigen. Zusammengefasst also: Die Hochschulen werden sich verändern, und zwar, weil die Kolleginnen und Kollegen durchaus positive Erfahrungen gemacht haben. Stellenweise wurde das sogar als „sehr positiv“ bewertet, beispielsweise im Fach „Interkulturelle Kommunikation“ unserer Informatikstudiengänge – Originalton der Dozentin: „Ach, ich habe ja plötzlich viel mehr Studierende erreicht, die waren auch viel offener als sonst“. Auf der Studierendenseite wird großer Druck herrschen, bestimmte Abläufe beizubehalten. Was diese durchaus erwünschte Transformation unvorhersehbar macht, ist, wie sich die Hochschulleitungen dabei positionieren. Die Leitungsebene ist teilweise noch stärker ins kalte Wasser geworfen worden als die Kolleginnen und Kollegen, die das ja schon vorher in großer Zahl anhand von Best-Practice-Beispielen gesehen haben. In den Leitungsebenen sehe ich also noch ein gewisses Beharrungsvermögen, da man nicht willens ist, die eigene Hochschule diesbezüglich strategisch zu positionieren. Ein weiteres großes Beharrungsvermögen sehe ich außerdem aufseiten der Ministerien. Das hat auch mit der Fragestellung zu tun: Wie kann ich überhaupt die Lehrleistung eines Professors oder einer Professorin bewerten? Dazu gibt es in Baden-Württemberg die Lehrverpflichtungsverordnung, in der genau geregelt ist, wie viel Deputat ein Lehrender hierfür und dafür bekommt. Diese Verordnung ist aber bei Weitem nicht so weit fortgeschritten wie die entsprechende bayerische Verordnung. Der Grund ist natürlich, dass in Bayern mit der ‚Virtuellen Hochschule Bayern‘ seit 20 Jahren das Highlight der digitalen Hochschulen in Europa existiert. Von Seiten der weniger erfahrenen Ministerien wird sich also die Frage stellen: Bezahlen wir überhaupt einen Professor auf Dauer, der nur online lehrt? Der Kurs muss ja nur einmal erstellt werden, danach erledigt sich das sozusagen von selber. Aufgrund der Tatsache, dass mit der Online-Lehre die Bewertung der Lehrleistungen schwieriger als bisher sein wird, bin ich mir für den Staat als Arbeitgeber nicht ganz sicher, inwieweit alles Gute, was wir da erlebt haben oder erfahren haben, tatsächlich Bestand hat.

***Was waren ansonsten noch bedeutende Erkenntnisse aus dem Sommersemester 2020?***
Eine robuste Erkenntnis ist, dass man um Himmels willen nicht die Juristen auf die Online-Lehre loslassen sollte. Ich habe in diesem Semester Schlimmes erlebt, mit Juristen, die der Meinung waren, man dürfe überhaupt keine Onlineprüfung abnehmen. Das sei ja nicht gesichert und Technik könne prinzipiell ausfallen. Oder mit Juristen, welche die Meinung vertreten haben, Online-Lehre sei ja gar keine reguläre Lehre, dürfe also nicht auf das Deputat angerechnet werden. Das ist auch noch an einer anderen Stelle wichtig, nämlich beim Thema Datenschutz. Der zuständige Datenschutzbeauftragte erhob ganze Forderungskataloge: Das dürfe nicht verwendet werden, dieses dürfe nicht verwendet werden, hier sei der Datenschutz nicht gewährleistet. Das ist alles schön und gut. Aber wenn Not am Mann ist und junge Menschen – die ein Anrecht auf Bildung haben – in irgendeiner Weise Inhalte vermittelt bekommen haben, dann interessiert

mich als Lehrender erst einmal überhaupt nicht, ob der russische Geheimdienst oder der chinesische Auslandsgeheimdienst oder die NSA an der Stelle mithören.

## 13.3 Prof. Dr. Hans-Georg Enkler

Prof. Dr.-Ing. Hans-Georg Enkler
Hochschule Furtwangen (HFU), Deutschland
Fakultät Wirtschaftsingenieurwesen
Studiendekan Product Innovation (Master), Mitglied des Senats, Rektoratsbeauftragter Studienbegleitendes Traineeprogramm

***Im Sommersemester 2020 musste der komplette Hochschul-Unterricht als Folge der Corona-Krise auf digitale Fernlehre umgestellt werden. Was war für Sie die bedeutendste Auswirkung der Umstellung auf den komplett digitalen Unterricht?***
Ich denke, dass sich die Interaktionsmöglichkeiten und deren Intensität in einer Online-Vorlesung etwas von einer Präsenzveranstaltung unterscheiden. Ich habe aber das Gefühl, dass sich das Zusammenspiel zwischen den Studierenden und mir sehr schnell eingependelt hat. Am Anfang gab es da sicher eine gewisse Scheu, sich zu Wort zu melden, sich zu trauen mitzumachen. Diese Hürde wurde aber sehr schnell überwunden und die digitale Vorlesung wurde zu einer fast ganz normalen Vorlesung.

***Warum fast? Was war der grundlegende Unterschied?***
Das unausgesprochene Feedback kommt schlechter rüber. Wenn Sie in einer Vorlesung vor den Studierenden stehen und Sie erzählen etwas … auch wenn die Studierenden sich nicht melden, auch wenn sie nichts sagen, ahnen Sie anhand der Blicke: Sind sie noch dabei? Habe ich sie abgehängt? Sollte ich den Sachverhalt vielleicht noch einmal auf andere Weise erklären? Sobald Sie das Ganze auf eine Videokonferenzplattform stellen, sind die Gesichter oft nur noch so groß wie Briefmarken. Das heißt, das indirekte Feedback, das unausgesprochene Feedback, das kommt tatsächlich kürzer. Sie „spüren" einfach weniger als bei einer normalen Vorlesung. Ich habe dies damit kompensiert, dass ich in jeder Vorlesung aktiv und vermutlich fast schon penetrant Feedback eingefordert habe, oft auch mehrmals. War das klar? Soll ich nochmal was erklären? Soll ich es nochmal anders zeigen? Außerdem habe ich Rückmeldungen auf unterschiedliche Weise eingeholt: Neben dem direkten Fragen der Studierenden habe ich auch ein Classroom Response System genutzt, um spontan, anonym und vor allem von allen Feedback einzuholen. Alles in allem war es auch bei den Rückmeldungen vor allem der erste Stein, der ins Rollen kommen musste. Wenn sich die oder der erste Studierende traut, das Mikro anzumachen und zu fragen, dann läuft es von selbst los. Dann kam auch das von mir gewünschte Feedback automatisch, wenn auch auf anderem Weg als sonst. Das, würde ich sagen, war der gravierendste Unterschied. Vielen Dank an dieser Stelle an alle Studierenden für das Mitwirken. Das war wirklich prima.

***Wie beurteilen Sie den Kompetenzerwerb („Studienerfolg") der Studierenden im Sommersemester 2020?***

Den Studienerfolg kann ich mittlerweile sogar beziffern, denn die Klausuren sind geschrieben. Mein Fazit: Es gab keine besonderen Veränderungen zu den vorangegangenen Präsenzsemestern. Ich würde sogar behaupten: Wenn ich unbedingt eine Tendenz feststellen wollte, dann eher eine Streuung hin zum Besseren. Wobei ich mich nicht trauen würde, das auf Corona oder auf die digitale Lehre zu schieben, sondern ich würde sagen, das ist die normale Streuung, die es zwischen den Semestern gibt. Ich vermute aber, dass die Studierenden dieses Mal früher realisiert haben, dass sie sich auch selbst organisieren müssen. Ich glaube, das war für sie deutlicher erkennbar als sonst. Dieses Semester hatten sie sicher auch weniger Möglichkeiten, sich auszutauschen. Das hat der einen oder dem anderen bestimmt klargemacht: Ich sollte jetzt mal etwas tun. Unabhängig davon bin ich überzeugt, dass ich meine Vorlesungen klarer strukturiert und besser aufbereitet habe. Es gab wöchentliche Übungsaufgaben, Selbsttests usw. Und für die Vorlesungen an sich habe ich 3D-Modelle erstellt, um Sachverhalte auch aus der Ferne besser erklären zu können. Und: Ich war spontaner als sonst, habe vieles gemeinsam mit den Studierenden einfach ausprobiert. Das war sehr spannend, aber auch enorm anstrengend.

***Wie werden Ihre Erfahrungen aus diesem Semester Ihre zukünftige Lehre voraussichtlich beeinflussen?***

Es gibt in der Lehre durchaus Anteile, die für mich als Lehrenden sehr repetitiv sind, die eher dröge sind, die weniger Spaß machen, die aber zwingend dazugehören. Ich habe es in diesem Semester so gemacht – und werde das teils wohl auch so beibehalten –, dass ich Inhalte, die ich für wesentlich, aber auch für eher langweilig halte, in Videos gepackt habe. Als Konserve also, die im eigenen Tempo so oft wie gewünscht angesehen werden können. In diese Videos habe ich sehr viel Liebe investiert und sehr viel Zeit – sicher mehr, als ich das in einer normalen Vorlesung gemacht hätte. Diese Videos werde ich selbstverständlich beibehalten und mich dafür in den eigentlichen Veranstaltungen darauf konzentrieren, Fragen dazu zu klären. Und das dann mit mehr Beispielen untermauern, weil ich dafür dann ja etwas mehr Zeit habe.

***Inwiefern werden sich die Hochschulen durch die Erfahrungen aus diesem Semester verändern?***

Eine ganz wesentliche Erkenntnis: Online-Lehre funktioniert! Das haben nun alle auf die harte Tour gelernt. Ich bin sicher, dass das auch positive Effekte hatte, denn es wurde in kurzer Zeit wirklich viel bewegt. Die technischen Mittel haben, zumindest hier bei uns an der HFU, sehr gut funktioniert. Es hat sich gezeigt, dass Lernplattformen wie unser LMS FELIX sehr wertvoll und sehr wichtig sind. Ich glaube, viele Dozierende haben sich darauf konzentriert, ihre Kurse noch einmal ganz grundlegend neu zu durchdenken, neu zu strukturieren. Das wird einen nachhaltigen Effekt haben, sodass Studierende sich besser auch selbstständig damit beschäftigen können. Vieles wird natürlich auch wieder wie bisher laufen. Und das ist auch gut so, denn vermutlich wurde uns allen bewusst, wie gut und wichtig Präsenzlehre ist. Ich glaube dennoch, dass viele gemerkt haben: „Da gibt es ganz viel, das ich noch nicht ausprobiert habe und das sich anzugehen lohnt."

***Was waren ansonsten noch bedeutende Erkenntnisse aus dem Sommersemester 2020?***
Im ersten Drittel des Semesters haben die Studierenden gemerkt, dass sie bei mir aktiv Einfluss darauf nehmen können, wie ich die Veranstaltungen für sie gestalte. Sie haben gemerkt, dass ich wirklich will, dass sie mitmachen, dass ich Ihre Anregungen ernst nehme und darauf eingehe, wenn sie mir eine Rückmeldung geben. Das wurde dann sehr rege genutzt und ich glaube, das kam sehr positiv an, weil klar wurde: Ja, dieses Semester ist außergewöhnlich und etwas seltsam, aber wir gestalten das gemeinsam. Der Einfluss, den die Studierenden auf meine Veranstaltungen hatten, war definitiv größer als in einem normalen Semester. Ich habe von Anfang an klargemacht: „Leute, helft bitte mit. Ich weiß noch nicht, wie gut dies und jenes funktionieren wird. Lasst uns das gemeinsam gestalten." Das hat wirklich, wirklich gut geklappt. Das Semester habe ich zu Beginn etwas anders geplant, als es dann zur Mitte und zum Ende hin tatsächlich lief. So ehrlich muss ich an dieser Stelle sein. Aber das war gut. Denn die Studierenden und ich haben das Ganze gemeinsam angepackt. Und das hat natürlich ein wenig Zeit benötigt. Jetzt, im Nachhinein, würde ich auch beim Semesterstart ein paar Sachen anders machen. Aber das ist ja wie so oft, wenn man was beginnt: Am Ende weiß man immer, wie man es besser macht. Aber das Wintersemester rückt ja schon näher. Insofern kann ich das schon bald versuchen.

## 13.4 Prof. Dr. Kerstin Mayrberger

Univ.-Prof. Dr. Kerstin Mayrberger
Universität Hamburg
Professorin für Lehren und Lernen an der Hochschule mit dem Schwerpunkt Mediendidaktik (HUL)

***Im Sommersemester 2020 musste der komplette Hochschul-Unterricht als Folge der Corona-Krise auf digitale Fernlehre umgestellt werden. Was war für Sie die bedeutendste Auswirkung der Umstellung auf den komplett digitalen Unterricht?***
Die bedeutendste Auswirkung gab es aus meiner Sicht weniger auf der Ebene des operativen Umsetzens, weil seit Jahren genug Wissen und genug Praxisempfehlungen für die Bewältigung der aktuellen Anforderungen vorhanden sind. Wenn man im deutschsprachigen Raum schaut, sieht man, dass quasi jedes medien- und hochschuldidaktische Zentrum bereits Handreichungen vorhält. Die operative Umsetzung stellt sich für mich weniger als Problembereich dar, es war nur eine Herausforderung, dass digitale Lehre nun sehr schnell organisiert werden musste. Für mich war entscheidend zu erkennen, wie wenig Akzeptanz noch vorherrscht für die Digitalität der Hochschule. Ich nenne es

bewusst nicht „Digitalisierung“, im Sinne von Technisierung von den Veranstaltungen und Kursen. Und dass sich da so deutlich, bisweilen Grabenkämpfe, zwischen dem vermeintlichen Erhalt des Präsenzunterrichts oder der Präsenzlehre und der Online-Lehre aufgetan haben, obwohl dieser Diskurs von niemandem denjenigen, die sich lange mit Digitalisierung in der Lehre beschäftigen, irgendwie angestoßen wurde. Das war für mich ein sehr großer Moment zu erkennen, dass es auch noch nach so vielen Jahren wirklich noch sehr viel Reflexionsbedarf und auch Reflexion über die Entwicklung von Lehre unter den Bedingungen von Digitalisierung und Digitalität bedarf, weil ich meine, Lehre oder gute Lehre ist nicht mit Technik eine bessere Lehre und ebenso Präsenzlehre nicht automatisch bessere Lehre. Und genau diese Erkenntnis, wie tief verwurzelt diese Haltung zur verhältnismäßigen Überbewertung von Präsenzlehre ist, zeigt, wie viel noch zu tun ist und wie wenig geschaut wird, was bereits schon sehr gut geht. Das war für mich aus der Beobachter*innenrolle ein sehr wichtiger und bestärkender Moment, weil er auch für mich dazu geführt hat, die nächsten Monate einen Fokus stärker auf Wandel, digitale Transformation und „higher education“ zu legen.

***Wie beurteilen Sie denn den Kompetenzerwerb, also den Studienerfolg der Studierenden im Sommersemester 2020?***
Ich habe jetzt noch keine Prüfung und Prüfungsergebnisse vorliegen. Ich kann nur aus den Prozessen berichten und an Ergebnissen sehe ich, dass diese im Durchschnitt unverändert sind. Ich sehe Personen, denen es leicht fällt digital qualitativ hochwertig ihre Aufgaben zu bearbeiten, und darin für sich einen höheren Wert sehen. Ich sehe aber auch Personen, die sich an diese neue Arbeitsweise gewöhnen müssen und denen es auch schwerfällt sich allein selbst zu organisieren. Dazu muss ich sagen, meine Studierenden sind Personen in der Weiterbildung, also Graduierte, die alle im Grunde schon ihre akademischen Abschlüsse haben. Insofern hat es mich an einigen Stellen durchaus gewundert. Aber ich würde sagen, im Durchschnitt betrachtet, ist die Ergebnisqualität mindestens genauso gut – in keinem Fall schlechter, vielleicht sogar besser. Das werde ich erst vergleichend zu den vorherigen Semestern sehen, wenn die Modulprüfungen abgegeben sind.

***Wie werden Ihre Erfahrungen aus diesem Semester Ihre zukünftige Lehre voraussichtlich beeinflussen?***
Meine Erfahrung war die, dass ich in meiner konkreten Lehre, wie wir sie am Master Higher Education an der Universität Hamburg bisher gemacht haben, vorwiegend in Präsenz gemacht habe, weil wir bisher mit Blockveranstaltungen vor Ort gearbeitet haben, zwar in einer Online-Rahmung, aber das war nicht unbedingt anspruchsvolles Blended Learning. Jetzt haben wir diese Corona-Veränderung genutzt, um den Studiengang komplett auch zukünftig online beizubehalten. Insofern habe ich nun einen Lehrbereich, den ich mit den Modulen verantworte, in dem ich tatsächlich so lehren kann, wie ich forsche. Das ist ja erstmal voll virtuell, und wird in jedem Fall ein voll virtuelles Blended Learning bleiben, das asynchrone und synchrone Studienphasen kombiniert.

Und was es für mich hieß, war, dass ich tatsächlich, aufgrund dass ich vier/fünf Jahre überwiegend Präsenz gearbeitet hat, jetzt das letzte halbe Jahr für mich selbst auch genutzt habe, um wieder in der Lehrpraxis auf den Stand zu kommen – also nicht nur Anwendungen zu kennen, sondern sie auch komplett anwenden zu können. Ich habe mich in Tools eingearbeitet und meine Methoden nochmal weiter entwickelt, überlegt was ich wie machen kann, dann passende Tools dazu gesucht. Und ich habe für mich selbst das Gefühl, da einen großen Schritt gemacht zu haben. Wie sagt man? State of the art, sodass ich nun sage, dass die Mikroebene voll virtueller Lehre für mich persönlich wieder funktioniert. Und ich sehe jetzt auch eben eher die Herausforderung darin und da knüpfe ich an die Antwort auf die erste Frage an: Wie kann man eigentlich auf der Meso- und Makroebene viel stärker diese digitale Transformation zielführend begleiten? Was braucht es für Kompetenzen? Was braucht es da für grundlegende Blicke auf Führung, auf Umgang miteinander, um in dieser jetzt ja stetig – vielleicht nicht disruptiv, das war es jetzt – aber sich stetig, gerade sehr stark wandelnden und nicht verlässlichen Welt weiter zurechtzufinden und trotzdem handlungsfähig zu sein und sich trotzdem wirksam zu fühlen, wohl wissend, dass es in der nächsten Woche schon wieder ganz anders sein könnte.

***Inwiefern werden sich denn die Hochschulen durch die Erfahrungen aus diesem Semester verändern?***

Mein Eindruck ist, das sind zwei Perspektiven. Wenn ich die Hochschulen selbst fragen würde, würde ich vermuten, die Antwort wäre in der Überzahl, „so wenig wie möglich", was ich so an Impulsen wahrnehme. Wenn ich aber in die deutsche Hochschullandschaft als Ganzes schaue, dann komme ich zu dem Bild, dass sich die Hochschulbildung gerade wandelt – also sich in einem Transformationsprozess befindet. Wenn ich insgesamt schaue, wie sich akademische Lehre verändert oder wie sie bereit ist, sich zu verändern, würde ich sagen, dass da ein Prozess angestoßen ist, der die alte Idee aktualisiert, doch deutlich darüber hinaus geht und nun läuft. Ich würde auch sagen, die Hochschulbildung verändert sich spätestens ab jetzt. Blended Learning ist vermutlich der neue Standard in allen Varianten, auch wenn man davon eine Variante jetzt hybrid nennt, wie es in den 2000ern schon im Blended Learning hieß. Und ich sehe es so, dass es virtuelle Lehre dort, wo es sinnvoll ist, in Form virtuellen Blended Learnings braucht. Und dazu gehören für mich, soweit möglich, auch gewisse Anteile von Präsenz. Aber die Präsenzlehre pauschal als Goldstandard aufrechtzuerhalten, das halte ich die nächsten Jahre für ein Vorhaben, das einfach nicht mehr zeitgemäß ist. Da möchte ich auch betonen, dass die Hochschulen sich – so, und jetzt komme ich ins Normative – sagen, dass sie auch den Raum Hochschule, also den Lernraum, anpassen sollten in der Überlegung. Also, nicht zwischen Virtuellem und Präsenz zu trennen, sondern sozusagen die Lernrealität im virtuellen und im physischen Raum der Lernenden und Lehrenden zu sehen und man passgenau schaut, welches Fach und welche Zielgruppe braucht was? Welches didaktische Szenario, organisatorische und administratives Szenario ist sinnvoll? Und das umfasst für mich tatsächlich nicht nur Lehren und Lernen, sondern auch Prüfungsprozesse, die Frage nach

Onlineprüfungen, die Frage nach Online-Administrationen, nach Onlinebetreuung, nach Onboarding, Alumniarbeit. Also, dass man das Ganze nicht so defizit-orientiert betrachtet, sondern schaut, wo sind denn die Chancen für die Studierenden. Und wie kann man ihnen zukünftig ein gutes Studium durchweg als Blended Learning Arrangement oder gar mit komplett virtuellen Veranstaltungen anbieten? Wenn man jahrelang hingehört hat, waren die Schlagwörter ja nicht nur Nachhaltigkeit, Digitalisierung, sondern immer Internationalisierung und Diversität, egal in welches Strategiepapier man schaut. Vielleicht ist aber auch für Internationalisierung gerade ein größerer Grad der Virtualität als Anteil einer normalen Studierenden-Realität der Schlüssel, um diese Ziele oder zumindest dieses eine Ziel erreichen zu können. Und wenn man dann noch schaut auf die Nachhaltigkeitsziele, und auf die darin verfasste Chancengerechtigkeit, finde ich, dass es normal geworden ist, eine Alternative virtueller Art anzubieten, wenn es die Zugänglichkeit fördert. Das ist für mich ein nächster Schritt zu Diversitätsorientierung und Chancengerechtigkeit – auch mit Blick auf die Universal-Design-Idee. Ich sehe da, selbst wenn man sich nur wenig bewegt, einfach viel mehr Potenzial, wenn man schaut, wo das, was im Moment passiert, die Hochschule mit ihren ursprünglichen Zielen und Aufträgen oder Missionen im Grunde stärken kann.

***Was waren denn ansonsten noch bedeutende Erkenntnisse aus diesem besonderen Semester?***

Ich kann es, glaube ich, auf das Fach beziehen und auf mich. Auf mich, weil ich selbst in den letzten Jahren und konkreter seit letztem Jahr, seit 2019, auch schon der Idee nachgehe, welche Bedeutung hat eigentlich die Idee und das Verständnis von Agilität für die Gestaltung von Hochschullehre. Auch weil ich mich auch stärker mit Agile Leadership beschäftigt habe und auch dort dem Konzept der Ambidextrie begegnet bin, das ein Sowohl als Auch präferiert. Wie kann man ohne das gegenseitige Ausspielen voneinander oder hoch- oder abwerten Fortschritt und Innovation mit solider Beständigkeit oder Optimierung bestehender Prozesse gleichzeitig gut vereinen – sozusagen dauerhaft zweigleisig fahren? Und das ist auf der Ebene der Organisation der Menschen, aber auch der Technologien und im Grunde der ganzen Kultur einer Organisation, das bis hin zu den persönlichen Ebenen funktionieren kann. Und um auf die Frage zurückzukommen, das besondere Semester hat mich erst recht motiviert, diesem Konzept und Möglichkeiten der Adaption in den Bildungskontext nachzugehen. Daneben habe ich schon länger überlegt, inwieweit wir unter Bezug auf Mediatisierung oder Post-digitaler Diskurse zunehmend noch von einer Mediendidaktik sprechen können und ab wann ich quasi selbst in dem Modus bin, mich abzuschaffen. Und das sind interessanterweise zwei Ideen gewesen, bei denen ich gemerkt habe durch die letzten Monate, dass ich sagen würde, Mediendidaktik ist jetzt so eine Querschnittsaufgabe, also wirklich in der Ebene des „doings" und auf der reflexiven Ebene müssen auch wir uns auch disziplinär weiterentwickeln. Die Frage ist eben, ist das eine Didaktik unter postdigitalen Bedingungen oder ist das eine allgemeine Didaktik? Das sind Reflexionen die ich hatte auf der einen Seite hatte. Zugleich bin ich auf der anderen Seite sehr bestärkt durch viele Impulse, meine Idee eines Agile-Educational-Leadership weiter zu elaborieren und auch vor diesem Hintergrund zu reflektieren, aber auch handhabbar zu machen. Das ist tatsächlich ein grundlegender Impuls, der jetzt auch bei mir zu einem Projekt geworden ist. Zugegeben, aufgrund der Beschäftigung in 2019 und früher habe ich zu Digitalität und Ambidextrie im Bildungskontext auch schon Anfang des Jahres einen Antrag geschrieben. Aber unbenommen, ob der jetzt bewilligt wird oder nicht, mache ich mir das gerade zum Projekt, weil es mich umtreibt und passt.

## 13.5 Prof. Dr. Mandy Schiefner-Rohs

Univ.-Prof. Dr. phil. Mandy Schiefner-Rohs
Technische Universität Kaiserslautern
Professorin für Allgemeine Pädagogik mit Schwerpunkt Schulpädagogik

***Im Sommersemester 2020 musste der komplette Hochschul-Unterricht als Folge der Corona-Krise auf digitale Fernlehre umgestellt werden. Was war für Sie die bedeutendste Auswirkung der Umstellung auf den komplett digitalen Unterricht?***
Ich glaube, die bedeutendste Auswirkung für mich war die mangelnde Freiheit der Entscheidungen. Während ich vor Corona schon digitale Medien ziemlich häufig in der Lehre auch nutzte und Lehre als Blended Learning umsetze, war ich dabei ziemlich frei in der Gestaltung, wie ich das tue: Welchen Anteil haben Präsenzphasen, welchen Anteil haben Online-Phasen, wie verbinde ich das und wie nicht. Die größte Einschränkung war tatsächlich, dass ich diese Wahlfreiheit nicht mehr hatte und plötzlich gezwungen war, das, was ich bewusst auch in dem Präsenzanteil gelassen habe, in eine digitale Form zu transformieren. Ich glaube, das war das, was mir am meisten Kopfweh bereitet hat. Es entstanden so Szenarien, die ich dann auch schwierig umsetzen konnte und die wir jetzt in Präsenz jetzt auch nachholen.

***Wie beurteilen Sie denn den Kompetenzerwerb, also den Studienerfolg der Studierenden im Sommersemester 2020?***
Ich denke, der ist dispers – und zwar ganz dispers, aus unterschiedlichen Gründen. Ich glaube, es gab Studierende für die es wenig Herausforderung bedeutete, sich auf die digitale Lehre einzulassen, weil sie zum einen Teil medienaffin sind und zum anderen auch die technische Infrastruktur hatten und zudem in Gegenden wohnen, in denen das gut geklappt hat. Aber es gibt genauso eine Gruppe, die benachteiligt war, weil sie zufällig auf dem Land wohnt, mit schlechter Internetanbindung und ähnlichem. Es gab daher viele Studierende, die wirklich Probleme damit hatten, nicht nur technisch im Umgang mit den Geräten und den Szenarien, sondern durchaus auch in der Frage der Selbststeuerung und sich eigenmotiviert mit den Dingen auseinanderzusetzen, wenn der Kontakt zu Peers und zu den Dozierenden von dem einen auf den anderen Tag wegfällt. Also ich habe von vielen Studierenden gehört, die in ein Loch gefallen sind. Und dann

gab es Studierende, die mit anderen Problemen zu kämpfen hatten, sei es Pflege von Angehörigen von Kindern, von Eltern, joblos geworden, die sich aus dem Grund wenig auf das Semester konzentrieren konnten. Von daher denke ich, dass es total unterschiedlich ist – je nachdem, unter welchen Bedingungen die Studierenden dieses Semester erlebt haben.

***Interviewer: Wie werden denn Ihre Erfahrungen aus diesem Semester Ihre zukünftige Lehre voraussichtlich beeinflussen?***
Ich werde froh sein, wenn ich wieder in Präsenz unterrichten kann, aber nicht um die Präsenz hochzuloben, sondern einfach um wieder anders mit den Studierenden in Kontakt zu kommen. Ich glaube, ich werde in Zukunft diesen Präsenzphasen noch mehr Bedeutung schenken, während früher das Nachdenken eher aus der Präsenzlehre heraus entstand. Was kann ich sozusagen davon digitalisieren? Ehrlich gesagt interessiert mich jetzt genau der andere Weg: Was ist so wichtig, dass wir das präsent machen müssen und was kann ich auf das Digitale schieben, weil ich weiß, dass es funktioniert? Wir haben auch ein paar Sachen ausgetestet, von denen ich nicht unbedingt wusste, ob es klappt, aber im Großen und Ganzen gibt es viele Dinge, die gut funktionieren. Ich glaube, da würde ich nicht mehr Gedanken darin stecken, wie mache ich das, oder das Online in dem Fall, sondern wie mache ich Präsenz.

***Interviewer: Inwiefern werden sich die Hochschulen durch die Erfahrungen aus diesem Semester verändern?***
Das ist eine gute Frage. Ich sehe es an unserer Hochschule, dass sich im Moment trotz Vorbereitungszeit erstaunlicherweise wenig tut. Ich bin ein bisschen irritiert davon. Wenn sich was tut, dann sind das oft die Fragen der Ausstattung und der Softwarebeschaffung, die diskutiert werden – zumindest in unserem Fall. Und ich kann jetzt an meiner Stelle tatsächlich nur von meiner Hochschule sprechen, dass die Fragen, die eigentlich dahinter stehen, noch offen sind, nämlich: Wie gestalten wir eigentlich gute Lehren unter digitalen Bedingungen? Was heißt das für Prüfungsformen und Prüfungsformate? Wie müssen wir die ändern? Solche Fragen werden, finde ich, erstaunlicherweise wenig diskutiert. Man versucht, Unterricht eins zu eins abzubilden, indem man die Mensa auch als Prüfungsraum einrichtet und nur Räume vergrößert, die man hat. Von daher bin ich ein bisschen skeptisch, was sich wirklich nachhaltig an den Universitäten ändert. Was ich aber beobachtet habe: dass viele Dozierende zum ersten Mal gesehen haben, wie parallel auch in Schulen, digitale Lehre funktioniert. Wenn auch ruckelig und natürlich nicht hundertprozentig, aber im Großen und Ganzen ist es durchaus eine Alternative. Und inwieweit das die Präsenzlehre an den Hochschulen verändert, mag ich gar nicht zu beurteilen. Ich glaube, dass sich der eine oder andere Dozent schon nochmal überlegt, was er machen kann. Ich befürchte allerdings auch, dass es die einen oder anderen gibt, der sagt: „Okay, siehst du, funktioniert ja. Jetzt kann ich mich noch weiter aus der Lehre zurückziehen, indem ich einfach ein paar Videos aufzeichne und den Studierenden zur Verfügung stelle." So könnte ich mir auch vorstellen, dass die Lehre zukünftig keinen

hohen Stellenwert hat, dass es auch zu solchen Tendenzen kommen kann. Ich hoffe es nicht, aber wir werden es sehen.

***Was waren denn ansonsten noch ganz allgemein bedeutende Erkenntnisse aus diesem besonderen Semester?***
Meine Haupterkenntnis ist, dass wir viel über Lehre gesprochen haben, aber wenig über Forschung in diesem Digitalsemester, aber das, was oft im öffentlichen Diskurs in der Frage war, war wie können wir Lehre gestalten, aber wir wenig darüber nachgedacht haben, was das eigentlich für Forschung heißt. Und wenn wir über Forschung gesprochen haben, dann meist über Forschung zu Auswirkungen von Corona oder über Digitalisierung, aber wie verändert Digitalisierung auch unsere Forschung? Wie können und müssen wir auch anders forschen? Das fand ich doch erstaunlich wenig adressiert im Diskurs. Also im meinem Feld: Ich arbeite viel mit Schulen, qualitativ mit Interpretationsgruppen, wo man sich trifft, am Text arbeitet und so weiter. Da haben wir uns schon die Frage gestellt: Wie können wir uns das jetzt eigentlich leisten? Und haben festgestellt: Das ist digital nicht wirklich gut abbildbar, zu viel geht verloren. Ansonsten erstaunlich ist, wie schnell sich Hochschulverwaltungen ändern können, wenn sie es müssen. Dass es vorher jahrelange Kämpfe verursachte, nämlich digitale Unterschriften oder Prozesse zu beschleunigen, weil man die Sachen scannt und schickt. Das funktionierte ganz plötzlich und ziemlich reibungslos. Und da hoffe ich, dass das vielleicht ein "lessons learned" ist, zumindest für den Bereich der Hochschulverwaltung. Dass sie dort auch gesehen haben, auch das funktioniert, ohne dass das Abendland gerade untergeht.

## 13.6 Dr. Elmar Dammann

Dr. Elmar Dammann
Hochschule Furtwangen, Deutschland
Akademischer Mitarbeiter, Fördermaßnahmen in der Studieneingangsphase

***Im Sommersemester 2020 musste der komplette Hochschul-Unterricht als Folge der Corona-Krise auf digitale Fernlehre umgestellt werden. Was war für Sie die bedeutendste Auswirkung der Umstellung auf den komplett digitalen Unterricht?***
Ich denke der Verlust an persönlicher Begegnung war die bedeutendste Auswirkung. Sich persönlich treffen und unterhalten oder in einem Raum begegnen können, das war nicht mehr möglich. Wir haben ein Lernzentrum mit 45 Tutorinnen und Tutoren in diesem Semester und es gab für mich und die Tutorinnen und Tutoren selber kaum Gelegenheit zur persönlichen Begegnung, das lief alles über Online-Meetings. Das, finde ich, war sehr einschneidend.

***Wie beurteilen Sie den Kompetenzerwerb („Studienerfolg") der Studierenden im Sommersemester 2020?***
Ich denke, der Studienerfolg war auch im Corona-Semester so heterogen, wie wir es immer haben. Ich glaube, es gibt einige Studierende, die sind sehr gut mit der Online-Lehre des Sommersemesters klargekommen. Andere hat vielleicht ein bisschen gestört, dass es etwas länger gedauert hat, bis die Lehrenden ihr Material auf ihren Plattformen online gestellt hatten. Ich glaube, es gab einige Studierende, die sind sehr gut damit klargekommen, wenn sie ihr Skripte hatten oder ihre Videos. Es gab aber sicherlich auch eine Gruppe von Studierenden, die sich sehr schwergetan haben – vor allem mit der Organisation oder der eigenen Disziplin. Der Hörsaal oder der Campus spielt eine wichtige Rolle für das Lernen. Ich kann sehen, was meine Kommilitonen machen oder wie die mit den Lernanforderungen umgehen. Und wenn man bei den Kommilitonen merkt, dass die zum Beispiel schon mehr gemacht haben, dann kann das Auswirkungen auf das eigene Lernverhalten haben – das hat dieses Semester mit Sicherheit gefehlt. Einige Studierenden haben berichtet, dass es Lehrende gab, die die technischen Möglichkeiten für Experimente sehr massiv genutzt haben. Das hat dann dazu geführt, dass insbesondere die zeitlichen Anforderungen in manchen Fächern sehr hoch waren. Manche der Tutorinnen und Tutoren meinten dann: „Ich komme gar nicht mehr ins Bett, vor lauter Studieren".

***Wie werden Ihre Erfahrungen aus diesem Semester Ihre zukünftige Lehre voraussichtlich beeinflussen?***
Ja, gute Frage. Ich glaube, ich sehe schon eine Chance … Stichwort individuelles Lernen: Ich will es nicht zu stark bemühen, weil ich es eine große Herausforderung finde, auf verschiedene Lerntypen mit unterschiedlichem Lehrangeboten eingehen zu können. Ich glaube aber, die Digitalisierung bietet hier tatsächlich eine Chance. Ein Beispiel hierzu: Ich lehre in der Technischen Mechanik und hatte in diesem Semester einen reinen Online-Kurs angeboten. Neben den bereits vorhandenen Aufgaben und Inhalten, habe ich zudem noch kleine Impulsvideos erstellt. Wenn ich beispielsweise morgens beim Joggen war, bin ich manchmal an Bauwerken vorbeigekommen, die ich in meine Lehre gut einbinden konnte. Dann habe ich mit meinem Handy ein kurzes Video gedreht und in meinen Kurs eingestellt. Es ging mir in den kurzen Videos nur darum zu zeigen: „Schaut mal in eurem Alltag, da begegnet euch die Mechanik, obwohl die uns in der Veranstaltung immer sehr abstrakt vorkommt. Aber hier, hier können wir es live sehen." Ich glaube, dieses Angebot hat nicht allen geholfen. Aber manche haben gesagt: „Toll, das hat viel gebracht." Ich glaube, man kann unterschiedlichen Lerntypen gerade durch digitale Angebote ein unterschiedliches Angebot machen.

***In wie fern werden sich die Hochschulen durch die Erfahrungen aus diesem Semester verändern?***
Hochschulen verändern sich gerade sehr stark. Ich glaube, dass vor Allem sehr viel in die Technisierung und Digitalisierung investiert wird. Man wird noch mal verstärkt an

Konferenzplattformen und an der technischen Basis arbeiten. Bei uns in der Hochschule ist das so schnell passiert, wie es eigentlich niemand erwartet hätte: Auf einmal sind Mittel da, für vier verschiedene Konferenzsysteme [lacht]. Und ich glaube, da gingen auch die Diskussionen ganz stark hin: „Welche technische Ausstattung brauchen wir? Ist Alfaview oder doch Zoom das Mittel der Wahl? Was sind kritische Aspekte an der und jener Lösung? Wie ist das mit dem Datenschutz?" Diese Diskussionen sind vielleicht auch dem geschuldet, dass wir eine stark technisch ausgerichtete Hochschule sind.

Was ich ein bisschen fürchte, ist, dass man das Thema Digitalisierung und digitaler Wandel in der Hochschullehre aus didaktischer Sicht und Lernendenperspektive nicht behandeln wird. Dass man sagt, wir müssen uns auch überlegen, welche Inhalte in welcher Form gelehrt werden? Sich austauscht und Diskussionen führt über die Erfahrungen des vergangenen Semesters oder gemeinsam daran arbeitet, wie digital unterstützte Lehre künftig aussehen soll und kann. Auch über die Kompetenzziele unserer Studierenden und die Konsequenzen für unsere Lehre wird, fürchte ich, gemeinsam kaum diskutiert werden. Und so gesehen bleibt da eine Chance meines Erachtens teilweise ungenutzt, diese Transformation proaktiv und unter Einbindung aller Beteiligten (oder Betroffenen) zu gestalten.

***Was waren ansonsten noch bedeutende Erkenntnisse aus dem Sommersemester 2020?***
Zum einen: „Homeoffice funktioniert!" [lacht]. Da war man bei uns doch immer recht skeptisch. Dann die Bedeutung des Campus oder wie wichtig der Ort „Hochschule" ist. Das ist mir schon noch mal sehr deutlich geworden. Die Möglichkeiten des Home-Office waren anfangs sehr präsent und erstmal auch spannend. Der Tag kann flexibel organisiert werden und dann geht man halt mal in der Jogginghose an den Bildschirm. Das sieht ja auch keiner. Diese Freiheiten, die waren in den ersten zwei Monaten sehr prägend, und spätestens im dritten Monat war dann aber klar, dass der Austausch mit den Kolleginnen und Kollegen fehlt. Die Kommunikation hier war wesentlich aufwendiger, weil diese viel planvoller betrieben werden musste und nicht einfach so passierte wie im Büro.

# Lehren aus dem Sommersemester 2020 an der FHWien der WKW

# 14

Michael Mair


**Zusammenfassung**

Seit den 1990er Jahren gibt es zahlreiche Initiativen und Bemühungen die vielfältigen Möglichkeiten, die das Internet für die Lehre bieten, in den tertiären Sektor zu integrieren. Verglichen mit den Möglichkeiten muss der Erfolg allerdings als bescheiden beschrieben werden. Umso eindrucksvoller sind die Veränderungen, die seit dem Frühjahr 2020 stattgefunden haben. „Krise ist auch immer eine Chance!“ In diesem Beitrag werden die Entwicklungen an der FHWien der WKW beschreiben und daraus Erkenntnisse abgeleitet.


## 14.1 Chronik der Ereignisse

Am 27. Februar erfolgte die erste Info der Geschäftsführung zur Corona-Pandemie. Bereits am 7. März wurde der erste Fall einer Infektion einer Studentin an der FHWien gemeldet und alle Lehrveranstaltungen dieser Kohorte abgesagt. Informationsmails für Studierende und Lehrende mit Verhaltensregeln wurden umgehend versandt. Ab 10. März wurden alle Lehrveranstaltungen und Prüfungen auf Online-Betrieb umgestellt und das „mobil working“ allen Mitarbeiter*innen nahegelegt. Mit Montag 16. März wurde der „wko campus“ geschlossen und die Hochschule virtuell fortgeführt. Es war sehr hilfreich, dass die Kollegiumsleiterin ab diesem Zeitpunkt täglich „Corona-Botschaften“ für alle Mitarbeiter*innen verfasste und über die Entwicklungen informierte.


M. Mair (✉)
FHWien der WKW, Wien, Österreich
E-Mail: michael.mair@fh-wien.ac.at







U. Dittler und C. Kreidl (Hrsg.), *Wie Corona die Hochschullehre verändert*, https://doi.org/10.1007/978-3-658-32609-8_14

Das Didaktikzentrum intensivierte die Beratung von Lehrenden vor allem im Umgang mit *Moodle.* Ein Corona-spezifischer *Moodle*-Help-Course und eine individuelle Telefonberatung wurden eingerichtet. Im Durchschnitt wurden 15–20 Beratungen pro Tag durchgeführt, wobei einige Gespräche mehrere Stunden in Anspruch nahmen. Waren es zu Beginn eher allgemeine Fragen, verlagerte sich ab April der Schwerpunkt auf die Möglichkeiten der Online-Prüfungen via *Moodle.* So wurden bereits erstelle Prüfungen kontrolliert oder die Lehrenden bei der korrekten Bewertung der Online-Prüfungen unterstützt. Das Didaktikzentrum übernahm die Einschulung und teilweise die Co-Moderation bei Live-Online-Veranstaltungen via *Adobe Connect* bzw. *Zoom.* Zusätzlich wurde der Roll-Out des Videosystems *Panopto* vorgezogen und Einschulungen dafür angeboten.

Ab 31. März wurde ein wöchentlicher „Questions und Answers“ Termin für alle Lehrende eingerichtet. Jeden Dienstag moderierten die Mitarbeiter des Didaktikzentrums eine Fragestunde und unterstützten die Lehrenden bei ihren konkreten Fragestellungen. Das Feedback der Lehrenden zu diesen Maßnahmen war sehr positiv.

## 14.2 Analysen – Studierendenumfrage

Die Geschäftsführung hatte Ende März beschlossen, Studierende und Lehrende über ihre Erfahrungen und Befindlichkeiten im Umgang mit der COVID-19-Krise zu befragen. Unter der Leitung von Uta Rußmann und Ilona Pezenka wurden Fragebögen entwickelt, getestet und versandt. Die Befragung der Studierenden fand zwischen 8. und 22. April 2020 statt. Der Rücklauf von 505 Fragebögen (entspricht 18 % der Studierenden) zeugt vom großen Interesse.

Über 70 % der Befragten gaben an, dass die COVID-19 Krise sich belastend bzw. sehr belastend auf das Studium auswirkt. Die Hälfte der Studierenden meinen, sich zumindest teilweise intensiver mit den Inhalten zu beschäftigen und 70 % sagen, dass sie zumindest teilweise selbstständiger lernen. Allerdings geben 58 % an, dass sie ihren Lernfortschritt nicht überprüfen können. 84 % stimmen zumindest teilweise zu, dass sie mehr gelernt hätten, wenn die in Online-Learning bearbeiteten Themen und Aufgaben in Präsenzterminen behandelt worden wären. Diese sehr subjektive Zuschreibung zeugt von einer starren Erwartungshaltung der Studierenden. So ist anzunehmen, dass die Studierenden ihre Kompetenzen im Umgang mit neuen Situationen oder die Kompetenzen der virtuellen Zusammenarbeit erweitert haben, jedoch nicht als „Lernen“ wahrgenommen haben.

Frage 10: Wie sehr stimmen Sie der folgenden Aussage zu: Ich hätte mehr gelernt, wenn die in Distance Learning bearbeiteten Themen und Aufgaben in Präsenzterminen behandelt worden wären. (siehe Tab. 14.1)

**Tab. 14.1** Ergebnisse zur Frage 10. (Quelle: Eigene Darstellung)

| Frage 10 | Stimme voll und ganz zu | Stimme eher zu | Stimme teilweise zu | Stimme eher nicht zu | Stimmte überhaupt nicht zu |
|---|---|---|---|---|---|
| Häufigkeit | 174 | 143 | 109 | 54 | 25 |
| Prozent | 34,1 | 28,0 | 21,4 | 10,6 | 4,9 |

Die überwiegende Mehrheit (83 %) stimmt zumindest teilweise zu, dass die Qualität der Online-Learning-Angebote stark von Lehrveranstaltung zu Lehrveranstaltung variiert.

Frage 8a: Die Qualität der Distance Learning-Angebote variiert stark von Lehrveranstaltung zu Lehrveranstaltung. (siehe Tab. 14.2)

93 % stimmen zumindest teilweise zu, dass die Qualität der Distance Learning Angebote stark variiren.

Frage 8b: Meiner Meinung nach sind die Distance Learning-Angebote größtenteils sorgfältig und kompetent erstellt (siehe Tab. 14.3)

Die Frage, ob die Online-Learning Angebote sorgfältig und kompetent erstellt sind, zeigt eine große Bandbreite. Es dürfte viele sehr gut erstellte aber auch ebenso viele nicht zufriedenstellende Angebote geben. 75 % der Befragten stimmen zumindest teilweise zu, dass die Lehrenden den Workload falsch einschätzen und für 82 % ist der Arbeitsaufwand durch die Umstellung auf Online-Learning gestiegen. Synchrone Lehreinheiten wurden mit 54 % nur knapp den asynchronen Lehrformen mit 46 % vorgezogen, wobei *Zoom* (82 %) und *Adobe Connect* (35 %) als synchrones Medium verwendet wurden.

Ein Kurzbericht der Ergebnisse wurde im fnma Magazin, Sonderausgabe 2020 „Plötzlich Online" veröffentlicht. (https://www.fnma.at/publikationen/magazin) Weitere Auswertungen sind geplant.

**Tab. 14.2** Ergebnisse zur Frage 8a – Qualität der Distance Learning-Angebote (Quelle: Eigene Darstellung)

| Frage 8a | Stimme voll und ganz zu | Stimme eher zu | Stimme teilweise zu | Stimme eher nicht zu | Stimme überhaupt nicht zu |
|---|---|---|---|---|---|
| Häufigkeit | 254 | 154 | 64 | 27 | 7 |
| Prozent | 49,8 | 30,2 | 12,5 | 5,3 | 1,4 |

**Tab. 14.3** Ergebnisse zur Frage 8b – sorgfältig und kompetent erstellt (Quelle: Eigene Darstellung)

| Frage 8b | Stimme voll und ganz zu | Stimme eher zu | Stimme teilweise zu | Stimme eher nicht zu | Stimme überhaupt nicht zu |
|---|---|---|---|---|---|
| Häufigkeit | 45 | 125 | 159 | 129 | 49 |
| Prozent | 8,8 | 24,5 | 31,2 | 25,3 | 9,6 |

## 14.3 Analysen – Lehrendenbefragung

Die Lehrenden-Befragung fand von Ende Mai bis Anfang Juni 2020 statt. Von den 1.300 Lehrenden der FHWien der WKW wurde 141 Fragebögen vollständig ausgefüllt.

Die Belastung durch die COVID-19-Krise war vor allem bei internen Lehrenden sehr hoch. 74 % aller Lehrenden geben an, dass ihr Aufwand durch die Umstellung auf Online-Learning stark (30 %) bzw. sehr stark (44 %) gestiegen ist. Die Lehrenden bevorzugten synchrone Lehreinheiten mit 60 % vor asynchronen Lehreinheiten. Es wurde vor allem *Moodle* (96 %), *Zoom* (91 %) und *MS Office* 365 (49 %) eingesetzt. Teilweise wurde auch *Adobe Connect* (26 %), *Skype* (41 %) und *Panopto* (23 %) genutzt. Die von der FHWien der WKW angebotenen Hilfestellungen wurden als nützlich eingestuft, wenn auch viele der Angebote nicht in Anspruch genommen wurden.

Bei der Frage nach der Verwendung unterschiedlicher Tools zeigt sich einerseits, dass sich *Zoom* sehr gut einsetzten lässt, aber andererseits, dass viele Tools noch eher wenig verwendet werden *(MS Office 365, Panopto, MS Teams)*. Daraus lässt sich ein vermehrter Schulungsbedarf für diese Tools ableiten.

Was die Qualität der Abgaben von Studierenden angeht, zeigt sich ein uneinheitliches Bild: 45 % geben an, dass die Arbeiten besser als in der Präsentlehre sind und 35 % können dieser Aussage nicht zustimmen, wobei 20 % die Aussage nicht einschätzen können.

> Frage 16: Die Qualität der Abgaben der Studierenden ist in asynchronen Distance Learning-Einheiten höher als in der Präsenzlehre (siehe Tab. 14.4)

Die Mitarbeit der Studierenden in den synchronen Online-Lehre Einheiten wird im Vergleich zur Präsenzlehre von 64 % der Lehrenden als geringer eingeschätzt.

## 14.4 Analysen der Studierendenbefragung

Die Abteilung für Qualitätsmanagement der FHWien der WKW führt routinemäßig jeweils im Mai Befragungen von Studierenden der 2. und 4. Semester durch. Diesmal wurden die Studierenden anlassbezogen gebeten, ihr Feedback über die Umstellung auf

**Tab. 14.4** Ergebnisse von Frage 16. (Quelle: Eigene Darstellung)

| Frage 16 | Stimme voll und ganz zu | Stimme eher zu | Stimme teilweise zu | Stimme eher nicht zu | Stimme überhaupt nicht zu | Weiß nicht |
|---|---|---|---|---|---|---|
| Häufigkeit | 8 | 17 | 37 | 32 | 17 | 27 |
| Prozent | 5,7 | 12,1 | 26,2 | 22,7 | 12,1 | 19,1 |

Online-Lehre im Feld für freie Kommentare zu geben. Über 530 Kommentare wurden ausgewertet und die Ergebnisse im Folgenden zusammengefasst:

In sehr vielen Aussagen wird die große Bandbreite der Zufriedenheit mit den Lehrenden betont. Vor allem wird die fachliche Expertise und die berufsfeldnähe hervorgehoben und geschätzt. Die Zufriedenheit mit den Lehrenden ist überwiegend positiv „most of them are really great (45)", es wird jedoch immer wieder auf didaktische Mängel hingewiesen: „Kompetenz ist nicht gleich gut im Lehren (166)". Es scheint eine Gruppe von Lehrenden zu geben, die sowohl fachlich als auch didaktisch sehr geschätzt werden. Es gibt aber auch Lehrende, die zwar fachlich versiert sind, jedoch zu wenig didaktisches Wissen haben „Manche top, andere eher Flop (69)".

Die Umstellung auf die Online-Lehre hat diesen Unterschied verdeutlicht und verstärkt. Es gibt viele Kommentare die das Engagement und den großen Einsatz bei der Umstellung hervorheben „Sehr kompetent, guter Bezug zur Praxis, immer hilfsbereit (128)", „Das Lehrpersonal ist in meinen Augen die größte Stärke der FH. Ich war bisher immer sehr glücklich von so professionellen und klugen Menschen lernen zu können (401)". Andererseits gibt es auch folgende Kommentare: „bei einigen Personen besteht aber vor allem didaktisch großer Verbesserungsbedarf (285)", „ich fühlte mich in Coraona Zeit in Stich gelassen (370)", „Manche sind leider nicht in der digitalisierten Welt angekommen (439)".

Es entsteht der Eindruck, dass durch die Corona-Krise die zeitlichen Ressourcen bei einigen der nebenberuflichen Lehrenden für die Umstellung der Lehre nicht vorhanden waren. Möglicherweise hat das hohe Engagement im eigenen Berufsfeld und die traditionelle Lehrhaltung eine Anpassung an die neue Situation verhindert.

Aus vielen Aussagen geht hervor, dass sich durch die Corona-Maßnahmen der Workload für die Studierenden erhöht hat „Der Workload ist aktuell immens (234)", „seit Corona ein Alptraum (148)". Vor allem berufsbegleitende Studierende die in ihrem Arbeitsbereich hohen Belastungen ausgesetzt waren, beklagen, dass auf sie keine Rücksicht genommen wurde „… der Aufwand war auf Grund der Corona-Pandemie eher mit einem Vollzeitstudium zu vergleichen und nicht berufsbegleitend (271)".

Es wurde auch festgehalten, dass die Corona-Krise ein Auslöser für innovative Didaktik ist „… auf Grund von Covid19 auf vermehrt innovative Lehrmethoden … gesetzt wurde (112)". *Zoom* Konferenzen mit Break-out-Rooms wurden positiv hervorgehoben (53). Andererseits gäbe es auch „viel Luft nach oben bei innovativen Methoden (363)". So werde „Distance Learning … viel zu oft unkreativ und nicht sinnvoll als Platzhalter eingesetzt (231)" und zum Beispiel „… nur noch PowerPoints hochgeladen (105)" und damit „manche Lektoren wirklich wenig Aufwand in eine didaktisch wertvolle Aufarbeitung … steckten (482)". Es wurden „sinnbefreite Aufgeben (191)" vergeben, nur vereinzelt Online-Vorträge angeboten (314, 154).

In einigen Studiengängen führten die Corona-Maßnahmen auch zu einer großen Belastung durch Gruppenarbeiten „auf Grund von Corona sind viele Gruppenarbeiten eher schwierig durchzuführen (149)".

Ein wiederkehrendes Thema sind Prüfungen. Dabei wird der erhöhte Zeitbedarf bei Online-Prüfungen eingefordert (71, 133, 530) und die willkürliche Punktevergabe „... von Nachvollziehbarkeit kann keine Rede sein (240)“ beklagt. Auch das Thema „Schummeln“ wird aufgegriffen „Oft wird es den Studenten zu einfach gemacht zur schummeln (231)“. Schließlich scheint die Prüfungseinsicht durch die Corona Maßnahmen aufwendig gewesen zu sein. (351, 412).

## 14.5 Erkenntnisse aus Interviews mit Lehrenden

In den Rückmeldungen der Studierendenbefragung fanden sind zahlreiche positive Beispiele für den Umgang mit der veränderten Lehrsituation. Um Erkenntnisse für die Folgesemester abzuleiten, wurden mit fünf Lehrende (zwei Damen und drei Herren bzw. drei interne und zwei externe Lehrende) in der Zeit von 2.7. bis 8.7.2020 Interviews geführt. Hier die Zusammenfassung der Erkenntnisse aus den Gesprächen:

### 14.5.1 Ausgangslage

Für die Befragten war Vorerfahrung mit der Online-Lehre sehr hilfreich und wichtig, aber sie war nicht bei allen gegeben. Es gab jedoch bei allen Befragten einen großen Lerneffekt durch Learning by doing. Die Befragten gaben an, dass es viel Hilfestellung von unterschiedlichen Seiten – Online-Schulungen, Selbstlernprogramme und große Hilfsbereitschaft von allen Kolleg*innen gab. Das eigene Lernen war ein wichtiger Erfolgsfaktor für das Gelingen der neuen Formate.

### 14.5.2 Allgemeine Hinweise

Aus den Aussagen der Befragten lassen sich folgende allgemeine Hinweise für die erfolgreiche Gestaltung von Lehrveranstaltungen ableiten:

- Sichtweise der Studierenden verstehen – Studierende befragen – mit den Augen der Studierenden sehen lernen (z. B.: „Doppelrolle als Lehrender und Doktoratsstudent war sehr hilfreich“) – die Studierenden wahrnehmen und ernst nehmen.
- Kommunikation mit den Studierenden intensivieren – klare Regeln vereinbaren.
- Termine und Anforderungen öfters wiederholt bzw. für alle transparent zugänglich machen.
- Penible Planung jeder einzelnen Lehreinheit.
- Fokussierung auf Inhalte zur Erreichung der Lernergebnisse.

- Gleichbleibendes Ablaufschema einführen: z. B.: Begrüßung, Fragen zur letzten Einheit, kurzer Input und dann Fragestellungen in Break-Out-Rooms – danach Austausch der Ergebnisse und Feedback im Plenum.
- Feedback ist im virtuellen Raum noch wichtiger – kurze Kontakte z. B. mittels Emoticons.
- Es ist vorteilhaft, wenn es gelingt, den Sinn und Nutzen der einzelnen Schritte zu vermitteln.
- Ein Rollenwechsel von der Lektorin/vom Lektor zum Coach und Moderatorin/ Moderator ist erforderlich.

### 14.5.3 Erfahrungen

Es scheint sinnvoll ein Gesamtkonzept für die Lehrveranstaltung zu erstellen und damit die Mischung aus synchronen und asynchronen Teilen transparent zu machen. Dies bietet auch die Chance den unterschiedlichen Rahmenbedingungen der Studierenden entgegen zu kommen – die Mindestanforderungen müssen festgelegt werden und darüber hinaus können weiterführende Materialien und Fragestellungen angeboten werden.

Als Lernplattform wurde *Moodle* verwendet. Neben den organisatorischen Rahmenbedingungen wurden die Unterlagen kommuniziert und die Prüfungen via *Moodle* abgehalten.

Zur Vermittlung von Theorie eignen sich folgende Tools:

- Foliensätze – sie mussten für das Selbststudium meist völlig überarbeitet werden. Sie müssen mehr am Punkt sein, Schritt für Schritt aufgebaut und gut dokumentiert – vertont oder in den Notizen ausführlich beschrieben werden.
- *Panopto* – kurze Erklärungen zu spezifischen Themen können mit *Panopto* aufgezeichnet werden und direkt über *Moodle* zur Verfügung gestellt werden. Die Studierenden können in ihrem Tempo die Sequenz immer wieder ansehen und dann die Aufgaben lösen. *Panopto* bringt langfristig Zeitersparnis und bietet mehr als Folien
- Zur Vertiefung können Videos, PDFs, Lehrbücher zur Verfügung gestellt werden.

Die im Selbststudium erarbeitete Theorie können dann im Rahmen von synchronen Lehrveranstaltungen besprochen und angewandt werden. Dafür wurden hauptsächlich *Zoom* aber auch *Adobe Connect* oder *Go-to-Meeting* verwendet. Dabei ist ein einheitlicher Aufbau, ein gleichbleibender Ablauf der Lehreinheit und abwechslungsreich Sequenzen der Schlüssel zum Erfolg. Sehr gute Erfahrungen wurde mit Break-Out-Sessions und der Verwendung von gemeinsamen Dokumenten gemacht. Die Kleingruppen bearbeiten ganz konkrete Aufgabenstellungen, die sie dann im Plenum präsentieren. Abfragen, Audience Response Tools, Quizzes, Fragenlisten, Chats verbessern wesentlich die Beteiligung der Studierenden. Eine wichtige Erkenntnis ist, dass die Studierenden zur Kommunikation „gezwungen“ werden müssen. Eine aktive Aufforderung bzw. zufällige Zuteilung der Sprecherrolle ist dabei sehr hilfreich. Auch können Gastvorträge relativ einfach (Wegfall der Anreise) zugeschaltet werden und damit den Praxisbezug zu verstärken. Auf diese Art und Weise sind diese synchronen Lehrveranstaltungen weit mehr als „elektronische Frontalvorträge“.

Eine allgemeine Netiquette (Pünktlichkeit, Kamera an, etc.) ist sehr hilfreich – sie sollte zu Beginn der Veranstaltung gemeinsam erarbeitet werden. Teilweise wurden die Termine aufgezeichnet, damit vor allem berufsbegleitende Studierende die Veranstaltung zeitunabhängig verfolgen können.

### 14.5.4 Leistungsfeststellung

Die Studierenden wollen wissen, was von ihnen erwartet wird, was sie lernen sollen und wie die Leistungsüberprüfung ablaufen wird. Im Sinne des Constructive Alignement sind die Methoden und die Leistungsfeststellung auf die Lernergebnisse ausgerichtet. Bereits bei der Planung der Inhalte der einzelnen Lehreinheiten wird die Leistungsfeststellung mitgedacht. Eine gezielte Vorbereitung auf die Leistungsfeststellung hat sich als hilfreich erwiesen. Dazu dienten Probeklausuren mit Bewertung oder mit Musterlösung, typische Prüfungsfragen zur Vorbereitung innerhalb der synchronen Lehreinheiten bearbeiten, formative Quizzes via *Moodle* zur Selbstüberprüfung oder Probeläufe für Präsentationen.

Die sofortige Rückmeldungen zu jeder Abgabe kann mit Emoticon relativ einfach bewerkstelligt werden. Auch wurden zusätzlich Punkte für Abgaben vergeben, um die Beteiligung zu erhöhen. Den Befragten war es wichtig, dass die Prüfungen streng und fair nach klaren Kreterin bewerten werden.

Es versteht sich von selbst, dass für die Studierenden die organisatorischen und zeitlichen Rahmenbedingungen der Leistungsfeststellung wesentlich sind – die sollten daher klar und transparent kommuniziert werden.

### 14.5.5 Fazit aus den Interviews mit Lehrenden

- Die COVID-19.Krise war der Anlass, dass die Möglichkeiten der Digitalisierung, die schon lange hätten ausgeschöpft werden sollen, nun umgesetzt werden.
- Online-Lehre kann besser als Präsenzlehre sein – sie kann aber Präsenzlehre nicht ersetzen – die Mischung macht es! Dialog und Diskurs kann am besten vor Ort stattfinden.
- Kontakt und Kommunikation mit den Studierenden sind die Erfolgsfaktoren.
- Durch gute Planung wird Unsicherheit vermieden werden.
- Online-Lehre ist zeitintensiv, aber lohnend.
- Ein Team von Lektor*innen mit gemeinsamen Erfahrungen ist von Vorteil.

- Hohe Zufriedenheit bei den Studierenden, bessere Beteiligung als in der Präsenzlehre und gute Leistungen sind möglich!
- Konkrete Wünsche: Räume sollen Präsenz- und Online-Lehre ermöglichen, *Panopto* sollte auch auf den Surface funktionieren, die Anwesenheitspflicht soll wiedereingeführt werden.

Die COVID-19-Krise hatte Lerneffekte aufseiten der Studierenden und Lehrenden ausgelöst und dadurch deren Beziehung verbessert. Das unterrichten auf Augenhöhe wurden gefördert und das ist eine große Chance. Die Studierenden waren verständnisvoll und es gab sehr gute Unterstützung vom E-Learning Center.

## 14.6 Conclusion

Die Belastung durch die Umstellung auf die Online-Lehre war für Studierende und Lehrende sehr hoch. Während die Studierenden mehrheitlich angeben, dass sie bei Präsenzveranstaltungen mehr gelernt hätten, meinen die Lehrenden, dass die Leistungen teils besser aber auch teils schlechter waren. Die Studierenden berichten, dass es große Unterschiede im Umgang der Online-Lehre je Lehrveranstaltung gab. Einerseits gab es innovative Formate mit hoher Zufriedenheit und andererseits waren Lehrende mit der Situation überfordert.

Aus den Best-Practice Beispielen lassen sich folgende Erfolgsfaktoren ableiten:

- Intensive Kommunikation mit den Studierenden
- Klare Strukturen und Spielregeln für die gesamte Veranstaltung
- Fokussierung auf die Lernergebnisse

Durch die konsequente Ausrichtung der Lehre an den Lernergebnissen kann das Lernverhalten der Studierenden gesteuert und die Lernergebnisse besser erreicht werden. Die Unterscheidung in synchrones Arbeiten und Selbstlernphasen hilft die Methoden zielgerichtet auszuwählen. Für das synchrone Arbeiten wurde mehrheitlich *Zoom* aber auch andere Videokonferenz Software verwendet. Dabei ist es wichtig, die Studierenden aktiv einzubinden. Dies kann mittels Aufgabenstellungen in Kleingruppen und anschließender Präsentation und Diskussion im Plenum aber auch mit unterschiedlichen Feedback-Tools erfolgen. Im Rahmen der Selbstlernphasen – die vorzugsweise vor den synchronen Phasen stattfinden – können die Studierenden in ihrem Tempo und nach ihrer Verfügbarkeit die theoretischen Inhalte erarbeiten. Dafür wurden Videos via *Panopto* besprochene *PowerPoint*-Folien, Artikel aus Journalen, Lehrbücher verwendet. Formative Leistungsüberprüfungen via *Moodle*-Quizz oder *Moodle*-Aufgaben geben den Studierenden Orientierung.

Die COVID-19-Krise wirkt als Change-Agent für die Anwendung innovativer digitaler Unterrichtemethoden und eröffnet die Chance einer nachhaltigen Veränderung der Lernkultur an der FHWien der WKW. Sosehr die ganze Welt hofft bald wirkungsvolle Instrumente zur Bewältigung der Krise zu finden, sosehr ist es auch sicher, dass die Hochschullehre nicht wieder zur Tagesordnung vor der Krise zurückkehren wird. Der virtuelle Raum ist ausgereift und stellt alle erforderlichen Instrumente zur Verfügung, um eine zeitgemäße und wirkungsvolle Didaktik zu entwickeln. Schließlich bereiten wir unsere Studierenden auf eine weitgehend digitale Arbeitswelt vor, in der der Umgang mit digitalen Medien eine wesentliche Kompetenz ist. Auch die Lernenden werden zunehmend individuelle, interaktive, orts- und zeitunabhängige Formaten nachfragen und Hochschulen sind gefordert diese zu erstellen.

Das bedeutet aber auch, dass sich das Berufsbild der Lektorin bzw. des Lektors ändert. Frontalvorträge mit abschließender Klausur sollten der Vergangenheit angehören. Gefordert sind Lehrende, die auf ihre Zielgruppe abgestimmte Lerninstrumente entwickeln, den individuellen Lernprozess der Studierenden nachverfolgen und anspruchsvolle, faire Leistungsfeststellung gestalten. Dafür muss der Stellenwert der Lehre innerhalb der Hochschule aufgewertet werden.

Lernen ist ein soziales Phänomen und braucht den direkten Kontakt zwischen Menschen. Zwischenmenschliche Erfahrungen und Erlebnisse müssen auch in Zukunft vor Ort in Präsenzveranstaltungen stattfinden. Daher werden auch die Formate der Präsenzveranstaltungen überdacht werden müssen, um einen direkten Austausch zwischen Menschen zu ermöglichen. Es braucht Präsenz und Online-Lehre – es wird darum gehen, das Beste aus beiden Welten herauszuholen.

# Das Corona-Virus als Treiber der Digitalisierung?

15

## Eine kritische Analyse am Beispiel der Universität Potsdam

Jörg Hafer, Peter Kostädt und Ulrike Lucke

**Zusammenfassung**

Mit der Covid-19-Pandemie hat die Digitalisierung an Hochschulen weitere Bedeutung erlangt. Insbesondere dem Einsatz digitaler Medien in Lehre und Studium galt großes Augenmerk. Das legt die Hoffnung nahe, dass die Digitalisierung durch das Virus einen Schub erfahren und die Hochschulen dauerhaft verändert hat. Der Beitrag geht am Beispiel der Universität Potsdam der Frage nach, welcher Natur diese Veränderungen waren – ausgehend sowohl von den unternommenen Maßnahmen als auch von den erzielten Resultaten – und inwiefern sie von Dauer sind. Dabei werden förderliche und hemmende Faktoren identifiziert, die in Empfehlungen für weitere Digitalisierungsvorhaben übersetzt werden.

J. Hafer (✉)
Zentrum für Qualitätsentwicklung in Lehre und Studium, Universität Potsdam, Potsdam, Deutschland
E-Mail: joerg.hafer@uni-potsdam.de

P. Kostädt
Universität Potsdam, Potsdam, Deutschland
E-Mail: cio@uni-potsdam.de

U. Lucke
Institut für Informatik und Computational Science, Universität Potsdam, Potsdam, Deutschland
E-Mail: ulrike.lucke@uni-potsdam.de



U. Dittler und C. Kreidl (Hrsg.), *Wie Corona die Hochschullehre verändert*,
https://doi.org/10.1007/978-3-658-32609-8_15

## 15.1 Digitalisierung in Lehre und Studium an der Universität Potsdam vor Corona

Dass die Digitalisierung auch Lehre und Studium an Hochschulen nachhaltig verändern wird, war bereits vor der Covid19-Pandemie vielen Vertretern aus Bildung und Politik klar [15]. Doch die Hochschulen sind auf diesem Weg bereits verschieden weit fortgeschritten und konnten daher im „Corona-Semester" jeweils anders agieren. Daher soll der erste Blick zunächst der Ausgangslage gelten, in der das Virus die Universität Potsdam getroffen hat.

### 15.1.1 Was mein(t)en wir mit Digitalisierung von Lehre und Studium „vor Corona"?

Die Universität Potsdam ist eine mittelgroße Hochschule mit sieben Fakultäten. Die über 21.000 Studierenden (davon etwa 14 % aus dem Ausland) werden von etwa 330 Professor*innen und knapp 2.500 Mitarbeiter*innen betreut. Mit der größten Dichte außeruniversitärer Forschungsinstitute in Deutschland, etwa 80 gemeinsam Berufenen und einer Drittmittelquote von knapp 50 % ist die Universität Potsdam sehr forschungs- und transferstark. Mit ihren etwa 170 Studiengängen wurde die größte (und einzige lehrerbildende) Hochschule des Landes Brandenburg mehrfach von der Kultusministerkonferenz für Exzellenz in der Lehre ausgezeichnet. Mit Ausnahme von Medizin und Ingenieurwissenschaften wird das gesamte Fächerspektrum abgedeckt.

Die Digitalisierung ist an der Universität Potsdam (UP) ein wesentliches Element der Strategiebildung. Durch die Verbindung von technologischen und didaktischen Aspekten stellt der Einsatz digitaler Medien in Lehre und Studium einen selbstverständlichen Bestandteil der akademischen Kultur dar. Die verschiedenen Bereiche in der Hochschule gehen das Thema Digitalisierung mit jeweils eigenen Zielen, Mechanismen und Geschwindigkeiten an.

Die E-Learning-Aktivitäten der UP sind im Hochschulentwicklungsplan und in strategischen Projekten verankert und stellten ein durchgängiges Element der Hochschulentwicklung dar. Mit der Systemakkreditierung ist seit Langem ein umfassendes Qualitätsmanagement etabliert, das den Medienbezug in der Lehre jedoch – ebenso wie das Leitbild der Universität – zunächst nicht adressierte [17]; fokussiert wurden Themen wie Studieneingang, Berufsbefähigung, Lehrerbildung und Internationalisierung.

Die 2014 verabschiedete IT-Strategie der Universität Potsdam formulierte als ein Ziel: „Der Einsatz digitaler Medien in Studium und Lehre ermöglicht die Individualisierung von Bildungsangeboten, eine Flexibilisierung von Lehr-/Lernprozessen, eine Öffnung für neue Zielgruppen und damit eine Profilierung und Qualitätssteigerung" [10]. Im Jahr 2017 griff die E-Learning-Strategie dies auf: „Die Universität Potsdam positioniert sich als Hochschule im digitalen Zeitalter mit dem Ziel, den umfassenden Einsatz von E-Learning als gelebte Lehr-/Lernkultur für alle Studierenden, Lehrenden und

Mitarbeiter(innen) zu verwirklichen" [5]. Es wurden Leitlinien für die weitere Entwicklung benannt, Handlungsfelder identifiziert und eine Reihe von Maßnahmen vorgeschlagen, von denen fünf als vordringlich herausgehoben werden. Dabei sind mediendidaktische und medientechnische Felder von Aspekten der Organisationsentwicklung gerahmt [12]. Im 2019 verabschiedeten Leitbild Lehre ist der Einsatz digitaler Medien nicht als Ziel benannt, aber in den empfohlenen Maßnahmen enthalten.

### 15.1.2 Wo stehen wir, wo standen wir?

Die Digitalisierung von Studium und Lehre an der Universität Potsdam hat seit der Jahrtausendwende einen Schub erfahren [7]. Erste technische Infrastrukturen (z. B. die Lernplattform *Moodle.UP*, die seit 2007 im Einsatz ist) und Supportstrukturen für Lehrende und Studierende (z. B. E-Teaching-Weiterbildungen) wurden aufgebaut und angenommen. Die Ansprüche an Umfang und Qualität der Dienste stiegen kontinuierlich. E-Learning und digitale Studienmaterialien bildeten für die meisten Studierenden und viele Lehrende einen festen Bestandteil der alltäglichen Arbeit. Immer mehr Lehrende nutzten digitale Medien; interaktive Formen blieben aber selten. Zudem bestanden unterschiedliche Informationsstände und Auffassungen zu E-Learning. Zwischen den mit E-Learning befassten Einrichtungen und Arbeitsgruppen – neben dem Bereich Lehre und Medien im Zentrum für Qualitätsentwicklung in Lehre und Studium (ZfQ) sind insbesondere das Zentrum für Informationstechnologie und Medienmanagement (ZIM), die Universitätsbibliothek (UB) und das Zentrum für Lehrerbildung (ZeLB) zu nennen – etablierte sich eine kontinuierliche Kooperation. Diese konstituierte sich zunächst projektbezogen jeweils neu und wurde ab 2017 in der Steuerungsgruppe E-Learning formalisiert. In der Governance-Struktur ist das Thema beim CIO verankert [10].

Einen besonderen Schub erfuhr das Thema durch den Qualitätspakt Lehre. Ziel des fächerübergreifenden Teilprojekts E-Learning in Studienbereichen (eLiS) war es, digitale Medien als integralen Bestandteil von Studium und Lehre in der Breite der Universität Potsdam zu verankern. Dafür wurden insbesondere Maßnahmen zur Organisations- und zur technischen Entwicklung umgesetzt. So trugen z. B. die an den Fakultäten als Bindeglied zu den zentralen Strukturen eingesetzten E-Learning-Koordinator*innen – jeweils hälftig finanziert aus zentralen Mitteln und aus den Fächern, angesiedelt bei den Studiendekanen und Qualitätsmanagementbeauftragten – zur disziplinspezifischen Ausgestaltung des Medieneinsatzes und zugleich zum Kulturwandel in der gesamten Hochschule bei [16]. Zugleich fanden umfassende technische (Weiter-)Entwicklungen digitaler Dienste statt, von mobilen Apps über Web-Dienste bis hin zu komplexen Infrastrukturen [13]. Diese haben einerseits zu funktionalen Erweiterungen sowohl in Studium und Lehre als auch in der Forschung geführt und daher breiten Zuspruch in der Hochschule gefunden. Andererseits wurden dadurch auch eine Systematisierung und Konsolidierung vorhandener digitaler Dienste und des Technologie-Portfolios möglich.

Auf dieser Basis konnten in den letzten Jahren zudem Querschnittsprojekte wie die Europäische Universitätsallianz „European Digital UniverCity" oder das E-Assessment-Projekt, aber auch spezifische Projekte wie das internationale Qualifizierungsprogramm für Qualitätsmanagement oder das Forschungsprojekt „Forschen I Lernen – digital" ansetzen, die strukturell und organisatorisch mit den vorhandenen Strukturen verbunden sind. Dadurch entwickelte sich ein dichtes Netz von Akteuren, Einrichtungen und Projekten, in dem mediendidaktische und medientechnische Qualitätsaspekte und -aktivitäten (bspw. Weiterbildung, Veranstaltungen) präsent sind.

Die Universität Potsdam besitzt damit für den erfolgreichen und nachhaltigen Einsatz von E-Learning gute bis sehr gute Voraussetzungen. Die Qualität, Innovationskraft und Expertise der Hochschule im E-Learning-Bereich ist anerkannt und wurde mehrfach durch Preise und Auszeichnungen bestätigt. In der Corona-Krise mussten an vielen Hochschulen Dienste und Lösungen ad hoc eingeführt werden, die oftmals nicht mit personellen Ressourcen hinterlegt sind. Die Vorarbeiten nicht nur aus dem Qualitätspakt (auf technischer, mediendidaktischer und organisatorischer Ebene) haben hierfür im Vorfeld eine hervorragende Grundlage geschaffen. Zudem konnten so die zentralen Stellen im Corona-Semester unterstützt werden, sodass eine schnelle Handlungsfähigkeit gegeben war. Die entstandenen Online-Szenarien sollen dauerhaften Einsatz an Hochschulen finden [2].

## 15.2 Die Maßnahmen im Corona-Semester

Um mögliche Auswirkungen auf die Zukunft untersuchen zu können, beschreiben wir zunächst die im Sommersemester 2020 umgesetzten Maßnahmen zur Digitalisierung von Studium und Lehre. Wir unterscheiden dabei zwischen Technik und Infrastruktur, Medien- und Hochschuldidaktik sowie dem zugrunde liegenden organisatorischen Rahmen.

### 15.2.1 Technische und infrastrukturelle Maßnahmen

Parallel zu der Schließung der Bibliotheken und PC-Pools am 15.03.2020 und der Überleitung der Hochschule in den Präsenznotbetrieb ab dem 24.03.2020 wurden zahlreiche technische Maßnahmen ergriffen, um die Arbeit im Homeoffice und den bevorstehenden Lehrbetrieb digital zu unterstützen.

Aufgrund der steigenden Infektionszahlen wurde bereits Anfang März ein sprunghafter Anstieg bei der Nutzung von Videokonferenzdiensten beobachtet. Bis zu diesem Zeitpunkt wurden in der UP ausschließlich die DFNconf-Dienste *Pexip* und *AdobeConnect* in überschaubarem Umfang genutzt. Trotz der kurzfristigen Erhöhung der Lizenzen, dem Ausbau der technischen Plattform und der Reduzierung der Videoqualität von FullHD auf SD musste der DFN-Verein gegenüber seinen Mitgliedern Ende März

2020 die Empfehlung aussprechen, unverzüglich eigene Lösungen für Videokonferenzen für virtuelle Meetings und Online-Lehrveranstaltungen aufzubauen. Vorausgegangen waren Verhandlungen des DFN-Vereins mit der Firma *Zoom Video Communications* über die Integration des Produktes *Zoom* in die DFNconf-Plattform, die jedoch kurzfristig von der Firma abgebrochen wurden.

Schnell war klar, dass es angesichts der kurzen Vorlaufzeit bis zum Start des Sommersemesters 2020 nicht mehr möglich sein würde, ein Webkonferenzsystem auf eigenen Servern aufzubauen und den stabilen Betrieb für die gesamte Hochschule sicherzustellen. In der E-Learning-Steuerungsgruppe – bestehend aus E-Learning-Beauftragte, CIO, ZIM, ZfQ, ZeLB und UB – wurde daher eine Evaluation der am Markt verfügbaren Cloud-Dienste durchgeführt. Neben dem Funktionsumfang, der Usability, der Stabilität der Audio- und Bildübertragung und der Möglichkeit der Integration in die existierende E-Learning-Umgebung *Moodle* ist dabei auch der Datenschutz als Auswahlkriterium herangezogen worden. In Abstimmung mit der Hochschulleitung wurde anschließend eine *Zoom Education Site* Lizenz im Rahmen einer Notbeschaffung für den begrenzten Zeitraum von einem Jahr erworben. Die Lizenz ermöglicht allen Mitgliedern und Angehörigen der Hochschule, beliebige Audio- und Video-Meetings mit bis zu 300 aktiven Teilnehmer*innen zu initiieren. Für größere Veranstaltungen stehen darüber hinaus Webinar-Lizenzen zur Verfügung. Vor der Freigabe von *Zoom.UP* für alle Beschäftigten und Studierenden Mitte April 2020 waren umfangreiche Anpassungsarbeiten durch das ZIM notwendig. Neben der Erstellung einer zentralen datenschutzfreundlichen Konfiguration erfolgte beispielsweise die Anbindung der Authentifizierung an das universitätseigene Single Sign-on (Shibboleth) sowie die Anpassung von Landingpage und Meeting-Verwaltung an das Corporate Design der UP.

Zeitgleich zu der Auswahl und Einführung eines cloudbasierten Webkonferenzsystems haben die zentralen Serviceeinrichtungen den Ausbau ihrer lokalen Infrastrukturen und Dienste vorangetrieben. Die Maßnahmen wurden zum Teil finanziell flankiert durch das Soforthilfeprogramm für digitale Hochschullehre in Brandenburg (#DigitaleLehreBB), welches vom Ministerium für Wissenschaft, Forschung und Kultur des Landes Brandenburg zur Unterstützung der staatlichen Hochschulen während der Corona-Pandemie aufgesetzt wurde. Insgesamt wurden 4 Mio. Euro vom Land bereitgestellt, von denen der UP auf Antrag rund 1,6 Mio. Euro zugesprochen wurden. Vier Bereiche wurden dabei adressiert: a) Ausbau der E-Learning-Supportstruktur an den Hochschulen b) Sachausgaben für lehrbezogene Software-Lizenzen und Kommunikationslösungen c) Ertüchtigung der IT-Infrastruktur zur Bewältigung des deutlich erhöhten Datenverkehrs d) Sicherstellung der digitalen Literaturversorgung. Zu den Maßnahmen im Einzelnen:

Am Zentrum für Informationstechnologie und Medienmanagement (ZIM) wurde aufgrund des verstärkten Homeoffice-Betriebs und der digitalen Lehr- und Lernszenarien die Bandbreite des Internetzugangs über den Dienst *DFNInternet* vorsorglich einige Wochen vor dem Start des digitalen Sommersemesters 2020 verdoppelt, sodass die Hochschule aktuell mit einer Bandbreite von 2 × 10.000 Mbit/s an das Wissenschaftsnetz angebunden ist. Darüber hinaus wurden die CPU- und Arbeitsspeicher-Ressourcen der virtuellen Server für die zentralen Dienste (Website, E-Mail, E-Learning-Plattform, Cloud-Speicher, VPN etc.) verdreifacht, um einen reibungslosen Betrieb sicherstellen zu können. Den stärksten Nutzungsanstieg verzeichnete das Video- und Streamingportal der UP: Von ursprünglich 30 hochgeladenen Videos pro Woche erhöhte sich die Zahl im Laufe des Online-Semesters auf 150 Uploads pro Tag. Die Video-Plattform musste daher mehrfach ausgebaut und durch zusätzliche Speicherkapazitäten erweitert werden. Für die Produktion der Lehrvideos wurden den Lehrenden zentral beschaffte *Camtasia*-Lizenzen, Notebooks, Webcams und Headsets zur Verfügung gestellt. Zudem wurde das Studiosystem des Multimedia-Teams durch fernsteuerbare Kameras erweitert, um weiterhin die Produktion von professionellen Videos anbieten zu können.

An der Universitätsbibliothek (UB) wurden nach der Schließung der Bereichsbibliotheken in kurzer Zeit neue Geschäftsgänge und Dienstleistungen entwickelt, um die Online-Lehre bestmöglich zu unterstützen. Zu nennen sind hier insbesondere ein Eilt-Verfahren für die Bestellung und Lizenzierung von elektronischen Medien, ein Scan-Dienst für die elektronische Lieferung von gedruckt vorliegenden Zeitschriftenaufsätzen an Lehrende sowie nach der Beendigung des Präsenznotbetriebs auch ein Versand von gedruckten Büchern per Hauspost an die Institute. Die zahlreichen Schulungen wurden als Onlineveranstaltungen über *Zoom* angeboten. Eine sukzessive Wiederherstellung der Vor-Ort-Angebote erfolgt seit Anfang Mai unter den Auflagen der jeweils geltenden Hygiene- und Abstandsregelungen.

### 15.2.2 (Medien)didaktische Unterstützung

Während sich im März 2020 die Bedingungen herauskristallisierten, unter denen das Sommersemester stattfinden wird, sind sofort auf verschiedenen Ebenen Überlegungen angestellt worden, wie die Lehrenden gut vorbereitet und begleitet werden können. Dabei standen zunächst zwei Dinge im Vordergrund: Der Aufbau einer zentralen Informationswebseite für Lehrende, die als Einstiegspunkt für alle Fragen rund um die Online-Lehre etabliert werden sollte, und die Konstitution einer einrichtungs- und projektübergreifenden Arbeitsgruppe für die gegenseitige Information und Hilfestellung derjenigen, die Lehrende begleiten. Inhaltlich lag der Fokus in dieser ersten Phase auf den Fragen: „Wie beginne ich die Entwicklung eines Online-Angebotes?“ und: „Welche medialen Möglichkeiten gibt es und wie kann ich diese nutzen?“ In beiden Bereichen war bereits umfangreiches Know-how vorhanden, welches nun redaktionell fokussiert auf einer Webseite und organisatorisch in einem „Supporter*innen-Netzwerk“ gebündelt wurde. Für die direkte Kommunikation mit den Lehrenden sind auf zentraler Ebene zunächst das zentrale Support-Ticketsystem, Online-Sprechstunden und ein *Moodle*-Forum genutzt worden. Neu für uns und sehr positiv aufgenommen war die Tatsache, dass das gesamte Informationsangebot auch auf Englisch vorliegt. Die so entstandene Webseite „Online-Lehre 2020“ wurde fortlaufend aktualisiert und den sich wöchentlich ändernden Bedingungen angepasst, zum Beispiel zu der Einführung der *Zoom*-Software und den Online-Prüfungen. In der zweiten und jetzt noch anhaltenden Phase wurden insbesondere zentrale Online-Workshops angeboten, die ebenfalls einen hohen, allerdings themenspezifischen Zuspruch hatten: Im Mittelpunkt des Interesses der Lehrenden standen medientechnische und rechtliche Fragen, didaktische Aspekte der Gestaltung der Online-Lehre wurden hier kaum nachgefragt. Auch die Online-Sprechstunde, zunächst im Modus der offenen Tür, später mit Anmeldung, wurde nur sporadisch genutzt und inzwischen eingestellt. Allerdings wurden gestalterische und praktische Fragen der Lehrgestaltung im Online-Semester auf Ebene der Fakultäten, Institute und Arbeitsgruppen zum Thema gemacht, und vielfach bildeten sich auf dieser Ebene Strukturen gegenseitiger Hilfe.

Auch an der Universität Potsdam, wie in anderen Hochschulen, folgte die mediendidaktische Unterstützung dem „Evolutionspfad" vom Informationsangebot zu Weiterbildungen hin zu Austausch und kollegialer Unterstützung – letzteres jedoch nur mit eingeschränktem Erfolg. Es wäre in diesem Zusammenhang interessant zu erfahren, ob andere Hochschulen diese Erfahrungen ebenfalls gemacht haben. Dies könnte darauf hindeuten, dass es bezüglich der oft referenzierten Idee der „Community of Practice" eine regelhafte Nichtübereinstimmung zwischen den Zielen bzw. Vorgehensweisen von Einrichtungen und dem tatsächlichen Verhalten von Lehrenden gibt.

Im weiteren Verlauf des Semesters erhielt das „digitale Studieren", also die Perspektive der Studierenden, mehr Aufmerksamkeit. Die Dualität der Perspektiven von Lehrenden und Studierenden ist ein Grundtatsachenbestand didaktischer Überlegungen, der sich allerdings im Bereich der online-gestützten Lehre noch nicht als Selbstverständlichkeit umgesetzt hat, was sich unter anderem in der Trennung der Zielgruppen und Zuständigkeiten widerspiegelt. Dies mag im Rahmen der Lehrentwicklung auch eine gewisse Berechtigung haben, hat sich aber im Laufe des Online-Semesters als nicht aufrechtzuerhalten erwiesen. Auf Initiative des AStA und der E-Learning-Koordinator*innen wurde daher ein Angebot speziell für Studierende geschaffen. Allerdings, und dies ist in den folgenden Monaten sicher im Auge zu behalten, fand auch dieses Angebot nicht den erwarteten Zuspruch. Da wir jedoch davon ausgehen, dass hier ein Bedarf besteht, wird eine Neuauflage dieses Angebots zur Zeit gemeinsam mit dem AStA und Fachschaftsräten geplant. Als Einrichtung ZfQ haben wir hier ein Betätigungsfeld studentischer Mitarbeiter*innen aufgedeckt, in dem diese als „Expert*innen in eigener Sache" auftreten und tätig werden können.

Die bisher vorletzte Phase der Entwicklung war die notwendige Unterstützung der Lehrenden in Bezug auf die Durchführung von Online-Prüfungen. Auch für diese Aufgabe haben sich die inneruniversitären Arbeitsstrukturen bewährt, insbesondere die Existenz des E-Assessment-Projekts und die dezentrale Unterstützung in den Fakultäten durch die E-Learning-Koordinator*innen. Allerdings geschah dies auch zum Preis einer teilweise erheblichen Überschreitung zumutbarer Arbeitsbelastung für die Mitarbeiter*innen.

Aktuell konzentrieren sich die medien- und hochschuldidaktischen Bemühungen insbesondere darauf, die hochschul- und mediendidaktischen Weiterbildungen zur qualitativen Gestaltung von Online-Lehre zu intensivieren. Das umfasst Fragen der Online-Sozialisation, der Aktivierung und Methodenvielfalt in Lehrveranstaltungen und die Etablierung von Vorgehensmodellen zur Kursplanung und -gestaltung. Weiter nachgefragt und angeboten werden Weiterbildungen mit medientechnischen und mediengestalterischen Inhalten, beispielsweise Einführungen und Vertiefungen zu *Moodle,* zur Video- und Content-Erstellung sowie zur Nutzung der Webkonferenzsoftware. Durch das Sofortprogramm #DigitaleLehreBB des Landes Brandenburg konnten universitätsweit ca. 20 studentische Mitarbeiter*innen, befristet bis Jahresende, eingestellt werden, deren Qualifizierung und Einsatz zurzeit umgesetzt wird.

### 15.2.3 Organisatorischer Rahmen

Die Planung und Umsetzung der skizzierten Maßnahmen aus dem technischen und didaktischen Umfeld erfolgte durch verschiedene, teils ad-hoc entstandene Strukturen.

Auf Ebene der Hochschulleitung wurde ein Corona-Krisenstab mit Vertreterinnen und Vertretern des Präsidiums, des Senats, der Fakultäten, des Präsidialamts, des Referats für Presse- und Öffentlichkeitsarbeit, des Dezernats für Personal- und Rechtsangelegenheiten, des Gesamtpersonalrats und der Abteilung Sicherheitswesen gebildet. Hier wurde bspw. der grundsätzliche Rahmen für den sog. Präsenznotbetrieb gesteckt. Zudem gab es eine regelmäßige Abstimmungsrunde des Vizepräsidenten für Lehre und Studium (VPL) mit den Studiendekanen und zentralen Verantwortlichen im Bereich Lehre und Digitalisierung, in der die aktuelle Lage diskutiert und Handlungsbedarfe identifiziert wurden. Hier ist z. B. über die Verwendung der Corona-Soforthilfen des Landes und über die Einführung eines Code of Conduct für videobasierte Lehre beraten worden. Diese Runde ging im Laufe des Sommers über in eine eher strategisch ausgerichtete Abstimmung des Bereichs VPL mit der Steuerungsgruppe E-Learning, aus der u. a. auch der inzwischen bewilligte Antrag der Universität Potsdam für die Peer-to-Peer-Beratung des Hochschulforums Digitalisierung hervorging.

Die zentralen Akteure rund um die Digitalisierung von Lehre und Studium, im Wesentlichen verbunden über die Steuerungsgruppe E-Learning, hatten sich bereits vor Beginn des Sommersemesters über eventuell nötige Unterstützungsmaßnahmen für den Fall eines „Shutdowns“ verständigt. Daher konnten bspw. die nötigen Informations- und Support-Angebote für Lehrende zeitnah bereitgestellt werden. Das erfolgreiche Funktionieren dieser mittleren Ebene als ein Scharnier zwischen zentralen und dezentralen Akteuren beruhte nicht zuletzt auf dem bereits in den Vorjahren im Zuge der Digitalisierungsprojekte erprobten Modus der Zusammenarbeit und den erarbeiteten Konzepten zum Einsatz digitaler Medien in Studium und Lehre. Dadurch war eine schnelle und zielgenaue Handlungsfähigkeit gegeben.

Zudem gab es viel Selbstorganisation in den Fakultäten. Dazu zählten bspw. Empfehlungen der Studiendekanate zur Umstellung von Präsenz- auf Online-Veranstaltungen, Regelungen auf Institutsebene zur konkreten Umsetzung des Präsenznotbetriebs (bspw. Schließzeiten und Zugangsregelungen für die Gebäude) und Maßnahmen von Lehrenden zur Ausgestaltung ihrer Kurse. Vereinzelt wurden auch dezentrale Installationen von Online-Diensten insbesondere im Bereich Videokonferenzen aufgebaut, vor allem bei technikaffinen Gruppen. Inwiefern diese weiterhin sinnvoll und auch nachhaltig betreibbar sind, bleibt zu beobachten.

## 15.3 Nutzungsformen und Evaluationsergebnisse

Die o.g. Maßnahmen sollen nachfolgend aus verschiedenen Perspektiven analysiert werden. Diese Darstellungen beruhen auf Daten und Informationen aus verschiedenen Quellen:

- Umfrageergebnisse (turnusmäßige Lehrendenbefragung und studentische Lehrevaluation [22], Kurzbefragung „PotsBlitz“ [19] von Studierenden [21] und Lehrenden [20])
- Nutzungszahlen der zentralen Dienste [23] (Lernplattform *Moodle.UP*, Videoplattform *Media.UP*, Videokonferenzlösung *Zoom.UP*)
- Fotowettbewerb unter Studierenden zu ihren persönlichen Lernumgebungen im Corona-Semester [11] (eingereicht wurden Fotos und begleitende Texte)

Diese Datenquellen werten wir nachfolgend quer zu folgenden Fragen aus: Welche Formate der Online-Lehre wurden angeboten, und wie gut wurden sie angenommen? Welche förderlichen oder hemmenden Faktoren konnten in welchem Umfang beobachtet werden? Dabei beschränken wir uns zunächst auf eine deskriptive Perspektive.

### 15.3.1 Formate der Online-Lehre

Die tatsächliche Nutzung der verschiedenen Formate ist insbesondere vor dem Hintergrund interessant, dass es eine anfängliche Skepsis gegenüber dem massiven Einsatz von synchronen Online-Formaten, also Videokonferenzen gab. Technische und didaktische Erwägungen spielten dabei eine Rolle.

Abb. 15.1 zeigt, dass 43 % der Lehrenden überwiegend synchron unterrichten, ein Viertel gemischt und 31 % überwiegend asynchron. Dabei ist die Zufriedenheit bei Studierenden für beide Formate annähernd gleich, mit einem leichten Vorteil für asynchrone Angebote, wie Abb. 15.2 zeigt.

An der Universität Potsdam sind fünf zentrale Moodle-Instanzen im Einsatz:

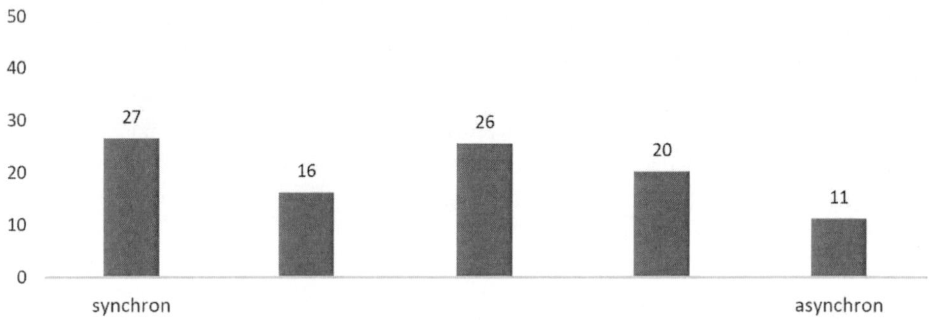


**Abb. 15.1** Format von Lehrveranstaltungen (N = 694, Lehrende); Angaben in Prozent [19]

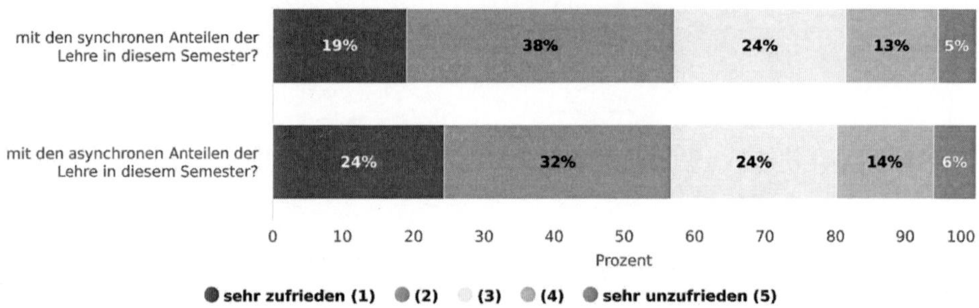


**Abb. 15.2** Zufriedenheit mit Lehrangeboten (N = 3689, Studierende); Angaben in Prozent [21]

- *Moodle.UP* als Lernplattform für den laufenden Lehrbetrieb
- *Exam.UP* für rechnergestützte Prüfungen
- *Open.UP* für offene Kurse mit Teilnehmern auch außerhalb der Hochschule
- *OSA.UP* für Online Self Assessments von Studieninteressierten
- *Moodle-EFP.UP* für Eignungsprüfungen zum Studieneinstieg

Alle zentralen *Moodle*-Plattformen hatten im SoSe 2020 deutliche Steigerungen in den Nutzungszahlen zu verzeichnen. Den stärksten absoluten Zuwachs hatte *Exam.UP* mit 2729 neuen Teilnehmern (+148 %). Den stärksten relativen Zuwachs hatte *Open.UP* mit 1381 neuen Teilnehmern (+959 %). Den geringsten Zuwachs hatte *Moodle*-EFP.UP mit 567 neuen Teilnehmern (+26 %).

Seit März 2020 sind 2345 Kurse auf *Moodle.UP* zu verzeichnen, in denen Aktivitäten stattgefunden haben. Es liegen noch keine Zahlen zur Anzahl der durchgeführten Lehrveranstaltungen im SoSe 2020 vor, aber in der Regel sind dies weniger als in einem WiSe. Eine manuelle Auswertung im WiSe 2019/2020 hatte ergeben, dass von insgesamt ca. 4.200 Lehrveranstaltungen an der UP 48 % einen begleitenden *Moodle*-Kurs aufwiesen, d. h. es gab ca. 2.100 semesterbegleitende Kurse. Somit wäre im Corona-Semester der Anteil von Lehrveranstaltungen mit einem *Moodle*-Kurs deutlich gestiegen.

Seit März 2020 wurden ca. 500 neue Kursleitende registriert. Die Gesamtzahl der Kursleitenden auf der zentralen Plattform *Moodle.UP* beträgt zurzeit ca. 6.000 (26.08.2020). Die Anzahl der Kursleitenden ist somit im SoSe 2020 um 9 % gestiegen. Der hohe Anteil neuer Kursleiter*innen zeigt sich auch am massiven Anstieg der Anfragen an das Support-Team.

Eine Auswertung der einzelnen Aktivitäten in *Moodle*-Kursen und etwaige Veränderungen in Vergleich zu früheren Semestern hat noch nicht stattgefunden.

Die Nutzung von Videokonferenzen mit *Zoom* zeigt Abb. 15.3. Es fanden pro Monat in der aktiven Zeit ca. 20.000 Meetings im Monat (d. h. ca. 5.000 pro Woche) statt. In Relation zur Zahl der angebotenen Kurse (ca. 2.000) sind dies also deutlich mehr, was sich sowohl durch mehrere wöchentliche Termine in manchen Kursen als auch durch diverse andere Nutzungszwecke (Team-Besprechungen, Gremiensitzungen) erklärt. Dafür spricht auch die relativ geringe durchschnittliche Teilnehmerzahl. Sie lag zu Semesterbeginn bei knapp elf, während des Semesters um die sieben und nach dem Semesterende bei etwa fünf Teilnehmern, mit wenigen Spitzenwerten von einigen Hundert Teilnehmern. Darüber hinaus wurden in einzelnen Arbeitsgruppen auch lokale Instanzen von *BigBlueButton* oder *Jitsi* genutzt, die hier nicht erfasst sind. Exemplarisch sprechen auch die Beobachtungen aus dem Foto-Wettbewerb dafür, dass die tägliche Webkonferenz zum Studienalltag gehört:

> Mein Arbeitsplatz ist eine Synthese wo alte Werkzeuge mit der modernen Technik verschwimmen. Dort steht eine Schreibmaschine und eine Feder direkt neben einem Laptop, an den ein Bluetooth-Mikrofon angeschlossen, welches in letzter Zeit bei Videokonferenzen oft mal zum Einsatz kommt. Die Gänge in Museen und Kunstausstellungen fehlen mir sehr, deshalb habe ich versucht meinen Arbeitsplatz möglichst kunstvoll zu gestalten, um das zu kompensieren. (eingereicht von Tetyana M.) [11]

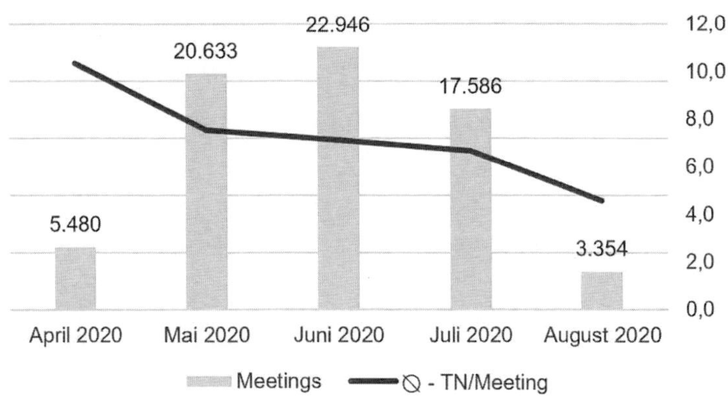


**Abb. 15.3** Anzahl der *Zoom*-Meetings und durchschnittliche Anzahl der Teilnehmer pro Monat. (Quelle: Eigene Darstellung)

Auch in den eingereichten Fotos findet sich die Nutzung der persönlichen Computer-Ausstattung für Videokonferenzen und Vorlesungsvideos als „the new normal"; ein Beispiel zeigt Abb. 15.4.

Auch die Nutzung asynchroner Formate in der videogestützten Lehre ist massiv angestiegen. Die 2015 eingeführte, hochschuleigene Plattform *Media.UP* verzeichnete vor dem Corona-Semester etwa 10 bis 30 Video-Uploads pro Woche; im März 2020 stieg die Nutzung sprunghaft auf 60 bis 80 und im April 2020 nochmals auf 120 bis 150 Video-Uploads pro Tag (also etwa 850 bis 1.000 pro Woche) an. Nach Semesterende gingen die Zahlen zurück und beginnen nun vor Beginn des WiSe 2020/2021 wieder deutlich zu steigen.

## 15.3.2 Förderliche Aspekte in der Online-Lehre

Die Frage, was unter „gutem E-Learning" verstanden werden sollte, kann auf verschiedenen Ebenen beantwortet werden. Es können pädagogische, lernpsychologische oder ergonomische Aspekte verwendet werden, um mediengestütztes Lehren und Lernen zu bewerten [3]. In der Praxis wird heute meist ein pragmatischer handlungs- und gestaltungsorientierter Ansatz verfolgt [9], der eng mit einem empirie- und evaluationsgestützten,

**Abb. 15.4** „Gamingsetup mal anders" aus dem Fotowettbewerb der Universität Potsdam (eingereicht von Patrick B.) [11]

Vorgehen verknüpft ist. Für die Evaluation und die hier folgende Auswertung haben wir uns daher zur Identifizierung förderlicher und hinderlicher Aspekte für gelingende Online-Lehre an erprobten Evaluationsverfahren orientiert [1, 14]. Insbesondere der angemessene Medieneinsatz, die Klarheit von Struktur, Zielen und Aufgaben, die Qualität der Kommunikation in Lehrveranstaltungen sowie die Fähigkeiten und Unterstützung zur Selbstorganisation der Lernprozesse können in ihren jeweils positiven oder negativen Ausprägungen als wirksame Faktoren für das Gelingen von Online-Lehre aufgeführt werden.

Über die Hälfte (62 %) der Studierenden stimmen der Aussage überwiegend zu, dass die Kommunikation mit den Lehrenden gut funktioniert hat, wie Abb. 15.5 zeigt.

Dagegen hat die Kommunikation mit anderen Studierenden etwas schlechter funktioniert; nur 48 % nahmen sie als überwiegend gut wahr. Es gibt auch Zitate im Fotowettbewerb, die das bestätigen:

> Auch in diesen Zeiten steht viel auf dem Semesterplan. Um dies alles zu bewältigen und nicht aufgrund der Kontaktbeschränkungen kaputt zu gehen, lächelt mich wenigstens eine „Person" an – Raupi. Da ich bereits schon vor ca. 1,5 Jahren auf digital umgestiegen bin, ist die Umstellung nicht sooo schwer. Dennoch fehlen die Kommilitonen in den Vorlesungen und das ein oder andere Schwätzchen, welches aktuell nur über den Chat stattfindet. (eingereicht von Dominik B.) [11]

Knapp die Hälfte der Studierenden (46 %) stimmen der Aussage überwiegend zu, dass sie sich durch die Lehrenden gut betreut fühlten. Ein Viertel (24 %) der Studierenden schätzen die Betreuung überwiegend unzureichend ein.

Die Perspektive der Lehrenden auf diese Fragen ist in Abb. 15.6 zu sehen. Die Lehrenden stimmen zu 72 % der Aussage überwiegend zu, dass die Kommunikation und der Austausch mit den Studierenden gut funktioniert hat. Auch die Kommunikation der

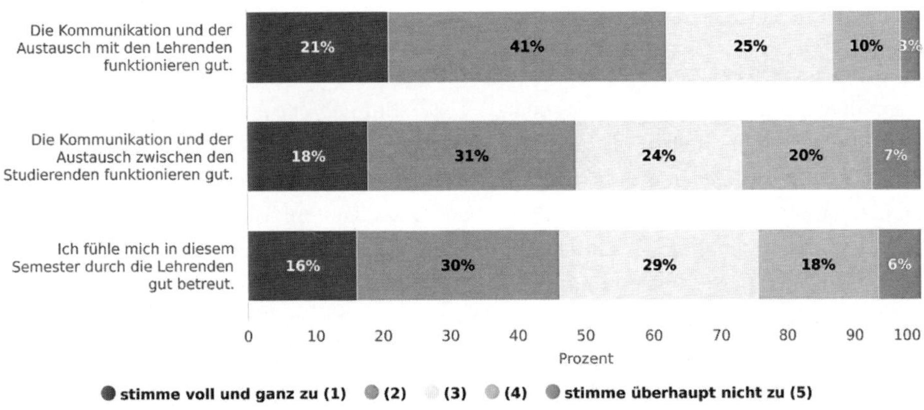


**Abb. 15.5** Bewertung von Kommunikation und Betreuung (N = 3785, Studierende); Angaben in Prozent [21]

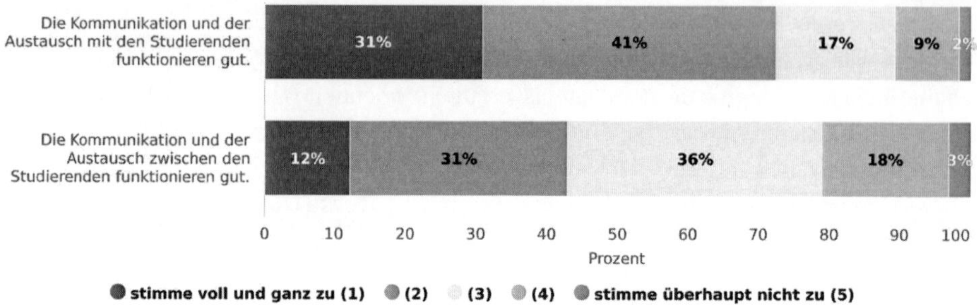


**Abb. 15.6** Bewertung von Kommunikation und Betreuung (N = 697, Lehrende); Angaben in Prozent [20]

Studierenden untereinander schätzen die Lehrenden als deutlich schlechter ein im Vergleich zur Kommunikation zwischen Lehrenden und Studierenden; der Unterschied fällt jedoch deutlich stärker aus als die Studierenden dies selbst berichtet haben.

Aus den begleitenden Lehrveranstaltungsevaluationen geht der Wunsch der Studierenden nach Methodenvielfalt hervor:

> Die neuen Wege der Wissensvermittlung werden weitestgehend positiv bewertet. Auffällig ist der Wunsch nach einer guten Mischung aus synchronen und asynchronen Methoden, die auch unterschiedliche Lerntypen (visuell, auditiv, etc.) berücksichtigt. Zwei Tendenzen zeichnen sich hier ab: 1. Der Abruf und die Wiederholung von Erklärungen bei Videoaufnahmen werden positiv bewertet, da dadurch das Lernen unterstützt werden kann. 2. Das Lernen in Seminaren und Übungsgruppen, die Online stattfinden, gestaltet sich schwierig: Gruppenarbeiten sind schwer umzusetzen und auch die schriftliche Diskussion in Foren wird eher problematisch wahrgenommen. Hier besteht der deutliche Wunsch nach synchronen, am liebsten in Präsenz stattfindenden Lehrveranstaltungen, um eine gewisse Diskussionskultur aufrechterhalten zu können, was nach Angaben der Studierenden online nur schwer möglich ist. [22]

In den Lehrveranstaltungsevaluationen wurde die Struktur der jeweiligen Veranstaltung ganz überwiegend als „gut" eingeschätzt. 71 % stimmen der Aussage voll und ganz zu, dass die jeweilige Lehrveranstaltung gut strukturiert ist; weitere 23 % stimmen eher zu. Dass die eingesetzten didaktischen Methoden ihren Lernprozess unterstützt haben, bestätigen nur 46 % der Studierenden voll und ganz; weitere 37 % stimmen eher zu. Die negativen Stimmen liegen deutlich im einstelligen Prozentbereich. Die Ergebnisse zu Struktur, Aufgabenstellungen und Methoden fallen in den zurückliegenden Evaluationen von Lehrveranstaltungen nach einer ersten Sichtung etwas positiver aus als in dieser Befragung.

Die Einschätzungen zur Klarheit und Verständlichkeit der Aufgabenstellungen sowie zu den Rückmeldungen fallen weniger positiv aus. Hier stimmen nur 49 % der Aussage voll und ganz zu, dass die im Rahmen der Lehrveranstaltung zu erfüllenden Aufgaben für sie klar und verständlich waren. Dass sie in der Lehrveranstaltung konstruktive und ausreichende Rückmeldungen erhalten, können nur 37 % voll und ganz bestätigen. Jeweils ein weiteres Drittel kann diesen beiden Aussagen eher zustimmen. Die negativen Einschätzungen liegen auch hier im einstelligen Prozentbereich.

### 15.3.3 Hinderliche Aspekte

Als hinderliche Aspekte für Online-Lehre können

- zu hohe Arbeitsbelastung
- schwierige (Selbst-)Organisation
- mangelnde technische Ausstattung
- Belastungen im persönlichen Umfeld

angeführt werden.

Für 81 % der Lehrenden und 67 % der Studierenden ist der Arbeitsaufwand im Vergleich zu einem gewohnten Semester höher ausgefallen, wie Abb. 15.7 zeigt.

Die Arbeitsbelastung aus Sicht der Lehrenden wird in Abb. 15.8 differenziert betrachtet. 34 % der Lehrenden stimmten der Aussage überwiegend zu, dass ihr Arbeitsaufwand für die Online-Lehre gut zu bewältigen ist; allerdings sind auch 38 % überwiegend nicht dieser Ansicht. Dies deckt sich mit ähnlichen Untersuchungen, z. B. zur Publikationstätigkeit von Wissenschaftlern im Corona-Semester [6]. Zugleich gehen 60 % der Lehrenden überwiegend davon aus, den Arbeitsaufwand der Studierenden gut einschätzen zu können. Dass die Studierenden mit der Arbeitsbelastung überwiegend gut zurechtkommen, denken 74 % der Lehrenden.

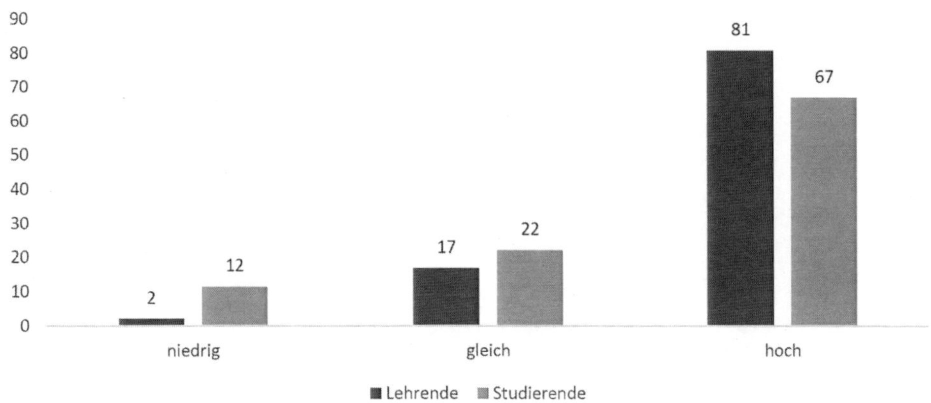


**Abb. 15.7** Arbeitsaufwand für Lehre/Studium im Vergleich zu einem gewohnten Semester (N = 689, Lehrende bzw. N = 3753,Studierende); Angaben in Prozent [19]

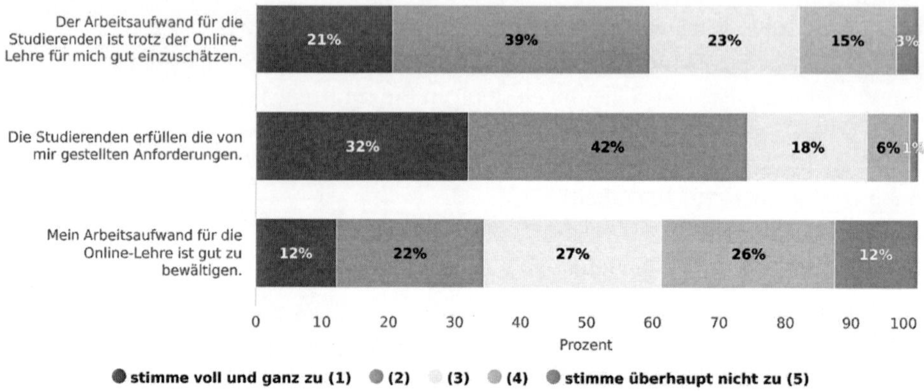


**Abb. 15.8** Einschätzung der Arbeitsbelastung (N = 696, Lehrende); Angaben in Prozent [20]

Die Sicht der Studierenden zeigt demgegenüber Abb. 15.9. Nur 43 % der Studierenden fühlen sich überwiegend in der Lage, den Arbeitsaufwand zu bewältigen. 22 % fühlen sich dazu überwiegend nicht in der Lage. Diese Selbsteinschätzung ist deutlich negativer als die Vermutung der Lehrenden, die zudem glaubten dies gut bis sehr gut beurteilen zu können. Etwa die Hälfte der Studierenden (49 %) stimmen der Aussage überwiegend zu, dass sie eine gute Übersicht über Aufgaben und Abgaben in diesem Semester haben. Ungefähr ein Drittel der Studierenden (28 %) können dieser Aussage nicht zustimmen.

Aussagen über die Fähigkeit der Studierenden zur Selbstorganisation macht Abb. 15.10. Etwa ein Drittel (34 %) der Studierenden können der Aussage überwiegend nicht zustimmen, dass sie von zu Hause aus gut lernen können. Nur die knappe Hälfte der Studierenden (47 % bzw. 48 %) geben an, dass sie überwiegend ihre Studienwoche gut organisieren bzw. zu Hause gut lernen können.

Diesen Eindruck bestätigen auch einige Einreichungen zum Fotowettbewerb, die ein teils dramatisches Bild zeichnen:

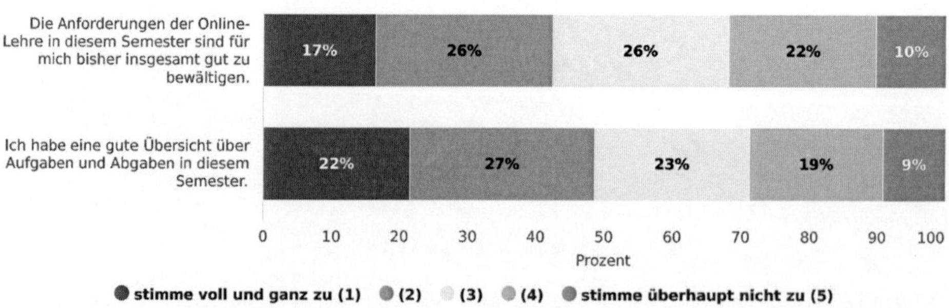


**Abb. 15.9** Einschätzung der Arbeitsbelastung (N = 3782, Studierende); Angaben in Prozent [21]

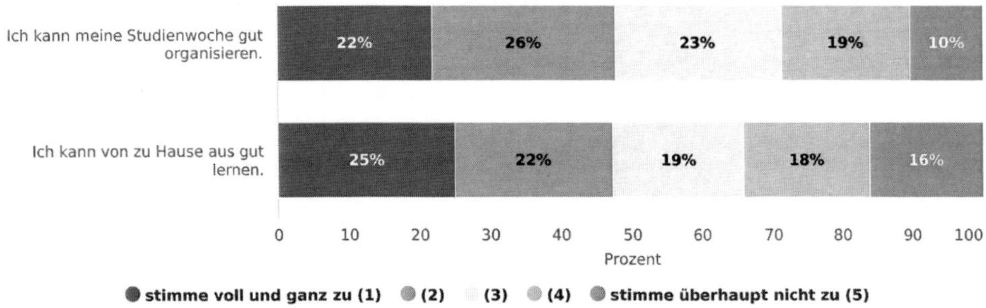


**Abb. 15.10** Einschätzung der Selbstorganisationsfähigkeit (N = 3784, Studierende); Angaben in Prozent [21]

> Aufwachen. E-Mails beantworten. Aufstehen. Frühstück machen. Text lesen und frühstücken. Am Seminar teilnehmen. Arbeiten. Zur Therapie fahren. Irgendwo Essen auftreiben. Videokonferenz. Alkohol. Serie schauen. Schlafen. Jeden Tag das gleiche Spiel. Und manchmal auch eben nichts davon. Meine Studien- und Arbeitsrealität ist – wie die von vielen anderen – massiv verändert in diesem Semester. Dabei gibt es einige Hürden, die auf uns alle zugekommen sind, und andere, die bestimmte Gruppen im besonderen Maße treffen. Während meine technische Ausstattung die Mehrbelastung gerade so trägt, fällt es mir schwer mich zu Hause zu konzentrieren. ... Aber vor allem das Zusammenfallen von Lern-, Arbeits-, Schlaf- und Lebensraum ist für mich … schwierig. Soziale Isolation, fehlende Anreize die Wohnung zu verlassen und Lernformate, die ein höheres Ausmaß an Selbstdisziplin verlangen, macht es gerade für Studierende mit psychischen Erkrankungen schwer zu lernen. … Hilfe ist noch schwieriger zu finden als sonst. … Für mich ist mein Studium zwar genauso interessant wie vorher, aber deutlich belastender. (eingereicht von Sabrina; leicht gekürzt) [11]

In einer tiefergehenden Kreuzauswertung steigt die Zustimmung der Studierenden zu der Aussage: „Ich komme insgesamt mit der Online-Lehre gut zurecht“ mit aufeinanderfolgenden Studienphasen und Anzahl der Fachsemester nur leicht an. Der Aussage stimmen 55,3 % der Studierenden am Bachelorbeginn und 60,9 % im Masterverlauf (ab 3. Fachsemester) zu.

Studierende und Lehrende, die zu Hause Angehörige und/oder Kinder betreuen, kommen mit der Online-Lehre deutlich weniger gut zurecht als andere Lernende. Ungefähr 13 % der Studierenden und 44 % der Lehrenden betreuen neben dem Studium Angehörige und/oder Kinder. Bei Studierenden korreliert dies mit der Einschätzung zu der Aussage: „Ich komme insgesamt mit der Online-Lehre gut zurecht“ mit einem Unterschied von ca. 8 Prozentpunkten. Bei Lehrenden korreliert dies mit der Einschätzung zu der Aussage: „Mein Arbeitsaufwand für die Online-Lehre ist gut zu bewältigen“ mit einem Unterschied von ca. 7 Prozentpunkten.

Ungefähr ein Drittel der Studierenden gibt an, mit der derzeitigen persönlichen Situation und mit dem Studium überwiegend unzufrieden zu sein (33 % bzw. 32 %), wie

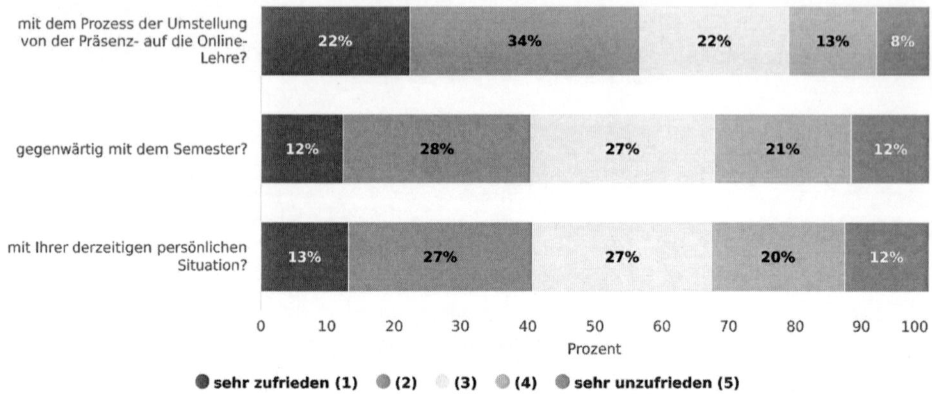


**Abb. 15.11** Einschätzung zur Zufriedenheit (N = 3697, Studierende); Angaben in Prozent [21]

Abb. 15.11 zeigt. Die Umstellung auf online-Lehre wird nur von 21 % als überwiegend schlecht bewertet, von 56 % dagegen als überwiegend gut. Nur 40 % der Studierenden bewerten ihre persönliche und Studiensituation als überwiegend gut.

## 15.3.4 Ergänzende Anmerkungen

Die vorgestellten Analysen basieren auf einer Datenerhebung während der Vorlesungszeit des SoSe 2020. Daher finden sich darin noch keine Aussagen zum anschließenden Prüfungszeitraum, der nochmal eigene Herausforderungen und Lösungsideen mit sich brachte – hier jedoch noch nicht Gegenstand der Betrachtung ist. Unsere Beobachtung in den Sommermonaten war, dass mit den Erfahrungen aus der Online-Lehre auch die Umstellung auf Online-Prüfungen leichter zu bewältigen war. Das bezieht sich sowohl auf die Fähigkeiten und Einstellungen der Lehrenden als auch auf die infrastrukturellen und regulativen Rahmenbedingungen. Ob sich dies auch empirisch nachweisen lässt, ist noch offen.

Aktuell (d. h. kurz vor Beginn des WiSe2020/2021) lassen die Nutzungszahlen der zentralen E-Learning-Dienste erneut einen umfassenden Einsatz von Online-Lehre erwarten, auch wenn von verschiedenen Seiten große Hoffnungen auf umfassende Präsenzanteile (insbesondere für den Studienbeginn) geäußert wurden. Ein erneuter Einsatz der oben skizzierten Evaluationsinstrumente wird vergleichende Betrachtungen über beide Semester ermöglichen. Zugleich decken die qualitativen Ansätze neue Aspekte auf, die künftig in Befragungen mit adressiert werden sollten.

## 15.4 Wie verändert sich die Digitalisierung von Studium und Lehre nach Corona?

Die vorstehenden Analysen sollen nun unter dem Gesichtspunkt bewertet werden, inwieweit die neuen Bedingungen aus der Pandemie-Situation die Ziele, die wir mit der Digitalisierung der Lehre verfolgen, fördern, behindern oder verändern.

### 15.4.1 Digitale Lehre = Corona-Lehre?

Die Grundsätze guter digitaler Lehre und die im Corona-Semester erfolgte Digitalisierung von Studium und Lehre sind nicht notwendigerweise deckungsgleich. Ob der vermehrte Technikeinsatz mit einem Zuwachs an Gestaltungskompetenz für die Online-Lehre (oder gar Medienkompetenz insgesamt) verbunden sein wird, werden die kommenden Semester zeigen.

Die guten Bewertungen zeigen, dass die Lehrenden mit verschiedenen Formaten der Online-Lehre inzwischen vertraut sind. Aufbauend auf ihren vorhandenen Kompetenzen beherrschen sie die Ausgestaltung von Online-Lehrangeboten, auch dank der im Corona-Semester angeboten Unterstützungen und auf dem von den Studierenden zu diesem Zeitpunkt erwarteten Niveau. Inwiefern sich künftig deren Erwartungshaltungen wieder steigern und dann (bei sinkenden Investitionen in digitale Lehre) wahrgenommene Qualitätseinbußen ergeben, bleibt abzuwarten. Ein objektiver Maßstab für Lehr- und Studienqualität (jenseits subjektiver Zufriedenheit) wäre hilfreich. Inwieweit der Umstieg auf Online-Lehre Auswirkungen auf Studienqualität, Studienverlauf und Studienerfolg haben wird, lässt sich erst über den weiteren Zeitverlauf evaluieren.

Die Anzahl der *Moodle*-Kurse ist spürbar ausgeweitet, aber relativ stabil. Ein am Anfang erwarteter massiver Anstieg hat in *Moodle.UP* nicht stattgefunden. Es bleibt abzuwarten, was davon übrigbleibt. Die hohe Zahl der (neuen und alten) Kursleitenden lässt derzeit eine hohe Durchdringung vermuten. Neben Professor*innen und wissenschaftlichen Mitarbeiter*innen (Summe: knapp über 1.000) sowie den nicht zentral erfassten Lehrbeauftragten haben viele Lehrende die *Moodle*-Betreuung an Tutoren delegiert; hier setzen auch die zentralen Unterstützungsmaßnahmen (mit Hilfskraftmitteln für die sog. E-Assistants) an. Derzeit werden vermutlich vorrangig bestehende Kurse intensiver oder dauerhaft angelegte Kurse wiederholt genutzt. Das spricht für eine relativ breite Basis vorhandener Lehrangebote und würde auch den relativ moderaten Anstieg der Kurszahlen erklären.

Offen ist, ob das Adoptionsverhalten der Hochschule bzgl. Online-Lehre eher sukzessive verschiedene Stufen erklimmen oder alternierend zwischen verschiedenen Ausprägungen wechseln wird. Wir haben die Vermutung, dass die Zahl der *Moodle*-Kurse nach der Pandemie wieder zurück gehen wird, unter Umständen auch hinter die Anzahl der potenziellen Blended Learning Formate „vor Corona". Auch vorher schon bestand zwischen der Anzahl der aktiven *Moodle*-Kurse und den angebotenen Lehrveranstaltungen eine Lücke. Es ist näher zu beleuchten, wie diese Lücke entsteht und ob sie geschlossen werden kann bzw. soll.

Die geringen Teilnehmerzahlen in Videokonferenzen lassen vermuten, dass diese vorwiegend für kleinere, interaktive Kursformate zum Einsatz gekommen sind. Zwar hat sich *Zoom* im Veranstaltungszeitraum zu einem „Massenkommunikationsmittel" entwickelt. Doch zugleich verschiebt sich offenbar auch die Wahrnehmung des Blended Learning hin zu einer interaktiveren Gestaltung in Online-Phasen, die zuvor noch vielfach als „Selbststudienphase" interpretiert wurden.

### 15.4.2 Was ist positiv?

Unsere Analysen zum Corona-Semester weisen deutliche Bezüge zu bisherigen Befunden aus der Forschung zur gelingenden Implementierung mediengestützter Lehre in Hochschulen [8, 18] auf. Einzelne Aspekte der Entwicklung der letzten Monate könnten demnach wichtige Bausteine für eine zukünftige positive Entwicklung darstellen. Darunter wären zu nennen:

Die Medienkompetenz aller Universitätsangehörigen hat sich sprunghaft ausgeweitet. Dazu gehört im Wesentlichen die Bedienkompetenz im Sinne der Einübung in die Funktionen diverser Software, aber auch ein Verständnis für die elementaren Zusammenhänge der vernetzten Mediensysteme. Dabei sind die gemachten Erfahrungen und die dabei entwickelten Haltungen größtenteils positiv und werden nicht durch die negative Rahmung der Pandemie unterminiert. Immerhin die Hälfte der Lehrenden und der Studierenden gaben an, sich in Zukunft einen verstärkten Einsatz von Online-Lehre vorstellen zu können.

Es hat ein großes Investment in die Erstellung digitaler Inhalte stattgefunden. Dies fand vielfach ohne Rücksicht auf Arbeitszeiten oder andere Belastungen statt. Für viele Lehrende und Studierende hat die Produktion eigener digitaler Inhalte relatives Neuland dargestellt. Hier sind schlagartig und mit großem Einsatz Ressourcen geschaffen worden, die jetzt allein durch ihr Vorhandensein Überlegungen zur weiteren Verwendung und Erweiterung hervorbringen werden.

Die Zusammenarbeit über die Grenzen von Einrichtungen und Funktionsbereichen hinweg hat eine vor der Pandemie noch nicht da gewesene Intensität erreicht. Die Arbeitszusammenhänge waren in hohem Maße von gegenseitigem Respekt, Willen zur Verständigung und Problemlösung und gegenseitigem Vertrauen geprägt, so die einmütige Einschätzung aller Beteiligten.

Es erfolgten pragmatische Verständigungsprozesse und eine klare Prioritätensetzung auf die als am dringendsten empfundenen Maßnahmen, die eine Reflexion über die Ziele der Hochschullehre und des Medieneinsatzes im Speziellen mit sich brachten. Sowohl diese Vergegenwärtigung der Ziele als auch die daraus abgeleiteten Prioritäten und Maßnahmen sind für die weitere Ausgestaltung der Hochschullehre und des Medieneinsatzes von größtem Wert.

### 15.4.3 Was spricht gegen nachhaltige Wirkungen?

Einige studentischen Einreichungen zum Fotowettbewerb argumentieren, dass sich strukturell gar nicht so viel verändert hätte, die Veränderungen eher an der Oberfläche lagen:

> In diesen Zeiten der Unsicherheit,
> frag ich mich, was überhaupt noch bleibt.
> Mein Kaffeekonsum,
> Weil er meine Müdigkeit besiegt.
> Mein Berg Papier,
> Weil online lesen mir nicht liegt.
> Mein fehlender Schreibtisch,
> Weil keiner passt.
> Mein Bett,
> Das Schlaf und Arbeit umfasst.
> Der Stress,
> Wegen einhalten der Frist.
> Das Bier,
> Weil Studentenleben halt so ist.
> Auch wenn der Coronavirus uns gerade lenkt,
> Ändert sich gar nicht so viel, wie man denkt.
> (eingereicht von Sophia P.) [11]

Innerhalb der bestehenden Organisationsstrukturen und Arbeitsabläufe sind einige neue Aufgaben und Arbeitsmodi hinzugekommen. Dafür waren Umschichtungsprozesse (sowohl bei den Finanzen als auch bei der Personalkapazität bzw. der „Kraft" jedes/jeder Einzelnen) erforderlich, die zwar die Ad-hoc-Maßnahmen im Corona-Semester überhaupt erst ermöglicht haben, aber zugleich zur Vernachlässigung anderer Aufgaben geführt haben. Hier ist in der Rückschau dringend eine Sichtung erforderlich, welche dieser Aufgaben vielleicht dauerhaft reduziert werden können und welche dennoch weiterzuführen sind – ggf. unter Anpassung des Ressourceneinsatzes.

Die gestellten Aufgaben waren vielfach nur zum Preis einer freiwilligen Überforderung zu bewältigen. Im Kontext einer alle betreffenden und nur gemeinsam zu bewältigenden Krise waren alle Beteiligten bereit, diese Überforderung zu tragen, was aber zu dem verständlichen Wunsch führt, das Pendel auch wieder einmal zur anderen Seite ausschlagen zu sehen. Bleibt dies jetzt aus – Stichwort: „Neue Normalität" – ist das geleistete Engagement nicht nur nicht aufrecht zu erhalten, sondern es kann sogar zu Widerständigkeit und Rückzug führen.

Ein weiteres Charakteristikum des Corona-Semesters waren pragmatische Entscheidungen, die der Hochschule ihre Handlungsfähigkeit erhalten haben. Es steht jedoch zu befürchten, dass Optionen, die während des Ausnahmezustands noch denkbar schienen im Normalbetrieb keinen Bestand haben werden. Vereinfachte Verwaltungsvorschriften, zur Online-Abwicklung von Beantragungsverfahren werden bereits wieder auf den vorherigen Papier-Modus umgestellt. Wichtige technische Ad-doc-Lösungen könnten wieder der DGSVO oder dem Online-Zugangsgesetz zum Opfer fallen. Das erzeugt Frustration bei den Beteiligten – sowohl auf Anbieter- als auch auf Nutzerseite.

Inwiefern die Erfahrungen aus dem Corona-Semester zur Organisationsentwicklung führen werden, bleibt abzuwarten. Einerseits wären aus den gelungenen Ad-hoc-Kommunikations- und Entscheidungsprozessen möglicherweise Erkenntnisse abzuleiten, die zu strukturellen Veränderungen in der Organisation der Hochschule führen könnten. Andererseits hat jedoch gerade die nicht formalisierte Kommunikation über die Grenzen von einzelnen Einrichtungen hinweg die nötige Agilität im Corona-Semester überhaupt erst ermöglicht. Würden diese informellen Abläufe nun in den Kästchen eines Organigramms oder den Zuständigkeiten einer Hierarchie eingefroren, könnte möglicherweise auch ein Stück wichtige Handlungsfähigkeit wieder verloren gehen.

## 15.5 Ausblick

Mit dem analytischen Blick auf die Geschehnisse im Corona-Semester sind neben den bisherigen Kernaspekten von Evaluationen – Wie war die Lehre gestaltet? Wie erfolgreich war sie? – auch Rahmenbedingungen in der Struktur und den Abläufen der Hochschule mit in den Blick gerückt, z. B. Nutzungsformen und –umfang von technischer Infrastruktur und Beratungsangeboten, damit verbundene Ressourcenzuordnungen sowie Organisations- und Entscheidungsstrukturen. Dieser systemische Ansatz könnte sich als Schlüssel für substanzielle Verbesserungen in der nachhaltigen Verankerung des gezielten Medieneinsatzes in der Hochschullehre erweisen.

Ein nicht unwesentlicher Teil des Pragmatismus im Corona-Semester war es auch, schnellen Lösungen vor perfekten den Vorzug zu geben. Dadurch konnte nicht nur die generelle Handlungsfähigkeit erhalten werden, sondern es wurden Veränderungen z. T. überhaupt erst ermöglicht. Für die Zukunft können wir daraus lernen, dass wir uns unsere Innovationsfähigkeit nur dann erhalten können, wenn wir auch Fehler zulassen und sie als eine Quelle weiterer Inspiration in Innovationsprozessen nutzen.

Es ist in Betracht zu ziehen, dass im Hinblick auf die „Chancen der Krise“ die aktuelle Wahrnehmung sich im Hype-Cycle der Innovationen befindet [4]. Dann wäre die Frage zu stellen, ob wir uns nahe des „Gipfels der überhöhten Erwartungen“ befinden oder bereits dabei sind das „Tal der Enttäuschung“ zu durchqueren. Optimistisch könnte in beiden Fällen das Erreichen eines höheren Niveaus der Digitalisierung in der Hochschule prognostiziert werden, aber auch das stellt keinesfalls einen Automatismus dar.

Die Digitalisierung hat den Hochschulen dabei geholfen, den Herausforderungen des Corona-Semesters zu begegnen. Aber – und das verstehen wir gleichermaßen als Konklusion und als These dieses Artikels – das Corona-Semester hat nicht geholfen, die Hochschulen besser zu befähigen, den Herausforderungen der Digitalisierung zu begegnen. Es hat jedoch bestehende Schwachstellen und Potenziale aufgezeigt, an denen nun gearbeitet werden muss. Dies bedeutet, die Ad-hoc-Reaktionen in verschiedenen Bereichen, die zumindest kurzfristig zu einigen Verbesserungen und lange überfälligen Innovationen geführt haben, nun dauerhaft in den Strukturen der Hochschule zu untersetzen und zu verankern.

## Literatur


1. Commonwealth of Learning (2018). Blended Course Learnability Evaluation Checklist 1. OAsis. http://oasis.col.org/handle/11599/2941 (letzter Abruf: 24.10.2020)
2. Dreyer, M. (2020): Umfrage zu den Angeboten für Digitale Lehre an Hochschulen im Juni 2020 durch den ZKI-Arbeitskreis Strategie & Organisation und die AMH. https://doi.org/10.5281/ZENODO.3911092 (letzter Abruf: 24.10.2020).
3. Ehlers, U.-D. (2011). Qualität im E-Learning aus Lernersicht. Berlin : Springer. http://dx.doi.org/10.1007/978-3-531-93070-1 (letzter Abruf: 24.10.2020)
4. Fenn, J., Raskino, M. (2008). Mastering the Hype Cycle: How to Choose the Right Innovation at the Right Time. Harvard Business Review.
5. Grabsch, G., Grünewald, F., Hafer, J., Lucke, U., Schulz, S., Schumann, M., Zeigermann, K. (2017). E-Learning-Strategie der Universität Potsdam 2017–2021. URL: https://nbn-resolving.org/urn:nbn:de:kobv:517-opus4-397916 (letzter Abruf: 24.10.2020)
6. DeGruyter (2020): Author pulse survey corona virus crisis. https://blog.degruyter.com/we-asked-3000-academics-how-theyre-coping-with-covid-19-this-is-what-we-found/ (letzter Abruf: 24.10.2020)
7. Hafer, J., Henze, L., Matthé, F., Schumann, M. (2014): Bestandsaufnahme E-Learning an der Universität Potsdam. https://nbn-resolving.de/urn:nbn:de:kobv:517-opus-70670 (letzter Abruf: 24.10.2020)
8. Kerres, M. (2004). Strategieentwicklung für die nachhaltige Implementation neuer Medien in der Hochschule. In T. Pfeffer, A. Sindler, & M. Kopp (Eds.), Organisationsentwicklungshandbuch Neue Medien in der Lehre. S. 157–162. https://mediendidaktik.uni-due.de/sites/default/files/Kerres-medienstrategie_0_0.pdf (letzter Abruf: 24.10.2020)
9. Kerres, M., de Witt, C. (2011). (Neu-) Positionierung der Mediendidaktik: Handlungs- und Gestaltungsorientierung in der Medienpädagogik. In H. Moser, P. Grell, & H. Niesyto (Eds.), Medienbildung und Medienkompetenz.Beiträge zu Schlüsselbegriffen der Medienpädagogik. München: Kopaed, S. 259–270. http://mediendidaktik.uni-duisburg-essen.de/sites/default/files/kerres-dewitt-v1.pdf (letzter Abruf: 24.10.2020)
10. Lucke, U. (2014): IT-Strategie der Universität Potsdam. URL: https://www.uni-potsdam.de/fileadmin/projects/senat-01/IT-Strategie-2014-12-17.pdf (letzter Abruf: 24.10.2020)
11. Lucke, U. (2020). Fotowettbewerb: Studieren im Home Office. Universität Potsdam. https://www.uni-potsdam.de/de/elis/fotowettbewerb/ (letzter Abruf: 24.10.2020)
12. Lucke, U., Hafer, J., Hartmann, N. (2020). Strategieentwicklung in der Hochschule als partizipativer Prozess: Beispiele und Erkenntnisse. In: Lehre und Lernen entwickeln – Eine Frage der Gestaltung von Übergängen Erfahrungen aus 9 Jahren Qualitätspakt Lehre an der Universität Potsdam/Goertz, S., Klages, B., Last, D., Strickroth, S. (Hrsg.), Potsdamer Beiträge zur Hochschulforschung, Band 6, Universitätsverlag Potsdam, S. 99–113. https://doi.org/10.25932/publishup-47681 (letzter Abruf: 24.10.2020)

13. Lucke, U., Strickroth, S. (2020): Digitalisierung in Lehre und Studium – Eine hochschulweite Perspektive In: Lehre und Lernen entwickeln – Eine Frage der Gestaltung von Übergängen Erfahrungen aus 9 Jahren Qualitätspakt Lehre an der Universität Potsdam / Goertz, S., Klages, B., Last, D., Strickroth, S. (Hrsg.), Potsdamer Beiträge zur Hochschulforschung, Band 6, Universitätsverlag Potsdam, S. 235–252. https://doi.org/10.25932/publishup-47681 (letzter Abruf: 24.10.2020)
14. Quality Matters. (ohne Jahr). Course Design Rubric Standards. https://www.qualitymatters.org/qa-resources/rubric-standards/higher-ed-rubric (letzter Abruf: 24.10.2020)
15. Rachel, T. (2020) Die Digitalisierung der Bildung ist kein Selbstzweck. In: Freimuth A, Frenz B (Hrsg.) Zukunft der universitären Lehre, Hanns Martin Schleyer-Stiftung, Band 96: 27–37.
16. Rostm S, & Hafer, J. (2020): Digitalisierung der Hochschulbildung in lernenden Organisationen. In: Lehre und Lernen entwickeln – Eine Frage der Gestaltung von Übergängen Erfahrungen aus 9 Jahren Qualitätspakt Lehre an der Universität Potsdam / Goertz, S., Klages, B., Last, D., Strickroth, S. (Hrsg.), Potsdamer Beiträge zur Hochschulforschung, Band 6, Universitätsverlag Potsdam, S. 213–230. https://doi.org/10.25932/publishup-47681 (letzter Abruf: 24.10.2020)
17. Schubarth, W., Mauermeister, S., Seidel, A. (2017): Studium nach Bologna: Befunde und Positionen. Universitätsverlag Potsdam, Potsdamer Beiträge zur Hochschulforschung, Nr. 3. http://nbn-resolving.de/urn:nbn:de:kobv:517-opus4-103998 (letzter Abruf: 24.10.2020)
18. Seufert, S., Euler, D. (2005). Nachhaltigkeit von E-Learning-Innovationen: Fallstudien zu Implementierungsstrategien von E-Learning als Innovationen an Hochschulen. SCILArbeitsbericht (Vol. 4). https://www.e-teaching.org/projekt/fallstudien/2005-01-seufert-euler-nachhaltigkeit-elearning.pdf (letzter Abruf: 24.10.2020)
19. Zentrum für Qualitätsentwicklung in Lehre und Studium (2020). Ergebnisbericht zu PotsBlitz „Online-Lehre 2020“ im SoSe 2020. Gesamtbericht. Universität Potsdam. https://pep.uni-potsdam.de/media/PotsBlitz/Berichte/PotsBlitz_Gesamtbericht.pdf (letzter Abruf: 24.10.2020)
20. Zentrum für Qualitätsentwicklung in Lehre und Studium (2020). Ergebnisbericht zu PotsBlitz „Online-Lehre 2020“ im SoSe 2020. Bericht Lehrende. Universität Potsdam. https://pep.uni-potsdam.de/media/PotsBlitz/Berichte/Studierende_PotsBlitz_Online-Lehre_2020_Allgemeiner_Bericht.pdf (letzter Abruf: 24.10.2020)
21. Zentrum für Qualitätsentwicklung in Lehre und Studium (2020). Ergebnisbericht zu PotsBlitz „Online-Lehre 2020“ im SoSe 2020. Bericht Studierende. Universität Potsdam. https://pep.uni-potsdam.de/media/PotsBlitz/Berichte/Lehrende_PotsBlitz_Online-Lehre_2020_Allgemeiner_Bericht.pdf (letzter Abruf: 24.10.2020)
22. Zentrum für Qualitätsentwicklung in Lehre und Studium (2020). 2. Zwischenbericht Kurs-Evaluation – SoSe 2020. Erste Ergebnisse aus dem Fragebogen „Feedback.UP – Verlauf“. Universität Potsdam. https://pep.uni-potsdam.de/media/Feedback.UP/Feedback.UP_Verlauf_SoSe_2020_Zwischenbericht_14072020.pdf (letzter Abruf: 24.10.2020)
23. Zentrum für Informationstechnologie und Medienmanagement (2020). Angebote & Lösungen von A bis Z. https://www.uni-potsdam.de/de/zim/angebote-loesungen/ (letzter Abruf: 24.10.2020)

# 16 Technologiegestützte Lehre an der TU Graz in der Covid-19-Pandemie

## Das Beispiel des ReDesign-Canvas als ein Hilfsmittel der didaktisch-methodischen Neugestaltung von Lehrveranstaltungen

Sandra Schön, Clarissa Braun, Katharina Hohla, Annette Mütze und Martin Ebner

**Zusammenfassung**

Didaktische Fragestellungen waren bei der Umstellung der Lehre in der Covid-19-Krise auch an der TU Graz zunächst zweitrangig, als es im März 2020 darum ging, vom Präsenzunterricht in den Online-Modus zu wechseln. Im Beitrag wird die Arbeit des Teams „Lehr- und Lerntechnologien" der TU Graz vor und während der ersten Wochen der Covid-19-Krise vorgestellt. Zu den Angeboten zur Förderung innovativer Lern- und Lehrsettings gehört auch der „ReDesign-Canvas". Im Beitrag wird beschrieben, wie er beim didaktischen Re-Design in einem konkreten Fallbeispiel eingesetzt wurde. Der Beitrag schließt mit einem Ausblick über die geänderten Voraussetzungen und Strategien für die technologiegestützte Lehre in den kommenden Monaten.

S. Schön (✉) · C. Braun · K. Hohla · A. Mütze · M. Ebner
Lehr- und Lerntechnologien, TU Graz, Graz, Österreich
E-Mail: sandra.schoen@tugraz.at

C. Braun
E-Mail: clarissa.braun@tugraz.at

K. Hohla
E-Mail: katharina.hohla@tugraz.at

A. Mütze
E-Mail: muetze@tugraz.at

M. Ebner
E-Mail: martin.ebner@tugraz.at



U. Dittler und C. Kreidl (Hrsg.), *Wie Corona die Hochschullehre verändert*,
https://doi.org/10.1007/978-3-658-32609-8_16

## 16.1 Einleitung

Der Einsatz von Technologien in der Lehre war noch nie ausschließlich von didaktischen Überlegungen geprägt, sondern hat immer organisatorische Fragen, beispielsweise die nach Zugänglichkeit, Verfügbarkeit und Nutzungsmöglichkeiten eingeschlossen. E-Learning-Technologien waren so schon immer besonders attraktiv, wenn Fernlehre unterstützt oder Studierenden zentral gesammelte Materialien zur Verfügung gestellt werden sollten. Der Einsatz von digitalen Technologien und die didaktische Verbesserung oder Innovation des Lehrkonzepts sind also separat zu betrachten. Dies trifft auch für die Zeiten der Covid-19-Epidemie und der abrupten Umstellung der Lehre an der TU Graz in den Online-Modus zu. Gleichzeitig hat dieser „Push“ jedoch in Teilen auch dazu geführt, dass – in einem Folgeschritt – auch die didaktische Gestaltung der Lehre überdacht wird.

An der TU Graz hat das Team der Serviceeinheit „Lehr und Lerntechnologien“ (LLT[1]) die Aufgabe, die Lehrenden bei der Nutzung von digitalen Technologien und der Gestaltung von innovativen Lehrkonzepten zu unterstützen, was wir unter der Abkürzung „TEL“ (für „technology-enhanced learning“, zu Deutsch: technologiegestütztes Lernen), zusammenfassen. In diesem Beitrag möchten wir zunächst beschreiben, welche Angebote und Unterstützungsformen es dabei bisher gab, und inwiefern sich der Fokus in der ersten Covid-19-Phase verschoben hat. Im Zentrum des Beitrags stellen wir das von uns entwickelte Instrument, den „ReDesign-Canvas“ vor und illustrieren seine Verwendung zur didaktischen Unterstützung eines Re-Designs einer Lehrveranstaltung in den Online-Modus im Blended Learning-Format. Der Beitrag schließt mit einem Ausblick über die geänderten Voraussetzungen und Strategien für die technologiegestützte Lehre in den kommenden Monaten.

## 16.2 Unterstützung der Lehrenden bei der Nutzung von Technologien in ihren Lehrveranstaltungen an der TU Graz

Die TU Graz hat etwa 16.600 Studierende und 2.400 Lehrende und Forschende. Das Team LLT der TU Graz ist als Organisationseinheit des Vizerektors für Lehre für alle technologiegestützten Lern- und Lehrangelegenheiten aller Fakultäten zuständig. Im Januar 2020 (Ebner et al. 2020b) umfasste das LLT-Team 41 Personen (keine Vollzeitstellen), die in fünf Gruppen organisiert sind und für die Bereiche Unterrichtsgestaltung (Instructional Design), Erstellen von Videos, Aufzeichnung und Streaming, IT-Projekte und Forschung, technische Infrastruktur, sowie für Management und Verwaltung der Organisationseinheit zuständig sind.

[1] Siehe https://elearning.tugraz.at.

Das LLT-Team stellt den Lehrenden eine breite Palette von Materialien und Angeboten zur Verfügung: So können Lehrende der TU Graz individuelle Beratungen (TEL-Coaching) erhalten, um ihre Lehre mit neuen Technologien und möglichen Blended Learning-Szenarien zu bereichern; des Weiteren gibt es Weiterbildungskurse innerhalb der universitätsweiten Lehrakademie. Im Jahr 2019 entwickelte und realisierte das Team ein Projekt mit dem Namen „TELucation Sammelmappe", in dem aktuelle Fragen zum Thema E-Learning in Magazin-Format beantwortet, sowie die neusten digitalen Tools für die Hochschullehre vorgestellt werden. Auch ein regelmäßiges Treffen, das „LLT-Frühstück", wird angeboten, bei welchem die Lehrenden über Neuigkeiten im Zusammenhang mit innovativer Lehre informiert werden.

Eine Besonderheit in der Arbeit von LLT liegt im Hosting der österreichweiten MOOC-Plattform *iMooX.at*. Die Plattform wird dabei auch im Rahmen von Lehrveranstaltungen genutzt. In Ebner et al. (2020a) beschreiben wir sieben verschiedene Szenarien, die regelmäßig umgesetzt werden. Ein Szenario ist die Mischung eines MOOC mit parallelen Aktivitäten in zusätzlichen, interaktiven, Face-to-Face-Aktivitäten wie einem lokalen Treffen für Lerner/innen oder parallelen Workshops. Wir bezeichnen diesen Ansatz, bei dem ein ursprünglich reiner Online-Kurs mit Präsenzunterricht vermischt wird, als „Inverse Blended Learning" (Ebner et al. 2017, Ebner & Schön 2019). Wenn ganze MOOCs durch Präsenzangebote erweitert werden, nennen wir dies „inverse blended MOOC" oder, wenn ein MOOC als Vorlesung implementiert wird, „lecture-based MOOC" (Ebner et al. 2020a).

Die TU Graz ist darüber hinaus schon seit über zehn Jahren aktiv in die weltweite Bewegung und Unterstützung von offenen Bildungsressourcen (open educational resources, kurz OER; Lane 2008, Schaffert & Geser 2008) involviert. Auch im Rahmen des österreichischen Projekts „Open Education Austria Advanced" (2020–2024), kofinanziert durch das österreichische Bundesministerium für Bildung, Wissenschaft und Forschung, beteiligt sich das LLT-Team aktiv an der Erstellung und Verbreitung von OERs, also offen lizenzierter Materialien.

Abb. 16.1 gibt einen Überblick über die unterschiedlichen, eher formellen bis eher informellen, Strategien und exemplarische Aktivitäten zur Unterstützung des innovativen technologiegestützten Lernens und Lehrens an der TU Graz.

Vor der Covid-19-Epidemie galten an der TU Graz grundsätzlich die Richtlinien zur virtuellen Lehre, welche je nach Anteil an virtuellen Lehreinheiten („Virtualisierungsgrad") der Lehrveranstaltung einen Genehmigungsprozess verlangen (Technische Universität Graz 2017). Den Richtlinien zufolge war es den Lehrenden ohne weiteres möglich, bis zu einem Fünftel (20 %) einer Lehrveranstaltung vom Typ Vorlesung im Rahmen von Online-Aktivitäten durchzuführen. In der Regelung bezieht sich eine solche Quantifizierung auf die zu unterrichtende Stundenzahl. Sie wird im TU Graz Booklet für Lehre folgendermaßen beschrieben (TU Graz 2019, S. 40):

„Die Semesterstunden geben die Kontaktzeit einer Lehrveranstaltung an, d. h. die Zeit, die ein/e Lehrende/r im Hörsaal, Seminarraum oder Labor oder auch virtuell mit den Studierenden verbringt. Dies bedeutet, dass das in Semesterstunden bemessene

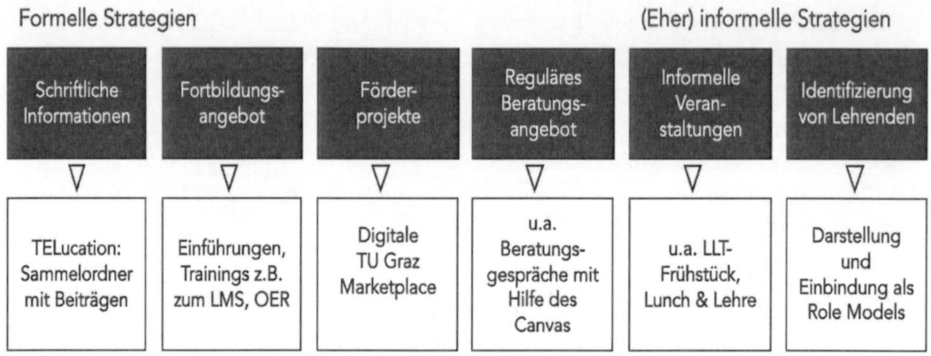


**Abb. 16.1** Strategien und Aktivitäten zur Förderung technologiegestützten Lernens und Lehrens an der TU Graz im Überblick. (Quelle: Eigene Darstellung)

Lehrdeputat nicht notwendigerweise in Form von Präsenzlehre gehalten werden muss. Bis zu einem Schwellwert von 20 % ist den Vortragenden im Rahmen von Vorlesungen oder dem Vorlesungsanteil einer VU (Vorlesung mit integrierten Übungen) freigestellt, virtuelle Lehre als didaktisches Mittel zur Anwendung zu bringen. Ein darüber hinaus gehender Anteil an virtueller Lehre ist im Curriculum festzulegen. Ziel ist dabei nicht ein Ersatz von Präsenzlehre, sondern die Optimierung der Lehre. Virtuelle Lehre umfasst sämtliche Ausprägungen von textueller bzw. audiovisueller, virtueller Präsenz in Form von synchroner, also unmittelbarer Interaktionsmöglichkeit als auch asynchroner, also zeitversetzter Interaktionsmöglichkeit"

Es war bis März 2020 also nicht vorgesehen, dass Lehrende ihre Lehrveranstaltungen zu größeren Anteilen oder komplett online durchführen. Wenn Lehrende in größerem Umfang Online-Lehre durchführen wollten, benötigten sie eine Genehmigung des studienrechtlichen Organs, im Falle der TU Graz ist das die/der Studiendekan/in. Nur für wenige Lehrveranstaltungen wurde vor März 2020 eine solche Genehmigung eingeholt.

## 16.3 Die Covid-19-Epidemie als E-Learning-Schub?

In ganz Österreich und an der TU Graz wurden die Studierenden und Lehrenden im bereits begonnenen Sommersemester 2020 durch Covid-19 kurzfristig vor die Herausforderung gestellt, keine Präsenzveranstaltungen mehr durchführen zu können. Innerhalb kurzer Zeit wurden an der TU Graz existierende Möglichkeiten zur Online-Lehre erweitert und großflächig umgesetzt. Große Lehrveranstaltungen wurden als Live-Stream angeboten, für kleinere Lehrveranstaltungen erstellten die Lehrenden Videos, hielten Online-Videokonferenzen ab und nutzten die Möglichkeiten des Lernmanagementsystems der TU Graz („TeachCenter"), asynchron Lehrmaterialien bereit zu stellen und mit den Studierenden zu kommunizieren. Die Umwälzungen und Entwicklungen der

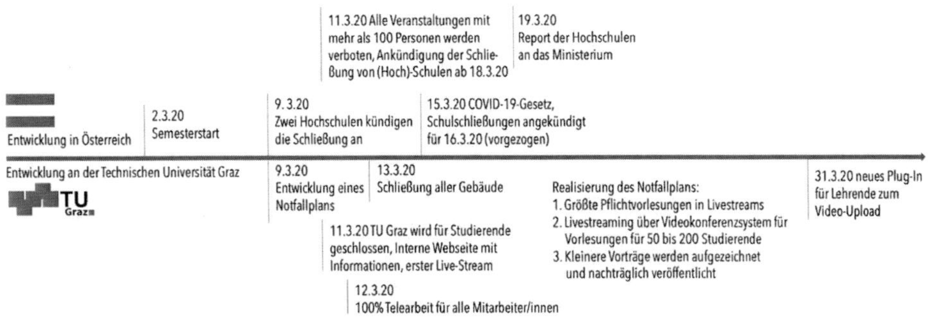


**Abb. 16.2** Entwicklungen in Österreich und an der TU Graz in den ersten drei Wochen der Covid-19-Krise. (Quelle: Übersetzung der Abbildung von Ebner et al. (2020b, Abb. 3, S. 9))

ersten drei Wochen, inklusive der Herausforderungen und Engpässe, wurden bereits detailliert beschrieben (Ebner et al. 2020b, vgl. Abb. 16.2).

Wie dargestellt, konnten Studierende ab 13. März 2020 keine Räumlichkeiten der TU Graz mehr betreten. Bereits am 10. März 2020 kündigte der Rektor in einem Informationsschreiben an alle Studierenden an, dass alle Lehrveranstaltungen ausgesetzt werden, aber dass der Prüfungsbetrieb weitestgehend aufrechterhalten würde. Am 11. März wurde angekündigt, dass Lehre ab sofort zur Gänze online angeboten wird und wie diese mit unterschiedlichen Methoden umgesetzt werden kann (Live-Streaming für ausgewählte Vorlesungen, Videokonferenz-Nutzung für mittelgroße Veranstaltungen und Aufzeichnungen für Veranstaltungen von bis zu 50 Studierenden). Im Verlauf des Semesters wurden einzelne Präsenzprüfungen und auch Übungen in Laboren zugelassen und durchgeführt, allerdings unter Einhaltung zahlreicher und sehr strenger Hygienevorschriften.

Die Covid-19-Epidemie hatte also auch an der TU Graz den Nebeneffekt, dass die Online-Lehre einen unfreiwilligen Auftrieb erhielt und innerhalb weniger Tage auf breiter Ebene eingeführt wurde. Die folgenden Daten stammen aus dem Beitrag von Ebner et al. (2020b): Während die Studierenden im ersten Monat des vorherigen Wintersemesters 2019/2020 über 930.000 einzelne Aktivitäten im Lernmanagementsystem tätigten (Semesterdurchschnitt etwas über 600.000 einzelne Aktivitäten/Monat), stieg diese Zahl im März 2020 auf über 1.380.000. Auch die Aktivitäten der Lehrenden im Lernmanagementsystem der TU Graz stiegen im März 2020 auf 160.000 (höchster Monat im Wintersemester 2019/2020: 92.000). Wenig überraschend stieg auch die Zahl der Zugriffe auf das TU-eigene Videoportal *TUbe* enorm an: Im März 2020 wurden 120.000 Zugriffe gezählt, während die Anzahl der monatlichen Zugriffe im Wintersemester 2019/2020 maximal 34.800 betrug (Oktober 2019). Auch die Zahl der hochgeladenen Videos versechsfachte sich im März 2020 im Vergleich zum stärksten Monat im Wintersemester auf über 600.

Wir müssen kritisch hinterfragen, was hier tatsächlich methodisch-didaktisch als Online-Lehre umgesetzt wurde und wird. Als Diskussionsbeitrag stellen Hodges et al. (2020) fest, dass „Notfall-Fernunterricht“, wie z. B. die Bereitstellung von Lehrmaterialien in einem Lernmanagementsystem, nicht dasselbe ist wie (gute) Online-Lehre. Tatsächlich wird die Qualität des Unterrichts auch als ein wesentlicher Faktor erfolgreicher E-Learning-Implementierungen gesehen: „Eine der wichtigsten Voraussetzungen für eine erfolgreiche Implementierung von E-Learning ist die Notwendigkeit einer sorgfältigen Prüfung der zugrundeliegenden Pädagogik bzw. der Art und Weise, wie das Lernen online stattfindet“ (Govindasamy 2001).

Wir vermuten, dass der größte Teil der Umstellungen der Lehrveranstaltungen im März 2020 nicht mit gezielten methodisch-didaktischen Veränderungen verbunden war, sondern sich auf die Übertragung vorhandener Designs in den Online-Raum fokussierte: Vorlesungen wurden nun als Live-Stream angeboten und/oder aufgezeichnet, kleinere Veranstaltungen wurden in Videokonferenzen übertragen und Studierende konnten sich über Wort- oder Textbeiträge beteiligen (über Video bzw. Sprachübermittlung oder Chat). Eine Befragung von Studierenden zeigte jedoch auch, dass sich viele Lehrende der TU Graz bei den Studierenden durch prompte Kommunikation, Online-Sprechstunden oder Nutzung von Feedbacksystemen ausgezeichnet haben und ihnen damit innovative und nachahmenswerte Lernerfahrungen in den ersten Wochen der reinen Online-Lehre ermöglichten (Wieser, 2020). Uns liegen keine Zahlen dazu vor, wie hoch der Anteil der Lehrenden bzw. Lehrveranstaltungen ist, die bei der Umstellung in den Online-Modus auch beiläufige oder dezidierte methodisch-didaktische Überarbeitungen vorgenommen haben. Hier ist auch anzumerken, dass es auch vor der Covid-19-Krise große Unterschiede in der Gestaltung und z. B. Nutzung von Online-Technologien in den Lehrveranstaltungen gab.

Die Ankündigungen und Strategien für das Wintersemester 2020/2021 im Hinblick auf die Lehre führen wir im letzten Abschnitt dieses Beitrags aus.

Wir haben im Folgenden ein Fallbeispiel ausgewählt, das zeigt, wie eine Umstrukturierung bzw. ein methodisch-didaktisches Re-Design im Hinblick auf technologiegestützte Lehre aussehen kann. In diesem Rahmen möchten wir ein Werkzeug vorstellen, das wir in unserer Begleitung des Re-Designs einsetzen: den sogenannten „ReDesign-Canvas”. Das im Folgenden beschriebene Re-Design betrifft eine Lehrveranstaltung, die das erste Mal im Wintersemester 2020/2021 umgesetzt wird.

## 16.4 Der ReDesign-Canvas

Bereits im Wintersemester 2019/2020 wurde eine Beratungsunterlage konzipiert, die Lehrende dabei unterstützen sollte, Elemente einer Lehrveranstaltung zu identifizieren, die gut in ein Online-Setting übertragen oder die durch Einsatz von Technologien methodisch-didaktisch verbessert werden können. Dabei wurde als Format der „Canvas“ gewählt.

Als „Canvas" wurden ursprünglich vollständig leere Leinwände bezeichnet, insbesondere durch den Geschäftsmodell-Canvas von Osterwalder und Pigneur (2010) hat sich die Bezeichnung allerdings verschoben: Ein Canvas ist demnach eine Vorlage, die bei der Erarbeitung eines bestimmten Themas genutzt werden kann, um die Arbeit am Thema zu strukturieren. Im LLT-Team und seinem Netzwerk haben wir die Möglichkeit von vorstrukturierten Arbeitsvorlagen schon auf vielfältige Weise umgesetzt und gute Erfahrungen damit gesammelt. Beispielsweise wurde so ein Canvas für die Erstellung von Lernvideos (Ebner & Schön 2016) erstellt. Besonders weit verbreitet ist der Canvas für die Entwicklung von OER-Projekten, er wurde in zahlreiche Sprachen übersetzt (Schön, Atenas & Ebner 2018).

Eine erste Version des ReDesign-Canvas wurde im Jahr 2019 für die interne Weiterbildung „Sieben Möglichkeiten der Online Lehre – von Flipped Classroom zu Inverse Blended Learning" an der TU Graz als „praktische Übung" für die Lehrenden entwickelt (siehe Abb. 16.3). Grundgedanke des LLT-Teams war, den teilnehmenden Lehrenden eine angeleitete Reflexion über die bestehende Lehrveranstaltung zu bieten und diese mithilfe einer Vorlage für einen „Steckbrief" und des ersten ReDesign-Canvas in ein passendes Blended-Learning-Konzept umzugestalten. Im Wesentlichen sollen die Lehrenden bei einem Blended-Learning-Konzept die Vorteile von Präsenzveranstaltungen und E-Learning didaktisch sinnvoll kombinieren. Der Canvas wurde, moderiert und unterstützt von den Trainerinnen, von den Teilnehmenden ausgefüllt und

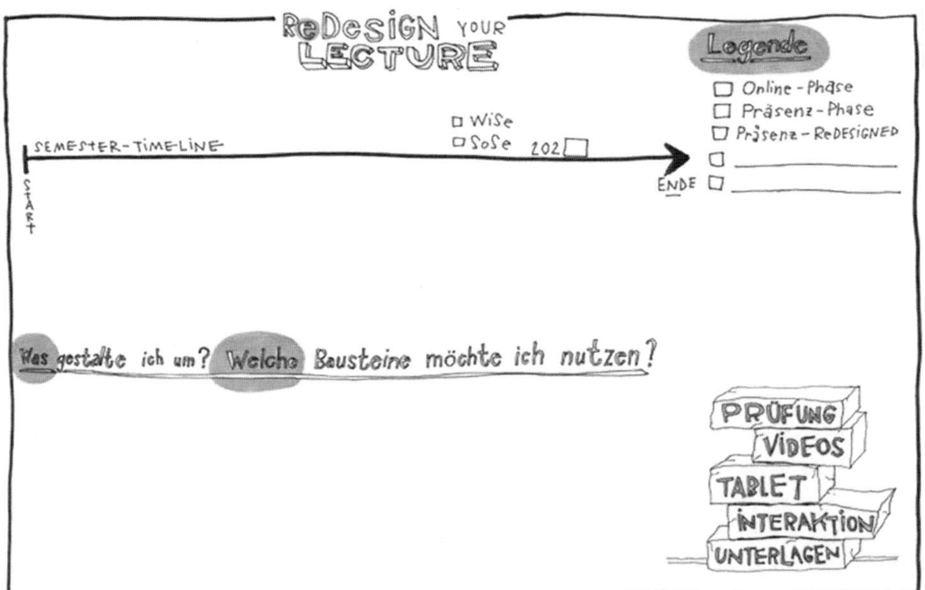


**Abb. 16.3** Die erste, vorläufige Version des ReDesign-Canvas aus dem Jahr 2019 für eine Weiterbildung für Lehrende im Jahr 2019. (Quelle: Eigene Darstellung)

als Grundlage zur Umgestaltung genutzt. Ohne Anleitung bzw. ohne Kontext der Weiterbildung war diese erste Version des Canvas für Lehrende aus unserer Sicht nicht nutzbar. Auf Basis des Steckbriefs und des ersten Canvas wurde Anfang des Jahres 2020 eine zweite Version erstellt; in einer weiteren Iteration wurde der bestehende Canvas, nochmals ergänzt und in Teilen umstrukturiert (siehe Abb. 16.4).

Grundlage des ReDesign-Canvas ist also das vorhandene Interesse Lehrveranstaltungen nicht ausschließlich in Präsenzmodus unter zu Hilfenahme von Präsentationen und Videoprojektoren anzubieten, sondern durch Online-Phasen bzw. Online-Mittel zu ergänzen. Diese Form der Erweiterung von Präsenzlehrveranstaltungen durch Technologien, insbesondere die Einführung von Online-Phasen oder begleiteten Online-Werkzeugen wird häufig auch als „Blended Learning" bezeichnet (auf Deutsch „gemischtes Lernen", s. Ebner, Schön & Nagler 2013). Blended-Learning-Szenarien werden zum Beispiel in der Hochschule als Möglichkeit gesehen, das individuelle, selbstorganisierte Lernen zu begleiten und zu unterstützen.

Der ReDesign-Canvas gliedert sich in drei Bereiche, die auch in der Regel in der vorgeschlagenen Reihenfolge von den Lehrenden ausgefüllt werden: Zunächst erfolgt eine Bestandsaufnahme: Welche Zielgruppe hat die Veranstaltung? Wann ist die Lehrveranstaltung erfolgreich? Welche Lernziele gibt es? Welche Medien werden genutzt? Der zweite Abschnitt stellt die verschiedenen Aspekte der notwendigen „konkreten Vorüberlegungen" zusammen. Hier wird u. a. skizziert, welche Materialien den Studierenden „für zu Hause" zur Verfügung gestellt und wie die Studierenden mit der Umstellung vertraut gemacht werden sollen, sowie welche Hilfsmittel notwendig sind. Der dritte Abschnitt unterstützt die Planung des detaillierten Ablaufs im Rahmen einer Skizze, die durch eine vorgegebene Legende unterstützt wird (z. B. Präsenz- und Onlineelemente, synchroner und asynchroner Ablauf).

Über die unterschiedlichen Varianten hinweg wurde der ReDesign-Canvas in bislang 31 dokumentierten Fällen eingesetzt. Bei rund 15 davon hat das LLT-Team durchgehend Einblicke in die Umsetzung bekommen, sowie eine begleitende Funktion während der Implementierung in Lehrveranstaltungen eingenommen. Die Umsetzungsprozesse manifestierten sich in allen Fällen in der Neugestaltung von Lehrveranstaltungen im Hinblick auf eine verstärkte Implementierung von Online-Phasen, -Materialien sowie -Werkzeugen.

Der ReDesign-Canvas wird im Rahmen des Projekts „Open Education Austria Advanced" (2021–2024) als offene Bildungsressource veröffentlicht und damit auch anderen Hochschullehrenden und Instructional Designern zur kostenfreien Verwendung und ggf. Anpassung zur Verfügung gestellt. Damit möchten die Projektpartner, das sind neben der TU Graz die Universität Wien, die Universität Graz, die Universität Innsbruck, das Forum Neue Medien in der Lehre Austria und das Österreichische Institut für Berufsbildungsforschung (ÖIBF), dazu beitragen, dass mehr Materialien und Infrastrukturen zur Verfügung stehen, die die systematische Nutzung und Veröffentlichung von OER an österreichischen Hochschulen unterstützen.

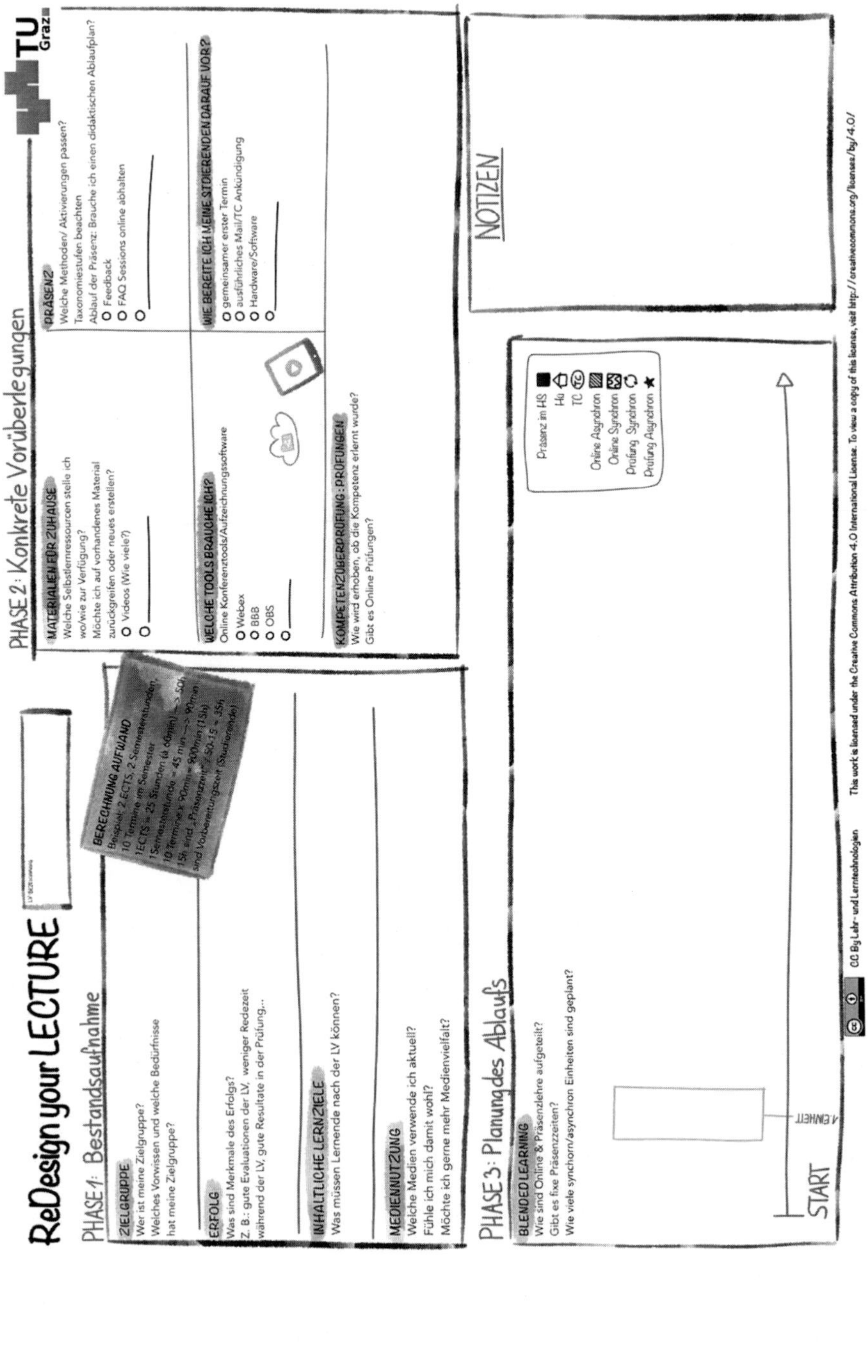


**Abb. 16.4** Der ReDesign-Canvas (unter CC BY 4.0 International frei nutzbar)

## 16.5 Fallstudie: Neugestaltung einer Vorlesung mithilfe des ReDesign-Canvas

Wir haben die folgende Fallstudie eines methodisch-didaktischen Re-Designs einer Lehrveranstaltung gewählt, weil sie es uns aufgrund der vorliegenden Dokumente ermöglicht, gut nachzuvollziehen, wie der präsentierte ReDesign-Canvas verwendet werden kann.

### 16.5.1 Beschreibung der Ausgangslage und Motivation des Re-Design

Im Folgenden beschreiben wir exemplarisch die Neugestaltung der Lehrveranstaltung „Grundlagen elektrischer Maschinen“. Sie richtet sich an Studierende des Bachelorstudiums Elektrotechnik und Informationstechnik, Vertiefungsrichtung Energietechnik im 5. Semester. Sie wird seit mehreren Jahren als Vorlesung durchgeführt. Vorlesungen werden laut Beschluss des Senats der TU Graz folgendermaßen beschrieben (Technische Universität Graz 2018): „In Vorlesungen wird in didaktisch gut aufbereiteter Weise in Teilbereiche des Fachs und seine Methoden eingeführt. Es werden die Inhalte und Methoden eines Faches vorgetragen.“ (§4, S. 4). Weiter wird festgelegt, dass die Beurteilung bei einer Vorlesung „aufgrund eines einzigen Prüfungsaktes am Ende der Lehrveranstaltung (punktuelle Prüfung)“ beruht (§5, S. 6).

Bereits im Wintersemester 2019/2020 experimentierte die Lehrende in der Vorlesung ausgewählt mit TEL-Elementen, die sie mit Unterstützung des LLT-Teams identifiziert hatte, insbesondere mit der Verwendung eines Audience-Response-Systems, das alle Studierenden mit ihren Mobilgeräten nutzen können und so beispielsweise Fragen beantworten können. Das genutzte System (*FeedbackR*) ermöglicht es auch, dass Studierende anonym Fragen stellen können, die dies nicht vor dem Auditorium machen möchten (Ebner et al. 2014).

Die Mitarbeit im TEL-Marketplace Projekt (Förderprojekt, siehe Abb. 16.1) „Lernziele explizit und sichtbar machen – Transfer von Curriculum and Reflection Widget in das TU Graz TeachCenter“ unterstützte diese Überarbeitung durch neue, professionelle Definition und Artikulation von Lernzielen.

Das LLT-Team half ebenso, die Abhaltung der Lehrveranstaltung methodisch-didaktisch zu reflektieren und somit den Grundstein für weiteres Re-Design dieser Lehrveranstaltung und Veranstaltungen ähnlicher Art zu legen.

Die im Wintersemester 2019/2020 neu eingeführten didaktischen Methoden und Werkzeuge setzte die Lehrende auch in einer Grundlagenvorlesung, die sich an Studierende des 4. Semesters im Bachelorstudium Elektrotechnik und Informationstechnik richtet, im Sommersemester 2020 ein. Aufgrund der Covid-19-Maßnahmen wurde diese Vorlesung – relativ spontan – als eine Kombination von asynchron aufgezeichneten Videos und synchron abgehaltenen Diskussionsstunden abgehalten.

Auch hier half das LLT-Team wiederum, die Lehrveranstaltung methodisch-didaktisch zu reflektieren. Die Erfahrungen und Ergebnisse der Analysen sollten schließlich die Ausgangsbasis für das weitere Re-Design der eingangs genannten Lehrveranstaltung „Grundlagen elektrischer Maschinen" legen. Im Kontext dieses Re-Designs traten nun auch zusätzlich technische (einzusetzende Software), als auch studienrechtliche (Bewertungsschemata) Fragen auf, die mit Hilfe des LLT-Teams geklärt werden konnten.

## 16.5.2 Der Einsatz des ReDesign-Canvas beim Re-Design

### 16.5.2.1 Schritt 1: Bestandsaufnahme

„Für wen ist die Lehrveranstaltung, und welche (Lern-) Ziele sind damit verbunden?" Darum geht es zunächst beim Abschnitt „Bestandsaufnahme". In Bezug auf die Zielgruppe wurde hier beispielsweise angemerkt, dass auch Studierende anderer Studienrichtungen die Vorlesung besuchen, und dass mit etwa 50 Studierenden gerechnet wird. Die Lehrende wünschte sich im Rahmen der Bestandsaufnahme dezidiert ein „neues und anderes" Veranstaltungsdesign, was aber nicht bedeuten müsse, dass jedes Detail bzw. „zu vieles neu und anders" sei. Für die Lehrende stand im Zentrum, ressourceneffizient ein Setting umzusetzen, das möglichst studierendenzentrierte Lehre ermöglicht. Dies sollte auch auf Vorhandenem aufbauen und nur einzelne Elemente ersetzen, um zu vermeiden, dass durch zu viele, mit der Einführung des Neuen verbundenen, „Kinderkrankheiten" am Ende die Qualität sinken und Irritationen bei den Studierenden hervorgerufen würden.

### 16.5.2.2 Schritt 2: Konkrete Vorüberlegungen

Zu den konkreten Vorüberlegungen skizzierte die Lehrende, welche Inhalte – vor allem solche, die der reinen Wissensvermittlung dienen – gut auch zu Hause mit Hilfe von Videos und anderen Materialien vermittelt werden können, um die Präsenzveranstaltungen selbst interaktiver und anwendungsorientierter zu gestalten. Damit den Studierenden der Umstieg auf das neue Konzept gelingt, wurde ein erstes Präsenztreffen zu Beginn der Lehrveranstaltung geplant.

### 16.5.2.3 Schritt 3: Planung des Ablaufs

Schließlich bietet der Canvas Raum für eine erste grobe Neuplanung des Ablaufs mit Platz für sonstige Notizen. Hier hat die Lehrende skizziert, welche Themenblöcke zu planen sind und welche Unterthemen wiederum mit Online-Mitteln angeboten werden sollten und welche Aspekte in der Präsenzlehre wichtig sind. Es wurde auch notiert, wie viel Material zu den einzelnen Elementen bereits vorhanden ist, bzw., welche Anforderungen mit der Erstellung der neuen Materialien in Zusammenhang stehen.

### 16.5.3 Feinplanung: Die methodisch-didaktische Neugestaltung im Detail

In unserem Fallbeispiel wurde die Lehrveranstaltung im Re-Design komplett neu in Online- und Präsenzlehre aufgeteilt. Dazu wurde sie zunächst in drei Themenbereiche („Module") gegliedert. Eine abschließende Präsenzeinheit dient zur Vorbereitung auf die Klausur. Die Grobstruktur der Lerneinheit wird in Abb. 16.5 überblicksartig dargestellt.

Die einzelnen Module wurden stets auf ähnliche Weise strukturiert (siehe Abb. 16.6). Die Lehrende hat dabei ein Modul so geplant, dass im Lernmanagementsystem die einführenden und eher wissensbasierten Materialien angeboten wurden, u. a. Textmaterialien und eher kurze Videos. Am Ende des Online-Teils jedes Moduls werden Übungsaufgaben gestellt, die die Studierenden zu Hause lösen können. Allfällige hierbei auftretende Schwierigkeiten und offene Fragen bei der Anwendung des Wissens werden im folgenden Präsenztermin geklärt: Am Ende jedes Moduls wird interaktiv an den offenen Fragen und Übungsaufgaben gearbeitet. Mit Hilfe eines Audience-Response-Systems sollen Wissenslücken der Studierenden im Präsenzangebot identifiziert werden. Das LLT-Team unterstützte wiederum bei der Auswahl geeigneter technischer Mittel.

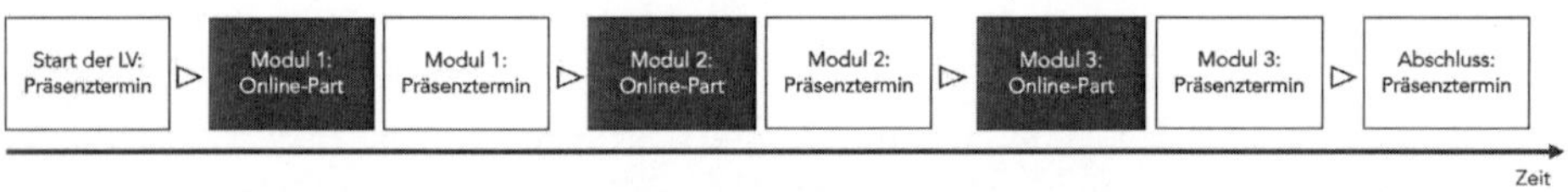


**Abb. 16.5** Überblick über die neugestaltete Lehrveranstaltung. (Quelle: Eigene Darstellung)

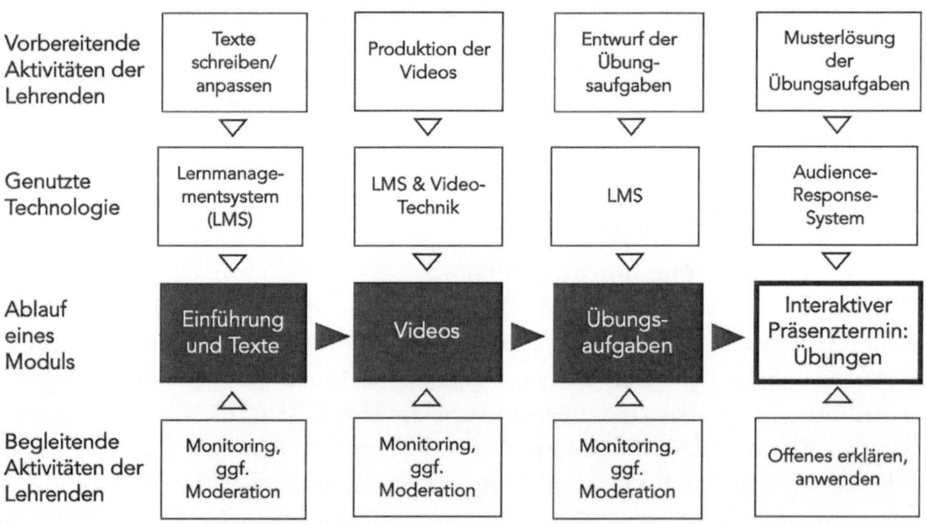


**Abb. 16.6** Struktur eines Moduls, vorbereitende und begleitende Tätigkeiten der Lehrenden und genutzte Technologien. (Quelle: Eigene Darstellung)

## 16.6 Ausblick: Neue Situation und Grundlage zur Identifizierung, Entwicklung und Verbreitung technologiebasierter Lehrinnovationen an der TU Graz

Die Covid-19-Krise hat die Voraussetzungen und Erfahrungen im Hinblick auf Online-Lehre maßgeblich verändert; auch an der TU Graz. Es gibt eine Reihe von Lehrenden, die engagiert und innovativ auf den Umstieg auf Online-Lehre reagiert haben und reagieren konnten. Andere zögerten, auch weil sie auf eine Wiederöffnung der Universitätsgebäude nach Ostern hofften. Inzwischen, kurz vor Ende des Sommersemesters 2020 sollte die Lehre umgestellt sein. Wie eingangs beschrieben, wissen wir, dass Studierende dabei viele Szenarien erlebt haben, die sie als gute Lehre erlebten. Wir wissen auch, dass einige Studierende, beispielsweise solche ohne passende Ausstattung und Internetzugang und auch durch Verluste ihrer Einkommen, von der Universität nicht nur räumlich abgeschnitten wurden. Hier sehen wir großen Handlungsbedarf mit Blick auf einzelne Studierende, deren Lernbedingungen und deren Ausstattungen. So sind zum Beispiel die Internetkapazitäten in vielen Studierendenwohnheimen unzureichend für Studierende, die Vorlesungen ausschließlich online verfolgen müssen.

Grundsätzlich haben sich die **Strategien** an sich, also unsere Beratungsangebote und -aktivitäten für die Unterstützung und Umsetzung innovativer technologiegestützter Lehrpraktiken nicht durch Covid-19 verändert. So konnten eher informelle Veranstaltungen wie das „LLT-Frühstück" im Sommer 2020 wieder in Präsenz, unter Einhaltung von Hygienevorschriften, angeboten werden. Andere Angebote, z. B. Beratungen und Fortbildungen werden in Videokonferenz-Systeme verlegt. Dennoch sind die Strategien selbst relativ unverändert und man konnte auf den bisherigen Arbeiten aufbauen bzw. diese erweitern und adaptieren.

In Bezug auf die Lehre und die Erfahrung mit Online-Lehre sehen wir aber veränderte Bedingungen und Voraussetzungen.

Zunächst hat sich die **technische Infrastruktur** den neuen Herausforderungen angepasst. So waren viele Strukturen und Technologien bereits vor der Krise etabliert, wie es eingangs beschrieben wurde. Technisch wurden jedoch Bandbreiten und Zugänge stark erweitert, um u. a. die Nutzung von Live-Streaming und Videokonferenz-Systemen allen Lehrenden zur Verfügung zu stellen. Tatsächlich hat dies auch dazu geführt, dass etliche Lehrende noch ihre Ausstattungen im Home office anpassen mussten bzw. teils auch erstmals Mikrofone oder Webcams installierten bzw. die heimischen Internet-Zugänge nachrüsteten. So wurde in den ersten Wochen auch ein Plug-In entwickelt und implementiert, dass das Hochladen von Vorlesungsaufzeichnungen auf die Videoplattform *TUbe* durch Lehrende erleichtert.

Aufgrund der großen Nachfrage, die die bisher stets möglichen Einzelbetreuungen sprengte, wurden vom LLT-Team in kurzer Zeit **viele Handreichungen** (Anleitungen und Videos, „HowTos") erstellt, die erklärten, auf welche unterschiedlichen Weisen z. B. Videoaufzeichnungen im Homeoffice möglich sind.

Wichtiger ist aber vielleicht, dass nun die allermeisten Lehrenden **Online-Lehre als Lehrende erlebt** haben: Sie haben große Veranstaltungen live gestreamt oder kleinere Veranstaltungen mit Videokonferenz-Systemen durchgeführt oder Vorträge mitgeschnitten und online gestellt. Es gibt also grundsätzlich einen deutlichen Kompetenzzuwachs im Umgang mit Werkzeugen, die zuvor in einigen Instituten noch kaum eingesetzt wurden.

Der Einsatz von Technologien in der Lehre wird allerdings von vielen **auf die an der TU Graz primär unterstützte Form von Online-Lehre reduziert.** Wie beschrieben, ist das reine „online Stellen" bzw. „online Halten" von Vorlesungen selten ein Mehrwert, gehen doch Interaktion und die Möglichkeiten zum Stellen von Rückfragen und Klärungen verloren, man erlebt die anderen Mitlerner/innen nicht, informeller Austausch fehlt. Es gibt auch Fachbereiche, die an der TU stark durch Labortätigkeiten oder Nutzung von Maschinen und Zeichenanlagen geprägt sind; Tätigkeiten, die sie nur mit großem Mehraufwand oder gar nicht in den virtuellen Raum übertragen können.

Insbesondere in den Beratungsgesprächen hat sich gezeigt, dass viele Lehrende die **eigenen Ansprüche an die Qualität von Lernvideos,** auch die eigenen Erwartungen und Maßstäbe, deutlich verringert haben. Lehrende versuchen ihr Bestes zu geben, und pragmatisch das zu erreichen und umzusetzen, was unter den aktuellen Gegebenheiten und auch dem vorliegenden Zeitdruck möglich ist. Wir hoffen, diese Perspektive und Haltung bleibt erhalten, da damit weitaus mehr umgesetzt und erreicht werden kann als mit einer Haltung, die lieber nichts ausprobiert, bevor es den eigenen Ansprüchen nicht gerecht wird.

Insbesondere durch die Erhebung im Rahmen einer studentischen Arbeit (Wieser, 2020) konnten zahlreiche Lehrende identifiziert werden, die aus Perspektive von Studierenden in der Covid-19-Phase innovative Lehre angeboten haben, die nun als **Role Models** genutzt werden können. Wir sehen gerade darin eine Chance, weitere Kolleginnen und Kollegen der TU Graz mit innovativen Lehrumsetzungen und -erfahrungen entsprechend zu präsentieren und in Veranstaltungen für Lehrende einzubinden. Dazu wurde eine eigene Austauschplattform ins Leben gerufen, die seit April 2020 allen Lehrenden zur Verfügung steht. Expertinnen und Experten, die nicht an Technischen Hochschulen arbeiten, können hier nach unserer Erfahrung nur eingeschränkt als Role Models dienen, da deren durchaus interessante und fundierte Beiträge oft nur schwer auf die Situation an einer technischen Universität übertragbar sind. Wir freuen uns hier über den Pool von Personen, mit denen wir bisher nur zu einem Teil im Kontakt waren.

Für das kommende Semester, das Wintersemester 2020/2021 wurde eine Strategie mit dem bezeichnenden Titel „**Digital First**" entworfen, die die **herkömmlichen Rahmenbedingungen** für Lehrveranstaltungen, wie sie vor Covid-19 galten, viel flexibler setzt:

Ab Herbst sind grundsätzlich wieder **Präsenzveranstaltungen** geplant, bei denen jedoch durch größere Abstände und Einhaltung weiterer Hygieneregeln deutlich weniger – in den Hörsälen etwa ein Viertel – der Studierenden Raum finden. Das bedeutet, dass sehr große Lehrveranstaltungen mangels entsprechender Räumlichkeiten online oder in hybrider Form (online und offline parallel) angeboten werden (müssen). Auch wurde ein System entworfen, dass Prüfungen von Pflichtveranstaltungen anderen Prüfungen vorgezogen werden, wenn die Räumlichkeiten knapp werden. Auch wurden die Live-Streaming-Ausstattungen in kleinere Hörsäle und Räume verlegt, um nicht unnötig große Hörsäle zu blockieren.

Auch wenn die TU Graz also darum bemüht ist, möglichst viele Präsenzangebote zu realisieren, sollen **verstärkt Online-Aktivitäten und -Phasen** angeboten und eingebunden werden, wo immer es möglich und didaktisch sinnvoll ist. In der Lehrveranstaltungsmeldung werden die bestehenden Regularien zu Abschlussprüfungen bei Vorlesungen und eine Genehmigungspflicht von Lehrveranstaltungen, bei denen der Anteil der Online-Lehre über 20 % liegt, vorerst ausgesetzt. Wir hoffen, dass dieser Spielraum genutzt wird und nun – mit mehr Vorbereitungszeit – auch methodisch-didaktische Überlegungen eine größere Rolle spielen können. Parallel dazu soll eine interne Arbeitsgruppe die bestehende Richtlinie überarbeiten, um zukünftig Online-Lehre besser integrierbar zu machen.

Für das LLT-Team ist auch die kommende Phase eine Herausforderung: Der Supportaufwand, aber gleichermaßen das Verständnis und Mitwirken der Lehrenden war zu Beginn der Covid-19-Phase sehr hoch. Hier wirkte vielleicht auch das ausgeprägte ingenieurswissenschaftliche Verständnis der Lehrenden an einer TU für eine höhere Bereitschaft, die vorgeschlagenen und eingeschlagenen Problemlösungen zu unterstützen (Ebner et al., 2020b). Dieses Verständnis ist im Verlauf des Frühjahrs kleiner geworden, als klar wurde, dass es sich nicht um eine kurze, einmalige Ausnahmesituation handelt, sondern um eine länger andauernde Veränderung des Alltags, eben auch als Lehrende. Das LLT-Team freut sich darüber, dass die vielen Sprünge ins kalte Wasser im Rahmen der Covid-19-Krise Lehrenden geholfen haben, manche Vorurteile gegenüber der Online-Lehre auszuräumen, und möchte denjenigen, die bisher nicht so gute Erfahrungen gemacht haben, natürlich helfen, positive zu machen. Das LLT-Team wird die Lehrenden hierbei mit seiner Expertise begleiten, und sieht den Anforderungen mit Interesse entgegen, bieten diese doch auch wieder die Möglichkeit, Lehrende dabei zu unterstützen, Neues auszuprobieren, und Hürden und Vorurteilen bei der Umsetzung neuer Ansätze und Medien zu begegnen.

## Literatur

Ebner, M.; Haintz, C.; Pichler, K. & Schön, S. (2014). Technologiegestützte Echtzeit-Interaktion in Massenvorlesungen im Hörsaal. Entwicklung und Erprobung eines digitalen Backchannels während der Vorlesung. In: K. Rummler (Hrsg.), Lernräume gestalten – Bildungskontexte vielfältig denken, GMW 2014 Tagungsband, Münster: Waxmann, S. 567–578. URL: https://www.waxmann.com/fileadmin/media/zusatztexte/3142Volltext.pdf; URL Beitrag (Kommentierbar): https://2014.gmw-online.de/567/.

Ebner, M., Khalil, M., Schön, S., Gütl, C., Aschemann, B., Frei, W., & Röthler, D. (2017). How Inverse Blended Learning Can Turn Up Learning with MOOCs? Proceedings of the International Conference MOOC-MAKER 2017, Antigua Guatemala, Guatemala, November 16–17, 21–30.

Ebner, M. & Schön, S. (2016). Lernvideo-Canvas. FNMA Magazin. 03/2016, S. 11–12. URL: https://www.fnm-austria.at/fileadmin/user_upload/documents/Magazin/2016-03.pdf

Ebner, M., & Schön, S. (2019). Inverse Blended Learning – a didactical concept for MOOCs and its positive effects on dropout-rates. In: M. Ally, M. Amin Embi & H. Norman (Hrsg.), The Impact of MOOCs on Distance Education in Malaysia and Beyond. London: Routledge.

Ebner, M., Schön, S., & Braun, C. (2020a). More Than a MOOC—Seven Learning and Teaching Scenarios to Use MOOCs in Higher Education and Beyond. In: S. Yu, M. Ally, A. Tsinakos (Hrsg.), Emerging Technologies and Pedagogies in the Curriculum. Bridging Human and Machine: Future Education with Intelligence (S. 75–87). Singapore: Springer.

Ebner, M., Schön, S., Braun, C., Ebner, M., Grigoriadis, Y., Haas, M., Leitner, P., & Taraghi, B. (2020b). Covid-19 Epidemic as E-Learning Boost? Chronological Development and Effects at an Austrian University against the Background of the Concept of "E-Learning Readiness". Future Internet, 2020, 12, 94.

Ebner, M.; Schön, S. & Nagler, W. (2013). Einführung. Das Themenfeld „Lernen und Lehren mit Technologien". In: M. Ebner & S. Schön (Hrsg.), L3T, Lehrbuch für Lernen und Lehren mit Technologien. URL: https://l3t.eu/homepage/das-buch/ebook-2013/kapitel/o/id/109/name/einfuehrung

Govindasamy, T. (2011). Successful implementation of e-Learning Pedagogical considerations. Internet High. Educ. 2001, 4, 287–299.

Hodges, C.; Moore, S.; Lockee, B. Trust, T.; & Bond, A. (2020). The difference between emergency remote teaching and online learning. Educ. Rev. 2020. URL: https://er.educause.edu/articles/2020/3/the-difference-between-emergency-remote-teaching-and-online-learning

Lane, A. (2008). Reflections on sustaining Open Educational Resources: an institutional case study. eLearning Papers, 10.

Osterwalder, A., & Pigneur, Y. (2010). Business Model Generation – A Handbook for Visionaries, Game Changers and Challengers. John Wiley and Sons, Inc., Hoboken, New Jersey.

Schaffert, S., & Geser, G. (2008). Open Educational Resources and Practices. eLearning Papers, 7.

Schön, S., Atenas, J., & Ebner, M. (2018). OER Canvas. Open Knowledge Foundation International, UR https://education.okfn.org/handbooks/oer-canvas/

Technische Universität Graz (2017). Richtlinie des Rektorats und des Senats zu: "Virtuelle Lehre an der Technischen Universität Graz". TU Graz: RL 94000 VILE 078–01. 2017.

Technische Universität Graz (2019). Booklet: Lehre an der TU Graz. Studienrechtliche Fragen und Antworten. Stand September 2019. Graz: TU Graz.

Technische Universität Graz (2018). Satzungsteil Studienrecht der Technischen Universität Graz, SA 92000 STSR 124–01. Beschluss des Senates vom 25. Juni 2018. Graz: TU Graz.

Wieser, V. (2020). Good Practices in der Lehre in Zeiten von Covid19 – Ergebnisse einer Befragung von Studierenden der TU Graz. Unveröffentlichte Bachelorarbeit, Abschluss erwartet für November 2020. Graz: TU Graz.

# Technologien und Techniken in der (Online-)Lehre: Video, PodCast und Partizipation

**17**

Andreas Hebbel-Seeger

**Zusammenfassung**

Die Corona-Pandemie stellte und stellt noch immer eine fundamentale gesellschaftliche Herausforderung mit Auswirkungen auf nahezu alle Lebensbereiche dar. Buchstäblich über Nacht sahen sich zum Start des Sommersemesters 2020 die Hochschulen mit der Aufgabe konfrontiert einen Lehrbetrieb unter den Bedingungen eines „Lockdowns“ mit ausschließlich medienvermittelten Formaten zu realisieren. Damit waren nicht nur für alle Beteiligten enorme Aufwände verbunden, sondern in der Umsetzung wurde wie unter einem Brennglas deutlich, wo digitale Technologien ein Lernen tatsächlich befördern können (und wo nicht) und was die Nutzung dieser Technologien für Kommunikation, Interaktion und Aktivierung in der Lehre bedeutet. Ausgehend von eigenen Erfahrungen wird im vorliegenden Beitrag der Fokus auf die Nutzung von Videotechnologien und PodCast gelegt: Das in einem Blended-Learning-Format angelegte und Technik-orientiere Enabling von Lehrenden wird beschrieben, Beispiele des Einsatzes von Videos in unterschiedlichen didaktischen Settings reflektiert und der Wert eines PodCast für Motivation und Weiterbildung diskutiert.

A. Hebbel-Seeger (✉)
Professor für Medienmanagement am Campus Hamburg, Hochschule Macromedia, Hamburg, Deutschland
E-Mail: a.hebbel-seeger@macromedia.de

 
U. Dittler und C. Kreidl (Hrsg.), *Wie Corona die Hochschullehre verändert*,
https://doi.org/10.1007/978-3-658-32609-8_17

## 17.1 Einleitung

Die Nutzung zeitgemäßer und damit digitaler Medien ist spätestens seit dem ausgehenden 20. Jhd. ebenso ein Forschungsgegenstand wie eine hochschuldidaktische Forderung (Schulmeister 1997 [34]; Ehlers 2017 [4]; Pietras 2017 [24]). In der Folge haben Hochschulen in eine digitale Infrastruktur investiert, die eine Online-Konnektivität on Campus sicherstellt und mit Lernmanagementsystemen unterschiedlicher Provenienz die Hochschule in den digitalen Raum verlängert. Service-Angebote binden Studierende wie Lehrende in Verwaltungsaufgaben ein und verlagern damit gleichzeitig auch entsprechende Aufgaben, von der Einschreibung bis hin zur Leistungserfassung. Im Bibliothekswesen sind nicht nur Recherchen Ort und Zeit unabhängig möglich, sondern vielfach auch die Publikationen selbst derart zugänglich. Als „Open Educational Ressources" (OER) (Ebner & Schön 2018) [4] lassen sich Erkenntnisse und Materialien des akademischen Wirkens auch ohne „Zwischenhändler" mit anderen teilen. Die „digitale Transformation" der Hochschule vollzieht sich mithin auf den verschiedensten Ebenen und die oben skizzierten Beispiele stellen lediglich eine willkürliche Auswahl dar.

In der Lehre haben digitale Medien vor allem Präsentationsformen verändert und neue Möglichkeiten der Visualisierung von Lerninhalten geschaffen, denen die IT-Infrastruktur mit Computerarbeitsplätzen und Beamern und bisweilen auch Smartboards beinahe flächendeckend in allen Lernräumen Rechnung trägt. Unterrichtsmethodisch hat dies allerdings einen vergleichsweise geringen Niederschlag gefunden; und zwar in der analogen Präsenzlehre ebenso wenig wie im Kontext „virtueller" Angebote, wie bspw. MOOCs (Massive open online courses), bei welchen die Lehrenden anstelle der Präsenzsituation im Hörsaal nun „aus der Konserve" kommen, dabei aber vielfach als „Talking Heads" auch „nur" zu *Powerpoint*-Inhalten sprechen (Reutemann 2019) [27].

In der Breite haben digitale Medien daher vor allem das Analoge ersetzt; an die Stelle von Kreidetafel und Dia-Projektion ist das Beamer-Bild getreten und ergänzende Literatur wird nicht mehr in Handapparaten zugänglich gemacht, sondern in Form digitaler Dokumente. Entsprechend fungieren Lernmanagementsysteme bisher vor allem als Dateiablagen und digitale Medien werden insgesamt vor allem als Content interpretiert und kaum als Aneignungswerkzeug eingesetzt.

Das ist die, sicher zugespitzte, Beschreibung der Ausgangslage zu Beginn des „Corona"-Sommersemesters 2020 an deutschen Hochschulen. Mit dem „Lockdown" im Bildungswesen musste das immerwährende Bemühen um innovative Lösungen für eine erfolgreiche Hochschullehre von Morgen hinter Überlegungen zurücktreten, die eine kurzfristige und wenigstens basale Aufrechterhaltung eines Hochschulbetriebs unter den gebotenen Kontaktbeschränkungen einerseits und den jeweils gegebenen technologischen, technischen und personellen Möglichkeiten und Gegebenheiten (Kompetenzen und Ressourcen) andererseits in den Fokus zu nehmen hatten.

Die genannten Variablen machen bereits deutlich, dass es selbst unbesehen der regionalen Differenzen in den Vorgaben des Gesundheitsschutzes und der

Pandemiebekämpfung keine einheitlichen Lösungen geben konnte. Zu sehr unterscheiden sich Hochschulen und Universitäten in ihrer Größe, Organisationsstruktur, Raumausstattung, IT-Infrastruktur, den Anforderungen der Fachdisziplinen usw. Die in der Folge hier skizzierten Maßnahmen und Erfahrungen sind daher nicht uneingeschränkt übertragbar, sondern erklären sich ausdrücklich vor dem Hintergrund einer staatlich anerkannten Privathochschule mit derzeit 109 Professorinnen und Professoren, mehreren hundert Lehrbeauftragen und ca. 5.000 Studierenden an bundesweit sieben Standorten mit einem breit gefächerten Angebot, das von künstlerisch-gestalterischen bis hin zu wirtschaftswissenschaftlichen Studienfächern reicht.

## 17.2 Von on site zu online

Zum Studienstart Mitte März 2020 stellte sich die Pandemie-bedingte Situation in der Bundesrepublik Deutschland unübersichtlich dar: Bayern, das Bundesland der ersten nachgewiesenen Covid-19-Fälle in Deutschland, verfügte als erstes Bundesland die Schließung von Betreuungs- und Bildungseinrichtungen; vom Kindergarten bis zur Hochschule. Andere Bundesländer folgten und wieder andere zögerten zunächst noch mit Maßnahmen, die als „Lockdown“ inzwischen hinlänglich bekannt sind. Ähnlich indifferent erfolgte im föderalen Verbund die Festlegungen auf Zeiträume der verfügten Maßnahmen zur Eindämmung der Pandemie bis zu einer jeweils erneuten Überprüfung.

Während am Campus Hamburg der Hochschule Macromedia die Studienanfängerinnen und -anfänger zum Start des Sommersemesters 2020 noch am Campus begrüßt wurden, musste der Campus München bereits geschlossen bleiben. Zu diesem Zeitpunkt waren seriöse Prognosen über das Ausmaß der notwendigen Pandemie bedingten Einschränkungen und deren zeitliche Dauer kaum möglich. Gleichwohl musste eine gebotene Schließung über Wochen hinaus zumindest als Möglichkeit in Betracht gezogen werden. Einen in der Folge über Monate andauernden „Lockdown“ haben zu diesem Zeitpunkt indes vermutlich die Wenigstens befürchtet.

Insofern muss die strategische Entscheidung, an Stelle zögerlichen Zuwartens unverzüglich eine kurzfristige Umstellung des gesamten Lehrbetriebs von einem On-Site-Präsenzunterricht auf ein Online-Studienangebot zu wagen, als maßgeblich für das spätere Gelingen eines funktionierenden Lehrbetriebs an der Hochschule Macromedia angesehen werden. Begünstigt wurde diese Entscheidung mit der Verfügbarkeit und ausreichend hohen Skalierbarkeit der Kommunikationsplattform *Teams* als bis dahin weitgehend ungenutzten Bestandteil einer bereits implementierten hochschuleigenen *Microsoft Sharepoint*-Lösung. Das in Ergänzung zur Präsenzlehre bis dahin an der Hochschule Macromedia verwendete Lernmanagement system *Moodle* bot in der genutzten Instanz keine audiovisuellen Echtzeit-Kommunikationsmöglichkeiten und schied daher als Option für eine Adaption der gewohnten On-Site-Lehre im virtuellen Raum aus.

Ein weiter Baustein für das Gelingen einer kurzfristigen Umstellung von einer am Campus geplanten Präsenzlehre auf ein vollumfängliches Online -Angebot darf darüber hinaus in der hochschulinternen Kommunikation gesehen werden, deren verantwortliche und transparente Gestaltung über alle Statusgruppen hinweg für ein Committment sorgte, das bei allen Beteiligten, von der Verwaltung bis zur Fakultät, die notwendige Bereitschaft und ein hohes Engagement beförderte: Auf administrativer Seite galt es innerhalb eines gesetzten Zeitraums von 14 Tagen (dem Wunsch geschuldet, Semestertermine einschließlich der Prüfungsphase mit der Umstellung auf Online-Lehre und einem lediglich leicht verspäteten Start in die Vorlesungszeit möglichst wenig zu tangieren) die Lehrplanung im Präsenzunterricht organisatorisch-strukturell in Team(s)-Räumen abzubilden, während die Lehrenden, vom akademischen Mittelbau über Lehrbeauftragte bis zur Professorenschaft, ganz praktisch einer basalen Einführung in die bis dahin noch nicht genutzte und mithin im Kreise der Hochschullehrenden weitgehend unbekannte Kommunikationslösung *MS Teams* einschließlich der damit einhergehenden (zunächst ganz grundsätzlichen) didaktisch-methodischen Implikationen bedurften.

## 17.3 Blended Learning als Starthilfe für Lehrende

Um überhaupt die Grundvoraussetzungen für einen Online-Lehrbetrieb sicherzustellen, bestand die erste Herausforderung darin, in möglichst kurzer Zeit Lehrbeauftragte wie hauptamtlich Lehrende mindestens mit der Bedienung der ausgewählten Plattform vertraut zu machen; von der Studierendenverwaltung, über Dateiablagen bis zur Durchführung von Livesessions einschließlich der Möglichkeit Bildschirminhalte zu teilen, Präsentationen vorzuführen und einfache Dialogmöglichkeiten einzubinden.

Zwar weist Ehlers darauf hin, „dass Digitalisierung nicht als Technisierung, sondern als Ermöglicher für didaktische Phantasie in der Lehre steht“ (2017, S. 48) [4], sich die Qualifikation von Lehrkräften mithin nicht auf verwendete Technologie und technische Bedienung beschränken darf. Und auch Reinmann äußert sich ähnlich, indem sie davor warnt „Lehrende eindimensional für den digitalen Wandel „fit“ zu machen“ (2019, S. 232) [26]. Beide Autoren haben dabei jedoch einen generischen Prozess vor Augen, der idealtypisch Mediennutzung und Reflexion im Sinne eines „Digital Scholarship of Teaching“ (Huber 2014) [12] verbindet. Die Umstellung auf ein vollständig digital gestütztes Lehrangebot im sog. Corona-Sommersemester 2020 erfolgte jedoch abrupt und disruptiv. Entsprechend konnte es daher zunächst nur darum gehen, den Lehrenden zu helfen, ihre plötzlich nur noch digital verfügbaren Klassenräume, metaphorisch gesprochen, zu finden und aufzuschließen. Eine kritische Reflexion und Weiterentwicklung dessen, womit dort wie agiert wird, war zu Beginn (noch) gar nicht möglich. Immerhin, und das ist das positive Momentum dieser Situation, war die besagte Reflexion von Anfang an angelegt: Indem sich niemand mehr der Nutzung digitaler Medien entziehen konnte, stellten sich für alle gleichermaßen die „mit dem Einsatz von neuen Medien […verbundenen] lernorganisatorischen und didaktischen Fragen (endlich) wieder neu" (Ehlers 2017, S. 55) [4].

Am Campus Hamburg haben wir zum Zweck der ersten „Ermöglichung" auf ein hinsichtlich der Einstiegskompetenzen gestuftes Blended Learning-Konzept mit einem möglichst ebenso hohen wie flexiblen Präsenzanteil zu Beginn gesetzt, um etwaigen, aus einer allgemeinen Technologie-Skepsis ebenso wie aus einfachen Usability-Problemen herrührenden Ressentiments durch eine Echtzeitkommunikation in Kleingruppen vorzubeugen. Dafür wurde zunächst ein sehr kurzes, kaum mehr als 90 s. dauerndes Video produziert, das nicht mehr enthielt als eine Visualisierung und Kommentierung von Download, Installation und Log-In eines *Teams*-Clients bis hin zu einem Beitritt in ein „Team" (virtueller Gruppenraum in der Terminologie der verwendeten Software *Teams* von *Microsoft*), das in der Folge für Fortbildung und Austausch genutzt werden sollte.

An dieser Stelle wurde bewusst auf eine Einführung in die Grundfunktionen der Software verzichtet, um einerseits schon mit der begrenzten Länge des Videos und den basalen Themen eine Einfachheit zu suggerieren und andererseits die zeitlichen wie inhaltlichen Einstiegshürden so klein wie möglich zu halten, sodass in einer folgenden Präsenzsession die Kolleginnen und Kollegen direkt „abgeholt" werden konnten.

Dieses „Abholen" erfolgte dann in der *Teams*-Umgebung selbst zu einem von mehreren alternativ angebotenen Terminen online. So konnten die jeweiligen Gruppengrößen möglichst klein gehalten werden, um allen jeweils Teilnehmenden ausreichend Raum für individuelle Nachfragen bieten zu können.

Parallel dazu wurde ein mit knapp 14 min. nun zeitlich deutlich längeres Tutorial-Video erstellt, das die Themen der eben skizzierten Einführungssessions beinhaltete. Auf der einen Seite sollte damit auch Kolleginnen und Kollegen, die aus welchen Gründen auch immer an den verschiedenen Einführungsterminen nicht teilnehmen wollten oder konnten, eine – auf die *Teams*-Instanz der Hochschule abstimmte – Informationsmöglichkeit geboten werden. Auf der anderen Seite sollte das Video den Teilnehmerinnen und Teilnehmern an den Einführungssessions als Möglichkeit zur Rekapitulation dienen.

Die eingangs genannte „Stufung" in dem hier skizzierten Enabling-Konzept setzt entsprechend an dieser Stelle ein. Denn auf darüberhinausgehende, thematisch gesetzte Workshops oder Tutorials wurde bewusst verzichtet, sondern in häufigen, mit jeweils ca. 45 min. Umfang vergleichsweise kurzen, voneinander unabhängigen und ausdrücklich als „on-demand"-Angebot angelegten Folgeterminen spontan an den sich auf unterschiedlichen Kompetenzstufen bewegenden Fragen und Anliegen der Teilnehmerinnen und Teilnehmern gearbeitet. Diese Sessions wurden mit dem Einverständnis der Beteiligten jeweils aufgezeichnet, die Aufzeichnungen im Nachgang gesichtet und, wo immer es sinnvoll schien (weil sich Fragen zu bestimmten Inhalten/Funktionen häuften oder behandelten Themen eine über den Einzelfall hinausgehende Relevanz beigemessen wurde), aus den Mitschnitten kurze Video-Clips herausgeschnitten, deren Länge zwischen 30 s. und 2 min. variierte. Diese von uns als „Quick-Clips" titulierten Videos addierten sich in der Folge zu einer audiovisuellen Bibliothek mit zuletzt weit über

40 Items, die über die an *Teams* angeschlossene Videoplattform *Streams* für einen internen Gebrauch zugänglich gemacht wurden.

Es zeigte sich, dass mit dem Format der „Quick-Clips“ eine hohe Akzeptanz und der intendierte Nutzen erreicht werden konnte. Dafür sprechen auf der einen Seite über 400 Aufrufe in den ersten Semesterwochen (bei rund 15 hauptamtlich Lehrenden und etwas mehr als 50 Lehrbeauftragten am Campus Hamburg) und der gleichzeitig abnehmende Bedarf an unmittelbarem Support über die in den ersten Semesterwochen in hoher Frequenz angebotenen „On-Demand“-Session (s. o.).

Der Erfolg dieses Vorgehens erklärt sich zunächst aus den Produktionsbedingungen: Die „Quick-Clips“ wurden basierend auf den Aufnahmen von Live-Session erstellt, woraus sich eine hohe Authentizität ableitet: Das Zeigen bestimmter Abläufe funktionierte, wie auch in Real-Life-Anwendungssituationen, keineswegs immer reibungslos und wie geplant und Nachfragen aus dem (virtuellen) Auditorium waren stets „echte“ Fragen.

Der Rückgriff auf die Aufzeichnungen der Life-Sessions bedingte ferner, dass die behandelten Themen direkt an den Bedürfnissen der Kolleginnen und Kollegen ausgerichtet waren, denn nur was dort nachgefragt wurde, konnte auch zu einem „Quick-Clip“ verarbeitet werden. Der offene Charakter der „On-Demand“-Session bot darüber hinaus ausreichend Raum auch für das Teilen von Erfahrungen und Ideen aus dem Kreise der Teilnehmerinnen und Teilnehmer, was nicht nur die jeweiligen Sessions inhaltlich bereicherte und im Sinne Ryan & Deci‘s (2017) [30] „Self-Determination Theory“ sicher positiv auf die Motivation ausstrahlte, sondern auch die thematische Breite der jeweils darauf aufsetzenden „Quick-Clip“ tangierte, indem hier Inhalte zum Tragen kamen, die in der Planung von uns (noch) gar nicht in Betracht gezogen worden waren.

Der Fokus auf einzelne Aspekte, Fragen und Anliegen bei zeitlicher Limitierung in der Videoproduktion durch Reduktion und Schnitt stellte einen weiteren Mehrwert der „Quick-Clips“ dar, weil damit den Nutzern schnelle Antworten auf jeweils sehr konkrete Fragen im Umgang mit der Plattform Teams vorgefertigt werden konnten.

Und schließlich bot das skizzierte Vorgehen für uns die bestmögliche Adaption an den sich kurzfristig ergebenen Schulungs- und Supportbedarf. Denn für eine Vorproduktion von Inhalten wäre aufgrund der Kurzfristigkeit ohnehin keine Zeit gewesen.

## 17.4 Video als multifunktionales Werkzeug

Nicht erst mit dem sog. Corona-Semester und dem damit verbundenen Shift zu einer ausschließlich medienvermittelten Kommunikation in der Hochschullehre spielen Videos (auch) in akademischen Lern- und Vermittlungsprozessen eine besondere Rolle. In diesem Sinne stellen Antretter et al. (2014, S. 9) [1] fest, dass „audiovisuelle Medien (kurz Videos) im Unterricht … mehr oder weniger seit dem Aufkommen des Fernsehen ein großes Thema [sind]“, während Persike (2020, S. 272) [22] betont, dass „mit dem

Beginn der digitalen Transformation von Hochschullehre … die Bedeutung des Lernvideos zur Vermittlung akademischer Inhalte dramatisch gewachsen [sei]".

Das hängt zunächst mit den genuinen Möglichkeiten des Mediums zusammen:

> „Videos können theoretische Sachverhalte anschaulich machen und Vorgänge illustrieren, die anders nur schwer beobachtbar wären. Videos bieten einen Fokus für situiertes Lernen, für Perspektivenwechsel, für Selbstreflexion und Diskussion innerhalb einer Lerngruppe" (Petko & Reusser 2005, S. 1) [23].

Daraus leitet Persike mögliche Vorteile für Studierende ab, indem Videos

> „zeitliche und örtliche Flexibilität [gewährleisten], … Überschneidungsfreiheit zwischen konkurrierenden Veranstaltungen ermöglichen, … selbstgesteuertes und wiederholbares Lernen [erleichtern] und … kollaborative Lernprozesse zwischen örtlich verteilten Lernenden sowie Lehrenden vereinfachen" (Persike 2018, S. 46) [21].

Die besondere Bedeutung von Video erklärt sich darüber hinaus aber auch durch die Trivialisierung des Mediums und Durchdringung im Grunde aller Gesellschaftsbereiche, mit der eine immer und überall für jede und jeden währende Verfügbarkeit einhergeht; und zwar sowohl zu Rezeptions- wie zu Produktionszwecken. Maßgeblich ist dafür die technologische Entwicklung mit einer weitreichenden Medienkonvergenz auf mobilen Endgeräten. Gleichzeitig befördern auf der Ebene der Inhalte Online-Technologien Zugang, Verbreitung und Reichweite.

Videotechnologien bieten damit in geradezu idealtypischer Weise eine Möglichkeit das „klassische" Format akademischer Lehre, die Vorlesung, über Raum- und ggf. auch Zeitgrenzen hinweg zu transportieren und hinsichtlich der Rezeption beinahe unendlich hoch zu skalieren. Denn der virtuelle Hörsaal kennt keinen Mangel an „Sitzplätzen" und wird hinsichtlich seiner Kapazität allein durch die jeweilige Serverleistung determiniert. Beinahe parallel zur technologischen Entwicklung öffneten sich entsprechend Hochschulen mit MOOCs neuen Zielgruppen und hofften Content-Broker auf damit verknüpfte Geschäftsmodelle (Schulmeister 2013) [37].

Die Videos zueigene Multimedialität wird einerseits als Mehrwert verstanden, indem bspw. die in der konstruktivistischen Didaktik (Reich 2008) [25] wichtige Situierung von (Lern-)Inhalten möglich ist. Andererseits können damit aber auch „die Anforderungen an Aufmerksamkeit und Verarbeitungskapazität erheblich ansteigen" (Persike 2018, S. 48) [21] und sich ein lernförderlicher Effekt, resultierend aus der Kombination von Bild, Ton und ggf. Text, „überhaupt nur dann [einstellen], wenn diese einen inhaltlichen Bezug zum Lerninhalt haben bzw. lernrelevante Informationen vermitteln" (Scheiter et al. 2020, S. 37) [32]. Während dies bei modellorientiertem Vorgehen naturgemäß i. d. R. gegeben ist, besteht insbesondere bei Videos, die eher problembasierte Lernprozesse (Petko & Reusser 2005, S. 1) [23] adressieren, die Gefahr, dass z. B. metaphorisch gedachte oder primär ästhetisch motivierte Visualisierungen zu „Seductive Details" (Ruddy 2018) [29] mit entsprechend negativer Interferenz mit dem intendierten Lernprozess verkommen:

> „We should expect that the inclusion of seductive details in video lectures will increase interest but ultimately distract student attention and harm learning" (Maloy et al. 2019, S. 3)[1] [18].

Eine weitere Besonderheit von Video ist schließlich die im Medium angelegte Wirkung, welche Rezipienten derart in ein visualisiertes Geschehen hineinzuziehen vermag, dass Zeit- und Raumgrenzen verschwimmen. Diese „Immersion" wird mit neuen Technologien für die Produktion (360-Grad-Kameras) sowie die Projektion (Head-Mounted -Displays) weiter befördert (Hebbel-Seeger 2018) [7] und lässt entsprechend erstellte Vorlesungsaufzeichnungen für die Studierenden derart erlebbar werden, als säßen sie „wirklich" im abgebildeten Geschehen (Hebbel-Seeger et al. 2019) [9].

Die Möglichkeit zur freien Exploration eines videografierten Geschehens hat über den Erlebnischarakter hinaus Einfluss auf den oben bereits angesprochenen Aspekt der Situierung, der bei der Einbettung eines (Lern-)Gegenstandes in einen komplexen Handlungsraum in einem 360-Grad-Video an Stärke gewinnt. Gleichzeitig steigt damit der über das Video hinausgehende Kommunikationsbedarf bei einer interindividuellen Auseinandersetzung, der nach einem Aushandeln von Perspektiven verlangt (Hebbel-Seeger & Vohle, i.D.) [10].

Es überrascht daher, dass angesichts der oben lediglich überblicksartig zusammengetragenen Aspekte und der von verschiedenen Autoren hervorgehoben einfachen Erstellung und Einbindung von Lernvideos in die Lehre (Knigge & Simon, 2013 [15]; Börner et al., 2016 [2]; Persike 2020 [22]), gerade im vollständig online realisierten Sommersemester 2020 und einer im Kontext der medienvermittelten Kommunikation „gesetzten" Nutzung von Audio und Video sich zumindest an der Hochschule Macromedia die Videonutzung nicht substantiell von den bis dahin gewohnten On-Site-Szenarien zu unterscheiden schien.

Ein möglicher Grund dafür ist möglicherweise genau in der besonderen Form der Präsenzlehre als audiovisuelle Kommunikation zu sehen. Die videobasierte Lehre stellte einerseits eine neue Herausforderung für die Lehrenden dar, welcher mit einer Adaption des Bewährten begegnet wurde. Andererseits ließ die audiovisuelle Kommunikation Lehrende nach Lösungen suchen, dieses Medienformat eher zu ergänzen oder zu überwinden. Ein Video im (Streaming-)Video schien manchen eher absurd als eine gute Idee zu sein.

Dagegen zeigte sich, dass eine zuvor bereits partiell erfolgte Videonutzung im Sinne eines „Social-Video-Learning" (Krüger et al., 2012 [17]; Vohle & Reinmann, 2012b [43]; Vohle 2016 [41]) unter den Bedingungen einer ausschließlich online angebotenen Lehre bei allen Beteiligten an Akzeptanz und Dynamik gewann. Von besonderer Bedeutung scheint mir dafür zu sein, dass die der Kommunikation vorgeschaltete (und für sich

[1] In eigenen Studien konnten die Autoren für die genannte Forschungshypothese jedoch keinen Nachweis führen.

genommen schon lernwirksame) Abstraktion und Inszenierung von Sachverhalten in der Medienproduktion Studierenden nicht mehr als Medienbruch erschien, da die Gesamtkommunikation ja ohnehin medienvermittelt erfolgte. So haben wir in der Vergangenheit in einem ähnlichen Setting, wie Vohle & Reinman (2012a) [42] es für die Videonutzung in Doktoranden-Kolloquien beschreiben, Studierende Ideen für eigene Projekt- und Abschlussarbeiten in kurzen Videos zusammenfassen lassen, um diese nachfolgend von Lehrenden wie Kommilitonen mit Anregen und Fragen kommentieren und rekommentieren zu lassen. Aber erst unter den hier zur Rede stehenden besonderen Bedingungen des Sommersemester 2020 wurde sich aufseiten der Studierenden nicht nur „beteiligt", sondern das Vorgehen explizit positiv goutiert und nachgefragt.

Das Prinzip des „Flipped Classrooms" (Schmidt & Ralph 2016 [33]; und mit Fokus auf die Videonutzung Werner & Spannagel 2018, S. 74 [44]) aufgreifend, haben wir außerdem u. a. externe Vortragsaufzeichnungen den Studierenden als Video mit der Bitte um Kommentierung und Rekommentierung zur Verfügung gestellt und diese Auseinandersetzung zur Grundlage einer nachfolgenden Diskussion mit den dann später als Gäste geladenen Referentinnen und Referenten in Online-Präsenz gemacht; ein Setting, das von allen Beteiligten in dem ansonsten häufig von live gestreamten Monologen dominierten Sommersemester 2020 als ebenso abwechslungsreich wie gewinnbringend wahrgenommen wurde. Denn ebenso wie bei einem Text, erlaubt die mögliche Manipulation der Wiedergabe ein „Springen" innerhalb des Contents, sowie eine wiederholte Betrachtung/Rezeption.

Hierfür haben wir uns eines sehr einfachen, von der University of Minessota entwickelten Online-Tools, „VideoAnt"[2], bedient, das auf der Basis von verlinkten *YouTube*-Videos nach einem Login eine Kommentierung und Rekommentierung von audiovisuellem Content anbietet (Abb. 17.1). Mit der besagten Lösung sind allerdings weder Millisekunden genaue Markierungen möglich, noch können Hervorhebungen im Content selbst, z. B. mit Kreisen, Pfeilen o.ä., vorgenommen oder die Sichtbarkeit von Kommentaren über Aufgaben oder die Zeit gesteuert werden, wie dies bspw. mit LMS-PlugIns oder komplexen LMS-Lösungen aus dem Hause *Ghostthinker*[3] möglich ist, die uns lediglich in einer ausgewählten forschungsorientierten Lehrveranstaltung im Kontext eines gemeinsamem Verbundprojektes zur Verfügung standen. Auch sind die mit der *Facebook*- oder *Google*-Authentifizierung für *VideoAnt* sowie der Nutzung des Content-Hubs *YouTube* verbundenen Implikationen für den Datenschutz zu diskutieren.

Insgesamt schaffen Videos ein authentisches Setting, das ohne Handlungsdruck wiederholt und frei von Handlungskonsequenzen exploriert werden kann. Videos bieten sich für eine (Selbst-)Reflexion ebenso an wie als Möglichkeit, die eigene Weltsicht (im wahrsten Sinne des Wortes) zu konservieren und anderen zugänglich zu machen. Über

[2] https://ant.umn.edu

[3] https://www.edubreak-sportcampus.de/

**Abb. 17.1** Screenshot der Benutzeroberfläche von VideoAnt mit dem audiovisuellen Content im linken oberen Fenster, der darunter liegenden Timeline mit den Markierungen für vorgenommene Kommentare sowie den Kommentarfeldern auf der rechten Seite. (Quelle: Eigene Darstellung)

die Manipulation von zeitlichen Verläufen lassen sich bisweilen neue Informationen erschließen, wenn bspw. Bewegungsabläufe in ihrer Geschwindigkeit verändert und/oder die Abspielrichtung umgekehrt wird (Hebbel-Seeger 2019, S. 122) [8]. Das in einem Video Gesehene regt zu einem kommunikativen Austausch an, der wiederum am Video selbst festgemacht, sowie durch weitere Videos ergänzt und fortgeführt werden kann. Über die Rezeption hinaus befördern auch Konzeption und Produktion von Videos Lern- und Verstehensprozesse, weil dafür Abstraktion eine notwendige Voraussetzung ist. Videos stehen für die Dissemination von Forschungsergebnissen ebenso wie sie, bspw. in der Unterrichtsforschung, als Forschungsgegenstand dienen.

Doch auch wenn Videos mithin als idealtypisches Medium (oder eben „multifunktionale Werkzeuge“ s. o.) für eine Nutzung in den „klassischen“ didaktischen Szenarien, vom Lernen am Modell über das Fallbasierte Problemlösen bis hin zur (Selbst-) Reflexion, erscheinen, ist der tatsächliche Einsatz kein Selbstgänger. Neugierde, Experimentierfreude und die Bereitschaft zum Wagnis bedürfen einer institutionellen Rahmung; ebenso wie Kommunikation und Austausch über gelungene Praxis. Das steht für die Zukunft noch aus…

## 17.5 PodCast als Hilfestellung und Committment

Die Transformation des On-Site-Lehrbetriebs auf ein Online-Angebot in Präsenz erschöpft sich nicht in einer technologischen Lösung einerseits und einem Beherrschen der technischen Bedienung andererseits. Und auch wenn eine Unterscheidung von analoger und digitaler Lehre auf der Prozessebene wenig sinnvoll erscheint (Schulmeister & Löviscach, 2017 [39]; Kerres 2018 [14]), da „Lernen und Bildung … weder analog noch digital [sind]" (Mayrberger 2018, S. 39) [19], stellte (und stellt) der Shift von einer Lehrtätigkeit in Hörsaal oder Seminarraum zu einem virtuellen Unterrichtsort neue Anforderungen an alle Beteiligten. Denn eine an den situativen (und medialen) Bedingungen und Möglichkeiten angepasste Lehre ist (auch) erfahrungsgetrieben. Über einfache Video-Konferenzen hinausgehende Erfahrungen in der ausschließlich medienvermittelten Weitergabe von Wissen, sowie dem Anregen und Anbahnen akademischer Lern- und Forschungsprozesse, lagen jedoch zum Start des Sommersemesters im Kollegium allenfalls vereinzelt vor.

Entsprechend ließ sich daraus zwar die Bedeutung und Notwendigkeit von hochschuldidaktischen Fortbildungen mit einem Fokus auf die plötzlich zum Regelfall gewordene Online-Lehre gut begründen. Gleichzeitig fehlte es dafür aber gleichermaßen an zeitlichen Ressourcen aufseiten der Zielgruppe, die ihr Lehrdeputat voll erbringen sollte, wie an personellen und materialen Ressourcen aufseiten der Hochschule, überhaupt entsprechende Angebote machen zu können.

Unter diesen Bedingungen haben wir daher im Sinne der von Rieder[4] bereits Ende der 80er Jahre des letzten Jahrhunderts proklamierten Bedeutung „informellen, beiläufigen und inzidentiellen Lernen[s]" (Rieder 1990, S. 82) [28] nach einer niedrigschwelligen Lösung gesucht, welche für die Zielgruppe möglichst belastungsarm und in den persönlichen Alltag einfach zu integrieren sein sollte. Es sollte nicht um das explizite Thematisieren von didaktischen Konzepten gehen, sondern erfolgreiche (Online-)Lehre als Good Practice greifbar und individuell adaptierbar machen und dabei trotzdem die Bandbreite an fachspezifischen Besonderheiten zumindest mitdenken.

Unsere Wahl ist hier auf das Format eines Audio-PodCasts gefallen, von dem wir angenommen haben, dass es im Vergleich zu anderen Medienformaten (insbes. Video) in der avisierten Zielgruppe der Kolleginnen und Kollegen am reichweitenstärksten ist, da das Format zumindest in Deutschland ebenso etabliert wie populär ist. Darüber hinaus steht ein Audio-PodCast für geringe Nutzungshürden bei einer Vielzahl möglicher Endgeräte und gleichzeitig großem Spektrum an Rezeptionskontexten (unterwegs, am Schreibtisch, in der Küche, auf der Schlafcouch, …) (Karla & Hoffmann 2019) [13]. Die von Cebeci & Tekdal [3] mit dem Aufkommen von PodCasts als Bildungsressourcen Mitte der 2000er Jahre genannten Mehrwerte gelten dabei auch heute noch uneingeschränkt:

> „The basic advantage of podcasting in education is the portability and convenience of listening to learning resources anytime and anywhere without requiring extensive technical knowledge" (Cebeci & Tekdal 2006, S. 49) [3].

---

[4]Von ihm jedoch auf das Feld von Bewegung, Spiel und Sport bezogen.

Die Umsetzung erfolgte im Sinn des von Kronen & Karla (2007) [16] skizzierten „model for an institutional use of podcasting“, bei dem in unserem Fall eine aus drei Personen bestehende Steuerungsgruppe als „Knowledge Broker [fungierte], who scans the business environment and the company for relevant knowledge and edits it accordingly.” (Kronen & Karla 2007, S. 220) [16]. Bei bundesweit mehr als 100 Professorinnen und Professoren an den verschiedenen Standorten der Hochschule Macromedia wurden in einem ersten Schnitt relevante Themen und mögliche Besetzungen identifiziert, aus denen im zweiten Schritt eine Auswahl getroffen wurde. Für die spätere Umsetzung war es uns über die thematischen Inhalte hinaus wichtig, sowohl genderneutral zu agieren (d. h. die Anzahl an Kolleginnen und Kollegen ausgeglichen zu halten) wie, der besonderen Organisationsstruktur der Hochschule entsprechend, auch die verschiedenen Standorte zu berücksichtigen. Denn über die intendierte Fortbildungsfunktion hinaus kommt PodCasts zumindest das Potenzial zu, auch emotional-affektiv zu wirken und darüber sich bspw. auch positiv auf das Committment innerhalb einer Hochschule auszuwirken (Huber et al. 2008) [11]. Das setzt eine Identifikation voraus, die (auch) über die einzelnen Peergroups an den Standorten getragen wird.

Die Möglichkeit der Identifikation ist darüber hinaus aber auch inhaltlich determiniert. Wenn der Gap zwischen dem eigenen Wissen und Können zu den im PodCast inszenierten Expertinnen und Experten zu groß erscheint, steht dies einer Aneignung im Wege. Konkrete Anknüpfungspunkte sind notwendig, damit die Unterrichtserfahrung anderer nicht als abstrakt-fernes Geschehen wahrgenommen, sondern als mögliche eigene Lösung erkannt werden kann. Die von uns als Talk-Runden ausgelegten PodCast-Episoden, in denen jeweils eine Moderatorin und ein Moderator mit wechselnden Gesprächspartnern über zuvor gesetzte Themenschwerpunkte sprechen, sollten daher zwar Good Practice transportieren, aber als authentische Reflexion eigener Lehrerfahrungen ausdrücklich auch Experimente benennen und Momente des Scheiterns nicht verschweigen. Die anekdotenhafte Schilderung konkreter Unterrichtserfahrungen sollte somit auch immer mal wieder zum Schmunzeln anregen. Denn das wird in den inzwischen publizierten Episoden mehr als deutlich: Gelingende Hochschullehre muss erfolgreich zwischen dem Lerngegenstand und den Lernenden unter den jeweils spezifischen Bedingungen vermitteln; sie muss dabei aber – ohne hier banalisieren zu wollen – vor allem auch allen Beteiligten Spaß machen.

In der Umsetzung haben wir zunächst eine erste Staffel mit zehn Episoden geplant, die im 14-tägigen Rhythmus erscheinen sollten. Unter dem Titel „LectureCast“[5] ging

[5]Bei der Titelfindung waren wir uns durchaus bewusst, dass der Begriff des „LectureCast“ gemeinhin für die Aufzeichnung und digitale Distribution von Lehrveranstaltungen und Präsentationen steht. In Ermangelung „griffiger“ Alternativen haben wir uns dennoch für die Verwendung in unserem Kontext entschieden, weil damit die zentralen Gegenstände, das „Lecturing“ einerseits und der verwendete Kommunikationskanal, der PodCast, anderseits, benannt sind. Über den Untertitel „Didaktik PodCast der Hochschule Macromedia“ soll ein etwaiges Missverständnis ausgeschlossen werden.

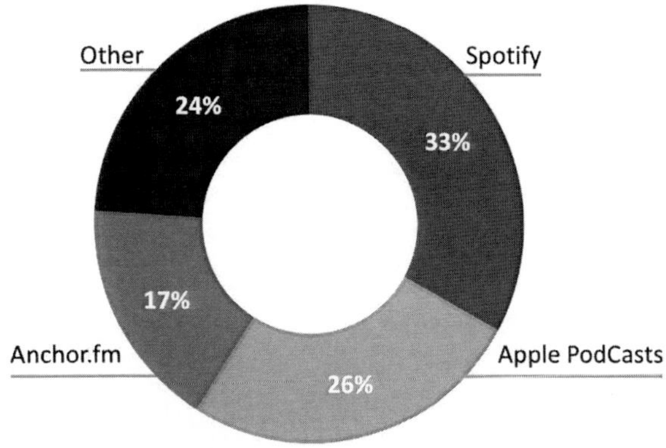


**Abb. 17.2** „LectureCast"-Nachfrage nach Distributionsplattform. Stand 22.08.2020. (Quelle: Eigene Darstellung)

der PodCast Anfang Mai mit der ersten Episode online. Für die Publikation haben wir uns für den inzwischen zum Streaming-Anbieter *Spotify* gehörenden Dienst *Anchor.fm* entschieden, welcher eine automatisierte Distribution über die gängigen PodCast-Plattformen und *PodCatcher*[6] ebenso unterstützt wie manuelle Distributionen auf Basis eines RSS-Feeds. Ausschlaggebend für diese Entscheidung war das Bestreben, unsere Zielgruppe möglichst dort abzuholen, wo sie sich ohnehin schon medial bewegt; insbesondere auf Seiten von Apple und Google oder eben dem Streamingdienst *Spotify*.

Tatsächlich, so zeigt eine Auswertung der Distributionskanäle und Nutzerstatistiken, werden bei einer derzeitigen Verfügbarkeit auf sieben Plattformen allein über *Apple Podcast* und *Spotify* weit mehr als 50 % aller Hörerinnen und Hörer erreicht (Abb. 17.2).

Dabei zeigt die auf den Nutzerdaten[7] von *Spotify* basierende Verteilung auf Altersgruppen, dass wir zumindest über diese Plattform unsere Zielgruppe zu erreichen scheinen (Abb. 17.3), während die auf dem gleichen Datensatz aufsetzende Genderanalyse eine sehr ähnliche Nachfrage der Geschlechter zeigt (Abb. 17.4).

Letzteres ist insofern interessant, als dass das zahlenmäßige Verhältnis von Professorinnen zu Professoren an der Hochschule Macromedia mit ca. 1/3 zu 2/3, wie an vielen anderen Hochschulen auch, bei weitem (noch) nicht ausgeglichen ist. Wenn nun aber, zumindest über den Dienst *Spotify*, die Nachfrage am hier zur Rede stehenden PodCast durch beide Geschlechter annähernd ausgeglichen ist, dann ist zumindest nicht auszuschließen, dass entweder *Spotify* bevorzugt von Akademikerinnen genutzt wird (während die männlichen Nutzer auf anderen Plattformen zu finden sind), dass das PodCast-Format Kolleginnen ganz allgemein stärker anspricht als Kollegen oder aber, dass

[6] „LectureCast" ist aktuell verfügbar über die folgenden Plattformen und Dienste: *Anchor.fm* (anchor.fm/macromedia0), *Spotify* (https://spoti.fi/35Rt04r), *Apple PodCasts* (https://apple.co/30gzrO2), *Google PodCasts* (https://bit.ly/3bv3LGy), *PocketCasts* (https://pca.st/g4qjd5th), *RadioPublic* (https://bit.ly/2WqqJu1) und *Breaker* (https://www.breaker.audio/lecturecast).

[7] Die absolute Stichprobengröße ist leider nicht explizit über das in der Plattform „Anchor.fm" implementierte Analysetool zugänglich.

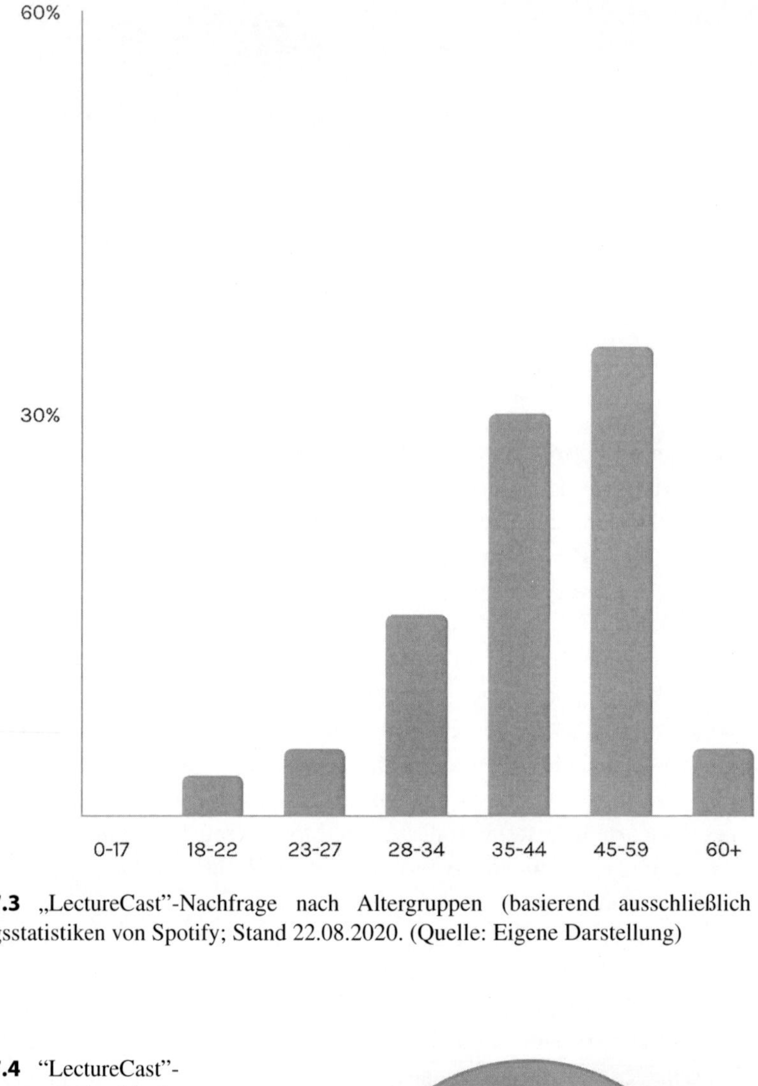


**Abb. 17.3** „LectureCast"-Nachfrage nach Altergruppen (basierend ausschließlich auf den Nutzungsstatistiken von Spotify; Stand 22.08.2020. (Quelle: Eigene Darstellung)

**Abb. 17.4** "LectureCast"-Nachfrage nach Geschlecht (basierend ausschließlich auf den Nutzungsstatistiken von Spotify; Stand 22.08.2020. (Quelle: Eigene Darstellung)

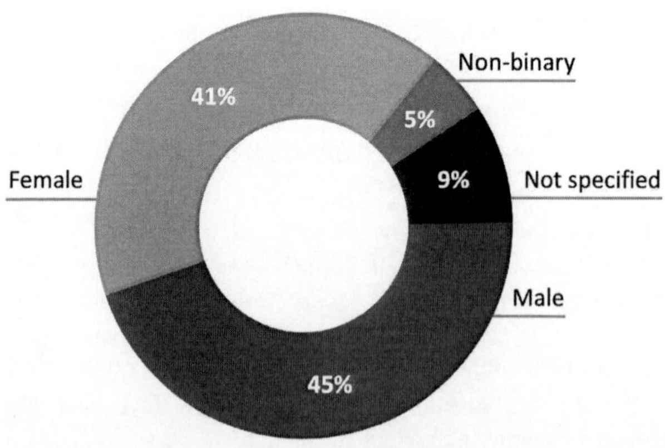

die Bereitschaft und das Interesse an hochschuldidaktischer Fortbildung uneinheitlich ausgeprägt sind.

Weil eine Nutzung des PodCast über die offenen Plattformen nicht auf Mitarbeiterinnen und Mitarbeiter der Hochschule Macromedia beschränkt ist, die Nutzerzahlen insgesamt mit derzeit noch deutlich unter 1.000 Aufrufen vergleichsweise klein sind und außerdem die Geschlechterverteilung lediglich an den Hörerinnen und Hörern über die Plattform *Spotify* festgemacht werden kann[8], muss allerdings ausdrücklich in Betracht gezogen werden, dass es sich hier um ein unsystematisches Artefakt handelt. Gleichwohl sind diese Fragen für eine auf die zukünftige Nutzung von PodCasts als (Fort-)Bildungsressource in der hochschuldidaktischen Qualifikation ausgerichtete Nutzung relevant und bedürfen einer weiteren Untersuchung.

Unbesehen einer diesbezüglich noch ausstehenden Evaluation, interpretieren wir aber die bisherige Nachfrage insgesamt ebenso wie individuelle Rückmeldungen als Beleg für eine grundsätzliche Eignung. Der im Sommersemester 2020 zunächst mit einer Pilot-Staffel erprobte PodCast wird daher im kommenden Semester fortgesetzt werden. Dabei werden die Themen der einzelnen Episoden abgestimmt auf und integriert in eine hochschuldidaktische Initiative, die als Blended-Learning zum kommenden Wintersemester standortübergreifend an der Hochschule Macromedia starten wird.

## 17.6 Studentische Akzeptanz und online Aktivitäten

> „Der abrupte Einstieg in die Online-Lehre im März 2020 erfolgte für Lehrende, die zuvor nur in der Präsenzlehre tätig waren, sehr spontan und ohne eine Phase der Vorbereitung und sorgfältigen Auswahl didaktisch geeigneter Methoden und Techniken. Wider Erwarten fällt das Resümee mit Blick in die Hochschullandschaft in Summe sehr positiv aus" (Weßels 2020) [45].

Das gilt auch für die Akzeptanz des online Studienangebots aufseiten der Studierenden, die an der Hochschule Macromedia bisweilen sogar höher gewesen zu sein schien als beim „klassischen" On-Site-Studienangebot am Campus: Fachübergreifend berichteten die Kolleginnen und Kollegen von einem Partizipationsumfang, der deutlich über dem aus der On-Site-Lehre am Campus gewohnten Maß lag. Dabei ist das Wort „Partizipation" aber durchaus missverständlich. Denn

> „Präsenz im Studium meint Anwesenheit. Nun ist aber nicht jeder, der räumlich anwesend ist, auch geistig präsent, gegenwärtig oder aufmerksam" (Schulmeister 2018, S. 13) [38].

[8]Der Umfang der Verwendung eines eigenen oder Fremd-Accounts sowie die Richtigkeit der hinterlegten personenspezifischen Angaben sind Variablen, die hier nicht abgeschätzt werden können.

In diesem Sinne wählten sich die Studierenden zwar ebenso verlässlich wie pünktlich in ihre online Kurse ein, verhielten sich dort aber in hohem Maße passiv; weder wurde das Teilen des eigenen Bildes (Video) als non-verbale Unterstützung der Kurs-Kommunikation begriffen noch aktiv mit Wortbeiträgen ein Diskurs vorangetrieben. Das „Stumm-Schalten" des eigenen Mikrofons, gewünscht bei Sprechpausen zur Vermeidung von Audio-Interferenzen, wurde zu einem „Schutzwall" gegenüber der Online-Welt in der Lehrveranstaltung, der mit dem aus einem analogen Umfeld gewohnten Lehrverhalten methodisch nur schwer zu überwinden war.

Anders stellte sich indes die studentische Mitarbeit außerhalb der Plenumsangebote da. Bei der Bearbeitung von Aufgaben in temporären Kleingruppen in sog. „Break-out-Sessions" (Saltz & Heckman 2020) [31] wie auch in festgefügten Arbeitsgruppen war eine breite Beteiligung zu beobachten, bei welcher beispielsweise das eigene Bild im Videochat überwiegend wie selbstverständlich geteilt wurde.

Daraus lässt sich schließen, dass ein medienvermittelter akademischer Diskurs trotz aller Einschränkungen, die sich aus einer verringerten Unmittelbarkeit, Authentizität und Kommunikationsdichte ergeben, funktionieren kann. Gleichzeitig folgt aus dieser Beobachtung aber auch, dass die bloße Adaption tradierter Unterrichtsformate in der Online-Lehre nicht funktioniert: Lehrende sprechen beinahe autistisch in das Kameraauge am eigenen Rechner, auf eine Wirkung hoffend, für die es kaum Hinweise gibt, zu Studierenden, über deren Anzahl sich über die aktuelle Chat-Liste zwar Gewissheit verschaffen lässt, deren tatsächliche Aufmerksamkeit aber mindestens fraglich ist.

Wenn die Studierenden unter diesen Bedingungen trotzdem angeben, mit dem realisierten Studienangebot zufrieden gewesen zu sein, so kann das m. E. verschiedene Gründe haben, deren bedeutsamsten Variablen ich in vier Aspekten sehe:

1. Die Adaption eines analogen Studienangebots im virtuellen Raum als „Präsenzangebot" bietet mit einem festen Stunden-/Wochenplan eine Struktur, die in Zeiten des Lockdowns (auch) als wichtiger emotionaler Anker fungiert.
2. Der Wert eines Angebots wird durch Vergleiche tangiert. Ein Shift von der Lehre am Campus zu einem Online-Angebot wird umso positiver goutiert, je besser er bereits technisch-organisatorisch im Vergleich zu anderen Hochschulen funktioniert. Überhaupt ein Angebot zu haben ist besser als gar keines; je umfänglicher das Angebot ausfällt, umso besser.
3. Die Grundsätze der Krisenkommunikation (Fiederer & Ternès 2019) [6] greifen auch hier: Eine zeitnahe, differenzierte, transparente und dialogorientiere Kommunikation in die Studierendenschaft hinein (von der Einbindung studentischer Vertreterinnen und Vertreter in entscheidungsfindende Gremien bis hin zu Informationsveranstaltungen) schafft Vertrauen und befördert die Akzeptanz auch von „radikalen" Maßnahmen, wie der Schließung von Campus und dem Shift zu einem reinen Online-Angebot.

4. Der Dialog zwischen Lehrenden und Studierenden hat sich aus den Plenumsveranstaltungen heraus in eine Zeit dazwischen verlagert. An die Stelle der in der Vergangenheit geübten zentralen Auseinandersetzung in Lehrveranstaltungen, flankiert mit vereinzelten Sprechstundenterminen und eMail-Korrespondenz, ist eine „Always-On"-Kommunikationskultur getreten, in welcher die/der einzelne Studierende mehr Raum eingenommen, bisweilen vielleicht sogar eine intensivere Betreuung erfahren hat als zuvor: „This really makes students feel connected to the class" (Stenger 2020) [40], was sich wiederum positiv auf die Wahrnehmung der Gesamtsituation auf Studierendenseite ausgewirkt. Diese Veränderung ist einerseits dem Verschwimmen von Alltagsstrukturen im Lockdown zuzuschreiben, anderseits aber auch das Resultat einer, wo sie denn stattgefunden hat, den veränderten situativen Bedingungen angepassten Unterrichtsmethodik, bei welcher die Auseinandersetzung mit (studentischen) Artefakten (Texten, Videos) sich als besonders wertvoll erwiesen hat.

## 17.7 Zusammenfassung und Ausblick

Im virtuellen Raum muss Lehren und Lernen nicht neu erfunden werden; es funktioniert aber zumindest in Teilen anders. Es setzt Wissen und Können im Umgang mit digitalen Tools und Plattformen voraus, führt gegenüber der Präsenzsituation im Hörsaal oder Seminarraum zu einer veränderten Unterrichtsorganisation und verlangt nach adäquaten Lehr- und Lernmethoden, welche den Bedingungen im digitalen Raum nicht nur angepasst sind, sondern die auch die sich dort ergebenden Möglichkeiten konsequent nutzen.

Die Bedingungen des akuten „Lockdowns" mit einer plötzlichen Reduktion auf ein online basiertes Studienangebot hat aber aufseiten der Lehrenden weniger für Neugierde und Experimentierfreude gesorgt, als vielmehr für eine hohe Belastung, die durch verschiedene Faktoren getragen wurde, u. a. ...

- durch einen höheren Aufwand in der Vorbereitung der Lehre, der gleichermaßen durch praktisch-technische Anforderungen, wie auch aus einer Anpassung an die neuen situativen Bedingungen resultiert. Einerseits galt es die eigene Unterrichtsmethodik fortwährend zu reflektieren und anzupassen. Andererseits waren andere, zur Online-Umgebung und der veränderten Lehr-/Lernsituation passende Unterrichtsmaterialien gefragt.
- durch eine höhere Intensität und zeitliche Belastung der studentischen Betreuung außerhalb der Lehrveranstaltungszeiten, die gleichermaßen der Situation als auch der veränderten Unterrichtsmethodik, spannender weise vor allem einer intensiveren Arbeit an (studentischen) Texten, geschuldet war.
- durch eine zunehmende Nivellierung einer Differenzierung zwischen den unterschiedlichen Lebensbereichen bei allen Beteiligten. Die räumliche Begrenzung auf

die eigenen 4 Wände in Kombination mit einer fortwährenden Online-Konnektivität beförderte Auflösungserscheinungen (auch) in der zeitlichen Trennung zwischen Privatem und Studium: Schickten Studierende schon in der Vergangenheit vereinzelt eMails an Wochenenden, Feiertagen oder zu nachtschlafenden Zeiten, wurde dieses Verhalten nicht nur zu einem beinahe flächendeckenden Phänomen, sondern auch noch über synchrone Kommunikationswege, wie sie bspw. in dem von uns verwendeten System „Teams“ angelegt sind, weiter verstärkt.
- durch eine latente emotionale Belastung, die berufsunabhängig aus einer diffusen Gefährdungslage, unsicheren Zukunftsaussichten und der bisher unbekannten Einschränkungen der persönlichen Freiheiten auf unbestimmte Zeit resultierten.

Es ist daher nicht verwunderlich, dass unter diesen Bedingungen Innovationen in der Lehre weitgehend ausgeblieben sind. Es wurden jedoch Erfahrungen gemacht, die es nun aufzubereiten und für die Zukunft nutzbar zu machen gilt; wofür mit dem hier vorliegende Buchprojekt ein Schritt in diese Richtung unternommen wird.

Diese Nutzbarmachung wird dabei keineswegs auf Online-Szenarien begrenzt sein, denn eine wesentliche Erkenntnis kann bereits jetzt schon festgehalten werden: Dialogorientierung und Interaktion stellen die zentralen Herausforderungen in der Online-Lehre dar. Und auch wenn Müller et al. bereits im Vorfeld der „Corona“-Krise einen Trend zu beobachten glaubten, „bei dem sich digital gestützte Lehre weg von darbietenden Formaten hin zu aktivierenden, die Präsenzzeit besser nutzenden entwickelt (Inverted-Classroom-Modell)“ (Müller et al. 2019, S. 181) [20], muss doch insgesamt festgestellt werden, dass Dialogorientierung und Interkation zwar alt bekannte hochschuldidaktische Forderungen sind, deren bisher unzureichende Berücksichtigung aber erst unter den geänderten Bedingungen in der Breite augenscheinlich wurde. Denn „es sind digitale Medien, die oft zunächst erst sichtbar machen, dass das Ideal der Universitas im Hochschulalltag nicht gelebt wird“ (Ehlers 2017, S. 55) [4]. „Viele der Probleme, die im E-Learning beobachtet werden, lassen sich auf mangelhafte Didaktik zurückführen“ (Schulmeister 2005, S. 215) [36].

Das hängt nicht zuletzt damit zusammen, dass in der medienvermittelten Lehre nonverbale Handlungen und Kommunikation mindestens beeinträchtig sind, in der Regel wahrscheinlich sogar weitgehend wegfallen (wenn z. B. nicht alle Kommunikationsteilnehmer einer Online-Session ihr Live-Bild teilen, wenn der Bildausschnitt schlecht gewählt oder die Darstellungsqualität beeinträchtigt ist usw.). „Die nonverbalen Handlungen, die analoge Kommunikation nach Watzlawick et al. (1969), erzielt [aber] Aufmerksamkeit und beeinflusst die Beziehung zum Lehrenden“ (Schulmeister 2018, S. 19) [38]. Was bleibt also, wenn dieses Element der „Unmittelbarkeit der Kommunikation“ (ebenda) entfällt?!

> „Information und Kommunikation bezeichnen partiell notwendige Prozesse zwischen Lehrenden und Lernenden oder zwischen Lernenden. Aber sie sind nicht Lernen, denn Lernen findet immer nur im Zusammenhang mit Inhalten und Wissen statt“ (Schulmeister 2000, S. 5) [35].

Entsprechend hat das „Corona“-Semester allen Schwierigkeiten und Verlusten an Unmittelbarkeit und Authentizität zum Trotz gezeigt, dass eine medienvermittelte Hochschullehre funktionieren *kann.* Die Zukunft von Hochschule sollte daher versuchen, das Beste aus beiden Welten zu vereinen; Hochschule „wirklich“ neu zu denken. Dabei darf allerdings

> „die Auseinandersetzung mit den weitreichenden Chancen und Herausforderungen der Digitalisierung [nicht] allein an die Qualität des Lehr-Lernprozesses …[gekoppelt werden. Das] verengt den Blick auf das Phänomen der Digitalisierung und verkennt neben den fachlichen oder gegenstandsbezogenen ihre kulturellen und sozialen Implikationen“ (Mayrberger 2018, S. 39) [19].

Denn vor allem die persönliche Begegnung zwischen Lehrenden und Studierenden, vor allem aber unter den Studierenden selbst, wurde im Sommersemester 2020 schmerzlich vermisst. Das ist mit dem Fokus auf das Lernen bedauerlich, weil „die Unmittelbarkeit der Kommunikation … emotionale Bindung an Lehrende, Identifikation mit Lehrenden, Modelllernen“ (Schulmeister 2018, S. 20) [39] usw. sichert. Es ist aber vor allem auch deshalb zu beklagen, weil die persönliche Begegnung und Unmittelbarkeit der Präsenz Hochschulen und Universitäten erst zu Orten der Bildung macht. „Sie sollte trotz aller Modernisierungstendenzen Anerkennung und Beachtung finden“ (Schulmeister 2018, S. 21) [39].

## Literatur

Antretter, T., Dorfinger, J., Ebner, M., Kopp, M., Nagler, W., Pauschenwein, J., Raunig, M., Rechberger, M., Rehatschek, H., Schweighofer, P., Staber, R. & Teufel, M. (2014). Editorial: Videos in der Hochschullehre. *Zeitschrift für Hochschulentwicklung* 9, 3, 9–20).

Börner, C., Schaarschmidt, N., Meschzan, T. & Frin, S. (2016). Innovation in der Lehre – Sind Videos im Hochschulalltag angekommen? In J. Wachtler, M. Ebner, O. Gröblinger, M. Kopp, E. Bratengeyer, H.-P. Steinbacher, C. Freisleben-Teutscher & C. Kapper (Hrsg.), *Digitale Medien: Zusammenarbeit in der Bildung* (S. 258–263). Münster. Waxmann.

Cebeci, Z. & Tekdal, M. (2006). Using Podcasts as Audio Learning Objects. *Interdisciplinary Journal of Knowledge and Learning Objects* 2, 47–57. https://ijello.org/Volume2/v2p047-057Cebeci.pdf [22.08.2020].

Ebner, M. & Schön, S. (2018). Open Educational Resources – eine Notwendigkeit für die digital gestützte Hochschullehre. In: M. Miglbauer, L. Kieberl & S. Schmid (Hrsg.). Hochschule digital.innovativ #digiPH (S. 183–194). Norderstedt: Books on Demand.

Ehlers, U.-D. (2017), Hochschulbildung digital. Abschied vom Ideal der Universitas? *Erziehungswissenschaft* 28, 55, 47–57.

Fiederer, S. & Ternès, A. (2019). *Effiziente Krisenkommunikation – transparent und authentisch.* Wiesbaden: Springer Gabler.

Hebbel-Seeger, A. (2018). 360-Video in Trainings- und Lernprozessen. In U. Dittler & C. Kreidl (Hrsg.), *Hochschule der Zukunft – Beiträge zur zukunftsorientierten Gestaltung von Hochschulen* (S. 265-290). Berlin, Heidelberg: Springer VS.

Hebbel-Seeger, A. (2019). Innovative Videotechnologien im Schneesport. Mit Drohnen und 360°-Video neue Perspektiven erschließen, kollaborativ bearbeiten und diskursiv nutzen. In R. Thierer (Red.), *Skilauf und Snowboard in Lehre und Forschung*, Band 25 (S. 106–129). Hamburg: Feldhaus.

Hebbel-Seeger, A., Kopischke, A., Riehm, P. & Baranovskaa, M. (2019). LectureCast als 360°-Video. Welchen Einfluss haben Immersion und Präsenzerleben auf die Lernleistung? In J. Hafer, M. Mauch & M. Schumann (Hrsg.), *Teilhabe in der digitalen Bildungswelt* (S. 118–127). Münster: Waxmann.

Hebbel-Seeger, A. & Vohle, F. (i.D.). 360°-Video mit Social Video Learning - Forschungsperspektiven sichten und aushandeln. In J. Windscheid & B. Gold (Hrsg.), *360°-Videos in der Hochschullehre - Ein interdisziplinärer Überblick*. Berlin, Heidelberg: Springer VS.

Huber, F., Matthes, I. & Stenneken, N. (2008). *Unternehmens-Podcasting. Eine empirische Analyse ausgewählter Erfolgsfaktoren*. Wiesbaden: Gabler.

Huber, L. (2014). Scholarship of Teaching and Learning: Konzept, Geschichte, Formen, Entwicklungsaufgaben. In L. Huber, A. Pilniok, R. Sethe, B. Szczyrba & M. Vogel (Hrsg.), *Forschendes Lehren im eigenen Fach. Scholarship of teaching and learning in Beispielen* (S. 19–36). Bielefeld: Bertelsmann.

Karla, J. & Hoffmann, S. (2019). Podcasting in digitaler Lehre und Wissenschaftskommunikation. In T. Barton, C. Müller & C. Seel (Hrsg.), *Hochschulen in Zeiten der Digitalisierung* (S. 173-182). Wiesbaden: Springer Vieweg.

Kerres, M. (2018). Bildung in der digitalen Welt: Wir haben die Wahl. *denk-doch-mal.de, Das Online-Magazin für Arbeit-Bildung-Gesellschaft*, 2, https://denk-doch-mal.de/wp/michael-kerres-bildung-in-der-digitalen-welt-wir-haben-die-wahl/ [21.08.2020].

Knigge, M. & Siemon, J. (2013). Der Einsatz von Video in Forschung und Lehre hat ein neues Niveau erreicht. *Gruppe. Interaktion. Organisation. Zeitschrift für Angewandte Organisationspsychologie (GIO)* 44, 241–243.

Kronen, M. & Karla, J. (2007). Podcasting as a tool in organisational knowledge management. In P. Kommers (Ed.), IADIS international converende: *e-Society 2007* (p. 220-228). Lissabon: IADIS Press.

Krüger, M., Steffen, R. & Vohle, F. (2012), Videos in der Lehre durch Annotationen reflektieren und aktiv diskutieren. In G. Csanyi, F. Reichl & A. Steiner (Hrsg.), *Digitale Medien. Werkzeuge für exzellente Forschung und Lehre* (S. 198–210). Münster: Waxmann.

Maloy, J., Fries, L., Laski, F. & Ramirez, G. (2019). Seductive Details in the Flipped Classroom: The Impact of Interesting but Educationally Irrelevant Information on Student Learning and Motivation. *CBE—Life Sciences Education* 18, 3, 1–10. https://www.lifescied.org/doi/pdf/https://doi.org/10.1187/cbe.19-01-0004 [26.08.2020].

Mayrberger, K. (2018). Digitalisierung von Lehren und Lernen... oder warum die Frage nach einem Mehrwert von E-Learning obsolet geworden ist. In N. Apostolopoulos, D. Fricke, A. Pape, S. Rehwald, A. Stumptner & D. Zach (Red.), *Digitale Lehrformen für ein studierendenzentriertes und kompetenzorientiertes Studium* (S. 35–45). Münster: Waxmann.

Müller, R., Eichhorn, M. & Tillmann, A. (2019). Wie verändern sich E-Learning-Konzepte durch mediendidaktische Fortbildungen? Eine Längsschnittuntersuchung. In J. Hafer, M. Mauch & M. Schumann (Hrsg.), *Teilhabe in der digitalen Bildungswelt* (S. 176-186). Münster; New York : Waxmann.

Persike, M. (2018). Videoformate in Blended-Learning-Szenarien. In N. Apostolopoulos, D. Fricke, A. Pape, S. Rehwald, A. Stumptner & D. Zach (Red.), *Digitale Lehrformen für ein studierendenzentriertes und kompetenzorientiertes Studium* (S. 46–50). Münster: Waxmann.

Persike, M. (2020). Videos in der Lehre – Wirkungen und Nebenwirkungen. In H. Niegemann & A. Weinberger (Hrsg.), *Lernen mit Bildungstechnologien. Konzeption und Einsatz digitaler Lernumgebungen* (S. 272–301). Berlin, Heidelberg: Springer.

Petko, D. & Reusser, K. (2005). Praxisorientiertes E-Learning mit Video gestalten. In A. Hohenstein & K. Wilbers (Hrsg.), *Handbuch E-Learning: Expertenwissen aus Wissenschaft und Praxis* (11. Ergänzungslieferung) (S. 1–24). Köln: Deutscher Wirtschaftsdienst.

Pietras, M. (2017), Was ist das Neue an „digitaler Bildung"? Zum hochschuldidaktischen Potenzial der elektronischen Medien. *Erziehungswissenschaft* 28, 55, 19-28.

Reich, K. (2008). *Konstruktivistische Didaktik. Lehr- und Studienbuch mit Methodenpool* (4. Aufl.). Weinheim: Beltz.

Reinmann, G. (2019), Digitalisierung und hochschuldidaktische Weiterbildung: Eine Kritik. In J. Heider-Lang, & A. Merkert (Hrsg.), *Digitale Transformation in der Bildungslandschaft - den analogen Stecker ziehen?* (S. 232 – 250). Augsburg: Rainer Hampp.

Reutemann, J. (2019), Bewegtbilder der Wissenschaft und ihr Mediendesign. Marburg: Büchner.

Rieder, H. (1990), Einführung in den Arbeitskreis Medienforschung. In V. Scheid (Red.), Sport und Medien in Bildung und Forschung. Bericht über die internationalen Sportfilmtage in Magglingen/Schweiz (S. 80–85). Erlensee: Starischka.

Ruddy, J.L. (2018). *The Effect of Familiarity on Learning with VideoClips Containing Seductive Details*. Doctoral Dissertation. University of Tennessee, Knoxville. https://trace.tennessee.edu/cgi/viewcontent.cgi?article=6223&context=utk_graddiss [26.08.2020].

Ryan, R.M. & Deci, E.L. (2017). *Self-Determination Theory. Basic Psychological Needs in Motivation, Development and Wellness*. New York, London: Guilford Press.

Saltz, J. & Heckman, R. (2020). Using Structured Pair Activities in a Distributed Online Breakout Room. *Online Learning* 24, 1, 227-244.

Scheiter, K., Richter, J. & Renkl, A. (2020). Multimediales Lernen: Lehren und Lernen mit Texten und Bildern. In H. Niegemann & A. Weinberger (Hrsg.), *Lernen mit Bildungstechnologien. Konzeption und Einsatz digitaler Lernumgebungen* (S. 31–56). Berlin, Heidelberg: Springer.

Schmidt, S.M.P. & Ralph, D.L. (2016). The Flipped Classroom: A Twist On Teaching. *Contemporary Issues in Education Research (CIER)* 9, 1, 1-6.

Schulmeister, R. (1997). *Grundlagen hypermedialer Lernsysteme. Theorie - Didaktik – Design* (2. aktual. Aufl.). München, Wien: Oldenbourg.

Schulmeister, R. (2000), Zukunftsperspektiven multimedialen Lernens. https://rolf.schulmeister.com/pdfs/Zukunft.pdf [22.08.2020].

Schulmeister, R. (2005). Welche Qualifikationen brauchen Lehrende für die „Neue Lehre"? Versuch einer Eingrenzung von eCompetence und Lehrqualifikation. In R. Keil-Slawik & M. Kerres (Hrsg.), *Hochschulen im digitalen Zeitalter. Innovationspotenziale und Strukturwandel* (S. 215–234). Münster: Waxmann.

Schulmeister, R. (2013), Der Beginn und das Ende von Open. Chronologie der MOOC-Entwicklung. In R. Schulmeister (Hrsg.), *MOOCs–Massive Open Online Courses. Offene Bildung oder Geschäftsmodell*? (S. 17–59). Münster: Waxmann.

Schulmeister, R. (2018). Präsenz und Selbststudium im E-Learning. Indizien für eine besondere Rolle der Präsenz. In N. Apostolopoulos, D. Fricke, A. Pape, S. Rehwald, A. Stumptner & D. Zach (Red.), *Digitale Lehrformen für ein studierendenzentriertes und kompetenzorientiertes Studium* (S. 6–26). Münster: Waxmann.

Schulmeister, R. & Loviscach, J. (2017). Mythen der Digitalisierung mit Blick auf Studium und Lernen. In C. Leineweber & C. de Witt (Hrsg.), *Digitale Transformation im Diskurs. Kritische Perspektiven auf Entwicklungen und Tendenzen im Zeitalter des Digitalen* (S. 1–21). Hagen: Fernuniversität Hagen. https://ub-deposit.fernuni-hagen.de/servlets/MCRFileNodeServlet/mir_derivate_00001263/DTiD_Schulmeister_Loviscach_Mythen_Digitalisierung_Studium_2017.pdf [22.08.2020].

Stenger, S. (2020). Classroom Management. In Hybrid Classes, Some Students Are Likely to Feel Left Out. 5 Tips to Ensure All Students Feel Included. https://hbsp.harvard.edu/inspiring-minds/in-hybrid-classes-some-students-are-likely-to-feel-left-out [20.08.2020].

Vohle, F. (2016). Social Video Learning. Eine didaktische Zäsur. In A.-W. Scheer & C. Wahter (Hrsg.), *Digitale Bildungslandschaften* (S. 175–185). Saarbrücken: IMC.

Vohle, F. & Reinmann, G. (2012a). Die mündliche Prüfung üben? Dezentrales Online-Coaching mit Videoannotation für Doktoranden (Praxisreport). In G. Csanyi, F. Reichl & A. Steiner (Hrsg.), *Digitale Medien. Werkzeuge für exzellente Forschung und Lehre* (S. 294–297). Münster: Waxmann.

Vohle, F. & Reinmann, G. (2012b). Förderung professioneller Unterrichtskompetenz mit digitalen Medien: Lehren lernen durch Videoannotation. In R. Schulz-Zander, B. Eickelmann, H. Moser, H. Niesyto & P. Grell, (Hrsg.), *Jahrbuch Medienpädagogik 9* (S. 413-429). Berlin, Heidelberg: Springer VS.

Watzlawick, P., Beavin, J. & Jackson, D. (1969). *Menschliche Kommunikation. Formen, Störungen, Paradoxien*. Bern, Stuttgart: Huber.

Werner, J. & Spannagel, C. (2018). Design Patterns: Erfahrungsrezeptbuch. In J. Werner, C. Ebel, C. Spannagel & S. Bayer (Hrsg.), *Flipped Classroom – Zeit für deinen Unterricht* (S. 65-95) Gütersloh: Bertelsmann.

Weßels, D. (2020). Lessons Learned: Mit 12 Fragen zu mehr Online-Glück in der Hochschullehre. In D. Weßels, S. Borchert & J. Langholz (Hrsg.), Dossier: Hochschullehre in Krisenzeiten. https://hochschulforumdigitalisierung.de/de/blog/lessons-learned-online-hochschullehre [20.08.2020].

# #Covid-19: Beobachtungen, Beschreibungen, Analysen und Reflexionen aus studentischer Sicht

18

Sandra Hofhues und Kai-Uwe Hugger

**Zusammenfassung**

Im Artikel rücken zunächst exemplarische Ereignisse und Überlegungen zwischen Corona-, Digital- und Solidarsemester in den Fokus, die uns im Sommersemester 2020 zu einem neuen Seminarangebot mit dem Titel „#Covid-19: Beobachtungen, Beschreibungen, Analysen und Reflexionen aus studentischer Sicht" angeregt haben. Dieses Seminar, das sich an Studierende des Bachelor-Studiengangs Intermedia – Medienbildung, Mediengestaltung, Medienkultur an der Universität zu Köln gerichtet hat, wird anschließend vorgestellt und vor dem Hintergrund der Aneignung von Medienkompetenz und medienpädagogischer Kompetenz reflektiert. Ziel des Beitrags ist es, mithilfe einer Lehrerfahrung die Rolle medienpädagogischer Ausbildung in einer sehr großen Universität zu thematisieren.

S. Hofhues (✉)
Institut für Bildungswissenschaft und Medienforschung, FernUniversität in Hagen, Hagen, Deutschland
E-Mail: sandra.hofhues@fernuni-hagen.de

K.-U. Hugger
Department Erziehungs- und Sozialwissenschaften, Universität zu Köln, Köln, Deutschland
E-Mail: kai.hugger@uni-koeln.de



U. Dittler und C. Kreidl (Hrsg.), *Wie Corona die Hochschullehre verändert*,
https://doi.org/10.1007/978-3-658-32609-8_18

## 18.1 Vorüberlegungen zwischen Corona-, Digital- und Solidarsemester

Ziel des Beitrags ist es, vor dem Hintergrund einer konkreten Lehrerfahrung die Rolle medienpädagogischer Ausbildung in einer sehr großen Universität zu skizzieren. Genauer betrachtet wird damit die Universität zu Köln, die mit 49.000 Studierenden zu den größten Universitäten in Deutschland zählt und Charakteristika einer Massenuniversität aufweist (Pensel, Hofhues & Schiller, 2020, S. 45 f.). In den Fokus rücken wir dazu das Seminar „#Covid-19: Beobachtungen, Beschreibungen, Analysen und Reflexionen aus studentischer Sicht", das sich an Studierende des Bachelor-Studiengangs *Intermedia – Medienbildung, Mediengestaltung, Medienkultur*[1] an der Universität zu Köln gerichtet hat. Dieses Seminar, das wir im medienpädagogischen Profilbereich des Studiengangs kurz vor Beginn des Sommersemesters 2020 aus der Taufe gehoben haben, dient uns als Reflexionsrahmen unserer Argumentation.

Um zu verstehen, wie es zu diesem Seminar kam, zeichnen wir im Folgenden zuerst die Ereignisse des Frühjahrs 2020 aus Sicht der Lehre nach. Hierbei geht es uns darum, diejenigen Argumente anzuführen, die im Diskurs zwischen Corona-, Digital- und Solidarsemester in Bezug auf Universität und Hochschulbildung nicht nur an der Universität zu Köln kursierten. Dazu legen wir die Rahmenbedingungen und Hintergründe offen, die uns zum genannten Seminar veranlassten. Wir beginnen unseren Beitrag daher mit einer Rückblende, um didaktische Entscheidungen in ihrem Kontext zu sehen:

Als im Winter 2019/2020 die ersten Nachrichten aus Wuhan (China) über die deutschsprachige Presse unsere Aufmerksamkeit erlangten, konnten wir uns kaum vorstellen, dass das Sommersemester 2020 von den gesellschaftlichen Begleiterscheinungen eines neuartigen Virus – namentlich Covid-19 – bedroht wäre. Immer höhere Fallzahlen an Covid-19 erkrankter Menschen und die allgemeine Gefährdung des gesundheitlichen Systems zogen jedoch grundlegende politische Eingriffe im Angesicht einer drohenden Pandemie nach sich, von denen sich zwei in besonderem Maße auf Hochschulen bzw. die Gestaltung des Sommersemesters auswirkten: Sie führten zu einer Einschränkung des gesellschaftlichen Lebens („Lockdown" genannt) und zu einer kurzfristigen Schließung der Universitäten und Hochschulen für den Präsenzbetrieb. Die Ereignisse

[1] „Der Studiengang INTERMEDIA richtet sich als explizit interdisziplinärer Studiengang auf die praktisch-ästhetische und wissenschaftlich-reflexive Auseinandersetzung mit Medien im Schnittfeld von Medienbildung, Mediengestaltung und Medienkultur. Thematisiert wird dabei insbesondere das Ineinandergreifen von medialem Wandel und fortdauerndem sozialen, kulturellen, kommunikativen und ästhetischen Transformationsprozessen. Aufbauend auf eine solide fachliche Grundbildung im Bereich der Medienpädagogik, Medienkulturwissenschaft und Mediengestaltung ermöglicht der Studiengang in umfangreichen Wahlpflicht- und Projektmodulen individuelle Schwerpunktsetzungen nach eigenen Interessen der Studierenden.", siehe https://intermedia.uni-koeln.de/ (10.06.2020).

überschlugen sich, wie wir u. a. als Mitglieder der Universität zu Köln (mit) beobachten konnten:

Wurde zunächst über den Umgang der Universität mit dem neuartigen Virus auf einer dafür eingerichteten Webseite[2] informiert, wurden sukzessive Einschränkungen in allen Leistungsbereichen der Universität zu Köln nötig und als solche kommuniziert. So wurde beispielsweise frühzeitig, spätestens aber ab dem 12. März 2020 die dringende Empfehlung ausgesprochen, persönliche Kontakte zu reduzieren und (Studien-) Beratungen, Treffen und (später) Lehre über digitale Medien zu organisieren. Um die vorhandene digitale Infrastruktur zu stärken, wurden seitens der Universität in der Folge weitere Maßnahmen eingeleitet, weil z. B. technische Angebote des Deutschen Forschungsnetzes (DFN) nicht (mehr) reichten (DFN, o. J.). Angeschafft wurde das Tool *Zoom* für ausgedehnte Videokonferenzen; auch die Performance des in Köln genutzten Learning Management Systems *ILIAS* wurde angesichts der erwartbaren und umfangreichen Nutzung durch etwa 50.000 Studierende im Sommersemester intern verbessert. Nicht nur unter Kolleg*innen war rasch vom „Digitalsemester" die Rede, verbunden mit der oft gehörten Absicht, die Universität als Ort der Reflexion und Begegnung auch digital leben und praktizieren zu wollen. Auf die Unsicherheit des weiteren Verlaufs der Covid-19-Pandemie wurde auch insofern reagiert, als der Vorlesungsbeginn des Sommersemesters 2020 auf den 20. April 2020 verschoben wurde.

In dieser unübersichtlichen Gemengelage politischer Entscheidungen und deren Umsetzung in den Hochschulen vor Ort wurde rund um den verschobenen Vorlesungsbeginn intensiv darüber diskutiert, wie diese ihr Sommersemester 2020 so realisieren könnten, dass eine heterogene Studierendenschaft in die Lage versetzt wird, ihrem Studium auch unter Corona-Bedingungen nachzukommen. Während die Situation einerseits zu einem Digitalisierungsschub in Lehre, Studium und Prüfungen verhalf, schon deshalb, weil kaum noch Präsenztermine und -veranstaltungen durchgeführt werden konnten, wurde andererseits sowohl auf Erkenntnisse zum Einsatz digitaler Medien in der (Fern-)Lehre als auch auf unterschiedliche Lebenslagen von Studierenden verwiesen: Speziell internationale Befunde zum Distance Learning erinnerten daran, dass ein „Emergency Remote Teaching" (z. B. Jandric, 2020) vor allem kurzfristige motivationale Effekte bei Studierenden erwarten lässt. Die Herausforderung in der Betreuung Studierender aus der Distanz würde aber erst über den zeitlichen Verlauf – nicht zuletzt durch sogenannte Drop-outs – sichtbar (auch Schulmeister 2013). Auch Aspekte des Digital Divide wurden in dieser Zeit wieder diskutiert und für die Gestaltung der Hochschullehre relevant, wenn zwar von der breiten Medienausstattung Studierender ausgegangen wird, diese aber nur ansatzweise empirisch nachgezeichnet werden kann (siehe auch Pumptow & Brahm 2020). Sind in diesen Hinweisen bereits pädagogische Fragen von Teilhabe und Bildungsgerechtigkeit eingeschrieben, schreiben sich diese auch in der Idee fort, soziales Engagement in der Coronazeit als Studienleistung anzurechnen.

---

[2] https://portal.uni-koeln.de/coronavirus (10.06.2020)

Journalistisch geläufig wurde die Forderung in Form eines „Solidarsemesters" (Scholz 2020), an die wir mit unserem Seminar zum Thema „#Covid-19: Beobachtungen, Beschreibungen, Analysen und Reflexionen aus studentischer Sicht" schließlich in mehrfacher Hinsicht angeschlossen haben.

Im Folgenden rücken daher didaktische Überlegungen und nicht zuletzt Entscheidungen in Bezug auf das genannte Seminar in den Fokus (Kap. 2), ehe das das #Covid-19-Seminar vor dem Hintergrund der Aneignung von Medienkompetenz und medien*pädagogischer* Kompetenz reflektiert wird (Kap. 3). Dieser Diskurs regt uns auch dazu an, neben Grundüberlegungen zur Konstitution der Universität zwischen Corona-, Digital- und Solidarsemester, abschließend die Rolle medienpädagogischer Ausbildung an der Hochschule in der gegenwärtigen Situation zu reflektieren.

## 18.2 Zwischen Corona-, Digital- und Solidarsemester: Gestaltung eines Seminars zu #Covid-19

Ziel des medienpädagogischen Ausbildungsprofils im Bachelor-Studiengang *Intermedia – Medienbildung, Mediengestaltung, Medienkultur* an der Universität zu Köln ist es, dass sich die Studierenden angesichts einer immer weiter fortschreitenden Mediatisierung (Krotz 2007) nicht nur *Medienkompetenz,* sondern auch medien*pädagogische* Kompetenz im Studium aneignen. Zukünftige berufliche Handelnde in der Medienpädagogik sollten über beides verfügen, um ihre beruflichen Aufgaben adäquat erfüllen zu können (Hugger 2020). Mit Tulodziecki (2012) ist die Medienkompetenz eines beruflich Handelnden in Arbeitsfeldern der Medienpädagogik als Bestandteil medienpädagogischer Kompetenz zu verstehen, „weil der Kompetenzbegriff auf die Handlungsfähigkeit in einem bestimmten Handlungsfeld zielt und die eigene Medienkompetenz als wichtige Disposition für medienpädagogisches Handeln gelten muss." (Tulodziecki 2012, S. 276). Die Anlage unseres #Covid-19-Seminars gründet auf diesem Basisverständnis, indem die Aneignung von Medienkompetenz, insbesondere die Dimension der *Medienkritikfähigkeit* (z. B. Niesyto 2020), in den Mittelpunkt gestellt wurde. Die Anlage des Seminars fußt aber auch auf weiteren konzeptionellen Überlegungen:

Das Konzept für das onlinebasierte Seminar haben wir passend zum (Medien-)Alltag und zu den Lehr-/Lernbedingungen in der gegenwärtigen Coronakrise entwickelt. Inspiriert hat uns u. a. der erwähnte Artikel auf Zeit.de (Scholz 2020) über die Idee, dass soziales Engagement in der Coronazeit als Studienleistung angerechnet werden sollte. Flankiert werden die Überlegungen von der länger vorliegenden Idee zur Anrechnung sozialen Engagements im Kontext von Studium und Lehre, die heute an vielen Hochschulen unter dem Stichwort Service Learning verankert sind. In Bezug auf das Lernen zeigen Sporer et al. (2011) mit Rekurs auf sozialkonstruktivistische Grundlegungen auf, dass Studierende in studentischen Bildungsinitiativen eine proaktive Rolle einnehmen. Anstatt über einen wahrgenommenen Missstand im Bildungssystem zu lamentieren, werden Projektinitiativen gestartet, die auf eine Lösung häufig selbst erlebter Probleme abzielen" (ebd., S. 229).

Sind im Jahr 2011 noch solche Initiativen angesprochen, die in Anlehnung ans Curriculum oder gänzlich außerhalb von Curricula das Machen eigener Erfahrungen unterstützen, wird didaktisch mittlerweile von der Notwendigkeit ihrer Anbindung ans Hochschulstudium ausgegangen. Mit Rhein (2015) können sie – in Abgrenzung und Ergänzung studentischen Lernens – unter hochschulischem Lernen subsumiert werden. Dabei erfordert gerade „die lernende Auseinandersetzung mit Wissenschaft" nach Rhein (2015, S. 356) „die Erschließung von Sinn- und Handlungsressourcen". Er führt weiter aus, dass dies für Studierende bedeuten würde, „die Frage zu klären, welche spezifische (subjektive) Bedeutsamkeit die Beschäftigung mit dem eigenen Studienfach jeweils hat, und welche spezifischen Zwecksetzungen sich mit dem Studienfach verfolgen lassen" (Rhein 2015, S. 356). Vor dem Hintergrund dieser Annahmen verfolgen die Studierenden in unserem Seminar gewissermaßen ihr berufsbiografisches Entwicklungsprojekt. Dieses ist nicht durch einen konkreten Anfang und ein absehbares Ende gekennzeichnet, wie sonst in der Projektarbeit üblich – erst der Rahmen des Seminars begrenzt die subjektive Beschäftigung mit einzelnen, persönlich als bedeutsam empfundenen Themen.

Neben unmittelbaren hochschuldidaktischen Anschlüssen sehen wir enge Verbindungen zum medienpädagogischen Diskurs über den Wandel politischer Teilhabe: U.a. kann mit Wagner & Gebel (2014) darauf verwiesen werden, dass politische Partizipation als eine Zielsetzung von Medienpädagogik überhaupt erst möglich wird, wenn themenbezogenes Medienhandeln zur Orientierung, Selbstpositionierung, zum Einbringen sowie zur Aktivierung anderer einlädt (auch Moser 2019, S. 231). Medienpädagogik in diesem Sinne wird als Beteiligung an öffentlichen Prozessen verstanden (ebd.). Dies gilt für Jugendliche in der pädagogischen Praxis genauso wie im Rahmen medienpädagogischer Ausbildung von zukünftigen Medienpädag*innen im Bachelorstudiengang Intermedia.

In das Konzept des Seminars sind daher auch Überlegungen zum forschenden und projektorientierten Lernen eingeflossen. So stehen Theoriebildung und Projekterfahrung mit Sesink (2006, S. 80–82) in einem sich wechselseitig aufeinander beziehenden Verhältnis zueinander: „Wenn mit der *Theoriebildung* […] vor allem das *Nachdenken* über den Gegenstand der Forschung und das geistige Ordnen der Ergebnisse des Nachdenkens gemeint ist, dann ist klar, wessen es hierzu vor allem bedarf: des eigenen Kopfes und seiner Anstrengung" (ebd., S. 80, H.i.O.). Sesink (2006, S. 80) ergänzt, dass sich „das Nachdenken […] auf etwas beziehen [muss]: einen Gegenstand, ein Problem, ein Forschungsfeld oder wie immer wir dies bezeichnen" (ebd.). Er adressiert damit den *„materialen Realitätsbezug"* (ebd., H.i.O.) bzw. die Bedeutung der Erfahrung, die im zuvor genannten didaktischen Diskurs ebenso stark gemacht wird.

Vor diesem Hintergrund bringt der Seminartitel *#Covid-19: Beobachtungen, Beschreibungen, Analysen und* Reflexionen aus studentischer Sicht zum Ausdruck, welche Ziele wir insgesamt mit dem Seminar verfolgt haben:

So ging es uns im Lehrendentandem *erstens* um die thematisch-inhaltliche Fokussierung auf die Covid-19-Situation, insbesondere aber um die im Internet unter dem Hashtag #Covid-19 diskutierten medialen Situationen und (z. T. inszenierten) Ereignisse. Sie bieten im Sinne Sesinks den materialen Realitätsbezug und stellen sich als Anknüpfungspunkte für ein vertieftes wissenschaftliches Nachdenken über mediale und medienpädagogisch relevante Gegenstände dar. Darüber hinaus war uns *zweitens* wichtig, die Alltagserfahrungen aller am Seminar beteiligten zum Gegenstand wissenschaftlicher Reflexion werden zu lassen (auch Reichert 2013, S. 112). So ergeben sich die Gegenstände der Reflexionen im Seminar vielfach unmittelbar aus der eigenen medialen Erfahrung. Deswegen erstellten die am Seminar beteiligten Studierenden selbstständig und in Eigenarbeit über den Zeitraum eines Semesters ein schriftliches Tagebuch, das einerseits als Studienleistung fungierte. Andererseits materialisiert sich darin das berufsbiografische Entwicklungsprojekt der jeweiligen Studierenden.

Mit diesen Grundlegungen für unsere Seminargestaltung ermöglichten wir, dass die Studierenden unter veränderten medialen Rahmenbedingungen und Problemlagen Medienkompetenz, insbesondere im Sinne von Medienkritikfähigkeit, erwerben, indem sie Beobachtungen, Beschreibungen, Analysen und Reflexionen von Medien, Medieninhalten oder des Medienalltags in der Coronakrise, z. B. Fake-News, Wissenschaftsvermittlung, Agenda-Setting, Politikvermittlung, Influencer*innen, Online-Hatespeech, zum Gegenstand eigener Reflexionen machten. Wie sich Studierende genau mit der gesamtgesellschaftlichen Situation auseinandersetzten, blieb ihnen überlassen. Sie konnten selbst entscheiden, ob sie sich eher sammelnd mit Covid-19 befassten und dann diese Sammlungen wissenschaftlich einordneten oder zunächst die eigene Betroffenheit dokumentierten und ausgehend davon eine wissenschaftliche Reflexion in Gang setzten. Auf diese Weise konnten sie auch ihre persönliche Einbindung in der Covid-19-Situation durch (Selbst-)Beobachtungen, Beschreibungen, Analysen und Reflexionen des eigenen sozialen Engagements (auch ohne direkten Medienbezug) reflektieren, z. B. als Pflegekraft, bei Hilfsorganisationen, bei der Betreuung von Risikopatienten, in selbstständiger Auseinandersetzung mit unser aller Alltag. Wesentlich war für uns lediglich, *dass* Studierende wöchentlich Texte von ca. einer Seite über das Learning Management System (LMS) *ILIAS* einreichten mit dem Ziel, dass am Ende des Semesters eine Sammlung von zehn Texten bzw. Tagebucheinträgen je Student*in vorlagen.

Entsprechend niedrigschwellig stellte sich auch der Ablaufplan des Seminars dar: Bis zum Semesterstart am 20.04.2020 wurden die Studierenden auf das *zusätzliche* Seminarangebot aufmerksam gemacht. Sie konnten sich für das Seminar bewerben, wobei wir möglichst vielen Interessierten die Möglichkeit geben wollten, den (zusätzlichen) Reflexionsraum als Strukturierungs- und Orientierungsangebot für sich zu erschließen und zur Gestaltung des eigenen Studiums zu nutzen. Mit Einschreibung ins Seminar wurden die Studierenden Teil des mediendidaktisch-technischen Dreh- und Angelpunkts der Veranstaltung – *ILIAS*. Interaktionen fanden ausschließlich über diese Plattform statt und Fragen der Studierenden wurden im *ILIAS-Forum* beantwortet – je nach Ausrichtung

**1. Welches Thema/welcher Gegenstand hat mich in dieser Woche in Bezug auf die COVID-19-Pandemie besonders beschäftigt?**
*Erläutern Sie zunächst Ihr Thema genauer – ganz gleich, ob Sie sich mit einem medialen Phänomen oder Ihrem sozialen Engagement näher auseinandersetzen. Es geht darum, dass Sie Thema und Gegenstand vor allem sachlich darlegen. Mitunter hilft es, eine konkrete Situation in den Blick zu nehmen und sie eingangs zu beschreiben.*

**2. Warum hat mich das Thema/der Gegenstand zum Nachdenken angeregt?**
*Skizzieren Sie, aus welchen Gründen Sie sich mit Ihrem Thema/Gegenstand befassen und was Sie daran als Mensch, als Student*in und als Forscher*in bewegt. Versuchen Sie auch Verbindungen herzustellen zwischen dem Fachwissen und den diversen Erfahrungen, die Sie im Studium gesammelt haben.*

**3. Wie erkläre ich mir die näher in den Blick genommenen Zusammenhänge?**
*In Ihren Fokus sollten nun Ihr wissenschaftliches Repertoire und die im Studium entwickelten Kompetenzen rücken. Hier geht es also weniger um persönliche Stimmungslagen, subjektive Einordnungen oder gar ein „Bauchgefühl" – vielmehr sollen Sie zeigen, dass Sie in der Lage sind, zu Ihrem Thema/Gegenstand zu recherchieren und es in den wissenschaftlichen Diskurs einzuordnen.*

**4. Wie hat sich mein Thema/mein Gegenstand über den Verlauf meiner systematischen Beobachtung, Beschreibung, Analyse und Reflexion entwickelt oder verändert?**
*Da Sie Ihre Texte über einen abgegrenzten, aber doch längeren Zeitraum verfassen, ist davon auszugehen, dass sich auch Einschätzungen und/oder Einordnungen in Bezug auf das Thema bzw. den Gegenstand verändern. Diesen Veränderungen können Sie hier Raum geben.*

**5. Welche Literatur habe ich herangezogen?**
*Abschließend sollten Sie immer unter „Literatur" anführen, mit welchen wissenschaftlichen Publikationen Sie sich in Bezug auf Ihr Thema/Ihren Gegenstand befasst haben. Alle verfassten Texte sollten sich grundsätzlich an den Maßgaben zum wissenschaftlichen Arbeiten orientieren, wie wir diese als Medienpädagogik/-didaktik auf unseren Webseiten veröffentlicht haben.*

**Abb 18.1** Leitfragen zur Findung einer eigenen Text-Struktur. (Quelle: Eigene Darstellung)

durch die Lehrenden oder einen am Seminar beteiligten Tutor[3]. Leitfragen (Abb. 18.1) dienten schließlich dazu, dass sich Studierende „ihrem" Gegenstand systematisch vor dem Hintergrund wissenschaftlicher Fragestellungen näherten.

*Zusammenfassend* zeigen die gesammelten Seminarergebnisse und -erfahrungen, dass das didaktische Konzept der Lehrveranstaltung sicherlich einen ‚Nerv' getroffen hat, wobei *vier* Aspekte in Bezug auf die Akzeptanz des Angebots und dessen digitale ‚Gestalt' herausstechen: *Erstens* demonstrierte das E-Mail- und Fragevolumen gerade zu Beginn des Semesters, dass Studierende es sehr gut finden, sich mit einem aktuellen Thema ausgehend von ihnen selbst zu befassen (Aspekt der Situiertheit). *Zweitens* formulierten Studierende, dass sie sich gerne mit unterschiedlichen Themen im Seminar beschäftigen würden, weil das Gesamtgeschehen als dynamisch eingeschätzt wurde

[3]An dieser Stelle möchten wir uns bei Paul-Can Atlama für seine Unterstützung herzlich bedanken.

(Aspekt thematischer Auswahl). Die inzwischen vorliegenden Reflexionen unterscheiden sich folglich danach, wie sie sich dem Seminargegenstand angenähert haben und welche Erfahrungen sie selbst mit dem Sommersemester machten. Mit zeitlichem Verlauf spielten *drittens* organisatorische Fragen eine Rolle: So wurden Fristüberschreitungen bei Abgabe der Reflexionen wiederholt Thema der Interaktion von Lehrenden und Studierenden. Zwar wurden seitens der Studierenden große Anstrengungen unternommen das Sommersemester 2020 im üblichen Takt aufrecht zu erhalten. Insbesondere im Austausch mit Studierenden sowie in Tagebucheinträgen wurden aber (existenzielle) Sorgen und Ängste offenbar, die erst durch die Seminargestaltung geäußert werden konnten (Aspekt der Organisiertheit von Bildung). Daran schließt an, dass sich *viertens* im Seminar freiwillig ergeben hat, dass Studierende ihre Reflexionen in der Lernplattform mit ihren Peers teil(t)en (Aspekt der Partizipation). Dies verstehen wir mit Wagner und Gebel (2014) sowohl als politische Selbstpositionierung der Studierenden in einer medienpädagogischen Lehrveranstaltung als auch mit Rhein (2015) als Ausdruck von Sozialität und Teilhabe im Kontext studentischen *und* hochschulischen Lernens an der Universität.

## 18.3 Das #Covid-19-Seminar: Reflexive Auseinandersetzung mit medialen Problemlagen unter Corona-Bedingungen

Ging es uns in der bisherigen Darstellung vor allem die Frage der Entwicklung studentischer Fähigkeiten innerhalb eines spezifisch organisierten Handlungsrahmens, möchten wir im Folgenden noch einmal genauer auf den bereits skizzierten medienpädagogisch-konzeptionellen Begründungsrahmen der Lehrveranstaltung fokussieren und ihn in der Aneignung von Medienkompetenz als Bestandteil medienpädagogischer Kompetenz verorten. Sowohl Ziel und Leitfragen als auch die vorgelegten studentischen Reflexionen lassen sich vor allem in das medienpädagogische Verständnis von Medienkritik einordnen: Dass (nicht nur) Jugendliche medienkritisch sein sollen und ihre Medienkritikfähigkeit zu fördern ist, ist eine zentrale Prämisse medienpädagogischen Denkens. So ist Medienkritik als Teildimensionen in dem bekannten Konzept der Medienkompetenz von Baacke (1996) fest verankert.

Medienkompetenz differenziert sich für Baacke in vier Dimensionen (Medienkritik, Medienkunde, Mediennutzung, Mediengestaltung), die prinzipiell jeder Mensch entwickelt haben sollte: *Medienkritik* bedeutet dabei die Fähigkeit, a) problematische gesellschaftliche Prozesse – wie etwa Medienkonzentration – *analytisch* angemessen zu erfassen, dieses Wissen b) *reflexiv* auf sich selbst und das eigene Handeln anzuwenden und c) in *ethischer* Weise „analytisches Denken und reflexiven Rückbezug als sozial verantwortet“ (ebd., S. 120) abzustimmen und zu definieren. Niesyto (2020, S. 35) merkt an, dass Medienkritik im medienpädagogischen Theoriediskurs lange Zeit eher ein Schattendasein geführt habe. Erst die „Verschärfung medialer, sozialer und bildungsbezogener Problemlagen in der Gesellschaft führte in den letzten Jahren wieder zu einer stärkeren Berücksichtigung medienkritischer Fragestellungen, insbesondere was eine kritische Medien- und Gesellschaftsanalyse und damit verknüpfte Aufgaben für medienpädagogisches Handeln betrifft".

Insofern hat das #Covid-19-Seminar den Rahmen für die teilnehmenden Studierenden eröffnet, sich in medienkritischer Hinsicht mit medialen Rahmenbedingungen und Problemlagen unter Corona-Bedingungen reflexiv auseinanderzusetzen. Dabei regt Baacke (2007, S. 99) in Bezug auf den Medienkompetenzbegriff an, dass „Medienkompetenz [nicht] an[gibt], wie die […] Dimensionierung des Konzepts praktisch, didaktisch oder methodisch zu organisieren und damit zu vermitteln sei" (ebd.). Er führt weiter aus, dass hier die „ergänzende Erschließung kraft des Begriffs ‚Bildung' ein[setzt]" (Baacke 2007, S. 100). Medienkompetenz bestünde darin, „daß [sic!] die Unverfügbarkeit des Subjekts sich nach dessen eigenen generativen Ausdrucksmustern entfaltet, ohne durchweg immer pädagogisch und im pädagogischen Raum angeleitet sein zu müssen" (Baacke 2007, S. 100). Genauer heißt dies, dass das #Covid-19-Seminar zwar vielfältige Optionen für die eigene Auseinandersetzung bot, die Aneignung des pädagogischen Raumes aber aufgrund der strukturellen Offenheit von Studierenden unterschiedlich vollzogen wurde.

Zur kommunikativen Erschließung und Selbstpositionierung regte insbesondere die Form der Tagebucheinträge an, welche ausdrücklich „die *Körperlichkeit* des Menschen und oder seine *Emotionalität*" (Baacke 2007, S. 100, H. i. O.) ansprach, die im Zusammenhang mit sonst üblichen Seminaren zur Förderung von Medienkompetenz zu oft ausgeblendet werden. Deswegen ist didaktisch-methodisch Reichert (2013, S. 117) zuzustimmen, dass „[die] institutionelle Rahmung der biografischen Selbstanerkennung des Subjekts durch das Online-Portfolio […] dem Subjekt eine Pluralisierung von Selbst- und Fremdwahrnehmungen zu[mutet]" (ebd.), wenngleich „Selbsterzählungen" und „Selbstinszenierungen" (ebd., S. 118) immer mehr zur Aufgabe auch von Studierenden werden. Mit der Hinwendung zum Medienkompetenzbegriff wird gewissermaßen auch die *Bedeutung der Projekterfahrung* im Seminar gestärkt, die bei Sesink (2006) im Zusammenhang mit theoriegeleiteter Praxis gesehen wird. Demnach ist Praxis „projektiv, indem sie es aus dieser Orientierung [Sinnhorizonte, die durch Theorie eröffnet werden, Anm. S.H.] heraus unternimmt, die Welt zu gestalten" (ebd., S. 88). Dafür ist zentral, zunächst Möglichkeiten für Selbsterzählungen oder Selbstinszenierungen in formalen Bildungskontexten zu schaffen, um ausgehend davon die Auseinandersetzung mit Theorie in einem begrenzten und ggf. exemplarischen Rahmen anzuregen. Selbst definierte Projekte können diesen Handlungsrahmen bieten, sofern diese nicht bloß einem von außen gesetzten Zweck folgen, sondern zur persönlichen Entwicklung im Sinne von Bildung beitragen.

Versteht man das Seminar also als persönliches Entwicklungs- oder Anwendungsprojekt, wie es bei Sesink vorgeschlagen wird, „vollzieht Theorie den nächsten Schritt der Bildung" (ebd., S. 89). Mit Rhein (2015) wäre dann allerdings auch zu fragen, „wie sich theoretisches, wissenschaftliches Wissen zu beruflichem Wissen, Erfahrungswissen und lebensweltlicher Praxis verhält" (Rhein 2015, S. 362). Eingeschlossen ist damit auch die Frage danach, „welche subjektive Bedeutung abstraktes, wissenschaftliches Wissen gewinnen kann“ (Rhein 2015, S. 362) – eine Frage, die über Covid-19 hinaus für Studierende des Studiengangs Intermedia von Bedeutung sein dürfte.

## 18.4 Abschließende Bemerkungen

Der Münchner Physiker Harald Lesch (2020) formulierte in Bezug auf die gesamtgesellschaftliche Gegenwart im Frühjahr 2020, die unter dem Ausdruck Covid-19-Situation zusammengefasst wird, dass „[d]iesmal [nicht] … die Banken systemrelevant [sind], sondern die Wissenschaften“. Lesch spricht damit öffentlich an, dass in der Corona-Krise viele Wissenschaftler*innen mit ihren Einschätzungen zur Konstitution der Gegenwart zu Wort gekommen sind: angefangen bei Virolog*innen über Volkswissenschaftler*innen bis hin zu Ethiker*innen. Sie wurden als solche auch in unterschiedlichen, insbesondere journalistischen Formaten sichtbar.[4] Für die Medienpädagogik sind dies Ausdrucksformen öffentlicher Diskurse und damit per se Themen bzw. Bezugsbereiche ihrer Disziplin. Sie regen zur weiterführenden Reflexion über das Grundverständnis von Medienpädagogik, Aspekten professionellen Handelns und/oder medienpädagogische Gegenstände an.[5] Erinnert sei u. a. an das eingangs angeführte Zitat von Tulodziecki (2012, S. 276), wonach die Medienkompetenz eines beruflich Handelnden in Arbeitsfeldern der Medienpädagogik Teil von medienpädagogischer Kompetenz ist. Um die dazu nötige, grundlegende Medienkritikfähigkeit auszubilden, schufen wir mit unserem Seminar den Raum für systematische Beobachtungen, Beschreibungen, Analysen und Reflexionen mit Rekurs auf die aktuelle gesellschaftliche Situation, verstanden als Ausdrucksformen einer durch Medien geprägten Gegenwart.

Ausgehend von der Konzeption einer Lehrveranstaltung, welche in den Kapiteln 1 und 2 hergeleitet und eingeordnet wurde, folgten Ausführungen zu ihrer fachwissenschaftlichen Verortung im medienpädagogischen Diskurs (Kap. 3). Vor diesem Hintergrund möchten wir festhalten, dass aktuelle Bezüge, wie sie im Sommersemester 2020 mit der Covid-19-Situation gegeben waren, wichtige gesellschaftliche Folien für medienpädagogische Forschung und Praxis sind. Die Mediatisierung der Covid-19-Situation als „historische[n] Prozess“ zu rekonstruieren (Knoblauch 2017, S. 324), ließe sich

[4]Die medialen Artefakte bringen einerseits die Hinwendung zur Wissenschaft durch den öffentlichen Rundfunk und durch weite Teile der Bevölkerung zum Ausdruck, andererseits verdeutlichen sie die Bedeutung von Wissenschaftskommunikation mit Nachdruck, da zugleich eine ganze Reihe an Falschinformationen („Fake News“) den öffentlichen Diskurs mindestens irritieren. Erinnert sei exemplarisch an den inzwischen mit dem Grimme-Online-Award ausgezeichneten NDR-Info-Podcast mit dem Virologen Christian Drosten von der Charité.

[5]Interessant ist in diesem Zusammenhang die Sammlung zu „Bildung in Zeiten räumlicher Distanzierung“, initiiert von qualitativ forschenden Wissenschaftler*innen im Feld, siehe https://pad.riseup.net/p/Bildung_in_Zeiten_r%C3%A4umlicher_Distanzierung-keep (26.07.2020).

zudem in anschließenden Veranstaltungen mit der Gruppe Studierender realisieren und exemplarisch erkunden.

Abschließend ist anzumerken, dass es u. E. eine Verkürzung wäre, die skizzierte Lehrveranstaltung lediglich als didaktischen „Container" zu begreifen für solche Leistungen, die sonst im Studium kaum Platz finden, knüpft doch die Schwerpunktsetzung bei den persönlichen Entwicklungslagen und -bedarfen der Studierenden des Intermedia-Studiengangs an. Es geht insoweit mit Lehrveranstaltungen wie dem #Covid-19-Seminar vielmehr um die Anforderung an die Universität, der „allgemeinen Gegenwartstendenz der Mediatisierung des Alltäglichen" (Reichert 2013, S. 127) mit wissenschaftlicher Systematik und nicht zuletzt neuen Praktiken zu begegnen. Diese *soziale* Begegnung haben wir u. a. mit dem Seminar versucht zu initiieren. Sie materialisiert sich – auch ungeachtet von Covid-19 – in Projekt- und Portfolioarbeit im Studiengang und wird dort durch Studierende und Lehrende gleichermaßen vollzogen und im Sinne von Medienbildung auch transformiert.

## Literatur

Baacke, D. (2007). Medienpädagogik. Grundlagen der Medienkommunikation. Tübingen: Niemeyer.

DFN (o.J.). DFNconf und COVID-19. https://www.conf.dfn.de/dfnconf-und-covid-19/ (10.06.2020).

Hugger, K.-U. (2020). Medienpädagogik als eigener Beruf. merz medien+erziehung, 2, 22–28.

Jandrić, P. (2020). Postdigital Research in the Time of Covid-19. Postdigit Sci Educ 2, 233–238. https://doi.org/10.1007/s42438-020-00113-8.

Knoblauch, H. (2017). Die kommunikative Konstruktion der Wirklichkeit. Wiesbaden: Springer VS.

Krotz, F. (2007). Mediatisierung. Fallstudien zum Wandel der Kommunikation. Wiesbaden: Springer VS.

Lesch, H. (2020). „Diesmal sind nicht die Banken systemrelevant, sondern die Wissenschaften". Der Astrophysiker und Philosoph Harald Lesch im Gespräch über die Bedeutung von Wissenschaftskommunikation in Zeiten von Corona – und darüber, wie das Virus das Verhältnis von Gesellschaft und Forschung verändert. *Merton*. Onlinemagazin des Stifterverbandes. Online verfügbar unter: https://merton-magazin.de/diesmal-sind-nicht-die-banken-systemrelevant-sondern-die-wissenschaften (02.04.2020).

Moser, H. (2019). *Einführung in die Medienpädagogik*. 6. Auflage. Wiesbaden: Springer VS.

Niesyto, H.(2020). Medienkritik und Medienpädagogik. *Zeitschrift MedienPädagogik*, 37 (Medienpädagogik als Schlüsseldisziplin), 23–50. doi: https://doi.org/10.21240/mpaed/37/2020.07.02.X.

Pensel, S., Hofhues, S. & Schiller, J. (2020). „Man ist halt so ein ganz kleiner Teil von diesem ganzen Großen". Rekonstruktion der studentischen Sicht auf digitale Lerninfrastrukturen an Hochschulen. In S. Hofhues, M. Schiefner-Rohs, S. Aßmann & T. Brahm (Hrsg.), *Studierende – Medien – Universität. Einblicke in studentische Medienwelten* (S. 41–64). Münster: Waxmann.

Pumptow, M. & Brahm, T. (2020). Erkenntnisse zur medialen Selbstwirksamkeit von Studierenden. In S. Hofhues, M. Schiefner-Rohs, S. Aßmann & T. Brahm (Hrsg.), *Studierende – Medien – Universität* (S. 107–129). Münster: Waxmann. https://doi.org/10.31244/9783830990499.

Reichert, R. (2013). Portfoliostrategie 2.0. „Biografiearbeit" und „Selbstnarration" im Social Net. In B. Volk & D. Miller (Hrsg.), E-*Portfolio an der Schnittstelle zwischen Studium und Beruf* (S. 105–132). Münster: Waxmann.

Rhein, R. (2015). Hochschulisches Lernen – eine analytische Perspektive. *Zeitschrift für Weiterbildung, 38*(3), 347–363.

Scholz, A.-L. (2020) Solidarsemester: Die Super-Zivis. Kommentar. *Die Zeit.* https://www.zeit.de/2020/14/solidarsemester-coronavirus-hochschulen (10.07.2020).

Schulmeister, R. (Hrsg.) (2013). *MOOCs – Massive Open Online Courses. Offene Bildung oder Geschäftsmodell?* Münster: Waxmann.

Sesink, W. (2006). Theoriebildung und Projekterfahrung. Ein Bericht. In W. Sesink (Hrsg.), *Subjekt – Raum – Technik. Beiträge zur Theorie und Gestaltung Neuer Medien in der Bildung* (S. 78–89). Münster: LIT.

Sporer, T., Dürnberger, H. & Hofhues, S. (2011). Lernen durch aktive Mitgestaltung? Herausforderungen offener Bildungsinitiativen im Umfeld von Hochschulen. In H. Dürnberger, S. Hofhues & T. Sporer (Hrsg.), *Offene Bildungsinitiativen.* Reihe Medien in der Wissenschaft (S. 229–232). Münster: Waxmann.

Tulodziecki, G. (2012). Medienpädagogische Kompetenz und Standards in der Lehrerbildung. In R. Schulz-Zander, B. Eickelmann, H. Moser, H. Niesyto, P. Grell (Hrsg.), Jahrbuch Medienpädagogik 9 (271–297). Wiesbaden: Springer VS.

Wagner, U. & Gebel, C. (2014). *Jugendliche und die Aneignung politischer Informationen in Online-Medien.* Wiesbaden: VS.

# Kurzinterviews mit Expert*innen aus Österreich

# 19

Christian Kreidl und Ullrich Dittler

**Zusammenfassung**

Die nachfolgenden Interviews mit Expert*innen aus der Lehre und aus dem Management von Hochschulen wurden in der Zeit zwischen Juli 2020 und September 2020 durchgeführt und sollen ein Stimmungsbild vermitteln, in welcher Form Hochschulen die Corona-Krise erlebt haben. Um eine Vergleichbarkeit der Antworten zu ermöglichen sollten alle Interviewten dieselben Fragen beantworten. Für einen besseren Lesefluss wurden im Anschluss die transkribierten Interviews sprachlich geglättet und leicht gekürzt.

## 19.1 Univ.-Prof. Dr. med. univ. Josef Smolle

**Univ.-Prof. Dr. med. univ. Josef Smolle**
Medizinische Universität Graz
Institut für Medizinische Informatik, Statistik und Dokumentation,
Leiter der Stabsstelle Lehre mit Medien

C. Kreidl (✉)
KREIDL Training und Beratung, Wien, Österreich
E-Mail: chkreidl@kreidl.biz

U. Dittler
Hochschule Furtwangen, Furtwangen, Deutschland
E-Mail: dittler@hs-furtwangen.de





U. Dittler und C. Kreidl (Hrsg.), *Wie Corona die Hochschullehre verändert*,
https://doi.org/10.1007/978-3-658-32609-8_19

***Im Sommersemester 2020 musste der komplette Hochschul-Unterricht als Folge der Corona-Krise auf digitale Fernlehre umgestellt werden. Was war für Sie die bedeutendste Auswirkung der Umstellung auf den komplett digitalen Unterricht?***
Diese Auswirkungen waren bei uns nicht so groß, weil wir an unserer Medizinischen Universität Graz bereits seit Anfang der 2000er Jahre intensiv E-Learning aufgebaut haben. Und jetzt hat es natürlich ein noch breiteres Rollout gebraucht und die wesentliche Herausforderung war eigentlich bei einer Situation, die sehr plötzlich gekommen ist, zeitgerecht möglichst zeitnah die Studierenden darüber zu informieren, wie es jetzt weitergeht. Und was für Angebote für sie jetzt bereitstehen.

***Wie beurteilen Sie den Kompetenzerwerb („Studienerfolg") der Studierenden im Sommersemester 2020?***
Ich denke, dass der Studienerfolg unterm Strich in vielen Bereichen nicht schlechter gewesen sein wird als bei der Präsenzlehre, aber natürlich gibt es wiederum Bereiche, wo die Präsenzlehre unabdingbar ist. Und da denke ich vor allem bei uns an den patientinnen- und patientennahen Bereich. Das ist einfach unersetzbar. Und was natürlich auch teilweise verloren geht, das ist die unmittelbare Beziehung zwischen den Lehrenden einerseits und den Studierenden andererseits. Das ist ja oft der Punkt, wo dann die Begeisterung überspringt. Und das lässt sich nicht vollständig digital abbilden.

***Wie werden Ihre Erfahrungen aus diesem Semester Ihre zukünftige Lehre voraussichtlich beeinflussen?***
Wir haben den Eindruck, dass viele Kolleginnen und Kollegen, die primär vielleicht etwas zurückhaltend gewesen sind, was ‚distance learning' betrifft, nun wirklich die Chancen und Möglichkeiten erkannt und auch entdeckt haben, dass man sich damit das Alltagsleben als Universitätslehrender durchaus auch erleichtern kann und gleichzeitig den Studierenden in ihren Bedürfnissen entgegenkommen kann.

***In wie fern werden sich die Hochschulen durch die Erfahrungen aus diesem Semester verändern?***
Es wird mehr Mut in die Richtung geben, E-Learning anzubieten, E-Learning anzuwenden, das möglicherweise auch je nach Wunsch der Studierenden alternativ zu Präsenzveranstaltungen bereitzustellen. Und ich glaube, dass die Hochschulen einfach generell auch in Zukunft mehr miteinander kooperieren werden, gerade weil elektronische Unterrichtseinheiten auch für Mehrfachgebrauch und für Austausch besonders geeignet sind.

***Was waren ansonsten noch bedeutende Erkenntnisse aus dem Sommersemester 2020?***
Eine ganz wesentliche Erkenntnis, die sich jetzt nicht nur aus E-Learning bezieht, ist, dass wenn Situationen eintreten, wo man handeln muss, auf einmal wir Menschen in der Lage sind sehr konstruktiv, sehr rasch, sehr flexibel zu agieren und auf einmal Dinge möglich zu machen innerhalb weniger Tage oder Wochen, die sonst Monate oder Jahre gebraucht hätten.

## 19.2 Prof. DDr. Edeltraud Hanappi-Egger

**Univ.-Prof. DI DDr Edeltraud Hanappi-Egger**
Wirtschaftsuniversität Wien
Rektorin

***Im Sommersemester 2020 musste der komplette Hochschul-Unterricht als Folge der Corona-Krise auf digitale Fernlehre umgestellt werden. Was war für Sie die bedeutendste Auswirkung der Umstellung auf den komplett digitalen Unterricht?***
Wenn man berücksichtigt, dass die Umstellung binnen weniger Tage passieren musste, hat das an der WU sehr gut und schnell funktioniert. Ich muss aber dazusagen, dass wir IT-technisch schon vorher sehr gut aufgestellt waren. Wir haben ja eine ganz ausgezeichnete Lernplattform, die seit vielen Jahren ohnehin sehr gut die Lehre unterstützt. Da war es im Sommersemester auch ganz hilfreich, dass wir so gut aufgestellt sind. Was wir gesehen haben, ist, dass dadurch, dass alle online lehren mussten, durchaus auch Leute, die vielleicht eher zögerlich oder skeptisch bei Onlinelehre waren, mehr oder weniger ins kalte Wasser springen mussten und festgestellt haben, dass es nicht weh tut. Das ist schon eine Auswirkung, die sich jetzt doch auch längerfristig konstruktiv zeigen kann. Allerdings war es auch eine große Experimentierphase. Natürlich haben wir aber schon auch gesehen, dass es eine Menge an Dingen braucht, damit es eine Erfolgsstory wird. Es ist eigentlich nicht jede Lehrveranstaltung für Onlinelehre geeignet. Das war dann schon auch in vielen Fällen ein Notbehelf. Wir haben festgestellt, dass es jedenfalls kein Sparmodell ist. Da braucht es schon sehr viel Infrastruktur, es braucht sehr viel Know-how, es braucht Sets, es braucht Tools und, und, und … Also die Spekulation, dass digitaler Unterricht sehr viel Sparpotenzial hat, davon gehe ich nicht aus. Und das gilt natürlich gerade für die universitäre Lehre in jenen Bereichen, wo es eine direkte soziale Interaktion braucht, die kann nicht online stattfinden.

***Wie beurteilen Sie denn den Kompetenzerwerb, also den Studienerfolg der Studierenden im Sommersemester?***
Wir haben festgestellt, dass die Leute schon fleißig mitmachen – international war das überhaupt wichtig, weil diese Studierenden sind zum größten Teil auch in ihre Heimatländer zurückbeordert worden. Es war also wichtig, sie digital einzubinden und ihnen zu ermöglichen, Lehrveranstaltungen abzuschließen. Wir haben im Endeffekt gesehen, dass wir gleich viele Prüfungsantritte hatten wie in normalen Semestern. Wir haben hier weder in die eine oder noch in die andere Richtung einen besonderen Ausreißer. Jener Anteil an Studierenden, die vor Ort studieninaktiv sind, waren auch digital inaktiv.

***Wie werden denn die Erfahrungen aus diesem Semester Ihre zukünftige Lehre voraussichtlich beeinflussen?***

Na ja, es war ja eine große Experimentierphase und Experimentierphase heißt dann auch, dass man für die Zukunft lernt. Das heißt, es gibt jetzt schon sehr viele Diskussionen seitens der Lehrenden und Rückmeldungen, welche Teile einer Lehrveranstaltung man vielleicht ganz gut online zur Verfügung stellen bzw. ergänzend zur Verfügung stellen kann – vielleicht zum Nachschlagen oder Nachlesen. Es gibt schon sehr viel Aktivität und sehr erfreuliche Aktivität in diese Richtung. Welche Online-Features sind geeignet, um auch in sogenannten normalen Semestern eine gute didaktische und pädagogisch sinnvolle Ergänzung zur klassischen Lehre zu sein?

***Inwiefern wird sich die Hochschule ganz generell durch die Erfahrungen aus diesem Semester verändern?***

Natürlich haben wir einen Digitalisierungsschub. Es ist ja nicht nur die Lehre davon betroffen gewesen, sondern wir haben ja jetzt auch Erfahrungen im Homeoffice, in Online-Meetings gemacht, und da sehen wir natürlich jetzt auch die Grenzen – wir sehen aber auch die Chancen. Die Chancen werden sicherlich weiter genutzt werden. Also alles, wo man dann vielleicht sagt, man muss jetzt nicht unbedingt zu jedem Meeting hinfliegen. Man kann sich vielleicht das eine oder andere Mal auch mit internationalen Partnern online treffen. Gleichzeitig haben wir ganz massive Grenzen kennengelernt beim Homeoffice. Wir sind momentan dabei, hier auch eine wissenschaftliche Pilotstudie aufzusetzen. Was bedeutet mobiles Arbeiten, was macht das mit Teams? Was heißt das für Führungsaufgaben? Weil das schon eine ganz massive Intervention in eine Organisation ist. Und daraus kann man Gestaltungsansprüche formulieren. Und das ist gut so. Wir haben ganz sicherlich daraus gelernt, dass wir keine Fernuniversität werden. Dazu ist der Campus viel zu schön. Aber wir sehen auch, dass auch universitäres Leben von der direkten Begegnung lebt. Und ich glaube, dass wir das Sommersemester gut meistern konnten, weil wir auf sehr gute Beziehungen und Partnerschaften aufbauen können. Das kann sich aber erschöpfen. Ich weiß auch aus meinen internationalen Kontakten, dass internationale Partnerschaften einfach darunter leiden, dass sie nur rein onlinebasiert sind und der direkte Austausch weggefallen ist. Ich glaube, man unterschätzt, dass das gut funktioniert hat, weil es diese Vertrauensbeziehungen schon gegeben hat, weil wir aufbauen konnten auf Sozialkapital. Dass das nicht ganz prinzipiell und ohne diese Basis so einfach übersetzbar ist, das gilt es jetzt schon noch mal auch zu reflektieren.

***Was waren sonst noch bedeutende Erkenntnisse aus dieser Zeit aus dem Sommersemester?***

Die Erfahrungen und Ergebnisse, die ich gerade genannt habe. Ich persönlich habe gesehen, dass meine Universität, die WU, eine unheimliche Energie hat und eine unheimliche Kraft entwickelt hat, die Herausforderung zu meistern. Das ist nicht ganz ohne, weil wir hier 2.300 Arbeitsplätze umgestellt haben. Wir haben für 21.000

Studierende und mehr als 1.700 Lehrveranstaltungen umgestellt. Wir haben Onlineprüfungen gemacht, mit 13.000 Prüfungsantritten in einer Woche. Und dass wurde alles gemeistert, ohne dass es größere Konflikte gegeben hat. Das hat auch sichtbar gemacht, wie stark und mobilisierbar und innovativ diese Universität ist. Das war schon eine der wesentlichen Erkenntnisse, dass wir eine Krise meistern, und zwar gut meistern und dass wir aus einer Krise gestärkt hervorgehen. Das war in dem Semester für mich, gerade als Rektorin, einer der schönen Erkenntnisse.

## 19.3 Prof. Dr. Christa Schnabl

**Ao. Univ.-Prof. Dr. Christa Schnabl**
Universität Wien
Vizerektorin für Studium und Lehre an der Universität Wien

***Im Sommersemester 2020 musste der komplette Hochschul-Unterricht als Folge der Corona-Krise auf digitale Lehre umgestellt werden. Was war für Sie die bedeutendste Auswirkung der Umstellung auf den komplett digitalen Unterricht?***
Alle haben gelernt. Lehrende und Studierende – und zwar viel dazugelernt. Also es war natürlich für alle eine riesengroße Herausforderung, so flächendeckend in vielen Bereichen fast ausschließlich digitale Lehre zu vollziehen. Natürlich sind die Tools im Vergleich zu dem, was man klassisch unter E-Learning-Bedingungen einsetzt und nutzt, in Zeiten wie diesen auch stark erweitert worden, insbesondere im Bereich der verschiedenen Videokonferenz-Tools, die zum Einsatz gekommen sind.

Wir hätten als Institution sehr viel und lange Motivationsarbeit und Überzeugungsarbeit leisten müssen, um so einen Innovationsschub im Bereich der digitalen Lehre hervorzurufen. Das wäre wahrscheinlich in den nächsten fünf bis zehn Jahren nicht gegangen, wenn es uns nicht durch die Situation in gewisser Weise aufgezwungen worden wäre. Die Umstände sind nicht erfreulich, die dazu geführt haben, aber ich sehe darin grundsätzlich für die Lehre an den Universitäten auch eine Riesenchance für die Zukunft. Es haben, nach einer kurzen Schockphase, alle versucht, das Beste aus dieser Situation zu machen. Die einen mit mehr Überzeugung und Energie, andere mit etwas mehr Zögern und Jammern.. Dazugekommen ist sicherlich auch der Bereich des Prüfens, ein Thema, das wir bisher ja unter dem Aspekt des Digitalen gar noch nicht so bedient haben. Es gab vereinzelt digitale mündliche Prüfungen. Aber das Prüfungswesen weitgehend flächendeckend auch zu digitalisieren, das würde ich sagen, war die zweite riesengroße Herausforderung. Und das ist ein Bereich, da brauchen wir noch viele überzeugende Innovationen.

An der Universität Wien wurden zirka 7.500 Lehrveranstaltungen im Sommersemester angeboten. Die überwiegende Zahl ist vollständig digitalisiert worden. In Präsenz haben jetzt im Sommer – verschoben aus den Monaten März bis Juni – in erster

Linie Labor-Lehrveranstaltungen stattgefunden, in komprimiertem Ausmaß und Umfang. Aber ich würde sagen 90 % der Lehre ist vollständig digitalisiert worden. Und bei den Prüfungen –konkret sind die nicht-prüfungsimmanenten schriftlichen Prüfungen gemeint – sind wahrscheinlich an der Universität Wien rund 250 ( Stand Ende Juli) in Präsenz abgehalten worden. Der Rest ist auch digital durchgeführt worden. Und wir haben, was die Zahl der Prüfungen betrifft, im Zeitraum des Lockdowns– 10.3. bis etwa 25.05.2020 – mindestens 50.000 digitale Prüfungen abgenommen. Weiters liegt aktuell die Anzahl der prüfungsaktiven Studien über der Anzahl des Vergleichszeitraumes von vor einem Jahr (Die genaue Zahl wird Ende Oktober vorliegen). Das ist angesichts der Rahmenbedingungen eine beachtliche Leistung, von den Studierenden, den Lehrenden und der Uni insgesamt.

Da sieht man schon, was sich getan hat. Ich muss auch sagen, der Aufwand, den die Lehrenden zu bewältigen hatten, war erheblich: Von heute auf morgen am Beginn des Semesters umzustellen, neue Konzepte zu entwerfen, sich neue Tools anzueignen oder überhaupt einmal auszuprobieren: Funktioniert das überhaupt und wie funktioniert das? Die Lehrenden haben hier wahnsinnig große Anstrengungen unternommen, um sich auf diese Situation einzustellen. Nicht überall ist es gleich gut gelungen, das ist auch völlig klar. Besser ist es denen gegangen, die schon vorher Erfahrungen mit solchen Tools gemacht haben; aber insgesamt ist zu sagen, dass hier wirklich eine große Leistung vollbracht wurde, mit viel Engagement und Einsatz!

***Wie beurteilen Sie den Kompetenzerwerb („Studienerfolg“) der Studierenden im Sommersemester 2020?***

Das ist für mich jetzt schwer zu sagen, weil erstens das Sommersemester noch nicht ganz vorbei ist und zweitens haben wir das im gesamten noch nicht überprüft. Ich kann derzeit berichten, was unsere Eindrücke sind. Ich glaube, dass die Selbstorganisation einen indirekten Kompetenzerwerb für die Studierenden darstellt und sie auch viel dazu gelernt haben. Es ist noch viel mehr auf das Eigenengagement angekommen, natürlich teilweise auch auf die technischen Rahmenbedingungen, die man nicht alle in der Hand hat. Aber ich glaube auch, dieses selbstgesteuerte Lernen ist etwas, was die Studierenden auch mitgenommen haben. Und für Studierende war sehr wichtig zu erfahren, wie unterschiedlich und vielfältig die digitale Lehre sein kann. Lehrende haben im Rahmen einer Umfrage z. B. auch berichtet, dass sich bestimmte Gruppen von Studierenden digital noch besser eigebracht haben (z. B. eher schüchterne Studierende). Es gab Studierende, die sehr engagiert dabei waren und einen guten Studienerfolg erzielen konnten; aber auch andere, die mehr Probleme mit der Distanz zu Lehrenden und anderen Studierenden hatten. Ich finde es auch ganz wichtig, dass uns die Studierenden rückmelden, wie es ihnen mit den verschiedenen Ansätzen und Tools, die da ausprobiert worden sind, gegangen ist, weil das für uns wiederum sehr wichtig für die Zukunft ist. Wir haben die Studierenden auf die verschiedensten Arten um Feedback gebeten.

Eine große Herausforderung bei Videoconferencing ist der Resonanzmangel (abgeschaltete Kamera/Mikrophone, um die technischen Kapazitäten nicht zu überlasten). Lehrende können in der Regel den Aufmerksamkeitspegel der Studierenden weniger gut überblicken als Vor-Ort und daher auch weniger gut unmittelbar reagieren. Aktive Chats können dabei Abhilfe schaffen. Wir werden für das Wintersemester die digitalen Kooperationsmöglichkeiten unter Studierenden weiter verbessern, um aktives Studieren digital weiter zu unterstützen.

***Wie werden Ihre Erfahrungen aus diesem Semester Ihre zukünftige Lehre voraussichtlich beeinflussen?***
Ja, ich glaube, wir sind ja noch nicht am Ende unserer Erfahrungen. Wir haben gerade begonnen. Auch das Wintersemester wird uns vor neue Herausforderungen stellen, da es unter der großen Überschrift der „hybriden Lehre" steht. Wir müssen die eingeschränkten Präsenzbedingungen und die Möglichkeiten der digitalen Lehre zusammenführen. Wir können unsere Veranstaltungsräume vor Ort nur zu 40 bis 50 % auslasten. Und daher wird es in vielen Fällen auch Mischformate mit digitalen Arbeitsaufträgen oder digital durchgeführten Einheiten und Lehre vor Ort geben. Und was wirklich ganz neu ist, sind die Hybrid-Formate, wo vor Ort ein Geschehen stattfindet und auch zeitgleich digital in einem Videokonferenztool. Das ist natürlich eine sehr große Herausforderung. Das ist völlig neu und das hat bisher eigentlich fast niemand gemacht. Wir sind gerade dabei, dafür die technische Ausrüstung bereitzustellen, Empfehlungen zu erarbeiten und die Lehrenden darauf vorzubereiten. Hier braucht man natürlich auch ‚Advanced' Studierende, die hier dieses Bindeglied herstellen können zwischen dem digitalen Geschehen und dem Geschehen vor Ort, indem sie digitale Diskurse in die „vor Ort-Diskussion" einspeisen, zum Beispiel.

Von daher kann ich Ihnen ehrlich gesagt zum jetzigen Zeitpunkt nicht sagen, was das für unsere zukünftige Lehre bedeutet – sicherlich einen Innovationsschub und eine enorme Verbreiterung der Lernmöglichkeiten, der Lernformate, der Tools, die in der Lehre eingesetzt werden und damit auch ein viel breiteres Spektrum der Gestaltung an Lehr- und Lernprozessen für Lehrende und Studierende. Klar ist aber auch, dass die Universität Wien keine „Fernuniversität" werden soll. Spannend ist die Frage, wie der Mix zwischen Vor-Ort und Online-Lehre in Zukunft ausschauen wird.

Was wir jetzt schon sehen ist, dass sich viele klassische Vorlesungsformate, bei denen der/die Vortragende 80 % Redeanteil hat gut eignen, auch digital begleitet zu werden, beispielsweise im Sinne von ‚Flipped Classroom'. Das, was sich nicht so gut eignet, sind eben Dinge, bei denen das Tun und das Üben im Vordergrund stehen, wie im Labor, bei Bewegungsübungen oder bei Exkursionen oder auch bei Lehrveranstaltungen, bei denen der Diskurs im Vordergrund steht. Wir sind da mittendrin in einem Prozess. Es ist so wahnsinnig dynamisch und spannend natürlich. Und was wir wirklich für die Zukunft daraus mitnehmen werden, das können wir in ein, zwei, drei Jahren besser sagen.

***In wie fern werden sich die Hochschulen durch die Erfahrungen aus diesem Semester verändern?***

Natürlich wird sich auch die Kommunikation unter den Wissenschaftlern verändern im Bereich der Forschung. Es wird sich das ganze Konferenzwesen sehr stark verändern. Die Diskurs-Möglichkeiten mit den Kollegen und Kolleginnen, die im selben Gebiet arbeiten, werden sich verändern. Was die Lehre betrifft und auch in der Administration, sehe ich große Chancen, viel mehr noch über den Tellerrand zu schauen, weil es einfach relativ leicht möglich ist, ohne großen Aufwand an Fahrtzeiten, Absprachen abzuhalten, sich auszutauschen, zu vernetzen, institutionen- und organisationsübergreifend zusammenzuarbeiten.

Auch sehe ich viele Chancen, aus dem Silo-Denken herauszukommen und noch vernetzter zu arbeiten, aufgabenbezogener zu arbeiten und weniger rein in der Organisations-Logik zu denken. Und was die Lehre betrifft, habe ich die Veränderungen schon dargestellt. Zum Beispiel: Ich kann einfach den Kollegen in Cambridge, in Harvard, in Berlin oder München für einen Input in eine Lehrveranstaltung hineinholen und den Studierenden die Möglichkeit geben, was Tolles wahrzunehmen, was sich da gerade an der vordersten Front der Forschung tut. Ich sehe hier sehr viele Chancen für die Weiterentwicklung der Lehre für die nächsten Jahre.

***Was waren ansonsten noch bedeutende Erkenntnisse aus dem Sommersemester 2020?***

Ich habe ab den ersten Tagen, als sich abgezeichnet hat, was auf uns zukommen könnte, sehr, sehr viele Gedanken dazu gehabt, wie es möglich sein wird, dieses Semester zu nutzen. Rückblickend lässt sich sagen, dass Universitäten die Situation grosso modo gut gemeistert haben. Vieles musste aufgrund des zeitlichen Aspekts im Tun entstehen. Alle haben wirklich großartig zusammengearbeitet. Was ich da an Kollegen und Kolleginnen erlebt habe, die konstruktiv über sich hinausgewachsen sind, war beeindruckend; es hat niemand mehr gesagt, das geht nicht oder ich bin nicht zuständig.

Es haben sich stattdessen alle gefragt, wie können wir Studium und Lehre doch umsetzen mit den Möglichkeiten, die wir haben. Es war ein konstruktiver Geist in einer zweifelsohne sehr von den Rahmenbedingungen eingeschränkten Situation zu spüren, ein Teamgeist wurde an den Tag gelegt, das war wirklich großartig. Von den Studienprogrammleitungen, von den Kollegen und Kolleginnen in den zentralen Einheiten, in den dezentralen Einheiten, in der Administration, auch Studierende, also alle, alle haben versucht, manche mit ein wenig Anlaufschwierigkeiten, das Beste aus der Situation zu machen. Das war wirklich beeindruckend für mich. Ich bin da auch zu Hause in meinem Arbeitszimmer gesessen mit meinem Videokonferenztool, habe wochenlang niemanden von der Universität live gesehen und habe trotzdem gemerkt, wie aktiv alle sind: es werden Prüfungen abgelegt, es werden Lehrveranstaltungen abgehalten usw. Weiters ist die Tatsache, dass wir bereits jetzt trotz Corona über der Anzahl der prüfungsaktiven Studien im Vergleich zum Vergleichszeitraum des Vorjahres liegen, ein großer Meilenstein im Sommersemester 2020.

## 19.4 Prof. Dr. Thomas Wala

**Prof. (FH) Mag. Dr. Thomas Wala**
Fachhochschule Technikum Wien, Österreich
Leitung Masterstudiengang „Innovations- und Technologiemanagement“

***Im Sommersemester 2020 musste der komplette Hochschul-Unterricht als Folge der Corona-Krise auf digitale Fernlehre umgestellt werden. Was war für Sie die bedeutendste Auswirkung der Umstellung auf den komplett digitalen Unterricht?***
Also für mich persönlich war die größte Auswirkung eigentlich das Homeoffice. Dadurch, dass ich mich schon immer ein bisschen mit E-Learning und mit Fernlernen beschäftigt habe, hatte ich jetzt – vielleicht auch im Unterschied zu vielen Kollegen von mir – weniger Umstellungserfordernisse in Bezug auf die Lehrveranstaltungen. Ich habe schon vieles als Video parat gehabt. Und war eigentlich auch schon sehr geübt, was die Durchführung von Webinaren betrifft. Ich habe beispielsweise meine Moodle-Kurse und meine Lehrveranstaltungskonzepte, die ich schon vor Semesterbeginn fertig hatte, eins zu eins umsetzen können. Also ich habe jetzt nicht viel adaptiert. Das einzige, was jetzt neu war, ist, dass ich jetzt nicht mehr geteilt habe, oder dass ich von zu Hause aus unterrichtet habe und nicht im Hörsaal unterrichtet habe. Dass das Ganze dann ein bissel anders abläuft als Präsenzunterricht ist klar. Und dass man dabei laufend dazulernt, denn natürlich habe ich in dieser Intensität vorher auch noch nicht fernunterrichtet. Aber mein Learning ist halt, dass ich schon auch dann immer mehr Gedanken gemacht habe vor jedem Unterrichtsblock. Erstens, dass ich genug Pausen mache, mehr vielleicht sogar als beim Präsenzunterricht. Und, dass ich mir andauernd überlegt habe, wie kann ich da ein bissel eine Interaktion hineinbekommen? Was für mich vielleicht die größte Herausforderung war. Dass ich da auch Übungen reinnehme und Fallstudien diskutiere. Denn früher habe ich meistens schon auch im Webinar eher klassisch unterrichtet, da habe ich vorgetragen und vorgerechnet. Wenn man das aber über eine längere Zeit macht, dann funktioniert das nicht mehr. Vor allen Dingen muss man Unterricht auch aus Studierenden-Perspektive betrachten. Ich habe mir auch gedacht, der arme Student, von früh bis spät nur Webinar-Unterricht. Jetzt wissen wir, dass wir alle ein bissel huschig werden, wenn man sich fünf Minuten nur ein Video anschaut, nicht wahr? Und dass man den ganzen Tag nur … berieselt wird, das kann nicht funktionieren. Also habe ich versucht, möglichst viel Interaktion, Diskussion, Quizze in den Unterricht einzubauen. Was eine Erfahrung von mir war, was eigentlich super funktioniert hat, wo ich die Studierenden immer wieder aufwecken konnte, waren ganz einfache Quizlet-Spiele. Das funktionierte eigentlich immer zur Auflockerung.

***Wie beurteilen Sie den Kompetenzerwerb („Studienerfolg“) der Studierenden im Sommersemester 2020?***
Ich glaube, dass man in erster Linie, wenn man studiert, dafür bezahlt, dass man sich einem externen Druck unterwirft. Heutzutage könnte man ja viele Dinge, gerade in der

Betriebswirtschaftslehre, auch aus Büchern oder aus Onlinekursen oder aus dem Internet lernen. Ja, man braucht auf der einen Seite das Zertifikat, aber auf der anderen Seite ist es dann so, dass man die Dinge dann nicht macht, wenn man sie nicht tun muss. Und jetzt, war es in erster Linie so, dass die Hochschulen,, sehr zufrieden waren. Die Parole bei uns hat gelautet – und ich denke, an anderen Hochschulen war das ähnlich – pragmatisch. Das heißt, den Betrieb aufrechtzuerhalten und möglichst wenig Staub aufwirbeln. Und im Zweifel für den Angeklagten, im Zweifel für den Studierenden. Ich sage ganz ehrlich, ich habe das auch so gemacht. Ich habe dann den Studierenden gesagt, statt einer Abschlussprüfung gab es dann eine Online-Hausübung, wo die Studierenden natürlich kooperieren konnten. Und ich habe mir gedacht, dass ich aus diesem Semester möglichst wenige in zukünftige Semester mitschleppen möchte, wegen dieser besonderen Situation, die für die Studierenden ja auch – in erster Linie eigentlich für die Studierenden – eine unattraktive und unerfreuliche ist. Weil ich das sagte habe, haben in diesem Semester alle mit einem Einser oder Zweier abgeschnitten. Obgleich ich überzeugt bin, dass es da Studierende gab, die nicht wirklich bei diesem Onlineunterricht aktiv waren. Das sehe ich ja auch quasi, wer bei Quizzen mitmacht. Also da sind sicher einige durchgerudert. Zumindest bei mir. Ich könnte mir vorstellen, dass es jetzt im Wintersemester, wo es schon Vorgaben gibt für Onlineprüfungen, wo die Leute sich schon drauf eingestellt haben – und wo die Leute jetzt wissen, dass diese Situation in ähnlicher Art und Weise noch ein bissel länger sein wird – dass man da schon ein bissel strenger auch beim Prüfen sein wird. Aber in Antizipation dieser geringeren Strenge haben vielleicht einige Studierende sich ein bissel weniger angestrengt. Und deshalb wird wahrscheinlich auch weniger nachhaltig hängen geblieben sein. Könnte ich mir vorstellen.

***Wie werden Ihre Erfahrungen aus diesem Semester Ihre zukünftige Lehre voraussichtlich beeinflussen?***
Das Haupt-Learning ist, glaube ich, dass ich jetzt wirklich versuchen werde, noch mehr kompakte Information in einen Moodle-Kurs reinzupacken. Ich möchte möglichst flexibel sein. Ich möchte in der Lage sein in diesem Setting, dass ich mir über meine Moodle-Kurse … Das ist quasi die Basis bei Moodle. Und die sollte so aufgebaut sein, dass ich flexibel und vielleicht auch in verschiedenen Formaten und in unterschiedlichem Mix unterrichten kann. Und vielleicht noch ein bissel sogar mehr in Richtung Lernstrecke gehe. Das heißt, dass die Studierenden … Wir haben früher schon viel gesprochen von ‚flipped classroom'. Ich glaube, wir haben jetzt gesehen, wie wertvoll die Präsenzzeiten wirklich sind. Dass man sich wirklich bemüht, den Studierenden gute Lernstrecken zur Verfügung zu stellen, ohne einen Informations-Overkill zu produzieren. Und dass man dann sagt, was ist wann zu tun. Dass man, wenn dann Selbststudientag ist, Materialien zur Verfügung stellt. Das können kleine Texte sein, das können Videos sein, wo dann so ein Onlinequiz zur Lernfortschrittskontrolle dranhängt. Und man dann halt im Präsenzunterricht oder im Webinar vor allen Dingen übt. Zusammenfassend: Ich habe mir jetzt halt vorgenommen, die Moodle-Kurse noch ein bissel attraktiver, einladender

zu gestalten. Und noch mehr Interaktionsmöglichkeiten auch online … also auch in die Onlineschiene noch mehr Interaktion hineinzubekommen.

***In wie fern werden sich die Hochschulen durch die Erfahrungen aus diesem Semester verändern?***

Es sagen jetzt alle– nicht nur die Hochschulen, sondern generell – es sagen alle, dass die Welt nicht mehr die gleiche sein wird wie vor Corona. Ich bin da ein bissel skeptisch. In Wirklichkeit ist das in der Geschichte der Menschheit, diese paar Monate, zumindest bis jetzt, nur ein Flügelschlag eines Schmetterlings, also nichts. Und Menschen sind Gewohnheitstiere, wir fallen schneller als wir glauben wieder in unsere alten Muster zurück. Das wird ein bissel davon abhängen, wie lange diese Situation noch besteht. Aber sicher, es gibt einige – ich habe auch schon mit einigen gesprochen – das waren Lektoren in einem bestimmten Alter, die gesagt haben, sie haben gehofft, dass der Kelch noch an ihnen vorübergeht und dass sie die letzten Jahre ihres Wirkens noch ohne E-Learning und Moodle und Digitalisierung über die Bühne bringen können. Ja, die wurden jetzt eines Besseren belehrt und haben sich jetzt wohl oder übel damit auseinandersetzen müssen. Was ich spannend fand, ist, dass jetzt innerhalb kurzer Zeit vieles aus der Not heraus digitalisiert worden ist, was man vorher über lange Programme und Strategien nicht geschafft hat. Da hat es immer geheißen, dass das alles nicht möglich ist. Das heißt, das ist eigentlich jetzt das Zeichen dafür, dass es möglich ist. Ich meine, ich habe mir das immer schon gedacht, denn so schwierig ist es nicht, ein Video aufzunehmen. Oder so schwierig ist es nicht, einen Moodle-Kurs aufzusetzen. Jeder, der mit Office365 arbeiten kann, der kann auch Moodle. Wer Outlook bedienen kann, der kann auch ein Webinar machen, meiner Ansicht nach. Da waren oft irrationale Schwellenängste damit verbunden. Aber auf der anderen Seite waren die eben da und die Hochschulleitungen haben es nicht geschafft, über geeignete Unterstützungsmaßnahmen und Anreizsysteme diese Digitalisierung ohne eine Krise voranzutreiben. Das heißt, eigentlich haben die Hochschulleitungen mittel- bis langfristig von dieser Krise profitiert, weil sie ihnen eine Arbeit abgenommen hat. Nämlich, die Lektoren mit digitalen Kompetenzen auszustatten, das haben die jetzt mehr oder weniger selbst machen müssen. Und haben klarerweise aber auch gleich direkt festgestellt, dass das alles so schwierig eh nicht ist. Ich glaube schon, dass die Hochschulen jetzt auch wieder die Vorteile sehen. Jetzt gibt es ja im nächsten Semester – bei uns und an vielen anderen Hochschulen auch – diese 50-%-Regel. Und das ist jetzt schon ein Trend, den wir langfristig beobachten. Also, wir sind schon lange in dem Geschäft drin. Wenn etwas zurückgefahren wird an den Hochschulen, dann sind es die Präsenzstunden, ganz einfach. In den Regelstudienbetrieben. Aus mehreren Gründen. Erstens, weil die Hochschulen wachsen und deshalb – ganz einfach – wenn ich die Anzahl der Studiengänge und die Anzahl der Studierenden erhöhe, dann muss ich die Zeit, die ein Student im Hörsaal verbringt, reduzieren. Sonst kann ich mit dem gleichen Raum nicht wachsen, zusätzlicher Raum verursacht aber wieder Kosten. Also insofern sind natürlich E-Learning-Maßnahmen aus Sicht einer Hochschule immer unglaublich attraktiv, weil erstens dadurch die Raumkosten sinken. Ich meine, ich möchte nicht wissen, was sich die Hochschulen in den letzten Monaten an Heizkosten, an Stromkosten eingespart haben. Oder es sind ja auch viele andere Dinge weggefallen. Es ist vielleicht auch die Putzstaffel weniger Personal, vielleicht auch so externe Dienstleister, auf die sie zurückgreifen können. Also alles, was mit Facility Management zu tun hat. Da gibt es ja auch variable Kosten, die Reinigungskosten beispielsweise, die werden sicher zurückgegangen sein. Bei uns gab es ja sogar für die Mitarbeiter eine Corona-Prämie. Wir bekommen ja das gleiche Geld weiterhin, vom Staat. Ohne dass auch nur eine einzige Präsenz-Lehreinheit durchgeführt wird. Aber wenn dann die Kosten sinken, auf einmal haben die Hochschulen mehr im Börserl und aus schlechtem Gewissen geben sie vielleicht ein bissel was zurück. Aber unterm Strich glaube ich, dass der Trend ein bissel beschleunigt wird, die Präsenzzeiten zu reduzieren. Und damit, noch einmal, wird die Präsenzzeit wichtiger. Weil wir so wenig Präsenzzeit haben, müssen wir – alles, was knapp ist, muss sehr gut bewirtschaftet werden – und deshalb muss sich alles quasi, die ganze Lehre, um die knapper werdende Präsenzphase herum organisieren. Damit ich diese knappe Zeit wirklich sinnvoll nutzen kann. Also, das glaube ich. Die Präsenzzeiten werden niedrig bleiben. Und die durchschnittliche E-Learning-Kompetenz wird steigen, weil halt jetzt viele Leute gemerkt haben, dass es so schwierig eh nicht ist. Viele haben da jetzt auch sicherlich Gefallen gefunden. Das weißt du ja auch, wenn man sich mit manchen Tools einmal beschäftigt, dann packt es einen irgendwie. Also das sind positive Entwicklungen vielleicht sogar.

***Was waren ansonsten noch bedeutende Erkenntnisse aus dem Sommersemester 2020?***
Ich glaube, eine Erkenntnis für mich ist, dass das allerwichtigste für einen Lektor ist, dass er den Studierenden zeigt, dass er da ist. Dass er das Heft in der Hand hat, und dass er sich bemüht, und dass er engagiert ist. Die Studierenden erwarten nicht von jedem Lektor, dass er didaktisch hunderttausend Tools bespielt, oder irgendwie da jetzt besondere digitale Kunststücke vollbringt. Aber man muss ganz einfach da sein und das, was man macht, muss man ordentlich machen. Und man muss es auch pragmatisch angehen. Das ist halt generell so, wenn irgendwo etwas schlecht läuft. Man muss zeigen, dass man da ist und dass man sich drum kümmert. Das ist wichtig. Was die Studenten, was ich öfter gehört habe, nicht verstehen und wo sie dann wirklich unzufrieden sind, ist, wenn Lektoren einfach untertauchen, nicht erreichbar sind. Und quasi hergehen und sagen: „Das habe ich ja nicht verschuldet, diese Corona-Krise und die Präsenzzeiten. Und das wird mir auch nicht irgendwie abgegolten mit dieser Umstellung." Das funktioniert nicht. Wenn man Lektor ist, dann hat man auch die Verantwortung, eine laufende Veranstaltung auch in der Krise ordentlich zu Ende zu führen. Sei es auch, wenn sich ein gewisser Mehraufwand dadurch ergibt. Was auch für mich ein Learning ist, ist ganz einfach, dass es halt bei dem ganzen Thema E-Learning … Ich muss sagen, ich habe schon die Vorzüge auch, ich habe jetzt recht viel Homeoffice gemacht, ich habe eigentlich nur Homeoffice gemacht bis vor Kurzem, das hat viele Vorteile. Aber jetzt war ich im Urlaub, da habe ich gesagt: „Wenn ich zurückkomme aus dem Urlaub, gehe ich

wieder auf die Arbeit.“ Denn die Sphären verschwimmen mir zu sehr. Das ist wie mit Medizin, ein bissel was ist gut, aber zu viel bringt dich um. Das heißt, ich glaube schon, dass mehr E-Learning zu mehr ‚mobile working‘ führen wird, also zu mehr Homeoffice führen wird, dass da die Hochschulen auch ein bissel ihre teilweise sehr strengen – in der Vergangenheit strengen – Vorschriften aufweichen werden müssen. Also hier am Technikum war es beispielsweise jetzt relativ schwer für das administrative Personal, von daheim aus zu arbeiten. Da gab es so eine Regel: Nur Assistenzen, die schon länger als so und so viele Jahre beschäftigt sind – was ja überhaupt keinen Sinn macht – die dürfen einen Tag oder zwei Tage in der Woche von zu Hause arbeiten. Anderseits, auf der FH Wien war es ja so, dass man gesagt hat, zwei Tage in der Woche, aber wenn am Freitag, dann nicht auch am Montag. Und lauter solche Geschichten. Ich glaube, auch das ganze Führungssystem wird halt anders sein. Es wird mehr Führen auf Distanz wichtig sein, es wird mehr ‚management by objectives‘ wichtiger sein. Und das führt dann auch dazu, dass auch die … Und das glaube ich schon, dass das eine große Veränderung sein wird. Ich kann mich erinnern, wie ich hier ein Internationalisierungs-Projekt übernommen habe und ich habe gesagt, ich möchte das über Teams machen. Die ganze Kommunikation wird über Microsoft Teams laufen, dort haben wir dann alles und für jedes Thema gibt es einen eigenen Kanal. Und wir machen Videokonferenzen, wenn es erforderlich ist. Das Tool kannte, zumindest vor drei Jahren, niemand. Und Zoom hat vor Kurzem auch noch keiner gekannt. Und jetzt sind wir eigentlich die ganze Zeit in einer Videokonferenz. Da wird schon auch einiges bleiben, ganz einfach. Denn wieso musst du jetzt zu mir kommen oder ich zu dir, es geht ja so eigentlich auch ganz gut. Aber noch einmal, ich freue mich jetzt über jeden, den ich auch mal wieder in Natura treffe. Ganz aufhören sollte das auch nicht. Aber es war ein Boost für die Digitalisierung, aber das ist auch keine neue Erkenntnis. Ein Unternehmen wie Microsoft oder Apple, die profitieren von solchen Entwicklungen natürlich. Oder Zoom.

# Online-Klausuren – Rahmenbedingungen, Implementierung und Evaluation

# 20

Sören Diel, Torsten Eymann, Matthias Kollenda, Friedrich Sommer und Sandra Storz

**Zusammenfassung**

Im Rahmen von Online-Klausuren absolvieren Studierende eine Klausur digital und werden dabei aus der Ferne manuell oder automatisch überwacht. Insbesondere während der Situation mit Abstandsregeln zur Eindämmung von SARS-CoV-2 scheint diese Prüfungsform attraktiv, um die Anzahl Studierender in Präsenzklausuren und damit den erheblich gestiegenen Raumbedarf sowie das Infektionsrisiko einzudämmen. Der vorliegende Beitrag beschreibt die rechtlichen und technischen Rahmenbedingungen sowie die Implementierung von Online-Klausuren an der Universität Bayreuth. Auf Basis der Befragung von Studierenden im Nachgang solcher Prüfungen werden die Gründe für bzw. gegen die Teilnahme an dieser Prüfungsform, die studentische Beurteilung des Systems sowie die Gründe für die (Nicht-)Teilnahme an einer weiteren derartigen Prüfung eruiert. Die spezifischen Gründe *gegen* die Teilnahme an einer Online-Klausur werden mittels einer Befragung der Teilnehmenden an den parallel durchgeführten Präsenzprüfungen analysiert.

S. Diel · T. Eymann (✉) · M. Kollenda · F. Sommer · S. Storz
Universität Bayreuth, Bayreuth, Deutschland
E-Mail: eymann@uni-bayreuth.de

M. Kollenda
E-Mail: matthias.kollenda@uni-bayreuth.de

F. Sommer
E-Mail: friedrich.sommer@uni-bayreuth.de

S. Storz
E-Mail: sandra.storz@uni-bayreuth.de



U. Dittler und C. Kreidl (Hrsg.), *Wie Corona die Hochschullehre verändert*,
https://doi.org/10.1007/978-3-658-32609-8_20

## 20.1 Beschreibung der Ausgangslage

Die Verbreitung von SARS-CoV-2 hat im Jahr 2020 weltweit zu einem sozialen und ökonomischen Lockdown geführt und damit auch den Bildungssektor vor große Herausforderungen gestellt. Den behördlichen Instruktionen folgend, wurden an deutschen Hochschulen ab März 2020 in unterschiedlichem Ausmaß institutionelle Gebäude wie Hörsäle, Bibliotheken, Büros und Mensen geschlossen. Darüber hinaus haben angeordnete Regulierungen wie geschlossene internationale Landesgrenzen, der vorgeschriebene minimale Abstand zwischen Personen oder das Verbot von Versammlungen und Zusammenkünften den Hochschulalltag nachhaltig beeinträchtigt. In der Folge konnten insbesondere Lehrveranstaltungen nicht in Präsenz abgehalten werden und wurden in digitale Formate gewandelt [2]. Neben der Vermittlung von Wissen waren darüber hinaus aber auch die begleitenden Prüfungen von der Pandemie betroffen und konnten nicht in der bisherigen Form stattfinden.

Um den Studierenden trotz dieser Einschränkungen die Erreichung ihrer Qualifikationsziele zu ermöglichen, konzipierten die Hochschulen in der Folge verschiedene Ansätze, die beispielsweise die Durchführung von regulären Präsenzklausuren unter strengen Auflagen und Hygienekonzepten in großen Sporthallen oder Kongresssälen umfassten. Ein weiterer Ansatz war die Durchführung von ortsunabhängigen, digitalen Prüfungen als Alternative oder Ergänzung zur Durchführung von Präsenzklausuren.

Die Universität Bayreuth entwickelte und implementierte zu Beginn des Sommersemesters 2020 ein solches Konzept, welches die gleichzeitige Durchführung von Prüfungen in digitaler Form und klassisch in einem Prüfungsraum vorsieht. Hierbei wurden zunächst zwei Ziele verfolgt. Erstens konnte bei der Vielzahl von Klausuren an der Universität, vor allem auch bei einer sehr großen Anzahl an Klausuren mit mehr als 100 Teilnehmenden, nicht davon ausgegangen werden, dass die räumlichen und personellen Kapazitäten eine uneingeschränkte Durchführung aller Klausuren in Präsenzform unter Einhaltung der Auflagen zulassen würden. Zweitens war absehbar, dass insbesondere internationale Studierende kaum zu einer Präsenzklausur würden erscheinen können.

Die Idee, Klausuren digital abzuhalten ist nicht neu, sodass am Markt bereits einige technische Lösungen hierzu existieren. Nichtsdestotrotz wurden digitale Klausuren bisher noch nicht in größerem Ausmaß oder gar flächendeckend eingeführt [2]. Erfahrungen und Best Practices aus der Einführung oder der Umsetzung der neuen Prüfungsform sind in der Literatur noch nicht aufzufinden. Die Neuheit dieser Prüfungsdurchführung spiegelt sich auch in der gegenwärtigen Rechtsgrundlage in Deutschland wider. So wurde beispielsweise in Bayern erst im September 2020 mit der bayerischen Fernprüfungserprobungsverordnung (BayFEV) die Möglichkeit der Durchführung von Prüfungen in digitaler Form formal berücksichtigt.

Die Bedingungen festzulegen, unter denen digitale Klausuren durchgeführt werden, gestaltete sich in Anbetracht der rechtlich noch nicht geklärten Situation schwierig. Die wesentliche rechtliche Abwägung bestand zwischen der technischen Unterbindung von Täuschungsversuchen zur Sicherstellung der Gleichbehandlung gegenüber Fragen des Datenschutzes, unter denen die genannten technischen Mittel kritisch zu sehen wären [1]. Auch technische und didaktische Überlegungen spielten eine zentrale Rolle. So galt es die Einführung einer Softwareplattform zur Durchführung von digitalen Prüfungen zu steuern. Lehrveranstaltungsverantwortliche standen vor der Herausforderung Prüfungen zu erstellen, die, unabhängig von der gewählten Prüfungsform, allen Teilnehmenden Chancengleichheit gewährten. Aus Sicht der Studierenden bestand die Herausforderung im Erbringen einer Prüfungsleistung in einer neuen, bisher unbekannten Prüfungsform, ohne diese Art im bisherigen Verlauf des Studiums vorher erprobt und Erfahrung gesammelt zu haben.

Ziel des vorliegenden Beitrags ist die fallstudienartige Darstellung der Rahmenbedingungen und der Implementierung von digitalen Prüfungen an der Universität Bayreuth. Hierbei werden ausschließlich sogenannte *Fernklausuren* betrachtet. Weiterhin soll die Beurteilung der neuartigen Prüfungsform aus studentischer Perspektive vorgenommen werden.

Im Folgenden werden zunächst Fernklausuren begrifflich eingeordnet und die rechtlichen Rahmenbedingungen skizziert. Anschließend wird die Implementierung an der Universität Bayreuth knapp beschrieben, um einen Eindruck von typischen Schritten und Zeitbedarfen zu vermitteln. Zur studentischen Beurteilung wird einerseits eine großzahlige Befragung von Studierenden der Fachsäule Wirtschaftswissenschaften der Universität Bayreuth herangezogen, die an Fernklausuren teilgenommen haben. Analysiert werden vor allem die Bewertungen aus Sicht der Studierenden, die Gründe für die Teilnahme an der neuartigen Prüfungsform sowie die Bereitschaft zur erneuten Teilnahme an einer solchen Klausur. Andererseits werden anhand einer umfangreichen Befragung von Studierenden, welche die stets als Alternative angebotene Präsenzform gewählt haben, die Zufriedenheit mit der Wahl der Präsenzklausur, die Gründe gegen die Teilnahme an der Fernklausur und die Umstände untersucht, die eine zukünftige Teilnahme an einer Fernklausur wahrscheinlicher machen würden.

## 20.2 Einordnung von Fernklausuren

Zur Durchführung von elektronischen Fernprüfungen kamen an der Universität Bayreuth vor allem Fernklausuren und – in deutlich geringerem Umfang – sogenannte *Take Home Exams* zum Einsatz.

Unter einer Fernklausur ist gemäß § 2 Abs. 1 und 2 BayFEV die schriftliche Bearbeitung von Aufgabenstellungen in einem vorgegebenen Zeitfenster unter Videoaufsicht, manuell oder automatisiert, zu verstehen. Nachfolgend werden Fernklausuren synonym und vereinfachend auch als „Online-Prüfung", „Online-Klausur", „digitale Prüfung" oder „digitale Klausur" bezeichnet. Die Aufsicht während Fernklausuren wird über verschiedene technische Hilfsmittel realisiert: Möglich sind Gesichtserkennung,

Stimmerkennung, Tipp-Analyse, Plagiatserkennung bis hin zur Überwachung des Datenverkehrs. Ziele dieser Maßnahmen sind die Verifizierung des Prüfungsteilnehmenden sowie die Unterbindung von Täuschungsversuchen der Studierenden, wobei hierbei insbesondere sicherzustellen ist, dass sich keine weiteren Personen in der Nähe des Prüflings aufhalten oder eine Prüfung in Gemeinschaft bearbeitet wird. Bei der Durchführung von Online-Klausuren kann, wie bei Präsenzklausuren auch, zwischen den Szenarien der *Open-Book-* und *Closed-Book*-Prüfung (klassische Klausur) unterschieden werden. Closed-Book-Klausuren, d. h. ohne Nutzung von Hilfsmitteln, eignen sich insbesondere zur Prüfung von Grundlagenwissen, indem Studierende das im Vorhinein Erlernte wiedergeben müssen. Vorteile dieser Art von Prüfung sind die einfache Abbildung der Prüfung, auch für größere Kohorten, sowie eine aufwandsärmere Korrektur. Allerdings besteht bei Online-Klausuren in dieser Prüfungsform eine erhöhte Gefahr, dass Studierende unerlaubt zur Beantwortung der Fragen in ihre (physischen) Unterlagen schauen, an einem weiteren elektronischen Gerät Recherchen durchführen oder sich mit anderen Studierenden austauschen. Im Gegensatz dazu dürfen bei Open-Book-Klausuren Studierende relevante Materialien in die Prüfung mitnehmen. Diese Prüfungsform ermöglicht vor allem die Prüfung der Fähigkeit zum Wissenstransfer und ermöglicht praxisnahe Aufgaben, beispielsweise Fallanalysen. Der Nachteil ist, dass Open-Book-Klausuren schwieriger für größere Kohorten skalierbar sind und einen größeren Korrekturaufwand für Lehrende bedeuten.

Das Take Home Exam stellt eine Alternative zu den Fernklausuren dar und kann ebenfalls ortsunabhängig von den Studierenden durchgeführt werden. Es handelt sich in der Regel um eine Hausarbeit, bei der die Studierenden einzelne Fragestellungen in einer bestimmten, meist kurzen, Bearbeitungszeit selbstständig zu lösen haben und die damit zeitlich und vom Umfang einer typischen Klausur entspricht. Die Anforderungen an den Aufbau und die Fragestellungen der Prüfungen sind vergleichbar mit denen an eine Präsenzklausur mit Open-Book-Charakter. Zu Beginn der festgelegten Bearbeitungszeit können die Studierenden auf die Aufgabenstellung zugreifen, z. B. in einem Lernmanagementsystem. Am Ende der Bearbeitungszeit werden die Ergebnisse, ggf. inklusive einer eidesstattlichen Erklärung und technischem Zeitstempel, elektronisch eingereicht. Vorteil dieses Verfahrens ist die meist schon an den Hochschulen vorhandene technische Infrastruktur, z. B. in Form der Lernmanagementsysteme. So können relativ aufwandsarm und ohne eine notwendige Gewöhnung an ein neues System sowohl aufseiten der Studierenden als auch aufseiten der Lehrenden Prüfungen durchgeführt werden. Einen Nachteil stellt die fehlende direkte Kontrolle der Studierenden während der Prüfungsdurchführung dar. Dementsprechend eignen sich Aufgabenstellungen wie Fallanalysen oder Reviews wissenschaftlicher Veröffentlichungen besser als reine Aufgaben der Wissensreproduktion.

## 20.3 Rechtliche Rahmenbedingungen und Voraussetzungen an elektronische Fernprüfungen

Elektronische Fernprüfungen haben sich bisher nicht als primäres Mittel der Wahl in der Prüfung von Studierenden an deutschen Universitäten etabliert. Neben den didaktischen Herausforderungen bringen digitale Prüfungen neue Fragestellungen hinsichtlich Regelungen in Datensicherheit und Datenschutz ebenso mit sich wie Fragen der Chancengleichheit. Relevante Normen finden sich für die Universität Bayreuth im Bayrischen Hochschulgesetz (BayHSchG), der Satzung zur Erweiterung und Änderung der Prüfungs- und Studienordnungen, Promotions- und Habilitationsordnungen aufgrund der Corona-Pandemie an der Universität Bayreuth (Corona-Satzung), der jeweiligen Prüfungs- und Studienordnung (PSO) sowie der Datenschutzgrundverordnung (DSGVO). Im September 2020 trat die Verordnung zur Erprobung elektronischer Fernprüfungen an den Hochschulen in Bayern (Bayerische Fernprüfungserprobungsverordnung, BayFEV) hinzu.

Das BayHSchG verweist in seinem Art. 61 zu Prüfungen und Prüfungsordnungen auf die Zuständigkeit der entsprechenden Prüfungsordnungen der Hochschulen und bietet somit selbst keine eigene Regelung für elektronische Fernprüfungen. Um den Hochschulen Rechtssicherheit zu geben, hat das Bayerische Staatsministerium für Wissenschaft und Kunst im September 2020 die BayFEV erlassen. Diese Verordnung beinhaltet unter anderem Maßgaben zu Prüfungsform (§ 2 BayFEV), Prüfungsmodalitäten (§ 3 BayFEV), Datenverarbeitung (§ 4 BayFEV) und zum Thema Videoaufsicht (§ 6 BayFEV). Darüber hinaus sind Hochschulen angehalten, in der jeweiligen PSO die Voraussetzungen für eine Durchführung von digitalen Fernprüfungen zu schaffen und diese entsprechend anzupassen, solange in dieser noch nicht die Möglichkeit einer digitalen Fernprüfung aufgenommen ist. Dies wurde an der Universität Bayreuth übergreifend durch eine Corona-Satzung bewirkt. Eine weitere zentrale Säule ist die DSGVO, da bei einer digitalen Fernprüfung personenbezogene Daten verarbeitet werden. Dies äußert sich zum Beispiel darin, dass für die Durchführung von Fernklausuren unter anderem Bild und Name des Studierenden, ein Video des Raums, in dem sich der Prüfling aufhält, oder Bilder vom Prüfling während der Prüfung benötigt werden. Personenbezogene Daten stehen jedoch unter besonderem Schutz (Art. 1 DSGVO) und die Verarbeitung ist nur zulässig, solange die betroffene Person ausdrücklich zugestimmt hat (Art 6 DSGVO) und diese Einwilligung freiwillig erfolgte (Art. 7 DSGVO). Um von Freiwilligkeit ausgehen zu können, muss Studierenden immer eine in jeder Hinsicht gleichwertige Prüfungsalternative angeboten werden, bei der keine Daten gesammelt werden, beispielsweise bei einer zeitgleichen Präsenzprüfung in Räumlichkeiten der Universität. Dies ist in § 8 BayFEV konkretisiert.

Die parallele Durchführung zweier Prüfungen bringt neue Herausforderungen mit sich und bedarf zuvorderst, dass Studierende in beiden Prüfungsarten gleichbehandelt werden. Um dies bei digitalen Klausuren im gleichen Maße wie bei Präsenzklausuren zu gewährleisten, müssen Fernprüfungen nach den Erfahrungen der Universität Bayreuth acht Voraussetzungen erfüllen:

1. Gewährleistung der Chancengleichheit,
2. eindeutige Identifizierung der Prüfungsteilnehmer,
3. Authentizität und Unveränderbarkeit der Prüfungsergebnisse,
4. ausreichende Maßnahmen gegen Täuschungsversuche,
5. Sicherstellung der Benutzbarkeit,
6. Richtlinien und Unterstützung im Fall von technischen Problemen,
7. Sicherung der Dokumentation des Prüfungsprozesses und
8. hinreichend gesicherter Datenverkehr.

Das kritischste und anspruchsvollste Kriterium ist das der Chancengleichheit. Universitäten müssen sicherstellen, dass Lehrende die Studierenden während der gesamten Online-Prüfung beaufsichtigen, wenn Studierende in der parallelen Präsenzklausur auch beaufsichtigt werden. Eine eindeutige Identifizierung ist bei digitalen Prüfungen ebenso wie im Prüfungsraum erforderlich. In beiden Situationen müssen Studierendenausweise kontrolliert werden, wobei bei digitalen Prüfungen Bilderkennungsmethoden zusätzlich unterstützen können. Im Hinblick auf Authentizität und Unveränderbarkeit der Prüfungsergebnisse sollten die Teilnehmenden nur einmal Zugang zur Prüfung haben, um zu verhindern, dass die Testergebnisse im Nachhinein geändert werden können. Außerdem sollte die Software für die digitale Prüfung ausreichende Maßnahmen gegen Täuschungsversuche bieten, etwa technische Funktionen wie eine abgesicherte Bearbeitungsumgebung oder die Videoübertragung, um die Aktivitäten der Studierenden offline und insbesondere online einzuschränken und zu verfolgen.

Studierende sind im Umgang mit digitaler Prüfungssoftware bisher in der Regel wenig erfahren. Entsprechend sollte allen Beteiligten die Möglichkeit gegeben werden, sich mit dem System vertraut zu machen, z. B. durch Probeprüfungen vor der eigentlichen Klausur. Im Falle von technischen Problemen während der Prüfung (z. B. Verlust der Internetverbindung) sollte es klare Richtlinien geben, wie mit der Situation umzugehen ist. Beispielsweise können Lehrverantwortliche oder Prüfende eine Notfallnummer einrichten, an die sich Studierende bei technischen Problemen wenden können. Die Dokumentation des Prüfungsprozesses ist von wesentlicher Bedeutung, da sie auch nach Abschluss der Prüfung den Nachweis für Täuschungsversuche liefern kann. Dies erfordert jedoch eine sichere Datenerfassung und Datenspeicherung, die in jedem Fall den gesetzlichen Anforderungen entsprechen muss.

Am Markt existieren bereits einige technische Lösungen, welche die Durchführung von elektronischen Fernprüfungen unterstützen. Nach eingehender Prüfung und Gegenüberstellung verschiedener Online-Prüfungslösungen – unter Berücksichtigung der genannten technischen und rechtlichen Voraussetzungen – entschied sich die Universität Bayreuth für die Softwareplattform *WISEflow* des Anbieters *UNIwise* aus Dänemark. Im Folgenden sollen nun der Einführungsprozess sowie die Erfahrungen mit der Softwareplattform vorgestellt werden.

## 20.4 Implementierungsprozess

### 20.4.1 Zeitlicher Ablauf der *WISEflow*-Implementierung

Mitte April 2020 wurde das Projektteam an der Universität Bayreuth mit Blick auf die Implementierungs- und Pilotphase aufgestellt. Neben Vertretern von sechs Fakultäten, dem Studiendekan Wirtschaftswissenschaften, einem Vertreter des IT-Servicezentrums der Universität Bayreuth und einer Vertreterin des Prüfungsamtes bestand das Team zudem aus dem Vizepräsidenten für Digitalisierung und Innovation sowie dem Vizepräsidenten für Lehre und Studierende.

Nach dem Erwerb der Softwarelizenz Ende April fand der erste Workshop für die Lizenzadministratoren bereits am 5. Mai 2020 statt, sodass die Universität mit den ersten praktischen Testphasen beginnen konnte. Zeitgleich wurden diverse Anleitungen in deutscher Sprache verfasst, um die Lehrstühle bereits vorab mit dem System vertraut zu machen. Ab dem 7. Mai wurde der Zugang für die Lehrenden freigeschaltet und eine *Moodle*-Plattform mit universitätsinternen Anleitungen eingerichtet. Diese frühzeitige Einarbeitungsmöglichkeit für die Lehrstühle erwies sich für den zweiten Workshop am 11. Mai als besonders hilfreich, da so frühzeitig tiefgreifende Anwenderfragen aufseiten der Lehrenden geklärt werden konnten. Bereits nach dem dritten Workshop am 13. Mai boten die Lehrstühle erste Probeklausuren für die Studierenden an. Zeitgleich zu den zentralen Schulungen des Softwareanbieters wurden weitere universitätsinterne Schulungen, Sprechstunden und Austauschrunden durchgeführt. Der Implementierungsprozess wurde am 18. Mai mit einem letzten Workshop anbieterseitig beendet.

Das System wurde – parallel zu den Workshops – den Studierenden bereits am 11. Mai angekündigt und der zentrale Studierendenzugang am 12. Mai freigeschaltet. Studierende konnten ab diesem Zeitpunkt mit den von *WISEflow* bereitgestellten Demo-Prüfungen („Demoflows") erste Erfahrungen mit dem neuen System sammeln. Mit Bekanntgabe des Systems wurde für die Studierenden ein gesonderter *Moodle*-Kurs mit weiterführenden Informationen (beispielsweise Anleitungen und Verhaltensregeln) freigeschaltet. Zudem erhielten diese in mehreren *WISEflow*-Sprechstunden Live-Einführungen in das Programm und die Möglichkeit Fragen zu stellen.

Die enge Verzahnung der Workshops für Lehrende sowie die zeitgleiche Einführung der Studierenden in das System gestattete es beiden Seiten bereits frühzeitig tiefergehende Einblicke in die Prüfungssoftware zu gewinnen sowie den Umgang mit dieser zu erlernen. Dies konnte insbesondere durch die von den Lehrstühlen in den Wochen vom 12. Mai bis zum 25. Mai angebotenen Probeklausuren[1] ermöglicht werden. Zudem

---

[1] Viele Lehrstühle boten hierbei bis zu zwei Probeklausuren mit einer längeren, meist über mehrere Tage laufenden, Bearbeitungszeit sowie eine weitere Probeklausur unter realen Bedingungen mit einer einstündigen Bearbeitungszeit an. In der Regel wurden für die Probeklausuren Altklausuren der Lehrstühle verwendet.

führten die Lehrstühle weitere Informationsveranstaltungen zu gesonderten prüfungsrechtlichen und bearbeitungstechnischen Besonderheiten durch. Am 25. Mai begann die Nachholklausurphase der Wirtschaftswissenschaften, die zugleich die Pilotphase des Einsatzes der neuen Software einläutete (im Folgenden: erste Klausurphase). Auch in der Hauptklausurphase zum Ende des Sommersemesters wurde *WISEflow* – mit nur geringen Modifikationen – eingesetzt (im Folgenden: zweite Klausurphase).

### 20.4.2 Funktionsumfang und Einsatz der *WISEflow*-Software an der Universität Bayreuth

*WISEflow* ist ein rollenbasiertes System zur Durchführung von Online-(Fern-)Prüfungen. Insgesamt umfasst das Programm acht unterschiedliche Rollen, die eine zeitgleiche und kooperative Erstellung, Durchführungen und Beurteilung von Online-Prüfungen ermöglichen. Zu den wesentlichen Rollen zählen u. a. Verwaltende („Manager"), Autorinnen und Autoren („Author"), Aufsichtsführende („Invigilator"), Bewertende („Assessor") und Teilnehmende („Participant").[2] Diese Rollen können beliebig kombiniert werden, aber auch eine gezielte Trennung der einzelnen Positionen, welche die vollständig anonymisierte Durchführung von Klausuren zulässt, wird durch das Rollenkonzept ermöglicht. Zudem können auch (universitätsfremde) Externe in den Klausurprozess eingebunden werden. Um das Zusammenspiel dieser Rollen genauer zu beschreiben, werden diese im Weiteren anhand eines beispielhaften Prüfungsablaufs aus Sicht eines Lehrstuhls sowie aus Sicht eines Klausurteilnehmenden dargestellt. Zum besseren Verständnis werden im folgenden Abschnitt zunächst die verschiedenen Aufgaben- bzw. Klausurtypen („Flow Types"), die der *WISEflow*-Funktionsumfang bietet, erläutert.

#### Flow Types

An der Universität Bayreuth wurden die Flow Types „FLOWlock", „FLOWmulti", „FLOWhandin" sowie „FLOWassign" genutzt.[3]

**FLOWlock** ist eine spezielle Browserumgebung, in der alle (Hintergrund-) Programme und Prozesse auf dem PC beendet werden. So kann eine sichere Klausurumgebung durch die Unterbindung des Einsatzes weiterer Hilfsmittel (z. B. Internetrecherchen oder Zugang zu gespeicherten Daten) aufgebaut sowie eine Prüfungsaufsicht

[2]Weitere zur Verfügung stehende Rollen sind Lizenzadministration („Administrator"), Mit-Verwaltende („Co-Manager") und Begutachtende („Reviewer"). Die acht Rollen sind im System hierarchisch aufgebaut. Eine genaue Beschreibung der einzelnen Rollen sowie der hierarchischen Struktur findet sich in der „*WISEflow* Knowledge Base" [3].

[3]Die weiteren Aufgabentypen „FLOWoral" und „FLOWattend" wurden in den bisherigen Prüfungsphasen an der Universität Bayreuth nicht eingesetzt. Weitere Informationen zu diesen Aufgabenformen sind in der „WISEflow Knowledge Base" [3] hinterlegt.

(das sog. *Proctoring*) während der Online-Klausur durchgeführt werden. Die Aufgabenstellung wird im Rahmen dieses Aufgabentyps den Teilnehmenden als PDF-Dokument bereitgestellt. Zur Eingabe der Antworten stehen ein Texteditor und der „Anhangmanager" zur Verfügung. Im Anhangmanager können Zeichnungen mit einem Zeichnungstool angefertigt sowie auf Papier festgehaltene Zeichnungen, Berechnungen, Tabellen oder Aufschriebe mit der Webcam abfotografiert und anschließend ebenfalls in den Texteditor eingebunden werden.

Beim zweiten Aufgabentyp – **FLOWmulti** – werden die Prüfungsaufgaben mithilfe spezieller Vorlagen angefertigt. Insgesamt stehen in WISEflow über 50 Aufgabenelemente zur Verfügung, die von einfachen Multiple-Choice-Aufgaben oder Essay-Feldern über komplexe Matrix-Multiple-Choice-Aufgaben bis hin zu Bildmarkierungsaufgaben reichen. Die Vorteile dieses Aufgabentyps sind eine speziell für Online-Prüfungen optimierte Darstellungs- und Bearbeitungsform, die Verwendung automatisierter Korrekturen und die Möglichkeit einer Randomisierung verschiedener Aufgaben oder der Reihenfolge der Aufgaben für die Teilnehmenden. In FLOWmulti kann die Bearbeitung optional in einer gesicherten Browserumgebung mit Überwachungsmöglichkeiten – wie auch bei FLOWlock – erfolgen. Im Vergleich zu FLOWlock ist die Klausurerstellung in FLOWmulti für die Autorinnen und Autoren zeitintensiver, demgegenüber steht jedoch eine potenzielle Zeitersparnis bei der Korrektur durch Automatisierung.

Take Home Exams können mit *WISEflow* ebenfalls mittels der Aufgabentypen **FLOWhandin** sowie **FLOWassign** durchgeführt werden. Während eines voreingestellten Bearbeitungszeitraums kann hierbei die Aufgabenstellung von den Teilnehmenden im System aufgerufen und heruntergeladen werden. Bis zum Abschluss der Bearbeitungszeit ist das Hochladen der angefertigten Lösungen in den gängigen Dateiformaten (pdf, docx etc.) möglich.

An der Universität Bayreuth wurde am häufigsten der Aufgabentyp FLOWlock im Zusammenhang mit der Zurverfügungstellung von PDF-Dateien verwendet (80 %). Dies kann u. a. durch die zeitsparende Klausurerstellung begründet werden, da hierbei das identische Dokument der Aufgabenstellung der Präsenzklausur in *WISEflow* hochgeladen werden konnte. Die gesicherte Browserumgebung mit Überwachungsfunktion wurde bei allen Klausuren der Aufgabentypen FLOWlock und FLOWmulti eingesetzt.

**Vorbereitungen und Prüfungsablauf aus Sicht eines Lehrstuhls**

Die Lehrstühle üben in *WISEflow* typischerweise die Funktionen der Verwaltenden, Autorinnen und Autoren, Aufsichtsführenden und Bewertenden aus. Die Hauptaufgabe des Verwaltenden besteht im Anlegen der Klausur, wozu die Wahl des Aufgabentyps sowie die Festsetzung von Prüfungsdatum und Bearbeitungszeitraum zählen. Zudem weist der Verwaltende die prüfungsberechtigten Studierenden durch das

Hochladen der Listen der Teilnehmenden[4] der entsprechenden Klausur zu und bestimmt die weiteren Beteiligten des Erstellungs-, Überwachungs- und Benotungsprozesses durch die Zuordnung der Rollen der Autorinnen und Autoren, Aufsichtsführenden und Bewertenden. Den Autorinnen und Autoren kommt hierbei die Erstellung einer oder mehrerer Prüfungsaufgaben zu, welche vom Verwaltenden anschließend mit ggf. weiteren Aufgaben anderer Autorinnen und Autoren der Klausur zugewiesen werden. Alle erstellten Aufgaben können zudem in einer Aufgabendatenbank hinterlegt und in zukünftigen Klausuren erneut – eventuell in abgeänderter Form – verwendet werden. Nachdem alle Einstellungen und Zuweisungen vorgenommen wurden, wird die Klausur aktiviert und die Bearbeitung ist während des angegebenen Zeitraums für die Teilnehmenden möglich.

Während der eigentlichen Prüfung wird die Einhaltung der prüfungsrechtlichen Rahmenbedingungen von der Prüfungsaufsicht gewährleistet. Diese wird hierbei von *WISEflow* durch verschiedene Mechanismen unterstützt. Hierzu zählt die Verwendung des Lockdown-Browsers, der die Ressourcen des PCs des Teilnehmenden sperrt und hierbei die Möglichkeiten einer Recherche sowie „Copy/Paste" wirksam verhindert. Die Einhaltung der Bearbeitungszeit wird ebenfalls systembedingt direkt durch *WISEflow* vorgenommen; nach deren Ablauf können keine weiteren Eingaben durch die Teilnehmenden erfolgen. Die Prüfungsaufsicht hat ergänzend die Möglichkeit, die Abgabefrist für jeden einzelnen Teilnehmenden minutengenau einzustellen und so weitere Bearbeitungszeit zu vergeben, um damit eventuelle Nachteile auszugleichen. Weiterhin führt *WISEflow* einen mit Systemen künstlicher Intelligenz unterstützten Abgleich von Webcam-Aufnahmen der Teilnehmenden durch. Hierzu muss zu Beginn der Klausur ein Verifizierungsbild aufgenommen werden, welches als Referenzbild fortan mit jedem weiteren Bild abgeglichen wird. Hieraus wird eine Übereinstimmungswahrscheinlichkeit berechnet, die der Prüfungsaufsicht in einer Gesamtübersicht angezeigt wird. So kann sichergestellt werden, dass es sich bei der bearbeitenden Person durchgängig um den Prüfling handelt. An der Universität Bayreuth wurden die Klausurteilnehmenden instruiert, bei der Aufnahme des Verifizierungsbildes zeitgleich den Studierendenausweis vorzuhalten, sodass anhand dieses Bildes auch der Identitätsnachweis durch die Prüfungsaufsicht erfolgen konnte. Neben dem Referenzbild hat die Prüfungsaufsicht die Möglichkeit, auf die vom System aufgezeichneten Webcam-Aufnahmen zuzugreifen und so ergänzend die Prüfungssituation detailliert und individuell zu überwachen. Die Erfahrungen an der Universität Bayreuth haben gezeigt, dass durch diese verschiedenen

[4]Die Universität Bayreuth hat keine Studierendeninformationssystem-Integration gewählt. Studierende müssen sich somit einmalig mit ihrer Studierendenkennung im System anmelden und können dann anhand der Prüfungslisten einer Klausur zugeteilt werden. Durch dieses Vorgehen konnten zum einen die freiwillige Übertragung persönlicher Daten sowie die freiwillige Nutzung des Systems gewährleistet werden, zum anderen mussten sich die Studierenden so bereits vor der Anmeldung zu einer „echten" Klausur mit dem neuen System vertraut machen.

Unterstützungsmechanismen eine Aufsichtsperson pro 50 Klausurteilnehmende ausreichend ist.

Nachdem die Klausur von den Teilnehmenden bearbeitet und eingereicht wurde, kann diese von den Prüfenden mithilfe des eingebauten Prüfungstools bewertet werden. Das Tool ermöglicht eine rein digitale Korrektur mit Kommentar-, Stempel- und Markierungsfunktionen. Weiterhin ist die Zuteilung einzelner Aufgaben oder Prüfungsabschnitte auf unterschiedliche Prüfende möglich. Alternativ können die Prüfungen ausgedruckt und offline korrigiert werden, wozu sich die Universität Bayreuth entschieden hat, da zu jeder online durchgeführten Prüfung zeitgleich auch eine Präsenzprüfung angeboten wurde und so den Korrigierenden eine einheitliche Bewertung der Klausuren erleichtert werden konnte. Nach Abschluss der Korrektur veröffentlicht der Verwaltende die Ergebnisse entweder durch die Freigabe für die Teilnehmenden in *WISEflow* selbst oder durch den Export in andere Universitätssysteme.

Trotz des durchdachten Aufgaben- und Rollenkonzepts sowie der verschiedenen Unterstützungsmechanismen weist das System einige Limitationen auf. Zum einen bieten die Webcam-Aufnahmen lediglich eine begrenzte Einsicht in die Prüfungsumgebung des Teilnehmenden, die jedoch die maximalen Überwachungsmöglichkeiten gemäß BayFEV ausreizt. Hinter der Kamera oder außerhalb des Blickwinkels der Webcam könnten so unerlaubte Unterlagen einsehbar sein. Um Chancengleichheit zwischen Präsenz- und Online-Klausur zu gewährleisten, wurden daher an der Universität Bayreuth die zeit- und inhaltsgleichen Klausuren als Open-Book-Klausuren konzipiert.

Um der Prüfungsaufsicht einen noch detaillierteren Einblick in die Prüfungsumgebung zu gewähren, wurde eine zusätzliche Überwachung mithilfe der Videokonferenzsoftware *Zoom* mit wissenschaftlichem Personal erprobt. Hierbei erfolgte die Bearbeitung ebenfalls im FLOWlock-Browser und die Teilnehmenden wurden gebeten sich zusätzlich über ein Mobilgerät in eine *Zoom*-Konferenz einzuwählen. Nach der Abschlussbewertung dieses Tests hat sich die Universität Bayreuth wegen datenschutzrechtlicher Bedenken sowie technischer Unzulänglichkeiten jedoch gegen diese zusätzliche Überwachung entschieden.

Ein weiterer Kritikpunkt am System ist das Fehlen einer bidirektionalen Kommunikationsmöglichkeit. Die Prüfungsaufsicht hat zwar die Möglichkeit allen Teilnehmenden über Direktnachrichten Informationen zukommen zu lassen, jedoch ist es nicht möglich einzelne Teilnehmende individuell anzuschreiben. Ferner haben die Teilnehmenden keine Möglichkeit über das System mit den Aufsichtspersonen zu kommunizieren. Um den Studierenden dennoch die Möglichkeit zu bieten, bei Fragen oder Problemen mit den Aufsichtspersonen Kontakt aufzunehmen, wurde eine Notfalltelefonnummer eingerichtet. Diese leitete die Anrufe – ähnlich einem Callcenter – an die hinterlegten Büronummern der Prüfungsaufsichten weiter. Bei Kontaktaufnahme wurden die genauen Uhrzeiten des Anrufes notiert und – nach Lösung des Problems, erfolgreichem Wiedereintritt in die Klausur sowie einem gemeinsamen Test aller Funktionen – die Bearbeitungszeit individuell um die Zeit des Anrufs verlängert.

**Prüfungsablauf aus Sicht eines Teilnehmenden**
Den Studierenden wird in *WISEflow* nach der ersten Anmeldung automatisch die Rolle des Teilnehmenden zugeordnet. Wurde ein Teilnehmender vom Verwaltenden einer Prüfung zugewiesen, erhält dieser per E-Mail eine Systemnachricht mit einem Link, der ihn in *WISEflow* zur Hauptübersicht aller zukünftig für ihn stattfinden Prüfungen leitet. Vorab muss die spezielle FLOWlock-Browsersoftware installiert werden. Bereits eine Stunde vor Beginn der Bearbeitungszeit haben die Teilnehmenden die Möglichkeit in den „Warteraum" einer Klausur einzutreten und ihre Identität mittels der Aufnahme eines Verifizierungsbildes zu bestätigen. Ab Beginn der Bearbeitungszeit stehen den Teilnehmenden die Klausuraufgaben zur Verfügung und die Bearbeitung der Prüfung kann erfolgen. Die verbleibende Bearbeitungszeit wird dem Teilnehmenden durch einen Countdown angezeigt. Um den zeitlichen Mehraufwand durch die Aufnahme des Verifizierungsbilds sowie das Abfotografieren und Einbinden der handschriftlichen Lösungen zu kompensieren, wurde an der Universität Bayreuth für die Bearbeitung der Online-Klausuren eine technische Rüstzeit gewährt. Diese wurde zunächst in der ersten Klausurphase auf sieben Minuten, in der zweiten Klausurphase auf 15 Minuten festgelegt.

Nach Ablauf der Bearbeitungszeit können keine weiteren Eingaben mehr vorgenommen werden und der Teilnehmende hat nur noch die Möglichkeit die Prüfung abzugeben. Hierfür wird ein Abgabepasswort benötigt, welches vor Ende der Bearbeitungszeit per Direktnachricht von der Prüfungsaufsicht gesendet wird.

Technische Probleme traten vergleichsweise selten auf und alle Teilnehmenden konnten ihre Klausur erfolgreich abschließen. Bei den 25 durchgeführten Online-Klausuren mit insgesamt 867 Teilnehmenden wurden 22 Störungsfälle gemeldet (2,54 %). Zum einen führte bei wenigen Endgeräten ein Softwaretreiberproblem der verbauten Kamera dazu, dass diese von *WISEflow* nicht erkannt werden konnte und die Initialisierung der sicheren Browserumgebung verhindert wurde. Durch die Probeklausuren konnten die betroffenen Studierenden bereits im Vorfeld identifiziert werden. Somit hatten diese die Möglichkeit, entweder mit einem funktionierenden Leihgerät an der *WISEflow*-Klausur teilzunehmen oder alternativ die Präsenzklausur zu schreiben. Bei anderen Fällen verhinderten noch laufende Hintergrundprozesse die erfolgreiche Initialisierung der Software. Im Rahmen einer Kontaktaufnahme über die Notfalltelefonnummer konnten die Teilnehmenden unter Anleitung der Prüfungsaufsicht das Programm verlassen und nach einem Neustart ordnungsgemäß in die Klausur einsteigen. Weiterhin traten bei einigen Teilnehmenden Probleme im Zusammenhang mit dem Anhangmanager beim Öffnen, Schließen oder Aufnehmen von Fotos auf. Durch einen Neustart der Browserumgebung unter Anleitung der Aufsichtsperson konnten diese Probleme zügig behoben werden. Ebenso traten einige Verbindungsprobleme auf. *WISEflow* ermöglicht bei Abbruch der Internetverbindung die Weiterbearbeitung der

Klausur über einen eingebauten Offline-Modus sowie eine lokale Sicherungsoption.[5] Hierbei kann eine verschlüsselte Datei mit dem aktuellen Bearbeitungsstand gespeichert und anschließend entweder nach wiederhergestellter Verbindung im System weiterbearbeitet oder nach Ablauf der Bearbeitungszeit dem Lehrstuhl zugesendet werden. Trotz dieser Sicherungsfunktionen wurden die Teilnehmenden angehalten, sich bei einem Verbindungsproblem telefonisch bei der Prüfungsaufsicht zu melden. Insgesamt wurden fünf Fälle zu Problemen mit dem Internet gemeldet. Bei diesen handelte es sich immer um Verbindungsabbrüche zwischen Endgerät und Internet-Zugriffspunkt, nicht aber um einen Internetausfall. Nachdem die Betroffenen die Browserumgebung zusammen mit der Aufsicht verlassen und die Verbindung am Endgerät erneut hergestellt hatten, war eine Weiterbearbeitung ohne weitere Vorkommnisse in allen Fällen möglich.

Insgesamt wurden im Sommersemester 2020 an der Universität Bayreuth im Bereich Wirtschaftswissenschaften 25 Online-Klausuren – neun in der ersten Klausurphase vom 25.05. bis 20.06.2020 sowie 16 in der zweiten Klausurphase vom 24.07. bis 22.08.2020 – mit der Software *WISEflow* durchgeführt. Die Studierenden hatte hierbei immer die Wahlmöglichkeit, ob sie an der Online-Klausur oder an der zeitgleich stattfindenden sowie inhaltlich identischen Präsenzprüfung teilnehmen möchten. Für eine Online-Klausur haben sich insgesamt 867 Studierende, für eine Präsenzklausur insgesamt 2.422 entschieden. Im Durchschnitt lag der Anteil der Anmeldungen zur digitalen Prüfung somit bei 26,4 %.

## 20.5 Evaluation des Online-Klausurangebots mit *WISEflow*

Im Anschluss an die Klausuren des Sommersemesters 2020 wurden die Teilnehmenden der *WISEflow*-Klausuren zu einer Online-Befragung, mit der Bitte um eine Einschätzung zu der für sie neuartigen Klausurform, eingeladen. Die Studierenden, die sich für eine Präsenzklausur mit Wahlmöglichkeit zu einer Online-Klausur angemeldet haben, wurden ebenfalls um die Teilnahme an einer Befragung gebeten. Diese sollten insbesondere die Gründe für die Entscheidung *gegen* eine Online-Prüfung erläutern und ob sie mit dieser Entscheidung zufrieden sind.

Die Befragungen wurden in zwei Phasen durchgeführt, zunächst im Anschluss an die erste Klausurphase im Mai und Juni. Nach einer ersten Auswertung dieser Evaluation wurden einige Anpassungen im Konzept der Online-Klausuren für die zweite Klausurphase im Juli und August vorgenommen. Diese zweite Phase wurde ebenfalls nach

[5]Eine zu Beginn des Sommersemesters 2020 unabhängig durchgeführte Befragung des Studierendenparlaments der Universität Bayreuth zum Corona-Semester verdeutlicht, dass die Behandlung von möglicherweise instabilen Verbindungen eine hohe praktische Relevanz hat. Von 2151 Befragten gaben 10,7 % (10,2 %) an, keine stabile Internetverbindung (nur eine teilweise stabile Internetverbindung) an ihrem Aufenthaltsort zu haben; 77,5 % hingegen sehen diese als sicher an.

**Tab. 20.1** Teilnahmezahlen und Rücklaufquoten der Befragungsphasen

| | 1. Phase (Mai/Juni) | | 2. Phase (Juli/August) | | Gesamt (1.+2. Phase) | |
|---|---|---|---|---|---|---|
| Befragung | Teilnahme | Rücklauf (%) | Teilnahme | Rücklauf (%) | Teilnahme | Rücklauf (%) |
| Online-Klausur | 168 | 56,2 | 138 | 30,1 | 306 | 40,4 |
| Präsenz-klausur | 210 | 36,7 | 375 | 20,8 | 585 | 24,6 |

Abschluss der Klausuren evaluiert. Tab. 20.1 zeigt die Teilnahmezahlen und Rücklaufquote der Befragungsphasen (Quelle: eigene Darstellung).[6]

Im Rahmen der Befragungen sollten die Studierenden beurteilen, inwieweit verschiedene Aussagen aus ihrer Sicht zutreffen. Neben diesen skalierten Fragen mit den Antwortmöglichkeiten 1 = *„trifft gar nicht zu"*, 2 = *„trifft nicht zu"*, 3 = *„trifft teilweise zu"*, 4 = *„trifft zu"* und 5 = *„trifft voll zu"* enthielten die Fragebögen auch Freitextfragen. Für diese Antworten wurde nach mehrmaliger Durchsicht des Datenmaterials jeweils ein Kategoriensystem entworfen. Sodann wurden einzelne Textsegmente der Antworten den entsprechenden Kategorien zugeordnet. Des Weiteren wurden Fragen zu den Rahmenbedingungen der Teilnahme, bspw. der Entfernung zum Prüfungsort sowie zur technischen Ausstattung, gestellt.

### 20.5.1 Ausgangssituation der Teilnehmenden der unterschiedlichen Klausurformate

Hinsichtlich des Vorhandenseins der technischen Voraussetzungen waren sowohl die Teilnehmenden der Online-Klausur als auch die Teilnehmenden der Präsenzklausur sehr gut aufgestellt. 94,7 % der Online-Teilnehmenden gaben an, dass ein PC bzw. Laptop bereits vorhanden war, 5 % haben sich einen solchen für die Klausur geliehen, eine Person kaufte sich ein Endgerät. Bei den Präsenzteilnehmenden verfügten mit 99,1 % sogar nahezu alle Studierenden über einen PC bzw. Laptop. Während bei 93,2 % der Präsenzteilnehmenden eine Webcam vorhanden war, verfügten nur 86,7 % der Online-Teilnehmenden über eine solche. Die verbleibenden Studierenden liehen (6,7 %) oder kauften (6,6 %) sich für die Klausur eine Webcam. Die Präsenzteilnehmenden wurden darüber hinaus gefragt, ob sie Zugang zu einem Ort mit ausreichender Internetverbindung haben. Diese Frage wurde von 84,8 % der Befragten mit „Ja" beantwortet.

[6]Bei wenigen Online-Klausuren wurden im Nachgang keine Einladungen zur Befragung versandt. Den Teilnehmenden stand es frei, einzelne Fragen nicht zu beantworten. Insofern können die Stichprobengrößen bei einzelnen Elementen des Fragebogens variieren.

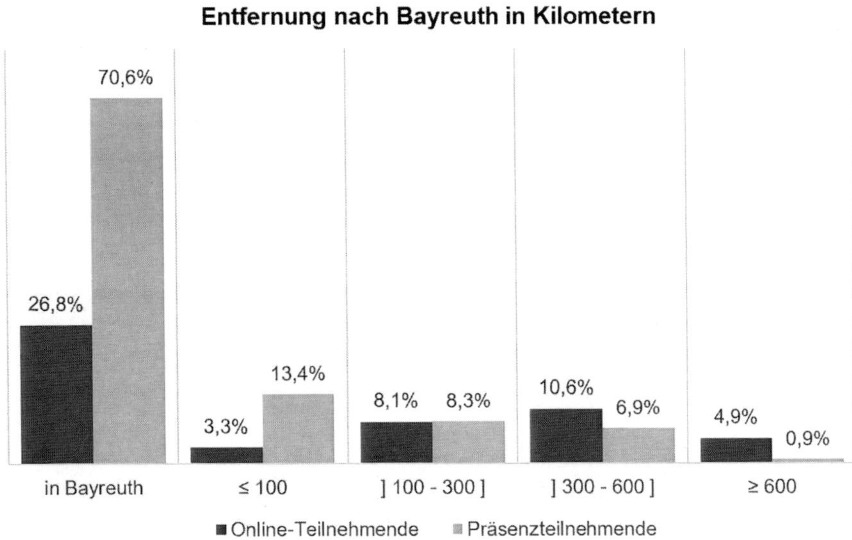


**Abb. 20.1** Entfernung des Aufenthaltsorts nach Bayreuth. (Quelle: Eigene Darstellung)

In Bezug auf die Bekanntheit des Systems gaben 39,9 % der Präsenzteilnehmenden an, *WISEflow* vor der Anmeldung zur Präsenzklausur getestet zu haben, 11 %[7] der befragten Präsenzteilnehmenden hatten bereits an mindestens einer Online-Klausur mit *WISEflow* teilgenommen. (Der Anteil der Online-Teilnehmenden in der zweiten Phase, die im Vorfeld an einer oder mehreren *WISEflow*-Klausuren teilgenommen haben, lag später bei 42 %.[8]) Weiterhin hat die Mehrheit der Online-Teilnehmenden im Vorfeld der eigentlichen Online-Klausur an mindestens einer Probeklausur mit *WISEflow* teilgenommen (87 %[9]). Im Allgemeinen kamen die befragten Online-Teilnehmenden bei den Vorbereitungen auf die Klausur gut mit dem System zu recht.[10] 79 % der Online-Teilnehmenden gaben an, während der Klausur keine technischen Schwierigkeiten erlebt zu haben. 5,0 % hingegen berichteten, dass sich die Software aufhängte, 2,3 % hatten Probleme mit der Internetverbindung und 13,7 % der Antworten verwiesen auf weitere technische Probleme, wie bspw. Probleme mit der Webcam-Qualität sowie in Verbindung mit dem Anhangmanager. Von den Befragten mit technischen Problemen erhielten

[7]Diese Frage wurde nur in der zweiten Befragungsphase gestellt.

[8]Diese Frage wurde nur in der zweiten Befragungsphase gestellt.

[9]Diese Frage wurde nur in der zweiten Befragungsphase gestellt.

[10]Die in *WISEflow* zur Verfügung gestellten Demoflows wurden von 90,5 % der Online-Teilnehmenden als hilfreich bewertet. 95,4 % der Studierenden berichten, dass die Installation der Software gut bis sehr gut funktioniert hat. 92,7 % gaben an, dass die bereitgestellten Informationen im *Moodle*-Kurs für sie hilfreich waren.

25 % nach Meldung der Angelegenheit über die Notfalltelefonnummer Hilfe. Die Antwortoption, keine ausreichende Hilfestellung erhalten zu haben, wurde von keinem Studierenden ausgewählt. 75 % meldeten den Vorfall nicht – diese Antwort wurde überwiegend von Befragten mit „weiteren technischen Problemen" gewählt.

Als möglicher Treiber für die Wahl einer Online-Klausur wurde die zurückzulegende Entfernung zur Ablegung einer Präsenzklausur vermutet.[11] Abb. 20.1 zeigt, dass 70,6 % der befragten Präsenzteilnehmenden bereits in Bayreuth vor Ort waren, jedoch nur 26,8 % der Online-Teilnehmenden. 13,4 % der Präsenzteilnehmenden (3,3 % der Online-Teilnehmenden) gaben eine benötigte Fahrtstrecke von bis zu 100 km für die Klausur an. In den Entfernungsklassen von mehr als 300 km überwog der Anteil der Online-Teilnehmenden.

### 20.5.2 *WISEflow*-Prüfungen aus Perspektive der Online-Klausurteilnehmenden

#### 20.5.2.1 Bewertung der Online-Klausur aus Sicht der Studierenden

Um eine Einschätzung zu erhalten, wie die Studierenden das neuartige Klausurformat erlebt haben, wurden diese gebeten, ihre Bewertung anhand mehrerer fünfstufig skalierter Aussagen mit den bereits vorgestellten Antwortmöglichkeiten (1 = *„trifft gar nicht zu"*, 2 = *„trifft nicht zu"*, 3 = *„trifft teilweise zu"*, 4 = *„trifft zu"* und 5 = *„trifft voll zu"*) abzugeben.

Tab. 20.2 zeigt die Mittelwerte (M) und Standardabweichungen (SD) der Antworten für die erste und zweite Klausurphase sowie für beide Klausurphasen gesamt (Quelle: eigene Darstellung).[12]

Wie sich der Tabelle entnehmen lässt, wurde die Handhabung der Software von den Studierenden sowohl in der ersten ($M = 4{,}0$) als auch in der zweiten Phase ($M = 4{,}1$) als einfach bewertet. Insgesamt stimmten 73,6 % aller Befragungsteilnehmenden dieser Aussage zu oder voll zu.

Im Gegensatz dazu fielen bei der Auswertung der Evaluation der ersten Klausurphase die Mittelwerte der Beurteilungen hinsichtlich der Lesbarkeit der abfotografierten handschriftlichen Lösungen ($M = 2{,}9$) sowie hinsichtlich der zusätzlich gewährten Bearbeitungszeit ($M = 2{,}9$) nur mittelmäßig aus. Aufgrund dessen wurden Anpassungen im Konzept für die zweite Klausurphase vorgenommen. Zum einen wurden die Studierenden in Informationsveranstaltungen verstärkter darüber aufgeklärt, wie bessere Ergebnisse bei den Fotoaufnahmen erzielt werden können. Exemplarisch wurden bessere

[11] Diese Frage wurde nur in der zweiten Befragungsphase gestellt.

[12] Die Auswertung der Angaben setzt ein metrisches Skalenniveau voraus. Hierzu wird die im Bereich der Forschung mit Fragebögen übliche Äquidistanzannahme vorausgesetzt. Die Fragen werden in Tabellen aus Gründen der Lesbarkeit verkürzt wiedergegeben.

**Tab. 20.2** Mittelwerte (M) und Standardabweichungen (SD) der Bewertung der Online-Klausuren für die 1. Phase, 2. Phase und beide Klausurphasen gesamt

| | 1. Phase (Mai/Juni) | | 2. Phase (Juli/August) | | Gesamt (1.+2. Phase) | |
|---|---|---|---|---|---|---|
| | *M* | *SD* | *M* | *SD* | *M* | *SD* |
| Einfache Handhabung der Software | 4,0 | 1,0 | 4,1 | 0,9 | 4,1 | 1,0 |
| Gute Lesbarkeit der abfotografierten Aufnahmen beim ersten Versuch | 2,9 | 1,4 | 3,3 | 1,3 | 3,1 | 1,4 |
| Zusätzliche Bearbeitungszeit (technische Rüstzeit) für die Bedienung der Software war ausreichend | 2,9 | 1,5 | 3,7 | 1,4 | 3,3 | 1,5 |
| Entscheidung für die Online-Klausur war eine gute Wahl | 3,8 | 1,3 | 4,2 | 1,2 | 4,0 | 1,2 |
| Hohe Wahrscheinlichkeit, Online-Klausuren (anstelle von Präsenzklausuren) anderen Studierenden weiterzuempfehlen | 3,8 | 1,2 | 4,0 | 1,2 | 3,8 | 1,2 |
| Hohe Wahrscheinlichkeit, sich bei einer Wahlmöglichkeit erneut für eine Online-Klausur zu entscheiden | 3,8 | 1,3 | 4,1 | 1,2 | 4,0 | 1,2 |

Lichtverhältnisse am Prüfungsort, die Zuhilfenahme eines dunkelfarbigen Stiftes mit einer etwas dickeren Spitze sowie die Verwendung einer Unterlage während der Fotoaufnahme (z. B. Schreibblock, Ordner oder Karton) empfohlen. Des Weiteren wurde die (zusätzlich gewährte) technische Rüstzeit bei den Online-Klausuren von sieben Minuten auf 15 min erhöht. Die Auswertung der Evaluation der anschließenden zweiten Klausurphase ergab verbesserte Beurteilungen hinsichtlich der Lesbarkeit der Fotoaufnahmen ($M = 3{,}3$) und der technischen Rüstzeit ($M = 3{,}7$).[13]

Die Gesamtzufriedenheit der an der Online-Klausur teilnehmenden Studierenden spiegelt sich in den Antworten zu den letzten drei Fragen in Tab. 20.2 wider. Eine Auswertung der Häufigkeiten positiver Antworten ergibt, dass 73,6 % der Auffassung sind, mit der Wahl der Online-Klausur eine gute Entscheidung getroffen zu haben. Des Weiteren stimmen 67,2 % der Teilnehmenden der Aussage „Es ist sehr wahrscheinlich, dass ich anderen Studierenden Online-Klausuren (anstelle von Präsenzklausuren) empfehlen werde.“ zu oder voll zu. Darüber hinaus würden sich bei einer Wahlmöglich-

[13]Ein Mann–Whitney-U-Test ergab einen auf dem 1 %-Niveau signifikanten Unterschied zwischen der ersten und zweiten Phase hinsichtlich der Einschätzung der zusätzlich gewährten Bearbeitungszeit ($U = 7793{,}00$, $Z = -4{,}496$, $p < .001$), jedoch nur einen auf dem 10 %-Niveau signifikanten Unterschied zur Bewertung der Lesbarkeit ($U = 7777{,}00$, $Z = -1{,}893$, $p = .058$).

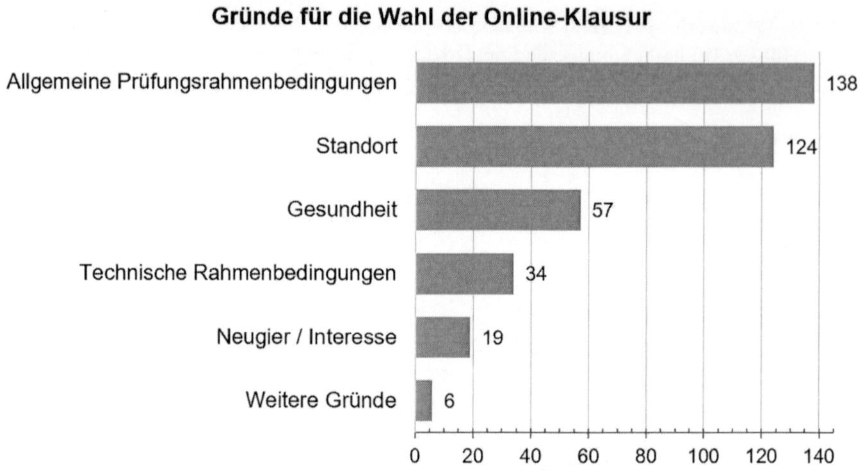


**Abb. 20.2** Gründe für die Wahl der Online-Klausur. (Quelle: Eigene Darstellung)

keit 30,1 % wahrscheinlich sowie 43,5 % sehr wahrscheinlich erneut für eine Online-Klausur entscheiden.[14]

#### 20.5.2.2 Gründe für die Entscheidung für eine Online-Klausur

Im Rahmen einer Freitextfrage wurden die Studierenden gefragt, weshalb sie sich für eine Online-Klausur entschieden haben. Insgesamt wurden 378 Textsegmente (n = 271) codiert und in den folgenden Oberkategorien zusammengefasst: Prüfungsrahmenbedingungen, Standort, Gesundheit, technische Rahmenbedingungen sowie Neugier bzw. Interesse. Abb. 20.2 zeigt, wie oft Aspekte in der jeweiligen Oberkategorie von den an der Befragung teilnehmenden Studierenden genannt wurden.

Am häufigsten wurden Gründe im Zusammenhang mit den **„allgemeinen Prüfungsrahmenbedingungen“** genannt. Diese Oberkategorie fasst alle genannten Vorteile einer von zu Hause aus geschriebenen Klausur – unabhängig von der Technik (in Abgrenzung zu den technischen Rahmenbedingungen) – im Vergleich zu einer Prüfung vor Ort zusammen. Die „allgemeinen Prüfungsrahmenbedingungen“ wurden weiter in die Unterkategorien „coronabedingte Vorzüge“ sowie „coronaunabhängige Vorzüge“ aufgeteilt. In

[14]Diese drei Fragen zu einer neuen Skala „Zufriedenheit mit der Online-Klausur“ (exzellente interne Konsistenz mit Cronbachs Alpha = ,937) zusammengefasst, ergeben für die Gesamtzufriedenheit mit der Online-Klausur einen Mittelwert von 3,9 (SD = 1,2). Bei der Evaluation der ersten Klausurphase (M = 3,8, SD = 1,2) ergab sich ein niedrigerer Mittelwert als bei der Auswertung der Gesamtzufriedenheit im Anschluss an die zweite Klausurphase (M = 4,1, SD = 1,1). Ein Mann–Whitney-U-Test zeigte, dass sich die Zufriedenheit mit der Online-Klausur insgesamt signifikant zwischen der ersten und zweiten Klausurphase unterscheidet (U = 9089,500, Z = -2,051, p = .040).

der Kategorie **„coronabedingte Vorzüge"** wurden alle Antworten zusammengefasst, die in unmittelbarem Zusammenhang mit den derzeit bei Präsenzprüfungen zu erfüllenden Auflagen aufgrund des Coronavirus stehen. 51 Studierende gaben die Vermeidung dieser Auflagen als Grund für die Teilnahme an der Online-Klausur an. Hierbei wurden vor allem das Umgehen der Maskenpflicht und der langen Vorlaufzeiten genannt.[15]

> *„des weitern finde ich es ein sehr angenehmes Angebot, vor allem da man aktuell sehr früh zu den Klausuren kommen muss und doch auf einige Hygienevorschriften achten muss."*

Die der Kategorie **„coronaunabhängige Vorzüge"** zugeordneten Antworten lassen sich nochmals in zwei weitere Unterkategorien einordnen, emotionale und kognitive Vorteile sowie praktische Vorteile. Den **„emotionalen und kognitiven Vorteilen"** wurden alle Aussagen zugeordnet, die sich unmittelbar auf das Wohlbefinden und die Leistungsfähigkeit der Studierenden während der Prüfung beziehen. Die Teilnehmenden erläuterten hierbei vor allem, dass die Online-Klausur die Möglichkeit bietet, in einem gewohnten Umfeld und somit in einer entspannten und angenehmeren Atmosphäre die Prüfung zu schreiben. Auch verbesserte Konzentrationsfähigkeit wurde genannt. Insgesamt ließen sich 35 Antworten dieser Kategorie zuordnen, wovon 16 Aussagen explizit weniger Prüfungsangst, weniger Stress und weniger Nervosität während der Klausur benennen.

> *„Um in einer gewohnten Umgebung die Prüfung zuschreiben, da ich unter Prüfungsangst leide"*

Der Unterkategorie **„praktische Vorteile"** wurden 52 Textsegmente zugeordnet. Diese Kategorie umfasst alle Aussagen, welche die Vorzüge einer zu Hause geschriebenen Klausur aus einem praktischen Blickwinkel aufzeigen. Neben Bequemlichkeit, Einfachheit und weniger Aufwand wurden hier auch weniger Störfaktoren (beispielsweise Mitstudierende) sowie ein erhöhter Komfort (z. B. mehr Platz auf dem Schreibtisch) genannt.

> *„Da ich zuhause genug Platz habe für meine Bücher (open book) und mich nicht durch andere Leute ablenken lassen kann."*

Unter den **standortbedingten Gründen** wurden solche Antworten zusammengefasst, die sich auf den Aufenthaltsort der Prüfungsteilnehmenden beziehen. 114 Studierende gaben an, sich derzeit nicht in Bayreuth aufzuhalten und verwiesen größtenteils auf einen hohen Aufwand, welcher mit einer Anreise nur für die Klausur verbunden wäre.

> *„Durch die aktuellen Umstände habe ich keine Wohnung in Bayreuth gesucht, sondern bin bei meinen Eltern in der Heimat geblieben. Eine Anreise für die Klausur ist umständlich."*

---

[15]Die nachfolgenden Zitate wurden unbearbeitet übernommen. Aus Gründen der besseren Lesbarkeit wird auf evtl. formale Fehler nicht hingewiesen.

10,5 % dieser 114 Studierenden gaben zudem an, dass die Anwesenheit in Bayreuth nicht möglich war, beispielsweise da sich der derzeitige Aufenthaltsort im Ausland befindet oder ein Praktikum an einem für eine Anreise zu weit entfernten Ort absolviert wird.

*„I was unable to travel back to Germany."*

Innerhalb der Oberkategorie „Standort" gaben weitere zehn Studierende an, sich aufgrund der hohen Standortflexibilität, welche die Online-Klausur – auch kurzfristig – bietet, für diese Klausurform entschieden zu haben.

*„Ich konnte mich noch kurzfristig entscheiden, ob ich die Klausur in Bayreuth (in der Wohnung) schreibe oder daheim."*

Die Oberkategorie **„technische Rahmenbedingungen"** umfasst alle aus der Technik resultierenden Vorteile der Online-Klausur sowie Aspekte, die in direktem Zusammenhang mit dem verwendeten Klausurprogramm stehen. Hier wurden Aussagen zugeordnet, welche sich auf technische Hilfsmittel, positive Vorerfahrungen mit dem Programm oder eine überzeugende technische Einführung im Vorfeld beziehen. Des Weiteren stellte für sechs Studierende die bei der Online-Klausur zusätzlich gewährte technische Rüstzeit einen Vorteil gegenüber der Präsenzklausur dar. Zehn Studierende gaben an, grundsätzlich die Bearbeitung der Klausur am PC zu bevorzugen.

*„Da ich die Bearbeitung am Pc, angenehmer finde als zu schreiben."*

Alle Antworten, die sich darauf beziehen eine Coronainfektion zu vermeiden oder das Ansteckungsrisiko zu minimieren, wurden in der Oberkategorie **„Gesundheit"** zusammengefasst. Einige Studierenden gaben an, dass sie selbst oder Angehörige zur Risikogruppe zählen. Insgesamt wurden 57 Aussagen dieser Kategorie zugeordneten. Zwei Studierende erläutern, dass sie möglicherweise akut mit dem Virus infiziert sind und sich daher in Quarantäne befinden. Durch die Online-Klausur war eine Teilnahme an der Prüfung dennoch möglich.

*„Um das Risiko einer Ansteckung mit Covid-19 für mich und andere Klausurteilnehmer zu minimieren"*

Die 19 Textsegmente, die sich auf das Interesse an dem neuartigen Klausurformat beziehen, wurden in der Oberkategorie **„Neugier / Interesse"** eingeordnet.

*„Ich bin ein sehr offener und neugieriger Mensch der zum Einen die Tools kennenlernen wollte, und zum Anderen sehr gerne digitale Innovationen unterstützt"*

Kategorien, denen in Summe weniger als fünf Aussagen zugeordnet wurden, sind in der Abbildung zusammengefasst als **„weitere Gründe"** dargestellt. Hierunter fallen die

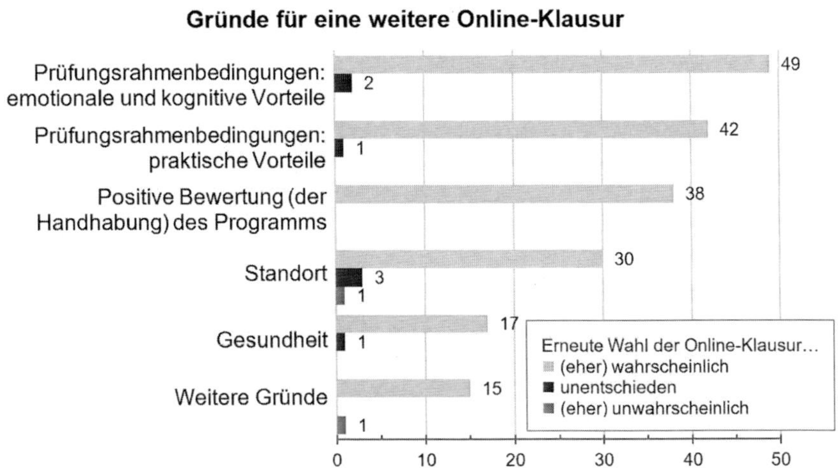


**Abb. 20.3** Gründe für eine weitere Online-Klausur. (Quelle: Eigene Darstellung)

Nennung ökologischer Aspekte (z. B. Papier sparen) sowie die Bereitschaft einen Beitrag zur Vermeidung des Abbruchs der Klausurphase zu leisten.

#### 20.5.2.3 Gründe für oder gegen die Wahl einer weiteren Online-Klausur

Die Studierenden wurden ebenfalls gefragt, wie wahrscheinlich es ist, dass sie sich bei einer Wahlmöglichkeit erneut für eine Online-Klausur entscheiden werden. 14,4 % beantworteten diese Frage mit „(eher) unwahrscheinlich", 12 % mit „unentschieden" und 73,6 % mit „(eher) wahrscheinlich" (n = 292).[16] Anschließend wurden sie gebeten, die Gründe für diese Aussage zu erläutern. Die Abb. 20.3 und 20.4 zeigen die am häufigsten genannten Gründe für oder gegen eine weitere Online-Klausur gruppiert nach den eben genannten drei Antwortkategorien, welche die Wahrscheinlichkeit einer erneuten Teilnahme an einer digitalen Klausur widerspiegeln (n = 193).

Für eine erneute Wahl einer Online-Klausur sprechen aus Sicht der Studierenden vor allem die **coronaunabhängigen Vorteile** bezüglich der Prüfungsrahmenbedingungen – sowohl die **emotionalen und kognitiven** als auch die **praktischen.** Wie bereits oben erläutert, zählen zu diesen Kategorien zum einen solche Aussagen, die sich auf ein verbessertes Wohlbefinden und eine höhere Leistungsfähigkeit während der Klausur beziehen und zum anderen die pragmatischen Vorzüge einer Prüfung in der heimischen Umgebung. Auch Aspekte, die den ebenfalls oben beschriebenen Kategorien **„Stand-**

[16]Die Antworten *„trifft gar nicht zu"* (7,5 %) und *„trifft nicht zu"* (6,8 %) wurden zur Antwortkategorie *„(eher) unwahrscheinlich"* zusammengefasst, die Antworten *„trifft zu"* (30,1 %) und *„trifft voll zu"* (43,5 %) zu *„(eher) wahrscheinlich"*. Die Antwortkategorie *„unentschieden"* entspricht der Antwort *„trifft teilweise zu"* (12 %). Es handelt sich um gerundete Werte.

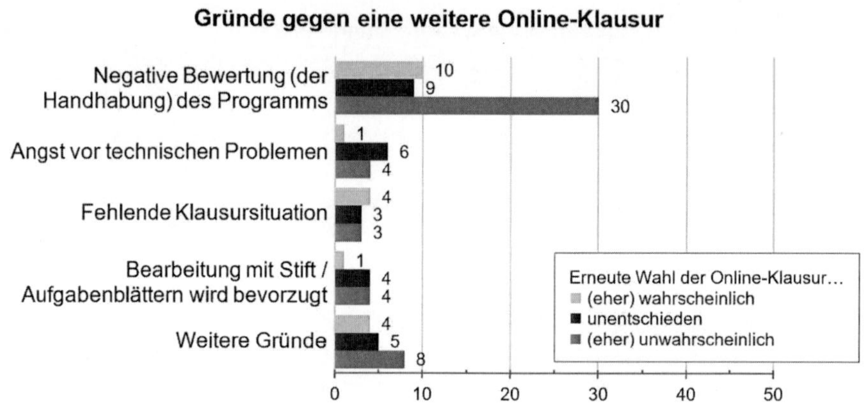


**Abb. 20.4** Gründe gegen eine weitere Online-Klausur. (Quelle: Eigene Darstellung)

**ort“** und **„Gesundheit“** zugeordnet werden können, wurden häufig von den Teilnehmenden als Gründe für die Wahl einer erneuten Online-Klausur genannt. Die **„positive Bewertung (der Handhabung) des Programms“** wurde als neue Kategorie aufgenommen. In diese wurden alle Aussagen eingeordnet, die auf ein positives Erlebnis mit dem Programm sowie eine positive Bewertung der Handhabung des Programms verweisen.

*„Nachdem die Software einwandfrei funktioniert hat“*

Alle Kategorien, die in Summe weniger als fünf Mal genannt wurden, sind in der Darstellung als **„weitere Gründe“** zusammengefasst. Hierunter fallen eine Bevorzugung der Klausurbearbeitung am PC, die zusätzlich gewährte technische Rüstzeit, die coronabedingten Vorzüge der Prüfungsrahmenbedingungen (sprich die Vermeidung der Hygieneauflagen), bessere Vereinbarkeit mit dem Job, Wegfall der Notwendigkeit eine Kinderbetreuung zu organisieren sowie ökologische und kostensparende Aspekte.

Die am häufigsten genannte Gründe gegen eine weitere Online-Klausur sind der Kategorie **„negative Bewertung (der Handhabung) des Programms“** zuzuordnen. Die hier genannten Aussagen beziehen sich bspw. auf die fehlende Möglichkeit Markierungen im Text vorzunehmen, eine unübersichtliche Darstellung sowie eine umständliche Handhabung. 30 (davon 22 aus der ersten Klausurphase) der insgesamt 49 dieser Kategorie zugeordneten Textsegmente beziehen sich auf Probleme im Zusammenhang mit dem Abfotografieren der Lösungen. Hierbei wurde vor allem auf den großen Zeitaufwand beim Erstellen und Speichern der Aufnahmen verwiesen, u. a. wurde aber auch die schlechte Bildqualität genannt.

*„das Abfotografieren war sehr zeitaufwendig und nervig“*

Der Kategorie **„Angst vor technischen Problemen"** wurden die Aussagen zugeordnet, die sich auf die Befürchtung vor – nicht die Erfahrung mit – technischen Problemen beziehen. Hierbei wurde vor allem auf einen möglichen Abbruch der Internetverbindung verwiesen.

*„Das Risiko der abbrechenden Internetverbindung ist immer im Hinterkopf (generell versagende Technik)"*

Weiterhin gaben die Teilnehmenden in Bezug auf die allgemeinen Prüfungsrahmenbedingungen die **„fehlende Klausursituation"** als Grund gegen eine weitere Online-Klausur an. Hier nannten die Studierenden bspw. Nervosität durch die fehlende Klausuraufsicht, zu viel Ablenkung zu Hause sowie fehlendes „Klausur-Feeling".

*„habe eine bessere Klausurmentalität wenn ich an einem für die Klausur vorgesehenem Ort bin"*

Aus Sicht einiger Studierender spricht zudem die digitale Klausurform gegen eine weitere Online-Klausur. Diese gaben an, die **„Bearbeitung mit Stift / ausgedruckten Aufgabenblättern"** zu bevorzugen.

*„Außerdem finde ich es übersichtlicher die Blätter vor sich zu haben."*

Weitere Aussagen, die sich auf ein erschwertes Zeitmanagement, mangelnde Selbstorganisation der Studierenden, fehlende Kommunikation und Information vonseiten der Lehrstühle bzw. Prüfenden, die fehlende direkte Unterstützung, Erfahrungen mit technischen Problemen sowie die als störend empfundene Kameraüberwachung beziehen, sind in der Darstellung als **„weitere Gründe"** zusammengefasst, da diese Kategorien jeweils in Summe weniger als fünf Mal genannt wurden.

Nicht in den Abbildungen aufgeführt sind die Anmerkungen von fünf Studierenden, die erläuterten die Entscheidung für eine weitere Online-Klausur in **Abhängigkeit des Aufgabentyps** der Klausur zu treffen. Hierbei verweisen sie darauf, sich bei Klausuren mit Rechnungen oder Zeichnungen eher für die Präsenzklausur zu entscheiden, bei textlastigen Klausuren hingegen für die Online-Klausur.

#### 20.5.2.4 Positive und verbesserungswürdige Aspekte aus Sicht der Studierenden

Die von den Studierende im Rahmen einer Freitextfrage genannten positiven Aspekte von Online-Klausuren decken sich mit den Gründen, die für die Wahl der Online-Klausur ausschlaggebend waren sowie für eine weitere Online-Klausur sprechen. So wurden auch hier gesundheitliche sowie standortbedingte Vorteile, die Möglichkeit die coronabedingten Auflagen zu umgehen, technische Vorzüge (wie bspw. die Bearbeitung der Klausur am PC) sowie die einfache Handhabung der Software und praktische Vorteile in Bezug auf die Prüfungsrahmenbedingungen genannt. Am häufigsten wurde wieder auf die Verbesserung der emotionalen und kognitiven Zustände während der Prüfung verwiesen. Einige Studierenden sahen zudem den technischen Fortschritt bzw. ein zeitgemäßes Digitalisierungsniveau im Rahmen der Online-Klausur als positiv. Des Weiteren wurde von einigen Teilnehmenden ein Aspekt genannt, welcher indirekt mit den Online-Klausuren zusammenhängt, da er für deren Einführung Voraussetzung bei allen Klausuren – auch für zeitgleich stattfindende Präsenzklausuren – war: das Open-Book-Klausur-Format. Diese Studierenden bewerteten es als positiv, dass der Fokus bei Klausuren, die (auch) online angeboten wurden, auf der Anwendung des Lernstoffs und weniger auf Auswendiggelerntem lag.[17]

Die meisten erforderlichen Verbesserungsansätze sahen die Studierenden in den Funktionen der Software. So wurden bspw. die Wünsche geäußert, dass ein Ausdrucken der Klausur und Markierungen im Text möglich sein sollten. Weiterhin sollte es möglich sein, Lösungsvorlagen (v. a. für auszufüllende Tabellen) in die Klausur einzubeziehen. Ebenso wurden Verbesserungen der Anzeigemöglichkeiten im Programm gewünscht, beispielsweise eine übersichtlichere Darstellung, verbesserte Lesbarkeit durch eine größere Ansicht und eine einfachere Navigation zwischen den einzelnen Aufgabenseiten, zwischen den Aufgaben und dem Lösungsdokument sowie zwischen dem Anhangmanager und dem Lösungsdokument. Verbesserungspotenzial sehen die Studierenden ebenfalls bezüglich der momentan nur unidirektionalen Kommunikation im Programm und wünschen sich eine Möglichkeit bei Bedarf direkt die Aufsichtsperson zu kontaktieren. Als störend empfanden die Studierenden ebenfalls die Eingabe des Abgabepassworts, welches erst kurz vor Ende der Klausur bekannt gegeben wurde.[18] Die am häufigsten genannten verbesserungswürdigen Aspekte beziehen sich auf das Abfotografieren der Lösungswege. Die Studierenden wünschen sich eine Alternative zu dem aus ihrer Sicht umständlichen und zeitintensiven Prozess. Als Vorschlag nennen einige Teilnehmende die Möglichkeit handschriftliche Lösungswege mittels eines Scanners oder Handys zu erfassen und in das Programm zu übertragen. Als weiteren verbesserungswürdigen Aspekt sahen einige Teilnehmende die Dauer der gewährten technischen Rüstzeit. Hierbei ist jedoch zu beachten, dass 87 % der insgesamt 30 Nennungen aus der Befragung der ersten Online-Klausurphase mit siebenminütiger Rüstzeit stammen. Von den Klausurerstellern wünschen sich die Studierenden teilweise eine Anpassung der Aufgabenstellung bzw. des Klausurformats, etwa weniger kleinteilige Aufgaben oder Multiple-Choice-Fragen.

[17]Wenngleich die Einführung von Open-Book-Formaten durch die *WISEflow*-Implementierung getrieben war, kann das Open-Book-Format streng genommen nicht als Vorteil der Online-Variante gelten, da für die Präsenzklausur identische Bedingungen galten.

[18]Die zwingende Verwendung des Abgabepassworts wurde mittlerweile aus *WISEflow* entfernt.

### 20.5.3 *WISEflow*-Prüfungen aus Perspektive der Präsenzklausurteilnehmenden

#### 20.5.3.1 Zufriedenheit mit der Wahl der Präsenzklausur

Mittels fünfstufiger Skalen sollten die Teilnehmenden der Präsenzprüfung ihre Entscheidung für die Präsenzklausur bewerten. Wie die Mittelwerte in Tab. 20.3 zeigen, ist der Großteil der Studierenden sehr zufrieden mit dieser Wahl ($M=4{,}6$). 90,6 % stimmen der Aussage, eine gute Entscheidung mit der Präsenzklausur getroffen zu haben, zu oder voll zu. Mit $M=4{,}4$ ist ebenso eine hohe Wahrscheinlichkeit der erneuten Entscheidung für eine Präsenzklausur festzustellen. Konkret würden sich 87,6 % der Befragten bei einer erneuten Wahlmöglichkeit wieder für eine Präsenz- und gegen eine Online-Klausur entscheiden.

#### 20.5.3.2 Gründe gegen die Entscheidung für eine Online-Klausur

Die Teilnehmenden der Präsenzklausuren wurden im Rahmen einer Freitextfrage gebeten, ihre Gründe zu erläutern, weshalb sie sich gegen das Online-Angebot entschieden haben. Abb. 20.5 zeigt die von den Studierenden genannten Aspekte, die zu dieser Entscheidung geführt haben (n = 519).

Am häufigsten wurde die **„Angst vor technischen Problemen"** geäußert. Dieser Kategorie wurden alle Aussagen zugeordnet, die sich auf mangelndes Vertrauen in die technischen Komponenten beziehen. Hierbei ist zu betonen, dass es sich nicht um konkret erlebte Probleme handelt. Die Studierenden befürchteten beispielsweise, dass das Programm sich aufhängen oder der PC abstürzen könnte. Weiterhin wurde die Sorge geäußert, die Internetverbindung könnte während der Klausur abbrechen; auf diese Befürchtung verweisen 43 % der insgesamt 239 dieser Kategorie zugeordneten Aussagen.

> *„Ich hatte bei der Online-Klausur zu große Bedenken, dass meine Internetverbindung abbricht"*

**Tab. 20.3** Mittelwerte (M) und Standardabweichungen (SD) der Zufriedenheit mit der Präsenzklausur für die 1. Phase, 2. Phase und beide Klausurphasen gesamt. (Quelle: Eigene Darstellung)

| | 1. Phase (Mai/Juni) | | 2. Phase (Juli/August) | | Gesamt (1. + 2. Phase) | |
|---|---|---|---|---|---|---|
| | *M* | *SD* | *M* | *SD* | *M* | *SD* |
| Entscheidung für die Präsenzklausur war eine gute Wahl | 4,6 | 0,8 | 4,6 | 0,9 | 4,6 | 0,8 |
| Hohe Wahrscheinlichkeit, sich bei einer Wahlmöglichkeit erneut für eine Präsenzklausur zu entscheiden | 4,4 | 1,0 | 4,5 | 0,9 | 4,5 | 1,0 |

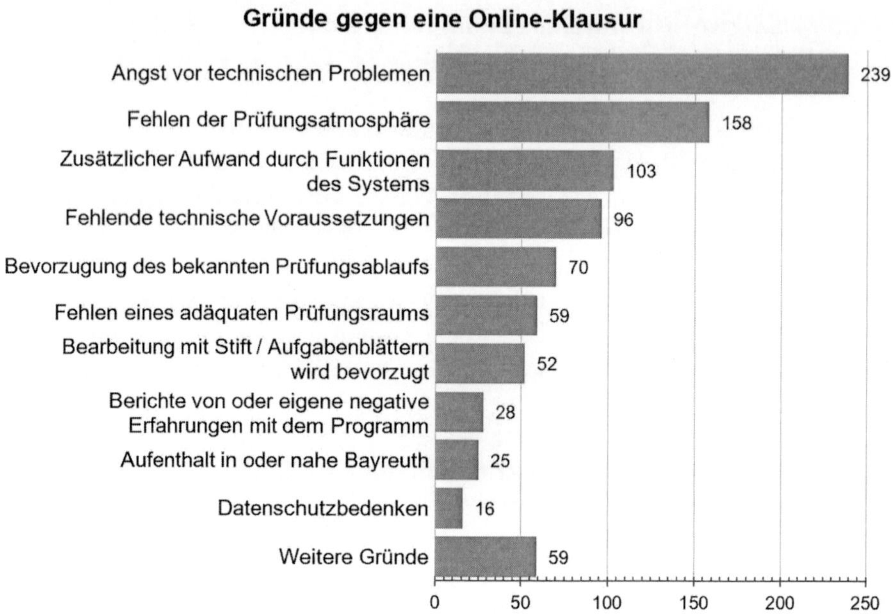


**Abb. 20.5** Gründe für die Entscheidung gegen die Online-Klausur. (Quelle: Eigene Darstellung)

Hinsichtlich der Prüfungsrahmenbedingungen gaben 158 Studierende das **„Fehlen der Prüfungsatmosphäre“** oder eine niedrigere Konzentration während einer Online-Prüfung als Argument gegen eine digitale Klausur an. Hierbei verweisen viele Aussagen darauf, dass die für eine optimale Leistungserbringung benötigte Klausursituation, die den erforderlichen Druck bzw. die erforderliche Aufregung erzeugt, zu Hause nicht gegeben ist. Die übliche Prüfungssituation in Präsenzform mit daraus resultierendem Druck wird hier offenbar als Vorteil gesehen, wohingegen in der Gruppe der Online-Teilnehmenden genau das Fehlen als Mittel gegen Prüfungsangst gelobt wurde.

> *„Klausurenmentalität wird durch Präsenzklausur erzeugt. Dementsprechend kann ich mich während der Klausur besser konzentrieren.“*

Im Hinblick auf die technischen Rahmenbedingungen sahen die Teilnehmenden der Präsenzklausur den **„zusätzlichen Aufwand durch Funktionen des Systems“** als einen Nachteil der Online-Klausur an. 28 Aussagen nehmen konkret Bezug auf den hohen zeitlichen Aufwand, der mit der Einarbeitung in das System verbunden gewesen wäre. Weitere Textsegmente beziehen sich bspw. auf die fehlende Möglichkeit, Texte zu markieren oder die komplizierte Bedienung des Programms. Auf eine umständliche Handhabung im Zusammenhang mit dem Abfotografieren handschriftlicher Lösungen verwiesen 43 % der insgesamt 103 dieser Kategorie zugeordneten Antworten.

> *„Zudem habe ich die Befürchtung, dass es zu umständlich/zeitaufwendig ist, die Aufgabenblätter immer wieder in die Kamera zuhalten.“*

Eine weitere innerhalb der technischen Rahmenbedingungen identifizierte Kategorie ist das **„Fehlen der technischen Voraussetzungen".** Hier wurden alle Textsegmente zugeordnet, in denen die Studierenden angaben, nicht über die für die Online-Klausur erforderliche technische Ausstattung zu verfügen. So besitzen einige Studierende keinen oder lediglich einen veralteten PC, andere haben gar keine oder keine von der Qualität ausreichende Webcam. Auf eine instabile bzw. langsame Internetverbindung beziehen sich 61 der insgesamt 96 in dieser Kategorie erfassten Antworten.

*„Aufgrund der unstabilen teilweise komplett ausfallenden Internetverbindung"*

70 der befragten Studierenden möchten in Bezug auf die Prüfungsrahmenbedingungen Unsicherheit vermeiden und gaben die **„Bevorzugung des bekannten Prüfungsablaufs"** als Grund für die Entscheidung zur Präsenzklausur an. Dieser Kategorie wurden Aussagen zugeordnet, die auf die Wahl der Präsenzklausur aus Vertrautheit mit der Durchführung dieser oder aus Gewohnheit verweisen.

*„Ein Grund war einerseits die Gewohnheit. Klausuren wurden bis jetzt immer in Präsenz geschrieben und es war für mich befremdlich, sich mit einem neuen System anzufreunden."*

Im Rahmen der allgemeinen Prüfungsrahmenbedingungen wurde auch das **„Fehlen eines adäquaten Prüfungsraums"** als Hinderungsgrund für die Teilnahme an einer Online-Klausur genannt. Hierbei wurden u. a. Ablenkungsfaktoren wie Unruhe durch Baustellenlärm, Renovierungsarbeiten oder Mitbewohnende genannt.

*„Wohne in einer 5er Wg und das umfeld ist einfach zu unruhig zum Schreiben einer Klausur".*

Für 54 Studierende spricht die digitale Klausurform gegen eine Teilnahme an der Online-Klausur. Diese bevorzugen während einer Klausur die **Bearbeitung mit einem Stift bzw. mit ausgedruckten Aufgabenblättern.** Einige Nennungen dieser Kategorie beziehen sich zudem auf eine langsamere Schreibgeschwindigkeit an der Tastatur.

*„Per Hand schreibe ich schneller als mit Tastatur"*

Alle Aussagen, die sich auf **eigene Erfahrungen oder Berichte von negativen Erfahrungen mit dem Programm** beziehen, wurden innerhalb der technischen Rahmenbedingungen zu einer eigenen Kategorie zusammengefasst. Hierbei beziehen sich 13 Textsegmente auf von Kommilitonen berichtete schlechte Erfahrungen mit dem Programm, 15 Aussagen beschreiben eigene erlebte Probleme. Diese Berichte basieren hauptsächlich auf Erfahrungen bei der Erprobung des Programms, aber auch bei Probeklausuren oder zuvor abgelegten Online-Prüfungen.

*„Ich habe schon schlechte Geschichten über nicht funktionierende Webcams etc. gehört."*

In der Kategorie **„Aufenthalt in oder nahe Bayreuth“** wurden alle Aussagen zusammengefasst, bei denen die Studierenden angaben sich – grundsätzlich oder für die Klausurphase – bereits in Bayreuth bzw. in der näheren Umgebung aufgehalten zu haben

*„Ich war bereits in Bayreuth vor Ort.“*

16 der befragten Studierenden nannten **Bedenken hinsichtlich des Datenschutzes** bzw. die Verletzung der Privatsphäre als Grund, weshalb sie sich gegen eine Online-Klausur entschieden haben.

*„Datenschutzbedenken hinsichtlich der Webcam-Überwachung“*

In der Darstellung wurden alle Aspekte, die in Summe weniger als zehn Mal von den befragten Studierenden genannt wurden, als **„weitere Gründe“** zusammengefasst. Diese Aussagen beziehen sich auf ein erschwertes Zeitmanagement, fehlende Erfahrung mit der Software, die Angst vor versehentlichen Betrugsversuchen, zu wenig oder unklare Informationen zum Ablauf der Online-Klausuren sowie die Einschätzung des gesundheitlichen Risikos bei Präsenzprüfungen als gering. Ebenso wurde der Wunsch, andere Personen auf dem Campus zu treffen sowie die Unerfahrenheit der Universität mit dem neuen System als ausschlaggebende Aspekte der Entscheidung gegen die Online-Klausur angegeben. Auch der Umstand, dass nur einige und nicht alle Klausuren online angeboten wurden, führte bei einzelnen Studierenden zur Wahl der Präsenzprüfung.

#### 20.5.3.3 Beweggründe hin zu einer Online-Klausur

Im Rahmen eines abschließenden Freitextfeldes wurden die Teilnehmenden der Präsenzklausur gefragt, was sie dazu hätte bewegen können, sich für die Online-Klausur zu entscheiden. Die hierbei von den Studierenden genannten Aspekte greifen dabei teilweise die erläuterten Gründe auf, welche zur Entscheidung gegen die Online-Klausur beigetragen haben, und spiegeln Verbesserungsansätze für diese wider. So wurde hinsichtlich der systembedingten Schwächen von einigen Präsenzklausurteilnehmenden angegeben, sie würden sich für eine Online-Prüfung entscheiden, wenn die Möglichkeit bestehen würde die Klausuraufgaben auszudrucken oder die handschriftlichen Lösungen nicht per Webcam abfotografiert werden müssten. Weitere Studierende erläuterten eine höhere Bereitschaft zur Teilnahme an einer Online-Prüfung, wenn es sich dabei um klassische Take Home Exams – ohne die Verwendung eines speziellen Programms und ohne Aufsicht – handeln würde. Auch die Bedenken hinsichtlich der technischen Voraussetzungen spiegeln sich in den Antworten der Präsenzteilnehmenden wider: Eine stabile Internetverbindung oder mehr (wahrgenommene) Sicherheit bei einem Abbruch der Verbindung würde die Attraktivität einer Online-Teilnahme erhöhen. Weitere Studierende gaben an, erst dann eine Klausur online zu schreiben, wenn ein zu 100 % sicheres System existiert bzw. wenn in jedem Fall bei einem technischen Fehler der Lehrstuhl oder die Universität die Verantwortung trägt. Zudem wäre bei einigen Studierenden – überwiegend aus der ersten Befragungsphase – die Bereitschaft zur Teilnahme an der Online-Klausur höher gewesen, wenn sie eine längere Bedenkzeit gehabt hätten, im Vorfeld mehr Probeklausuren angeboten worden wären oder mehr zusätzliche technische Rüstzeit gewährt worden wäre. Weiterhin wünschen sich einige Studierende eine bessere Einführung in das System, bspw. durch Videotutorials. Einige wenige Studierende würden möglicherweise an einer Online-Klausur teilnehmen, wenn ihre Bedenken hinsichtlich des Datenschutzes verringert würden – u. a. wenn die Überwachung per Webcam grundsätzlich unterlassen würde. Mehrere Studierende gaben an, an einer Online-Klausur teilzunehmen, wenn sie einen geeigneten Prüfungsort zur Verfügung hätten, sich nicht bereits in Bayreuth aufhalten würden oder wenn eine Anreise mit besonders hohem Aufwand verbunden wäre. Darüber hinaus erklären mehrere Präsenzteilnehmende, dass sie an Online-Prüfungen teilnehmen würden, sofern alle und nicht nur manche Klausuren online angeboten würden. Weitere Beweggründe, die aus Sicht der Studierenden für den Verzicht der Präsenzteilnahme sprechen, wären steigende Corona-Fallzahlen und somit ein erhöhtes Risiko einer Infektion oder wenn eine Präsenzteilnahme wegen einer Erkrankung nicht möglich wäre. Darüber hinaus gaben mehrere Präsenzteilnehmende an, unter keinen Umständen jemals eine Online-Klausur zu schreiben oder erst dann an einer solchen teilzunehmen, wenn die Möglichkeit einer Präsenzklausur nicht geboten ist.

## 20.6 Zusammenfassung

Zusammenfassend bleibt festzuhalten, dass das Angebot der Online-Klausuren sehr gut von den Studierenden angenommen wurde. Alleine der durchschnittliche Anteil der Anmeldungen zur Online-Klausur im Vergleich zur zeitgleich stattfindenden Präsenzklausur war mit 26,4 % bei einer neuartigen Klausurform mit einer nur kurzen Bedenkzeit aufgrund der kurzfristigen Einführung des Systems überraschend hoch. Zudem deutet die hohe Zufriedenheit der an der Online-Klausurteilnehmenden auf eine weitgehend reibungslose Umsetzung dieses Klausurkonzepts hin und zeigt, dass die Erwartungen der Studierenden an diese Prüfungsform erfüllt wurden.

Maßgebend für die Wahl der Online-Klausur waren oftmals gesundheitliche sowie die aus der Corona-Situation resultierenden standortbedingten Aspekte. Der Vergleich der Rahmenbedingungen hat gezeigt, dass ab einer Anreisestrecke von mehr als 300 km der Anteil der Online-Teilnehmenden den der Präsenzteilnehmenden (10,6 % vs. 6,9 %) übersteigt. Jedoch zeigt insbesondere die Auswertung der Gründe für weitere Online-Klausuren, dass die Studierenden auch unabhängig von der aktuellen Situation die Durchführung von Online-Klausuren befürworten und zahlreiche Vorteile in dieser Prüfungsform sehen. Besonders interessant ist dabei die häufige Nennung der emotionalen und kognitiven Vorteile, wie die verminderte Nervosität und Prüfungsangst sowie eine verbesserte Konzentration. Da die am häufigsten genannten Gründe gegen weitere Online-Klausuren im Zusammenhang mit einer negativen Erfahrung des Programms – vor allem bezogen auf das Abfotografieren der Lösungswege – stehen, sollten noch Anpassungen an der Software vorgenommen werden, aber auch ein Überdenken des jeweiligen Klausurformats bzw. die geschickte Wahl anderer zur Verfügung stehende Aufgabenformen könnte diese Probleme reduzieren. Durch eine bessere Aufklärung und Information der Studierenden im Vorfeld könnte sich zudem die Angst vor technischen Problemen verringern lassen.

Der häufigste Grund für die Präsenzteilnehmenden gegen eine Online-Klausur ist die Angst vor technischen Problemen. Dies überrascht insofern, als dass es keine aufgrund dieser Untersuchung erkennbaren Unterschiede in der technischen Ausstattung zwischen Teilnehmenden in Präsenz- und Online-Prüfungen zu geben scheint und technische Probleme insgesamt sehr selten waren. Insofern scheint es sich um eine Frage der individuellen Risikowahrnehmung zu handeln, der in der Zukunft mit mehr Information entgegengewirkt werden könnte. Ähnlich ist das Ergebnis einzuordnen, dass die Teilnehmenden in Präsenzform die Prüfungssituation und die damit verbundene Anspannung als positiv wahrnehmen, die Online-Teilnehmenden hingegen als eher negativ. Dies lässt die vorsichtige Schlussfolgerung zu, dass beide Formate bestimmte individuelle Präferenzen besser bedienen können und somit eine Komplementarität auszumachen ist.

Aus rechtlicher Sicht erscheint derzeit eine zeit- und inhaltsgleiche Präsenzprüfung, die idealerweise im Open-Book-Format durchgeführt wird, als Voraussetzung für die Durchführung einer Online-Klausur unabdingbar. Somit liegt die Schlussfolgerung nahe, dass Online-Klausuren auf absehbare Zeit nur ein Zusatzangebot sein können, das jedoch bestimmten Personengruppen (beispielsweise solchen mit Prüfungsangst) entgegenkommt und die aktuell durch die Abstandsregeln verknappten Präsenzkapazitäten entlasten kann. Die verpflichtende Präsenzprüfung verhindert jedoch, dass das volle Potenzial digitaler Prüfungsmöglichkeiten genutzt wird, z. B. durch komplexe Aufgabenstellungen, die in Papierform schlicht undenkbar wären.

Abschließend kann die Erfahrung aus der Einführung von Fernklausuren als sehr positiv beurteilt werden. Die implementierte Lösung hat sich als rechtssicher und technisch robust erwiesen. Zudem wird sie von einem Großteil der Studierenden als positiv beurteilt. Ebenso lässt sich aus dieser Erfahrung schließen, dass es für einen zukünftigen Einsatz eine erhöhte Akzeptanz für Online-Klausuren sowohl bei Studierenden als auch bei Lehrenden zu schaffen gilt. Durch den Ausbau spezieller Fortbildungsangebote zur Unterstützung der Lehrenden können die Vorteile von Online-Klausuren und der damit verbundenen kompetenzorientierten Wissensabfrage noch erfolgreicher umgesetzt werden. Bereits innerhalb der kurzen Einsatzdauern von Online-Klausuren in größerem Umfang haben sich vielfältige Vorzüge gezeigt, die zukünftig – auch coronaunabhängig – in der Hochschuldidaktik berücksichtigt werden sollten.

## Literatur

1. Diamantopoulou V, Androutsopoulou A, Gritzalis S, Charalabidis Y (2020) Preserving Digital Privacy in e-Participation Environments: Towards GDPR Compliance. Information, 11(2), 117. https://doi.org/https://doi.org/10.3390/info11020117

2. Händel M, Bedenlier S, Gläser-Zikuda M, Kammerl R, Kopp B, Ziegler A (2020) Do Students have the Means to Learn During the Coronavirus Pandemic. Friedrich-Alexander University Erlangen-Nürnberg
3. UNIwise (2020) Knowledge base. URL: https://wiseflow.zendesk.com/hc/en-gb/categories/115000087213-Knowledge-base [abgerufen am: 02.10.2020]

# Qualität, didaktische Methodik und Digitalität

21

## Erfahrungen und Reflexionen an der Fachhochschule Technikum Wien

Martin Lehner und Kurt Sohm

**Zusammenfassung**

Will die hochschulinterne Qualitätssicherung erfolgreich sein, muss sie vom Zentrum der immateriellen Wertschöpfung einer Hochschule (= der Wissens- und Kompetenzerwerb der Studierenden) her konzipiert werden. Qualitätssicherung in Studium und Lehre an der FH Technikum Wien bedeutet, evidenzbasiertes Wissen über die Qualität der Studiengänge auf der Grundlage von Qualitätszielen zu generieren. In der Covid19-Zeit des Sommersemesters 2020 wurde u. a. eine Studierendenbefragung durchgeführt, die erste Hinweise auf die wahrgenommene Qualität des Online-Unterrichts gibt. Daran anschließend erweist es sich als sinnvoll, das eingesetzte methodisch-didaktische Spektrum zu prüfen, dabei auch auf die Tiefenstrukturen des Unterrichts zu rekurrieren und letztlich digitale Erweiterungen und Neuerungen in den Blick zu nehmen. Der Blick auf die Zukunftstauglichkeit der aktuellen hochschuldidaktischen Formate und Settings ist ein wesentlicher Beitrag des dargelegten Qualitätsverständnisses.

M. Lehner (✉) · K. Sohm
Departmentleitung Entrepreneurship & Communications, FH Technikum Wien, Wien, Österreich
E-Mail: martin.lehner@technikum-wien.at

K. Sohm
E-Mail: kurt.sohm@technikum-wien.at



U. Dittler und C. Kreidl (Hrsg.), *Wie Corona die Hochschullehre verändert*,
https://doi.org/10.1007/978-3-658-32609-8_21

## 21.1 Die Deutungshoheit über die Qualität sichern

Den Hochschulen ist im Zuge des Bologna-Prozesses die Deutungshoheit über das Thema „Qualität" abhandengekommen (Sohm 2013). Die inhaltlichen und methodischen Vorgaben der externen Qualitätssicherung dominieren den Diskurs über die hochschulinterne Qualitätssicherung. Die externe Qualitätssicherung agiert wie ein nach juristisch korrekten Prozessabläufen orientierter, auf dem Sand einer binären Ja-/Nein-Entscheidungslogik gebauter „Qualitätsgerichtshof", der immer Sieger und Verlierer generiert.

Andererseits wird den Hochschulen seit Jahrzehnten – und zwar auch im Rahmen des Bologna-Prozesses – die Hauptverantwortung für die Qualität ihrer Leistungen zugesprochen. Aus dem Dilemma mit der Hauptverantwortung für die Qualität einerseits und dem Verlust der Deutungshoheit andererseits kann ein Ausweg gefunden werden, wenn man den Qualitätsbegriff von den, der binären Ja-/Nein-Entscheidungslogik geschuldeten, Konformitätszwängen befreit und für die eigene Hochschule ein genuin hochschulisches Qualitätsverständnis entwickelt.

Im Sinne der Vermeidung einer internalisierten Fremdbestimmung (Barnett 2003) geht es darum, den Fokus der Steuerungslogik grundlegend zu verändern: weg von einer auf Konformität und Legitimität gerichteten Logik der Rechenschaftslegung – die für die externe Qualitätssicherung konstitutiv ist –, hin zu einer evidenzbasierten Einschätzung und Weiterentwicklung der Qualität in Studium und Lehre. Mit anderen Worten: weg vom Nachweis der Übereinstimmung mit extern definierten Standards und Kriterien auf dem Papier hin zu einem Ansatz, Wissen über die Güte der Studiengänge zu generieren, gemeinsam zu reflektieren und in qualitätsverbessernde Maßnahmen einfließen zu lassen.

Was bedeutet das nun für das System der hochschulinternen Sicherung und Entwicklung von Qualität?

## 21.2 Die Qualität der Lehre in den Blick nehmen

Um die Bürokratie und Inneffizienz befördernde Unverbundenheit zwischen Qualitätssicherung und Hochschulaktivitäten zu vermeiden, muss die Qualitätssicherung vom Zentrum der immateriellen Wertschöpfung einer Hochschule (= der Wissens- und Kompetenzerwerb der Studierenden) her konzipiert werden. Im Bereich von Studium und Lehre geht es darum, ein zweckdienliches, leistungsfähiges und wirksames System der hochschulinternen Sicherung und Entwicklung der Qualität der Studiengänge unter Berücksichtigung einer adäquaten Aufwand-Nutzen-Relation zu konzipieren.

Die Formulierung „zweckdienlich" weist darauf hin, dass Qualitätssicherung kein Selbstzweck ist, sondern eng an den Zweck einer Organisation sowie an konkrete Ziele gekoppelt werden muss. D. h. die Qualitätsbewertung ist an Ziele gebunden, für deren Erfüllung die Qualität dienlich sein soll. Im Sport ist dieses Qualitätsverständnis z. B.

auch anzutreffen. Es ist etwa die Rede davon, dass die Qualität der Fußball-Mannschaft so hoch ist, dass sie in der Lage ist, den Meistertitel zu holen. Oder wenn im Eishockey der Puck den Weg ins Tor findet, spricht man von einer guten Qualität des Schusses.

Ob also etwas als gut oder schlecht bewertet wird, hängt davon ab, ob es dazu beiträgt, ein Ziel (z. B. Meister werden oder ein Tor schießen) zu erreichen. Diese Qualitätsbewertung ist im Kontext der hochschulischen Qualitätssicherung naturgemäß komplexer als im Sport, weil es viel schwieriger ist, die richtigen Ziele zu definieren und vor allem, den Grad der Zielerreichung zu evaluieren. Qualität kann im hochschulischen Kontext als Differenzbegriff betrachtet werden, der das angestrebte Ziel und das erreichte Ergebnis in Relation zueinander setzt und von der Annahme lebt, dass die Qualität gesteigert wird, wenn sich die Differenz zwischen Ziel und Ergebnis verringert (vgl. Harvey 2006).

Ein effizientes und effektives System der hochschulinternen Qualitätssicherung im Bereich von Studium und Lehre muss die folgenden, voraussetzungshaft fungierenden Prämissen berücksichtigen:

- Lehre ist ein sozialer und interaktiver Prozess, der sich an Fachhochschulen im Spannungsfeld von Wissen und Anwendung vollzieht. Die Lehrenden und Studierenden stehen im Zentrum der immateriellen Wertschöpfung einer Hochschule und die Ausgangslage sowie Ergebnisse studentischer Entwicklungsprozesse sind nicht vollständig und lückenlos kontrollierbar.
- Als Expert*innen-Organisationen ist an Hochschulen vieles von dem, was Qualität hervorbringt, an Personen gebunden. Hochschulen sind in einem gesellschaftlich völlig unüblich hohen Maße auf die Expertise, das Wissen, das Engagement und die Motivation ihrer Akteure angewiesen.

Vor diesem Hintergrund haben wir an der FH Technikum Wien vor einigen Jahren auf der Grundlage eines hochschuladäquaten Qualitätsverständnisses sieben Qualitätsziele und Instrumente zur Evaluierung der Zielerreichung entwickelt, die im Zentrum der Evaluierung der Studiengänge stehen. Die Ergebnisse der verschiedenen Erhebungsinstrumente (Studierenden-, Lehrenden- und Absolvent*innen-Befragung, Berufsfeldforschung, Textanalysen, statistische Auswertungen) werden in Berichten dokumentiert und mit den Angehörigen des Studienganges (Leitung, Assistentin, Lehrende, Studierende) sowie externen Expert*innen diskutiert. Der Prozess wird mit einem Bericht abgeschlossen, der die wichtigsten Ergebnisse dokumentiert und qualitätsverbessernde Maßnahmen enthält.

Wir unterwerfen die Qualität unserer Studiengänge keinen Ja-/Nein-Entscheidungsprozessen. Die Qualitätsziele sind keine Standards und Kriterien, mit denen die Studiengänge übereinzustimmen haben. Durch den Einsatz der Instrumente wird evaluiert, wie gut die Studiengänge bei der Erreichung der Qualitätsziele sind. Die zugrunde liegende Fragestellung lautet nicht „Sind wir gut genug?“, sondern „Wie gut sind wir?“, um aus diesem Befund im Sinne des kontinuierlichen Verbesserungsprozesses Maßnahmen für die Weiterentwicklung der Qualität der Studiengänge abzuleiten. Und Möglichkeiten zur Verbesserung gibt es immer, weil es den absolut perfekten Studiengang nicht gibt.

Wir „beforschen" sozusagen die Qualität unserer Studiengänge und wenden zentrale Wesensmerkmale von Hochschulen, nämlich Wissen, Forschung und Kollegialität auch auf die Verfahren der hochschulinternen Sicherung und Entwicklung der Qualität der Studiengänge an. Dieser Ansatz fördert die Akzeptanz der Qualitätssicherung bei den „Betroffenen" und trägt dazu bei, zeit- und insofern auch kostenintensive Reibungsverluste in der Organisation zu minimieren. Wenn ein System der Qualitätssicherung dem dynamischen, reflexiven und prozesshaften Charakter von Qualität gerecht wird, die nachhaltige und partizipative Qualitätsentwicklung in der Hochschulbildung gegenüber dem bürokratischen Kontroll- und Erfüllungsaspekt in den Vordergrund stellt, kann auch von der „Demokratisierung der Qualitätssicherung"[1] gesprochen werden.

## 21.3 Die Qualität der Lehre in der Covid19-Krise nicht aus den Augen verlieren

Indem wir als Hochschule das Erreichen von Lernergebnissen und Ausbildungszielen gewährleisten, stiften wir Wert und Nutzen – für die Menschen, die Gesellschaft und die Wirtschaft. Deswegen ist Qualitätssicherung wichtig. Evidenzbasiertes Wissen über Qualität zu generieren, ist der Dreh- und Angelpunkt unseres hochschulinternen Systems der Qualitätssicherung in Studium und Lehre. Im Unterschied dazu wäre ein nach dem Motto „Alles läuft perfekt – wir sind die Besten!" funktionierender, meinungsgesättigter „Blindflug" fatal für die Qualität und noch dazu mit dem Risiko behaftet, als Organisation veränderungsresistent zu werden und bald einmal die Anschlussfähigkeit zu verlieren. Die Qualitätssicherung sollte regelmäßig empirisch fundiertes Wissen bereitstellen, das, das jeweilige Gesamtgefüge wachrüttelnde, Irritationen in der eigenen Hochschule zu bewirken vermag, um Freiräume für Reflexion und Innovation zu ermöglichen sowie Kurskorrekturen vornehmen zu können.

Von ungefähr Mitte März bis Ende des Sommersemesters 2020 fand an der FH Technikum Wien keine Präsenzlehre statt. Auch Prüfungen wurden nur online abgehalten. Nach einigen Wochen des Online-Studienbetriebs wollten wir in Erfahrung bringen, wie unsere Studierenden mit der Situation zurechtkommen und was wir noch besser machen können. Deswegen haben wir von Anfang bis Mitte Juni eine Befragung unserer ca. 4.400 Studierenden mittels *Limesurvey* durchgeführt. Die Rücklaufquote betrug beachtliche 30 %.

Der Fragebogen bestand aus geschlossenen Fragen betreffend Angaben zum Studium (Semester und Bachelor- oder Masterstudiengang), zur allgemeinen Zufriedenheit mit

[1] vgl. Lee Harvey: Democratising quality, in: Bollaert, Carapinha, Curvale, Harvey, Helle, Jensen, Loukkola, Maguire, Michalk, Oye, Sursock, 2008.

der Situation an der Fachhochschule, zur Einschätzung der Qualität des Umstiegs auf den Online-Studienbetrieb, zu seiner organisatorischen Abwicklung sowie zur Studiensituation bzw. zum Umfeld der Studierenden. Ergänzt wurde die Befragung um freie Rückmeldungen zu den beiden Fragen: Was könnte die FH Technikum Wien beim Online-Studienbetrieb verbessern? Gibt es sonst etwas, das sie uns mitteilen möchten?

Erfreulich ist, dass ungefähr 75 % der Studierenden der Aussage (teilweise) zustimmen, dass die FH Technikum Wien den Umstieg auf einen Online-Studienbetrieb im Großen und Ganzen gut bewältigt hat und dass knapp über 80 % der Studierenden nicht oder nur zum Teil daran gezweifelt haben, das Semester positiv abschließen zu können. Überrascht hat uns die Quantität – und Qualität – der Textrückmeldungen im Ausmaß von 80 A4-Seiten, die wir genau analysiert haben, weil dieses Feedback nicht nur aufschlussreiche Hinweise zur Hebung von Optimierungspotenzialen bietet, sondern durch die Covid19-bedingte Abwesenheit des Selbstverständlichen auch neue Perspektiven auf die hochschulische Lehre eröffnet. So bringen etwa einige Aussagen der Studierenden die bis ins Mittelalter zurückreichende Substanz der hochschulischen Lehre mit einfachen Worten auf den Punkt:

- „Die Qualität der Lehrveranstaltungen hängt sehr stark vom Lehrpersonal ab."
- „Ich vermisse es, mit Menschen persönlich zu interagieren."
- „Gebt das Konzept der Fernlehre wieder auf, es mag modern erscheinen, aber Qualität und Menschlichkeit bleiben dabei auf der Strecke. Auf lange Sicht gesehen, ist es ein Rückschritt."
- „Lernen hat für mich einen wichtigen Persönlichkeitsbezug, bedeutet einfach, dass es mir wichtig ist, wer mich unterrichtet und wie er oder sie mich unterrichtet."
- „Der Austausch mit den anderen Studierenden fehlt sehr."
- „Mein Studium lebt vom Üben. Manche Übungen kann man einfach nicht online machen."
- „Der Online-Studienbetrieb ist … kontraproduktiv, was die Qualität und den Charme des Studiums angeht. Menschliche Ressourcen sind eine der Stärken der FH Technikum. Sowohl der persönliche Kontakt mit den Lehrenden (ein Gespür füreinander entwickeln, um miteinander den Lehrplan besser an die Bedürfnisse und Notwendigkeiten aller Beteiligten anzupassen), als auch der Studenten untereinander (Lerngruppen, gegenseitige Motivation) sind ganz essentiell."

Auch ohne hermeneutische Meisterleistung legen diese Aussagen im Zusammenhang mit der Covid19-bedingten Umstellung auf einen Online-Studienbetrieb quasi in archäologischer Manier das mittelalterliche Fundament der hochschulischen Lehre frei, nämlich die Formel „universitas magistrorum et scolarium" oder die „Gemeinschaft der Lehrenden und Lernenden", die „das Gewicht auf die menschlichen Aspekte der mittelalterlichen Universität" (Rüegg 1993, S. 51) legt. Diese Gemeinschaft der Lehrenden und Lernenden, als das Selbstverständliche, an das man sich schon so gewöhnt hatte, dass es bewusst nicht mehr wahrgenommen wurde, war plötzlich nicht mehr da und musste rasch und relativ unvorbereitet in virtuelle Räume verlagert werden. Für Hochschulen wie die FH Technikum Wien, die sich im Wesentlichen als Präsenzhochschule mit einem Campus, Ansprechbarkeiten vor Ort, einer Community der Lehrenden und sozialer Bindung der Studierenden versteht, stellt das natürlich eine große Herausforderung in studienorganisatorischer, studienrechtlicher, technischer und didaktischer Hinsicht dar.

Dazu kommt noch, dass die hochschulische Praxis tendenziell eher konservativ ist. Es gilt auch hier das „antiprinzipielle Trägheitsprinzip der Geschichte: in jeder durch Änderung erzeugten Zukunft bleibt ein – das Änderungsquantum stets weit übersteigendes – Quantum an Herkunft erhalten." (Marquard 1981, S. 123). Das Altbewährte konnte nicht mehr zur Anwendung kommen, das neue ubiquitäre Online-System steckt in seiner Totalität noch in den Kinderschuhen. In einer solchen Übergangsphase erfolgt meistens eine wehmütige Rückbesinnung auf das Altbewährte, worauf die oben erwähnten Rückmeldungen von Studierenden der FH Technikum Wien hinweisen.

Die studentischen Aussagen bestätigen auch unseren hochschulinternen Ansatz der Qualitätssicherung: Hochschulen organisieren Lehr- und Lernprozesse, die von Menschen für Menschen (Stichwort „Gemeinschaft der Lehrenden und Lernenden") gemacht werden. Sie liefern auch Belege dafür, dass die Qualität der hochschulischen Lehre – immer noch – von Personen abhängt und dass Lehre und Lernen soziale und interaktive Prozesse sind. Dazu passt auch der Befund, dass fast 85 % der Studierenden der Aussage (teilweise) zustimmen, dass sie die Präsenzlehre an der Hochschule vermissen.

Der Qualitätsbegriff kann als Differenzbegriff betrachtet werden, der von der Annahme lebt, dass die Qualität steigt, wenn sich die Differenz zwischen Ziel und Ergebnis verringert. Die Ergebnisse der Befragung haben uns trotz zufriedenstellender Gesamtergebnisse gezeigt, dass wir die Qualität der Online-Lehre unter Covid19-Bedingungen noch verbessern können. Aus diesem Grund werden wir die in den Textrückmeldungen der Studierenden positiv hervorgehobenen Lehrveranstaltungen im Sinne von Good Practice-Beispielen analysieren, um daraus einige besondere Qualitätsziele für die zukünftige Online-Lehre abzuleiten. Diese sollen dazu beitragen, die Qualität der Online-Lehre noch genauer in den Blick zu nehmen.

## 21.4 Das methodische Spektrum prüfen und erweitern

Hochschulen sind dabei, sich die Erfahrungen aus dem Sommersemester 2020 zu vergegenwärtigen und sie hinsichtlich möglicher Konsequenzen für die folgenden Studienjahre zu befragen. Dies hat mit aller Vorsicht zu geschehen, denn die weitgehende Umstellung auf einen akademischen Online-Betrieb geschah im Wesentlichen unvorbereitet, die Steuerung dieses Prozesses konnte oftmals nur die hochschulischen Rahmenbedingungen in den Blick nehmen, und die Gesamtheit der Lehrhandlungen – in der Folge dann auch der Lernhandlungen – trug deutlich individuelle Züge, man denke etwa an die jeweiligen Vorerfahrungen der Lehrkräfte im Umgang mit den digitalen Settings.

Angesichts der Rückmeldungen der Studierenden mag es durchaus verführerisch anmuten, die sehr grundsätzliche Frage nach der „besten" didaktischen Methode zu stellen; im Kontext des Sommersesters 2020 wird es sich dabei vermutlich um ein digitales Methodenformat handeln. Wenn die akademische Lehre dominant von den didaktischen Methoden her gedacht wird, dann erliegt man oftmals einer „Methoden-Illusion", der Vorstellung also, mit der „richtigen" Methode habe man sozusagen den didaktischen „Stein der Weisen" gefunden. Dies lässt sich als verfehlter Umgang mit Komplexität erklären, der sich unter anderem in der „Zentralreduktion auf eine Variable" niederschlägt. Die Vorstellung, man müsse nur die „richtige" hochschuldidaktische Methode wählen, um lernwirksame Lehre zu betreiben, ist durchaus verlockend.

Die Vor- und Nachteile einer Methode lassen sich nicht generell ausmachen, sondern immer nur mit Bezug auf den jeweiligen Kontext, der auch die Lernvoraussetzungen und das jeweilige Lehr-/Lernsetting einschließt. Eine für beliebig viele Kontexte optimale Lehr-/Lernmethode lässt sich nach dem derzeitigen Kenntnisstand nicht ausmachen (Terhart 1997, S. 79). Dies bedeutet aber keineswegs, dass die Wahl der didaktischen Methode beliebig ist, sondern vielmehr, dass sie mit Blick auf die intendierten Lernhandlungen, sozialen Interaktionen usw. wohlüberlegt zu bestimmen ist. Prinzipiell lässt sich mit vielen – wenn nicht allen – didaktischen Methoden ein lernwirksames Setting herstellen.

Im Anschluss an das Sommersemester 2020 an der FH Technikum Wien erscheint es im Sinne des dargelegten Qualitätsverständnisses zunächst sinnvoll, bei der Betrachtung der in diesem Semester eingesetzten didaktischen Methoden den Blick in die Breite schweifen zu lassen. Gerade angesichts des explorativen Charakters der Lehre in der Covid-19-Zeit, das heißt dem permanent stattfindenden Ausprobieren, Analysieren und Adaptieren von didaktischen Settings, Methoden und Tools, scheint es angeraten, die gewählten und ausprobierten Lehr-/Lernformen zusammenzutragen. Dabei findet sich eine Vielzahl an eingesetzten Techniken, die nicht immer leicht zu systematisieren sind; interessanterweise bleibt die Zahl der eingesetzten digitalen Tools recht gering. Typische methodische Elemente sind beispielsweise:

- Webinare (Ersatz für die Vorlesung) abhalten und aufzeichnen,
- synchrone Videovorlesung mit punktueller Beteiligung möglichst vieler Studierender (über Chat und Audio),
- Durchführung eines „betreuten Übens" (in der Zeit der eingetragenen LV-Übung), bei dem Studierende die Lehrperson anschreiben bzw. anrufen können; ggf. gibt es auch Beispiele per Screen-Sharing,
- Austausch mit den Studierenden über *MS Teams, Zoom* usw.
- Posten von Verständnisfragen, die bei den Studierenden im Zuge ihrer Vorbereitungen auftreten, in einem *Moodle*-Forum.
- Videocasts der Studierenden als Ersatz für Präsentationen in der Präsenzzeit,

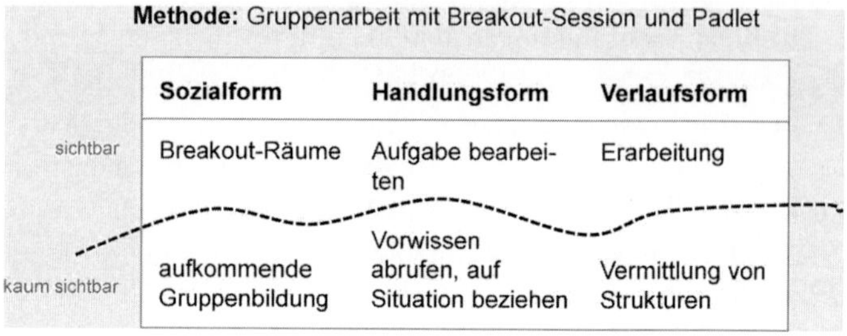


**Abb. 21.1** Dekomposition einer Methode. (Quelle: Eigene Darstellung)

- kleine MC-Zwischentests zwecks Lernfortschrittskontrolle (beurteilungsrelevant),
- Auflockerung des Unterrichts durch Online-Quizze,
- Online-Angebot an Kontrollfragen,
- Abschlussprüfungen als Open Book-Prüfung, Verwendung offener Beispiele (meist als Rechen- oder Interpretationsbeispiele).

Die Unterrichtsforschung stellt eine Sichtweise auf unterrichtliche Arrangements bereit, die dabei helfen kann, den Bereich der didaktischen Methoden zu reflektieren. Gemeint ist die Unterscheidung von Sichtstrukturen und Tiefenstrukturen, wobei erstere alle unterrichtlichen Merkmale bezeichnen, die (auch für Außenstehende) durch Beobachtung leicht zugänglich sind, und letztere die Qualität der inhaltlichen Auseinandersetzung und der sozialen Interaktionen fokussieren. Diese beiden Sichtweisen greifen bei den drei Aspekten, nach denen Methoden gewöhnlich differenziert werden:

- Sozialformen bezeichnen das soziale Arrangement bzw. die Beziehungsstruktur; sichtbar ist die sozial-räumliche Gestaltung, nur bedingt sichtbar die sich entwickelnde Beziehungsdynamik;
- Handlungsformen bezeichnen das Handlungsarrangement; sichtbar ist das wahrnehmbare Verhalten der Studierenden und Lehrkräfte, nur bedingt sichtbar der Grad der kognitiven Aktivierung;
- Verlaufsformen bezeichnen den geordneten Ablauf der Lehr-/Lernphasen bzw. die Prozessstruktur; sichtbar ist die lehrseitig kommunizierte Steuerung der Lernschritte bzw. deren Umsetzung, nur bedingt sichtbar die angedachte Verlaufslogik (Abb. 21.1) (Lehner 2019, S. 146 f.).

Erfolgreiches Lernen findet bekanntlich stärker über die Tiefenstrukturen des Unterrichts statt als über die Sichtstrukturen, dies bedeutet, dass insbesondere die aktive, inhaltlich tiefgehende Auseinandersetzung mit den Inhalten bedeutsamer ist als die Wahl der Methoden oder Organisationsformen. Diese auch als kognitive Aktivierung bezeichnete Auseinandersetzung der Studierenden mit dem jeweiligen Lerngegenstand, fördert den Aufbau langfristig gut vernetzter und transferfähiger Wissensstrukturen, beispielsweise über herausfordernde Lern- und Prüfungsaufgaben. Dabei erschließen nicht nur Studierende konkrete Bildungsinhalte einer Wirklichkeit, sondern sie werden auch gleichzeitig selbst für diese Wirklichkeit über allgemeine Einsichten und Erfahrungen erschlossen – ganz im Sinne einer Bildungsbegriffs Humboldt'scher oder Klafki'scher Prägung (Dörpinghaus et al. 2013, S. 72).

Es ist lohnenswert, die einzelnen digitalen Formate auf ihre Tiefenstrukturen – insbesondere auf die initiieren Handlungsformen bzw. Lernhandlungen – hin zu analysieren. Betrachtet man exemplarisch einige dieser Methoden, Techniken und Tools, dann offenbaren sich durchaus unterschiedliche Möglichkeiten, die Tiefenstrukturen des Lernens zu adressieren. Beispielhaft seien an dieser Stelle aufgeführt:

- Einsatz von *Padlet:* Studentische Arbeitsergebnisse werden synchron gepostet, dann kurz vorgestellt, verglichen und auf mögliche Adaptierungen geprüft.
- Einsatz von *Kahoot:* Mithilfe dieses Audience Response Tool werden Aufgaben zum Unterricht gestellt; sofern der Zeitmodus aktiviert ist – es also für schnelle Antworten Bonuspunkte gibt – besteht die Tendenz, zügig zu antworten, ohne immer gründlich nachzudenken.
- Arbeitsteilige Gruppenarbeit in *MS Teams* mit einem geteilten Bildschirm bzw. Dokument: Das Arbeitsergebnis wird im besten Falle gemeinsam produziert. Überlegungen werden geteilt und Lösungsansätze ko-konstruiert. Der virtuelle „Besuch" der Lehrperson im virtuellen Gruppenraum bereichert durch Nachfragen, Konfrontieren usw.
- Screencasts bzw. Videocasts der Studierenden: Hier besteht die Möglichkeit, das eigene Arbeitsergebnis (wiederholt) kritisch zu beleuchten und zu adaptieren.

Der extensive Blick auf die Vielfalt der methodischen Möglichkeiten ist hilfreich bei der Konzeption zukünftiger Lehr-/Lernsettings und trägt so auch zur intendierten Qualität bei. Dabei ist es sinnvoll, neben den eher direkt zugänglichen Sichtstrukturen, die etwa das jeweilige soziale Arrangement, das Verhalten der Lehrenden und Lernenden und den formalen Verlauf der Lehr-/Lernschritte beleuchten, auch die Tiefenstrukturen mit der jeweiligen Beziehungsdynamik, den angestoßenen Lernhandlungen und der Verlaufslogik zu fokussieren.

## 21.5 Digitale Formate integrieren

Durchaus vergleichbar mit der Frage nach der „besten" didaktischen Methode (oder: den „besten" didaktischen Methoden) findet sich des Öfteren eine Polarisierung „analog versus digital", die entweder die digitalen Innovationen als „Wegbereiter einer neuen Pädagogik" (Dräger und Müller-Eiselt 2015, S. 160) postuliert und für die hochschulischen Lehrkräfte völlig veränderte Rollen prophezeit, oder aber „Zur Verteidigung der Präsenzlehre" aufruft und postuliert, dass digitale Lehre niemals einen „vollgültigen"

Ersatz für Prozesse der „diskursiven, kritischen und selbständigen Aneignung" von Wissen bilden könne (Stüssel, S. 35).

Aber auch bei Polarisierung „analog versus digital" scheint es eher darum zu gehen, berufliche Identitäten möglichst unangetastet zu lassen oder aber unzulässig viel wirtschaftliches Kalkül in die Lehr-/Lernfrage einfließen zu lassen. Die empirische Bildungsforschung stellt jedenfalls auch im Vergleich der Effektivität von Präsenz- und Fernstudienangeboten (mit Nutzung digitaler Medien) keine nennenswerten Unterschiede fest: „Die in den Einzelstudien gefundenen Effektstärken hingen stärker von der didaktischen Qualität der Angebote ab (…) als von ihrer technologisch-medialen Qualität (…) Eine gute didaktische Aufbereitung der Lerninhalte ist also wichtiger als die Qualität der medialen Umsetzung, die wiederum wichtiger ist als die Frage, ob es sich um Online- oder Präsenzlehre handelt." (Schneider und Mustafić 2015, S. 26).

Anstelle der großen Entwürfe („traditionelle Hochschule versus reformorientierte Hochschule") sind die Hochschulen aufgefordert, innovative methodische Formate, insbesondere auch digitaler Art, in die Lehre zu integrieren. Dabei gilt es auszutarieren, „was der Präsenz- und was der Digitalunterricht leisten kann, was man selbst lernen kann und wofür man einen Lehrer braucht." (Muuß-Merholz 2019, S. 50). Dabei ergibt sich insgesamt natürlich ein differenziertes Bild, da Unterricht – und das ist fast trivial – ein komplexes Geschehen ist, in das viele Faktoren einschließlich ihrer jeweiligen Interdependenzen hineinwirken. So ließe sich beispielsweise argumentieren, dass sich Prozesse des Übens recht gut digitalisieren lassen, wobei der Detaillierungsgrad der Rückmeldungen bei komplexen Handlungsfolgen schon auf mögliche Grenzen verweist.

Bei der Integration digitaler Formate tritt ein Effekt auf, der sich oftmals bei der Nutzung von Werkzeugen („Tools") im weitesten Sinne zeigt. Die Werkzeuge werden zur Bearbeitung jener Dinge herangezogen, die man mit ihnen eben bearbeiten kann, kurz: „Digitalisiert wird, was am einfachsten digitalisiert werden kann." (Muuß-Merholz 2019, S. 50). Dies bedeutet für die Hochschulen beispielsweise, dass Lehrvorträge durch Erklärvideos ersetzt werden, die sich dann beliebig oft wiederholen lassen, dass Übungen so weit als möglich mithilfe von Programmen abgebildet werden, die dann Feedback liefern, und dass Lernplattformen vielfältige und umfangreiche digitale Materialien bereithalten. Hier besteht prinzipiell die Gefahr, dass ein derart „digital gestützter Unterricht" die traditionelle Hochschullehre in ein „digitales Mäntelchen" (Krommer 2019, S. 81 ff.) hüllt und dabei möglicherweise auch eine nur wenig verarbeitungsintensive und verständnisorientierte Lehre befördert.

Medien – und damit auch digitale Medien – haben einen paradigmatischen Charakter im Sinne McLuhans („The Medium is the Message"): Unabhängig von den Inhalten bewirken neue Bildungstechnologien eine Veränderung der Wahrnehmung, des Denkens und eben auch des Lernens: „Wir formen unser Werkzeug, und danach formt unser Werkzeug uns" (Schäfer 2011). Ein typisches Beispiel sind die sogenannten „stopping points", das heißt jene Punkte, an denen eine Recherche abgebrochen wird – bei traditionellen Medien etwa bei einem Lexikoneintrag bestimmter Provenienz bzw. Reputation, bei einem digitalen Medium aufgrund der vielfältig verfügbaren Links möglicherweise deutlich später. Eine erweiterte mediale Rahmung der Bildungsprozesse bietet im besten Fall auch erweiterte Möglichkeiten des hochschulischen Lehrens und Lernens. Statt einen schlechten Frontalunterricht allgegenwärtig verfügbar zu machen oder kleinteilige Wissensaufgaben über Learning-Apps anzubieten, ist es angebracht, den Wechsel der Blickrichtung hin auf das „Lernen" auch im digitalen Raum konsequent zu vollziehen. Derartige digital getriggerte Möglichkeiten lassen sich beispielsweise anhand der folgenden Stichworte nachvollziehen:

- „Kognitive Empathie": Lehrpersonen müssen sich oftmals in die Studierenden kognitiv hineindenken, um dann die „richtigen" Zugänge, Erklärungen und Fragen bereitzuhalten; Beispiel: ein synchrones Posting von studentischen Arbeitsergebnissen (z. B. mit Padlet) unterstützt diesen Prozess.
- Sozialität: Lernen gründet sich auch auf Beziehungen, und eine „innige" Verbindung der Menschen untereinander ermöglicht ein besseres gegenseitiges Verstehen und Auffassen (Dörpinghaus et al. 2013, S. 73); Beispiel: Feedbacks von Hochschullehrenden über Audiocasts transportieren auch „persönliche" Anteile.
- Vielgestaltigkeit von Perspektiven: Studierende sollen die Gelegenheit erhalten, vielfältige Differenzen und widerstreitende Erfahrungen wahrzunehmen und zu reflektieren. Beispiele: Unterschiedliche Denk- und Handlungsweisen lassen sich sowohl im Internet (fokussierte Recherche), in der Wahrnehmung von Aufgabenlösungen der Kolleginnen und Kollegen (digitales „Think – Pair – Share") oder in den Rückmeldungen zu eigenen Lösungsentwürfen und deren Reflexion (Lernplattform, Foren) erhalten.
- Higher-order-thinking: Tiefgehendes, verständnisorientiertes Lernen kann durch die reflexive Arbeit an studentischen Fallbearbeitungen erfolgen; Beispiel: wechselseitiges Vorstellen und Argumentieren möglicher Lösungen in Breakout-Sessions.
- Methodische Vielfalt: Grundsätzlich gilt, dass digitale Formate die Lehr-/Lernprozesse bereichern können und insbesondere im jeweiligen Studiengang zu einer methodischen Vielfalt beitragen können. Zudem werden unterschiedliche Lernpräferenzen adressiert.

Zusammenfassend darf man feststellen, dass es sinnvoll ist, das methodische Spektrum angesichts der Erfahrungen in der Covid-19-Zeit zu erweitern und digitale Formate in die Lehr-/Lernprozesse zu integrieren. Ein kritischer Blick wird nicht zuletzt dafür Sorge tragen, dass Neuigkeitseffekte bedacht werden und das „Digitale Lernen" nicht auf lehrseitige Aktivitäten beschränkt wird (Muuß-Merholz 2019, S. 152). Insgesamt sollte ein eher qualitativer Fokus eingenommen werden, dem weniger die Verwendung der „richtigen" didaktischen Methode als vor allem deren qualitative Ausgestaltung (Erklär- bzw. Verstehenselemente, Aufgaben, Kooperation usw.) wichtig ist. So gesehen gibt es gute Gründe, eine „Zukunftstauglichkeit" der aktuellen hochschuldidaktischen Formate und Settings anzunehmen und damit einen wesentlichen Beitrag zur hochschulischen Qualität zu leisten.

## Literatur


Barnett, Ronald. (2003). Beyond all Reason. Living with Ideology in the University. Buckingham: Open University Press.

Dräger, Jörg & Müller-Eiselt, Ralph. (2015). Die digitale Bildungsrevolution, München: Deutsche Verlagsanstalt.

Dörpinghaus, Andreas; Vogel, Peter & Wigger, Lothar. (2013). Einführung in die Theorie der Bildung, 5. Auflage. Darmstadt: Wissenschaftliche Buchgesellschaft.

Harvey, Lee. (2006). Understanding Quality. In: E. Froment, J. Kohler, P. Lewis, & L. Wilson, EUA Bologna Handbook. Making Bologna Work. Berlin, Stuttgart: European University Association.

Harvey, Lee. (2008). Democratising quality, in: Bollaert, Carapinha, Curvale, Harvey, Helle, Jensen, Loukkola, Maguire, Michalk, Oye, Sursock.

Krommer, Axel. (2019). Paradigmen und palliative Didaktik. In: ders.et al.: #Digitale Bildung, Hamburg.

Lehner, Martin. (2019). Didaktik, Bern: utb.

Marquard, Odo. (1981). Abschied vom Prinzipiellen. Stuttgart: Reclam.

Muuß-Merholz, Jörean. (2019). Aufforderung zum Tanz! Damit neue Medien nicht alte Pädagogiken optimieren. In: Axel Krommer et al.: Routenplaner #digitale Bildung: Auf dem Weg zu zeitgemäßer Bildung. Eine Orientierungshilfe im digitalen Wandel, Hamburg: Booklink.

Rüegg, Walter (Hrsg.). (1993). Geschichte der Universität in Europa. Band I Mittelalter. München: C.H. Beck.

Schneider, Michael & Mustafić, Maida. (Hrsg.). (2015). Gute Hochschullehre: Eine evidenzbasierte Orientierungshilfe, Heidelberg/Berlin: Springer.

Sohm, Kurt. (2013). Qualität ist uns wichtig. Zeitschrift für Hochschulentwicklung, ZFHE Jg. 8 / Nr. 2

# Der Übergang zur digitalen Lehre an den Universitäten Duisburg-Essen und Basel in Zeiten der Corona-Pandemie

22

Kerstin Göbel, Elena Makarova, Katharina Neuber und Tomas Kaqinari

**Zusammenfassung**

Mit Ausbruch der Corona-Pandemie und der damit verbundenen Schließung der Universitäten im Frühjahr 2020 war die Digitalisierung der Hochschullehre nicht mehr aufzuhalten und es stellt sich die Frage, wie die Hochschulangehörigen die vielfältigen Herausforderungen der kurzfristigen Umstellung ihrer Lehre erlebt haben. Im vorliegenden Beitrag werden hierzu erste Ergebnisse zweier Online-Befragungen von Dozierenden an Hochschulen in Deutschland (Universität Duisburg-Essen, n = 154) und der Schweiz (Universität Basel, n = 162) vorgestellt. Der deskriptive Vergleich der Befragungsergebnisse beider Universitäten lässt ähnliche Erfahrungen der Dozierenden mit der Umstellung auf Online-Lehre erkennen. Insgesamt wird deutlich, dass die Vorbereitung und Durchführung der digitalen Lehre mit ambivalenten Erfahrungen und Emotionen einhergingen.

K. Göbel (✉) · K. Neuber
Universität Duisburg-Essen, Essen, Deutschland
E-Mail: kerstin.goebel@uni-due.de

K. Neuber
E-Mail: katharina.neuber@uni-due.de

E. Makarova · T. Kaqinari
Institut für Bildungswissenschaften, Universität Basel, Muttenz, Schweiz
E-Mail: elena.makarova@unibas.ch

T. Kaqinari
E-Mail: tomas.kaqinari@unibas.ch



U. Dittler und C. Kreidl (Hrsg.), *Wie Corona die Hochschullehre verändert*,
https://doi.org/10.1007/978-3-658-32609-8_22

## 22.1 Einleitung

Die fortschreitende Digitalisierung stellt heutzutage einen zentralen Bestandteil in unserer alltäglichen Lebens- und Berufswelt dar (Heinen and Kerres 2017; Schulze-Vorberg et al. 2018). Entsprechend gewinnt der Einsatz digitaler Technologien im Unterricht und in der Hochschullehre zunehmend an Bedeutung. Die Ausweitung digitaler Lehr-Lernangebote im tertiären Sektor zielt insbesondere auf den Abbau von Zugangsbarrieren für Studierende mit gesundheitlichen Beeinträchtigungen, familiären oder beruflichen Verpflichtungen sowie auf eine Weiterentwicklung der didaktischen Qualität von Lehrveranstaltungen (Getto and Schulenburg 2018). Der Einsatz digitaler Medien eröffnet ein breites Spektrum an Möglichkeiten, Lerninhalte zu präsentieren und neue Kommunikations- und Kollaborationsformen zwischen Lernenden untereinander und mit den Lehrenden zu erproben (Müller et al. 2019); asynchron realisierte Online-Angebote, z. B. Videos, aufgezeichnete Präsentationen oder Podcasts, können zudem zeit- und ortsunabhängig genutzt werden, was unterschiedlichen Lerntypen entgegenkommt (Kümmel et al. 2020). Wenngleich die Digitalisierung der Hochschullehre auch von politischer Seite zunehmend eingefordert wird (Bundesregierung 2018, Bundesamt für Kommunikation 2018), wurden an den Hochschulen bislang eher selten Alternativen zur konventionellen Lehre in Präsenzszenarien realisiert (Dräger and Ziegele 2014; Handke 2020). Vielmehr beschränkte sich die Nutzung digitaler Medien häufig auf die Bereitstellung von Materialien oder die Administration von Lerninhalten (Jokiaho and May 2017). Als Gründe hierfür können neben organisatorischen Faktoren in Form unzureichender technologischer Infrastruktur, Unterstützungsmaßnahmen und Anerkennung durch die jeweilige Institution, auch persönliche Aspekte, wie z. B. fehlende zeitliche Ressourcen, wenig Erfahrung und mangelnde Kompetenzen im Umgang mit digitalen Technologien angeführt werden (Jokiaho and May 2017; Reid 2012). Für den tatsächlichen Einsatz digitaler Tools in der Hochschullehre scheinen insbesondere die motivationalen Orientierungen der Lehrenden relevant zu sein, z. B. persönliche Fähigkeitseinschätzungen bzw. Wirksamkeitserwartungen (Buchanan et al. 2013) oder die eingeschätzte Nützlichkeit digitaler Medien (Marzilli et al. 2014).

Die Digitalisierung von Studium und Lehre stellt einen komplexen Entwicklungsprozess dar, der für alle beteiligten Akteurinnen und Akteure Herausforderungen, wie beispielsweise die Auseinandersetzung mit den Einsatzmöglichkeiten digitaler Medien und den Aufbau digitaler Kompetenzen, mit sich bringt (Getto and Schulenburg 2018; Kerres 2016; Müller et al. 2019). Ausgelöst durch die rasante Verbreitung des Coronavirus und die damit verbundene zeitweilige Schließung der Universitäten im Frühjahr 2020, mussten die Hochschulangehörigen binnen kürzester Zeit neue Lehr-/Lern-Formate entwickeln. Die Umstellung auf eine digitalisierte Hochschullehre war unvermeidbar, doch es bleibt fraglich, inwieweit auch nach der Corona-Pandemie daran festgehalten wird (Amemado 2020, Kerres 2020a). Ausschlaggebend hierfür dürfte neben organisatorischen Aspekten, wie beispielsweise die technologische Infrastruktur der Hochschule und die Bereitstellung von Unterstützungsangeboten (Sahu 2020), insbesondere sein, wie die Hochschullehrenden die kurzfristige und für sie unausweichliche Umstellung auf die digitale Lehre erlebt haben.

Der vorliegende Beitrag präsentiert ausgewählte Befunde einer ländervergleichenden Studie, welche die Erfahrungen und Einschätzungen von Hochschullehrenden an den Universitäten Duisburg-Essen (Deutschland) und Basel (Schweiz) in Zeiten der durch die Corona-Pandemie bedingte Umstellung der Lehre auf digitale Lehr-Lern Formate in den Blick nimmt. Da für den Prozess der Digitalisierung neben persönlichen Einstellungen und Nützlichkeitseinschätzungen insbesondere auch organisatorische Aspekte der jeweiligen Institution (z. B. Infrastruktur, Unterstützungsmaßnahmen) relevant erscheinen (Jokiaho and May 2017; Sahu 2020), kann der explorative Vergleich beider Universitäten interessante Einblicke in die Umsetzung der durch die Corona-Pandemie veränderten Lehr-/Lern-Situation an den beiden Hochschulen geben und wertvolle Hinweise für die Konzeption und Weiterentwicklung digitaler Lehr-Lernangebote liefern.

## 22.2 Die Verbreitung des Coronavirus in Deutschland und in der Schweiz

Im Dezember 2019 wurde in Wuhan, der Hauptstadt der Provinz Hubei, erstmals das Virus SARS-CoV-2 entdeckt, das sich seitdem über Ländergrenzen und Kontinente hinweg verbreitet. Die mit dem Virus einhergehenden Atemwegserkrankungen werden Coronavirus Disease 2019 (COVID-19) genannt. Im allgemeinen Sprachgebrauch haben sich die Bezeichnungen Corona bzw. Coronavirus und Corona-Pandemie durchgesetzt, welche auch im folgenden Beitrag verwendet werden.

Anfang 2020 erreichte das Coronavirus Deutschland und die Schweiz. Während in Deutschland am 27. Januar die erste Infektion im Landkreis Starnberg in Bayern bekannt gegeben wurde, bestätigte circa vier Wochen später, am 25. Februar, das Bundesamt für Gesundheit (BAG) die erste Infektion mit dem Coronavirus in der Schweiz. Die Situation in der Schweiz wurde kurz darauf als „besondere Lage" gemäß Epidemiegesetz eingestuft; ab dem 28. Februar waren Großveranstaltungen mit mehr als 1000 Personen untersagt (Bundesrat 2020). In Deutschland hingegen haben seit Bekanntgabe des ersten Falles im Januar 2020 zunächst Veranstaltungen wie Karneval, Konzerte sowie Spiele der Fußballbundesliga weiterhin regulär stattgefunden. Aufgrund stetig steigender Infektionsfälle wurde schließlich am 27. Februar in Deutschland ein im Pandemieplan des Bundes vorgesehener Krisenstab aufgebaut mit dem Ziel, die Verbreitung des Coronavirus zum Schutze der Gesundheit der Bevölkerung so gut wie möglich einzudämmen (Bundesgesundheitsministerium 2020). Knapp zwei Wochen später als in der Schweiz empfahl der Krisenstab am 11. März die Absage von Großveranstaltungen mit mehr als 1000 Teilnehmenden.

Sowohl in Deutschland als auch in der Schweiz hat sich das Coronavirus fortan rasant und flächendeckend verbreitet. Als Folge dessen wurden in der Schweiz ab dem vom 13. März die Durchführung von Präsenzveranstaltungen in Schulen, Hochschulen und Ausbildungsstätten sowie Versammlungen mit mehr als 100 Personen untersagt. Weiterhin wurden wirtschaftliche Soforthilfen gewährt und Grenzkontrollen eingeführt (BAG 2020a). Zur selben Zeit verfügten auch in Deutschland – die Zahl der laborbestätigten Infektionen mit dem Coronavirus hatte sich mittlerweile verdoppelt (RKI) – die ersten Bundesländer landesweite Schließungen von Schulen und Kitas, welche wenige Tage später bundesweit veranlasst wurden. Am 16. März wurden sowohl in der Schweiz als auch in Deutschland ein weitgehender Lockdown realisiert und unterschiedliche Maßnahmen zur Eindämmung der Verbreitung des Coronavirus erlassen. Diese sahen vor allem Beschränkungen des öffentlichen Lebens (z. B. durch Schließung von Restaurants, Bars, Geschäften sowie Unterhaltungs- und Freizeiteinrichtungen) und die Minimierung sozialer Kontakte vor (BAG 2020b; Bundesregierung 2020a). „Abstand halten" gilt seither als eine der wichtigsten Maßnahmen im Kampf gegen das Coronavirus (Bundesregierung 2020c). Die Schließung der Einrichtungen und die erweiterten Kontaktbeschränkungen führten in beiden Ländern dazu, dass viele Betriebe in Kurzarbeit gehen oder Mitarbeiterinnen und Mitarbeiter im Homeoffice arbeiten mussten.

Die Leitlinien zur Beschränkung des öffentlichen Lebens und der sozialen Kontakte konnten dazu beitragen, die Zahl der täglichen Neuinfektionen mit dem Coronavirus sowohl in Deutschland als auch in der Schweiz zu reduzieren. Während in Deutschland bereits am 15. April eine schrittweise Aufhebung der Beschränkungen bekannt gegeben wurde (Bundesregierung 2020b), sollten in der Schweiz die Verordnungen ab dem 27. April langsam gelockert werden (BAG 2020c). So durften in beiden Ländern ab Mai beispielsweise Schulen oder auch Bibliotheken und Geschäfte unter Einhaltung besonderer Hygiene- und Schutzmaßnahmen schrittweise wieder öffnen. Anschließende Empfehlungen beider Länder umfassen neben Abstandsregelungen Hinweise zum Einsatz von Masken oder Trennwänden sowie zur Erfassung von Kontaktdaten, um „contact tracing" zu ermöglichen.

## 22.3 Maßnahmen an der Universität Duisburg-Essen und an der Universität Basel

### 22.3.1 Universität Duisburg-Essen

Nachdem im Februar auch in Nordrhein-Westfalen erste Infektionen mit dem Coronavirus gemeldet wurden, wandten sich Rektor und Kanzler der Universität Duisburg-Essen (UDE) am 28. Februar mit einer Rundmail an alle Hochschulangehörigen. Darin wurden die Einrichtung einer „Task force" bekannt gegeben sowie Verhaltensregeln und Schutzmaßnahmen zur Eindämmung der Ausbreitung des Coronavirus empfohlen. Aufgrund des landesweiten Infektionsgeschehens wurden am 5. März schließlich alle

Großveranstaltungen der UDE sowie sämtliche Klausurprüfungen abgesagt. Wenige Tage später wurde zudem der Vorlesungsbeginn des Sommersemesters 2020 auf den 20. April verlegt. Am 16. März führte die UDE den Minimalbetrieb ein, was unter anderem die Schließung der Mensa und der Cafeterien zur Folge hatte. Zudem sollten alle Mitarbeiterinnen und Mitarbeiter nach Möglichkeit im Homeoffice arbeiten. Auch die Universitätsbibliothek schränkte ihren Servicebetrieb erheblich ein: Ab dem 17. März waren alle Lesesäle und Lernplätze gesperrt, sämtliche Schulungen, Führungen oder geplanten Veranstaltungen wurden abgesagt und die Ausleihkonditionen angepasst, um die Notwendigkeit von Bibliotheksbesuchen zu reduzieren.

Am 7. April vereinbarten das Ministerium für Kultur und Wissenschaft gemeinsam mit den Landesrektorenkonferenzen der Universitäten, der Hochschulen für Angewandte Wissenschaften (HAW) sowie der Kunst- und Musikhochschulen, dass das aktuelle Semester ab dem 20. April als „Online-Semester" beginnen und das Lehrangebot zunächst räumlich-distanziert umgesetzt bzw. digital zur Verfügung gestellt werden soll (MKW 2020). Das Rektorat der UDE sprach von einem „hybriden Semester", da zum Semesterende je nach Epidemie-Entwicklung möglicherweise wieder Präsenzveranstaltungen hätten stattfinden können. Den Hochschulangehörigen wurden in Folge dieser Entwicklungen Leitfäden zur Unterstützung der Arbeit im Homeoffice und zur Durchführung von Take-Home-Exams sowie von mündlichen Online-Prüfungen innerhalb und außerhalb der Räumlichkeiten der UDE bereitgestellt. Zur Durchführung von Videokonferenzen wurden vom Zentrum für Medien- und Informationsdienste der UDE sowohl externe Systeme (z. B. *Zoom*) als auch interne Lösungen (z. B. *Big Blue Button*) angeboten. Weiterhin wurden technische Geräte verliehen und ein Chat-Server installiert, um mögliche Fragen aus dem Homeoffice beantworten zu können. In den Fakultäten der UDE wurden Unterstützungsangebote in Form von Informationsveranstaltungen (z. B. zur Nutzung digitaler Tools in der Lehre) sowie Round Table-Diskussionen mit Studierenden zu den Themen Lernen, Lehren und Prüfen unter Corona-Bedingungen angeboten. Stellenweise wurden Austausch-, Vernetzungs- und Informationsplattformen (z. B. „TauschbUDE" für Dozierende in der Lehrerbildung) entwickelt und digitale Kursräume (z. B. in *Moodle*) eingerichtet, in denen Anwendungen im Bereich des E-Learnings vorgestellt und durch Erfahrungsberichte und Videotutorials praktisch erfahrbar gemacht wurden. Den Studierenden der UDE wurden telefonische Beratungsangebote sowie zur Unterstützung der digitalen Lehre ein Laptopverleih ermöglicht. Darüber hinaus wurde eine Studierendenbefragung zur medientechnischen Ausstattung im Sommersemester 2020 realisiert (ZHQE 2020). In diesem Zusammenhang wurden die Studierenden auch zu ihren ersten Erfahrungen mit der Lehre auf Distanz bzw. zu den damit einhergehenden Risiken und Chancen befragt. Die Befragungsergebnisse sollten der Entwicklung von Unterstützungsmaßnahmen dienen und für die Organisation künftiger Semester genutzt werden.

Anfang Mai wurden die Beschränkungen etwas gelockert und der Minimalbetrieb der UDE wurde in einen reduzierten Regelbetrieb überführt. Fortan konnte die Bibliothek unter strengen Auflagen wieder geöffnet werden; unter besonderen Schutzmaßnahmen war es ab Juni zudem möglich, abgesagte Präsenzprüfungen nachzuholen. Der Empfehlung der Hochschulrektorenkonferenz (HRK 2020) vom 7. Mai folgend wurden die Lehrangebote im Sommersemester weiterhin digital realisiert, gleichzeitig wurde der Präsenzbetrieb der Universität unter Beachtung des betrieblichen Maßnahmenkonzepts der UDE schrittweise hochgefahren. Mit Aktualisierung des betrieblichen Maßnahmenkonzepts für das Arbeiten während der Corona-Pandemie wurden ab dem 1. Juli Dienstreisen unter bestimmten Voraussetzungen wieder genehmigt. Zudem gilt die Empfehlung, in den Gebäuden der UDE einen Mund-Nase-Schutz mitzuführen und in Situationen, in denen der Mindestabstand zu anderen Personen nicht eingehalten werden kann, einsetzen. Die Homeoffice-Regelungen wurden bis zum 31. Oktober verlängert und der Vorlesungsbeginn des Wintersemesters wurde auf den 2. November verschoben. Nach Möglichkeit sollte weiterhin synchrone oder asynchrone Distanzlehre angeboten werden. Das Wintersemester wurde dann ebenfalls weitgehend im Sinne der Distanzlehre realisiert.

### 22.3.2 Universität Basel

Nachdem die Weltgesundheitsorganisation (WHO) am 30. Januar 2020 im Zusammenhang mit dem neuen Coronavirus die gesundheitliche Notlage internationaler Tragweite ausgerufen hat, informierte die Universität Basel erstmals am 4. Februar mit einer Rundmail an die Universitätsangehörigen über das interne Vorgehen während der Corona-Pandemie. Die Verwaltungsdirektion der Universität verordnete Homeoffice für Studierende und Mitarbeitende, die von einer Chinareise zurückgekehrt waren, und ließ Desinfektions-Stationen an den Eingängen der Universitätsgebäude aufstellen. Zusätzlich wurden erstmals Empfehlungen zum Verhalten innerhalb der Universität gegeben, die einen Mindestabstand, das Unterlassen von Körperkontakt sowie häufiges Händewaschen und -desinfizieren vorsahen.

Der Schweizer Bundesrat hat am 28. Februar die Situation als „besondere Lage“ (Bundesrat 2020) eingestuft und damit die rechtliche Grundlage für schweizweite Maßnahmen zur Bekämpfung der Ausbreitung des Coronavirus geschaffen. Die Universitätsleitung hat daraufhin Richtlinien erlassen, die zunächst noch die reguläre Durchführung von Vorlesungen und Seminaren ab dem 9. März erlaubten. Des Weiteren sollten Bibliotheken, Verpflegungseinrichtungen sowie der Uni-Sport geöffnet bleiben, obschon dazu aufgefordert wurde, digitale Formate zu nutzen und präventiv eine Umstellung auf Distanzlehre vorzunehmen.

Am 10. März informierte die Universitätsleitung über die aktuelle Lage und das weitere Vorgehen in Bezug auf die universitären Lehrangebote. Seitens der Universität wurden neue digitale Infrastrukturen bereitgestellt und ein erstes niederschwelliges Angebot zur Digitalisierung der Lehre angeboten. Die Dozierenden hatten die Möglichkeit, Vorlesungen aufzuzeichnen und online zu stellen. Zudem wurde eine Anlaufstelle rund um das Thema der digitalen Lehre eingerichtet. Ferner sollten nicht dringliche universitäre Veranstaltungen wie Tagungen, Workshops oder Kurse abgesagt oder verschoben werden.

Mit dem vom Bundesrat angeordneten Verbot von Präsenzveranstaltungen informierte die neu gegründete „Task Force Coronavirus" über universitätsinterne Maßnahmen. Grundsätzlich sollten ab dem 13. März keine Präsenzveranstaltungen mehr stattfinden, eine Betriebsschließung war zunächst nicht vorgesehen. Die Forschungseinrichtungen der Universitäten sollten die nötigen Vorkehrungen treffen, damit die Hygienemaßnahmen des BAG eingehalten werden können. Die Bibliotheken, die bereits mit reduzierten Kapazitäten laufenden Verpflegungseinrichtungen sowie sämtliche Angebote des Universitätssports wurden geschlossen. Bereits zwei Tage später, am 15. März hieß die neue Weisung der Task Force, wenn immer möglich im Homeoffice zu arbeiten, zudem wurde der Zugang zu Universitätsgebäuden für Studierende untersagt. Um die Umstellung des Lehrbetriebs zu vereinfachen, wurde die Belegfrist für Veranstaltungen um zwei Wochen bis zum 30. März verlängert. Für die Dozierenden wurde eine neue Webseite eingerichtet, auf der sie nebst Hinweisen und Richtlinien zum Datenschutz und Urheberrecht, Tipps und Unterstützung bei der Digitalisierung ihres Lehrangebots erhielten. Zur Unterstützung der Studierenden wurde die Studienberatung fortan online angeboten. In Bezug auf die Prüfungsregelungen wurde vor dem Hintergrund der besonderen Situation Entgegenkommen gezeigt, denn bei Nichtbestehen von Prüfungen durften diese wiederholt werden.

Mitte April verkündete der Bundesrat erste Lockerungen für die Hochschulen, denen zufolge der Präsenzunterricht ab dem 6. Juni wieder hätte aufgenommen werden können. Die Task Force der Universität Basel entschied sich jedoch dazu, die bereits erarbeiteten und laufenden digitalen Konzepte für die Lehre und die Prüfungen bis zum Ende des Semester beizubehalten und die Universität für Lehrveranstaltungen weiterhin geschlossen zu halten. Die Homeoffice-Weisung wurde für Universitätsangehörige ab dem 18. Mai schrittweise gelockert. Am 5. Juni wurden einzelne Lesesäle der Universität für Studierende und Mitarbeitende wieder geöffnet.

Das Schutzkonzept für den Präsenzunterricht im Herbstsemester 2020 richtet sich nach den Hygiene- und Verhaltensregeln des BAG und sieht vor, dass Studierende, Dozierende und weitere Universitätsangehörige die Universität nur besuchen, wenn sie keine auf eine Covid-19-Erkrankung hinweisenden Symptome haben und zu keiner erkrankten Person engen Kontakt hatten. Ab dem 14. September ist in den Bibliotheken und in Gebäuden, in denen Lehrveranstaltungen stattfinden, ein Mund-Nase-Schutz verpflichtend. Präsenzunterricht ist erlaubt, sofern die Abstandsregel von 1.5 m eingehalten werden kann. Während der Lehrveranstaltung besteht keine Maskenpflicht (Universität (Basel 2020). Zusätzlich empfiehlt die Task Force die App „SwissCovid" und Studierende dürfen nur Lehrveranstaltungen besuchen, für die sie sich eingeschrieben haben, um ein lückenloses Contact Tracing sicherzustellen.

## 22.4 Die Coronavirus-Related Teaching Situation (CRTS)-Studie

### 22.4.1 Zielstellungen und Untersuchungsanlage

Im Rahmen der ländervergleichenden CRTS-Studie (Coronavirus-Related Teaching Situation Study[1]) soll untersucht werden, wie Dozierende mit der herausfordernden Situation der sofortigen Umstellung von der konventionellen auf eine digitalisierte Hochschullehre in Zeiten der Corona-Pandemie umgehen und welche kurz- und langfristigen Auswirkungen diese Umstellung für die Lehrenden darstellt. Die CRTS-Studie kombiniert quantitative und qualitative Zugänge, um zu erforschen, wie und in welchem Umfang Universitätsdozierende mit der durch die Corona-Krise entstandenen Situation pädagogisch und organisatorisch umgehen. Die CRTS-Studie wurde gemeinsam von Wissenschaftlerinnen und Wissenschaftlern der Universitäten Basel, Buenos Aires, Duisburg-Essen, Jerusalem und Miami konzipiert. Die quantitative Phase der Studie basiert auf einem Fragebogen, der vom Ethikausschuss der Erziehungswissenschaftlichen Fakultät der Hebräischen Universität genehmigt wurde. Der Fragebogen wurde gemeinsam von den am CRTS-Projekt teilnehmenden Forscher*innen entwickelt. Im Rahmen der quantitativen Befragung wurden Dozierende online in Deutschland, der Schweiz, Frankreich, Großbritannien, Israel, Argentinien und Chile dazu befragt, wie sie mit den neuen pädagogisch-didaktischen Herausforderungen umgehen und welche institutionellen Unterstützungsangebote sie für erforderlich halten. Die Ergebnisse sollen helfen, die Erfahrungen, Einstellungen und Bedürfnisse des akademischen Personals in dieser herausfordernden Zeit besser zu verstehen und international vergleichend zu betrachten.

Der vorliegende Beitrag fokussiert Befunde zur Einschätzung der Dozierenden in Hinblick auf die Umsetzung der digitalisierten Lehre und der Bewältigung der damit verbundenen Herausforderungen in Zeiten der Corona-Pandemie. Hierzu werden Ergebnisse der Online-Befragungen an der Universität Duisburg-Essen und der Universität

[1]Initiiert wurde die Studie durch Forscherinnen und Forscher folgender Institutionen: Prof. Dr. G. Horenczyk und Dr. M. Dorfsman, Hebräische Universität Jerusalem (Israel), Prof. Dr. E. Makarova, Universität Basel (Switzerland), Dr. C. Leon, Universidad de Buenos Aires (Argentina), Prof. Dr. K. Göbel, Universität Duisburg-Essen (Germany) und Prof. Dr. D. Birman, University of Miami (USA). Inzwischen gibt es weitere Beteiligungen durch Forscherinnen und Forschern der Universidad Tecnológica Nacional (Argentina), Universidad Autónoma (Chile), University of Strasbourg (France), University of Upper Alsace (France) und der Westminster University (UK). Die Befragung des akademischen Personals deutscher Hochschulen zum Übergang von der konventionellen zur digitalisierten Hochschullehre in Zeiten der Corona-Pandemie wurde an der Universität Duisburg-Essen unter der Leitung von Prof. Dr. Kerstin Göbel realisiert; die Befragung des akademischen Personals in der Schweiz wurde an der Universität Basel unter der Leitung von Prof. Dr. Elena Makarova realisiert.

Basel vergleichend betrachtet. Es werden die folgenden Fragestellungen in den Blick genommen:

1. Unterscheiden sich Dozierende der Universität Duisburg-Essen und der Universität Basel hinsichtlich ihrer Erfahrungen mit der Vorbereitung und Umsetzung der digitalisierten Lehre?
2. Wie schätzen die Dozierenden der Universität Duisburg-Essen und der Universität Basel ihre Fähigkeiten zur Umsetzung eines digitalisierten Lehrangebots ein und welcher Zusammenhang besteht zwischen dieser Selbsteinschätzung und der Nutzung digitaler Tools vor und während des Lockdowns?
3. Inwieweit erwarten die Dozierenden beider Standorte, dass ihre jeweilige Universität auf eine zukünftige ähnliche Krisensituation vorbereitet ist und welche Unterstützungsbedarfe artikulieren sie?

### 22.4.2 Ausgewähltes Sample in Deutschland (Universität Duisburg-Essen) und der Schweiz (Universität Basel)

Im Zeitraum vom 25.05. bis 30.06.2020 haben insgesamt n = 154 Dozierende der Universität Duisburg-Essen (davon 78 weiblich) sowie n = 162 Dozierende der Universität Basel (davon 86 weiblich) an der Online-Befragung zur Lehrsituation in Zeiten der Corona-Pandemie teilgenommen. Die Mehrheit der Befragten schätzt sich selbst als „digital native", also als vertraut mit der digitalen Welt, ein. Dies trifft sowohl auf die Dozierenden der Universität Duisburg-Essen (60.4 %) als auch auf die Dozierenden der Universität Basel (64.2 %) zu. Hinsichtlich Alter und Lehrerfahrung im tertiären Bereich zeigt sich eine heterogene Zusammensetzung der Gesamtstichprobe (vgl. Tab. 22.1). Eine Altersspanne von 26 bis 35 Jahren wird sowohl von den Befragten der Universität Duisburg-Essen (33.6 %) als auch von den Befragten der Universität Basel (28.6 %) am häufigsten angegeben. Insgesamt scheinen die Teilnehmenden der Universität Duisburg-Essen geringfügig jünger zu sein als die Dozierenden aus Basel (vgl. Tab. 22.1): Knapp zwei Drittel der Dozierenden der Universität Duisburg-Essen (63.2 %) gibt ein Alter unter 45 Jahren an; dies trifft auf etwa die Hälfte der Befragten der Universität Basel zu (53.4 %). Hinsichtlich der Lehrerfahrung im Hochschulsektor wird für die Dozierenden beider Universitäten eine ähnliche Verteilung der Antworten ersichtlich. Am häufigsten wird eine Lehrerfahrung von einem bis fünf Jahren angegeben (vgl. Tab. 22.1).

In Bezug auf die durchschnittliche Lehrzeit pro Woche zeigen sich Unterschiede zwischen den Untersuchungsgruppen (vgl. Tab. 22.1). Während an der Universität Duisburg-Essen gut ein Drittel der befragten Dozierenden angibt, zwischen sieben und elf Stunden pro Woche (31.2 %) zu lehren, trifft dies an der Universität Basel (UniBas) nur auf 14.4 % der Befragten zu. Der Anteil der befragten Dozierenden mit einer wöchentlichen Lehrzeit bis zu sechs Stunden liegt entsprechend bei 61.4 % (UDE) bzw. 83.1 % (UniBas). An beiden Universitäten gibt die Mehrheit der Befragten an,

**Tab. 22.1** Angabe gültiger und kumulierter Prozentwerte zur Beschreibung der Stichprobe. (Quelle: Eigene Darstellung)

| | Universität Duisburg-Essen (UDE) | | | Universität Basel (UniBas) | | |
|---|---|---|---|---|---|---|
| | N | % | Kumuliert | N | % | Kumuliert |
| Geschlecht | | | | | | |
| weiblich | 78 | 53.1 | 53.1 | 86 | 53.8 | 53.8 |
| männlich | 69 | 46.9 | 100 | 70 | 43.8 | 97.5 |
| divers | 0 | 0 | | 4 | 2.5 | 100 |
| Total | 147 | 100 | | 160 | 100 | |
| Alter in Jahren | | | | | | |
| 25 und jünger | 1 | 0.7 | 0.7 | 2 | 1.2 | 1.2 |
| 26–35 | 51 | 33.6 | 34.2 | 46 | 28.6 | 29.8 |
| 36–45 | 44 | 28.9 | 63.2 | 38 | 23.6 | 53.4 |
| 46–55 | 31 | 20.1 | 83.6 | 39 | 24.2 | 77.6 |
| 56–65 | 20 | 13.2 | 96.7 | 35 | 21.7 | 99.4 |
| Älter als 65 | 5 | 3.3 | 100 | 1 | 0.6 | 100 |
| Total | 152 | 100 | | 161 | 100 | |
| Lehrerfahrung im tertiären Sektor in Jahren | | | | | | |
| 1–5 | 49 | 32.2 | 32.2 | 54 | 33.8 | 33.8 |
| 6–11 | 34 | 22.4 | 54.6 | 32 | 20.0 | 53.8 |
| 12–17 | 32 | 21.1 | 75.7 | 33 | 20.6 | 74.4 |
| 18 und mehr | 37 | 24.3 | 100 | 41 | 25.6 | 100 |
| Total | 152 | 100 | | 160 | 100 | |
| Wöchentliche Lehrtätigkeit in Stunden | | | | | | |
| 1–2 | 44 | 28.8 | 28.8 | 69 | 43.1 | 43.1 |
| 3–6 | 50 | 32.7 | 61.4 | 64 | 40.0 | 83.1 |
| 7–11 | 48 | 31.4 | 92.8 | 23 | 14.4 | 97.5 |
| 12 und mehr | 11 | 7.2 | 100 | 4 | 2.5 | 100 |
| Total | 153 | 100 | | 160 | 100 | |

keine Unterstützung bei der Vorbereitung und Durchführung der Lehrangebote (z. B. studentische Hilfskraft) zu erhalten (UDE: n = 112, 72.7 %, UniBas: n = 111, 68.5 %). Nur wenigen Dozierenden steht für vereinzelte Lehrangebote eine Lehrassistenz zur Verfügung (UDE: n = 25, 16.2 %; UniBas: n = 31, 19.1 %).

Weiterhin wird hinsichtlich der Verteilung auf die Fachbereiche, in denen die Befragten hauptsächlich lehren, eine heterogene Zusammensetzung der Gesamtstichprobe deutlich. Die Mehrheit der Dozierenden beider Universitäten ordnen sich entweder den Geisteswissenschaften (UDE: n = 48; UniBas: n = 55) oder den Naturwissenschaften

(UDE: n = 33; UniBas: n = 54) zu. Einige der Befragten geben zudem an, primär im Fachbereich Sozialwissenschaften zu lehren (UDE: n = 26; UniBas: n = 15). Unterschiede in der Verteilung zwischen den Untersuchungsgruppen zeigen sich für die Fachbereiche Medizin (UDE: n = 1; UniBas: n = 24), Bildungs- (UDE: n = 28; UniBas: n = 3) und Wirtschaftswissenschaften (UDE: n = 24; UniBas: n = 5).

### 22.4.3 Instrumente und Auswertungsverfahren

Die Erfahrungen, Einstellungen und Erwartungen des akademischen Personals hinsichtlich der Umstellung der Lehre in Zeiten der Corona-Pandemie wurden an beiden Standorten online erfasst. Hierzu wurde von der CRTS-Forschergruppe gemeinsam ein Fragebogen entwickelt, der die folgenden Themen umfasst: pädagogisch-didaktische Herausforderungen und die Art und Weise, wie Dozierende mit diesen umgehen; Erwartungen und Haltungen im Zusammenhang mit der Umstellung der Lehre sowie das Ausmaß, in dem die Universität der Einschätzung der Dozierenden nach auf die Herausforderungen und Unterstützungsbedarfe des akademischen Personals reagiert. Die Items im Fragebogen gliedern sich in drei Abschnitte und beziehen sich auf die pädagogisch-didaktische Gestaltung der universitären Lehre vor, während und nach der Coronavirus-bedingten Lehrsituation. Die Beantwortung des Fragebogens dauerte insgesamt circa 10 bis 15 min.

Im vorliegenden Beitrag stehen die Einschätzungen der Dozierenden hinsichtlich der pädagogisch-didaktischen Herausforderungen während der Coronavirus-bedingten Lehrsituation an den Hochschulen im Mittelpunkt. Hierzu sollten die Dozierenden in Deutschland und in der Schweiz zunächst ihre Gedanken und Erfahrungen mit der Umstellung von der konventionellen auf die digitalisierte Lehre beschreiben, wobei letztere als „sehr positiv und inspirierend", über „überwiegend positiv und ermutigend" bis hin zu „aufwändig", „frustrierend" oder „überfordernd" eingeschätzt werden konnten. In einem weiteren Teil des Fragebogens wurde das Nutzungsverhalten unterschiedlicher digitaler Tools abgefragt. Hierbei sollten die Dozierenden angeben, in welchem Umfang sie vor und während der Schließung der Universitäten verschiedene digitale Tools genutzt haben bzw. nutzen (1 = „gar nicht" bis 4 = „in großem Umfang"). Darüber hinaus war von Interesse, wie die Dozierenden ihre Fähigkeiten zur Umsetzung eines digitalisierten Lehrangebots einschätzen. Die selbsteingeschätzte Fähigkeit zur Umsetzung der Online-Lehre wurde über eine Skala zur Selbstwirksamkeitserwartung erfasst. Hierfür wurden Items zweier bestehender Skalen (Gosselin 2009; Prieto 2006) übernommen und für die Coronavirus-bedingte Lehrsituation modifiziert. Alle Items wurden mit einer Likert-Skala von 1 = „stimmt gar nicht" bis 4 = „stimmt völlig" beantwortet. In den Analysen zeigten sich zufriedenstellende interne Konsistenzen für beide Untersuchungsgruppen (UDE: Cronbach's $\alpha = 0.88$, UniBas: $\alpha = 0.83$). Retrospektiv sollten zudem der Vorbereitungsprozess (z. B. die Aneignung von anspruchsvollen Webkonferenzsystemen wie beispielsweise *Zoom*) und die Umsetzung der ersten online-gestützten Lehreinheiten eingeschätzt werden. Die Antwortoptionen reichten von

1 = „sehr einfach“ bis 5 „sehr schwierig“ (Vorbereitungsprozess) bzw. von 1 = „nicht erfolgreich“ bis 5 = „sehr erfolgreich“ (Umsetzung erster Lehreinheiten). Weiter wurden die Dozierenden nach ihrer Zustimmung zu drei Unterstützungsbedarfen (Zeit für die Vorbereitung, individuelle Unterstützung und Entschädigung) gefragt, die sie auf einer Skala von 1 = „stimmt gar nicht“ bis 4 = „stimmt völlig“ angaben. Abschließend sollten die Dozierenden angeben, inwieweit ihre Universität ihrer Einschätzung nach auf zukünftige Krisensituationen ähnlich der Corona-Pandemie vorbereitet scheint (Beantwortung anhand einer Skala von 1 = „wird gar nicht vorbereitet sein“ bis 4 „wird in großem Umfang vorbereitet sein“), und darüber hinaus Unterstützungsbedarfe artikulieren. Die retrospektive Einschätzung von Unterstützungsbedarfen in zukünftigen Krisensituationen erfolgte erneut anhand einer vierstufigen Skala von 1 = „stimmt gar nicht“ bis 4 = „stimmt völlig“.

Die erhobenen Daten zu den Erfahrungen und Einschätzungen der Coronavirus-bedingten Lehrsituation wurden auf Ebene der einzelnen Items deskriptiv ausgewertet. Zur Prüfung von Unterschieden zwischen den Dozierenden beider Universitäten wurden nonparametrische Verfahren (Chi-Quadrat und Mann–Whitney-U-Tests; fixiertes Signifikanzniveau von 5 %) genutzt.

## 22.5 Ergebnisse

### 22.5.1 Erfahrungen mit der Vorbereitung und Umsetzung der Online-Lehre

Gefragt nach den ersten Gedanken zur Umstellung der bisherigen konventionellen Lehre auf die Online-Lehre während des Lockdowns stimmen an beiden Standorten etwa die Hälfte der Dozierenden (jeweils 50.6 %) der Aussage zu, dass sie online lehren können, dies für sie aber weniger zufriedenstellend sein wird (vgl. Abb. 22.1). Noch häufiger wird von den Dozierenden der Universität Basel hingegen die Aussage befürwortet, dass sie zwar keine Online-Lehrerfahrung haben, die Umstellung in Zeiten des Lockdowns jedoch eine Gelegenheit sei, den Umgang mit digitalen Tools zu erlernen (58.0 %). Im Vergleich dazu stimmen die Dozierenden der Universität Duisburg-Essen dieser Aussage signifikant seltener zu (40.9 %; $\chi^2(1) = 9.251$, $p = .002$, $\varphi = -0.171$). Auch die Wahrnehmung der Umstellung als Gelegenheit, pädagogische Innovationen in den Lehrveranstaltungen umzusetzen, findet bei den Befragten der Universität Basel etwas häufiger Zuspruch (37.0 %; UDE: 31.2 %). Hingegen äußern die Befragten der Universität Duisburg-Essen vielfach die Befürchtung, dass die Studierenden auf die mit der Online-Lehre verbundenen Herausforderungen nicht vorbereitet sein könnten (24.7 %); diese Befürchtung wird von den Dozierenden der Universität Basel signifikant seltener geteilt (8.6 %; $\chi^2 (1) = 14.763$, $p < .001$, $\varphi = 0.216$).

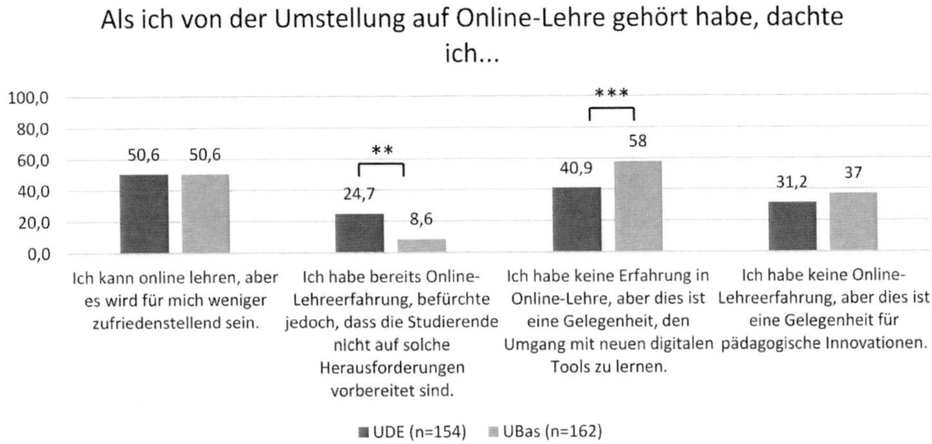


**Abb. 22.1** Erste Gedanken zur Umstellung auf Online-Lehre. Angabe gültiger Prozentwerte (Zustimmung); ** = signifikanter Unterschied zwischen den Gruppen ($p<0.01$); *** = signifikanter Unterschied zwischen den Gruppen ($p<0.001$). (Quelle: Eigene Darstellung)

Wenngleich die Erfahrungen mit der Online-Lehre bei den Dozierenden der Universität Duisburg-Essen und den Dozierenden der Universität Basel geringfügig unterschiedlich ausfällt (vgl. Abb. 22.1), wird der Vorbereitungsprozess für die sofortige Umstellung der Lehre von den Dozierenden beider Universitäten insgesamt ähnlich eingeschätzt und mehrheitlich nicht als große Schwierigkeit empfunden (vgl. Tab. 22.2): Sowohl die Hälfte der Befragten aus Deutschland (49.6 %) als auch die Hälfte der Befragten in der Schweiz (52.1 %) stuft die Vorbereitung auf die Online-Lehre als einfach oder sehr einfach ein, weitere 35.0 % (UDE) bzw. 38.4 % (UniBas) als angemessen. An beiden Standorten empfanden nur wenige Dozierende die Vorbereitung der Online-Lehre als schwierig oder sehr schwierig (UDE: 15.4 %,UniBas: 9.6 %).

**Tab. 22.2** Vorbereitung der Online-Lehre. Angabe gültiger und kumulierter Prozentwerte. (Quelle: Eigene Darstellung)

| | Universität Duisburg-Essen (UDE) | | | Universität Basel (UniBas) | | |
|---|---|---|---|---|---|---|
| | N | % | | N | % | |
| Sehr einfach | 29 | 21.2 | 21.2 | 36 | 24.7 | 24.7 |
| Einfach | 39 | 28.5 | 49.6 | 40 | 27.4 | 52.1 |
| Adäquat | 48 | 35.0 | 84.7 | 56 | 38.4 | 90.4 |
| Schwierig | 19 | 13.9 | 98.5 | 11 | 7.5 | 97.9 |
| Sehr schwierig | 2 | 1.5 | 100.0 | 3 | 2.1 | 100.0 |
| Total | 137 | 100 | | 146 | 100 | |

**Tab 22.3** Erfolg der ersten Lektionen mit Zoom oder anderen Webkonferenzsystemen. Angabe gültiger und kumulierter Prozentwerte. (Quelle: Eigene Darstellung)

| | Universität Duisburg-Essen (UDE) | | | Universität Basel (UniBas) | | |
|---|---|---|---|---|---|---|
| | N | % | | N | % | |
| Nicht erfolgreich | 3 | 2.3 | 2.3 | 1 | 0.7 | 0.7 |
| Könnte besser sein | 31 | 24.0 | 26.4 | 25 | 17.4 | 18.1 |
| Angemessen | 41 | 31.8 | 58.1 | 41 | 28.5 | 46.5 |
| Erfolgreich | 49 | 38.0 | 96.1 | 62 | 43.1 | 89.6 |
| Sehr erfolgreich | 5 | 3.9 | 100.0 | 15 | 10.4 | 100.0 |
| Total | 129 | 100.0 | | 144 | 100.0 | |

Die ersten Lektionen mit *Zoom* oder anderen Webkonferenzsystemen werden von den befragten Dozierenden insgesamt überwiegend positiv eingeschätzt (vgl. Tab. 22.3). Etwas mehr als die Hälfte der Hochschullehrenden der Universität Basel (53.4 %) schätzen ihre bisherige Online-Lehre als sehr erfolgreich oder erfolgreich ein. An der Universität Duisburg-Essen ist der Anteil der Lehrenden, die ihre ersten Lektionen mit online-gestützten Webkonferenzsystemen als mindestens erfolgreich einschätzen, hingegen etwas geringer ausgeprägt (41.9 %). Circa ein Drittel der Befragten beider Hochschulen bewerten die Umsetzung der ersten Online-Lektionen als angemessen. Während sich 24.0 % der Befragten der Universität Duisburg-Essen Verbesserungspotenzial einräumt, trifft dies auf 17.4 % der Befragten der Universität Basel zu.

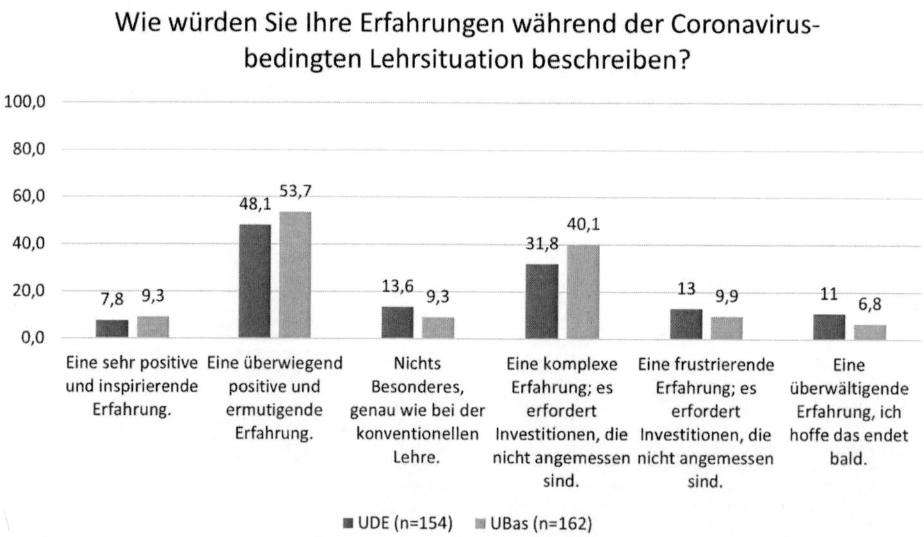


**Abb. 22.2** Wahrnehmung der Erfahrung mit der Umstellung auf Online-Lehre. Angabe gültiger Prozentwerte (Zustimmung). (Quelle: Eigene Darstellung)

Die Umstellung auf die Online-Lehre wurde von den befragten Dozierenden unterschiedlich wahrgenommen (vgl. Abb. 22.2). Die größte Zustimmung auf die Frage „Wie würden Sie Ihre Erfahrungen während der Coronavirus-bedingten Lehrsituation (CRTS) beschreiben?“ findet in beiden Untersuchungsgruppen die Aussage, dass die Umstellung der Lehre eine überwiegend positive und ermutigende Erfahrung war (UDE: 48.1 %, UniBas: 53.7 %). Gleichzeitig stößt jedoch auch die Aussage, dass die Umstellung auf Online-Lehre eine aufwendige Erfahrung war, die unangemessene Investitionen zur Bewältigung erforderte, bei einigen Dozierenden auf Zuspruch. Die Umstellung der Lehre wird von 40.1 % der Dozierenden in Basel als aufwendige Erfahrung beschrieben; die Dozierenden der Universität Duisburg-Essen stimmen dieser Aussagen vergleichsweise seltener zu (31.8 %). Hingegen ist der Anteil an Dozierenden, welche die Umstellung der Lehre als eine frustrierende (UDE: 13.0 %; UniBas: 9.9 %) oder überfordernde Erfahrung empfinden, die hoffentlich bald endet (UDE: 11.0 %; UniBas: 6.8 %), an der Universität Duisburg-Essen geringfügig höher als an der Universität Basel. Für 13.6 % der Befragten der Universität Duisburg-Essen und 9.3 % der Befragten der Universität Basel sei die Umstellung auf Online-Lehre hingegen „nichts Besonderes“ gewesen. Es zeigen sich keine statistisch signifikanten Unterschiede zwischen den Dozierenden beider Universitäten hinsichtlich der Wahrnehmung der Erfahrungen mit der Umstellung auf Online-Lehre.

### 22.5.2 Selbsteingeschätzte Fähigkeit der Umsetzung von Online-Lehre und Nutzung digitaler Tools

Im Zusammenhang mit der Nutzung unterschiedlicher digitaler Tools fällt auf, dass die befragten Dozierenden beider Hochschulen vor allem LMS-Plattformen und Präsentationen (z. B. *Powerpoint*) in mäßigem oder großem Umfang in der eigenen Lehre einsetzen, sowohl vor als auch während der Schließung der Universitäten. Der Vergleich der Universitäten verdeutlicht, dass die Befragten der Universität Basel im Rahmen ihrer Lehrveranstaltungen weniger häufig digitale Medien wie Präsentationen mit oder ohne aufgezeichneter Audio oder Videos einsetzen; insbesondere Diskussionsforen in Learning-Management-Systemen kommen bei Lehrenden der Universität Duisburg-Essen deutlich häufiger zum Einsatz (vgl. Abb. 22.3). Diese dienen primär dem Austausch zwischen Studierenden untereinander und mit den Kursleitenden. Während der Schließung der Universitäten (bzw. während des Lockdowns) ergänzten an beiden Universitäten sowohl bereits existierende, ausgewählte Videos von Videoplattformen wie beispielsweise *YouTube* als auch selbst produzierte Videos die digitale Lehre. Den markantesten Anstieg in der Nutzung erfährt die digitale Lehre über *Zoom* oder andere Webkonferenzsysteme, die in ihrer Funktion eine synchrone Distanzlehre erlauben. Ein Vergleich der beiden Standorte zeigt, dass die befragten Dozierenden an der Universität Duisburg-Essen, abgesehen vom Einsatz von Webkonferenzsystemen vor der Schließung der Universität, die hier dargestellten digitalen Tools vor (N = 153,

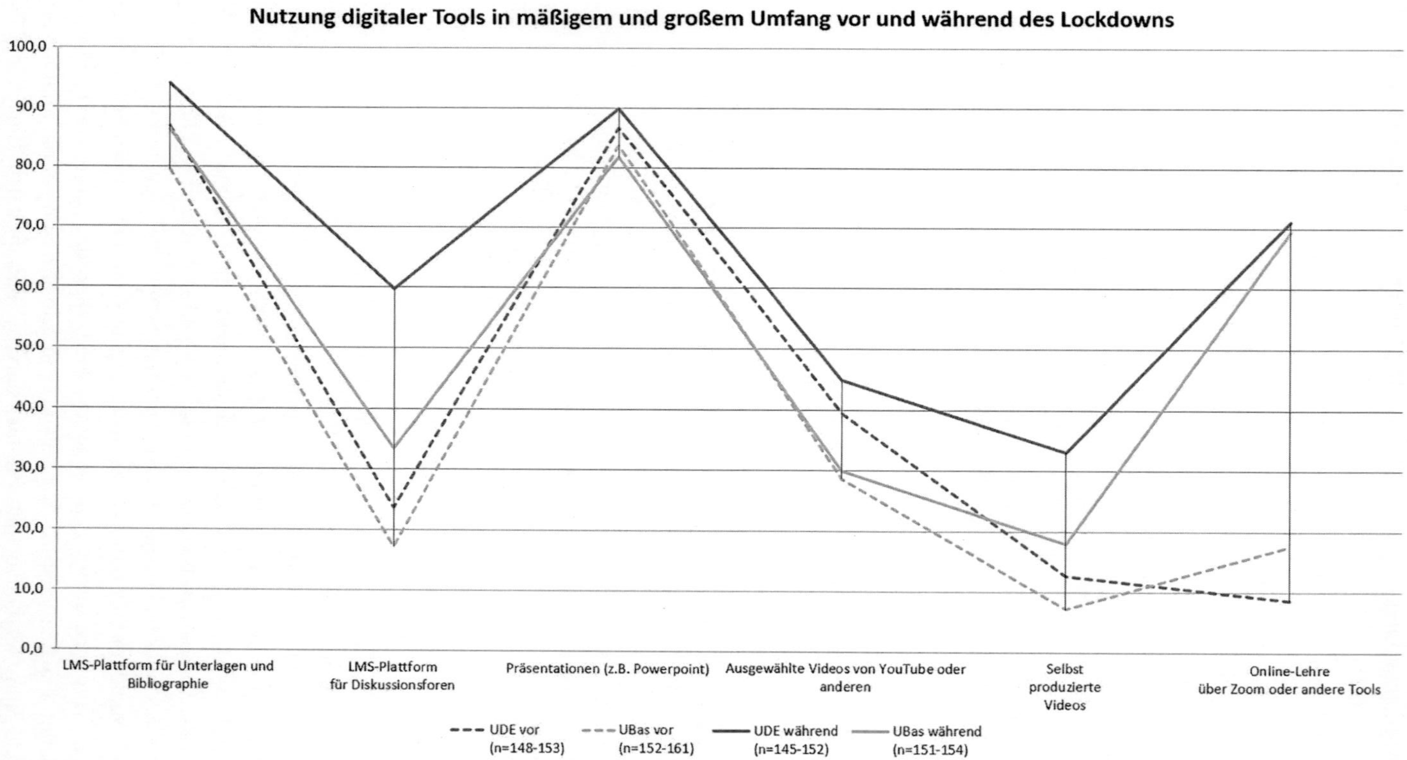


**Abb. 22.3** Nutzung digitaler Tools in mäßigem und großem Umfang vor und während des Lockdowns. Angabe gültiger Prozentwerte (Zustimmung). (Quelle: Eigene Darstellung)

MW = 2.28, SD = 0.49) und während (N = 154, MW = 2.85, SD = 0.54) der Schließung der Universitäten häufiger in ihrer Lehre einsetzten als die befragten Dozierenden der Universität Basel (vor: N = 162, MW = 2.22, SD = 0.58, während: N = 156, MW = 2.48, SD = 0.56).

Die Überzeugung der Lehrenden hinsichtlich ihrer Kompetenzen in der digitalen Lehre wurde mit einer Skala zur Selbstwirksamkeitserwartung erfasst, die Fragen dazu beinhaltete, inwiefern sich die Dozierenden zutrauen, während der Schließung der Universitäten erfolgreich digital zu lehren. An beiden Universitäten besteht eine große Spannweite bei der Selbstwirksamkeitserwartung der Lehrenden; einige Dozierende nehmen eine sehr hohe und andere eine sehr geringe Selbstwirksamkeit in der digitalen Lehre wahr. Insgesamt weisen die Ergebnisse darauf hin, dass eine hohe Selbstwirksamkeitserwartung für digitale Lehre bei den Dozierenden vorliegt und sie zuversichtlich sind, auch unter den erschwerten Bedingungen erfolgreich zu lehren. Obgleich die Befragten beider Universitäten im Mittel ähnliche Werte aufweisen, sind die Selbstwirksamkeitserwartungen der Dozierenden in Basel etwas höher (N = 159, MW = 3.13, SD 0.47) als an der Universität Duisburg-Essen (N = 153, MW = 3.04, SD = 0.53). Die Verteilung der Werte unterscheidet sich jedoch nicht signifikant (U-Test: $p > 0.05$). Insgesamt kann konstatiert werden, dass je selbstwirksamer sich die Dozierenden einschätzen, desto umfangreicher nutzen sie digitale Tools für die Lehre während der Schließung ihrer Universität. Dieser signifikante Zusammenhang zeigt sich sowohl für die Universität Duisburg-Essen ($r = 0.280$, $p = 0.000$, $n = 153$) als auch für die Universität Basel ($r = 0.208$, $p = 0.010$, $n = 154$).

### 22.5.3 Vorbereitung auf zukünftige Krisensituationen und Unterstützungsbedarfe

Mit Blick auf die Zukunft wurden die Dozierenden gefragt, inwieweit sie erwarten, dass ihre Universität auf künftige Krisensituationen ähnlich des Lockdowns der Universitäten vorbereitet sein würde. Die durchschnittlichen Zustimmungswerte liegen jeweils über dem theoretischen Skalenmittelwert von 2.5 und signalisieren entsprechend eine gewisse Zuversicht der Hochschulangehörigen beider Universitäten, dass ihre Institution eine vergleichbare Krise erfolgreich bewältigen kann. Für die Dozierenden der Universität Basel zeigt sich eine geringfügig positivere Erwartung hinsichtlich der Vorbereitung ihrer Institution für künftige ähnliche Krisensituationen (N = 159, MW = 3.24, SD = 0.76) als für die Dozierenden der Universität Duisburg-Essen (N = 150, MW = 2.97, SD = 0.88, asymptotischer Mann–Whitney-U-Test: $U = 9950.500$, $p = 0.007$). Die Effektstärke nach Cohen (1992) liegt bei $r = 0.15$ und kann entsprechend als kleiner Effekt interpretiert werden.

Die Dozierenden wurden weiterhin zu den Unterstützungsbedarfen in zukünftigen Krisensituationen im Hinblick auf die digitale Lehre (Skala: 3 = „stimmt eher“ und

4 = „stimmt völlig“) befragt. Als besonders relevant erachten die befragten Dozierenden in erster Linie die zur Verfügung stehende Zeit, um die digitalisierte Lehre angemessen vorzubereiten. Im Falle einer zukünftigen ähnlichen Krisensituation erwarten die meisten Dozierenden der Universitäten Duisburg-Essen (71.9 %, n = 139) und Basel (76.6 %, n = 158) entsprechend mehr zeitliche Ressourcen, um der Umstellung der Lehre gerecht werden zu können (asymptotischer Mann–Whitney-U-Test: U = 10474,000, p = 0,46). Im Weiteren erwarten die Dozierenden beider Universitäten individuelle Unterstützung bei der Gestaltung und Umsetzung der digitalisierten Lehre durch Fachleute der Bildungstechnologien bzw. des Instructional Designs (UDE: 68.4 %, n = 136; UniBas: 77.2 %, n = 158, asymptotischer Mann–Whitney-U-Test: U = 9829.000, p = 0.18). Letztlich haben sowohl Dozierende der Universität Duisburg-Essen (58.8 %, n = 136) als auch der Universität Basel (60.3 %, n = 156, asymptotischer Mann–Whitney-U-Test: U = 10588.000, p = 0.98) mehrheitlich die Erwartungshaltung, für die Vorbereitung der Online-Lehre eine monetäre Entschädigung zu erhalten. Somit erwartet an beiden Universitäten ein überwiegender Anteil von Dozierenden in einer zukünftigen Krisensituation konkrete Unterstützungsangebote von ihrer Institution. Gemäß Berechnungen mittels Mann–Whitney-U-Test unterscheidet sich die Verteilung der Antworten der Universitäten nicht signifikant ($p > 0.05$), was auf eine ähnliche Erwartungshaltung hindeutet. Eine Auswertung der offenen Frage zu den Unterstützungsbedarfen hat darüber hinaus ergeben, dass die Dozierenden zum einen eine Reduktion des Lehrdeputats, zum anderen eine breitere Auswahl an digitalen Tools und die Verfügbarkeit von technischem Equipment erwarten. Darüber hinaus wird der Wunsch nach individueller Unterstützung seitens der Institutionen geäußert sowie die Berücksichtigung von Beeinträchtigungen in der Realisierung von digitaler Lehre, z. B. durch familiäre Fürsorgeaufgaben, in ähnlichen Krisensituationen.

## 22.6 Diskussion und Fazit

Die weltweite Verbreitung des neuartigen Coronavirus (SARS-CoV-2) und die damit verbundenen Schließungen der Universitäten gingen im Frühjahr 2020 für alle Hochschullehrenden mit einer Umstellung ihrer konventionellen Lehre in Präsenzform auf räumlich-distanzierte bzw. digitale Lehr-Lernangebote einher. Die Hochschulen waren gefordert, binnen kürzester Zeit eine für die Durchführung digitaler Lehrveranstaltungen erforderliche Infrastruktur zur Verfügung zu stellen und entsprechende Ressourcen zu mobilisieren. In der Literatur wird die fortschreitende Digitalisierung als ein komplexer Veränderungs- und Entwicklungsprozess beschrieben (z. B. Getto and Schulenburg 2018; Kerres 2016), der allen Beteiligten viel abverlangt. Die kurzfristige Umstellung der Hochschullehre erforderte nebst der die Mobilisierung technologischer Ressourcen, die Entwicklung digitaler Kompetenzen des akademischen Personals (Altbach and Wit 2020). Wie die unvermeidbare Umstellung der Hochschullehre in Zeiten der Corona-Pandemie erlebt wurde, welche Gedanken und Erfahrungen die Hochschullehrenden mit der Umsetzung digitaler Lehrangebote gemacht haben und welche weiteren Unterstützungsbedarfe sie sehen, war Gegenstand des vorliegenden Beitrags. Hierzu wurden die Einschätzungen von Dozierenden der Universitäten Duisburg-Essen und Basel vergleichend in den Blick genommen.

Vor dem Hintergrund der dargestellten Sachverhalte kann festgehalten werden, dass die Maßnahmen zur Eindämmung der Corona-Pandemie und die damit verbundene Schließung der Hochschulen in Deutschland und der Schweiz, exemplarisch aufgezeigt am Beispiel der Universitäten Duisburg-Essen und Basel, vergleichbar sind. Seitens der Universitäten wurden die technologischen Infrastrukturen verbessert, Maßnahmen zur Digitalisierung der Lehre angeboten und Unterstützungsangebote bereitgestellt. Die präsentierten Ergebnisse der Online-Befragungen des akademischen Personals zeigen auf, dass die Umstellung auf Online-Lehre an beiden Standorten auch ähnlich wahrgenommen wurde. Die Mehrheit der Dozierenden schätzt sowohl den Vorbereitungsprozess als auch die ersten Lektionen mit *Zoom* oder vergleichbaren Webkonferenzsystemen als erfolgreich ein, wobei vor allem Dozierende der Universität Duisburg-Essen zu Beginn des Semesters befürchteten, dass die Studierenden auf die Herausforderung der Online-Lehre nicht ausreichend vorbereitet gewesen seien. Ausgehend von den vorliegenden Umfrageergebnissen wird die Online-Lehre zwar von circa der Hälfte der Befragten als weniger zufriedenstellend empfunden, jedoch erkennen viele Dozierende die Umstellung als Gelegenheit, den Umgang mit digitalen Tools zu erlernen und pädagogische Innovationen in ihren Lehrveranstaltungen umzusetzen (Amemado 2020) – dies gilt insbesondere für die Dozierenden der Universität Basel, die zwar eine geringere Erfahrung mit der Nutzung digitaler Tools in ihrer Lehre als die Dozierenden der Universität Duisburg-Essen offenbarten, zugleich aber die digitale Umstellung noch etwas deutlicher als Gelegenheit zum Kompetenzerwerb für den Einsatz von digitalen Tools in eigener Lehre erkannten.

Die Erfahrung der Umstellung auf Online-Lehre von den Dozierenden beider Hochschulen ging sowohl mit positiven sowie mit negativen Emotionen der Dozierenden einher und die Umstellung der eigenen Lehre wurde sowohl als ermutigende Erfahrung als auch als komplexe Anforderung beschrieben, deren Bewältigung ein erhöhtes Maß an Investitionen erforderte. Eine ähnlich ambivalente Einschätzung der Umstellung auf Online-Lehre an den Universitäten zeigt sich auch im Rahmen bisheriger Studierendenbefragungen. Demnach scheint die Aussicht auf ein weiteres Semester mit ausschließlich digitalen Lehrveranstaltungen zum einen mit Chancen und positiven Gefühlen (z. B. „neue" Freiheit) assoziiert zu sein, zum anderen aber auch Gefühle der Überforderung auszulösen (Zierer 2020, ZHQE 2020). Als zentrale Herausforderungen für die Lehrenden können der gestiegene Arbeitsaufwand im digitalen Semester (Schmölz et al. 2020), der fehlenden Austausch mit Kommilitoninnen und Kommilitonen und der mangelnden persönliche Kontakt zu den Dozierenden erachtet werden (Zierer 2020). Erste qualitative Analysen der Dozierendenbefragung im Rahmen der CRTS-Studie am Standort Essen weisen ebenfalls in diese Richtung, vor allem die eingeschränkte Interaktion mit den Studierenden, z. B. fehlendes Feedback zur Lehrveranstaltung oder mangelnde Redebeiträge in Videokonferenzen, als zentraler Nachteil der Online-Lehre empfunden wird. In Videokonferenzen (z. B. realisiert mit *Zoom* oder ähnlichen Webkonferenzsystemen), welche eine synchrone Distanzlehre ermöglichen, wird das Erleben des sozialen Miteinanders, der Interaktion und Kommunikation stark von der Kameranutzung der Teilnehmenden beeinflusst (Kerres 2020b). Die Nichteinschaltung der Kameras erschwert nicht nur die Interaktion im Rahmen der Lehrveranstaltung, sondern kann unter Umständen zu einer distanzierten mentalen Haltung führen, welche den Lernprozess erheblich einschränkt (Kerres 2020b). Da davon auszugehen ist, dass videogestützte Lehrformate auch künftig für die Umsetzung von Online-Lehre eine wichtige Rolle spielen, bedarf es weiterführender Untersuchungen und konzeptioneller Weiterentwicklungen der Lehrangebote, um Unsicherheiten und ungünstige Wirkungen auf den Lernprozess zu vermeiden und sozial interaktive Gesprächssituationen zu ermöglichen.

Trotz der zuvor artikulierten Problemlagen bekräftigen die vorgelegten Befunde insgesamt die Annahme, dass Hochschulangehörige die Herausforderungen der Digitalisierung zwar unterschiedlich wahrnehmen und entsprechend unterschiedlich darauf reagieren können (Getto and Schulenburg 2018), jedoch stimmen die Befragungsergebnisse optimistisch, da sie verdeutlichen, dass Dozierende die durch die Corona-Pandemie ausgelöste Krisensituation größtenteils gut oder befriedigend bewältigen konnten. Die Ressourcen des akademischen Personals konnten durch die bereitgestellten digitalen Instrumente und Unterstützungen die offenbar vorhandenen Kompetenzen so weit mobilisieren, dass das Universitätspersonal beider Universitäten dazu in der Lage war, den Herausforderungen der digitalen Lehre erfolgreich zu begegnen. Die Dozierenden haben das Potenzial der Online-Lehre im Sinne pädagogischer Innovationen erkannt und auch die ersten Lektionen nach der Umstellung überwiegend als erfolgreich wahrgenommen. Damit digitale Lehrveranstaltungen auch langfristig erfolgreich sein können, bedarf es jedoch weiterhin einer verstärkten Förderung digitaler Kompetenzen. Online zu lehren bedeutet nicht lediglich die Übersetzung der bisherigen Lehrformate in Präsenzform in ein digitales Setting, was bedingt durch die Notlage in Zeiten der Corona-Pandemie möglicherweise vielfach der Fall war. Erfolgreiche Online-Lehre setzt vielmehr sowohl technologisches als auch pädagogisches und fachspezifisches Wissen voraus, um je nach Lerngegenstand und Lerngruppe geeignete Lehr-Lernformate unter Rückgriff auf digitale Technologien zu entwerfen und dadurch die Potenziale dieser Technologien gezielt auszuschöpfen (Rapanta et al. 2020). Um solche Kompetenzen zu fördern, bedarf es weiterer Maßnahmen seitens der Institutionen, welche über den Ausbau der technischen Infrastruktur und die Bereitstellung digitaler Software hinausgehen. Ein weiterer positiver Aspekt der Herausforderungsbewältigung ist der Rückgriff auf informelle Unterstützung durch Kolleginnen und Kollegen (Marek 2009). Dies zeigte sich auch in der vorliegenden Befragung, wie die folgenden Kommentare verdeutlichen: „Größerer Austausch mit mehr Kolleginnen und Kollegen“ und „nicht von jeder Dozierenden ein ganz eigenes Konzept ausarbeiten lassen, sondern gemeinsame Lösungen erarbeiten!". Im Sinne einer Stärkung der Kooperationskultur in der universitären Lehre kann dies als positiver Nebeneffekt gewertet werden.

Die Geschwindigkeit, mit der die Umstellung auf Online-Lehre geschehen musste, hat einige Instanzen der Hochschule vor große Herausforderungen gestellt. Zwar waren an den befragten Universitäten technische Infrastrukturen vorhanden, diese waren jedoch nicht auf einen vollständigen Online-Modus der Lehre eingestellt und mussten daher binnen kürzester Zeit weiterentwickelt werden. Vor diesem Hintergrund verwundert es nicht, dass die Dozierenden weitere deutliche Unterstützungsbedarfe artikulieren. Die Dozierenden beider Universitäten wünschen sich in einer zukünftigen Krisensituation ähnlich der Corona-Pandemie an erster Stelle mehr Zeit zur Vorbereitung ihrer Lehre. Weiterhin wird individuelle technologische und didaktische Unterstützung gefordert. Nicht zuletzt erwartet die Mehrheit der Dozierenden eine monetäre Entschädigung für den größeren zeitlichen Aufwand zur Aneignung der technologischen und didaktischen Fähigkeiten sowie der Entwicklung neuer Materialien für die digitale Lehre. Dies steht in Übereinstimmung mit Überlegungen von Reid (Reid 2012), wonach der Übergang zur Online-Lehre durch mangelhaften Support, zu wenig Zeit und fehlende Kompensation gehemmt werden kann.

Offen ist jedoch die Frage, inwieweit die aktuellen Erfahrungen mit digitalen Lehr-Lernformaten nach der Pandemie noch von Bedeutung für die Gestaltung der Hochschullehre sein werden (Amemado 2020, Kerres 2020a).

Die vorliegende Untersuchung unterliegt Limitationen, welche die Interpretation der dargestellten Befunde einschränken. Das explorativ angelegte Studiendesign ermöglicht nur eine deskriptive Momentaufnahme der Lehr-Lernsituation an den Hochschulen. Es ist auch zu berücksichtigen, dass aufgrund der Freiwilligkeit der Studienteilnahme die Befragten womöglich eine selektive Gruppe von Dozierenden darstellen, die eine generelle Offenheit gegenüber digitalisierten Lehrformaten aufweisen. Möglicherweise wurden insbesondere Dozierende mit erhöhtem Belastungs- und Beanspruchungsempfinden auch bedingt durch den Befragungszeitpunkt kurz nach dem Coronavirus-bedingten Lockdown in der Online-Umfrage nicht erreicht. Die Analysen der Daten der Dozierendenbefragung im Rahmen der CRTS-Studie stehen noch am Anfang. Im weiteren Projektverlauf sollen weitere ländervergleichende Perspektiven auf die Erfahrungen und Bedürfnisse des akademischen Personals in Zeiten der Corona-Pandemie eingenommen werden. In diesem Zusammenhang erscheint die Betrachtung disziplinärer oder geschlechtsspezifischer Unterschiede ebenso relevant wie die Betrachtung von Einschätzungen besonders gelungener und besonders problematischer Erfahrungen (Extremgruppenvergleich). Der Rückgriff auf qualitative Verfahren (z. B. Interviews) soll zudem einen vertieften Zugang zu den Erfahrungen der Dozierenden ermöglichen und die schriftlichen Fragebogendaten ergänzen. Da Beeinträchtigungen durch chronische Erkrankungen/Behinderung oder Fürsorgeaufgaben die Vorbereitung und Nutzung digitaler Lehr-Lernformate beeinflussen können (ZHQE 2020), sollte auch dieser Aspekt in weiterführenden Untersuchungen verstärkt in den Blick genommen werden, um Unterstützungsangebote zu konzipieren, die unterschiedlichen Bedürfnissen und Lebensumständen gerecht werden. Um die langfristigen Auswirkungen der Umstellung der Hochschullehre zu untersuchen, wäre eine längsschnittliche Betrachtung der Erfahrungen der Dozierenden ertragreich.

## Literatur


Altbach P G, de Wit H (2020) Postpandemic Outlook for Higher Education is Bleakest for the Poorest. International Higher Education 102:3-4

Amemado D (2020) COVID-19: An Unexpected and Unusual Driver to Online Education. International Higher Education 102:12-14

BAG (2020a) Bundesrat verschärft Massnahmen gegen das Coronavirus zum Schutz der Gesundheit und unterstützt betroffene Branchen. https://www.bag.admin.ch/bag/de/home/das-bag/aktuell/medienmitteilungen.msg-id-78437.html. Zugegriffen: 1. September 2020

BAG (2020b) Coronavirus: Bundesrat erklärt die „ausserordentliche Lage" und verschärft die Massnahmen. https://www.bag.admin.ch/bag/de/home/das-bag/aktuell/medienmitteilungen.msg-id-78454.html. Zugegriffen: 1. September 2020

BAG (2020c) Bundesrat lockert schrittweise Massnahmen zum Schutz vor dem neuen Coronavirus. https://www.bag.admin.ch/bag/de/home/das-bag/aktuell/medienmitteilungen.msg-id-78818.html. Zugegriffen: 1. September 2020

Bundesamt für Kommunikation (2018) Strategie Digitale Schweiz. Biel.

Buchanan T, Sainter P, Saunders G (2013) Factors affecting faculty use of learning technologies: implications for models of technology adoption. Journal of Computering in Higher Education 25:1-11

Bundesgesundheitsministerium (2020) Coronavirus SARS-CoV-2: Chronik der bisherigen Maßnahmen. https://www.bundesgesundheitsministerium.de/coronavirus/chronik-coronavirus.html. Zugegriffen: 24. August 2020

Bundesrat (2020) Coronavirus: Bundesrat verbietet grosse Veranstaltungen. https://www.admin.ch/gov/de/start/dokumentation/medienmitteilungen.msg-id-78289.html. Zugegriffen: 1. September 2020

Bundesregierung (2018) Ein neuer Aufbruch für Europa. Eine neue Dynamik für Deutschland. Ein neuer Zusammenhalt für unser Land. Koalitionsvertrag zwischen CDU, CSU und SPD (19. Legislaturperiode). https://www.bundestag.de/resource/blob/543200/9f9f21a92a618c77aa330f00ed21e308/kw49_koalition_koalitionsvertrag-data.pdf. Zugegriffen: 24. August 2020

Bundesregierung (2020a) Vereinbarung zwischen der Bundesregierung und den Regierungschefinnen und Regierungschefs der Bundesländer angesichts der Corona-Epidemie in Deutschland vom 16.03.2020. Pressemitteilung 96. https://www.bundesregierung.de/breg-de/suche/vereinbarung-zwischen-der-bun desregierung-und-den-regierungschefinnen-und-regierungschefs-der-bundeslaender-angesichts-der-corona-epidemie-in-deutschland-1730934. Zugegriffen: 24. August 2020

Bundesregierung (2020b) Telefonschaltkonferenz der Bundeskanzlerin mit den Regierungschefinnen und Regierungschefs der Länder am 15. April 2020: Beschränkungen des öffentlichen Lebens zur Eindämmung der COVID19-Epidemie. Pressemitteilung 124. https://www.bundesregierung.de/breg-de/suche/ telefonschaltkonferenz-der-bundeskanzlerin-mit-den-regierungschefinnen-und-regie rungschefs-der-laender-am-15-april-2020–1744228. Zugegriffen: 24. August 2020

Bundesregierung (2020c) Telefonschaltkonferenz der Bundeskanzlerin mit den Regierungschefinnen und Regierungschefs der Länder am 06. Mai 2020: Maßnahmen zur Eindämmung der COVID19-Epidemie. Pressemitteilung 151. https://www.bundesregierung.de/breg-de/suche/telefonschalt konferenz-der-bundeskanzlerin-mit-den-regierungschefinnen-und-regierungschefs-der-laender-am-06-mai-2020–1750988. Zugegriffen: 24. August 2020

Dräger J, Ziegele F (2014) Hochschulbildung wird zum Normalfall. Gütersloh, Centrum für Hochschulentwicklung

Getto B, Schulenburg K (2018) Digitalisierung im Kontext strategischer Hochschulentwicklung an den Hochschulen in Nordrhein-Westfalen. In: Ghetto B, Hintze P, Kerres M (Hrsg) Digitalisierung und Hochschulentwicklung. Waxmann, Münster, S 36–96

Gosselin K P (2009) Development and psychometric exploration of the online teaching self-efficacy inventory. Texas Tech University, Lubbock

Handke J (2020) Handbuch Hochschullehre Digital. Textum, Baden-Baden

Heinen R, Kerres M (2017) „Bildung in der digitalen Welt“ als Herausforderung für Schule. DDS – Die Deutsche Schule 109:128–145

Hochschulrektorenkonferenz (2020) HRK: Sommersemester 2020 weiter als Online-Semester durchführen – Rückkehr zu Präsenzlehre nur schrittweise möglich und sinnvoll https://www.hrk.de/presse/pressemitteilungen/pressemitteilung/meldung/hrk-sommersemester-2020-weiter-als-online-semester-durchfuehren-rueckkehr-zu-praesenzlehre-nur-schri/. Zugegriffen: 24. August 2020

Jokiaho A, May B (2017) Hindernisse für die Nutzung von E-Learning an Hochschulen. Aktueller Forschungsstand. In: Igel C (Hrsg.) Bildungsräume. Proceedings der 25. Jahrestagung der Gesellschaft für Medien in der Wissenschaft, 5. bis 8. September 2017 in Chemnitz. Waxmann, Münster, S 20–31

Kerres M (2016) E-Learning oder Digitalisierung in der Bildung: Neues Label oder neues Paradigma? Grundlagen der Weiterbildung – Praxishilfen 7:159–171

Kerres M (2020a) Against All Odds: Education in Germany Coping with Covid-19. Postdigital Science and Education 2:preprint

Kerres M (2020b) Frustration in Videokonferenzen vermeiden: Limitationen einer Technik und Folgerungen für videobasiertes Lehren. In: Wilbers K (Hrsg) Handbuch E-Learning. Wolters Kluwer, Köln, preprint

Kümmel E, Moskaliuk J, Cress U, Kimmerle J (2020) Digital Learning Environments in Higher Education: A Literature Review of the Role of Individual vs. Social Settings for Measuring Learning Outcomes. Education Sciences 10:78

Marek K (2009) Learning to teach online: Creating a culture of support for faculty. Journal of Education for Library and Information Science 50:275-292

Marzilli C, Delello J, Marmion S, McWhorter R, Roberts P, Marzilli T S (2014) Faculty attitudes towards integrating technology and innovation. International Journal on Integrating Technology in Education 3:1-20

Ministerium für Kultur und Wissenschaft des Landes Nordrhein-Westfalen (2020) Hochschulen: Sommersemester startet am 20. April als „Online-Semester“. https://www.mkw.nrw/Presse/Online-Semesterstart_NRW. Zugegriffen: 24. August 2020

Müller R, Eichhorn M, Tillmann A (2019) Wie verändern sich E-Learning-Konzepte durch mediendidaktische Fortbildungen? Eine Längsschnittuntersuchung. In: Hafer J, Mauch M, Schumann M (Hrsg) Teilhabe in der digitalen Bildungswelt. Waxmann, Münster, S 176–186

Prieto L (2006) College teaching self-efficacy scale (CTSES). Unversidad Pontificia Comillas, Madrid

Rapanta C, Botturi L, Goodyear P, Guàrdia L, Koole M (2020) Online University Teaching During and After the Covid-19 Crisis: Refocusing Teacher Presence and Learning Activity. Postdigital Science and Education. https://doi.org/10.1007/s42438-020-00155-y

Reid P (2012) Categories for barriers to adoption of instructional technologies. Education and Information Technologies 19:383-407

Robert-Koch-Institut (2020) Täglicher Lagebericht des RKI zur Coronavirus-Krankheit-2019 (COVID-19) vom 11.03.2020. Aktualisierter Stand für Deutschland https://www.rki.de/DE/Content/InfAZ/N/Neuartiges_Coronavirus/Situationsberichte/2020-03-11-de.pdf?__blob=publicationFile. Zugegriffen: 24. August 2020

Sahu P (2020) Closure of Universities Due to Coronavirus Disease 2019 (COVID-19): Impact on Education and Mental Health of Students and Academic Staff. Cureus. doi:https://doi.org/10.7759/cureus.7541

Schmölz A, Geppert C, Barberi A (2020) Digitale Kluft: Teilhabebarrieren für Studierende durch universitäres „home-learning"? Medienimpulse 58:1-26

Schulze-Vorberg L, Wenzel S F C, Bremer C, Horz H (2018) Die Öffnung von (Lern-)Räumen in Schule und Unterricht durch den Einsatz digitaler Medien. Der Einfluss von Computereinstellung, -ängstlichkeit und Lehrhaltung auf die digitale Mediennutzung von Lehrkräften. In: Pietraß M, Fromme J, Grell P, Hug T (Hrsg) Jahrbuch Medienpädagogik 14. Springer, Wiesbaden, S 215–236

Universität Basel (2020) COVID-19 Schutzkonzept für den Präsenzunterricht im HS 2020/21. Universität Basel. https://www.unibas.ch/dam/jcr:408e3b7b-097e-4d8c-a1c9-ed0c1623dd97/2020-08-25-Schutzkonzept-HS-2020-DE-DEF.pdf. Zugegriffen: 1. September 2020

Zentrum für Hochschulqualitätsentwicklung (2020) Noch online? Erste ausgewählte Ergebnisse der Studierendenbefragung zur medientechnischen Ausstattung im Sommersemester 2020. Universität Duisburg-Essen, Duisburg

Zierer K (2020) So viel Präsenz wie möglich. Einschätzungen von Studierenden zum Corona-Semester. Forschung & Lehre 9:75.

# 23 Vom Krisenmodus zum agil-stabilen Management: Wie Corona die Lehre an Hochschulen verändert hat und verändern wird

## Fallbeispiel FH des BFI Wien Hochschule für Wirtschaft, Management und Finance, Wien

Andreas Breinbauer und Eva Schiessl-Foggensteiner

**Zusammenfassung**

Als wir diesen Buchbeitrag im Herbst 2020 finalisieren, spricht man in Österreich gerade vom Beginn einer zweiten Covid-Welle. Es geht also wieder weiter, aber dieses Mal mit mehr Erfahrung. Gerade noch vor dem Wintersemester 2019/2020 hatten wir an der FH des BFI Wien unsere „Strategie 2025" verabschiedet, die einen deutlich höheren Anteil im Bereich Online Lehre vorsah, allerdings bis 2025. Dass wir die strategischen Ziele über das Wochenende erfüllen mussten – das hätten wir nie für möglich gehalten. Die VUCA-World, mit Volatilität, Unsicherheit, Komplexität und Mehrdeutigkeit ist im Studienjahr 2020/2021 von einem Tag auf den anderen Standard geworden.

## 23.1 Ausgangssituation und Rahmenbedingungen

Die Covid-Krise 2020 hat uns als FH des BFI in mehreren Dimensionen getroffen:

Wir danken Vizerektorin Mag.a (FH) Ina Pircher für die wertvollen Anregungen für diesen Artikel.

A. Breinbauer (✉) · E. Schiessl-Foggensteiner
FH des BFI Wien, Wien, Österreich
E-Mail: andreas.breinbauer@fh-vie.ac.at

E. Schiessl-Foggensteiner
E-Mail: eva.schiessl@fh-vie.ac.at



U. Dittler und C. Kreidl (Hrsg.), *Wie Corona die Hochschullehre verändert*,
https://doi.org/10.1007/978-3-658-32609-8_23

a) Als tertiäre Bildungseinrichtung, die Studienprogramme anbietet (Lehre)
b) Als Forschungseinrichtung und Projektpartnerin
c) Als akademische Bildungspartnerin für Weiterbildungsinteressierte
d) Als DienstgeberIn für Lehrende, Forscher*innen und Verwaltungsangestellte.

Als international orientierte Hochschule mit drei englischsprachigen Masterprogrammen, beinahe 100 Partneruniversitäten, internationalen Forschungsaktivitäten und Kompetenzzentren waren wir auf regionaler nationaler und internationaler Ebene betroffen – die internationalen Studierenden aus Drittstaaten und internationale Forschungsaktivitäten bedenkend.

Wir konzentrieren uns in diesem Artikel auf den Lehr- und Prüfungsbetrieb sowie jene Managementbereiche, die diesen Kernprozess begleiten und unterstützen.

Die Fachhochschule hat sich bereits – wie alle Hochschulen – seit einiger Zeit mit dem Thema Bedrohungs- und Krisenmanagement im Sinne eines adäquaten und professionellen Risikomanagements beschäftigt. Die meisten FHs haben – wie auch die FH des BFI Wien – einen Krisenstab, Strukturen und Abläufe definiert. Die Kommunikationsabläufe und Bedrohungszenarien wurden bereits identifiziert und noch im Herbst 2019 die Kommunikationsabläufe festgelegt, was für die Krisenbewältigung vor allem anfänglich sehr hilfreich war. Die bereits 2019 eingerichtete – und mit einer Arbeitsgruppe der FHK vernetzte – Bedrohungsmanagement-Arbeitsgruppe wurde im Februar 2020 kurzerhand in die SOKO Corona umbenannt und fokussierte auf das Covid-Bedrohungsszenario. Auch für das funktionierende Zusammenspiel von Kollegium und Geschäftsführung im Rahmen der Hochschulleitung (bestehend aus Geschäftsführung, stellvertretende Geschäftsführung, Rektor, Vizerektorin), sowie weitere Abstimmungsmeetings innerhalb der FH des BFI Wien, sowie Kommunikationsformate innerhalb der FH, waren für das Krisenmanagement sehr förderlich.

## 23.2 Hochschule im Krisenmodus – der Shutdown

Die SOKO Corona besteht aus der Hochschulleitung (also Geschäftsführung und Rektorat), der Leitung IT, dem Gebäudemanagement, dem Betriebsrat, der Stabstelle Recht, der Leitung HR, der Psychologin sowie der Leitung der Öffentlichkeitsarbeit. Die Diversität des Teams war hilfreich in der Bewertung der Sachverhalte und für das rasche Finden von Entscheidungen. Zudem erleichterte das über Organisationsgruppen und Hierarchien hinweg zusammengesetztes Team die Akzeptanz der getroffenen Maßnahmen bei den Stakeholder*innen.

Die SOKO definierte Schlüsselaufgaben und Rollen, die auch in einem Shutdown funktionsfähig sein und unter Umständen auch vor Ort Zugang haben müssen und bereitet(e) in einem Krisen-Kommunikationshandbuch entsprechende Wordings und Kommunikationsprozesse auf, sodass im Fall eines positiven Covid-19-Falls zeitnah alle relevanten Gruppen informiert werden konnten.

Die ersten gemeldeten Verdachtsfälle und zu entscheidenden Fälle kamen über die Mobilitätsprogramme (Austauschstudierende aus Italien, Korea,..) sodass rasch klar war, dass die zeitweise Komplettschließung der FH ein mögliches Szenario war, das ein paar Wochen zuvor noch undenkbar schien.

Es wurden in wenigen Tage alle dafür notwendigen Maßnahmen getroffen: Einrichtung von dislozierten Arbeitsplätzen für Schlüsselkräfte für den Fall von Teilschließung, Ausarbeitung einer Home Office Vereinbarung, Einrichtung einer Kommunikationsplattform über MS Team inklusive Krisenkommunikation via whats app-Gruppen.

Am 11.03.2020 wurden auf Basis einer Direktive des Bundesministeriums für Bildung, Wissenschaft und Forschung (BMBWF) Studierende und Lehrende informiert, dass der gesamte Lehrbetrieb ab sofort auf ‚Online' umgestellt wird und ein Betreten der FH und der Bibliothek bis 14.04.2020 (soweit reichte die Direktive) nicht mehr gestattet sei. Wir gingen zu diesem Zeitpunkt noch davon aus, dass Prüfungen (die in der Direktive ausgenommen waren), noch in Präsenz stattfinden würden. Der Shutdown wurde mit 16.3. tatsächlich umgesetzt, wobei zu Beginn nicht klar war, dass ein paar Tage später eine faktische Ausgangssperre in Österreich verhängt werden würde, sodass wir noch annahmen, die Standorte als Arbeitsplatz und zur Abhaltung der geplanten Prüfungen nutzen zu können. Mit 16.3. wurde aber auch deutlich, dass die Standorte bis auf weiteres gänzlich geschlossen werden und somit auch alle Mitarbeiter*innen in Homeoffice so weit als möglich ihre Aufgaben wahrnehmen müssen. Einige Funktionsgruppen (z. B. Haustechnik) wurden aufgrund ihrer spezifischen Aufgaben dienstfreigestellt. Schließlich wurden auch alle Prüfungen vorerst abgesagt. Dies bedeutete gerade für den Lehr- und Prüfungsbetrieb und den Semesterbeginn eine große Herausforderung, da manche Lehrveranstaltungen noch gar nicht begonnen hatten.

Die Kommunikation erfolgte zentral durch Aussendung an alle Mitarbeiter*innen, nebenberuflich Lehrende und Studierende. Die Homepage als zentrale zweite Kommunikationsplattform wurde dementsprechend rasch mit den Informationen zum Covid-Modus adaptiert. Die Information zur weiteren Vorgehensweise wurde dann dezentral in den Studiengängen je nach Studiengang und Semester delegiert. Als Lehrplattform war „Moodle" bereits stark präsent und sollte in den nächsten Wochen – neben MS Teams und Zoom – zum ‚Lehrmittel' der Wahl werden.

Nachdem ein nächster Entscheidungszeitpunkt für das restliche Semester mit Ostern (Mitte April) seitens des für die Fachhochschulen zuständigen Ressorts in Aussicht gestellt wurde, war klar, dass jedenfalls bis dorthin in diesem ‚Krisenmodus' gearbeitet werden muss.

Die Hochschulleitung hat zur Abstimmung der kritischen Punkte und Entscheidung der zu treffenden Maßnahmen *tägliche ‚Stand up'- Meetings* wie man sie aus dem agilen Management bzw. Scrum (Sutherland 2015: 236 f.) kennt, einberufen. Diese regelmäßigen, kurzen Meetings ermöglichten ein agiles, aufeinander abgestimmtes Vorgehen zwischen Erhalter/GF und Rektorat. Parallel dazu wurde die Frequenz der Studiengangsleiter*innensitzungen (normalerweise alle zwei bis drei Wochen) auf zweimal pro Woche erhöht und in weiterer Folge ein wöchentliches Meeting für alle Mitarbeiter*innen („FH intern") im virtuellen Raum einberufen. Hier ging es darum, in regelmäßigen Abständen auch über die Distanz alle Kolleginnen und Kollegen seitens der Hochschulleitung zu informieren und auch ihre Ängste und Meinungen bzw. Feedback aus den einzelnen Bereichen abzuholen. Dies hat Raum zum Q & A direkt mit der Hochschulleitung eröffnet und wurde in der Nachbetrachtung von den Kolleginnen und Kollegen sehr geschätzt. Gleichzeitig wurde ein wöchentlicher Jour Fixe des Rektorats mit der FH-Studierendenvertretung organisiert.

Besonders kritisch war auch der Zeitpunkt im Jahr insofern, als im Frühjahr die Aufnahmetest für das darauffolgende Studienjahr stattfinden. Auch hier galt es rasch, tragfähige Lösungen zu finden.

## 23.3 Herausforderungen – Chancen – Widerstände

### 23.3.1 Der Wunsch nach Klarheit ist am höchsten, wenn die Unsicherheit am größten ist

Die Paradoxie der frühen Phase der Covid-Krise war: Das Bedürfnis nach Orientierung und Klarheit schien umso größer, je unsicherer die Situation war. Der Wunsch nach einem Rahmen setzte sich hochschulisch über alle genannten Bereiche fort. Nachdem Anfang April für uns klar wurde, dass auch der Rest des Studienjahres nicht mehr so abgehalten werden konnte, wie geplant, zugleich aber keine klaren Regelungen oder Verordnungen da waren, musste die FH sich selbst ‚neu organisieren`. Viele relevanten Regulative mussten angepasst werden, zum Beispiel die *Prüfungsordnung.* Die privatrechtliche Organisationsform, das hat sich in der Krise gezeigt, eignet sich recht gut, rasche Entscheidungen und flexiblere Lösungswege zu finden. Im Ausschuss Lehre der Fachhochschulkonferenz (FHK; den der Autor leitet), und in dem so gut wie alle RektorInnen des österreichischen Fachhochschulsektors vertreten sind, fand z. B. bereits am 18.03.2020 eine erste Online Sonder-Sitzung zum Thema „Lehre und Covid-19" statt. Es wurde dort von den österreichischen FH-Rektor*innen festgehalten, dass das FHStG/FHG für eine solche Krisensituation gut geeignet ist: Studienrechtliche Themen wie Prüfungsordnung, Praktika und Aufnahmeverfahren liegen in der Autonomie der Hochschule – das macht schnelle und flexible Lösungen möglich. Bereits am 2.4. fand das nächste Online Meeting des Ausschusses Lehre statt. Es wurde die Einschätzung diskutiert, ob der Online Modus das gesamte Sommersemester aufrechterhalten werden muss (die VO des BM reichte ja nur bis 30.4). Einige FHs hatten sich bereits dazu entschieden, alles auf Online umzustellen. Ein großes Thema war die notwendige Änderung der Prüfungsordnung und was zu tun wäre, wenn Studierendenvertreter*innen sich dagegen aussprechen würden. Auch die Frage der Verlängerung des Studienbetriebes stand im Raum. Die FH des BFI Wien entschied sich, wenn nur irgendwie möglich, das Semester pünktlich abzuschließen, was letzten Endes auch gelang.

Der Druck, rasch Regulative zu entwickeln, kam also nicht nur von innen, sondern auch von außen. Jede Hochschule möchte die bestmögliche Ausbildung für die Studierenden, aber auch kein Covid-Hot-Spot werden.

### 23.3.2 Nach dem Shutdown – Die Mühen der Ebene

Eine Herausforderung war zudem, dass alle Kolleg*innen disloziert von zu Hause aus arbeiteten, WLAN -Leitungen zunehmend belasteter und instabil wurden und die technische Infrastruktur auf Dauer zu Hause auch nicht ausreichend war (Zeugnisse erstellen, Post erledigen, Meetings mit vielen Teilnehmer*innen, Laptops ohne Kameras,…). Zudem waren Kolleg*innen mit Betreuungspflichten – es waren ja auch die Kindergärten und Schulen geschlossen – in der schwierigen Situation, Homeoffice und HomeSchooling zu managen und zu ermöglichen. Gerade im FH-Sektor, auch an der FH des BFI Wien, gibt es traditionell eine große Anzahl an Lehrveranstaltungen, die von nebenberuflich Lehrenden abgehalten werden. Diese waren ebenfalls – beruflich und privat – durch den Shutdown in höchstem Maß gefordert. Für die Studiengänge und insbesondere für die Fachbereichsleitungen war es daher eine besondere Herausforderung, gerade die nebenberuflichen. Lektor*innen bei der Transformation auf distante Lehre zu unterstützen.

Die gesamte Lehre und die Prüfungen mussten neu organisiert werden. In die Erstellung der Prüfungsordnung wurden alle Kurien des Kollegiums (Studierende, Lehrende, Studiengangsleitungen) eingebunden. Mit der Abstimmung war die Kollegiumsleitung in hohem Maße gefordert. Manche Mitglieder des FH Kollegiums wollten Fragen der Prüfungen genauer geregelt haben, andere wiederum wollten wenige Regeln, damit den Lehrenden möglichst viel Handlungsspielraum gegeben werden konnte. Die Studierendenvertreter*innen wiederum forderten detaillierte Formulierungen ein, um größtmögliche Rechtssicherheit zu haben. Zunächst wurde via (online-)Umlaufbeschluss im FH Kollegium ein Generalbeschluss gefasst, dass die FH bis auf Weiteres Online Prüfungen durchführen darf. Im Anschluss wurde mit allen Stakeholder*innen über Details einer Online Prüfungsordnung gesprochen und diese mit ihnen abgestimmt. Es musste eine Anpassung an die verschiedenen Lehrformate (Vorlesung, Integrierte Lehrveranstaltung, Übung etc.) und Abschlussprüfungen (Bachelor- und Masterprüfungen) vorgenommen werden. Änderungen des Prüfungsmodus und vor allem auch die Kommunikationsplattform mussten festgelegt und ein standardisiertes Vorgehen bei technischen Problemen vorgenommen werden. Als die Prüfungsordnung gerade so weit finalisiert war, wurde vom BMBWF die Covid-Fachhochschulverordnung vom (C-FHV)[1] vom 22.04.2020 veröffentlicht, die knapp vor Beschlussfassung durch das FH Kollegium bekannt wurde. Eine rasche Adaption war daher notwendig. In der C-FHV

[1]C-FHV (2020): https://www.ris.bka.gv.at/eli/bgbl/II/2020/172 (06.08.2020).

gab es einige Passagen, die intensiv diskutiert wurden. Nach mehreren Diskussionsschleifen des Rektorats mit allen Stakeholder*innen konnte eine gut austarierte und einstimmig im FH Kollegium beschlossene Prüfungsordnung verabschiedet werden.

Die Hochschuldidaktik und das E-Learning Team unterstützten die Lehrenden in ihrer Umstellung der Lehre bzw. supporteten in den ersten online Lehrveranstaltungen z. B. durch die Moderation von Sessions, einerseits durch konkrete Hilfestellungen Online (z. B. durch FAQs und Tipps), andererseits durch bilaterale oder multilaterale Schulungen.

Hier haben die hauptberuflichen Lektor*innen und Fachbereichsleitungen eine besondere Rolle gespielt.

In den Verwaltungsprozessen mussten im Bereich des Sekretariats (Posteingang/lauf, Kommunikation mit Studierenden), der kaufmännischen Prozesse (Rechnungslegung/Rechnungsfreigaben, externe Buchhaltung) und der Personalverwaltung (Homeoffice-Vereinbarungen, Änderung Dienstverträge, elektronisch Unterschriften) einige Anpassungen vorgenommen werden.

### 23.3.3 Die Chancen – „anything goes"

Die Personalverwaltung an sich war bereits im Herbst 2019 digitalisiert worden, was die Abwicklung von Standardprozessen (Arbeitszeitaufzeichnungen, Beantragung und Freigabeprozesse) auch im FH @ Home Modus leicht ermöglichte.

Eine große Chance aus Sicht der Hochschulleitung bestand darin, die Digitalisierung der Hochschule in allen Bereichen voranzutreiben. Die krisenhafte Situation schaffte nach der ersten Schockstarre ein ‚anything goes' Gefühl. Wer hätte vor drei Monaten gedacht, dass es möglich ist, eine FH völlig disloziert am Laufen zu halten? Alle Lehrveranstaltungen, ja sogar Bachelor- und Masterprüfungen Online durchzuführen mit virtuellen Kommissionen? Homeoffice an sich wurde an der FH bislang nur in der Lehre (Vorbereitungszeit/Forschung) bzw. vereinzelt bei Mitarbeiter*innen in der Verwaltung gelebt.

Die Chance, ALLE relevanten Prozesse digital bzw. disloziert durchdenken und neu aufsetzen zu müssen, barg auch die Chance, nachhaltiger Prozessveränderung und -vereinfachung.

Hier seien beispielhaft drei Prozesse angeführt:

Das **Aufnahmeverfahren** ist ein wesentlicher und höchst kritischer Prozess an einer Fachhochschule. Es hat nicht nur eine Selektionsfunktion, sondern auch eine Marketing-Informations- und Orientierungsfunktion sowie strategisch Steuerungsfunktion (strategische Vorsteuergröße, Rankl 2007:73). Insbesondere ist das Aufnahmeverfahren ein erster ‚Touch Point' potenzieller Studierender und Interessent*innen mit ihrer zukünftigen Hochschule. Andererseits muss laut FHStG/FHG zielgerichtet und fair – per Reihungstest die besten Studierenden für die einzelnen Studiengänge herauszufiltern und einen ‚Match' der Erwartungshaltungen und Anforderungen herzustellen.

Bislang wurden vor Ort MC Testungen und persönliche Interviews pro Studiengang durchgeführt.

2019 wurde bereits ein internes Projekt zur Optimierung des Aufnahmeverfahrens insbesondere für die Bachelorstudiengänge gestartet, das 2020 zum ersten Mal durchgeführt werden sollte. Es wurden zwar Vereinheitlichungs- und Prozessoptimierungsschritte gesetzt und über die Studiengänge akkordiert (u. A. gemeinsamer MC Test für alle wirtschaftswissenschaftlichen Bachelor Studiengänge), der Shutdown und die Tatsache, dass an ein Verfahren in Präsenz nicht zu denken war, führten aber dazu, dass das Projektteam noch einmal neu überlegen musste, wie das Aufnahmeverfahren realistisch durchzuführen war. Denn eines war klar: eine neue Lösung zu finden war alternativlos.

Die Motivation im Team war hoch, trotz der bereits gemachten Projektarbeit, die nun zum Teil wieder obsolet war. Zugleich war die erfolgte Projektarbeit eine gute Ausgangsbasis, für ein FH-weites, ONLINE Aufnahmeverfahren. Gemeinsamt mit einem langjährigen Kooperationspartner, der auf Online-Lehre spezialisiert ist, konnte innerhalb kürzester Zeit ein Online Aufnahmetest auf Basis des bereits bestehenden Tests erstellt werden.

Die Bewerber*innen wurden über die neue Form informiert und bekamen ein Zeitfenster für ihren Test zugewiesen, innerhalb dessen Sie den Test absolvieren mussten. Mit einer Proctoringsoftware bzw. einem technischen Pre-Test wurde einerseits sichergestellt, dass die Teilnahme am Test nicht an technischen Problemen scheiterte, andererseits dass keine unlauteren Mittel eingesetzt werden konnten bzw., dass der Einsatz dieser auch geahndet werden konnte. Die Projektleitung (gleichzeitig Leitung Admission Office) stellte gemeinsam mit der Leitung IT die Schnittstelle zu den Studiengängen und den Bewerber*innen dar.

**Informationsabende** und **‚Open House‘** sowie Schulbesuche wurden in Form von Online-Infosessions durchgeführt. Die Rückmeldung der Studiengänge war durchwegs positiv, da hier der/die jeweilige StudiengangsleiterIn den Studiengang gut präsentieren konnte und in einen intensiveren Austausch mit Interessent*innen treten konnte. Insgesamt wurden mit den Info-Sessions deutlich mehr Interessent*innen erreicht als über die bislang klassischen Präsenz-Angebote.

Dies kann auch für das Aufnahmeverfahren an sich bestätigt werden: Es haben noch nie so viele Bewerber*innen am Aufnahmeverfahren an der FH des BFI Wien teilgenommen, wie 2020.

Die Ausstellung der **Zeugnisse/Abschlussdokumente,** inklusive Diploma Supplement erfolgte im ‚Normalbetrieb‘ im Rahmen der Sponsionen, die drei Mal im Jahr stattfanden. Bislang wurden den Absolvent*innen ihre Abschlussdokumente direkt bei der Sponsion übermittelt. Die Prozesse der Überprüfung, Vorbereitung, Anmeldung und Ausgabe waren auf diesen präsenten und getakteten Prozess abgestellt, bargen aber ein hohes Stress- und Fehlerpotenzial. Nur im Falle einer stillen Sponsion, also wenn ein/e Absolvent*in nicht an der Feier teilnehmen konnte/wollte, wurden die Dokumente zur Abholung an der FH durch den Studiengang bereitgelegt.

Aufgrund des Shutdowns musste ein neuer Weg für die Absolvent*innen, die im Laufe des Frühlings ihren Abschluss machten und im April respektive Anfang Juli zur Sponsion gekommen wären, gefunden werden. Nunmehr werden die Dokumente – wie bei der stillen Sponsion – vorbereitet, analog oder digital auf Wunsch zur Verfügung gestellt bzw. übermittelt und die Feierlichkeiten davon unabhängig organisiert, sobald es die Lage wieder erlaubt. Diese Vorgehensweise schafft auch in Zukunft einen besser zu organisierenden und weniger fehleranfälligen Prozess.

Widerstände ergaben sich im Grunde aus einer – psychologisch nachvollziehbaren – Haltung einiger Weniger, die die Notwendigkeit der Anpassungen als nur temporäres Phänomen wahrnahmen. Die Hoffnung, dass das alles jetzt eh mal nur eine Zeit dauert und dann wieder ‚business as usual' stattfinden wird, bestand. Wozu also der Aufwand? Diese Haltung führte vereinzelt dazu, dass Maßnahmen infrage gestellt oder nur schleppend umgesetzt wurden.

## 23.4 Reflexion und Monitoring – erste Bilanz(en) und abgeleitete Maßnahmen im Lehr- und Prüfungsbetrieb

Andrew Likierman weist in einem Beitrag zu „Entscheiden in der Corona Krise" (Likierman 2020:20 ff.) darauf hin, dass das Verlassen der Komfortzone, „von alten Plänen Loslassen", die größte Herausforderung der Covid 19-Krise ist, bzw. entscheidend für die Bewältigung der Krise ein gutes Urteilungsvermögen ist. Dieses setzt sich seiner Meinung nach aus sechs Zutaten zusammen: 1) Wissenserwerb, 2) Vertrauen, 3) Erfahrung (im Sinne von Tiefes Wissen ist gut, breites Wissen ist besser), 4) Distanz (im Sinne von Erkennen und Hinterfragen der eigenen Vorurteile), 5) Denken in Alternativen (Stellen Sie einfache Lösungen in Frage) und 6. Seien Sie realistisch. Wir wollen unser Covid-Management danach analysieren: **Wissenserwerb:** Gutes Urteilsvermögen setzt voraus, dass Informationen in Einsichten umgewandelt werden können. Ungeteilte Aufmerksamkeit ist das Gebot der Stunde. Dazu haben wir unter den wichtigen Stakeholder*innengruppen (Studierenden, Lehrende) Umfragen durchgeführt. Bereits Ende März wurden die ersten Erfahrungen der hauptberuflichen Lektor*innen erhoben und Maßnahmen abgeleitet. Weitere Maßnahmen zum Wissenserwerb und Austausch waren: FH intern, Studiengangsleiter*innenaustausch, Managementteam Sitzungen, Jour Fixe im Führungsteam und Jour Fixe mit der ÖH. Wenn man die vier Ebenen einer Nachricht als Referenz hernimmt (Schulz von Thun, 2019): Beziehungsseite, Appellebene, Selbstkundgabe bzw. Sachebene, dann kann aus unserer Erfahrung die Sachebene wohl am besten über Zoom- und MS-Teams Meetings abgedeckt werden. Die anderen Seiten kommen zu kurz, sodass wir es für notwendig hielten auch persönliche Treffen abzuhalten. **Vertrauen:** Die beste Form der Komplexitätsreduktion ist, wie der Bielefelder Soziologe Niklas Luhmann bereits in den 1970er Jahren bemerkt hat: Vertrauen. Vertrauen entsteht durch bewährte Kooperation in schwierigen Situationen und durch langfristige Beziehungen (Breinbauer 2020). Wir denken, dass das Vertrauen der

Kolleg*innen gewachsen ist. Insbesondere eine vertrauensvolle Basis in der Hochschulleitung, also im Zusammenspiel Akademia mit der Verwaltung, stellt im hochschulischen Management eine Schlüsselfrage und einen Erfolgsfaktor dar. **Erfahrung:** Diese konnten wir auch im Bereich Distantem Lernen und der Transformation in die Hybrid Lehre gewinnen. Ein klares Ergebnis war: Die Umstellung auf Hybrid Lehre war bereits fordernd, Prüfungen aber entsprechend den gewünschten Lernergebnissen zusammenzustellen und auch zu garantieren, dass diese fair und selbstständig durchzuführt werden können, war an unserer Hochschule und auch an den anderen FHs eine große Herausforderung. Als Resultat wurden – auch auf Wunsch der Studierenden – im Wintersemester die Prüfungen in Präsenz geplant. **Distanz:** Erkennen und hinterfragen Sie Ihre Vorurteile. Die Diversität der verschiedenen (Krisen-)Teams hatte es ermöglicht, die unterschiedlichen Perspektiven zu sehen und auch zu bewerten. Damit hatten wir auch bemerkt, dass einfache Lösungen nicht immer die besten sind. Komplex war z. B. die Organisation der Nebenprüfungstermine, wo wir mehrere **Alternativen** andachten. Agilität war und ist gefordert, weil sich selbstgewählte und sich rasch ändernde Ansprüche flexibles Handeln erfordern. Das Gebot **„Seien Sie realistisch!"** ergibt sich zwangsweise bei allen Entscheidungen. Exemplarisch kann hier der Wunsch nach Bildschirmen für die duale Lehre genannt werden, der sich im Laufe der Zeit stark verändert hatte. Als pragmatische Lösung wurden fast alle Lehrsäle mit Kameras ausgestattet, die den Unterricht an die Daheimgeblieben übertragen können („dualer Unterricht").

## 23.5 Maßnahmen zur Umstellung auf Distance Learning im Sommersemester 2020 im Detail

Die Umstellung auf Distance Learning im Sommersemester 2020 erfolgte an der FH des BFI Wien schnell und erfolgreich. Ausschlaggebend dafür war eine Kombination unterschiedlicher Maßnahmen, die operative Maßnahmen zur Unterstützung von Lehrenden, ein kontinuierliches Monitoring der Umstellungsaktivitäten und eine Reihe von Transferaktivitäten zur Rückspiegelung von Lessons Learned in Verbesserungsmaßnahmen für die Lehre. Dabei wurde für Lehrende umfassende *Ad hoc-Schulungen und Supportangebote.* Zusätzlich wurden von Beginn der **Umstellungsphase an die Erfahrungen von Lehrenden und Studierenden** mit Distance Learning (360 Grad Monitoring) erfasst und systematisiert und diese frisch gewonnenen Lessons Learned im Rahmen von Transferaktivitäten für Lehrende rasch wieder in den Lehrbetrieb rückgekoppelt (um eine nachhaltige Qualitätssteigerung in der distanten Lehre herbeizuführen).[2] So gab es bereits mehrere Tage nach dem Shutdown im März eine Erhebung unter Lehrenden

[2]Die Umsetzung dieser Maßnahmen wurde durch das von der Stadt Wien, MA 23, geförderte Projekt „Innovative Lehre. Steigerung der Lehrqualität durch hochschuldidaktische Kompetenzentwicklung" wesentlich unterstützt.

(über 100 teilnehmende Lehrende, FH des BFI Wien, 2020a) über erste Erfahrungen mit der Umstellung der Lehre, Nutzung der Tools, Lehrqualität und den daraus abgeleiteten Bedarfen an Information bzw. Equipment. Nach dieser Befragung ist Lehrqualität ein Thema, auf das in Zukunft besonders geachtet werden muss: Knapp 60 % der Lehrenden meinten, dass die Lehrqualität etwas (49 %) oder stark gesunken (10 %) sei. Dieses Ergebnis entspricht auch dem Ergebnis der Umfeldevaluierung, wonach die Lehrqualität aus Sicht der Studierenden einen kritischen Faktor darstellt. Schummeln hat aus Sicht der Lehrenden in den Lehrveranstaltungen selbst und bei den Prüfungen zugenommen. Für 60 % der befragten Lehrenden ist Online-Lehre ideal, als erfolgskritisch werden dabei die Information der Studierenden zum Ablauf von Online-Lehrveranstaltungen, Leistungsanforderungen und Beurteilungskriterien/Prüfungsformate sowie Feedback zu den Lernergebnissen gesehen. Die befragten Lektor*innen sahen für den Erfolg von Distanzlehren und distantem Lernen die Weiterentwicklung der eigenen Lehrkompetenzen, die smarte Konzeption für Lehrveranstaltungen und speziell für interaktives und selbstorganisiertes Lernen und die Einbindung der Studierenden über längere Zeiträume als erfolgskritisch. Gerade zu Beginn der Umstellung wurde sowohl von den Lektor*innen als auch Fachbereichsleitungen teilweise von einem erhöhten Mehraufwand berichtet. Dieser wird von zwei Faktoren beeinflusst: Von der Anzahl der Lehrveranstaltungen und der Anzahl unterschiedlicher LV-Typen: Je mehr LV und je mehr unterschiedliche LV-Typen ein/e Lehrende/r durchführt, desto höher der Mehraufwand. Die vorrangigen Treiber des Mehraufwands sind: Aufbereitung und Erstellung von Lehrmaterial, Konzeption der Online-LV, Weiterbildung zum Thema Online-Lehre, Korrekturen von Studierendenarbeiten und Prüfungen sowie Administration der Online-LV. In der Umfeldevaluierung und Studierendenabschlussbefragung wurde das Feedback der Studierenden zur Umstellung der Lehre erhoben. Neben den Lehrenden wurden auch die Betroffenen (Studierenden) im Rahmen einer Umfeldanalyse über ihre Meinung zum ‚Covid Semester 2020‘ an der FH befragtem entsprechende Do's und Dont's für das Wintersemester zu bekommen. Die Umfeldanalyse (FH des BFI Wien, 2020b), die online durchgeführt wurde, hatte eine guten Rücklauf und konnte auch studiengangsspezifisch ausgewertet werden (Es nahmen 262 Studierende Teil, was einem Rücklaufquote von 20 % entspricht). Dies war sehr hilfreich, da doch deutliche Unterschiede in der Qualität der Online Lehre, der Erreichbarkeit der Services und der Zufriedenheit in diesem Ausnahmesemester festzustellen waren. Die Studierenden wünschen sich einheitliche Kommunikationstools und -plattformen, angemessene Fristen bei der Bekanntgabe von Prüfungsmodalitäten und bei Verschiebungen von Prüfungen. Online Lehre sei nach Auffassung der Studierenden dann sinnvoll, wenn die Unterrichtsmaterialien und die Didaktik daran angepasst sind und entsprechendes Feedback zu Arbeitsaufträgen gegeben wird. Die Studierenden äußerten auch nach dem Covid-Sommersemester verstärkt den Wunsch nach Präsenzlehre so bald wie möglich und sahen eine optimale Mischung Präsenz- und Distanzlehre als ideal an.

Die umgehend eingeleiteten **operativen Maßnahmen** umfassten eine breite Palette von Online-Workshops über Beratungs- und technische Supportangebote für Lehrende bis hin zu Online-Weiterbildungsmodulen für Lehrende. Allein an den Weiterbildungsangeboten, die am zweiten Tag nach dem Lockdown gestartet hatten und die von Hochschuldidaktik und E-Learning-Team in Zusammenarbeit mit der HR-Abteilung umgesetzt wurden, gab es im Covid-Semester in **24 Weiterbildungsveranstaltungen 450 Teilnehmer*innen aus der Lehre.**

Parallel dazu wurde ab der ersten Umstellungswoche eine **Monitoringgruppe** „Umstellung auf Distance Learning", bestehend aus Kollegiumsleitung, Hochschuldidaktik, E-Learning-Expert*innen und Leitung der IT-Services, eingerichtet. Studiengangs- und Fachbereichsleitungen sowie Lehrende wurden vom Hochschuldidaktiker der FH zu ihren aktuellen Erfahrungen, zu den Good Practices im Distance Learning und zu den Supportangeboten befragt. Daraus wurden die Bedarfe abgeleitet, z. B. an Schulungsmaßnahmen sowie in Bezug auf technischen Support.

Die Monitoringgruppe evaluierte die Informationen aus dem Umstellungsprozess kontinuierlich und plante die zügige Implementierung von Richtlinien und Weiterentwicklungsmaßnahmen wie beispielsweise die Adaptierung der Prüfungsmodalitäten.

Zusätzlich wurde der **Transfer** der gewonnenen Erkenntnisse in Form von Best Practices, Anleitungen und Tipps für digitales Lehren und Prüfen sowie Richtlinien für die Online-Lehre über eine neu aufgesetzte Lehrendenplattform, via Moodle und über die internen Kommunikationskanäle für Lehrende zeitnah umgesetzt. Die gebündelten Aktivitäten führten dazu, dass bereits im Mai 2020 eine Online-Transferwerkstatt mit und für Lehrende durchgeführt werden konnte: Im „Teaching Tools Marketplace" tauschten Lehrende in vier Streams zu den Themenbereichen Game-based Learning, interaktive Gruppenarbeit, Online Tests und Prüfungen sowie Open Educational Resources ihre Erfahrungen aus der digitalen Lehrpraxis aus.

Zusammengefasst lässt sich sagen, dass ein wesentlicher Grund für die erfolgreiche Umstellung auf Distance Learning an der FH des BFI Wien in der systematischen Verschränkung von unterschiedlichen Handlungsebenen lag. Damit wurde in kurzer Zeit ein hohes Maß an Synergien und an produktiver Weiterentwicklung des gesamten Lehrbetriebs erreicht.

## 23.6 Planungen für das kommende Studienjahr 2020/2021

Aufgrund der Tatsache, dass Anfang Juni 2020 sich immer mehr abzeichnete, dass auch im Herbst 2020 nicht unbedingt mit einer Rückkehr zur ‚Normalität' des Hochschulbetriebes zu rechnen ist, wurde seitens der Hochschulleitung auf Basis der oben beschriebenen Rückmeldungen von Studierenden und Lehrenden eine Szenarioanalyse erstellt, mit dem Outcome, dass das wahrscheinlichste Szenario ein Mischbetrieb Präsenz-Distant sein wird, unter Wahrung der zu diese Zeit geltenden Hygiene-

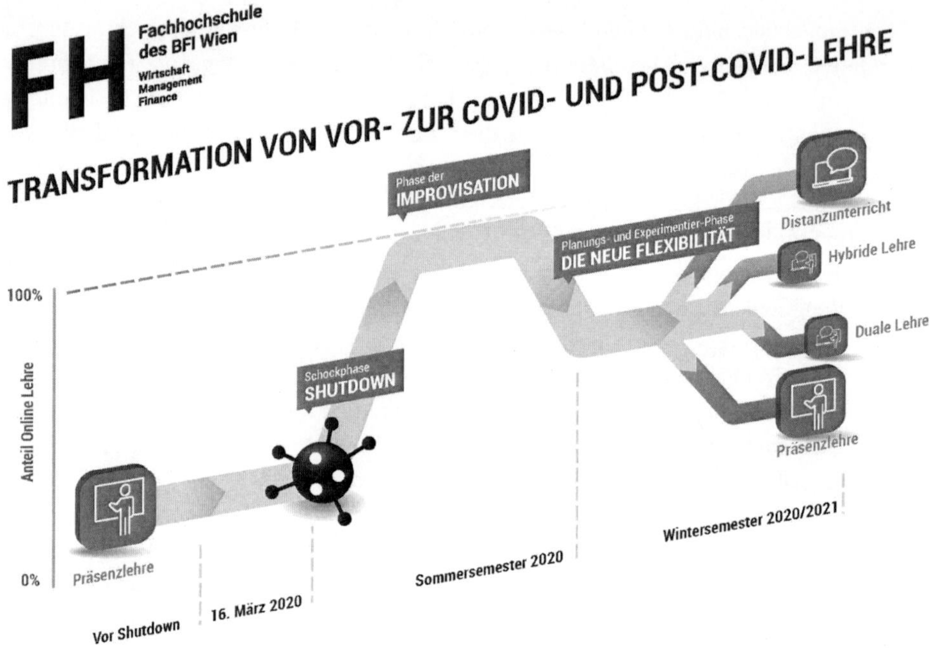


**Abb. 23.1** Transformation von der Vor-Covid- zur Covid- und Post-Covid-Lehre. (Quelle: Eigene Darstellung)

bestimmungen (Abstand zum Nächsten, Hygienemaßnahmen in den Gebäuden, MNS-Pflicht dort, wo der Mindestabstand von 1 m nicht eingehalten werden kann).

Die Rahmenbedingung zur Organisation des Studienbetriebs hatten sich also noch einmal geändert und alle Lehrpläne/Lehrkonzepte und die gesamte Infrastruktur- und Raumplanung musste für das Wintersemester 2020 (Start 31.08.2020) neu gemacht werden.

Die Ergebnisse des Lehrenden und Studierenden-Feedbacks flossen in die weitere Maßnahmenplanungen ein. Es wurden zum Beispiel noch verstärkter Schulungen für Online Tools in der e-Lehre angeboten, das **E-learning und IT-Support-Team personell um mehrere Personen** aufgestockt, sowie konkrete **Leitfäden mit Do's and Dont's** für die online Lehre erstellt und verbreitet.

Um im Wintersemester auch infrastrukturell noch besser auf online und hybride Lehr- und Lernformen (siehe Abb. 23.1) eingestellt zu sein, wurde **ein großes Infrastrukturpaket** geschnürt, das digitale Aus- und Weiterbildung rasch und einfach an der FH für alle ermöglicht. Wir haben dazu einen step by step Ansatz gewählt.

In einem ersten Schritt wurde ein **Großteil der Lehrsäle mit Kameras und Mikrophonen** ausgestattet, was ohne große didaktische Umstellung eine virtuelle Teilnahme an Meetings und Lehrveranstaltungen ermöglicht. Zudem wurden eine Vielzahl and Bildschirmen und Classroom Boards getestet und einige Modelle angeschafft, die nun im Live Betrieb – begleitet durch eine große Schulungskampagne der Personalentwicklung und des e-learning Teams – im Unterricht integriert werden (zB Zoom oder MS Teams Class Rooms, Owls für kleinere Gruppen, Promethean Board). Um Lehrenden die Möglichkeiten des Kennenlernens zu geben und E-Didaktik bzw. Lehr-Mischformen besser erlebbar zu machen, wurden **Best Practices identifiziert und geteilt** und **Playfool Afternoons** organisiert, wo Lehrende die neuen Tools (Kameras, Bildschirme u. a.) spielerisch kennenlernen konnten.

Welche der Modelle sich als praktikabel erweisen und tatsächlich genutzt werden, wird sich zeigen und wird erst im Folgejahr bewertet, um dann weitere Investitionen in die digitale Ausstattung der Hochschule vorzunehmen.

Die Hochschulleitung entschied sich dafür, auf Basis einiger grundlegender FH-weiter Eckpfeiler (Erstsemestrige, Prüfungen und Übungen sollten bei Präsenz bevorzugt werden), die weitere Ausgestaltung der Lehre den Studiengängen zu überlassen und nicht zentral vorzugeben, um die Planung den studiengangsspezifischen Besonderheiten und Bedürfnissen anpassen zu können.

So kamen wir aus der **Schockphase** (kurz nach dem Shutdown) und einer darauf folgenden **Phase der Improvisation in eine Planungs- und Experimentierphase,** die neue Möglichkeiten der **Flexibilität** für das Wintersemester 2020/2021 eröffnete: Neben dem reinen Distanzunterricht (53 % der geplanten Lehrveranstaltungen an der FH des BFI Wien) kommen reine Präsenzlehre (17 %), Hybridlehre (abwechselnd die ganze Gruppe in Präsenz und Online, 21 %) sowie auch Duale Unterrichtsformen (Teil der Gruppe ist anwesend, der Rest folgt dem Unterricht parallel zuhause, 9 %) zum Einsatz (siehe Abb. 23.1).

## 23.7 Das Ampel-System

Nachdem im Sommer seitens der Behörden ein ‚Ampelsystem' zur Definition des jeweiligen regionalen Status und die daraus abgeleiteten Maßnahmen angekündigt wurde, wurde ein ebensolches Ampelsystem im Form eines Leitfadens zur Durchführung des hochschulischen Lehrbetriebs seitens des BMBWF am 17.08.2020 veröffentlicht.[3]

Auf Basis dessen wurden wieder die Hygienehandbücher und die internen Regelungen adaptiert und eine eigene FH Ampel erstellt, die den Studierenden, Mitarbeiter*innen und Lehrenden eine Orientierung und raschen Überblick geben soll (siehe Abb. 23.2).

Die Grundannahme für den Lehr- und Prüfungsbetrieb ist, dass wir das Semester so planen, dass nur bei der Ampelfarbe rot eine Änderung des Lehr- und Prüfungsbetriebes

[3]BMBWF (2020): https://www.bmbwf.gv.at/Themen/Hochschule-und-Universit%C3%A4t/Aktuelles/corona/covid_19_leitfaden.html (17.8.2020).

| Corona Ampelstatus (Wien) und deren jeweilige Bedeutung im Geltungsbereich der FH des BFI Wien | grün | gelb | orange | rot |
|---|---|---|---|---|
| Allgemein | Einhaltung der Hygienebestimmungen, festgelegt in den jeweiligen Hygienehandbüchern der FH des BFI Wien | | | |
| Haus/Infrastruktur | offen unter Einhaltung der Regelungen des Hygienehandbuchs | | eingeschränkter Zutritt; verschärfte Hygiene-bestimmungen; Zutrittskontrollen | Haus/Infrastruktur geschlossen, nur Schlüsselkräfte dürfen betreten |
| Personal | Anwesenheit an der FH erwünscht / Mobile Office (MO) möglich | | MO erwünscht / Schlüsselkräfte und betriebsnotwendige Arbeiten an FH möglich | grundsätzlich Mobile Office |
| Lehre/Prüfungen | **Hybride Lehre:** distante & präsente Formate, wie je Studiengang geplant | | | Lehre und Prüfungen online |
| Forschung | Anwesenheit an der FH erwünscht / Mobile Office (MO) möglich | | online bzw. Mobile Office | |
| Meetings Veranstaltungen | unter Einhaltung der Regelungen des Hygienehandbuchs möglich | | geplante Veranstaltungen absagen/verschieben, virtuell abhalten | |
| Dienstreisen | Dienstreisen (DR) nur im Inland unter Beachtung der regionalen Ampeln | | grundsätzlich keine Dienstreisen | |

**Abb. 23.2** Covid Ampel FH des BFI Wien, September 2020. (Quelle: Eigene Darstellung)

notwendig wird, nämlich die komplette Umstellung des Lehr- und Prüfungsbetriebes auf distante Lehre.

## 23.8 Resümee und Lessons Learned

Die Covid-Krise hat die Fachhochschule in vollem Umfang gefordert.

Als positiv hat sich erwiesen, dass wir bereits eine funktionierende Struktur und Kommunikationskanäle des Krisenmanagements hatten, die wir adaptieren konnten. Wichtig war, dass wir bereits am Beginn der Krise sowohl Lehrende (FH des BFI Wien

2020a) als auch Studierenden (FH des BFI Wien 2020b) nach Ihren Erfahrungen und Bedürfnissen im Hinblick auf die Lehre und die Prüfungen befragt hatten. Zu Beginn des Krisenbetriebs wurden zwischen den wichtigsten Stakeholder*innen regelmäßige, agile Kommunikationsformate etabliert. So hatten wir einen guten Überblick über Stimmung und Lage betreffend Lehre, Prüfungen und Hochschulorganisation.

**Die Krise schweißt eine Organisation zusammen, Schwachstellen in der Organisation werden aber auch rasch(er) sichtbar. Vertrauen wird in der unsicheren und komplexen Situation wichtiger.** Neben digitalen Kommunikationskanälen hat sich unsere Vermutung bestätigt, dass es sehr wichtig ist, auch persönliche Treffen zum Austausch zu organisieren. Durch die Covid Krise sind virtuelle bzw. duale und hybride Lehr- und Lernformen Normalität geworden.

Das Niveau, das Anspruchsniveau und die Erwartungshaltungen der Studierenden sind stark gestiegen. Es wird keine Möglichkeit mehr geben, das Rad vor die Covid-Zeit zurück zu drehen und es wird notwendig sein, die beste Didaktik aus den anlogen und distanten Welten in einer vernünftigen Mischung zusammenzubringen. Die distante Lehre und auch Kommunikation wurde auch gleichermaßen entmythifiziert und der Wunsch nach analogen Lehr- und Kommunikationsformen größer, da hier die anderen Ebenen der Kommunikation, wie die Selbstoffenbarungs- Beziehungs- und Appellebene besser abgebildet werden können. Das stärkt auch wiederum den Wunsch nach analogen Lehr- und Lernformen.

Die größte Herausforderung war die Virtualisierung der Prüfungen und die Umstellung auf Online-Prüfungen. Wie in anderen Hochschulen gab es teilweise negative Erfahrungen mit Schummeln. Der Rückkehrwunsch an die FH war bei vielen Studierenden groß, die Prüfungen wurden so geplant, dass diese im WS 2020/2021 in Präsenz stattfinden. Bei immanenten Lehrveranstaltungen konnte festgestellt werden, dass die Transparenz der Mitarbeit im Online Modus verstärkt wurde. Die Anwesenheitspflicht, die im FH-Sektor generell gilt, muss im Covid-Modus neu überdacht und organisiert werden.

Es zeigte sich, dass die privatrechtliche Organisationform der Fachhochschule und das schlanke FH-Gesetz in der Krise sich als sehr taugliche Mittel erwiesen haben, die Krise zu bewältigen, weil Lösungswege schnell gefunden und Entscheidungen rasch getroffen werden konnten. Die umfassende Covid-Krise rüttelt – spätestens jetzt – auch an Fragen der gängigen Organisationsmodelle und Führungskonzepten, die sich auch für eine Hochschule stellen. Hier gibt Richard Pircher (wissenschaftlicher Leiter des MBA ‚Digital Transformation' an der FH des BFI Wien) in seinem Buch ‚Agilstabile Organisationen' Denkanstöße für die organisationale Weiterentwicklung in Richtung zeitgemäßer Organisationsformen, basierend auf Frederic Laloux revolutionären Überlegungen zu den Entwicklungsstufen von Organisationen (vgl. Pircher 2018 und Laloux 2015). Mit der ‚Komplexitätsbrille' kann die Covid-Situation als komplexe bzw. teilweise als hochkomplexe Herausforderung beschrieben werden, bei der viele Parameter unbekannt sind (Pircher 2018:99 f.), die auch die Möglichkeit schafft, die bisherigen

Annahmen zu hinterfragen und grundlegende Neuausrichtungen anzustoßen oder weiterzuentwickeln.

**Fachhochschulen sind in unseren Augen prototypisch für agil-stabile Organisationen.** Sie müssen in einem dynamischen Umfeld reagieren und gestalten können (in den Bereichen Berufsfeldorientierung, angewandte bzw. kompetitive Forschung, Studierendenzentrierung, Arbeitsmarktrelevanz) und brauchen dazu unterschiedliche Formen der Zusammenarbeit. Gleichzeitig verlässlich und stabil zu sein (im geregelten Bereich der Kernprozesse wie Aufnahmeverfahren, Lehr- und Prüfungsbetriebe, etc.) müssen Formen der Zusammenarbeit, der Kommunikation und des Leaderships gefunden werden, die dies nachhaltig ermöglichen und die Hochschule auf eine nächste Ebene heben. Agilität und Stabilität sind keine Widersprüche, sondern müssen gemanagt werden – gerade in der Krise zeigt sich, welche Prozesse unbedingt gut organisiert, und stabil sein müssen, um die Organisation nicht zum Kentern zu bringen, und welche Bereiche ‚außerhalb' des alltäglichen agil und flexibel sein müssen, um die Krise für die Organisation bestmöglich zu managen. Führungskräfte müssen lernen in einer virtuellen Arbeitsorganisation zu führen. Hybride Teams und Strukturen werden auch in Zukunft bleiben. Agiles Managen wird das Gebot auch im Hochschulmanagement. Dazu bedarf es in der dualen Fachhochschulstruktur (Rektorat/Geschäftsführung) eine gute und vertrauensvolle Abstimmung. Die Covid Krise hat dazu insofern beigetragen, als der Blick auf diese Herausforderung geschärft wurde.

Zusammenfassend ergeben sich für uns folgende Lessons Learned, die wir an uns richten und gerne mit dem/der LeserIn teilen wollen:

- Seien Sie vorbereitet! Vorbereitung ist die halbe Miete. Denken sie auch unwahrscheinlich scheinende Szenarien (mindestens) einmal durch!
- Investieren Sie in tragfähige Beziehungen und Netzwerke – Vertrauen ist die Währung in der Krise!
- Haben Sie Mut, diverse Teams zusammenzustellen, insbesondere um möglichst alle Aspekte der Akademia und der Verwaltung bei weitreichenden Entscheidungen zu hören. Diskutieren und entscheiden sie dann rasch im Sinne von ‚Safe enough to try'.
- Holen Sie sich Feedback und Lessons Learned von allen Stakeholder*innen – auch wenn es weh tut. Eine positive Fehlerkultur hilft – auch in der Krise.
- Nutzen Sie die Dynamik für eine langfristige Weiterentwicklung der Hochschule, denn eines ist klar: Die einzige Konstante bleibt die Veränderung!

## Literatur

Breinbauer, Andreas. (2020). Eine Lektion der Covid-19-Krise: Menschen und vertrauensvolle Kooperationen werden in der Logistik wieder wichtiger. Bundesvereinigung Logistik.

Bundesministerium für Bildung, Wissenschaft und Forschung (BMBWF). (2020). COVID-19: Leitfaden für den gesicherten Hochschulbetrieb. Empfehlungen für Universitäten,

Fachhochschulen, Pädagogische Hochschulen und Privatuniversitäten: https://www.bmbwf.gv.at/Themen/Hochschule-und-Universit%C3%A4t/Aktuelles/corona/covid_19_leitfaden.html (18.8.2020).

Ehlers, Ulf. (2019). Die Hochschule der Zukunft. In: Hochschule der Zukunft, Dittler, Ullrich & Kreidl, Christian (Hrsg.), Hochschule der Zukunft: Beiträge zur zukunftsorientierten Gestaltung von Hochschulen, Berlin: Springer. S. 81–100.

Laloux, Frederic. (2015). Reinventing Organizations: Ein Leitfaden zur Gestaltung Sinnstiftender Formen der Zusammenarbeit, Vahlen.

Likierman, Andrew. (2020). Besser Entscheiden in der Corona Krise. Harvard Business Manager, Mai 2020, S. 20–31.

Luhmann, Niklas. (1968). Vertrauen: Ein Mechanismus der Reduktion sozialer Komplexität, Stuttgart: Enke.

FH des BFI Wien. (2020a). Lehrendenbefragung an der FH des BFI Wien zur den Erfahrungen mit Distanzlehre im Sommersemester 2020.

FH des BFI Wien. (2020b). Umfeldevaluierung – Studierendenabschlussbwefragung, Juni 2020.

Pircher, Richard. (2018). Agilstabile Organsiationen – Der Weg zum dynamischen Unternehmen und verteilten Leadership. Vahlen.

Rankl, Fritz. (2007). Das Aufnahmeverfahren an Fachhochschulstudiengängen. In: Rankl; Wala; Mair & Breinbauer (Hrsg.): Management von Fachhochschulstudiengängen. Ein Praxisleitfaden für den Fachhochschulsektor. Linde.

Sutherland, Jeff. (2015). Scrum. The Art of Doing Twice Work in Half the Time. Penguin Random House.

Verordnung des Bundesministers für Bildung, Wissenschaft und Forschung über studienrechtliche Sondervorschriften an Einrichtungen zur Durchführung von Fachhochschul-Studiengängen und Fachhochschulen aufgrund von COVID-19 (COVID-19-Fachhochschulverordnung – C-FHV) (2020): https://www.ris.bka.gv.at/eli/bgbl/II/2020/172 (20.8.2020).

# Asynchrone Wissensvermittlung – nicht nur in Corona-Zeiten

24

Jürgen Handke

**Zusammenfassung**

Die Ausführungen in diesem Beitrag sind nicht als Kollegenschelte gedacht, sondern sie sollen nach einer Bestandsaufnahme, die allerdings hart mit den reflexartigen Notfalllösungen ins Gericht geht, zeigen, wie die Lehre – unabhängig von einer Pandemiekrise und den dadurch eingeschränkten Präsenzmöglichkeiten – den Herausforderungen des 21. Jahrhunderts standhält. Dabei lautet die Kernaussage: „Nicht Corona hat die Lehre verändert, sondern das Internet."

**Vorwort**

Die folgenden Ausführungen bauen auf 40 Jahren Lehrerfahrung an deutschen Hochschulen mit einem Lehrdeputat von durchschnittlich acht Semesterwochenstunden auf, sie ziehen die in Hunderten von Workshops zum Thema Lehren und Lernen sowie die durch die Lehre bei der Bundeswehr und in vielen Jahren in der Erwachsenenbildung gewonnenen Erfahrungen mit ein. In all diesen Jahren, spätestens seit der Anschaffung meines ersten PCs im Jahre 1983 ist mir eines klar geworden: Wissensmengen lassen sich in vielen Bereichen digital besser darstellen und nutzen als das analog der Fall ist. In Handke (2003, S. 8 ff.) und Handke & Schäfer (2012, S. 15 ff.) wurde das mehrfach betont und anhand zahlreicher Beispiele gezeigt. Leider haben die meisten meiner

J. Handke (✉)
Universität Marburg, Marburg, Deutschland
E-Mail: handke@staff.uni-marburg.de



U. Dittler und C. Kreidl (Hrsg.), *Wie Corona die Hochschullehre verändert*,
https://doi.org/10.1007/978-3-658-32609-8_24

akademischen Kollegen[1] diese schlichte Erkenntnis und die durch die Digitalisierung von Lerninhalten entstehenden Möglichkeiten entweder eher passiv ignoriert oder – leider in sehr vielen Fällen – aktiv abgelehnt. Sie haben sich der Digitalisierung der Lehre verweigert und sind so im Frühjahr 2020 in eine Krise, die ihresgleichen sucht, hineingeschliddert.

Die folgenden Ausführungen sind nicht als Kollegenschelte gedacht, sondern sie sollen nach einer Bestandsaufnahme, die allerdings hart mit den reflexartigen Notfalllösungen ins Gericht geht, zeigen, wie die Lehre – unabhängig von einer Pandemiekrise und den dadurch eingeschränkten Präsenzmöglichkeiten – den Herausforderungen des 21. Jahrhunderts standhält. Dabei lautet die Kernaussage:

„Nicht Corona hat die Lehre verändert, sondern das Internet."

## 24.1 Die Ausgangslage und eine Bestandsaufnahme

Als im März 2020 das Corona-Virus zuschlug und man begann, die Lehre im Sommersemester 2020 neu zu organisieren, war die Ausgangslage im deutschen Hochschul-Bildungssystem selbstverschuldet denkbar schlecht. Seit Jahren hatte man es versäumt für digitale Lehrmodelle zu sorgen, die über eine Anreicherung existierender Lehrformate mit einfachen technischen Mitteln hinausgehen: *PowerPoint* und Beamer im Hörsaal, Skripte und Aufgabenblätter im PDF auf den Lernmanagement-Systemen, mehr hatte die deutsche Hochschullehre nur in wenigen Fällen zu bieten. Sogar der Handy-Nutzung in der Lehre verweigerten sich nicht wenige, sodass an mobiles Lernen oder moderne Live-Voting oder Frage-Antwort-Systeme ebenfalls nicht zu denken war. [INT9]

Außer immer wieder neuen Workshops und der Bekenntnis zur Wichtigkeit der Digitalisierung der Lehre sowie der Forderung nach hochschulweiten Digitalsierungsstrategien war kaum etwas passiert. Die klassische Frontal-Vorlesung war immer noch das zentrale Lehrformat in vielen Studiengängen und die vorhandenen Lernmanagement-Systeme wurden nach wie vor als Datei-Ablagesysteme – aber nur in seltenen Fällen zum Lernen – verwendet.

Die Ausgangslage war in vielerlei Hinsicht nicht dazu angetan, der Corona-Krise zu begegnen: Zum einen war die Medienkompetenz der Lehrenden auf einem sehr überschaubaren Niveau, zum anderen gab es nur wenige Beispiele guter digitaler Lehre, auf die man hätte zurückgreifen können. Und selbst wenn es diese bereits gab, kam ein dritter Aspekt hinzu, den man als allgemeine Verweigerungshaltung bezeichnen

[1]Alle generischen Formen schließen alle Geschlechter mit ein. Auf die wortinterne Großschreibung, den Genderstern, den Doppelpunkt oder den Unterstrich wurde auf Grund der Empfehlungen des Rechtschreibrates von 2018 sowie der Leitlinien der Gesellschaft für deutsche Sprache von 2020 verzichtet.

kann oder – wie es heute allgemein üblich ist – als das für die Digitalisierung der Lehre fehlende „Mindset“.

Die folgenden Abschnitte spezifizieren zunächst diese missliche Ausgangslage und leiten dann zu Vorschlägen über, die zum Teil seit Jahren bekannt sind, aber auch als Konsequenz der Corona-Krise zustande gekommen sind.

### 24.1.1 Der Aspekt „Medienkompetenz und Mediennutzung"

Als im Mai 2019 der Regensburger Neurobiologe, Björn Brembs in einem Interview der Zeitschrift „Forschung & Lehre“ nach dem Stand der Digitalisierung an den deutschen Hochschulen gefragt wurde, war dies seine Antwort:

> „Die Digitalisierung hat gegen 1991 begonnen und ist nach Implementierung von E-Mail und Browsern an den meisten Institutionen auf dem Stand von 1995 stehen geblieben. Zur Zeit ist nicht abzusehen, wann unsere Institutionen sich auf den Weg aus der digitalen Steinzeit machen werden.“ (Brembs in Lohaus, 2019, 422ff).

Diese Antwort habe ich in vielen Vorträgen genutzt, um auf den Rückstand der deutschen Hochschulen hinzuweisen, habe der Masse meiner Kolleginnen und Kollegen aber immerhin zu Gute halten können, dass sie durchaus auch in der Lage wären, eine Textverarbeitung zu bedienen. Ansonsten habe ich mich diesem vernichtenden Urteil angeschlossen.

### 24.1.2 Der Aspekt „digitale Bildung"

Das deutsche Bildungssystem belegte im EU-Survey „Index of Readiness for Digital Lifelong Learning“ 2019 unter den 27 EU-Nationen den letzten Platz, wobei uns nicht nur die größte Skepsis gegenüber der Digitalisierung im Allgemeinen attestiert wurde, sondern, was nicht zuletzt jedem der mit dem Lehramtsstudium etwas zu tun hat, besonders schmerzen muss, auch die Unfähigkeit für entsprechende Bildungsangebote zu sorgen:

> “German schools and educators are not ready to prepare students with necessary skills and competencies.” (INT1, S.54)

Bis heute haben nur wenige Lehramtsstudiengänge auf die anstehenden Herausforderungen reagiert und die Schulung der fachspezifischen und allgemeinen digitalen Kompetenz zukünftiger Lehrkräfte angemessen curricular verankert [INT3].[2]

[2]Mit gewissem Stolz darf ich das Lehramtsstudium der Marburger Anglistik von diesem Vorwurf befreien. Es wird als eines von nur wenigen Best-Practice Beispielen in der Studie ausdrücklich für die die Kreativität beim Einsatz digitaler Medien in der Lehre sowie deren hohen Verpflichtungsgrad (Pflichtveranstaltungen mit Schwerpunkt „Digitales Lernen“) hervorgehoben [INT3: 52].

### 24.1.3 Das fehlende Mindset

Größtes Hindernis bei der Digitalisierung der Lehre ist die Haltung der Lehrenden, vielfach als „Mindset" bezeichnet und vom Marburger Journalisten Björn Wisker als typisch deutsche „bräsige Bewahrungskultur" beschrieben (siehe auch INT2): Wir haben weder eine ausgeprägte Kultur des Scheiterns noch wohnt in uns der Drang inne, den Erfolg anderer in der Lehre anzuerkennen. Wir verstecken uns nur allzu gern hinter den immer zuerst genannten Risiken und Gefahren und halten an einer Kultur des „bloß nichts ändern, geht doch" fest. Und schließlich nutzen wir in Deutschland den Datenschutz als stets willkommene Ausrede, doch alles beim Alten zu belassen. Erst mit einer offeneren Haltung und nicht nur mit leeren Worthülsen wird uns eine nachhaltige Digitalisierung der Lehre gelingen.

> Hand aufs Herz: Welcher Akademiker, der uns in seinen Vorträgen anmahnt, die Lehre durch Digitalisierung ins 21. Jahrhundert zu überführen, hat selbst digitale Lehrerfahrung? Wer von all den Hochschulkolleginnen und -kollegen, die die Grundlagenvorlesung als nicht mehr zeitgemäß behandeln, hat sich auch im eigenen Lehralltag von der Vorlesung verabschiedet?

## 24.2 Reflexartige Corona „Lösungen"

Vor diesem Hintergrund war nicht zu erwarten, dass man funktionierende Rezepte vorlegen konnte, wie im Falle eines Lockdowns und der Schließung von Hörsälen vorzugehen sei. Eine erste, nahezu reflexartige, Reaktion im Frühjahr 2020 war die Forderung nach einem Nicht-Semester (Geier, 2020), eine aus meiner Sicht vorzeitige Kapitulation vor den Herausforderungen einer zukunftsfähigen Digitalisierung der Lehre.[3] Glücklicherweise musste das „Nicht-Semester" aber bald, nicht zuletzt aufgrund der Wünsche vieler Studierender, ihr Studium ohne Zeitverlust fortführen oder beenden zu können, ad acta gelegt werden, und so kam es, wie es kommen musste, die Technik sollte es richten, denn weitere Konzepte hatte man nicht vorzuweisen.

### 24.2.1 Zoom, WebEx, Teams und Verwandte

Die für viele Hochschulen in Zeiten des Lockdowns einzig mögliche Variante, ihr Lehrprogramm wenigstens in Teilen zu retten, war die Option, all diejenigen Lehrveranstaltungen, die bisher vor Publikum abgehalten wurden und nur geringe Praxisanteile

[3]Übrigens kamen die Forderungen nach einem Nicht-Semester primär von Vertretern geisteswissenschaftlicher Disziplinen, die sich in den vergangenen Jahren den Möglichkeiten der Digitalisierung der Lehre noch mehr als andere verschlossen hatten.

enthielten, per „Virtueller Synchroner Präsenzlehre", in der Folge als SVP abgekürzt, durchzuführen. Das betraf insbesondere die nach Kerres/Pressler (2013, S. 79) mit fast 50 % aller Lehrveranstaltungen im Zentrum der deutschen Hochschullehre stehende Vorlesung. Anstatt die für eine Vorlesung frontale Inhaltsvermittlung in einem Hörsaal vor Publikum vorzunehmen, setzten sich nun die Lehrenden vor einen Bildschirm, schalteten ihre Webcam und ihr Mikrofon an, und hielten ihre Vorlesung „virtuell".[4]

Und in der Tat, schon nach kurzer Zeit gelang es so den Hochschulen unter Nutzung entsprechender Plattformen per Video-Conferencing den Lehrbetrieb trotz anfänglicher Systemabstürze durch bisher nicht gekannte Überlasten aufrechtzuerhalten: Systeme wie *AdobeConnect, BigBlueButton, Teams, WebEX, Zoom,* um nur einige zu nennen, dominierten ab dem Frühjahr 2020 die deutsche Hochschullehre, und schon bald lobten sich die deutschen Hochschulen fast euphorisch und man sprach vom „Rausch der Online Lehre" [INT5].

Bei näherem Hinsehen allerdings – und je länger das Sommersemester dauerte – wurde klar, dass es nahezu allein die Technik war, die das Sommersemester gerettet hatte. So konstatierte der Geschäftsführer des Hochschulforums Digitalisierung, Oliver Janoschka im Juni 2020:

> „Die Hochschulen haben es gut geschafft, sehr schnell die nötige Quantität zu schaffen. Das heißt vor allem: Die Technik hat gehalten." [INT4]

Von Qualität kein Wort. Je länger das Sommersemester 2020 dauerte, desto klarer wurde den Beteiligten, dass diese Art des Video-Conference-basierten (Be)Lehrens kein Zukunftsmodell sein kann. Es beraubt sich nicht nur eines entscheidenden Mehrwerts der Online-Lehre (siehe unten), nämlich der zeitlichen Ungebundenheit, sondern es führt auch zu großer Frustration. Letztere wird mittlerweile vielfach als „*Zoom*-Fatigue" bezeichnet [INT7], wobei *Zoom* stellvertretend für die übrigen Video-Conferencing-Systeme steht und „Fatigue", für einen Zustand der Ermüdung durch die fehlende Interaktion.

Die Video-Conferencing-Systeme konnten also nicht das Lehrmodell der kommenden Jahre – ob mit oder ohne Pandemie – sein.

### 24.2.2 Emergency Remote Teaching und die Folgen

Schon im Frühjahr 2020 hatte der der amerikanischen Medienexperte Charles Hodge angemahnt, dass echte Online-Lehre und die Video-Conferencing-Systeme (SVP) (im

[4]Bei anderen Lehrveranstaltungsformaten, wie z. B. Labor-Praktika, hoffte man übrigens auf ein schnelles Lockdown-Ende, um dann nachträglich die dort dringend benötigten Präsenzübungszeiten anbieten zu können.

Englischen noch mehr auf den Notfall bezogen und „Emergency Remote Teaching" genannt) völlig unterschiedliche Modelle sind:

> „Well-planned online learning experiences are meaningfully different from courses offered online in response to a crisis or disaster. Colleges and universities working to maintain instruction during the COVID-19 pandemic should understand those differences when evaluating this emergency remote teaching." (Hodges, C. et.al. 2020)

Mit Online-Lehre hat die SVP also nur wenig zu tun. Diese Erkenntnis ist allerdings in vielen akademischen Kreisen und mehr noch in der Öffentlichkeit nicht durchgedrungen. Denn eines kann als ‚Ergebnis' der Corona-Krise festgehalten werden: eine fahrlässige und völlig undifferenzierte Verwendung des Begriffs „Online-Lehre" und benachbarter Begriffe wie z. B. Digitale Lehre, virtuelle Lehre oder Distanzlehre. Abb. 24.1 zeigt diese unreflektierte und geradezu inflationäre Verwendung der Begriffe Online bzw. Digital in einem einzigen Ausschnitt einer Publikation im Berliner Tagesspiegel vom September 2020 [INT8].

Es ist an der Zeit, hier schnellstens Klarheit zu schaffen und die Online-Lehre, so wie im Zitat von Charles Hodge angemahnt, von der Reduzierung des Begriffs „Online" auf eine virtuelle Internet-Präsenz über Web-Conferencing-Tools zu trennen, und zwar aufseiten der Lehrer wie der Lerner. Das soll in den folgenden Abschnitten vorgenommen werden.

Umfragen zu Online-Lehre in Corona-Zeiten 15.09.2020, 05:55 Uhr

„Ein weiteres Semester dieser Art bereitet mir große Angst"

Wie Studierende im Digitalsemester zurechtkamen und was sie jetzt befürchten, zeigen erste bundesweite Umfragen. 60 Prozent sehen die Online-Lehre negativ. VON AMORY BURCHARD

Online-Vorlesungen mit vielen Teilnehmern und wenig Interaktion werden besser bewertet als digitale Tutorien. FOTO: ETHAN MILLER/GETTY IMAGES/AFP

**Abb. 24.1** Online, digital oder was? (Quelle: Tagesspiegel, 15.09.2020 [INT8])

## 24.3 Lehren und Lernen im 21. Jahrhundert

Seit vielen Jahren plädiere ich für ein digital integratives Lehrmodell, in dem in Grundlagenveranstaltungen und anteilig auch in ‚höheren' Lehrveranstaltungen Wissensmengen nicht mehr frontal in einem Hörsaal vorgetragen werden, sondern in einem selbstgesteuerten Lernprozess über klug zusammengestellte digitale Lehrmaterialien erworben werden können. Ein solches Modell ist aus vielen Gründen zeitgemäßer als z. B. die klassische Vorlesung. Es erlaubt die asynchrone Inhaltserschließung; die inhaltliche Qualität und Quantität können problemlos gesichert werden, und es erlaubt ein Höchstmaß an Individualisierung. Übrigens betonen ja auch die meisten Umfragen unter den Studierenden den Wunsch nach dermaßen ermöglichter asynchroner Wissenserschließung:

> „Wir <sind> der Ansicht, dass eine volldigitale Lehre nicht ohne einen Ausbau asynchroner Lehrangebote funktionieren kann. Gerade in dieser Notwendigkeit sehen wir aber auch die größte Chance. Durch einen Ausbau der asynchronen Lehrformate und eine fortschreitende Kompetenz der Lehrenden und Lernenden mit der digitalen Lehre sehen wir die Möglichkeit, dem Zeitgeist von Digitalisierung, Interaktivität und Individualität gerecht zu werden. So könnten wir durch die Krise keinen Rückschlag, sondern einen Fortschritt erleben." (Asta, der Technischen Universität Hamburg-Harburg, [INT10])[5]

Dabei muss allerdings auch berücksichtigt werden, dass die asynchrone Inhaltsvermittlung und -erschließung einer Präsenzphase bedarf. Diese wird jedoch nicht mehr zur (frontalen) Inhaltsvermittlung benötigt sondern zur Vertiefung der vorab erworbenen Inhalte. Der in einem militärischen Duktus vorgetragene offene Brief zur „Verteidigung der Präsenzlehre" [INT11] war also nicht nur unsinning, sondern er zeigte einmal mehr das fehlende Verständnis von der digitalen Lehre.[6]

Digitale Lehrmodelle leiden genauso wie klassische Formate unter den Corona-bedingten Einschränkungen des Präsenzgeschehens. Allerdings können z. B. Inverted Classroom Modelle wesentlich besser damit umgehen als klassische Formate. Da in einem Inverted Classroom Model eine gemeinsame Inhaltsvertiefungsphase in Präsenz angeboten wird, hat dieses Modell zwar auch unter Corona zu leiden, muss aber nicht in Notfalllösungen verfallen, sondern lediglich die Inhaltsvertiefungsphase in einer möglichst interaktiven Synchronen Virtuellen Präsenzphase (SVP) anbieten. Corona verändert also nicht die digitale Lehre an sich, sondern es intensiviert nur Komponenten und Abläufe, die ohnehin schon vorhanden waren bzw. umgesetzt wurden. Abb. 24.2 stellt das digital integrative Lehrmodell mit einer asynchronen Wissenserschließungsphase und einer synchronen Vertiefungs- bzw. Übungsphase dar.

---

[5] In einer Evaluation an der Uni Marburg nach dem Sommersemester 2020 wünschten sich fast zwei Drittel aller Studierenden asynchrone Lernanteile in zukünftigen digitalen Lehrformaten.

[6] Übrigens waren auch hier wieder Kolleginnen und Kollegen aus den Geisteswissenschaften die Initiatoren und stellten die große Mehrheit der Unterzeichner.

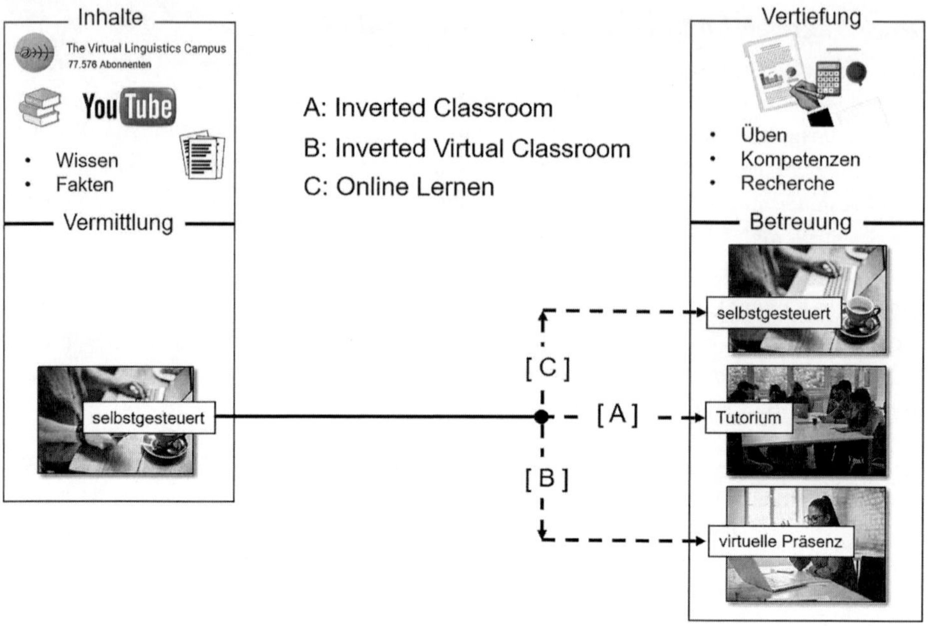


**Abb. 24.2** Digital Lehren und Lernen. (Quelle: Eigene Darstellung)

Auch in Zeiten, in denen die Nutzung physikalischer Lernräume eingeschränkt ist, können Lehrveranstaltungen, die auf diesem Modell beruhen, relativ unproblematisch durchgeführt werden. So lässt sich das Präsenztutorium in vielen Fällen virtuell als SVP organisieren ([B] in Abb. 24.2), und in manchen Fällen ist der digitale Content dermaßen selbsterklärend, dass die Inhaltsvertiefungsphase mit dem entsprechenden Übungsmaterial selbstgesteuert durchgeführt werden kann ([C]).[7] Ist allerdings eine persönliche Präsenzphase unumgänglich, lässt sich auch dieses Problem – im Gegensatz zu klassischen Frontalvorlesungen – mit einer speziellen Kohorten-Lösung bewältigen.

### 24.3.1 Die 2-Kohorten-Lösung

Grundlage einer solchen Kohorten-Lösung ist eine digitale, selbstgesteuerte Inhaltsvermittlungsphase, die, einen funktionierenden Internet-Zugang voraussetzend, keinerlei Einschränkungen unterworfen ist und in jedem Fall in voller inhaltlicher Quantität

[7]In der Sprachwissenschaft sind dies typischerweise Lerneinheiten in der Phonetik, die – unterstützt mit entsprechenden, vorab aufgenommen Audiobeispielen – bestens für selbstgesteuerte Übungsprozesse verwendet werden können.

(übrigens auch an Sonn- und Feiertagen) durchgeführt werden kann. Dabei werden die einzelnen Lerneinheiten in der Regel im Wochenrhythmus angeboten und von den Kursteilnehmern in Eigenregie bearbeitet.

In den anschließenden (Vor-Corona) Präsenzphasen konnte jeder Sitzplatz in den Lernräumen besetzt werden, manchmal wurden sogar die Flure als Sitzplatz benutzt oder es gab Stehplätze. Die derzeitige Situation allerdings, mit den notwendigen Abstandsregeln und dem geforderten Hygieneschutz macht dies unmöglich. Als Lösung bieten sich zwei Varianten an: Entweder man kann Lernräume benutzen, die ein Vielfaches der benötigten Größe besitzen und es so ermöglichen, dass z. B. nur jeder vierte Sitzplatz besetzt werden muss, oder man muss die Präsenzphase kohortenbasiert abhalten, sollte dies allerdings ohne Erhöhung des eigenen Lehrdeputats möglich machen. Wie funktioniert das?

Ausgehend von der Möglichkeit einer 50 %igen Auslastung eines Lernraums werden die Kursteilnehmer in zwei Kohorten (z. B. alphabetisch) aufgeteilt und erhalten so die Möglichkeit im 14-tägigen Rhythmus die der Vertiefung gewidmete Präsenzphase zu besuchen. Da in den meisten Grundlagenlehrveranstaltungen keine Präsenzpflicht besteht, ist eine derartige Reduktion der Präsenz problemlos möglich.

Während die digitale Inhaltsvermittlungsphase eines Kurses für alle Kursteilnehmer wie immer im Wochenrhythmus angeboten wird, findet die Präsenzphase zwar auch im Wochenrhythmus statt, aber nun mit wechselnden Kohorten, z. B. alphabetisch: Woche 1 alle Teilnehmer der oberen, Woche 2 alle Teilnehmer der unteren, Woche 3 wieder die Teilnehmer der oberen Alphabethälfte usw. Für die Kursbetreuer bedeutet dies, dass für die jeweiligen Kohorten stets spezielles Vertiefungs- und Übungsmaterial bereitgestellt werden muss, z. B. in Woche 1 für die 1. Kohorte Inhalte aus der ersten Lerneinheit. In Woche 2 für die 2. Kohorte Inhalte aus der ersten und der zweiten Lerneinheit usw.

Die „Corona-Lösung" des Inverted Classrooms liegt also in einer reduzierten Präsenzphase, die im Wochen-Rhythmus alternierend wechselnde Kohorten bei der Inhaltsvertiefung begleitet und somit die Auslastung der Lernräume auf maximal 50 % reduziert. Abb. 24.3 stellt dieses Prinzip im Rahmen der Kohorten-Lösung dar.

Für die Kursteilnehmer heißt das: 50 % statt 100 % Betreuung in Präsenz, für die Kursleiter bedeutet das keine Änderung im Lehrdeputat, lediglich eine genaue Fokussierung auf wechselnde Zielgruppen. Die Inhalte selbst sind von dieser Lösung nicht betroffen.

Ähnlich wie beim 2-in-1-Konzept (Handke, 2019, S. 60) ist die digitale Inhaltsvermittlung und dadurch mögliche selbstgesteuerte asynchrone Inhaltserschließung der Schlüssel zu einer zeitgemäßen und flexiblen Hochschullehre. Übrigens: Wenn auch eine 50 %ige Nutzung des Lernraums noch zu hoch angesetzt ist, muss man möglicherweise drei Kohorten bilden und so die Präsenzzeit weiter reduzieren.

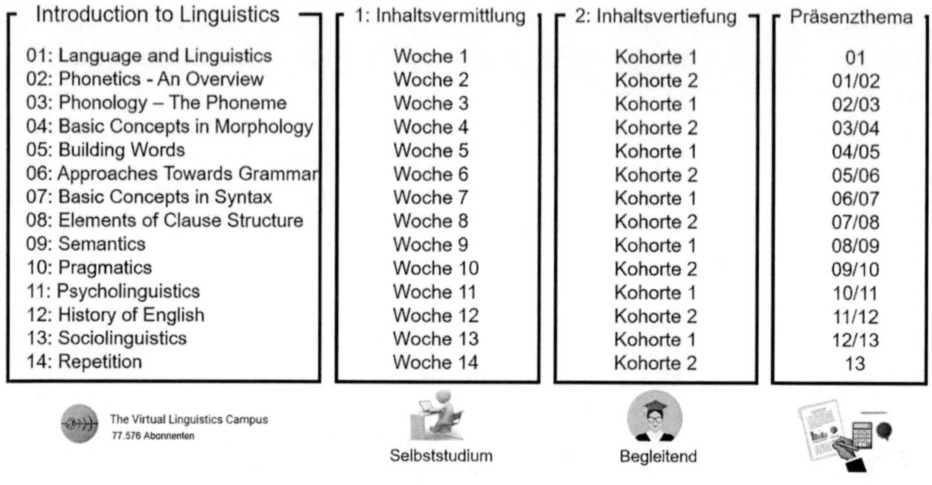


**Abb. 24.3** Die 2 Kohorten-Lösung (Beispielkurs „Introduction to Linguistics"). (Quelle: Eigene Darstellung)

## 24.3.2 Digitaler Inhalt – Ein Rezeptvorschlag

Um all die genannten Szenarien zu verwirklichen, benötigen wir in erster Linie gut gestalteten und zusammengestellten digitalen Content. In Handbuch Hochschullehre Digital (Handke, 2020) habe ich viel Energie darauf verwendet, zu zeigen, wie digitaler Content zusammengestellt bzw. selbst entwickelt werden kann. Doch leider haben viel zu wenige Lehrende die entsprechenden Rezepte und Hilfestellungen angenommen. Bis heute verfügen wir nicht über die gewünschten Mengen digitaler Inhalte, um das von den Studierenden favorisierte asynchrone Lernen zu fördern. Gleiches gilt übrigens für die Schulen:

> „Mich hat überrascht, dass das Thema Content nicht wirklich angegangen wird. Also die Frage der Lernmaterialien und welche digitalen Lernmedien wir Schülerinnen und Schülern zur Verfügung stellen wollen." (Kerres, 2020; [INT12]).

Es ist allerdings erstaunlich – und das darf kritisch angemerkt werden, dass erst heute die Erkenntnis reift, man verfüge über zu wenig digitalen Content. Denn die Gelegenheiten, den benötigten Contents zu produzieren, gibt es seit vielen Jahren, angefangen von der umfangreichen BMBF-Förderung im Rahmen des Programms „Neue Medien in der Hochschullehre" von 2000 bis 2003, bishin zu heutigen kleineren Förderprogrammen, z. B. über den Deutschen Stifterverband [INT13]. Es hilft aber kein Lamentieren sondern nur klare Rezepte zur Erstellung der benötigten Inhalte. Ein solches Rezept will ich im Folgenden näher vorstellen. Schauen wir uns dazu in Abb. 24.4 eine komplette Lerneinheit von der Lernplattform „The Virtual Linguistics Campus" an.

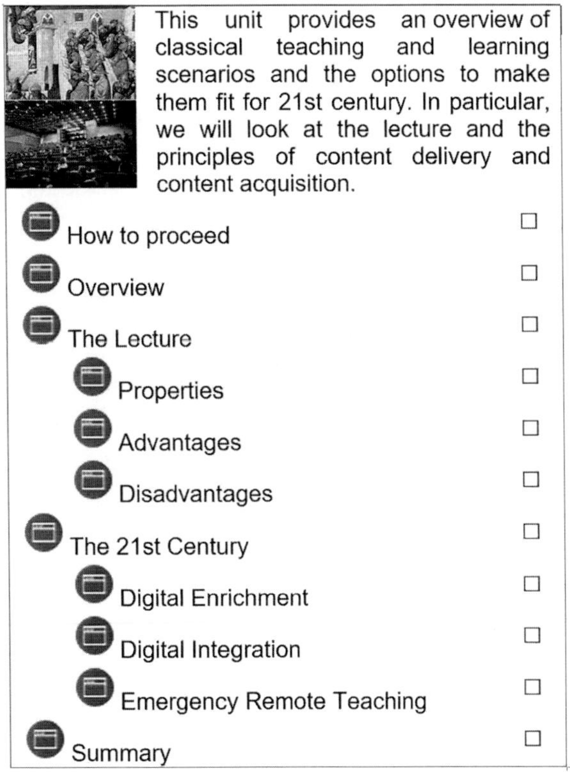


**Abb. 24.4** Eine Lerneinheit aus dem Kurs EDU21 mit 11 „Aktivitäten/Themen". (Quelle: Eigene Darstellung)

Die in Abb. 24.4 exemplarisch gezeigte digitale Lerneinheit steht stellvertretend für die Hunderte von Lerneinheiten, die im Laufe der Jahre im VLC als digitale Äquivalente vormaliger 90-minütiger Frontalvorträge im Vorlesungsformat angelegt wurden. Sie besteht aus bzw. enthält:

- ca. 10 Seiten Text (pro Aktivität/Thema ca. 15 Textzeilen)
- ca. 10 bis 15 Bildern
- ca. 30 min Lehrvideomaterial
- ggf. Animationen und Simulationen

Hinzu kommen noch der Mastery Test mit mindestens zehn Testfragen und ein Arbeitsblatt mit diversen Vorschlägen und Aufgaben nebst Musterlösungen für die Präsenzaktivitäten (beide in Abb. 24.4 nicht gezeigt).

Die Erzeugung derartig komplexer Lerneinheiten benötigt Zeit und ist nur im Team möglich. Teamwork und Lehrentwicklung allerdings sind in Deutschland bisher nicht kompatibel. Daher hier der Wunsch an die Lehrkräfte der Hochschulen:

Nehmen Sie die Corona-Krise zum Anlass, sich mit ihren Fachkolleginnen und -kollegen zusammen zu tun. Erzeugen Sie auch hochschulübergreifend Lehrveranstaltungen gemeinsam. Und nutzen Sie die digitalen Ergebnisse auch in kommenden Semestern.

Und zum Thema Video: Haben Sie schon einmal nachgeschaut, was *YouTube* für Ihr Fach anbietet? Es kann doch nicht sein, dass ein tausendfach nachgefragtes Video, das weltweit genutzt wird und bestens bewertet ist, ignoriert wird, nur weil ein Fachkollege darin zu sehen ist?

Daher hier mein ganz konkretes Rezept:

Das Rezept

Nehmen Sie ihre Kurse für das SS 2020 und arrangieren Sie sich mit Ihren Fachkolleginnen und -kollegen. Für jede Lehrveranstaltung erzeugen Sie bis zum Semesterbeginn die ersten drei Lerneinheiten.

Ab Semesterwoche 2 erzeugen Sie im Wochenrhythmus immer eine weitere Lerneinheit. Sie sind Ihren Studentinnen und Studenten also immer um zwei Wochen voraus. Das reicht, um ausgiebig zu testen, auftretende Fehler zu beheben und zwei Wochen vor Semesterende fertig zu sein. Übrigens: beziehen Sie doch Ihre Studentinnen und Studenten mit ein. Auch die können vorhandene Videos empfehlen, kleine Videos produzieren und Texte schreiben. Nutzen Sie deren Potenzial.

Die Erzeugung asynchron verwendbarer Lehrmaterialien ist möglich, aber nur, wenn wir unser Mindset ändern und z. B. zulassen, dass wir auch Fremdmaterial in unserer Lehre nutzen, so wie wir es auch bei Büchern gemacht haben – denn wer hat schon seine Lehrbücher alle selbst geschrieben? Es geht, aber nur durch Kollaboration, Kooperation und den Willen, es auch nachhaltig tun zu wollen. Das war bisher nicht vorhanden.

## 24.4 Zusammenfassung

Im 21. hat sich eines dramatisch gewandelt. Viele Wissensanteile, die heute immer noch in Vorlesungen vorgetragen werden, befinden sich mittlerweile im Internet – mit zunehmender Tendenz, und es entsteht die Frage, ob eine frontale Inhaltsvermittlung im Hörsaal überhaupt noch zeitgemäß ist. Ich meine nein, und halte die klassische Präsenzlehre – zumindest im Grundlagenbereich – für nicht mehr zeitgemäß. Mit klugen digitalen Lehr- und Lernelementen lassen sich heute Inhalte bestens digital aufbereiten und die Lerner können in Eigenverantwortung lernen. Pandemien können einem solchen Lehr-/Lernmodell nur wenig anhaben. Und da die heute als Notfalllösung missbrauchte SVP in derartigen Modellen schon länger als Alternative zur Lernraum-gebundenen Präsenzphase eingesetzt wird, sind virtuelle Präsenzphasen per Web-Konferenz keineswegs Corona-Effekte sondern völlig normale Alltagsvarianten.

Lassen wir abschließend nochmals den Asta der TUHH zu Wort kommen:

> „Durch einen Ausbau der asynchronen Lehrformate und eine fortschreitende Kompetenz der Lehrenden und Lernenden mit der digitalen Lehre sehen wir die Möglichkeit, dem Zeitgeist von Digitalisierung, Interaktivität und Individualität gerecht zu werden. So könnten wir durch die Krise keinen Rückschlag, sondern einen Fortschritt erleben." (Asta, TUHH, [INT10])

Genau durch diesen Fortschritt können wir das von Björn Brembs so bezeichnete „Digitale Steinzeitalter" endgültig verlassen, und zwar nicht nur, indem wir neue Techniken in den Griff bekommen, sondern durch kluge neue digitale Lehr-/Lernkonzepte und durch das dringend benötigte neue Mindset.

## Literatur


Buchwald, Sabine. 2020. Zigtausend Studierende und kein Platz. Süddeutsche Zeitung vom 5.Oktober 2020. https://www.sueddeutsche.de/muenchen/muenchen-uni-wintersemester-start-platzproblem-1.5053596

Lohaus, Ina. 2019. Wie Pseudo-Wettbewerbe der Wissenschaft schaden. Forschung & Lehre. 05/2019: 422ff.

Handke, Jürgen. 2003. *Multimedia im Internet.* München: Rudolf Oldenbourg Verlag.

Handke, Jürgen/Schäfer, Anna Maria. 2012. *E-Learning, E-Teaching und E-Assessment in der Hochschullehre.* München: Rudolf Oldenbourg Verlag.

Handke, Jürgen. 2019. *Nicht Anreichern sondern Integrieren – Neue Mehrwerte durch Digitalisierung.* In: Simone Kauffeld & Julius Othmer (Hrsg.) Handbuch Gute Lehre. Berlin: Springer Verlag: 53–64.

Handke, Jürgen. 2020. *Handbuch Hochschullehre Digital – Leitfaden für eine moderne und mediengerechte Lehre.* Baden-Baden: Nomos-Tectum Verlag.

Hodges, Charles/Moore, Stephanie/Lockee, Barb/Trust, Torrey/Bond, Aaron. 2020. The *Difference Between Emergency Remote Teaching and Online Learning.* In.: Educase Review 2020/3. https://er.educause.edu/articles/2020/3/the-difference-between-emergency-remote-teaching-and-online-learning

Geier, Andrea. 2020. *Das Sommersemester muss ein „Nicht-Semester" werden.* Hochschulforum Digitalisierung. https://hochschulforumdigitalisierung.de/de/blog/nichtsemester-offener-brief

Kerres, M. & A. Pressler. 2013. *Zum didaktischen Potenzial der Vorlesung: Auslaufmodell oder Zukunftsformat?* Reimann, G., Ebner, M. & S. Schön (Hrsg.) Hochschuldidaktik im Zeichen von Heterogenität und Vielfalt. Doppelfestschrift für Peter Baumgartner und Rolf Schulmeister. Bad Reichenhall. BIMS. S. 79–98.

[INT1] *EU-Survey: „Index of Readiness for Digital Lifelong Learning.* https://www.ceps.eu/wp-content/uploads/2019/11/Index-of-Readiness-for-Digital-Lifelong-Learning.pdf/; Zugriff: 10.9.2020.

[INT2] *Nichts an der Wand.* Digitalisierungsexperte Jürgen Handke im Interview. https://www.leuphana.de/newsexport/2019/10/23692-Nichts_an_der_Wand._Digitalisierungsexperte_Juergen_Handke_im_Interview.pdf; Zugriff 20.9.2020.

[INT3] Hochschulforum Digitalisierung, Arbeitspapier 36. Überblicksstudie zum Thema Digitalisierung in der Lehrerbildung. 2018. https://hochschulforumdigitalisierung.de/sites/default/files/dateien/HFD_AP_Nr36_Ueberblicksstudie_Digitalisierung_Lehrerbildung.pdf; Zugriff 2.10.2020.

[INT4] *Corona Krise. Fernstudium für alle.* Zeit Online. 26/2020. https://www.zeit.de/2020/26/corona-krise-digitalisierung-hochschulen-fernstudium-universitaet-lehre; Zugriff 28.9.2020.

[INT5] Fuchs, Matthias. *Der Rausch der Online-Lehre.* FAZ. 8.5.2020.https://www.faz.net/aktuell/karriere-hochschule/hoersaal/digitales-sommersemester-im-rausch-der-online-lehre-16754543.html; Zugriff: 8.10.2020.

[INT6] Handke, Jürgen. 2020. *Digital Lehren (nicht nur) in Corna Zeiten.* Merton Magazin des Deutschen Stifterverbandes. https://merton-magazin.de/digital-lehren-nicht-nur-corona-zeiten; Zugriff 30.9.2020.

[INT7] Karabasz, Ina. 2020. *Zoom-Fatigue: Warum uns Videokonferenzen auslaugen.* Handelsblatt, 15.7.2020. https://www.handelsblatt.com/technik/digitale-revolution/digitale-revolution-zoom-fatigue-warum-uns-videokonferenzen-auslaugen; Zugriff 25.9.2020.

[INT8] Burchard, Amory. 2020. *Ein weiteres Semester dieser Art bereitet mir große Angst.* Tagesspiegel 15.9.2020. https://www.tagesspiegel.de/wissen/umfragen-zu-online-lehre-in-corona-zeiten-ein-weiteres-semester-dieser-art-bereitet-mir-grosse-angst; Zugriff 2.10.2020.

[INT9] Bös, Nadine. 2018. *Handys raus – oder alles mit rein*? FAZ. 21.11.2018. https://www.faz.net/aktuell/karriere-hochschule/milo-vec-gegen-juergen-handke-handys-raus-aus-vorlesungen-und-konferenzen-15889705.html; Zugriff 5.10.2020.

[INT10] ASTA der TU Hamburg-Harburg (17.4.2020), *Positionspapier zur Gestaltung digitaler Lehrveranstaltungen*; 17. April 2020 Melina Malich & Mareike Wendelmuth, https://asta-tuhh.de/positionspapierzur-gestaltung-digitaler-lehrveranstaltungen/; Zugriff 2.10.2020.

[INT11] Borgards. Roland. 2020. *Zur Verteidigung der Präsenzlehre.* Offener Brief. https://www.praesenzlehre.com/; Zugriff 2.10.2020.

[INT12] Kerres, Michael 2020. *Schlusslicht beim digitalen Lernen.* Interview mit tagesschau.de am 14.8.2020. https://www.tagesschau.de/inland/digitalisierung-schulen-interview-101.html; Zugriff 2.10.2020.

[INT13] *E-Learning-Förderung in Deutschland.* Herausgeber: e-teaching.org. https://www.e-teaching.org/projekt/politik/foerderphasen/index_html/html2print; Zugriff 10.10.2020

MIX
Papier aus verantwortungsvollen Quellen
Paper from responsible sources
FSC® C105338

Printed by Books on Demand, Germany